Lydia L. Dewiel

Oberbayern

Kunst und Landschaft zwischen Altmühltal und Alpen
Mit Rundgängen durch die Landeshauptstadt München

In der vorderen Umschlagklappe:
Oberbayern/der Norden

In der hinteren Umschlagklappe:
Oberbayern/der Süden

Die wichtigsten Orte auf einen Blick

Altötting ☆☆ (K8) 327
Andechs ☆☆ (C6) 184
Bad Aibling (G5) 354
Bad Kohlgrub (B4) 285
Bad Reichenhall ☆
 (L4) 431
Bad Tölz ☆ (E4).............291
Bayrischzell (G4) 322
Beilngries (D13)..............46
Benediktbeuern ☆☆
 (D4)..............................267
Berchtesgaden ☆☆ (L4).421
Burghausen ☆☆ (K7).....333
Diessen am Ammersee ☆☆
 (C6/7) 178
Eichstätt ☆☆ (C12)..........39
Erding (F8) 99
Ettal ☆☆ (C3).................251
Fischbachau (G4) 318
Frauenchiemsee ☆☆
 (J5) 381
Freising ☆☆ (E9)..............88
Fürstenfeldbruck ☆☆
 (C7)................................66
Garmisch-Parten-
 kirchen ☆ (C2/3) 276
Herrenchiemsee ☆☆
 (H5) 377
Indersdorf ☆ (D8)............85
Ingolstadt ☆☆ (D11)........48
Kloster Schäftlarn ☆☆
 (D6)..............................286
Kloster Seeon ☆☆
 (J6) 385
Kochel am See 273
Landsberg am Lech ☆☆
 (B6) 211
Laufen ☆☆ (L6) 415
Linderhof ☆ (B3) 255
Mittenwald ☆ (C2) 280
Moosburg an der Isar ☆
 (F9) 96

Mühldorf am Inn ☆
 (J8) 324
München ☆☆(D/E 7) 111
Murnau ☆ (C4)..............260
Neubeuern ☆ (G4) 375
Neuburg an der Donau ☆☆
 (C11) 33
Neuötting (K8)..............331
Oberammergau ☆ (B3)..247
Oberschleißheim ☆☆
 (E8) 167
Pfaffenhofen an der Ilm
 (D9/10) 62
Polling ☆☆ (C5)..............233
Prien am Chiemsee ☆
 (H5) 392
Rabenden ☆ (J6)............386
Raitenhaslach ☆☆ (K7) .339
Rosenheim (G5)............363
Rott am Inn ☆☆ (G6) 353
Rottenbuch ☆ (B4) 245
Ruhpolding (J4) 404
Sankt Wolfgang ☆ (G7) .102
Scheyern ☆ (D9)..............59
Schliersee ☆ (F4) 316
Schongau ☆ (B5) 227
Schrobenhausen (C10)....55
Starnberg ☆ (D6) 192
Steingaden ☆ (B4) 239
Tegernsee ☆ (F4)...........306
Tittmoning☆☆ (K6/7)....410
Traunstein ☆ (J/K5) 407
Tuntenhausen ☆
 (G5/6) 360
Vilgertshofen ☆ (B6) 218
Wasserburg am Inn ☆☆
 (H6).......... 343
Weihenlinden ☆ (F5) 357
Weilheim (C5) 235
Wessobrunn ☆☆ (B5)....221
Weyarn ☆ (F5)...............311
Wies ☆☆ (B4) 241

ohne Stern
sehenswert

☆
Umweg lohnt

☆☆
keinesfalls versäumen

Inhalt

Landeskunde

Oberbayern – die Landschaften, der Bezirk	8
Geschichte und Kunst	12
Galerie der bedeutendsten Künstler	25

Routen und Reiseziele in Oberbayern

An der Donau und im Altmühltal – um Neuburg, Eichstätt und Ingolstadt — 32

Schrobenhausener Land und Hallertau — 54

In der Region München

Im Westen von München zwischen Amper und Paar	66
Im Dachauer Land	80
Um Freising und Erding	88
Im Osten von München um Ebersberg und Glonn	104

Die bayerische Landeshauptstadt München

Daten zu Geschichte, Kultur und Kunst	113
Die Altstadt um Marienplatz und Frauenkirche	115
Um Odeonsplatz, Max-Joseph-Platz und Promenadeplatz	124
Zwischen Neuhauserstraße, Karlsplatz und Lenbachplatz	132
Zwischen Viktualienmarkt und Sendlinger-Tor-Platz	136
Von der Ludwigstraße zum Königsplatz und den Pinakotheken	140
Prinzregentenstraße, Englischer Garten und Bogenhausen	148
Die Maximilianstraße, Haidhausen und das Deutsche Museum	155
Die Theresienhöhe und das Oktoberfest	157
Schloß Nymphenburg, St. Wolfgang in Pipping und Schloß Blutenburg	159
Die Schlösser Schleißheim und Lustheim	167
Kunst am Stadtrand und in den Vororten	171

Im Fünfseenland

Der Ammersee und seine Umgebung	176
Der Starnberger See und seine Umgebung	191

Der Pfaffenwinkel

Zwischen Landsberg und Schongau	209
Zwischen Schongau und Weilheim	230
Der Auerberg, Steingaden, die Wies und Rottenbuch	238
Im oberen Ammertal: Oberammergau Unterammergau, Ettal und Linderhof	247
Um Murnau, Benediktbeuern und Kochel	258

Im Werdenfelser Land — 275

An der Isar im Süden von München

Das Isartal zwischen Pullach und Geretsried	284
Der Isarwinkel	291

Um Tegernsee, Miesbach und Schliersee — 304

Zwischen Inn und Salzach

Um Mühldorf, Altötting und Burghausen	324
Wasserburg und die Klöster am Inn	341
Zwischen Mangfall und Glonn: Bad Aibling und Umgebung	354
Der Inn zwischen Rosenheim und Kiefersfelden	363
Der Chiemgau	377
Der Rupertiwinkel	410

Im Berchtesgadener Land — 420

Erläuterung kunsthistorischer Fachbegriffe	435
Literaturempfehlungen	437
Abbildungsnachweis	439
Zitatnachweis	440

Tips und Adressen — 441

Hinweise für die Reiseplanung	443
Informationen für unterwegs	446
Register	453
Impressum	464

Bichl bei Benediktbeuern, Pfarrkirche St. Georg ▷

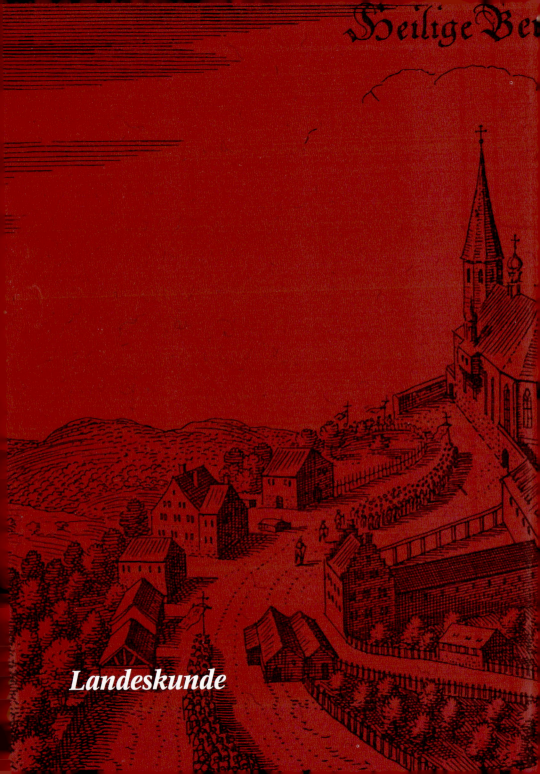
Landeskunde

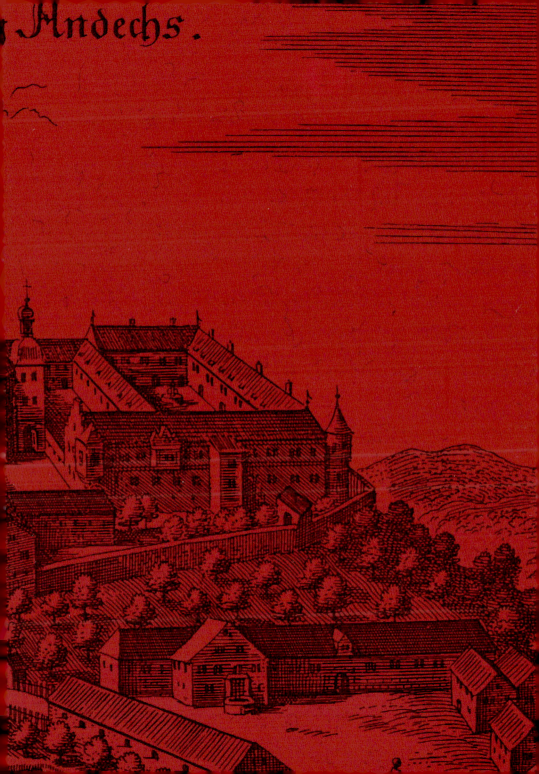

Oberbayern – die Landschaften, der Bezirk

»Herr, wen du lieb hast, den lässest du fallen in dieses Land.« Ludwig Ganghofer, als Verfasser populärer Bergbauernromane von der literarischen Welt eher mit Geringschätzung bedacht, hat dennoch schöne Worte für seine oberbayerische Wahlheimat gefunden. Der vielzitierte Satz aus der ›Martinsklause‹ (1894) gilt dem Berchtesgadener Land, also einem Gebiet, das ebenso wie das Werdenfelser Land wegen seiner Berge geliebt und bewundert wird. Oberbayern besteht jedoch nicht nur aus Bergen und Alpentälern, aus Seen und sanften Hügeln: es gibt hier auch viel flaches Land, besonders um München herum, es gibt melancholische Flußlandschaften und einsame Moore. Das Bild von Oberbayern, das der Fremde meist in sich trägt, ist mit der Wirklichkeit nicht kongruent, es gibt – einmal hier angelangt – viel zu revidieren.

Oberbayern – wo beginnt es, wo endet es? Was zeichnet den Regierungsbezirk gegenüber anderen aus? Zunächst: der Bezirk Oberbayern ist der größte unter den sieben bayerischen Bezirken. Das Bezirksgebiet hat eine Fläche von 17 528,8 km². Es gibt 20 Landkreise, dazu die 3 kreisfreien Städte München, Ingolstadt und Rosenheim. Die **Landkreise,** im Norden beginnend: Eichstätt, Neuburg-Schrobenhausen, Pfaffenhofen an der Ilm, Dachau, Freising, Erding, Fürstenfeldbruck, München-Land, Ebersberg, Mühldorf am Inn, Altötting, Landsberg am Lech, Starnberg, Garmisch-Partenkirchen, Weilheim-Schongau, Bad Tölz-Wolfratshausen, Miesbach, Rosenheim, Traunstein, Berchtesgadener Land. In diesem Gebiet leben etwa 3,8 Millionen Menschen. Die **Hauptstadt** des Freistaates Bayern und des Regierungsbezirks Oberbayern ist München; hier lebt allein ein Drittel der Bevölkerung von Oberbayern.

Oberbayern ist altbayerisches Kernland. Es bildete sich seit dem 16. Jh. aus dem Herzogtum Bayern-München, Teilen von Bayern-Landshut und Bayern-Ingolstadt. Anfang des 19. Jh. kam das Bistum Freising mit der Grafschaft Werdenfels hinzu, ebenso der salzburgische Rupertigau und das Reichsstift Berchtesgaden. Die Gebietsreform des Jahres 1972 brachte weitere Zugewinne durch den Landkreis Eichstätt und Teile des ehemaligen Landkreises Neuburg an der Donau.

Betrachten wir eine Karte der **Naturräume**, so ergibt sich für Oberbayern ein sehr vielgestaltiges Bild. Der Südlichen Frankenalb nördlich der Donau schließt sich das Tertiärhügelland an, an dem auch Niederbayern Teil hat; es folgt der breite Streifen der Schotterplatten mit der Münchner Schotterebene und der Inn-Salzachschotterplatte; südlich schließen sich die Moränenlandschaften an: das Ammer-Loisach-Isar-Moränenland, das Inn-Chiemsee-Moränenland, das Salzach-Moränenland; abschließend im Süden dann die Bergwelt der Alpen mit den Bayerischen Alpen, den Chiemgauer Alpen und den Berchtesgadener Alpen.

◁ *»Der Heilige Berg von Andechs«. Kupferstich von Matthäus Merian, 1644*

Noch nicht lange ›oberbayerisch‹ ist die Juralandschaft des **Altmühltals.** Hier, am Rande der Südlichen Frankenalb, in der Altmühlalb, ist unser Land besonders reizvoll. Die hellen Kalkfelsen, die den schlingenreichen Fluß begleiten, begeistern ebenso wie ihre noch mächtigeren Geschwister im Donautal bei Sigmaringen. Die berühmten Zwölf Apostel liegen allerdings knapp außerhalb unseres Gebietes, ebenso die Steinbrüche von Solnhofen, bekannt wegen ihrer zahlreichen Versteinerungen. Das gesamte Gebiet vom Eintritt der Altmühl in den Jura bei Treuchtlingen bis zu ihrer Mündung bei Kelheim ist unter Landschaftsschutz gestellt; hier finden wir auch einen der beiden Nationalparks in Oberbayern, den **Naturpark Altmühltal.**

Das **Donautal** leitet zu Südbayern über. Den Laien freuen die schattigen Auwälder, die zu weiten Spaziergängen einladen; der Erdgeschichtler sieht es anders: »Das Donautal folgt einer Bruchzone, in der die Schwäbisch-Bayerische Hochebene zur Tertiärzeit gegen die Juratafel abgesunken ist. Sie bildet – geologisch gesehen – eine markante Grenze zwischen Süd- und Nordbayern. Von den Alpenkämmen bis hierher ist die Landschaft ausschließlich vom Eiszeitgeschehen geprägt. In die Donau münden alle bayerischen Alpenflüsse und die vielen Bäche und Wasserläufe des Alpenvorlandes. Sie hat die Schmelzwasser aller Eiszeiten aufgenommen und den Meeren zugeführt. Entsprechend breit und ausladend ist das Tal, das sie und ihre Nebenflüsse in Jahrtausenden mit dem Schutt der Alpen angefüllt haben.« (Siegmar Gerndt)

Zu den weiten Moorgebieten, die den Lauf der Donau im Süden begleiten, gehört in unserer Region das **Donaumoos** (Landkreis Neuburg-Schrobenhausen). Das ausgedehnte Versumpfungsmoor wurde schon Ende des 18. Jh. trockengelegt.

Zwischen Lech und Salzach erstreckt sich das **Ober- und niederbayerische Tertiärhügelland,** meist als Bayerische Hochebene bezeichnet. Hier gibt es fruchtbare Böden, wir sind in einem alten bayerischen Bauernland. Der ergiebige Lößboden ist ein Geschenk des Eiszeitalters: aus dem Moränenland im Süden wurde durch heftige Winde feines Gesteinsmehl herangetragen, das sich im Steppengras verfing und dann die tiefen Lößschichten bildete. Eine Mischung aus Löß und Sand ist den Bauern in der **Hallertau** günstig – ihre reichen Hopfenernten versorgen die halbe Welt.

Vor den Endmoränen breiten sich ausgedehnte Schotterflächen aus, von den Schmelzwassern gegen Ende der Eiszeit aufgeschüttet. Die größte dieser Schotterflächen, die **Münchner Schotterebene,** erstreckt sich über 1485 km^2 zwischen Moosburg im Norden, Maisach im Westen und Höhenkirchen im Süden. Wegen ihres Gefälles von 250 m auf 75 m wird sie auch als Münchner Schiefe Ebene bezeichnet. Noch im Bereich dieser Schotterflächen liegen das **Dachauer Moos** und das **Erdinger Moos.** Moderne Besiedlung nach dem Zweiten Weltkrieg hat dazu beigetragen, das Dachauer Moos – einst wegen seiner malerischen Qualitäten von Künstlern besonders

Landeskunde

geliebt – bis auf Restbestände zu reduzieren. Das Erdinger Moos ist durch den Flugplatzbau der achtziger Jahre ebenfalls nur noch in kleinen Teilen in seiner alten Schönheit zu erleben.

Charakteristisch für die nahe Umgebung Münchens sind die ausgedehnten **Forste.** Der lockere Schotterboden war der Waldentwicklung günstig. Heute freut sich der geplagte Großstädter an diesen grünen Lungen – darunter der Forstenrieder Park, der Grünwalder und Perlacher Forst, der Hofoldinger Forst, der Höhenkirchner Forst und der Ebersberger Forst.

Das ›eigentliche‹ Oberbayern jedoch beginnt erst im Süden von München; ein abwechslungsreiches Seengebiet, das der Fachmann als **Moränenland** bezeichnet. Während der Eiszeiten schoben sich über einen Teil des Voralpenlandes viermal die Zungen der Alpengletscher vor. Sie schürften mehrere Becken aus und hinterließen die mitgeführten Schuttmassen als Moränen. Unter den Gletschern der Würmeiszeit schob sich der **Isargletscher** besonders weit nach Norden vor. Vier Einzelströme – Ammergauer Gletscher, Loisachtalgletscher, Walchensee-Kochelseegletscher und der eigentliche Isargletscher – schürften sich ihre Stammbecken aus. Nachdem sich das Eis zurückgezogen hatte, blieben Schmelzwasserseen, die im Laufe der

Moränenlandschaft südlich von München; hier der Riegsee bei Murnau. Im Hintergrund Estergebirge, Wetterstein und die Berge um Ettal und Oberammergau

Oberbayern - die Landschaften, der Bezirk

Jahrtausende zum Teil vermoorten, darunter das Murnauer Moos. Als weitere Zweigbecken bildeten sich das Ammerseebecken, das Würmseebecken und das Wolfratshauser Becken und füllten sich nach dem Rückgang des Eises mit Wasser. Der heutige Ammersee war einst bedeutend größer – er füllte das Zungenbecken zwischen Grafrath und Polling.

Die Gletscher an Inn und Salzach wurden im wesentlichen aus einem einzigen Alpentor gespeist. In drei Richtungen schob sich der **Inngletscher** vor; er hinterließ seine Endmoränenwälle zwischen Miesbach im Westen und Frasdorf im Osten. Das Stammbecken, das er ausschürfte, füllte sich nach dem Eisrückgang mit Wasser – es entstand der ›Rosenheimer See‹ von fast 50 km Länge. Flußablagerungen schütteten dieses riesige Gewässer mit der Zeit zu. Weniger mächtig als der Inngletscher war der **Chiemseegletscher,** der aus dem Tal der Tiroler Ache in das Voralpenland drang. Aus seinem Stammbecken wurde das Chiemseebecken: Im Westen floß dieser Gletscher mit dem Inngletscher zusammen – es entstand der größte Mittelmoränenwall in Bayern, der heute die Landschaft zwischen Bad Endorf und Albertaich prägt. Die Moränenhügel um Seeon und Truchtlaching, um Ising, Chieming und Grabenstätt sind aus dem

Landeskunde

Schotter gebildet, den der Chiemseegletscher vor sich herschob. Als sich der Gletscher wieder aus dem Vorland zurückzog, füllte sich das Chiemseebecken mit Wasser. Einst reichte der Chiemsee von Truchtlaching bis Marquartstein! Im Laufe der Jahrtausende schrumpfte der See durch Auffüllung. Während des Verlandungsprozesses entstanden links und rechts des Achendeltas die **Moore** zwischen Bernau und Bergen.

Das Moränenhügelland mit seinen großen und kleinen Seen gehört zum Bilderbuch-Bayern ebenso wie die Alpenregion. Den Allgäuer Alpen schließen sich im Osten die **Bayerischen Alpen** an. Die meisten von ihnen gehören zu den Voralpen, wie das Ammergebirge, das Estergebirge, die Berge des Isarwinkels, die Tegernseer und Schlierseer Berge. Von ihren Gipfeln übersteigen nur einige die 2000-m-Grenze. Zu den Hochalpen gehört im Bereich der Bayerischen Alpen nur das Wettersteingebirge und das Karwendelgebirge.

Auch die **Chiemgauer Alpen,** die sich den Bayerischen Alpen östlich des Inn anschließen, gehören zu den Voralpen. Erst in den **Berchtesgadener Alpen** wird es wieder hochalpin. Wie das Wetterstein- und Karwendelgebirge gehören sie zu den Kalkhochalpen. Neun Bergmassive sind es, die man zu den Berchtesgadener Alpen zählt: Untersberg, Lattengebirge, Reiteralpe, Hochkalter, Watzmann, Göllgruppe, Hagengebirge, Steinernes Meer und Hochkönig. Hier finden wir auch den zweiten Naturpark (neben dem Altmühltal) auf oberbayerischem Gebiet: den **Nationalpark Berchtesgaden.**

Glücklicherweise sind weite Teile der gesegneten oberbayerischen Landschaft unter **Naturschutz** gestellt. Alpine Naturschutzgebiete sind die Ammergauer Alpen, Karwendel- und Karwendelvorgebirge, das Königsseegebiet, der Schachen im Wettersteingebiet. Insgesamt ist in Bayern die Zahl der Naturschutzgebiete von 155 im Jahr 1970 auf über 500 bis heute gestiegen. Etwa ein Viertel der bayerischen Landschaftsfläche steht unter Naturschutz!

Geschichte und Kunst

Frühgeschichte

Ludwig Thoma, der in seinen Bauerngeschichten ›Agricola‹ die Bayern als »selbstgezügelte« und »Ureinwohner dieses Landes« pries, hätte vermutlich an der heutigen Geschichtswissenschaft wenig Freude. Inzwischen hat es sich nämlich herausgestellt, daß der Stamm der Bayern, die **Bajuwaren,** aus verschiedenen Völkergruppen zusammenwuchs. Von allen Theorien, die zu diesem Thema aufgestellt wurden, hält man heute die des Historikers Kurt Reindel für die wahrscheinlichste. Über Herkunft und Namen der Bajuwaren schreibt er: »Die Bajuwaren sind kein einheitliches Ethnikum gewesen, unter den zahlreichen germanischen Stämmen, die in der Endphase der römischen Herrschaft in den Provinzen Noricum und Raetien eine Rolle spielten, tauchten sie nicht auf (...). Der Name der Bajuwaren ist nicht ethnisch bestimmt, sondern territorial, und auch wenn sich über das Herkunftsland keine allerletzte Sicherheit gewinnen läßt, so scheint mir doch aufgrund der philologischen, archäologischen und historischen Gegebenheiten das Baiaheim des böhmischen Kessels noch am meisten Wahrscheinlichkeit zu besitzen. Ethnisch waren die hier wohnenden Germanen offenbar so wenig einheitlich, daß sie nicht den Namen eines Stammes, sondern den Namen ihrer Wohnsitze mitbrachten.«

Das Gebiet des heutigen Oberbayern war seit dem 5. Jh. v. Chr. von den **Kelten** bewohnt. Einige Orts- und Flußnamen (Isar, Amper) erinnern noch an sie, ihre hochentwickelte Kultur dokumentiert sich u. a. in den Funden von Manching bei Ingolstadt.

Der keltischen Herrschaft wurde im Alpenvorland im Jahr 15 v. Chr. ein Ende gemacht. Kaiser Augustus befahl seinen Stiefsöhnen Drusus und Tiberius einen Feldzug, um das Römische Reich gegen Norden zu sichern. Die keltischen Vindeliker, die südlich der Donau lebten, wurden ebenso bezwungen wie die Raeter, die sich im Bereich der inneren Alpen angesiedelt hatten. Der Inn bildete die Grenze zu den keltischen Norikern, die im heutigen Chiemgau lebten. Dieses Gebiet wurde Teil der römischen Provinz Noricum, während das Siedlungsgebiet der Vindeliker und Raeter zur Provinz Raetia gemacht wurde. Die **Römer** waren kundige Organisatoren und Straßenbauer; das ausgedehnte, von ihnen geschaffene Straßennetz, das die nördlichen Grenzprovinzen mit Oberitalien verband, wurde Grundlage für die wichtigsten Handels- und Pilgerwege des Mittelalters. In Regensburg, Straubing, Passau und Kempten entstanden römische Grenzgarnisonen. Augusta Vindelicum, das spätere Augsburg, wurde Amtssitz des Procurators der Provinz Raetia.

Die Bewegungen der Völkerwanderung zwangen die Römer im 5. Jh. zur Aufgabe der Provinz Raetien. Auf dem Boden dieser Provinz vollzog sich die **Stammesbildung der Bajuwaren.** Als ›Baiuvarii‹ wurden sie im Jahr 551 zum erstenmal erwähnt; bereits 565 nennt man sie auch ›Baiern‹. Sehr lange dauerte es, bis aus Volk und Staat dann ›Bayern‹ wurde: erst König Ludwig I., von allem Griechischen begeistert, ließ das ›ai‹ gegen ›ay‹ austauschen. Ortsnamen mit der Endung ›-ing‹ (wie Pasing, Erding, Schwabing) deuten auf eine alte bajuwarische Besiedlung. Außerdem finden wir auch – vor allem am Alpenrand – die Walchen-Orte (z. B. Traunwalchen), die Hinweise auf frühe Siedlungen mit vorwiegend romanischer (welscher) Bevölkerung geben.

Die Germanen haben ihre Toten in **Reihengräbern** bestattet. Im heutigen Oberbayern war für die Frühgeschichtler besonders ein frühbajuwarisches Gräberfeld ergiebig: Altenerding. Zu den kostbarsten Funden gehören Gürtelschließen aus vergoldetem Silber und silbertauschierte Gürtelgarnituren (7. Jh.).

Landeskunde

Das frühe Mittelalter

Die Bajuwaren wurden als fränkisches Herzogtum von den **Agilolfingern** regiert. Garibald I. wurde ein Teil Raetiens, das Land östlich des Lechs, zugewiesen; er residierte in Regensburg. Das baierische Stammesherzogtum konnte ebenso wie das alemannische von den Franken relativ selbständige Wege gehen. Die Baiern hatten ein eigenes Recht, die ›Lex Baiuvariorum‹. Als Tassilo III., der letzte Agilolfinger, 788 von Karl d. Gr. abgesetzt wurde, ging diese Selbständigkeit verloren. Bayern wurde dem Frankenreich als Provinz eingegliedert. Noch unter der Herrschaft der Agilolfinger begann die **Christianisierung** des Bayernstammes. Theodolinde, die Tochter Garibalds I., hatte 589 den Langobardenkönig Authari geheiratet. Sie errichtete für den Iren Columban das Kloster Bobbio und bat ihn um die Missionierung ihrer alten Heimat. Auf Geheiß Columbans kamen im Jahr 615 Eustasius, Agilus und Agrestius aus dem burgundischen Luxeuil nach Bayern. Mit ihnen begann die iro-fränkische Mission, und als nach 650 die drei fränkischen Missionare Emmeram, Korbinian und Rupert ins Land kamen, war Bayern in Teilen bereits christianisiert.

Unter Herzog Odilo erhielt Bayern dann eine feste **Bistumsorganisation.** Bonifatius, der ›Apostel Deutschlands‹ gründete nach 738 vier Bistümer mit Sitzen in Regensburg, Passau, Freising und Salzburg. Herzog und Adel stifteten **Klöster** und statteten sie mit Grundbesitz aus. Die Klöster, die von den Agilolfingern Odilo und Tassilo III. gegründet wurden, entwickelten sich zu bedeutenden Kulturzentren – Herrenchiemsee, Frauenchiemsee, Schliersee, Tegernsee, Wessobrunn, Gars, Au und Schäftlarn gehen auf diese frühe Zeit zurück. Eine wichtige Rolle in der Klostergeschichte Oberbayerns spielte darüber hinaus das Adelsgeschlecht der **Huosi,** Gefolgsleute der Herzöge. Benediktbeuern und Schlehdorf beispielsweise sind Gründungen mehrerer Brüder aus dem Geschlecht der Huosi.

Der Enkel Karls des Großen, Ludwig der Deutsche, wurde 817 König der Bayern. Ludwig regierte in Regensburg, nun Hauptstadt des Ostfränkischen Reiches. Mit dem Verfall des Karolingerreiches kamen die Stammesstaaten, die unter den Karolingern ihre Selbständigkeit verloren hatten, wieder zur Geltung. 895–947 regierten in Bayern die **Luitpoldinger.** 907 fiel Markgraf Luitpold bei Preßburg im Kampf gegen die Ungarn – es begann für Bayern die verheerende Zeit der Ungarneinfälle. Luitpolds Sohn Arnulf übernahm 907 als Herzog den Schutz Bayerns und errichtete das **Jüngere Stammesherzogtum.** Als der Sachsenherzog Heinrich die Herrschaft über das ostfränkische Reich erlangte, mußte sich Arnulf ihm beugen. Im Jahr 947 verlieh Kaiser Otto I. Bayern seinem Bruder Heinrich I. Bis 1027 herrschten in Bayern die **Sachsen.** 1002 wurde der bayerische Herzog Heinrich IV. als Heinrich II. deutscher König und 1014 deutscher Kaiser.

Die **Kunst des frühen Mittelalters** ist in unserem Gebiet – verglichen etwa mit Regensburg und Augsburg – nur mit wenigen bedeutenden Beispielen vertreten. Hierzu gehören die Chorschranken von Ilmmünster (8./9. Jh.) und die Engelsdarstellungen in der Michaelskapelle von Frauenchiemsee (um 870). Einige Bauten gehen zwar auf das frühe Mittelalter zurück, wurden jedoch später verändert, wie die Heilige Kapelle in Altötting (zweite Hälfte 8. Jh.).

Das Hochmittelalter und die Kunst der Romanik und Gotik

Unter den **Saliern** (1027–70) spielte Bayern keine wesentliche Rolle. Kulturell jedoch wurden die Voraussetzungen für wichtige Veränderungen geschaffen. Wilhelm von St. Emmeram, seit 1069 Abt von Hirsau, leitete religiöse Reformen ein. In Bayern setzte sich jedoch nicht die strenge Reform von Cluny durch, sondern die gemäßigtere von Gorze-Trier-Regensburg. Die Regel der Augustinerchorherren verbreitete sich in Bayern von Passau aus.

Von 1070–1180 herrschten in Bayern die **Welfen**. 1156 wurde Heinrich der Löwe mit Bayern belehnt. Er war der Gründer der Stadt München. Mit den Rechten der Bischöfe von Freising machte er kurzen Prozeß. Über die Isarbrücke bei Föhring, die den Freisingern gehörte, ging der Salzhandel, der Brückenzoll wurde von den Bischöfen erhoben. 1158 ließ Heinrich die Brücke abreißen und errichtete ›ze den Munichen‹, bei München, eine neue. Das Ende der bayerischen Welfenzeit kam 1180, als Heinrich sich weigerte, die Reichspolitik des Kaisers Friedrich Barbarossa in Italien zu unterstützen. Heinrich wurde abgesetzt, Otto V. von Wittelsbach mit Bayern belehnt.

Bereits 1120 hatten die **Wittelsbacher** durch Kaiser Heinrich V. die bayerische Pfalzgrafenwürde erlangt. Mit Otto V. begann die ruhmreiche Herrschaft dieser Dynastie über mehr als 700 Jahre. Bis zum Jahr 1918 blieb Bayern wittelsbachisch.

Unter den Wittelsbachern entstand ein nahezu geschlossener Landesstaat, der vom Lech bis zum Böhmerwald reichte, von der Naab bis zum Inn. Bereits Ottos Sohn, **Ludwig der Kelheimer** (1183–1231), erweiterte sein Territorium beträchtlich, begünstigt auch durch das Aussterben bedeutender Adelsgeschlechter wie der Grafen von Andechs und der Grafen von Bogen. Als Ludwig I. die Witwe des Grafen von Bogen heiratete, brachte er auch deren weißblaue Raute in das Wittelsbacher Wappen ein – heute ein Synonym für alles Bayerische. 1214 kam die Pfalzgrafschaft bei Rhein hinzu, und das Haus Wittelsbach erhielt die Kurwürde.

Bei den Wittelsbachern war es üblich, das Territorium wie einen Privatbesitz zu vererben; der Erstgeborene wurde nicht bevorzugt. Die Söhne eines Herzogs hatten also entweder gemeinsam zu regieren, oder sie mußten teilen. So kam es zu den unseligen bayerischen

Landeskunde

Landesteilungen, zu erbitterten Bruderkämpfen. Bei der Ersten bayerischen Landesteilung (1255) entstand das Herzogtum Niederbayern, zu dem auch der Chiemgau gehörte, und das Herzogtum Oberbayern-München, dem die Pfalz angehörte.

Auch an Werken **frühromanischer** und **romanischer Kunst** ist das heutige Oberbayern ärmer als etwa die Oberpfalz mit Regensburg, Franken mit Bamberg und Schwaben mit Augsburg. Der verbreitetste Kirchentyp war in Altbayern die flachgedeckte oder kreuzgratgewölbte Pfeilerbasilika ohne Querschiff, mit drei parallelen Apsiden im Osten. Die wichtigsten Beispiele: Freising, Indersdorf, Steingaden, Fischbachau. Bei einer zweiten Gruppe von Kirchen sind oberitalienische Einflüsse festzustellen wie in Reichenhall (St. Zeno) und Altenstadt (St. Michael).

Die Freskomalerei dieser Zeit ist mit Frauenchiemsee (1100–10), Urschalling (1180) und dem Petersberg bei Dachau (um 1100) mit eindrucksvollen Beispielen vertreten. Im Bereich der Plastik sind vor allem zu nennen: das Forstenrieder Kreuz (um 1100), der Altenstadter Herrgott (um 1200), die Freisinger Bestiensäule (vor 1205), die Ruhpoldinger Madonna (um 1220), sowie die Portale von St. Kastulus in Moosburg (um 1212) und St. Zeno in Reichenhall (um 1200).

Die Ruhpoldinger Madonna (um 1220)

Mit **Ludwig dem Bayern** (1294–1347) wurde zum erstenmal ein Wittelsbacher Kaiser, doch gab es schwere Kämpfe auf dem Weg dahin. Ein Teil der Kurfürsten hatte den Habsburger Friedrich den Schönen 1314 zum deutschen König gewählt – einen Tag später antworteten drei Kurfürsten und ein Herzog mit der Wahl Ludwigs des Bayern zum König. Die Entscheidung fiel 1322 in der Schlacht bei Mühldorf, der ›letzten Ritterschlacht‹: Ludwig besiegte seinen Habsburger Vetter. Den Papst in Avignon, der die Entscheidung über die Thronfolge im Reich für sich beanspruchte, machte Ludwig sich zum Gegner, er wurde exkommuniziert. 1324 wurde die Bannbulle gegen Ludwig erlassen, doch gelang es ihm durch geschickte Politik und Versöhnung mit dem alten Gegner Friedrich den Schönen, sich 1328 in Rom zum Kaiser krönen zu lassen. Auf der Rückreise von Rom gründete Ludwig das Kloster Ettal. Seinen Hof in München, der Hauptstadt des Reiches, machte Ludwig zum geistig-politischen Zentrum. Zur Festigung des wittelsbachischen Staates erließ er 1336 ein bayerisches Landrecht.

Nach dem Tod Ludwigs – auf der Jagd beim Kloster Fürstenfeld – zerfiel sein Reich. Im Landsberger Vertrag von 1349 teilten sich die sechs Söhne des Kaisers die ererbten Territorien. Im Jahr 1392 kam es zur **Dritten bayerischen Landesteilung.** Jetzt entstanden die Teilherzogtümer Bayern-Landshut, Bayern-München und Bayern-Ingolstadt. In Landshut regierte Friedrich der Weise (1375–93), der die Linie der Reichen Herzöge begründete. Nach München zog sein Bruder Johann II. (1375–97), und Ingolstadt erhielt Stephan III. der Kneißl (1375–1413). Da die Ingolstädter sich bei der Teilung des

Geschichte und Kunst

Erbes benachteiligt fühlten, begann im folgenden die Zeit der Wittelsbacher Hauskriege.

Die Kunst der **Frühgotik** (1250–1320) und der **Hochgotik** (1320–1400) können wir im heutigen Oberbayern anhand eindrucksvoller Bauten verfolgen, wenn auch eingeräumt werden muß, daß die Oberpfalz (Regensburg), Franken (Rothenburg, Nürnberg) und Schwaben (Augsburg, Kaisheim) reicher an bedeutender Architektur sind. In ihren Bauten bedienten sich die Bischofsstädte und die Klöster der Prediger- und Bettelorden der neuen, in Frankreich ausgebildeten Kunstformen. Die intensive Bautätigkeit der Bettelorden dokumentiert in unserem Gebiet am schönsten die Franziskanerkirche von Ingolstadt (ab 1270). Unter den Bischofsstädten ist Eichstätt zu nennen, wo 1269 der Willibaldschor des Domes geweiht wurde. Ab 1313 entstand die Johanneskirche auf dem Freisinger Domberg. 1303 wurde der Chor der Berchtesgadener Stiftskirche geweiht, 1370 die Rotunde von Ettal.

Urschalling, gotische Fresken vom Ende des 14. Jh. Der Ausschnitt zeigt die Heilige Dreieinigkeit; der Heilige Geist ist als Frau dargestellt

Zu den wichtigsten Freskenzyklen dieser Epoche gehört der von Urschalling (Ende 14. Jh.) und Garmisch (St. Martin), zu den bedeutendsten Plastiken das Vesperbild von Salmdorf bei Haar (um 1340). In der Freskomalerei sind die vielfältigsten Einflüsse zu beobachten – oberitalienische wie böhmische, oberrheinische wie schwäbische.

Nach Ludwig dem Bayern war **Herzog Albrecht der Weise** (1467–1508) die bedeutendste Persönlichkeit unter den Wittelsbacher Herrschern des Mittelalters. Nach dem Landshuter Erbfolgekrieg (1504/05), der die bayerischen Landesteile wieder vereinte, erließ er das Primogeniturgesetz, das dem Erstgeborenen die Herrschaft sicherte und die Einheit des Herzogtums garantierte. Das von Herzog Albrecht geschaffene Staatskirchentum bewährte sich in den Krisen der Reformationszeit: Bayern blieb in weiten Teilen katholisch. Albrecht der Weise war der erste Humanist auf dem bayerischen Thron. Sein Bruder Sigmund führte in München die spätgotische Kunst zur Hochblüte.

Herzog Albrecht IV., der Weise, von Bayern. Gemälde (Ausschnitt) von Bartel Beham, Berchtesgadener Schloßmuseum

Mit dem Ende des 14. Jh. tritt das Bürgertum in seine neuen Rechte ein. Ausdruck dieses neuen bürgerlichen Selbstbewußtseins sind in der **Kunst der Spätgotik** die gewaltigen Hallenkirchen. Das Architekturgenie nicht nur Niederbayerns war Hans von Burghausen, der Baumeister von St. Martin in Landshut (ab 1380). Auf oberbayerischem Gebiet finden wir seine Spuren in Wasserburg (St. Jakob, Langhaus ab 1410) und Neuötting (St. Nikolaus, Chor 1429). Eine der größten spätgotischen Hallenkirchen Süddeutschlands aber ist die Münchner Frauenkirche, ein Werk von Jörg von Halsbach, genannt Ganghofer (1468–94). Bedeutend früher, im Jahr 1425, setzten die Bauarbeiten am Ingolstädter Liebfrauenmünster ein.

Doch auch die Profanbauten dieser Zeit sind großartig. Einige von ihnen, darunter auch das Alte Rathaus in München (1470–74) muß-

Landeskunde

Der hl. Jakobus, Figur des Meisters von Rabenden in der Kirche von Rohrdorf

ten nach den Kriegszerstörungen ab 1945 rekonstruiert werden. Doch blieb die Obermenzinger Blutenburg, es blieben Stadttore, wie das Bayertor in Landsberg am Lech.

Im Verlaufe des 15. Jh. begannen die Künstler mehr und mehr aus ihrer Anonymität herauszutreten. Begegnen uns in den Schönen Madonnen des Weichen Stils der Jahre um 1420 ausnahmslos Werke anonymer Meister, so finden wir nach der Jahrhundertmitte eine ganze Reihe von Meisternamen. Gleichzeitig setzte auch in der Kunst ein neuer Realismus ein. Hauptmeister dieses Stils in München – von Herzog Sigmund gefördert – war Erasmus Grasser, der Schöpfer der bekannten Moriskentänzer (1480). Im Chiemgau wirkte zu dieser Zeit der Meister von Rabenden, wohl identisch mit dem Wasserburger Steinmetzen Wolfgang Leb. Im Bereich um Moosburg und Erding wirkte der Landshuter Bildhauer Hans Leinberger (Moosburg, St. Kastulus, 1515).

Neben Grasser gehörte Jan Polack zu den von Herzog Sigmund bevorzugt beschäftigten Künstlern. In der Schloßkapelle der Blutenburg finden wir seine eindringlichen Tafeln, ebenso in der Münchner Peterskirche und der Pfarrkirche von Schliersee.

Die frühe Neuzeit und die Kunst der Renaissance

Die Reformation fand in Oberbayern nur an wenigen Orten Eingang. Die Wittelsbacher zeigten sich als Kämpfer für den alten Glauben. So berief **Wilhelm IV. der Standhafte** (1493–1550) 1549 die Jesuiten nach Ingolstadt. Hier war bereits 1472 die Universität gegründet worden und Conrad Celtis und Jakob Locher hatten sie zu einer Hochburg des Humanismus gemacht. Auch **Herzog Albrecht V., der Großmütige** (1528–79), kämpfte engagiert für die Gegenreformation. Die Jesuiten wurden von ihm nach München geholt. Dieser Wittelsbacher war ein großer Kunstliebhaber. Seine Hofkapelle besaß unter Orlando di Lasso internationalen Rang. Im Münzhof richtete er die erste bayerische Kunstkammer ein. Unter Albrecht begann die planvolle Kunst- und Kulturpolitik der Wittelsbacher.

Herzog Wilhelm V. der Fromme (1548–1628) setzte das antireformatorische Werk Albrechts fort. Nach seiner Hochzeit mit Renata von Lothringen – an das Fest erinnert noch heute das Glockenspiel am Münchner Rathaus – machte er den Rektor des Jesuitenkollegs zu seinem Beichtvater. Im Kölner Krieg trat Bayern an die Seite der kaiserlichen katholischen Partei, Wilhelms Bruder Ernst wurde Kölner Kurfürst. Im Jahre 1582 war die Rekatholisierung Altbayerns abgeschlossen – nur Neuburg an der Donau und die Grafschaft Ortenburg waren noch lutherisch.

Kurfürst Maximilian I. (1571–1651) ging als ›der Große‹ in die bayerische Geschichte ein. Zwar gelang es ihm nicht, sein Land aus dem Dreißigjährigen Krieg herauszuhalten, doch begrenzte er den Streit durch einen Friedensschluß mit dem lutherischen Markgrafen

Geschichte und Kunst

von Brandenburg-Ansbach auf Böhmen. In der Schlacht am Weißen Berg besiegte er am 8. November 1620 mit seinem General Tilly den Böhmenkönig. Mit Kaiser Ferdinand II. in der katholischen Liga vereinigt, gewann Maximilian 1623 die Kurwürde und erwarb vom Kaiser die Oberpfalz und die untere Pfalz rechts des Rheins.

Streng religiös erzogen, sah Maximilian sich nicht als Beherrscher, sondern nur als Vater und Hüter seiner Untertanen. Nach dem Friedensschluß von 1648 sorgte er für Steuerbefreiung und weitere Unterstützung der ins Land heimkehrenden Soldaten. Als ihm 1636 der ersehnte Thronfolger geboren wurde und ihm auch politisch das Glück zur Seite stand, ließ Maximilian auf dem alten Schrannenplatz die Mariensäule errichten. Auch als Bauherr war dieser Wittelsbacher tatenfroh: unter seiner Herrschaft wurde die Münchner Residenz auf den doppelten Umfang ausgebaut.

Kurfürst Maximilian I. Gemälde, um 1620, Berchtesgadener Schloßmuseum

Die **Renaissance** setzte in Oberbayern zwar nicht so früh ein wie in Schwaben (Augsburg, Fuggerkapelle, ab 1509), doch sind ihre Denkmäler eindrucksvoll. Als eigenständige Bauten der deutschen Renaissance entstanden ab 1563 der Münchner Münzhof und ab 1570 das Antiquarium der Residenz. Die Gegenreformation fand in der Münchner Jesuitenkirche St. Michael (1583–88) machtvoll Ausdruck. Die gewaltige Wandpfeilerkirche wurde wegweisend für die Architektur des Barock in Bayern. Unter Wilhelm V. erlebte die niederländisch und italienisch geprägte Renaissancekunst ihre Blüte. Unter Maximilian I. begann die Bevorzugung deutscher Künstler – nach den Niederländern Sustris und Gerhard war es jetzt der Weilheimer Hans Krumpper, der vom Hof die großen Aufträge bekam. 1609 wurde Krumpper zum Hofbildhauer ernannt, ihm verdankt München die Patrona Boiariae an der Westfassade der Residenz, den Wittelsbacher Brunnen im Brunnenhof und das Grabmal Kaiser Ludwigs des Bayern in der Frauenkirche.

In der Münchner Malerei der Renaissance ist Hans Mielich ein wichtiger Name: neben frühmanieristischen Porträts, aufwendigen Handschriftenminiaturen, hinterließ er als Hauptwerk das Mittelbild des Hochaltars in der Ingolstädter Liebfrauenkirche (1572).

Das 17. Jahrhundert und die Kunst des Barock

Kurfürst Ferdinand Maria (1651–79) wurde wegen seiner erfolgreichen Friedenspolitik der Friedfertige genannt. Er war mit der savoyischen Prinzessin Henriette Adelaide verheiratet, einer kunstliebenden Dame, und so fand unter seiner Herrschaft die italienische Barockkunst Eingang in Bayern. Aus Dankbarkeit für die Geburt des Thronfolgers baute der Kurfürst die Theatinerkirche und schenkte seiner Gemahlin das Schloß Nymphenburg (Kernbau).

Kurfürst Max II. Emanuel (1679–1726) kämpfte zwar in den Türkenkriegen gemeinsam mit den kaiserlichen Truppen (1688 Ein-

Kurfürst Max II. Emanuel. Gemälde von J. B. Vockhetz, Berchtesgadener Schloßmuseum

nahme von Belgrad), trat dann aber in Gegensatz zum Kaisertum. Der spanische König übertrug dem ›Blauen Kurfürsten‹ 1691 die Statthaltung in den Niederlanden und setzte seinen Sohn als Erben des spanischen Reiches ein. In Brüssel wurde der Kurfürst zum Bildersammler, seine Sammlung von Niederländern wurde zum Grundstock für die Grande Galerie in Schleißheim. Mit dem Tod des Kurprinzen Joseph Ferdinand 1699 wurden alle Hoffnungen auf den Thron zunichte. Im spanischen Erbfolgekrieg 1701–14 kämpfte Bayern auf der Seite Frankreichs gegen Habsburg. In der Schlacht von Höchstätt 1704 wurde das französisch-bayerische Heer geschlagen, Bayern wurde von den Österreichern besetzt. Max Emanuel floh in die Niederlande und kam erst nach elfjähriger Verbannung wieder nach München zurück. Seine ehrgeizigen politischen Pläne führten auch zu aufwendigen Schloßbauten – die bayerische Kunst gewann europäischen Rang. Die Schlösser Lustheim und Schleißheim, der Ausbau von Schloß Nymphenburg dokumentieren den Macht- und Repräsentationsdrang dieses absolutistischen Wittelsbacher Herrschers.

Die **Kunst des Barock** wurde zunächst von Italienern geprägt, ab etwa 1680 von italienisch geschulten Graubündnern. Gleichzeitig mit den Graubündnern begannen die Wessobrunner Baumeister und Stukkatoren ihr intensives Wirken, das sich bis an die Schwelle des Klassizismus im ganzen Land fortsetzen sollte. In der barocken Phase war der Klosterbaumeister Johann Schmuzer die herausragende Persönlichkeit unter den Wessobrunnern. Die Hofkunst des Spätbarock wurde durch den in Paris geschulten Dachauer Josef Effner geprägt.

Aus der langen Reihe eindrucksvoller **Bauten des oberbayerischen Barock** seien nur die wichtigsten genannt: 1663–90, München, Theatinerkirche; 1664–76 München, Schloß Nymphenburg (Kernbau); 1680–83, Benediktbeuern, Klosterkirche; 1684–89, Tegernsee, Klosterkirche; 1685 ff. München-Oberschleißheim, Schloß Lustheim; 1686–92, Vilgertshofen, Wallfahrtskirche; 1694–98, Raitenhaslach, Klosterkirche; 1701 ff. München-Oberschleißheim, Schloß Schleißheim; 1701 ff. Fürstenfeld, Klosterkirche; 1701–52 Ettal, Klosterkirche; 1711–18 München, Dreifaltigkeitskirche; 1715 ff. München-Nymphenburg, Steinerner Saal; 1716–19 München-Nymphenburg, Pagodenburg.

Das 18. Jahrhundert und die Kunst des Rokoko

Kurfürst Karl Albrecht (1726–45) war nicht weniger ehrgeizig als sein Vater und nahm noch einmal den Kampf gegen das Haus Habsburg auf. 1742 von den Kurfürsten zum Kaiser gewählt, sah er sich mit der Habsburgerin Maria Theresia konfrontiert, die selbst Thronansprüche geltend machte. Zwei Tage nach Karl Albrechts Kaiserkrönung (Karl VII.) marschierten österreichische Truppen nach

Geschichte und Kunst

Putten und Stuckmarmor gehören zu den Dekorationselementen des Rokoko; hier in der ehemaligen Klosterkirche von Fürstenfeld

München ein. Das Land, wenn auch zeitweise durch Okkupation geschwächt, erlebte dennoch auf dem Gebiet der Kunst seine Hochblüte. Die Residenz, 1729 zum Teil abgebrannt, wurde im Zeitgeschmack des Rokoko neu ausgestattet. Mit der Dekoration der Reichen Zimmer der Residenz wurde die Grundlage für das bayerische Rokoko gelegt.

Nicht nur der Hof, auch das Umland begann sich im neuen Stil des **Rokoko** auszustatten. Die Klosterkirchen der alten Orden, der Benediktiner, der Zisterzienser und der Augustinerchorherren, kamen ebenso zu ihrem Rokokogewand wie die zahllosen Wallfahrtskirchen. Ältere Wallfahrten, wie etwa Ettal, erhielten im 18. Jh. erneut Zulauf, doch darüber hinaus entstanden auch viele neue. Und zu dem Kranz der Klöster mit ihren Kirchen, der Wallfahrtskirchen, gesellten sich die Pfarrkirchen der Städte und nicht zuletzt die ländlichen Adelsresidenzen.

Unter den großen Meistern des oberbayerischen Rokoko finden wir fast nur deutsche, meist altbayerische Namen. Zu den wenigen

Landeskunde

Ausnahmen gehörte François Cuvilliés, der mit dem französischen Rokoko Anmut, Eleganz und Charme nach München brachte. Den Ausklang des Rokoko erlebte Oberbayern unter **Kurfürst Max III. Joseph** (1745–77). Er war der letzte Wittelsbacher der altbayerischen Linie, nach seinem Tod bestieg der wittelsbachische Kurfürst von der Pfalz den Thron.

Daten zum bayerischen Rokoko: Zwischen 1720 und 1770 sind es diese Namen, die bei den wichtigen künstlerischen Unternehmungen immer wieder auftauchen: die Brüder Asam, Johann Michael Fischer, die Brüder Zimmermann als Baumeister, Maler und Stukkatoren; Ignaz Günther, Johann Baptist Straub als Bildhauer. Hinzu kamen eine ganze Reihe Wessobrunner Stukkatoren und Freskanten der Augsburger Bergmüller-Schule.

Die wichtigsten Bauten des oberbayerischen Rokoko: 1732–35 München, St. Anna am Lehel; 1734–39 München-Nymphenburg, Amalienburg; 1732–39 Diessen, Stiftskirche; 1733–60 Schäftlarn, Klosterkirche; 1738–51 München, Berg am Laim, St. Michael; 1745–54 Wieskirche bei Steingaden; 1759–63 Rott am Inn, Klosterkirche.

Die bedeutendsten Ausstattungskunstwerke: 1717–35 Fürstenfeld, Klosterkirche; 1722–25 München-Oberschleißheim, Neues Schloß; 1723/24 Freising, Dom; 1726–31 München, Residenz, Ahnengalerie; 1729 Weyarn, Stiftskirche; 1730–56 München, St. Peter; 1734–39 München-Nymphenburg, Amalienburg; 1734–46 München, Asamkirche; ca. 1736–39 Diessen, Stiftskirche; 1737–43 Raitenhaslach, Klosterkirche; 1740–50 Steingaden, Klosterkirche; 1741 ff. Dietramszell, Stiftskirche; 1743–67 München-Berg am Laim, St. Michael; 1745–57 Wieskirche bei Steingaden; ca. 1746 Ettal, Klosterkirche; 1751–53 München, Residenz, Cuvilliés-Theater; 1751–55 Andechs, Wallfahrtskirche; 1753–85 Landsberg, Jesuitenkirche; 1754–64 Schäftlarn, Klosterkirche; 1756 Freising, Neustift; 1756/57 München-Nymphenburg, Schloß, Steinerner Saal; 1760–63 Rott am Inn, Klosterkirche.

Vom Königreich zum Freistaat Bayern: 19. und 20. Jahrhundert

Nach dem Erlöschen der Neuburg-Sulzbacher Linie ging das Erbe auf die Linie Zweibrücken-Birkenfeld über. Unter der Regierung von Kurfürst Maximilian IV. Joseph (1799–1825), seit 1806 **König Maximilian I. Joseph**, erfuhr Bayern große Veränderungen. Mit Hilfe seines Ministers Montgelas schuf er eine moderne Ministerialverfassung; die Landstände verloren wichtige Privilegien, bäuerliche Lehen wurden zu bäuerlichem Eigentum. Auch die Kirche blieb nicht ungeschoren: in Besitz etwa der Hälfte des anbaufähigen Bodens in Bayern, wurde nun ihr Grundbesitz säkularisiert. 1803 wurden die Klöster aufgehoben. Wenn auch Max Joseph dafür sorgte, daß nicht

König Maximilian I. Joseph. Kopie von Dury nach einem Original von Stieler, 1846. Berchtesgadener Schloßmuseum

Geschichte und Kunst

allzu radikal vorgegangen wurde, ging doch durch den ›Sturm auf Bayerns Kirchen und Klöster‹ unersetzliches Kulturgut verloren. Als 1803 durch Reichstagsbeschluß die geistlichen Fürstentümer säkularisiert und eine Reihe von weltlichen mediatisiert wurden, war der bayerische Staat der Gewinner. Mit Frankreich verbündet und im Krieg erfolgreich, fielen 1806 auch Teile des schwäbischen und fränkischen Landes an Bayern, das nun auf mehr als das Doppelte seiner bisherigen Größe anwuchs. Ab 1. 1. 1806 war Bayern Königreich.

König Ludwig I. (1825–48) begann aus dem Agrarstaat Bayern ein gewerblich orientiertes Land zu machen. Seine große Liebe galt aber der Kunst: in Rom wurde er zum Verehrer der klassischen Antike, er sammelte antike Skulpturen und ließ für sie 1816 die Glyptothek bauen. Mit Hilfe seines Hofbauintendanten Leo von Klenze machte der König München zum zweiten Zentrum des Klassizismus neben Berlin. Der Romantik ebenso zugetan wie dem Geist des Griechentums, darüber hinaus allem ›teutschen‹ geneigt, holte er sich deutsche Künstler aus dem römischen Kreis der Nazarener nach München und förderte die Philosophen Friedrich Wilhelm Schelling und Franz Baader. Seiner Religiosität ist die Wiederherstellung vieler Abteien und Priorate zu verdanken, darunter Scheyern, Andechs und Schäftlarn. Die Universität, seit 1800 in Landshut, wurde 1826 in die königliche Haupt- und Residenzstadt München verlegt. Im Revolutionsjahr 1848 verzichtete Ludwig zugunsten seines Sohnes Maximilian auf die Krone – seine Liebe zu der Tänzerin Lola Montez wurde ihm zum Verhängnis.

König Ludwig I. von Bayern. Gemälde von Joseph Stieler, um 1826, Berchtesgadener Schloßmuseum

König Max II. (1848–64) hatte für die bildende Kunst weniger Verständnis als sein Vater – er war ein Freund und Förderer der Wissenschaften. Dennoch hat München diesem König eine seiner eindrucksvollsten Straßen zu verdanken: die Maximilianstraße mit ihren monumentalen historistischen Bauten. Auf dem Isarhochufer ließ er das Maximilianeum errichten. Als erster moderner Glas-Eisen-Großbau entstand 1853 der Glaspalast (1931 abgebrannt). 1854 wurde das Bayerische Nationalmuseum gegründet.

König Ludwig II. (1864–86) trat bereits achtzehnjährig nach dem Tod des Vaters ein schweres Erbe an. Mit Österreich verbündet, wurde Bayern 1866 in einen Krieg mit Preußen verwickelt. Als der Krieg verlorenging, mußte der König seine Armee dem preußischen Oberbefehl unterstellen. 1870 setzte Bismarck die Eingliederung Bayerns in das deutsche Kaiserreich durch. König Ludwig, verträumt und weich, der Kunst mehr zugetan als der Politik, zog sich immer mehr in die Einsamkeit zurück und huldigte seiner größten Leidenschaft: dem Bau seiner Schlösser. Diese Baupassion, auch seine Freundschaft mit Richard Wagner, dessen Werk er finanziell förderte, kostete ihm schließlich den Thron. Im Juni 1886 wurde der König wegen »primärer Verrücktheit« entmündigt. Sein Tod am Pfingstsonntag 1886 im Starnberger See vor Schloß Berg blieb bis heute ungeklärt.

Die Regierungsgeschäfte übernahm Ludwigs Onkel als **Prinzregent Luitpold** (1886–1912). Ihm folgte als letzter Wittelsbacher **König**

Ludwig II., König von Bayern. Kolorierter Lichtdruck einer Fotografie, Hanfstaengl, München

Landeskunde

Ludwig III., der erst als Achtundsechzigjähriger die Regentschaft übernahm (1912). Nach dem Ersten Weltkrieg wurde die bayerische Monarchie – als erste in Deutschland – gestürzt.

Während der Prinzregentenzeit erlebte München noch einmal eine Blüte auf dem Gebiet der Kunst. Gabriel von Seidl und Friedrich von Thiersch waren die großen Architekten dieser Zeit (u. a. Prinzregentenstraße, Bayerisches Nationalmuseum, Justizpalast), als ›Malerfürsten‹ herrschten Franz von Lenbach und Franz von Stuck.

Um die Jahrhundertwende brachte der **Jugendstil** für München besonders auf dem Gebiet der Illustration und der Plakatgestaltung neue Impulse. 1896 wurde die Zeitschrift ›Die Jugend‹ gegründet, die dann dem Stil in Deutschland seinen Namen gab. Hier, wie in den Zeitschriften ›Simplizissimus‹ (seit 1896) und ›Pan‹ (seit 1895) fanden bedeutende Zeichner ihren Wirkungsort, darunter Olaf Gulbransson, Eduard Thöny und Thomas Th. Heine.

Mehr und mehr fanden nach der Jahrhundertwende auch ausländische Künstler ihren Weg nach München. Unter ihnen waren auch Russen wie Wassily Kandinsky und Alexej Jawlensky. Zunächst in der Neuen Künstlervereinigung wirksam, begründeten sie mit Franz Marc, Gabriele Münter und anderen die Gruppe Der Blaue Reiter. Nicht zuletzt wurden sie dann während Münchens ruhmlosester Zeit bekämpft. Der Nationalsozialismus hatte in München einen günstigen Boden, hier fand am 9. November 1923 der Marsch zur Feldherrnhalle statt, und seit 1935 nannte sich die bayerische Landeshauptstadt auch ›Hauptstadt der Bewegung‹. In der Ausstellung ›Entartete Kunst‹ (1937) waren es gerade die Künstler des Blauen Reiters, die mit Hohn und Spott bedacht wurden.

Am Ende des Zweiten Weltkriegs häuften sich in München Schutt und Asche. Nach 66 Luftangriffen war 45 % der gesamten Bausubstanz vernichtet, die Altstadt zu 60 % zerstört. Besondes die alte Wittelsbacher Residenz war aufs schwerste getroffen. »Was erhalten blieb, erschien zunächst verzweifelt wenig: Außenmauern und Trennwände, einige Gewölbe, in einigen Trakten Wand- und Deckenmalereien, ein kleiner Teil von Stukkaturen« – so ein Bericht der Registratur.

Der Wiederaufbau setzte noch 1945 ein – am 30. 4. waren die Amerikaner einmarschiert. Im Sommer beschloß der Stadtrat: es soll in alter Form wiederaufgebaut werden. Im gleichen Jahr bekam der Freistaat Bayern seine Verfassung. Nur elf Jahre dauerte es, bis München die Grenze zur Millionenstadt überschritt.

Das alte Agrarland Bayern ist heute zu einem der führenden Wirtschaftsländer Deutschlands geworden. Besonders die Automobilindustrie, der Maschinenbau, die Feinmechanik und Optik haben hier einen guten Platz. Daß auch die Brauereien in Bayern gut verdienen, ist hinlänglich bekannt. München allein besitzt sechs Großbrauereien, und nach der jüngsten Statistik gibt es in ganz Bayern 700 Sudstätten, die mehr als 4000 verschiedene Biersorten brauen!

Galerie der bedeutendsten Künstler

Cosmas Damian Asam, geb. 1686 in Benediktbeuern, gest. 1739 in München. Einer der Hauptmeister der süddeutschen Freskomalerei. Ausgebildet in Rom, wo er die hochbarocke Illusionsmalerei aufnahm. Zusammenarbeit mit seinem Bruder Egid Quirin. Hauptwerke in Oberbayern: 1720/21 Schleißheim, Fresko über dem Treppenhaus; 1722 Fürstenfeld, Fresken im Chor; 1723/24 Freising, Fresken im Langhaus; 1731 Fürstenfeld, Fresken im Langhaus; 1733/34 Ingolstadt, Bürgersaal, Deckenfresko; 1735 München, Asamkirche, Fresko.

Egid Quirin Asam, geb. 1692 in Tegernsee, gest. 1750 in Mannheim. Architekt, Bildhauer und Stukkator. Ausgebildet in Rom. Vielfach Zusammenarbeit mit seinem Bruder Cosmas Damian. Hauptwerke in Oberbayern: 1723/24 Freising, Stuck im Langhaus und um 1735 in der Johanneskapelle des Doms; 1737–46 Fürstenfeld, Stuck; 1738 München, Stuckskulpturen in St. Anna im Lehel und in der Asamkirche; 1747/48 Sandizell, Hochaltar.

Johann Baptist Baader, geb. 1717 in Lechmühlen, daher auch Lechhansl genannt, gest. 1779. Gehörte zum Augsburger Bergmüller-Kreis. Als Freskomaler vor allem im Pfaffenwinkel tätig. Hauptwerke: 1758 Wessobrunn, Pfarrkirche; 1774 Perchting, Pfarrkirche; 1778 Polling, Bibliothek.

Agostino Barelli, geb. 1627 in Bologna, gest. um 1687 in Bologna. Arbeitete 1663–74 für den bayerischen Hof. 1663–69 München, Theatinerkirche; 1664–74 Kernbau Schloß Nymphenburg.

Johann Georg Bergmüller, geb. 1688 in Türkheim, gest. 1762. Maler, Freskant und Kupferstecher. Einer der führenden süddeutschen Maler des Barock und als Direktor der Augsburger Malerakademie Lehrer bedeutender Freskomaler wie J. E. Holzer, F. M. Kuen. Hauptwerk als Freskant: 1736 Diessen, Deckenbilder.

François Cuvilliés d. Ä., geb. 1695 in Soignies im Hennegau, gest. 1768 in München. Nach Studium in Paris ab 1715 in München am Hof des Kurfürsten Max Emanuel. 1725 Hofbaumeister und 1753 Oberhofbaumeister. Bestimmend in der Entwicklung des süddeutschen Rokoko. Hauptwerke als Dekorationskünstler: 1730–37 Reiche Zimmer der Residenz; 1734–39 Amalienburg im Park von Nymphenburg; 1750–53 Cuvilliéstheater.

Josef Effner, geb. 1687 in Dachau, gest. 1745 in München. Studium in Paris. Ab 1715 Hofbaumeister in München. Hauptwerke: seit 1715 Flügelbauten des Schlosses Nymphenburg, im Park die Pago-

Landeskunde

Selbstporträts von Malern in ihren Werken: links Matthäus Günther (Indersdorf, Deckenfresken des ehemaligen Augustinerchorherrenstifts), rechts Johann Baptist Baader, der Lechhansl (Polling, Fresken in der Bibliothek des ehemaligen Augustinerchorherrenstifts)

denburg und die Badenburg; seit 1719 Ausbau des Schlosses Schleißheim; 1723–28 München, Preysingpalais.

Johann Michael Fischer, geb. 1692 in Burglengenfeld, gest. 1766 in München. Bedeutendster Architekt des altbayerischen Rokoko, Bevorzugung des Zentralbaues. Wichtigste Bauten in Oberbayern: 1727–33 München, St. Anna im Lehel; 1732-39 Diessen; 1738–44 München-Berg am Laim; 1759–61 Rott/Inn; 1763–66 Altomünster.

Erasmus Grasser, geb. um 1450 in Schmidmühlen/Oberpfalz, gest. 1518. Nach Wanderjahren in Wien ab 1473 als Bildschnitzer in München tätig. Hauptmeister der realistischen Phase der Spätgotik. Hauptwerke: 1480 Moriskentänzer für den alten Rathaussaal in München; um 1500 Chorgestühl für die Frauenkirche.

Ignaz Günther, geb. 1725 in Altmannstein/Oberpfalz, gest. 1775 in München. Lehre bei Johann Baptist Straub in München und Paul Egell in Mannheim. Vollender der süddeutschen Rokokoplastik und in Bayern ihr größtes Talent. Hauptwerke: Altarplastiken von Rott am Inn (1762), Weyarn (1762–64) und Freising/Neustift (um 1765).

Matthäus Günther, geb. 1705 in Tritschgengreith/Hohenpeißenberg, gest. 1788 in Wessobrunn. Ein Hauptmeister der Freskomalerei des Rokoko in Oberbayern und Schwaben. 1720 Lehre bei Cosmas Damian Asam. Die wichtigsten Fresken in Oberbayern: 1732 Garmisch; 1738 und 1741 Rottenbuch; 1740 Mittenwald; 1741 und 1761 Oberammergau; 1748 Schongau; 1753 Indersdorf; 1761–63 Rott am Inn.

Jörg von Halsbach, geb. um 1410 in Halsbach bei Burghausen, gest. 1488 in München. 1468–88 Stadtmauermeister in München und Bau der Liebfrauenkirche, eine der größten Hallenkirchen in Süddeutschland. Weitere Bauten: Altes Rathaus (1470–74) und Allerheiligenkirche am Kreuz (1480–85).

Adolf von Hildebrand, geb. 1847 in Marburg, gest. 1921 in München. Nach Italienaufenthalt ab 1892 in München. Dort neubarocke

Brunnenbauten, die das Münchner Stadtbild bereichern, darunter der Wittelsbacher Brunnen am Lenbachplatz.

Leo von Klenze, geb. 1784 in Bockenem bei Hildesheim, gest. 1864 in München. Seit 1816 Hofbauintendant im Dienste Ludwigs I. in München. Neben Schinkel der bedeutendste Architekt des Klassizismus in Deutschland, dessen Werke das Münchner Stadtbild prägen. Die Münchner Hauptwerke: 1816–31 Glyptothek; 1817–21 Leuchtenberg-Palais; 1820 Arco-Palais; 1826–28 Odeon; 1826–35 Königsbau der Residenz; 1826–36 Pinakothek; 1832–42 Festsaalbau der Residenz; 1843–54 Ruhmeshalle, Theresienwiese; 1846–60 Propyläen.

Hans Krumpper, geb. um 1570 in Weilheim, gest. 1634 in München. Als Bildhauer, Altarbauer, Architekt und Stukkator ab 1584 für den Hof tätig. Mittler zwischen der bayerischen Kunsttradition des 16. Jh. und dem italienisch-niederländischen Manierismus. Wichtigstes Bronzebildwerk: 1619–22, Grabmal Kaiser Ludwigs des Bayern in der Frauenkirche.

Hans Leinberger, geb. um 1470, gest. um 1530 in Landshut. Der niederbayerische Bildhauer, ein Hauptmeister der spätgotischen Altarkunst, hat auch auf oberbayerischem Gebiet bedeutende Werke hinterlassen: 1511–14 den Hochaltar der ehemaligen Stiftskirche St. Kastulus in Moosburg. Eindringliche Schnitzwerke Leinbergers im Stil des spätgotischen Barock besitzt auch die Münchner Frauenkirche (um 1525, hl. Christophorus).

Franz von Lenbach, geb. 1836 in Schrobenhausen, gest. 1904 in München. Nach Lehre bei Piloty in München und Tätigkeit an der Weimarer Kunstschule ab 1862 in München. Bedeutendster deutscher Porträtist der Gründerzeit-Gesellschaft. Bekannt vor allem seine Porträts von Bismarck und Moltke.

Franz Marc, geb. 1880 in München, gefallen 1916 bei Verdun. Nach Studium an der Münchner Akademie Aufenthalte in Paris, wo der Impressionismus und die Malerei Van Goghs ihn beschäftigten. 1911 Begründung der Künstlergruppe ›Der Blaue Reiter‹ zusammen mit Wassily Kandinsky, Gabriele Münter u. a. Im Zentrum seiner Malerei stand die Welt der Tiere. Ab 1914 auch abstrakte Kompositionen. Lebte in Sindelsdorf und Ried bei Kochel.

Jan Polack, geb. um 1450 in Polen, gest. 1519 in München. Nach Lehrjahren in Krakau, Prag, Franken und den Niederlanden ab etwa 1477 in München tätig. Vom Hof gefördert, entstanden ab 1490 großartige Altarwerke, darunter der Wandelaltar der Peterskirche, der Franziskaneraltar (1492) und die Tafeln für die Schloßkapelle der Blutenburg (1491). Polack war der bedeutendste Maler der Spätgotik in München.

Landeskunde

Franz Xaver Schmädl, geb. 1705 in Oberstdorf, gest. 1777 in Weilheim. Wegen seiner großen Produktivität in dieser Landschaft als Bildhauer des Pfaffenwinkels bezeichnet. Hauptwerke: Altäre und Kanzel in Rottenbuch (um 1740); Kreuzaltar Andechs, um 1755; Hochaltar Oberammergau, 1762.

Franz Xaver Schmuzer, geb. 1713 in Wessobrunn, gest. 1775. Einer der begabtesten Wessobrunner Stukkatoren, Sohn von Joseph Schmuzer. Hauptwerke: 1737/38, 1741–45 Rottenbuch; 1739/40 Oberammergau; um 1740 Steingaden; 1447/48 Hohenpeißenberg; um 1758 Wessobrunn.

Johann Schmuzer, geb. 1642 in Gaispoint/Wessobrunn, gest. 1701 in Dettenschwang bei Landsberg. Wessobrunner Klosterbaumeister und Stukkator. 1680 ff. Klosterneubau der Benediktinerabtei von Wessobrunn; 1686–92 Wallfahrtskirche Vilgertshofen; 1699–1701 Rathaus Landsberg am Lech. Hauptwerke als Stukkator: 1670–76 Ilgen; 1680 ff. Wessobrunn, Tassilosaal und Gang im Gästetrakt; 1686–92 Vilgertshofen, Deckenstuck.

Joseph Schmuzer, geb. 1683, in Wessobrunn, gest. 1752. Klosterbaumeister und Stukkator, Sohn von Johann Schmuzer. Hauptwerke als Stukkator: 1729 ff. Garmisch, Pfarrkirche; 1735/36 Partenkirchen, St. Anton. Hauptwerke als Baumeister: 1735/36 Partenkirchen, St. Anton, Erweiterungsbau; 1735–42 Oberammergau, Pfarrkirche; 1736–40 Mittenwald, Pfarrkirche; 1744 Ettal, Wiederaufbau der Benediktiner-Klosterkirche.

Gabriel von Seidl, geb. 1848 in München, gest. 1913 in München. Bedeutendster Architekt der Prinzregentenzeit in München, Großbauten in üppigem Neubarock. Hauptwerke: Bayerisches Nationalmuseum, Künstlerhaus, Pfarrkirche St. Anna, Villa Lenbach, Deutsches Museum (zusammen mit seinem Bruder Emanuel). Baumeister und Umgestalter einer Reihe bedeutender Schlösser in Oberbayern (darunter Neubeuern, wo er auch die Hauptstraße neu gestaltete). Als Naturschützer Begründer des Isartalvereins.

Johann Baptist Straub, geb. 1704 in Wiesensteig (Württemberg), gest. 1784 in München. Seit 1737 Hofbildhauer in München. Hauptmeister der Rokokoskulptur neben Ignaz Günther. Wichtigste Werke in München in der Dreifaltigkeitskirche, in St. Anna am Lehel, St. Georg in Bogenhausen, St. Michael in Berg am Laim. Im weiteren Oberbayern: Schäftlarn und Ettal.

Giovanni Antonio Viscardi, geb. 1647 in Graubünden, gest. 1713. Ab 1678 Hofbaumeister in München und Rivale von Zuccalli, der ihn 1689 aus dem Amt verdrängte. Später Wiedereinsetzung und ab 1702 Leiter des Erweiterungsbaues des Nymphenburger Schlosses und Planung der Kirche von Fürstenfeld; 1709/10 Bürgersaalkirche und 1711–14 Dreifaltigkeitskirche in München.

Dominikus Zimmermann, geb. 1685 in Wessobrunn, gest. 1766. Baumeister, Maler und Stukkator. Sein Hauptwerk, die Wallfahrtskirche Wies bei Steingaden, machte ihn weltberühmt. Werke in Oberbayern: 1718–20 Landsberg/Lech, Rathaus, Stuck des Festsaales, des Vorplatzes und der Fassade; 1721 Landsberg/Lech, Rosenkranzaltar mit Scagliola-Antependium; ab 1739 Pöring, Schloßkapelle, Stuck und Fresken; ab 1741 Landsberg/Lech, St. Johannes, Architektur, Hochaltar und Fresko über dem Hochaltar; 1744–57 Wies, Wallfahrtskirche, Architektur und Stuck.

Johann Baptist Zimmermann, geb. 1680 in Wessobrunn, gest. 1758 in München. Stukkator und Maler. Zusammenarbeit mit seinem Bruder Dominikus, in München mit F. Cuvilliés, unter dessen Einfluß er sich zu einem Meister des graziösen Rokoko entwickelte. Hauptwerke in Oberbayern: 1714 Schliersee, Pfarrkirche, Stuck und Fresken; um 1715 Maxlrain, Schloß, Stuck und Fresken; 1716 Freising, Domkreuzgang und Kapellen, Stuck und Fresken; 1720–26 Schleißheim, Neues Schloß, Stuck und Stuckfiguren; 1724 Benediktbeuern, Stuck und Fresken; u. a. 1725 Ettal, Sakristei, Stuck; 1726 Dietramszell, Stuck und Fresken; 1725–30 München, Residenz, Stuck (z. T. zerstört und rekonstruiert); 1729 Weyarn, Stuck und Fresken; 1730 Beyharting, Stuck und Fresken; 1731 München, St. Peter, Stuck und Stuckreliefs im Chor (ergänzt); 1731 München, Residenz, Reiche Zimmer, Stuck (nach Zerstörung 1944 rekonstruiert); 1731–33 Benediktbeuern, Stuck und Fresken; 1733 München, Residenz, Stuck (z. T. rekonstruiert); 1734–37 München-Nymphenburg, Amalienburg, Stuck und figürlicher Stuck; um 1738 Raitenhaslach, Stuck im Chor; 1738–40 Prien, Stuck und Fresken; 1738/39 Herrenchiemsee, ehemalige Bibliothek, Stuck und Fresken; 1739 Wasserburg, Kernhaus, Fassadenstuck; 1741 Dietramszell, Stuck und Fresken; 1734–44 München-Berg am Laim, Stuck und Fresken; 1749 Wies, Fresken im Chor; 1751–54 Andechs, Stuck und Fresken; 1753/54 Wies, Fresken Hauptraum; 1753/54 München, St. Peter, Fresken; 1754–56 Schäftlarn, Stuck und Fresken; 1755–57 München-Nymphenburg, Steinerner Saal, Stuck und Fresken; 1756 Freising/Neustift, Fresken.

Enrico Zuccalli, geb. um 1642 in Roveredo/Graubünden, gest. 1724 in München. Ließ sich 1669 in München nieder und bestimmte dort neben seinem Konkurrenten Viscardi die Architektur des Hochbarock. Nach der Abberufung von A. Barelli 1667 Fortführung der Theatinerkirche und Umgestaltung der Kuppel sowie Fassadenentwurf mit den beiden Turmkuppeln. Ab 1680 mehrere Räume in der Residenz dekorativ ausgestaltet. 1693 Palais Portia; 1684–89 Schloß Lustheim in Schleißheim und Entwürfe für das Neue Schloß.

»Der Markt zu München«. Kupferstich von Matthäus Merian, 1644 ▷

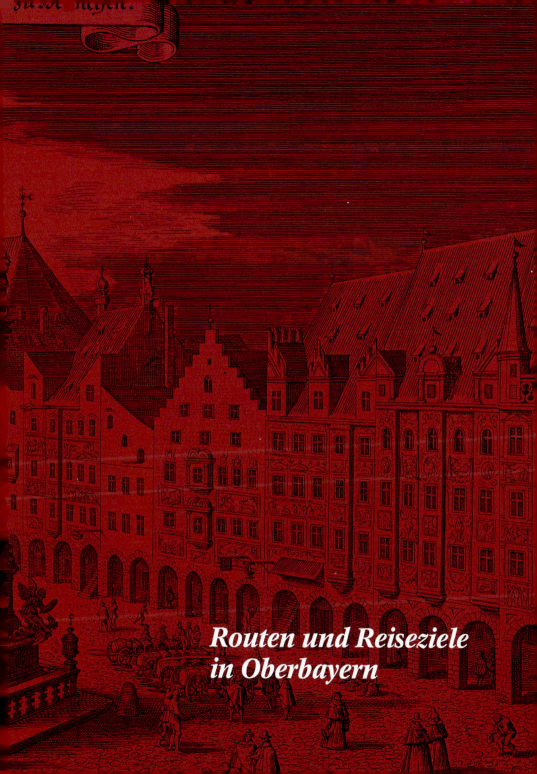

An der Donau und im Altmühltal

Das Land an der Donau und an der Altmühl ist noch nicht lange oberbayerisch. Die Gebietsreform im Jahr 1972, die tief in gewachsene Strukturen eingriff, hat auch hier viel verändert. Vor allem gilt dies für den Bereich um Neuburg a. d. Donau, der seit 1837 zu Schwaben gehörte, und für Eichstätt und sein Umland, einst Teil von Mittelfranken. Eine reizvolle historische und kulturelle Vielfalt also in diesem Gebiet, zumald die Geschichte von Ingolstadt über Jahrhunderte niederbayerisch bestimmt war.

Neuburg a. d. Donau

Neuburg, um es gleich vorwegzunehmen, ist eine der schönsten bayerischen Residenzstädte. Allein schon die Lage der Altstadt auf einem mächtigen Jurafelsen über der Donau begeistert. Die Geschichte der Stadt ist kompliziert. Schon Kelten und Römer haben hier gesiedelt, ein römisches Kastell sicherte den Donauübergang. Von 540 bis 1197 war ›Nivenburcg‹ Herzoghof und Königshof. Um das Jahr 1000 gründete Herzog Heinrich IV. von Bayern auf dem Stadtberg ein Benediktinerinnenkloster. 1197–1247 gehörte Neuburg den Pappenheimern, kam dann wieder an Bayern. 1392 wurde die Stadt Nebenresidenz der Herzöge von Bayern-Ingolstadt und kam 1445 an Bayern-Landshut. Als Kaiser Maximilian I. die Junge Pfalz gründete, wurde Neuburg 1505 ihr Hauptort. Von dieser Zeit an, bis 1808, war Neuburg Sitz eines Fürstentums. Pfalzgraf Ottheinrich war im 16. Jh. die herausragende Persönlichkeit, mit ihm begann eine kulturelle Blüte, die sich bis ins 17. Jh. hinein fortsetzte. 1542 führte Ottheinrich den evangelisch-lutherischen Glauben ein. 1559–1685 war die Stadt Residenz von Pfalz-Neuburg. 1617 wurde die katholische Konfession wieder Landesreligion. Mit Karl Theodor, Kurfürst von der Pfalz, kam Neuburg 1777 wieder an Bayern.

Mit der Gewinnung von Kieselerde begann 1880 die Industrialisierung, doch blieb der Stadt – anders als dem benachbarten Ingolstadt – der große wirtschaftliche Aufschwung nach dem Zweiten Weltkrieg versagt. Erst ab 1960 begann durch Ansiedlung von Gewerbe- und Industriebetrieben im Osten der Stadt ein allmählicher Aufstieg. Die Kreisverwaltung des Landkreises Neuburg-Schrobenhausen hat hier ihren Sitz.

Das **Schloß** (1), eine mächtige Vierflügelanlage, beherrscht die Altstadt im Osten. Vom anderen Donauufer her ist der Bau am schönsten, die Rundtürme des Osttraktes adeln die ganze Stadt. Die Anlage entstand in mehreren Phasen zwischen 1534 und 1665. Pfalzgraf Ottheinrich (1502–59) war der erste Bauherr; nach ihm heißt der Westflügel *Ottheinrichsbau*. Eindrucksvoll ist der große *Arkadenhof* mit seinen Sgraffitomalereien (Ende 16. Jh.); interessant auch der Treppenturm mit Grisaillemalereien (um 1545, wohl Jörg Breu d. Ä.), während die Blaue Grotte wegen ihrer Farben begeistert.

Neuburg a. D. ☆☆
Besonders sehenswert:
Schloß mit
Schloßkirche
Hofkirche
Ortsbild der Altstadt
Jagdschloß Grünau
Hl. Kreuz in Bergen
bei Neuburg

Eichstätt, Willibaldsburg über
◁ *der Altmühl*

An der Donau und im Altmühltal

Neuburg an der Donau
1 Schloß
2 Ehemaliges Jesuitengymnasium
3 Hofkirche
4 Marienbrunnen
5 Rathaus
6 Taxishaus
7 Provinzialbibliothek
8 Weveldhaus (Stadtmuseum)
9 Stadtpfarrkirche St. Peter
10 Oberes Tor
11 Ursulinenkloster mit Studienkirche
12 Spital- und Stadtpfarrkirche Hl. Geist
13 Richtung Jagdschloß Grünau

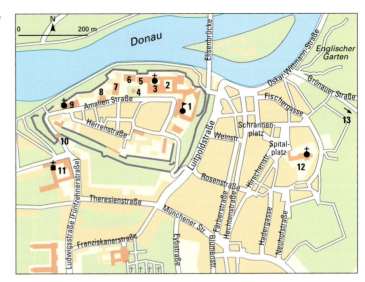

Neuburg a. d. Donau, Blick über den Fluß auf das Schloß; dahinter der Turm der Hofkirche ▷

Die **Schloßkapelle** ist der älteste für den evangelischen Gottesdienst geschaffene Kirchenraum Deutschlands (1540–43), ein zweigeschossiger, reich mit Stuck und Fresken ausgeschmückter Saal. Der Salzburger Hans Bocksberger, der auch bei der Ausgestaltung der Landshuter Residenz tätig war, malte den *Freskenzyklus*. Andreas Osiander, ein Nürnberger Theologe, erdachte das Bildprogramm: das Gerechtwerden des Menschen vor Gott durch Christi Erlösungswerk. Ein sehr nobler Akzent: der *Rotmarmoraltar* mit der Darstellung von Johannes und Maria unter dem Kreuz, ein Werk des Eichstätters Martin Hering (1542). Die Inschrift erinnert an den Stifter, Pfalzgraf Ottheinrich. Einige Räume des Schlosses werden für Museumszwecke genutzt, es existiert ein **Vorgeschichtsmuseum Neuburg** und ein **Pfalzneuburgisches Museum**.

Dem Schloßkomplex schließt sich im Nordwesten das ehemalige **Jesuitengymnasium** (2) aus dem Jahr 1715 an, heute Institut der Englischen Fräulein. An dieser Stelle stand einst das mittelalterliche Benediktinerinnenkloster. Der *Kongregationssaal* ist reich stukkiert. Franz Hagen malte die Deckenbilder (1717) zu marianischen Themen. Der festliche Saal wird zu Konzerten genutzt. Neuburg gehört zu den Städten, die alljährlich die ›Sommerkonzerte zwischen Donau und Altmühl‹ veranstalten.

Die Amalienstraße führt zum Karlsplatz. Ihm wendet die **Hofkirche** (3) ihre noble Fassade zu, ein Bau in strahlendem Ocker. Ende des 16. Jh. war die alte Benediktinerinnenklosterkirche baufällig geworden, und an ihrer Stelle planten die protestantischen Pfalzgrafen einen ›Trutzmichael‹, als Gegenstück zur katholischen Münchner Jesuitenkirche. Als der Bau 1627 – nach Plänen von

Neuburg a. d. Donau

Joseph Heintz – schließlich vollendet war, hatten sich die Verhältnisse jedoch geändert, die Pfalzgrafen waren wieder katholisch. Die Jesuiten, denen der Bau übergeben wurde, machten aus der geplanten protestantischen eine gegenreformatorische Marienkirche. Die dreischiffige Halle besticht durch ihre glanzvolle Ausstattung in festlichem Gold-Weiß-Grau. Der figürliche und ornamentale *Stuck* der Tessiner Castelli gehört zum Schönsten, was es aus der Dekorationskunst dieser Zeit gibt (1616–19). Nicht erhalten ist die Altarausstattung des 17. Jh., drei der Rubensbilder gehören heute zum Bestand der Münchner Alten Pinakothek. Altäre und Kanzel entstammen dem 18. Jh. (1753–56, Joseph Anton Breitenauer).

Der **Karlsplatz**, in seiner Mitte ein wunderschöner barocker **Marienbrunnen** (4) aus dem Jahr 1722, besticht durch seine Geschlossenheit, den Adel und die farbliche Vielfalt seiner Bauten; auffallend vor allem das 1603–09 entstandene **Rathaus** (5) mit Freitreppe, das **Taxishaus** (6) mit reichstem farbigen Stuckdekor (1747) und an der Ecke zur Amalienstraße die **Provinzialbibliothek** (7) aus den Jahren 1731/33. Hier, im ehemaligen Kongregationssaal, fand nach der Säkularisation das *Bibliotheksgestühl* des Klosters Kaisheim (um 1735) einen würdigen Platz.

In der Amalienstraße – strahlend in der frohen Farbigkeit ihrer Häuser – dann ein weiterer erstaunlicher Bau, das **Weveldhaus** (8). Gabriel Gabrieli, Eichstätts großer Baumeister, machte aus dem Renaissancebau ein barockes Adelspalais (um 1715). In den Räumen sind die Sammlungen des Stadtmuseums untergebracht. Am Straßenende ragt der barocke Turm der **Stadtpfarrkirche St. Peter** (9) in die Höhe. Die dreischiffige Pfeilerhalle (1641) des Graubündners Johann Serro zeigt sich nach ihrer Renovierung (bis 1988) wieder in schönster Frische. Stuck und Fresken entstanden um 1670.

Wie die Amalienstraße ist auch die parallel zu ihr verlaufende Herrenstraße mit vornehmen Adels- und Patrizierhäusern dicht besetzt. Hier sind es vor allem die Häuser A 99 und A 102 – das **Graf-Veri-Haus** (17. und 18. Jh.) und das **Baron-von-Hartmann-Haus** (um 1730), die bewundernde Blicke auf sich ziehen. Die Amalienstraße senkt sich am Ende, der Weg führt hinab zum **Oberen Tor** (10), einem reizvollen Renaissancebau in tiefem Braunrot, besetzt mit Rundtürmen (14. und 16. Jh.). Mit der Ummauerung der Oberen Stadt wurde im frühen 14. Jh. begonnen, ein zweiter Mauerring kam im 15. Jh. im Süden und Osten hinzu.

Zu Füßen des Oberen Tores steht das ehemalige **Ursulinenkloster** (11) mit der Studienkirche. Der Vorarlberger Valerian Brenner errichtete die Anlage 1700/01. Der Kirchensaal ist fein stuckiert (um 1701, Nikolaus Perti), die Fresken treten in ihren kleinen Rundfeldern hinter dem Akanthusrankendekor zurück. Altäre und Kanzel stammen aus den Jahren um 1720, die ausgezeichneten Schnitzarbeiten werden Ehrgott Bernhard Bendl zugeschrieben. 1813 wurde das Kloster aufgelöst, die Bauten gingen an das Gymnasium und das Studienseminar. Von der Kunstfertigkeit der Ursulinen zeugen noch

Das Jagdschloß Grünau

die prachtvollen Antependien und Ornate in der *Paramentenschatzkammer*.

Am Ostrand der unteren Vorstadt wurde 1520 ein Spital gegründet. 1723–25 entstand die heutige **Spital- und Stadtpfarrkirche Hl. Geist** (12) am Spitalplatz. Der geräumige Saal ist reich ausgestattet. Feiner Bandelwerkstuck (um 1724) rahmt die gleichzeitigen Fresken. In der Mitte, in einem strahlenförmigen Bildfeld: die Sieben Gaben des Heiligen Geistes, durch Heilige personifiziert (Matthias Zink).

Inmitten der Donauauen, im Osten der Stadt, baute sich Pfalzgraf Ottheinrich im 16. Jh. das **Jagdschloß Grünau**. Das ehemalige Wasserschloß, ein bezaubernder, mit Ecktürmen besetzter Bau, entstand in zwei Phasen. Im Hintergrund der Anlage sieht man einen hohen, mit farbigen Ziegeln bedeckten Turm; er gehört zum Alten Schloß, das 1530/31 errichtet wurde. Das Neue Schloß, der Langbau im Vordergrund, folgte 1537–55. Leider nicht zu sehen sind die *Wandmalereien* des Augsburgers Jörg Breu d. J. (1537) im Alten Schloß, denn die Anlage ist Wittelsbacher Privatbesitz.

Ein weiteres wichtiges Kunstziel – im Norden der Stadt – ist **Bergen.** In das hügelige Gelände um das Schuttertal bettet sich eine erstaunliche Kirche: von außen massig und wehrhaft, im Innern heiter und bewegt. Die **Pfarr- und Wallfahrtskirche Hl. Kreuz** war einst eine Benediktinerinnen-Klosterkirche. Biletrudis, die Witwe Herzog Bertholds von Bayern, hat das Kloster im Jahr 976 gestiftet. Eine Kreuzreliquie aus dem Heiligen Land bewirkte eine blühende Wallfahrt. Vom ersten Bau (Weihe 1095) blieb nur noch die *Krypta*, vom zweiten, einer dreischiffigen, gewölbten Hallenkirche (Mitte 12. Jh.), die Außenmauern, das Südportal und der Turm. Nach der Aufhebung des Klosters durch Herzog Ottheinrich (1552) kamen die Nonnen nach St. Walburg in Eichstätt. Im Jahr 1635, nach der Rekatholisierung, wurde durch die Jesuiten die Wallfahrt neu belebt. Nach Plänen des Eichstätter Domkapitelbaumeisters Giovanni Domenico Barbieri erfolgte 1755–58 die Barockisierung; aus dieser Zeit stammt die Ausstattung, vor allem das Werk bayerisch-schwäbischer Meister. Überraschend in ihrer Qualität sind die *Fresken* zum Thema des heiligen Kreuzes – fein nuancierte, erzählfreudige Malereien des Augsburgers Johann Wolfgang Baumgartner (1785).

Nach Eichstätt kommt man von hier aus am schnellsten über **Nassenfels,** wo neben einer mittelalterlichen **Burg** auch eine Barockkirche zu sehen ist (**St. Nikolaus,** 1738–41). Schöner aber ist die Fahrt auf der gewundenen Straße durch das Wellheimer Trockental, ein Urstromtal, in dem die Donau bis zur ausgehenden Eiszeit vor etwa 10 000 Jahren floß. Reizvoll: die bizarren, bewaldeten Jurakalkfelsen, vor allem aber die Höhlen am Eingang des Tals. Die **Weinberghöhlen** bei Mauern dienten Menschen und Tieren der Altsteinzeit zum Schutz. Hier wurden neben Knochenresten von Mammut, Wollnashorn, Höhlenbär, Wildpferd und Rentier auch Erzeugnisse des Neandertalers gefunden – Faustkeile, Kratzer und Schaber. Der wertvollste Fund: eine kleine Venusstatuette, die ›Rote von Mauern‹, die etwa 20 000 Jahre alt sein dürfte.

Im oberbayerischen Bereich ist Dollnstein die erste Station im **Altmühltal,** das wir bis nach Beilngries durchqueren. Der Bau des Main-Donau-Kanals, der 1992 eingeweiht wurde, hat diesem schönen grünen Tal tiefe Verletzungen zugefügt. Die Altmühl, die zwischen Rothenburg/Tauber und Bad Windsheim entspringt, stößt bei Treuchtlingen auf die Felsenwände des Jura. Die hellen Felsen aus Jurakalk, die das Tal säumen, entzücken ebenso wie die ähnlich strukturierten im Donautal um Beuron. Berühmt sind die Zwölf Apostel bei Eßlingen; kraftvolle Riff-Felsen des früheren Jurameeres, die allerdings knapp außerhalb des oberbayerischen Teils emporragen. Um das Jura-Altmühltal zu schonen, um Ökologie und Ökonomie einem Gleichgewicht anzunähern, wurde 1969 der **Naturpark Altmühltal** eingerichtet, mit 3000 km^2 einer der größten der Bundesrepublik.

Malerisch im Talgrund liegt **Dollnstein**. Die **Pfarrkirche St. Peter und Paul** beherrscht den Ort, ein Bau aus mehreren Epochen (Langhaus Mitte 12. Jh.; Chor um 1320; Turmabschluß um 1725; moderne Umbauten). Hier interessieren die *Wandmalereien* im Chor (um 1320), darunter eine Madonna mit Mandorla. Die Predella am rechten Seitenaltar ist bemalt, die Abendmahlszene wird Hans Schäufelein zugeschrieben (um 1520).

Die ehemalige **Burg** der Grafen von Dollnstein (12. Jh.) ist nur noch Ruine. Die Vorburg, die den Burgfelsen umschließt, ist jedoch erhalten. In der Nähe des barocken **Pfarrhofs** (1744, nach Entwurf Gabrielis) entdeckt man noch einige der charakteristischen **Altmühltalhäuser.** Die Dächer sind flach geneigt, mit Legschieferplatten gedeckt, die Fenster besonders klein – alles wirkt rustikal. Leider kämpfen die Denkmalpfleger meist vergebens um die Erhaltung dieser bisweilen seltsam archaischen Bauten.

Zwei Altmühlschlingen sind nach Dollnstein noch zu umfahren, dann zeichnen sich die Konturen Eichstätts mit der alles überragenden Willibaldsburg ab. Vor den Toren der Stadt, gebettet in eine weitere Flußschlinge, liegt das ehemalige **Augustinerchorherrenstift Rebdorf**. Die *Klosterkirche St. Johannes d. Tf.* zeigt sich in ihrer Putzgliederung in Weiß-Gelb und den feinen geschwungenen Turmhauben in schönstem Barockgewand, doch der erste Eindruck täuscht: die Kirche ist bedeutend älter. Um 1156 wurde das Kloster gegründet, damals entstand eine dreischiffige Pfeilerbasilika. Die Schäden des Dreißigjährigen Krieges zwangen zum Wiederaufbau der Anlage, um 1732 wurde die Kirche barockisiert (Matthias Seybold). Nach der Aufhebung des Klosters 1806 wurde die Ausstattung zum Teil verschleppt, manches in andere Kirchen übertragen. Die Kreuzigungsgruppe von Andreas Frosch (1519) im Hochaltar ist eine Leihgabe aus Donauwörth. Der Stuck der dreischiffigen Basilika stammt von Franz Gabrieli, die Fresken zum Leben des Täufers von Joseph Dietrich.

Großartig ist der *Neue Konventbau* an der Ostseite der Klosteranlage, ein langgestreckter Flügelbau um einen phantasievoll gegliederten Arkadenhof – ein Werk des Eichstätter Hofbaumeisters Gabriel de Gabrieli (ab 1715). Dieser Bau ist wie auch alle anderen erhaltenen Klostergebäude seit 1958 im Besitz der Herz-Jesu-Missionare.

Eichstätt

Schon in prähistorischer Zeit war das Talgebiet der Altmühl besiedelt. Im Bereich des Eichstätter Doms wurden Funde aus der Hallstatt- und Latènezeit (1. Jh. v. Chr.) geborgen, und bis in die Völkerwanderungszeit ist Siedlungskontinuität gesichert. Der Angelsachse Willibald gründete 741 in ›Eihstat‹ ein Benediktinerkloster, das Bonifatius 744/45 zum Bischofssitz erhob. In dem von Franken, Schwaben und Bayern besiedelten Gebiet entstand ein Brückenbistum. Seit dem 8. Jh. bildete sich um den Dom die bischöfliche Kernstadt, der sich im 11./12. Jh. nach Norden hin die Bürgerstadt anschloß. Einem verheerenden Brand im Jahr 1634 fielen vier Fünftel der Häuser und sechs Kirchen zum Opfer. Dem Wiederaufbau im Stil und in der Großzügigkeit des Barock verdankt Eichstätt heute noch sein Bild. Bis 1802 war Eichstätt Fürstbistum, ging 1803 zunächst an den Großherzog von Toskana und – nach einigen weiteren Stationen – schließlich 1855 an Bayern.

Die Stadt liegt am Fuß bewaldeter Jurahänge an einer Schleife der Altmühl. Im Westen sitzt mächtig und beherrschend die **Willibaldsburg** (1) auf ihrem Bergsporn. Ein Befestigungsgürtel umgibt die langgestreckte Burganlage, in der die Bischöfe vom 14. bis zum frü-

Eichstätt ☆☆
Besonders sehenswert:
Dom St. Salvator
St. Walburg
Schutzengelkirche
Ehemalige Fürstbischöfliche Sommerresidenz
Willibaldsburg

An der Donau und im Altmühltal

Eichstätt
1 *Willibaldsburg und Jura-Museum*
2 *Dom St. Salvator, Unsere Liebe Frau und St. Willibald*
3 *Ehemalige Fürstbischöfliche Residenz*
4 *Schutzengelkirche*
5 *Ehemalige Fürstbischöfliche Sommerresidenz, heute Katholische Universität*
6 *Kapuzinerkirche Hl. Kreuz und zum Hl. Grab*
7 *Ostenfriedhof mit Kapelle Maria Schnee*
8 *Ehemalige Klosterkirche Notre Dame*
9 *Ehemalige Dominikanerkirche St. Peter und Paul und Dominikanerkloster*
10 *Rathaus*
11 *Benediktinerinnenkloster mit der Pfarrkirche St. Walburg*

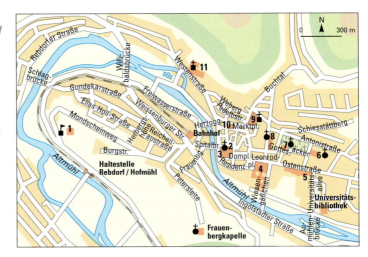

hen 18. Jh. residierten. Der Augsburger Elias Holl, von Bischof Konrad von Gemmingen gerufen, machte die mittelalterliche Burg ab 1609 zu einem Renaissancebau. Das Fürstenschloß umgab ein prächtiger botanischer Garten – Basil Bessler bildete ihn in seinem Werk ›Hortus Eystettensis‹ (1613) in allen Einzelheiten ab. Holls ›Gemmingenbau‹ brannte 1681 durch Blitzschlag aus, und als die Bischöfe die Residenz 1725 in die Stadt verlegten, begann die Anlage zu verfallen. Heute finden wir hier das *Historische Museum*, ebenso das *Jura-Museum*, das als wertvollstes Objekt ein versteinertes Skelett des Urvogels Archaeopteryx beherbergt.

Der Domplatz ist in dieser Bischofsstadt der geeignete Ausgangspunkt für einen Stadtrundgang, von hier aus lassen sich alle Bereiche auch zu Fuß bequem erreichen. Der **Dom St. Salvator, Unsere liebe Frau und St. Willibald** (2) beherrscht mit seinen schönen Spitzhelmen das Zentrum der Altstadt. Wenn auch zwischen Romanik und Barock alle Jahrhunderte mitgebaut haben, ist der Eichstätter Dom im wesentlichen ein Werk der Hochgotik: eine Pfeilerhalle mit Querschiff, Ostchor und seitlichen Kapellenreihen (um 1350–96). Einbezogen wurden die romanischen Chorflankentürme (um 1070) und der frühgotische Westchor (1296). Auch im 15. Jh. gab es Um- und Erweiterungsbauten und im 18. Jh. eine prächtige *barocke Westfassade* (1718, Gabriel de Gabrieli).

Das *Hauptportal* an der Mitte der Nordseite ist gotisch (1396). Hier sehen wir im Tympanon den Tod Mariä und ihre Aufnahme in den Himmel, in den Hohlkehlen Prophetenfiguren und die Gestalten der Bistumsgründer: Willibald, seine Schwester Walburga, den Bruder Wunibald und den Vater Richard. Im dämmrigen, dreischiffigen Raum zieht der gewaltige *Hochaltar* sofort den Blick auf sich. Im neugotischen Schrein erscheinen noch einmal die vier Bistums-

Eichstätt

gründer, in ihrer Mitte Maria mit dem Kind (um 1480). Die Reliefs der Flügel gelten der Passion.

Eichstätts Dom ist berühmt wegen seiner großartigen *Grabdenkmäler*, darunter im Ostchor das Renaissance-Bronzedenkmal für Bischof Johann Konrad von Gemmingen (gest. 1612) von Hans Krumpper; gegenüber das Grabmal der Bischöfe Schenk von Castell von Wilhelm de Groff (1731). Noch in spätgotischer Zeit entstand der *Pappenheimer Altar* im nördlichen Querhaus, eine vielfigurige Kreuzigungsszene, kunstvoll aus Kalkstein gemeißelt (1489–97). Ebenfalls dieser Zeit gehört die eindringliche Kreuzigungsgruppe in der Sakramentskapelle des Querhauses an, ein Werk von Loy Hering (um 1520). Diesem Eichstätter Bildhauer, einem der führenden Meister der deutschen Frührenaissance, wurde lange auch das großartigste Kunstwerk dieser Kirche zugeschrieben: das *Willibaldsdenkmal* im Westchor (1514); heute nennt man den Ulmer Gregor Erhart als Schöpfer der kunstvoll gemeißelten Sitzfigur. Das Denkmal ist in einen barocken Baldachinaltar integriert (Matthias Seybold, 1745).

Auch im *Domkreuzgang,* einer gotischen Vierflügelanlage (1410–1510) an der Südseite des Doms, sind viele Epitaphien versammelt, fünf allein gehen auf Loy Hering zurück. Den vierten Flügel der Anlage bildet das *Mortuarium,* das 1480–1510 als Grablege des adeligen Domkapitels errichtet wurde. Das Netzgewölbe der zweischiffigen Halle wird von sieben Stützen getragen, darunter die gedrehte, reich geschmückte Schöne Säule (1489). In die Maßwerkfenster sind einige *Glasgemälde* nach Entwürfen von Hans Holbein d. Ä. eingelassen (Schutzmantelmadonna 1502). Vom Mortuarium aus ist das **Diözesan-Museum** zu erreichen, das in zwölf Räumen einen guten Überblick über Geschichte und Kunst des Bistums gibt.

An die Südseite des Doms schließt sich die barocke Dreiflügelanlage der ehemaligen **Fürstbischöflichen Residenz** (3; jetzt Landratsamt) an. Hier, an der Stelle der von den Schweden 1633/34 niedergebrannten Gebäude, errichtete Jakob Engel ab 1702 den West- und Ostflügel, Gabriel de Gabrieli 1725/27 den *Südflügel*. Dieser Flügel mit der 1791 von Mauritio Pedetti erneuerten Fassade stellt einen der Glanzpunkte der Residenz dar, die beiden anderen birgt der Westflügel Pedettis: das *Prunk-Treppenhaus* und den *Spiegelsaal* (1767/68). Im weiten Treppenhaus begleiten auf Sockel gestellte Putti – die vier Elemente darstellend – den Weg ins zweite Obergeschoß (Figuren und Stuck von Johann Jakob Berg). Das Deckenbild, ›Der Sturz des Phaeton‹, ist eine Arbeit von Johann Michael Franz (1768). Bei der Gestaltung des eleganten Spiegelsaals wirkten beide Künstler wiederum mit Pedetti zusammen (Deckenbild in Leimfarbentechnik: die allegorischen Gestalten von Gerechtigkeit und Frieden zwischen Minerva und anderen mythologischen Gruppen). Reizvoll in diesem graziösen Rokokoensemble: der Gußeisenofen mit vergoldetem Dekor.

Begeisternd in seiner Großzügigkeit und aristokratischen Gebärde ist der **Residenzplatz,** ein Werk von Gabriel de Gabrieli, einem

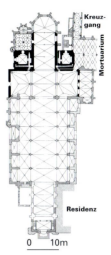

Dom St. Salvator, Unsere Liebe Frau und St. Willibald, Grundriß

Schlafender Hund, Dekorationsdetail der Schönen Säule im Mortuarium des Eichstätter Doms

An der Donau und im Altmühltal

Eichstätt, Residenzplatz mit Marienbrunnen, dahinter die Spitzen der Domtürme

Graubündner aus Roveredo, der sich in Wien bereits als Baudirektor des Fürsten von Liechtenstein auszeichnete, bevor er in Eichstätt zum Hofbaudirektor ernannt wurde (1716–47). Im Mittelpunkt des trapezförmigen Platzes steht der **Marienbrunnen** mit der hohen Mariensäule, 1776 von Pedetti entworfen. Wiener Eleganz und höfischer Glanz in der Altmühlstadt: die **Kavalierhöfe** im Süden, vier einheitlich zusammengefaßte Bauten mit feiner Fassadenstuckierung, deren Portale mit Karyatiden geschmückt sind (Gabriel de Gabrieli, um 1730–36).

Im Jahr 1614 wurden die Jesuiten nach Eichstätt berufen. Die ehemalige Jesuitenkirche, die **Schutzengelkirche** (4), bildet die gebieterische Dominante am Leonrodplatz. Johann Alberthal aus Graubünden, der auch in Dillingen für den Orden arbeitete, schuf die mächtige Wandpfeilerkirche (1617–20). Der große Stadtbrand, 1634 durch die Schweden verursacht, hat auch hier viel zerstört: 1661 mußte die Kirche neu gewölbt werden. Der sehr geräumige, tonnengewölbte Bau ist reich und farbensatt ausgestattet; bestechend der dichte, stukkierte Akanthusrankendekor von Franz Gabrieli, dem Bruder des Baumeisters (ab 1717). Die Fresken von Johann Michael Rosner zeigen das Wirken der Engel in der Heilsgeschichte. Das kostbarste Kunstwerk der Kirche ist das Altarblatt im prunkvollen Hochaltar, das den Kampf des Erzengels Michael darstellt (1739). Johann Evangelist Holzer, ein Genie der bayerischen Rokokomalerei und seit 1737 Eichstättischer Hofmaler, hat es geschaffen. Die Qualität der Gemälde in den ersten beiden Seitenaltären – Werke von Johann Georg Bergmüller – ist ebenso überdurchschnittlich wie der Skulpturenschmuck der Kirche. Allein der große Engel auf der Kanzel, bewegt und ausdrucksstark, ist begeisternd schön (1721, Franz Steinhart).

Die Ostenstraße führt zum Gelände der ehemaligen **Fürstbischöflichen Sommerresidenz** (5). Fürstbischof Franz Ludwig Schenk von Castell beauftragte Gabriel de Gabrieli 1735 mit dem Bau der Anlage. Zum Garten hin zeigt sich der langgestreckte Bau besonders herrschaftlich, hier verwendete Gabrieli bei der Gestaltung der Arkadenöffnungen – wie auch in Rebdorf – das dreiteilige Palladiomotiv. Der Hauptsaal im Obergeschoß wurde 1737 mit einem Fresko von Johann Evangelist Holzer ausgestattet (Allegorie des Frühlings). Seit 1977 nutzt die Universität Eichstätt den Bau, übrigens die einzige katholische in Deutschland. Im Süden schließt sich der ehemalige *Hofgarten* an, in die Südmauer sind drei Pavillons integriert, der mittlere wurde um 1780 von Pedetti zu einem Gartensaal-Belvedere umgestaltet. Das frühe 19. Jh. machte aus dem Rokokogarten einen englischen Landschaftsgarten; von den ehemals dreißig Steinfiguren blieben nur noch fünf.

Die nahe **Kapuzinerkirche Hl. Kreuz und zum Hl. Grab** (6) in der Kapuzinergasse 2 entstand als einfacher, schmuckloser Bau in den Jahren 1632–35. Interessant ist die romanische Anlage des *Heiligen Grabes*: der Steinquaderbau (um 1160) bildet das heilige Grab in Jerusalem nach. Er war Zentrum einer Rundkirche, die 1194 geweiht wurde. Schottenmönche – Benediktiner aus Irland – bezogen das für sie errichtete Kloster, das bis Mitte des 15. Jh. bestand.

Auf dem Weg zurück ins Stadtzentrum ist ein Besuch des **Ostenfriedhofs** (7) in der Gottesackergasse 5 sehr zu empfehlen. Wir finden hier Grabdenkmäler und Tafeln für die bedeutenden Eichstätter Baumeister der Barockzeit. Großartig vor allem das *Grabdenkmal für Gabriel de Gabrieli* an der südlichen Umfassungsmauer, das er noch auf dem Sterbebett entwarf (1747, Matthias Seybold).

Gleich um die Ecke (Am Graben 14–18) findet sich einer der elegantesten Gabrieli-Bauten, die ehemalige **Klosterkirche Notre Dame** (8). Fürstbischof Johann Anton Knebel von Katzenellenbogen ließ ab 1712 das Kloster (Haus Nr. 14) für die Nonnenkongregation de Notre-Dame du Sacre Cœur errichten. Die Kirche daneben besticht durch ihre vorschwingende Eingangsfront, besetzt mit Kolossalpilastern. Franz Gabrieli schmückte den überkuppelten Zentralraum mit Bandelwerkstuck; die Fresken, auf denen die Weltteile ihre Herzen dem Allerheiligsten Herzen Jesu weihen, stammen von Johann Georg Bergmüller (1721). 1809 wurde das Kloster säkularisiert, auch die Kirche ist profaniert (Informationszentrum des Naturparks Altmühltal).

Zum Bürgerzentrum mit dem Marktplatz gelangt man über den Domplatz, doch kann man auch den Weg über die Luitpoldstraße nehmen, um unterwegs noch die ehemalige **Dominikanerkirche St. Peter und Paul** (9) zu besuchen. Die einschiffige frühgotische Saalkirche (um 1278) wurde 1713 durch Benedikt Ettl barockisiert und erhielt damals auch ihre etwas kühle, sehr italienisch anmutende Westfassade. Geblieben ist der schöne, ausdrucksvolle gotische Chor mit kraftvollen Strebepfeilern; die Ausstattung ging leider bei einem Brand 1918 verloren. Das nördlich an die Kirche angeschlossene ehemalige **Dominikanerkloster,** eine Dreiflügelanlage (17. Jh.), besitzt ein Treppenhaus von Gabrieli (um 1740) mit einem Deckenbild von Michael Franz. Der Ostflügel kam erst 1919 hinzu (Gabrieli-Gymnasium).

Dem geistlichen Dombezirk schließt sich im Norden der Marktplatz an, umringt von bürgerlichen Bauten. In seiner Mitte: der barocke **Willibaldsbrunnen** mit der großartigen Bronzefigur des Heiligen, wohl ein Werk von Hans Krumpper. Das **Rathaus** (10), ein freistehender Giebelbau mit Turm, stammt im Kern aus dem Jahr 1444. Materno Bossi schuf den reichen Stuck im Ratssaal (1785).

Idyllisch am begrünten Altmühlufer und dennoch geprägt von geistigem Ernst: der Walburgiberg in der Westenvorstadt mit der umfangreichen Anlage des **Benediktinerinnenklosters** (11) mit der Pfarrkirche St. Walburg. Walburga, die Schwester des hl. Willibald, beteiligte sich auf Wunsch des hl. Bonifatius an der Missionierung. Seit 751 wirkte sie im Kloster Heidenheim bei Treuchtlingen, dessen Äbtissin sie wurde. Um 870 brachte man ihre Gebeine nach Eichstätt. 1035 wurde ein Benediktinerinnenkloster gegründet. Die barocke *Klosteranlage* (17. Jh.) entstand zum Teil auf mittelalterlicher Grundlage (Abteiflügel 1711 mit reicher Raumausstattung). Die ehemalige Klosterkirche, heute Pfarrkirche St. Walburg, eine große Wandpfeileranlage, wurde 1629–31 von Martin Barbieri errichtet. Der Saal ist fast überreich stuckiert, wohl durch Wessobrunner Meister (Franz oder Joseph Schmuzer, 1706). Ebenso großartig wie die Front der Altäre im und vor dem Chor (Hochaltargemälde von Joachim von Sandrart; Walburga und ihre Familie im Gebet vor dem Lamm Gottes) ist im Westen der *Nonnenchor,* der sich weit in den

Eichstätt

Eichstätt, Kloster und Pfarrkirche St. Walburg über der Altmühl

Raum hineinwölbt. Neben dem Hochaltar führt eine Türe zur *Gruftkapelle*. Auch sie ist kostbar ausgestattet, alle Wände sind mit Votivtafeln bedeckt. Die Reliquien der Heiligen sind im Inneren des Gruftaltars vermauert. Eine Höhlung darunter war für das Auffangen des Walburgisöls bestimmt, das der Überlieferung nach vom Leib der Toten abgesondert wird. In Fläschchen gefüllt, nahmen die Wallfahrer das als heilkräftig geltende Öl mit sich. Walburgafläschchen sind auf den Votivtafeln überall zu sehen.

Östlich von Eichstätt ist das Altmühltal nicht mehr so schlingenreich. Unser nächstes Ziel ist Kipfenberg, doch sollten auch die Orte unterwegs nicht übersehen werden, denn fast immer sind außer den Kirchen auch kleine Schlösser vorhanden. Jakob Engel, der gebürtige Graubündner und spätere Eichstätter Hofbaumeister, hat in diesem Gebiet viel gewirkt. Links der Altmühl, bei Gungolding, ist um die Wacholderheide ein etwa 70 ha großes Naturschutzgebiet entstanden. Weiter östlich, am Rande einer Altmühlschleife, verschafft die **Arnsberger Leite** mit ihren Dolomitfelsen und Steppenheiden einen herrlichen Natureindruck. Das Landschaftsschutzgebiet ist bekannt wegen einer Fülle botanischer Raritäten – die Königskerze wird hier zu bis 2 m hoch! Auch diese Gegend war schon in prähistorischer Zeit besiedelt. **Arnsberg** selbst ist für Eichstätt-Kenner interessant, denn die **Kirche St. Sebastian** (1770, Mauritio Pedetti) birgt zwei Seitenaltäre aus der profanierten Kirche Notre-Dame.

Malerischer als in **Kipfenberg** kann eine **Burg** nicht über dem Ort thronen. Im Mittelalter saßen hier Ministerialien der Grafen von Hirschberg, 1301 kam die Anlage an das Hochstift Eichstätt, dessen Bischöfe sie erweiterten und umbauten (Bergfried 12./13. Jh.) Häuser im Altmühl-Jura und im fränkischen Stil versammeln sich um die

Pfarrkirche Mariä Himmelfahrt (um 1460/80). Auch hier begegnet man Namen, die man aus Eichstätt schon kennt: Mauritio Pedetti als Planer der Barockisierung, Matthias Seybold als Schöpfer des Hochaltars.

Kinding liegt direkt an der Autobahn und ist daher touristisch sehr belebt. Kunstfreunde kommen hierher wegen der eindrucksvollen Wehrkirche, der **Pfarrkirche Mariä Geburt** (14. Jh., barock verändert). Die Chorturmanlage liegt innerhalb einer vollständig erhaltenen Wehrbefestigung. Bei Kinding mündet das Schwarzachtal ins Altmühltal, ebenso das landschaftlich besonders reizvolle Anlautertal. Benachbart ist **Greding,** eine vom Mittelalter geprägte Stadt, die wir – zu Mittelfranken gehörend – in unserem Zusammenhang leider nicht beachten können.

Die letzte wichtige Station im oberbayerischen Teil des Altmühltals ist **Beilngries.** Im Westen wird die Stadt von der langgestreckten Anlage des **Schlosses Hirschberg** beherrscht, die vom Hügel hinab weit ins Altmühltal hineinwirkt. Einst im Besitz der Grafen von Hirschberg, kam sie im 14. Jh. an das Fürstbistum Eichstätt. Die mittelalterliche Anlage wurde 1760–64 zum Jagdschloß umgestaltet. Gabriel de Gabrieli und sein Nachfolger Mauritio Pedetti sorgten auch hier für Eleganz. Johann Jakob Berg stuckierte die Repräsentationsräume, Michael Franz schuf das Deckenbild im *Rittersaal* (1764, Opferung der Iphigenie) – glanzvolles Rokoko, einer Fürstenresidenz würdig.

Seit 1443 ist Beilngries Stadt. Von der mittelalterlichen Befestigung sind noch neun Türme erhalten. Der langgestreckte altbayerische Markt durchzieht die Stadt. Beherrschend ist die **Pfarrkirche St. Walburga,** deren Spitzhelme, mit grünen Buntglasurziegeln geschmückt, von überall her sichtbar sind. Der mächtige Bau ist im wesentlichen neubarock (1912/13, Wilhelm Spannagel), im weiten, hellen Saal sind jedoch noch Ausstattungsstücke des barocken Vorgängerbaus geblieben. Hochaltar, Chorgestühl, Oratorien, Sakristeitüren und die Brüstung an der Orgelempore entstanden um 1695 nach Entwurf von Jakob Engel. In unmittelbarer Nachbarschaft der Kirche: der **Getreidekasten,** ein hoher Treppengiebelbau (um 1450), der heute als Haus des Gastes dient.

Südöstlich von Beilngries liegt **Kottingwörth.** Die **Pfarrkirche St. Vitus** wurde 1760 barock umgebaut (1760, Domenico Barbieri), doch sind noch wesentliche Teile der mittelalterlichen Chorturmkirche erhalten. Erstaunlich in der *Vituskapelle* des Ostturmes sind die Malereien in Fresko- und Secco-Technik (um 1310), die Gewölbe und Wände bedecken. Die Darstellungen sind zum Teil recht drastisch, darunter auch die Szene mit dem Martyrium des hl. Vitus in einem der Lünettenfelder.

Auf der Fahrt in Richtung Ingolstadt gibt es eine ganze Reihe sehenswerter Orte und Kirchen, die zu sondieren nicht leicht fällt. Unbedingt besucht werden muß die **Pfarr- und Wallfahrtskirche St. Salvator** in **Bettbrunn,** umgeben vom Köschinger Forst. Die Wall-

Bettbrunn, Innenraum der Pfarr- und Wallfahrtskirche St. Salvator

fahrt ist sehr alt, sie geht auf ein legendäres Hostienwunder im 12. Jh. zurück. 1774 entstand der heutige Kirchenbau, von der gotischen Vorgängerkirche sind noch Chor und Turmunterbau vorhanden. Die Wandpfeilerkirche – schon von außen attraktiv in ihrem rot-weißen Gewand – ist das Werk des Münchner Hofmaurermeisters Leonhard Matthäus Gießl, dem wir viele sehr reizvolle ländliche Kirchen im südlichen Oberbayern verdanken. Der zentralisierte Wandpfeilersaal steht in der Nachfolge mancher Bauten Johann Michael Fischers. Zum wiederholten Male arbeitete Gießl hier mit Christian Winck (1777, Fresken zur Wallfahrtslegende) und Franz Xaver Feichtmayr (zurückhaltender klassizistischer Stuck) zusammen. Der festlich-frohe Raum hat seinen Mittelpunkt im Tabernakel des Hochaltars, wo das *Gnadenbild* der Kirche, eine Figur des Erlösers steht (um 1125).

Nahe der B 299 zwischen Beilngries und Neustadt a. d. Donau sind drei erstaunliche romanische Kirchen zu sehen. **St. Margaretha,** die Kirche von **Weißendorf,** gehörte einst zu einer Burg. Die Saalkirche mit Apsis (1191/92) steht in ihrem reichen Skulpturenschmuck in Zusammenhang mit der Regensburger Schottenkirche (Apsis: Bogenfries mit 22 Kopfkonsolen, Westportal mit Flechtbandwerk und seitlichen Löwen). Auch die **Kirche St. Leonhard** in **Tholbath** war einst mit einem Edelsitz verbunden (1188), ihre Skulpturen sind stilistisch und motivisch mit denen von Weißendorf verwandt.

Der Markt **Pförring,** eingebettet in das Donautal, ist nicht nur wegen seiner Pfarrkirche interessant. In der Römerzeit existierte hier ein Kastell, der Donauübergang ›ze Vergen‹ wird schon im Nibelungenlied genannt. Das Bamberger Domkapitel errichtete hier 1180 eine dreischiffige Zweiturmbasilika, die 1554 abbrannte. Nach diesem Brand wurde die **Pfarrkirche St. Leonhard** als einschiffige Halle errichtet, doch bewahrt sie die Apsiden und die Turmuntergeschosse des romanischen Baues. Das 18. und 19. Jh. brachten weitere Veränderungen. Schön ist das Tympanonrelief des Westportals, das Agnus Dei, gerahmt von Weinranken.

Ingolstadt

Ingolstadt ☆☆
Besonders sehenswert:
Liebfrauenmünster
Bürgersaal St. Maria
de Victoria
Neues Schloß

In der Spätlatènezeit besiedelten die Vindeliker, ein Keltenvolk, das Ingolstädter Becken. Ihr Zentrum war Manching, wo im 2. Jh. v. Chr. – am Knotenpunkt wichtiger Handelswege – eine befestigte Siedlung entstand. Nur noch wenige Abschnitte des ehemals mehr als 7 km langen Befestigungswalls sind erhalten. Grabfunde (München, Prähistorische Staatssammlung) beweisen die hohe Kultur dieses keltischen Stammes.

›Ingoldesstat‹ wird 806 als karolingisches Kammergut zum erstenmal erwähnt, 841 kam die Siedlung ans Kloster Niederaltaich. Durch die verkehrsgünstige Lage an der Kreuzung einer Ost-West-Straße, die entlang der Donau führte, mit einer Nord-Süd-Straße, die den Fluß überquerte, entwickelte sich eine Marktsiedlung. 1242 kam Ingolstadt an die Wittelsbacher. Herzog Ludwig II., der Strenge (1255–94), und Herzog Ludwig VII., der Gebartete (gest. 1413), waren im Mittelalter die maßgeblichen Förderer der Stadt. Nach der Dritten bayerischen Landesteilung (1392) wurde Ingolstadt Hauptstadt des Teilherzogtums Bayern-Ingolstadt. 1445 kam die Stadt an Bayern-Landshut. Herzog Ludwig IX., der Reiche (gest. 1479), gründete 1472 die Universität. Nach dem Erlöschen des Hauses Landshut (1503) kam die Stadt an Bayern-München. Durch bedeutende Lehrer wie Conrad Celtis, Aventinus und Reuchlin wurde Ingolstadt ein Hauptort des Humanismus. Der Theologieprofessor und Münsterpfarrer Dr. Johannes Eck, bekannt als Gegner Luthers, machte die Stadt zu einem Zentrum der Gegenreformation. 1802 wurde die Universität nach Landshut verlegt, 1826 nach München.

Abgesehen von dieser kulturellen Bedeutung war Ingolstadt seit dem 16. Jh. auch eine bedeutende Festungsstadt und seit dem frühen 19. Jh. Landesfestung mit einem Ring gewaltiger Anlagen. Kriegsschäden im Jahr 1945 brachten für die Innenstadt gravierende Veränderungen. Heute ist Ingolstadt ein wichtiger Industriestandort, die Altstadt immer noch mit großartigen Architekturen gesegnet.

Die Stadtsilhouette wird im Westen von der mächtigen Frauenkirche geprägt, im Osten von dem nicht weniger imponierenden Neuen Schloß. Beide Bauten haben einen Urheber: Herzog Ludwig den Ge-

Ingolstadt

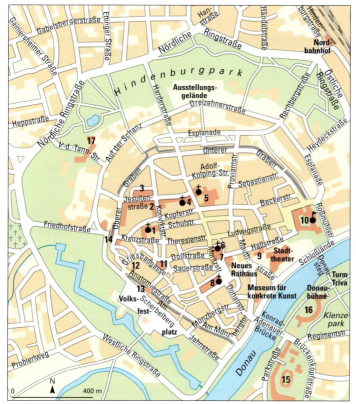

Ingolstadt
1 Liebfrauenmünster
2 Ehemaliges Jesuitenkolleg
3 Bürgersaal St. Maria de Victoria
4 Klosterkirche St. Johann im Gnadenthal
5 Franziskanerkirche Mariä Himmelfahrt
6 Pfarrkirche St. Moritz mit Pfeifturm
7 Altes Rathaus
8 Spitalkirche Hl. Geist
9 Herzogskasten
10 Neues Schloß
11 Hohe Schule, heute Universität
12 Alte Anatomie, Deutsches Medizinhistorisches Museum
13 Taschentorturm
14 Kreuztor
15 Turm Bauer
16 Reduit Tilly
17 Kavalier Hepp, Städtisches Museum

barteten. Am Hof seiner Schwester Elisabeth, der Königin Isabeau von Frankreich, hatte er nicht nur französische Lebensart, sondern auch die Schloß- und Kathedralarchitektur des Landes kennengelernt. Als er das Ingolstädter Erbe seines Vaters antrat, beschloß er den Bau eines Münsters als Familien- und Begräbniskirche. Im Mai 1425 wurde der Grundstein zum **Liebfrauenmünster** (1) gelegt. Auffallend an dem gewaltigen Backsteinbau sind die übereck gestellten, mächtigen Westtürme, wie sie auch bei Wehrtürmen französischer Schlösser zu sehen sind. Die Kirche, eine dreischiffige Staffelhalle mit Umgangshallenchor und Kapellen zwischen den Strebepfeilern wurde 1536 vollendet. Ein Grabmal für Ludwig den Gebarteten werden wir hier allerdings vergeblich suchen: von seinem Sohn Ludwig dem Höckrigen entmachtet, starb er 1447 im Kerker von Burghausen und wurde in Kloster Raitenhaslach begraben.

Der Bauleitung durch die Regensburger Erhard und Ulrich Heidenreich sind die phantasievollen *Hängegewölbe* in den Kapellen der Nordseite zu verdanken – verschlungenes, bizarres Astwerk, wie

Liebfrauenmünster, Hängegewölbe in einer Kapelle der Nordseite

An der Donau und im Altmühltal

Ingolstadt, Außenansicht des Liebfrauenmünsters; unten: Grundriß
1 Jakobskapelle
2 Christophoruskapelle
3 Kapelle der Dreimal Wunderbaren Mutter
4 Dreikönigskapelle
5 Corporis-Christi-Kapelle
6 Kreuzkapelle
7 Chorhauptkapelle
8 Barbarakapelle
9 Kapelle
10 Frühere Barbarakapelle
11 Altar
12 Josephskapelle
13 Hieronymuskapelle
14 Annenkapelle

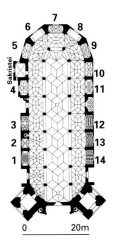

es auch der Stil der Donauschule kannte (um 1520). Blickfang aber ist der gewaltige *Hochaltar*, ein Wandelaltar, den Herzog Albrecht V. stiftete. Das Werk, das 91 Bildtafeln umfaßt, entstand für das hundertjährige Jubiläum der Universität und bezieht sich in seinem Programm auch auf die Hochschule (1572, Hans Mielich). Jede der Kapellen enthält qualitätvolle Tafeln, Skulpturen oder Grabmäler, darunter das Holzrelief mit der Darstellung des Marientodes (um 1490) in der zweiten nördlichen Seitenkapelle und in der dritten Kapelle einen romanischen Kruzifixus und eine Holzskulptur des Paters Rem (um 1675).

Der Bereich im Norden der Frauenkirche ist jesuitisch geprägt. Vorbei am ehemaligen **Jesuitenkolleg** (2; 1582 und 1727) führt der Weg zum **Bürgersaal St. Maria de Victoria** (3). Seit 1549 waren die Jesuiten in Ingolstadt und gründeten hier 1572 die marianische Studentenkongretation. Der freistehende, noble Bau, gegliedert durch Kolossalpilaster und geschmückt mit Bandelwerkstuck, entstand in den Jahren 1732–36. Glanzvolles Rokoko dann im Innenraum, ein festlicher Saal (Versammlungsraum und Betsaal), der die Handschrift der Brüder Asam trägt. Cosmas Damian Asam malte das gewaltige *Fresko* von nahezu 500 m^2 (Rettung der Menschheit durch das Werk der Gnade Gottes), wobei ihn die geringe Raumhöhe zu kühnen perspektivischen Kunstgriffen zwang. Sein Bruder Egid Quirin Asam war der Meister des verschwenderisch ausgebreiteten ornamentalen und figürlichen Stucks. Der bühnenhafte Hochaltar mit dem Gemälde der Verkündigung Mariens (1675, Franz Geiger) wirkt mit dem Gold-Weiß der Figuren (Johann Michael Fischer, 1763), der Säulen und des Tabernakels bestechend elegant. Die Wände des Saals sind besetzt mit großen Ölgemälden (u. a. Gottfried Bernhard Göz, 1749) und prächtigen intarsierten Wandschränken und Wandstühlen. In der *Sakristei* wird eines der kostbarsten Werke süddeutscher barocker Goldschmiedekunst verwahrt, die berühmte *Monstranz* des Augsburgers Johannes Zeckl mit der plastischen Darstellung der Schlacht von Lepanto (1708).

Auf dem Weg zur Franziskanerkirche kommt man an der **Klosterkirche St. Johann im Gnadenthal** (4) vorbei, einem einfachen Bau (1487, barock erweitert), den zu besuchen sich lohnt. Zwei spätgotische Schnitzwerke von großer Schönheit adeln den unglücklich mo-

Ingolstadt, der Bürgersaal St .Maria de Victoria (Kongregationssaal)

dernisierten Raum, die *Landshuter Madonna* (1522) über dem Altar, vor allem aber das *Relief der Anna Selbdritt,* eine der reichsten, phantasievollsten Schöpfungen des Landshuters Hans Leinberger (1513).

Die **Franziskanerkirche Mariä Himmelfahrt** (5) entstand ab 1275 für den Bettelorden der franziskanischen Minderbrüder, der Minoriten. Spätere Umbauten, vor allem aber die Barockisierung ab 1716 prägen das Bild der dreischiffigen Basilika. Auffallend und hervorragend in ihrer Qualität sind die fast unübersehbar zahlreichen *Epitaphien* des 16. Jh. – die Kirche war einst bedeutendste Grablege für die Professoren der Hohen Schule und andere hochgestellte Persönlichkeiten. Gleich neben dem Eingang, oben am ersten Pfeiler des rechten Seitenschiffs, sehen wir das wohl schönste Werk, das *Epitaph für den Mediziner Wolfgang Peisser,* in klaren, strengen Renaissanceformen. Der Augsburger Hans Daucher wird als Meister genannt (um 1526).

Über die Straße Am Stein erreichen wir das Stadtzentrum um den hochragenden Bau der **Pfarrkirche St. Moritz** (6). Die älteste Pfarrkirche der Stadt steht am Schnittpunkt der beiden Hauptachsen der Gründungssiedlung und beherrscht den Rathausbereich. Von den beiden Türmen ist nur einer, der nördliche, ein echter Kirchturm; der andere, südwestliche, der *Pfeifturm,* war einst städtischer Wachtturm. Die spätgotische dreischiffige Basilika, ab 1760 barockisiert, wurde im Zweiten Weltkrieg schwer getroffen. Zum Teil wurde die Ausstattung aus anderen Kirchen übernommen oder auch, wie der Hochaltar und das Chorgestühl, aus verschiedenen Teilen zusammengefügt. Schon das späte 19. Jh. hat an dieser Kirche gefrevelt: die Stukkaturen Johann Baptist Zimmermanns fielen einer ›Stilreinigung‹ im Jahr 1880 zum Opfer. Wunderschön aber im nördlichen Seitenschiff: die *Silberstatuette der Immaculata,* kostbarstes, glitzerndes Rokoko, gefertigt von Joseph Friedrich Canzler nach einem Modell Ignaz Günthers (1765).

Der Rathausplatz wurde nach den Kriegszerstörungen weitgehend neu gestaltet. Das **Alte Rathaus** (7) blieb, ein reich gegliederter Bau, 1882 durch Gabriel von Seidl aus drei mittelalterlichen Häusern zusammengestellt und im Stil der Neurenaissance dekoriert. Auch die **Spitalkirche Hl. Geist** (8) steht noch; die Klostergebäude allerdings gingen verloren. Hinter der edlen, durch Lisenen und Bänder gegliederten Fassade dann ein merkwürdiger Innenraum: die dreischiffige Halle (um 1350) ist an ihren Gewölben dicht mit Bandelwerkstuck in Gold und Altrosa geschmückt (1730/40), Wände und Stützen sind bemalt (Darstellungen zur Heilsgeschichte, Apostelfiguren, Ende 16. Jh.).

Auf dem Weg zum Neuen Schloß erinnert der gotische **Herzogskasten** (9), ein vierstöckiger Bau mit gestäbten Giebeln, an die Schloßanlage Herzog Ludwigs II., des Strengen. Nur der Palas (zweite Hälfte 13. Jh.) blieb, er wurde im 16. Jh. zur Schranne umgebaut und dient heute als Stadtbibliothek.

Ein großer Hof ist dem **Neuen Schloß** (10) vorgelagert. Neunzehn Geschütze aus drei Jahrhunderten deuten darauf hin, daß wir uns auf dem Gelände des heutigen *Armeemuseums* befinden. Ludwig der Gebartete, Herzog des Teilherzogtums Bayern-Ingolstadt, hat den Hauptbau ab 1418 errichtet; 1450–92 bauten die Landshuter Herzöge die Anlage für ihre Zwecke aus. Der *Palas*, ein dreigeschossiger Bau mit Satteldach, ist zwischen vier Türme gestellt, der massivste von ihnen übereck. Auch hier hat wohl der französische Einfluß nachgewirkt. Ebenso läßt sich die Pracht der Säle mit ihren Netz- oder Sterngewölben über kunstvoll bearbeiteten Stützen ohne das Vorbild französischer Schlösser – am ehesten Vincennes bei Paris – nicht denken. Die Kapelle ist mit Wandmalereien verziert (um 1490). Um den Palas reihen sich die *Statthalterei*, das *Zeughaus* und der Torbau. Auch der Schloßbereich wurde durch den Krieg schwer getroffen, erst 1983 konnte der Wiederaufbau abgeschlossen werden; die Statthalterei wurde zum Teil rekonstruiert.

Im Westen des Rathausplatzes dokumentiert der Bau der **Hohen Schule** (11) noch einmal die Baukultur der Herzogstadt. Herzog Ludwig der Gebartete ließ den dreigeschossigen Bau mit hohem Satteldach und gestäbtem Ostgiebel 1434 als Pfründnerhaus errichten. Von 1472–1800 wurden die Räume von der bayerischen Landesuniversität genutzt.

Ein weiterer Universitätsbau ganz in der Nähe: die Alte Anatomie, jetzt **Deutsches Medizinhistorisches Museum** (12). Reizvoll wirkt vor allem die Gartenseite mit ihrem eleganten Arkadengang – man erkennt die Handschrift der Schule Gabriel de Gabrielis (1723–35). Das Deckenbild im Saal des Obergeschosses zeigt die Glorifikation der medizinischen Wissenschaften (um 1735, Melchior Puchner).

Von den mittelalterlichen *Befestigungsanlagen* ist nur die zweite Umwehrung (um 1362 bis um 1440) größtenteils erhalten. In der Nähe der Anatomie steht der **Taschenturm** (13) im westlichen Mauerring, nahe dem Liebfrauenmünster das **Kreuztor** (14), das einzige noch erhaltene Stadttor. An keiner Stelle ist Ingolstadt schöner: vorne das reich gegliederte Tor, ein Rohziegelbau (1385–1443), und hinter dem Spitzturm aufragend die machtvollen Strukturen des Münsters.

Doch auch die Festungsanlage, die König Ludwig I. ab 1828 errichten ließ, beeindruckt den Besucher. Zwar wurden große Teile 1946 auf Anordnung der Militärregierung abgerissen, doch blieben so großartige Bauten wie die Türme **Bauer** (15) im Süden und das anschließende **Reduit Tilly** (16). Die Formschönheit der Anlage erklärt sich daraus, daß Leo von Klenze 1828 für die baukünstlerische Gestaltung zuständig war. Im **Kavalier Hepp** (17) im Westen der Stadt sind die Sammlungen des Städtischen Museums untergebracht.

Hallertaulandschaft in der Nähe von Wolnzach ▷

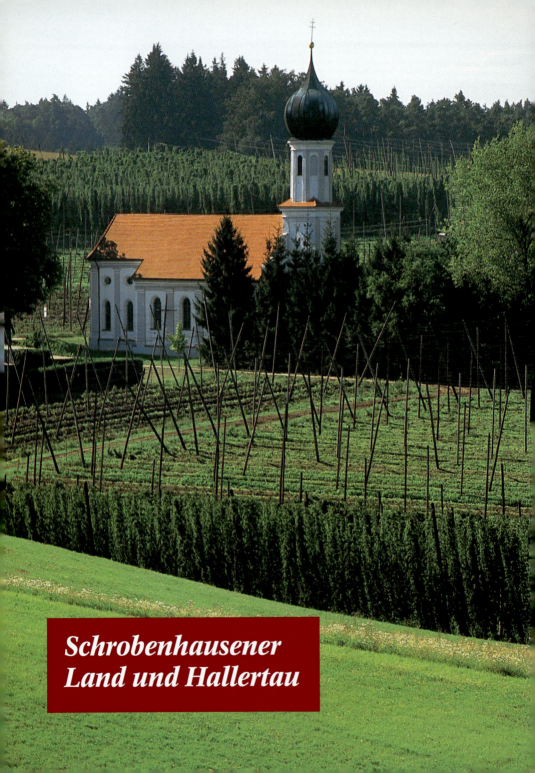

Schrobenhausener Land und Hallertau

Das Schrobenhausener Land und die Hallertau – den Landkreisen Neuburg-Schrobenhausen, Pfaffenhofen a. d. Ilm und Freising zugehörig – sind keine erste Adresse für Kunstfreunde. Tatsächlich gibt es neben den beiden kunsthistorisch herausragenden Punkten Scheyern und Sandizell wenig wirklich Bedeutendes, dafür aber so viel Liebenswertes und auch historisch und wirtschaftlich Interessantes, daß man um diese Gegend wirklich nicht immer einen Bogen machen sollte. Allerdings ist es ratsam, im Mai oder Juni zu kommen, wenn um Schrobenhausen der Spargel gestochen wird, oder im Hochsommer, wenn in der Hallertau die Hopfenernte in vollem Gang ist: ländliches Leben in schönster Entfaltung, die Kunst der Landwirtschaft!

Schrobenhausen

Ein Stich von Matthäus Merian zeigt Schrobenhausen in der Mitte des 17. Jh., ausgestattet mit Wehrmauer, doppeltem Wassergraben und zahlreichen Toren und Türmen. Wenn auch die 24 Türme der alten Stadtbefestigung nicht mehr erhalten sind, zeigt sich der Ort immer noch deutlich vom Mittelalter geprägt. Herzog Ludwig der Gebartete von Bayern-Ingolstadt hat die umfangreiche Befestigungsanlage 1419 errichten lassen. Schrobenhausen, 1329 bereits als Markt genannt, war 1388 im Städtekrieg zerstört worden. Nach der Stadterhebung (1447) blieb Schrobenhausen bis 1503 bei Bayern-Landshut, so daß wir hier in der Architektur neben Ingolstädter auch Landshuter Einflüsse erkennen können.

Entlang des längsovalen, noch heute bestehenden **Mauerrings** wurden im 19. Jh. Alleen gepflanzt. Eine breite Achse durchschneidet den Ort von Norden nach Süden, die alte Marktstraße, die heutige Lenbachstraße. Etwas abgerückt, am Rande des alten Siedlungskerns Im Tal, steht die mächtige **Stadtpfarrkirche St. Jakob** (1). Das Ingolstädter Münster stand Pate bei dieser dreischiffigen Hallenkirche mit Chorumgang (Baubeginn um 1450). Raumbeherrschend ist das Sterngewölbe, dessen Rippen ohne Ansatz den Säulen entwachsen. Auch die spätgotischen Wandmalereien, gestiftet von frommen Bürgern, fallen auf (ab 1461). In der Vorhalle sieht man einen Gedenkstein für Herzog Ludwig. Vollendet wurde die Kirche erst unter der Regierung des Herzogs Heinrich des Reichen von Bayern-Landshut, und so ist der Turmaufbau von der Landshuter Spätgotik geprägt. Der Helm jedoch entstand erst 1802, ein Werk des Schrobenhausener Stadtbaumeisters Franz Joseph Lenbach; er war der Vater des berühmten Gesellschaftsporträtisten.

Den westlichen Stadtbereich beherrscht der Turm der **Frauenkirche** (2). Ein ehemaliger Schrobenhausener Bürger hat sie 1409 gestiftet, und durch eine weitere Stiftung kamen 1442 die Bauten des Heilig-Geist-Spitals hinzu (seit 1861 Englische Fräulein). Im 16. und 18. Jh. umgebaut und barock ausgestattet, wurde diese Kirche ein Opfer der Modernisierungsmaßnahmen Ende des 19. Jh.

Schrobenhausen, Stadtpfarrkirche St. Jakob

*Stadtpfarrkirche
St. Jakob, Grundriß*

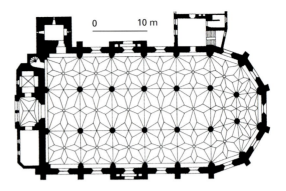

Zurückgesetzt von der Stadtachse, am Südwestrand der Stadtmauer, steht das ehemalige **Pflegschloß** (3; Am Hofgraben 3). Im Kern gehört der Bau noch dem 15. Jh. an, denn hier nahmen die Herzöge von Bayern und andere illustre Persönlichkeiten Quartier. Im Jahre 1912 umgebaut, dient der hohe Satteldachbau heute dem Landratsamt, und neuerdings sind auch die Sammlungen des Hei-

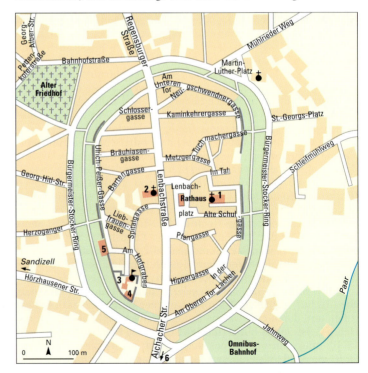

Schrobenhausen
1 *Stadtpfarrkirche St. Jakob*
2 *Frauenkirche*
3 *Ehemaliges Pflegschloß*
4 *Europäisches Spargelmuseum*
5 *Lenbach-Museum*
6 *Kirche St. Salvator*

matmuseums hier untergebracht. In unmittelbarer Nachbarschaft (Am Hofgraben 1a), in den Mauern eines alten Museums, befindet sich eine zweite Sammlung: das **Europäische Spargelmuseum** (4). Vom Anbau bis zur Eßkultur sieht man hier alles Wissenswerte über den Spargel dokumentiert. Zwar wird um Schrobenhausen erst seit 1912 Spargel angebaut, doch seither ist er – der sandige Boden macht's möglich – zur Berühmtheit geworden. Die Spargelernte beginnt Anfang Mai, der letzte Stichtag ist der 24. Juni, der Johannistag. Von Schrobenhausen ausgehend, zieht sich der Bogen des Spargelanbaus über Waidhofen, Brunnen, Hohenwart, Pörnbach, Langenbruck bis in den Raum Pfaffenhofen. Kaum ein Bauernhaus, das in dieser Gegend nicht auf seine Köstlichkeiten hinweist. Nach Güteklassen sortiert, sind die delikaten Stangen hier zu einem Bruchteil ihres Marktpreises zu haben.

Das Geburtshaus Franz von Lenbachs (1836–1904), direkt an der westlichen Stadtmauer gelegen (Ulrich-Peißer-Gasse 1) wurde 1937 als **Lenbach-Museum** (5) eingerichtet. Der Sohn des Stadtbaumeisters Franz Joseph Lenbach begann als Maler von Schützenscheiben und Votivtafeln, zeigte sich dann aber so begabt, daß er schließlich in die Münchner Akademie aufgenommen wurde, wo Karl von Piloty sein Lehrer war. Als Porträtmaler wurde Lenbach eine Berühmtheit, die Gesellschaft der Prinzregentenzeit machte ihn durch zahlreiche Aufträge zum Malerfürsten.

Außerhalb der Stadtmauer, in der südlichen Vorstadt, steht die gotische **Kirche St. Salvator** (6), um 1437 erbaut, im 16.–18. Jh. verändert. Während in der Frauenkirche die Fresken des Inchenhofeners Ignaz Baldauf verschwunden sind, kann man hier noch Arbeiten des begabten Rokokomalers finden (Langhaus: Speisung der Fünftausend, 1760).

Im Westen der Stadt führt eine ländliche Straße quer durch den Hagenauer Forst nach **Sandizell**. Als Sandizcelle, eine klösterliche Niederlassung auf sandigem Boden, wird die ersten Siedlung im 12. Jh. genannt. Damals war das Adelsgeschlecht der Sandizell schon hier ansässig, doch erst 1790 wurde es in den Reichsgrafenstand erhoben. Das **Wasserschloß** der Grafen Sandizell, eine regelmäßige Dreiflügelanlage, wurde 1749–55 nach Plänen von Johann Puechtler errichtet. Noch heute im Besitz der Familie, ist der repräsentative Bau leider nicht zu besichtigen.

Besucherfreundlich zeigt sich hingegen die ehemalige Hofmarkskirche, die heutige **Pfarrkirche St. Peter**. Johann Baptist Gunetzrhainer, vom Hochadel viel beschäftigt, hat 1735 den Plan geliefert. Auch der Turm ist das Werk eines angesehenen Baumeisters: Leonhard Matthäus Gießl hat ihn 1756–59 errichtet. Überraschend die Qualität der Altäre: der *Hochaltar* ist das letzte Werk von Egid Quirin Asam. Im Rom der Berninizeit ausgebildet, greift Asam hier noch einmal auf römische Anregungen zurück (Papstgräber in St. Peter und Cathedra Petri). Die Sitzfigur des hl. Petrus wird von den hll.

*Sandizell,
Hochaltar der Pfarr-
kirche St. Peter*

Maximilian und Katharina flankiert, den Namensheiligen der gräflichen Stifter.

Sandizell liegt am Südrand einer Landschaft, die den Reisenden durch die merkwürdig regelmäßige Struktur ihres Straßennetzes auffällt: das **Donaumoos.** Das riesige Versumpfungsmoor im Süden von Neuburg wurde von 1790 bis 1795 durch den Kurfürsten Karl Theodor trockengelegt. Kolonisten, denen man 50 Tagewerk Moorgrund und freies Eigentum zusagte, bewältigten die Entwässerung. Sie zogen auf einer Fläche von 20 000 ha die Gräben, bauten die schnurgeraden Straßen und auch die Dörfer: 1791 als erstes Karlskron, dann 1794 Karlshuld.

Die **Paar,** die bei Geltendorf entspringt und bei Vohburg in die Donau mündet, zeigt sich um Schrobenhausen auffallend schlingenreich. Nördlich von Schrobenhausen begleitet die B 300 das Paartal, und in diesem Gebiet sind einige schöne Entdeckungen zu machen. **Waidhofen** zeichnet sich durch die barocke **Pfarrkirche Mariä Reinigung und St. Wendelin** aus (1718; Turm gotisch). Der Saalbau ist ausgezeichnet stuckiert und enthält zudem Fresken von Melchior Steidl zum Leben der Maria und des hl. Wendelin (1719). Der Maler, der bevorzugt für Schloßherren arbeitete, hinterließ sein wichtigstes Werk im niederbayerischen Schloß Arnstorf.

Der **Klosterberg** über **Hohenwart** beeindruckt zwar immer noch als Anlage, doch von den Bauten des alten Benediktinerklosters ist kaum noch etwas erhalten. Ein Brand im Jahr 1895 zerstörte den Komplex. Der Neubau der **Pfarr- und Klosterkirche St. Georg** stammt aus den Jahren um 1900 und ist neubarock ausgestattet. An die ehemalige Basilika erinnern nur noch einige Epitaphien, besonders aber das schöne *Dreikönigsrelief* von Philipp Dirr (um 1630) aus der Weilheimer Bildhauerschule.

In unmittelbarer Nachbarschaft, in der **Kirche St. Stephan** von **Eulenried,** sind weitere erstaunliche Schnitzreliefs zu sehen. Wer die Szenen der Anbetung und der Geburt Christi schuf, ist nicht bekannt. Die Reliefs entstanden um 1520 in dem für diese Zeit charakteristischen Parallelfaltenstil.

Im Süden von Schrobenhausen, weithin sichtbar auf einer bewaldeten Anhöhe, steht die **Wallfahrtskirche Maria Beinberg.** Der Überlieferung nach stand hier einst eine mittelalterliche Wehrburg, doch weiß man über sie ebensowenig wie über die erste spätgotische Kapelle. Sicher ist nur, daß sich in den Jahren um 1520 eine Marienwallfahrt entwickelte, die auch von Pfalzgraf Ottheinrich, dem mächtigen Herzog von Pfalz-Neuburg, besucht wurde. Wenn auch der barocke, in strahlend helles Ocker gehüllte Turm den Hauptakzent setzt, ist Maria Beinberg dennoch im wesentlichen spätgotisch (um 1490). Barock allerdings ist die Ausstattung, auffallend aufwendig der Hochaltar (um 1660/70) mit dem Gnadenbild. Ignaz Baldauf hat die Fresken gemalt (1767). Auch hier finden wir ein erstaunlich qualitätvolles Relief der Zeit um 1500, eine Darstellung des Marientodes. Unübersehbar sind die zahlreichen Votivbilder aus dem 18. bis 20. Jh.

Auf dem Weg nach Scheyern lohnt der Abstecher nach **Oberlauterbach** (Gemeinde Aresing), denn in der **Pfarrkirche St. Wenzeslaus** (1702) wartet auf den Barockfreund ein besonderer Genuß. Als die Schrobenhausener Franziskanerkirche infolge der Säkularisation abgebrochen wurde, brachte man ihre Altäre und die Kanzel hierher. Den schwungvollen *Hochaltar* mit seitlichen Durchgängen (1768), ebenso die Kanzel (1776), schuf Anton Wiest. Auffallend ist die Figur des Schutzengels über dem rechten Durchgang, denn der Münchner Hofbildhauer Joseph Anton Brandt schnitzte sie nach dem Vorbild der Gruppe von Ignaz Günther im Münchner Bürgersaal.

Scheyern ☆

Abseits der vielbefahrenen B 13 stehen, breit hingelagert, inmitten der Hügellandschaft am Rande der Ilm, Kirche und Klostergebäude der **Benediktinerabtei Scheyern**, überragt vom wuchtigen Kirchturm. Als Grablege der Wittelsbacher bis zur Mitte des 13. Jh. und als Hauskloster dieses Geschlechts ist Scheyern besonders eng mit der bayerischen Geschichte verbunden. Aus den Grafen von Scheyern gingen die Wittelsbacher hervor. Ihren Stammsitz, die Burg von

Schrobenhausener Land und Hallertau

Die Benediktinerabtei Scheyern

Scheyern, verließen sie zu Gunsten ihrer Burg in Oberwittelsbach bei Aichach, die dann dem bayerischen Herzogshaus den Namen gab. Im Jahr 1119 wurde die Burg Scheyern als Kloster eingerichtet; die Geschichte der Stiftung begann jedoch schon im Jahr 1077, als Graf Otto II. von Scheyern und seine Gemahlin Haziga in Bayrischzell ein Kloster gründeten. Bereits vor 1087 zogen die Mönche nach Fischbachau und 1105 auf den Petersberg bei Dachau, bis sie schließlich in Scheyern ihre endgültige Heimat fanden. Im Mittelalter war Scheyern eine bedeutende Stätte der Wissenschaft und Kunst, zudem – durch die Schenkung eines Kreuzpartikels – ein vielbesuchter Wallfahrtsort. Nach der Säkularisation dauerte es dreißig Jahre, bis auf Betreiben König Ludwigs I. die Benediktiner wieder nach Scheyern zurückkehren konnten.

Die **Pfarr- und Benediktinerabteikirche Mariä Himmelfahrt und des Heiligen Kreuzes** geht auf eine dreischiffige romanische Basilika zurück (Weihe 1215). Das 16. und 18. Jh. hat hier viel verändert, die Fassade ist neuromanisch, und 1837 sorgte Ludwig I. für eine Romanisierung des Turmhelmes. Der Innenraum ist nicht sehr aufwendig ausgestattet. Zwar hat ein Wessobrunner – Ignaz Finsterwalder – den Stuck angebracht (1768), doch die Fresken stammen größtenteils aus dem Jahr 1923. Chorfüllend ist der Hochaltar mit einem Gemälde der Himmelfahrt Mariä (Christian Winck, 1771). Die beiden Figuren der hll. Bonifatius und Erasmus aus der Münchner Frauenkirche werden der Werkstatt Ignaz Günthers zugeschrieben. In der südlichen *Heilig-Kreuzkapelle* steht der barocke Kreuzaltar mit dem Scheyerner Kreuz im Tabernakel. Das byzantinische Kreuzreliquiar wird von einer Augsburger Monstranz (1738) umschlossen.

Die **Klostergebäude** stammen weitgehend aus dem 16. Jh. Im östlichen Flügel des *Kreuzgangs* (Anfang 13. Jh.; Wölbung 15. und

16. Jh.; Stuck 17. und 18. Jh.) finden wir den Zugang zur *Johanneskirche,* die bis ins 13. Jh. hinein Grablege der Wittelsbacher war. Die *Historienbilder* an den Längsseiten (1624/25) illustrieren die Geschichte der Grafen von Scheyern und der Wittelsbacher.

Nur wenige Kilometer sind es von Scheyern nach **Ilmmünster.** Es ist fast schade, sich von Westen der ehemaligen **Kollegiatsstiftskirche St. Arsacius** zu nähern. Der Bahnreisende zwischen München und Ingolstadt, der die erhöht liegende Kirche vorüberziehen sieht, erlebt sie von ihrer attraktivsten Seite.

Ilmmünster ist dem aufmerksamen Besucher der Prähistorischen Staatssammlung in München ein Begriff, denn dort sind die karolingischen Chorschranken zu sehen, die 1975 bei Ausgrabungen in St. Arsacius geborgen wurden. Das Kloster Ilmmünster wurde im 8. Jh. von Angehörigen des Hochadelsgeschlechts der Huosi gegründet und von Tegernsee aus besiedelt. Um das Jahr 800 brachte man Reliquien des hl. Märtyrers Arsacius hierher. Das Kloster wurde angesichts der Ungarngefahr im 10. Jh. säkularisiert, lebte aber 1068 als Chorherrenstift wieder auf. In den Jahren 1210–20 entstand die heutige Kirche, eine dreischiffige Basilika nach alpenländisch-altbayerischem Schema – mit drei Apsiden und ohne Querschiff. Der Innenraum wurde im 17. und 19. Jh. verändert.

Das weite Mittelschiff mit barocker Stichkappentonne (1676, Georg Zwerger) beeindruckt trotz seiner neuromanischen Ausstattung. Einige kostbare Figuren und Tafeln künden noch von der Zeit vor 1495, als das Stift an die Münchner Frauenkirche überging. Die zwölf *Passionsszenen* im neuromanischen Hochaltar (um 1490) stammen aus dem Umkreis von Jan Polack. Auch die Schnitzreliefs mit Szenen der Arsaciuslegende entstanden in diesen Jahren. Die Figuren am Kreuzaltar – Maria und Johannes – gehören in den Umkreis des Meisters von Blutenburg (um 1495). Bemerkenswert gut erhalten ist das

Ilmmünster, Kirche St. Arsacius

frühgotische Chorgestühl (frühes 14. Jh.). Die dreischiffige romanische *Hallenkrypta* unter dem Chor blieb unangetastet; hier steht der barocke Sarkophag mit den Reliquien des Kirchenpatrons.

Ilmmünster benachbart ist **Reichertshausen** mit dem **Wasserschloß.** Der spätgotische Vierflügelbau (mit Resten aus dem 12. Jh.) gehörte einst dem Münchner Ratsgeschlecht der Püttrich, Inhaber der Hofmark Reichertshausen. Seit 1500 wechselten die Besitzer mehrfach. Im Dreißigjährigen Krieg wurde das Schloß größtenteils zerstört, jedoch noch vor 1700 burgartig wieder aufgebaut. Seit Mitte des 19. Jh. ist die Anlage im Besitz der Freiherrn von Cetto. Auch die **Pfarrkirche St. Stephan** (zweite Hälfte 17. Jh.) dokumentiert Ortsgeschichte: Hier sind qualitätvolle Grabplatten der Familie von Pfeffenhausen zu sehen, denen das Schloß im 16. Jh. gehörte.

Über die B 13 erreichen wir die Kreisstadt **Pfaffenhofen an der Ilm.** Wenig erinnert noch an die einstige Bedeutung des Ortes, der im Mittelalter mit vier Stadttoren und 17 Mauertürmen ausgerüstet war. Phaphinhouin – des Pfaffen Hof – war der Name der ersten Siedlung im heutigen Stadtteil Altenstadt. Herzog Ludwig der Kelheimer gründete Ende des 12. Jh. weiter südlich einen Markt, der zugleich Amtssitz war. Dem Herzogtum Bayern-München zugehörig, wurde Pfaffenhofen im Ingolstädter Erbfolgekrieg 1388 durch das Heer des

Ilmmünster, Altarflügelgemälde von Jan Polack zur Leidensgeschichte in der Kirche St. Arsacius

Pfaffenhofen, Stadtpfarrkirche St. Johann Baptist

Bayerisch-Schwäbischen Städtebundes zerstört. Den Wiederaufbau förderten die Herzöge Ernst und Wilhelm von Bayern-München, die auch das Stadtrecht verliehen (1410).

Von der Stadtbefestigung sind nur noch zwei Türme und ein Tor erhalten, doch besitzt Pfaffenhofen in seinem **Hauptplatz** ein großartiges Zeugnis aus alter Zeit, einen Straßenmarkt altbayerischer Prägung. Der immer sehr belebte Platz erstreckt sich zwischen dem **Rathaus** (19. Jh.) im Osten und der **Stadtpfarrkirche St. Johann Baptist** im Westen. Ihr über 75 m hoher Turm beherrscht die Stadt und wirkt weit ins Land hinein. Begeisternd schön erhebt sich der Aufsatz über den acht quadratischen Geschossen – ein fein strukturiertes Meisterwerk der reifen Spätgotik (1530–32). Die dreischiffige Basilika wurde nach dem Stadtbrand errichtet und 1408 vollendet. Den Innenraum prägt die Barockisierung der Jahre 1670–72. Zurückhaltend und dennoch überaus dekorativ ist die *Stuckierung* (1671/72) durch den Wessobrunner Matthias II. Schmuzer, der auch für die Einwölbung zuständig war. Johann Pöllandt – ein Schwager Schmuzers – schuf die Apostelfiguren an den Hochwänden. Auch die Altäre sind einheitlich barock, bis auf den Kreuzaltar im südlichen Seitenschiff, ein sehr feines, bewegtes Werk des Rokoko.

Gegenüber der Pfarrkirche verlockt der elegante Dachreiter der **Heiliggeist-Spitalkirche** (ehemalige Franziskanerklosterkirche) zum Besuch. Der kleine barocke Saalbau ist mit fein furnierten Altären ausgestattet, mit Altarbildern des Münchner Hofmalers Johann Kaspar Sing (1720). Leider fehlt das bedeutendste Werk – das Deckenbild von Cosmas Damian Asam wurde Opfer der Säkularisation.

Schrobenhausener Land und Hallertau

In Pfaffenhofen haben wir bereits die Landschaft der **Hallertau** erreicht. Dieses etwa 2400 km² große Gebiet teilen sich Oberbayern und Niederbayern etwa zu gleichen Teilen. Die Grenzen lassen sich etwa so umreißen: Abensberg im Norden, das Ampertal bei Freising im Süden, Pfaffenhofen an der Ilm im Westen und die Laaber bei Rottenburg im Osten. Die Hallertau (auch Holledau genannt), die ihren Namen von einem Waldgebiet zwischen Hirschbach und Holzhausen bezieht, rühmt sich, das größte Hopfenanbauzentrum der Welt zu sein. 27 500 t werden im Jahr durchschnittlich geerntet – über ein Fünftel des jährlichen Weltbedarfs! Der Hopfen, der dem Bier seinen herb-bitteren Geschmack gibt und für die Schaumbildung sorgt, bestimmt die Landschaft auch optisch. Wer in dem welligen Gelände unterwegs ist, sieht rechts und links der Straßen kaum etwas anderes als Hopfengärten mit ihren charakteristischen Gerüstanlagen. Das Kerngebiet der Hallertau finden wir zwischen Mainburg, Au und Wolnzach. Zugang schafft die B 301, die Deutsche Hopfenstraße.

Wolnzach ist der bedeutendste Hopfenumschlagplatz Deutschlands, ausgestattet mit dem **Deutschen Hopfenmuseum** und einer stattlichen spätgotischen Kirche, der **Pfarrkirche St. Laurentius.** Überraschend qualitätvoll ist die barocke Ausstattung. Der niederbayerische Bildhauer Christian Jorhan d. Ä. ist der Meister der Seitenaltäre. Sein *Sebastiansaltar* in schwungvollem Rokoko (um 1776) ist ebenso dekorativ wie der prunkvolle Hochaltar (1694) und die mit Figuren dicht besetzte Kanzel (um 1680).

Parallel zur schlingenreichen Ilm führt eine Nebenstraße nach **Ainau.** In der Talaue steht die romanische **Kirche St. Ulrich,** ein kleiner Saalbau, der wahrscheinlich einst einer Wasserburg als Kapelle diente. Außerordentlich schön ist das Südportal mit der Darstellung der Seelen in Abrahams Schoß (um 1220). Der Einfluß lombardischer Steinmetzkunst wird vermutet.

Ainau liegt am Stadtrand von **Geisenfeld.** Hier überrascht der monumentale Bau der **Pfarrkirche St. Emmeram.** Ein kleiner, wuchtiger romanischer Turm steht neben einem hohen barocken – ein seltsames Paar. St. Emmeram war einst Klosterkirche der Benediktinerinnen, eine Gründung der Grafen von Ebersberg-Sempt aus dem Jahr 1030. Die dreischiffige romanische Basilika wurde im 17. und 18. Jh. barockisiert. Auffallend ist das Kolossalgemälde im neubarocken Hochaltar (Himmelfahrt Mariä, 1620, Marc Antonio Bassetti).

Die kunsthistorische Hallertau-Fahrt wäre nicht vollständig ohne den Besuch der **Wallfahrtskirche St. Kastl** auf dem Kastlberg bei Langenbruck. In einer Rodung am Waldsaum steht die spätgotische Saalkirche und neben ihr eine barocke Kapelle. Unter den Figuren fällt die wunderschöne *thronende Maria* auf, die um 1520 im Stil Hans Leinbergers entstand. Die barocke Kapelle nebenan ist mit *Votivtafeln* angefüllt. Die lebensgroße Schnitzfigur des hl. Kastulus auf dem Altar (1620) trägt das Wappen von Moosburg, wo der Heilige seit dem 9. Jh. verehrt wird.

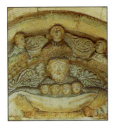

Ainau, Darstellung der Seelen in Abrahams Schoß am Südportal der Kirche St. Ulrich (Detail)

Freising, Dom Mariä Geburt und St. Korbinian ▷

In der Region München

Im Westen von München zwischen Amper und Paar

Fürstenfeldbruck

Fürstenfeldbruck ☆☆
**Besonders sehenswert:
Ehemalige
Klosterkirche**

Die Hochhaus-Siedlungen des westlichen Münchner Stadtrandes greifen noch hinein in den Landkreis Fürstenfeldbruck, doch an der Amper beginnt bereits Landluft zu wehen. Fürstenfeldbruck selbst ist – alles in allem – auch heute noch ein recht ländlicher Ort. Die S-Bahn-Verbindung mit München bringt allerdings einen regen Pendelverkehr mit sich, und Betrieb bringen auch die beiden Bundesstraßen (471 und 2), die sich hier kreuzen.

Ratsam ist die Annäherung an das Ortszentrum von Süden her: vom S-Bahnhof (mit nahem Parkplatz) über den begrünten Stockmeier-Weg bis zur Amperbrücke. Sie hat dem Ort den Namen gegeben, denn noch bis zum Jahr 1803 hieß er Bruck, dann erst wurde er – mit Fürstenfeld zusammengelegt – zu Fürstenfeldbruck. Die Gründung des Ortes an der Amperbrücke erfolgte wohl Mitte des 12. Jh. im Zusammenhang mit dem Ausbau der Handelsstraße von München nach Landsberg durch Heinrich den Löwen. 1306 wird Bruck bereits als Markt genannt.

*Fürstenfeldbruck,
ehemalige Zisterzienserabtei Fürstenfeld*

Am Leonhardsplatz mit seiner kantigen spätgotischen **Kirche St. Leonhard** stehen wir mitten im alten Ortskern. Es ist eine sehr ansehnliche Kirche, wenn sie auch erst 1854 ihren Spitzhelm bekam. Innen: eine zweischiffige Halle (um 1440) mit tief hinabreichendem Netzgewölbe. Die Heiligen- und Apostelfiguren, sorgsam auf die Felder verteilt, stammen von einem unbekannten Maler des frühen 17. Jh.

Am Amperufer, jedoch verborgener als die Leonhardskirche, steht auch die **Pfarrkirche St. Magdalena**. Sie wurde ab 1673 anstelle einer spätgotischen Kirche errichtet, als Planer gilt der Münchner Constantin Pader. Die Wandpfeilerkirche mit mächtigem Tonnengewölbe wurde ab 1764 im Geschmack des Rokoko neu ausgestattet. Da die Brucker Rosenkranzbruderschaft für den Neubau der Kirche sorgte, erscheint im Zentrum des großen Deckenbildes im Langhaus Maria als Rosenkranzkönigin (Ignaz Baldauf).

Das Amperufer an der Pfarrkirche ist in jedem Jahr Szenerie eines in Bayern ungewöhnlichen Brauchs, des **Lichterschwimmens**. Am Tag der hl. Lucia, der Märtyrerin von Syrakus (13. Dezember), werden kleine Lichterhäuschen, die Luzienhäuschen, ins Wasser gesetzt, die zuvor in der Pfarrkirche geweiht wurden. In der Lederergasse beginnt das Schwimmen der von Kerzen erleuchteten Häuschen, sie ziehen unter der Amperbrücke hindurch, passieren die Pfarrkirche und verschwinden dann in der Dunkelheit.

Nur wenige Schritte sind es von der Kirche zur Hauptstraße, einem langen, breiten Platz nach Art der alten bayerischen Straßenmärkte. Unter den hier versammelten, sehr stattlichen Häusern fällt das **Rathaus** (Hauptstraße 31, im Kern barock, um 1900 verändert) auf, ebenso das **Alte Rathaus** (Hauptstraße 4, im Kern 18. Jh., 1866/68 umgebaut). Hier war bis 1990 das Heimatmuseum untergebracht, doch nun sind die Sammlungen in Fürstenfeld zu sehen. Dorthin, zur ehemaligen Zisterzienserabtei Fürstenfeld, führt die Schöngeisingerstraße – ein reizvoller Weg entlang der Amper-Kanäle.

Ehemalige Zisterzienserabtei Fürstenfeld

Das Kloster auf des Fürsten Feld entstand im 13. Jh. als Sühnestiftung. Herzog Ludwig II., der Strenge (1253–94), hatte aus Eifersucht seine Gemahlin Maria von Brabant enthaupten lassen. Er verdächtigte sie der Untreue – zu Unrecht, wie er zu spät erkannte. Als Sühne wurde ihm vom Papst eine Klosterstiftung auferlegt. Die Mönche wurden aus dem Zisterzienserkloster Aldersbach berufen. Nach Zisterzienserbrauch wählte man für den Bau der ersten, einfachen Klosteranlage ein Feld in einsamer Lage, an einem Fluß gelegen. Fürstenfeld wurde zum Haus- und Grabkloster der Wittelsbacher bestimmt, die Stiftung reich beschenkt. Fürstenfeld entwickelte sich im Lauf der Jahrhunderte zu einem der bedeutendsten bayerischen Klöster. Unter den Äbten war es Martin Dallmayr (1640–90), der sich besonders auszeichnete. Ab 1683 war er Generalvikar der bayerischen

Ordenshäuser und schuf die Voraussetzung für die Blüte Fürstenfelds im Zeitalter des Barock.

Mit dem Bau des jetzigen Klosterkomplexes wurde 1691 begonnen, 1741 wurde die neue Kirche geweiht, deren Inneneinrichtung jedoch erst um 1780 vollendet werden konnte. Die Säkularisation brachte hier wenigstens keine Zerstörungen – die Klosterkirche wurde 1816 zur kgl. Landhofkirche bestimmt. Heute dienen die Klostergebäude der Polizei (Fachhochschule), die ehemalige Klosterbrauerei wurde den Sammlungen des **Städtischen Heimatmuseums** zur Verfügung gestellt.

Der **Klosterbau,** der sich an der Nordseite der Kirche regelmäßig um zwei Höfe anordnet, überrascht durch seine großzügig dimensionierte, schloßartige Nordfassade. Planer war der kurfürstliche Hofbaumeister Giovanni A. Viscardi, ausführender Baumeister der Einheimische Johann G. Ettenhofer. Die Innenräume wurden von italienisch geschulten Stukkatoren dekoriert (Giovanni Niccolò Perti, Pietro Francesco Appiani, Francesco Marazzi), die Deckenbilder malte Hans Georg Asam. Der prächtige Stuck ist leider nicht mehr in allen Räumen gut erhalten. Nur der ehemalige Kapitelsaal und die Sakristei zeigen sich heute noch in bestem Zustand. Die Fresken Asams, in den 1950er Jahren freigelegt, konnten 1975 restauriert werden.

Während das Kloster mit seinen Räumen die italienische Phase des bayerischen Barock dokumentiert, erleben wir in der ehemaligen Abteikirche schrittweise die Entwicklung hin zum französisch bestimmten Rokoko. Giovanni Antonio Viscardi lieferte zusammen mit den Klosterplänen auch die Entwürfe für die **ehemalige Zisterzienserabteikirche.** Schon wenige Jahre nach der Grundsteinlegung (1700) mußte die Bautätigkeit eingestellt werden; der Bayerische Erbfolgekrieg zwang zu einer zehnjährigen Pause. Und als die Arbeiten 1714 wieder aufgenommen wurden, war Viscardi bereits gestorben. Sein Palier Johann Georg Ettenhofer, der nach Viscardis Plänen den Münchner Bürgersaal und die Dreifaltigkeitskirche gebaut hatte, wurde mit der Weiterführung des Projekts betraut. 1718 konnte mit der Stuckierung begonnen werden, doch erst im Jahre 1780 wurden die Arbeiten an der Inneneinrichtung abgeschlossen.

Die machtvolle, monumentale *Westfassade* ist leider nur von einem sehr engen Hof aus zu erleben, hier wirkt sie fast erdrückend. Mit ihren gleichmäßig gereihten, übereinandergestellten Säulen gehört sie zu den unbewegtesten Fassaden des süddeutschen Barock, doch vermittelt sie Kraft und Würde.

Der *Innenraum* ist nicht weniger gewaltig: eine riesige, tonnengewölbte Wandpfeileranlage von 80 m Länge und fast 30 m Höhe und Breite. Einer Vorhalle und einem schmalen Joch folgen drei große Joche und dann ein tiefer eingezogener Chor mit Apsis. Der Raum wird von mächtigen, gekoppelten Säulen rhythmisiert, die kraftvoll in das Schiff eingreifen. Dieser herrscherlichen Gebärde antworten in der oberen Zone machtvolle Gurtbögen. Dennoch: bei aller Macht und Hoheit kein kühler, erdrückender Raum, denn das einströmende

Fürstenfeldbruck

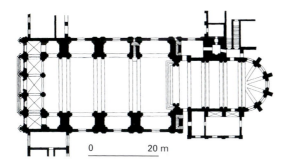

Ehemalige Zisterzienserabteikirche Fürstenfeld, Grundriß

Licht, das glänzende Gold an Kapitellen, Stukkaturen und Altären, vor allem aber die warme Farbigkeit der Stuckmarmorsäulen sorgen für einen frohen, sehr festlichen Gesamteindruck.

Die Dekoration und Ausstattung vollzog sich in mehreren Etappen. Den Anfang machten, wie schon in den Klosterräumen, italienische Stukkatoren. Der lichtdurchflutete Chorraum wurde 1718–23 von Pietro Francesco Appiani mit zartem farbigen Akanthusranken- und Bandelwerkstuck geschmückt. Pietros Bruder Jacopo stuckierte das Langhaus etwa zehn Jahre später (1729–31) in etwas kräftigerer Manier. Die Freskenausmalung mußte bei so viel dekorativer Stuck-

Ehemalige Zisterzienserabteikirche, Innenraum

In der Region München

fülle in den Hintergrund treten, was bereits die Zeitgenossen bedauerten: »Da der welsche Maurermeister dem Maler wenig Raum liesse, so musten die Gedanken der Malerey rückweise angebracht werden.« Ein Verlust ist dies gewiß, denn zum Freskanten der Fürstenfelder Kirche war einer der Großen der süddeutschen Freskomalerei berufen worden, Cosmas Damian Asam. Noch bevor Ettenhofer als Nachfolger Viscardis beim Kirchenbau bestimmt wurde, hatten sich die Brüder Cosmas Damian und Egid Quirin Asam um diese Aufgabe beworben. Daß Fürstenfeld unter der Ägide dieser genialen Künstler profitiert hätte, ist keine Frage.

Die *Deckenbilder* Asams hier also auf knapp bemessenem Raum, dazu noch in großer Höhe, so daß Details mit unbewehrtem Auge kaum zu erkennen sind. Die Deckenbilder im Chor (1723) gelten dem Kloster Fürstenfeld, die vom Langhaus (1731) dem Leben des hl. Bernhard von Clairvaux. Farblich überaus reizvoll wirkt der warme Glanz des Ocker, der sich im Stuck der Gurtbögen wiederholt.

Ein weit gespannter Stuckvorhang in bestechendem Gold-Grün, gehalten von weißen Engelsfiguren, ist der glanzvolle Auftakt zum Chorraum. Der mächtige *Hochaltar* (Entwurf Egid Quirin Asam) füllt in der Breite den ganzen Raum und bezieht die Chorfenster mit ein. In römisch-barocker Tradition umgeben gewundene Säulen das Altarbild, eine Darstellung der Himmelfahrt Mariä (Johann Nepomuk Schöpf). Die seitlichen Figuren (Franx Xaver Schmädl oder Thomas Schaidhauf) werden, wie bei Asam üblich, von hinten beleuchtet.

Den Eingang zum Chor flankieren zwei große *Stifterfiguren*, Werke des Allgäuers Roman A. Boos (1765). Über den Stiftergräbern wurde der *Kreuzaltar* errichtet, überragt von einem Kruzifixus des Wessobrunners Thassilo Zöpf. Unter den *Seitenaltären* der Kapellenischen fallen die kostbaren, reich ausgeschmückten Stuckaltäre von Egid Quirin Asam auf – glanzvolles, sprühendes Rokoko (Sebastiansaltar 1737, nördliche mittlere Kapelle; Peter- und Paul-Altar 1746, südliche mittlere Kapelle).

Nur wenige Werke aus der Vorgängerkirche sind noch vorhanden, doch diese zeichnen sich durch größte Schönheit und Eindringlichkeit aus. Vor der rechten Stifterstatue (Kaiser Ludwig der Bayer) sehen wir eine *thronende Muttergottes*, die zum spätgotischen Hochaltar gehörte, geschaffen von einem Münchner Meister (um 1470). In einer Kapelle der Vorhalle ist eine *stehende Madonna* aus Sandstein zu finden, die noch der Hochgotik angehört (um 1340).

Nicht weniger großartig als die Chorpartie ist die zweigeschossige Musikempore mit ihrer gewaltigen freistehenden *Orgel* des Donauwörthers Johann G. Fux (1736/37) – das einzige in seinen Hauptteilen original erhaltene zweimanualige Werk aus der ersten Hälfte des 18. Jh. in Oberbayern. Die Figuren, Maria im Strahlenkranz mit musizierenden Engeln, sind Arbeiten von Johann Georg Greiff (1737).

Ehemalige Zisterzienserabteikirche, Figur der thronenden Muttergottes

Meist wird mit dem Besuch von Fürstenfeldbruck das Programm ›Westen von München‹ als erledigt betrachtet. Ein großer Fehler, denn in nächster und naher Umgebung der Kreisstadt gibt es viel Schönes und Interessantes zu sehen.

Da wäre zunächst – östlich der Amper, zwischen Eichenau und Alling – der Weiler **Hoflach** mit der **Votivkirche St. Maria und Georg.** Hier wurde im Jahr 1422 eine entscheidende Schlacht geschlagen, ein Wittelsbacher Bruderkrieg zwischen Herzog Ludwig dem Gebarteten von Bayern-Ingolstadt und seinen Vettern, den Herzögen von Bayern-München. Herzog Ernst, der Münchner Herzog, siegte, und zum Dank stiftete er die Kapelle. Ein großes Wandgemälde erinnert an das »gar resche Schlagen«, wie ein Chronist den erbitterten Kampf beschrieb. Ein Münchner Maler gilt als Schöpfer dieses eindrucksvollen Votivbildes aus der Entstehungszeit der Kirche.

In der Nähe von Eichenau liegt **Roggenstein.** Wo sich heute die Gebäude eines staatlichen Gutes (Landwirtschaftliche Hochschule Weihenstephan, Versuchsanstalt Roggenstein) versammeln, befand sich einst ein Fürstenfelder Gut, das von Zisterziensern bewirtschaftet wurde. Roggenstein war im 14. Jh. Meierhof einer Burg, die dann wegen Baufälligkeit abgebrochen wurde, doch die **Burgkapelle St. Georg** ist noch vorhanden. Auch hier sind gotische Wandmalereien zu sehen (Ende 14. und Anfang 15. Jh.). Der einfache, von einer flachen, bemalten Holzdecke bedeckte Raum birgt Szenen aus der Passion Christi, ein Reiterbild des hl. Georg und einen überlebensgroßen Christophorus.

Freunde des Historismus werden in **Olching** fündig (1899/1901, Pfarrkirche St. Peter und Paul), doch bedeutend origineller ist das, was uns im benachbarten **Esting** erwartet. Der langgestreckte Bau an der Hauptstraße, weiß verputzt und mit Malereien geschmückt, macht neugierig. Die *Schloßkapelle* von Esting bildet den nördlichen Teil vom Vorwerk des ehemaligen **Schlosses** (im Hof rückwärts, Kern um 1700, Ausbau um 1919). Die Kapelle (Weihe 1666) mit ihrem achteckigen Obergeschoß und der kleinen Zwiebelhaube ist wegen der Malereien in den Blendarkaden (u. a. Prozessionszug, Schutzmantelmadonna, 1734) besonders reizvoll. Das Schloß war Amtssitz des Landgerichts Dachau, durch einen späteren Besitzer, den kurfürstlichen Kammerrat Johann Senser, wurde es 1698 erneuert. Vom beträchtlichen Alter des Ortes, einer Ursiedlung der Bajuwaren, zeugt die **Kirche St. Stephan,** eine romanische Chorturmanlage (13. Jh.). Der 1939 stark veränderte Bau enthält qualitätvolle Figuren des späten 15. Jh.

Ebenso wie Hoflach ist auch **Puch** mit der Geschichte des Hauses Wittelsbach verbunden. Auf dem Kaiseranger starb am 11. Oktober 1347 Kaiser Ludwig der Bayer auf der Bärenjagd. Sein Vater, Ludwig der Strenge, hatte das Kloster Fürstenfeld gestiftet, und auch der Sohn wurde wie ein Stifter verehrt. Ein **Denkmal** an der Straße nach Fürstenfeldbruck (1796/97; Reliefs von Roman Anton Boos) erinnert an dieses Ereignis.

Die **Pfarrkirche St. Sebastian** (15. Jh.; im 18. Jh. barockisiert) enthält nicht nur hervorragenden *Stuck* (1724, Jacopo Appiani), sondern ist auch ikonographisch interessant. Im Deckenbild des Langhauses sehen wir die seltsame Darstellung einer Heiligen, die in der Höhlung eines Baumes sitzt. Es ist Edigna, der Legende nach eine Tochter Heinrichs I. von Frankreich. Sie soll ihm entflohen sein, weil er sie – die ewige Jungfräulichkeit gelobt hatte – zur Ehe zwingen wollte. Auf ihrer Flucht verirrte sie sich in die Wälder bei Puch und lebte dort über dreißig Jahre als Einsiedlerin im hohlen Stamm einer Linde. Edigna starb 1109 im Ruf einer Wundertäterin; der Edignakult war vor allem im 17. Jh. lebendig.

Die Straße von Puch über Mering nach Augsburg führt am **Haspelmoor** vorbei. Der Bau der Bahnlinie München–Augsburg in den Jahren 1838–39 hat diesem Moorgebiet – entstanden durch die Verlandung eines nacheiszeitlichen Sees – bereits beträchtlich geschadet. Später kam dann noch der kommerzielle Torfabbau hinzu, vor allem aber der Bau der Straße von Hattenhofen nach Luttenwang. Erst die Ausweisung als Naturschutzgebiet im Jahr 1983 brachte dem ca. 135 ha umfassenden Moorgelände (im Kern Hoch- und Übergangsmoor, in den Randzonen Niedermoor) die verdiente Schonung.

Zwischen Althegnenberg und Moorenweis – im Osten bis Puchheim – befinden wir uns in einem hügeligen Altmoränenland, das während der Riß-Eiszeit entstand. Es ist eine abwechslungsreiche Gegend, die manchmal sogar als malerisch gepriesen wird. Hügellage zeichnet auch die ehemalige **Wallfahrtskirche St. Maria** in **Althegnenberg** aus, doch wurde diese kleine Anhöhe im Mittelalter künstlich angelegt, um eine Burg zu tragen. Die Kapelle – der Muttergottes von Altötting geweiht – entstand im Jahr 1676 im Auftrag des Freiherrn Friedrich von Hegnenberg. Ende des 13. Jh. verlegten die Burgherren – staufische Ministeriale – ihren Sitz nach **Hofhegnenberg.** Der Nachbarort mit seinem eindrucksvollen vierflügeligen **Schloß** hoch über dem Lechrain ist seit der Gebietsreform Teil Bayerisch-Schwabens.

Um wieder oberbayerisches Gelände zu erreichen, passieren wir das schwäbische **Schmiechen.** Die **Wallfahrtskapelle Maria Kappel** sollte auf keinen Fall versäumt werden, da sie reich ausgestattet ist (Fresken 1754/55, Franz Martin Kuen; Stuck Franz Xaver Schmuzer).

Der Landkreis Fürstenfeldbruck reicht bei Egling an die Paar heran. **Prittriching,** nahe am Lech, gehört bereits dem Landkreis Landsberg an. Das Dorf bestand ursprünglich aus zwei Ansiedlungen. Auch heute noch sehen wir im südlichen und nördlichen Ortsteil zwei sehr bemerkenswerte Kirchenbauten. Die **Pfarrkirche St. Peter und Paul** ist ein Bau aus der zweiten Hälfte des 15. Jh., die Ausstattung hingegen reinstes Rokoko: Die Pfarrei war im Mittelalter an das Kloster Diessen gekommen, und so verwundert es nicht, daß Propst Herkulan Karg, dessen Baupassion und Kunstverständnis wir die Diessener Klosterkirche verdanken, auch hier eingriff. Wir entdecken in der Prittrichinger Pfarrkirche eleganten Wessobrunner Rokokostuck (wohl Franz Xaver Feichtmayr) und ein großes Deckenbild des Schwaben Johann Anwander (1753, Martyrium der Kirchenpatrone). Johann Georg Bergmüller malte das Hochaltarbild, die Figurengruppen sind Arbeiten von Franz Xaver Schmädl (um 1755).

Die **Frauenkirche** im nördlichen Ortsteil ist schon von außen in ihrer spätgotischen Kräftigkeit eine Freude. Der vor ihr gelagerte **Torturm** mit übereck gestellten Erkern gehörte zur alten Friedhofsbefestigung. Auch hier, in diesem barockisierten Saal, sehen wir schönsten Wessobrunner Stuck aus der Schmuzer-Werkstatt mit vielen figürlichen Motiven. Die Nähe Landsbergs macht sich schon im Figurenschmuck bemerkbar: er stammt von Lorenz Luidl, dem produktiven Bildschnitzer aus der Lechstadt.

Eine Fahrt ins Paartal kann mit **Egling** beginnen. Die Paar, die westlich von Geltendorf entspringt, fließt ab Mering parallel zum Lech in seinem östlichen Schotterfeld und tritt bei Friedberg ins Hügelland ein. Die **Pfarrkirche St. Vitus** ist der Bau eines Münchner Hofmaurermeisters (1769/73). Franz Anton Kirchgrabner hatte als Palier bei Johann Michael Fischer gearbeitet und ihm manches abgeschaut, so auch die zentralisierende Anlage dieser Kirche. Beherrschend: das gewaltige *Kuppelfresko* eines weiteren Münchner Hofkünstlers, Christian Winck (Martyrium des hl. Vitus, 1773).

Egling, eine bajuwarische Gründung (um 500), war seit dem 9. Jh. im Besitz der Grafen von Diessen-Andechs, später kam es an die Wittelsbacher und wurde 1339 von Ludwig dem Bayern dem Kloster Ettal geschenkt. Zwei kleine romanische Kirchen zeugen von der frühen Bedeutung des Ortes: die **St. Blasius-Kapelle** (spätes 13. Jh.) und die **Kapelle St. Ulrich** (spätromanisch). Die barockisierte Ulrichskapelle wurde um 1780/90 von Johann Baptist Anwander mit Fresken geschmückt.

Walleshausen, am Westrand des Paartales gelegen, begrüßt den Besucher mit einem prachtvollen barocken **Pfarrhof** (1710), der sich wie ein ländlicher Adelssitz vor der **Pfarrkirche Zu Unserer Lieben Frau** (1710) postiert. Die Pollinger Pröpste hatten hier ihren Sommersitz – das Kloster war schon seit der Mitte des 14. Jh. Patronatsherr. Die Kirche, ein spätgotischer Bau mit barockem Turm (1695, Michael Natter), ist im 18. Jh. reich mit Stuck und Fresken ausgestattet worden. Der Schwabe Johann Georg Wolcker, ein Bergmüller-Schüler, hat hier einen umfangreichen *Freskenzyklus* hinterlassen (1732, Chor: Himmelfahrt Mariä; Langhaus: Aufnahme Mariens in den Himmel). Der Meister des Laub- und Bandelwerkstucks war Franz Xaver Feichtmayr.

Das benachbarte **Kaltenberg** zeichnet sich durch ein **Schloß** aus. Seine bewegte Geschichte sieht man ihm nicht an, denn es präsentiert sich neugotisch. Zwischen dem ersten Herren, Herzog Rudolf I. von Bayern-München (Ende 13. Jh.), und dem heutigen Besitzer, einem bayerischen Prinzen, gab es eine fast unübersehbare Reihe von Eigentümern, darunter auch den Landschaftsmaler und Zeichner Lorenz Quaglio, der für den neugotischen Umbau sorgte (1845). Im Kern stammt der Westflügel dieser vierflügeligen Anlage noch aus dem 17. Jh. Heute gehört zu Kaltenberg eine Brauerei – und im Sommer werden Ritterspiele veranstaltet.

Wir verlassen nun das Paartal und fahren auf Nebenstraßen ostwärts nach **Eismerszell.** Das Kloster Wessobrunn war Grundherr in Moorenweis und ließ auch hier, im Pfarreibereich, die **Kirche St. Georg** bauen (1739). Der Baumeister, der Wessobrunner Joseph Schmuzer, hat Teile des gotischen Vorgängerbaus integriert. Franz Xaver Schmuzer schmückte den einfachen, ländlichen Saalbau im Jahr 1740 mit Band- und Muschelwerkstuck.

Moorenweis liegt am Westrand des **Wildmooses** – wie das Haspelmoor ein Hoch- und Übergangsmoor in der Altmoränenlandschaft. Entwässerung und Abtorfung sorgten für oberflächliche Austrocknung und daher für Verheidung und Verwaldung.

Die **Pfarrkirche St. Sixtus** ist ein ungewöhnlich reich ausgestatteter Bau. Als einzige Landkirche des Kreises Fürstenfeldbruck wird sie in den Haager Konventionslisten genannt. Die Saalkirche mit Stichkappentonne und Doppelempore im Westen gehört zu den frühen Werken des Wessobrunner Klosterbaumeisters Joseph Schmuzer (1718–20 Chor und Langhaus; 1727–29 Turm). Nur die Stuckmarmoraltäre, die Josephs Bruder Franz 1722–27 lieferte, gehören noch der Erbauungszeit an, im übrigen herrscht hier das elegante Spätrokoko. 1775 hat Matthäus Günther das *Langhausfresko* signiert. Im Osten sieht man die Verurteilung und das Martyrium des hl. Sixtus, darüber die Glorie des Heiligen, und im Westen den hl. Sixtus im

Moorenweis, Chorfresko der Kirche St. Sixtus

Kerker. Im Chor erscheint die Krönung des hl. Sixtus zum Papst. Zarter, farbiger Stuck umspielt die Deckenbilder, Arbeiten des Wessobrunners Thassilo Zöpf. Die Figuren der Altäre stammen zum größten Teil aus der Landsberger Luidl-Werkstatt. Auf dem Tabernakel des Hochaltars sehen wir eine qualitätvolle spätgotische Halbfigur, eine Muttergottes, die wohl aus dem Umkreis des Ulmers Gregor Erhart stammt.

Landschaftlich reizvoll ist die Straße am Ostrand des Wildmooses entlang nach **Jesenwang.** Der kleine Ort durchaus moderner Prägung – auch ein Sportflugplatz gehört dazu – ist dennoch recht alten Ursprungs. Bereits für das Jahr 773 ist die Erwähnung von ›Oasinvanc‹ in einer Freisinger Urkunde gesichert.

Jesenwang, Innenraum der Wallfahrtskirche St. Willibald

Etwas außerhalb, an der Straße nach Fürstenfeldbruck, finden wir einen interessanten kleinen Bau, die **Wallfahrtskirche St. Willibald.** Merkwürdig allein schon das Patrozinium, denn weshalb der erste Bischof von Eichstätt gerade hier verehrt wurde, weiß niemand zu sagen. Die Wallfahrt bestand jedenfalls schon im frühen 15. Jh., und der Zustrom war so groß, daß man sich 1478 zum Bau einer größeren Kirche entschloß. Der spätgotische Raum mit seinem schönen sterngewölbten Chor wurde bis 1980 restauriert, so daß die feine Rankenmalerei im Gewölbe und an den Laibungen sehr gut zur Geltung kommt. Auch die flache Holzdecke im Langhaus und die kleine Empore im Westen sind mit einfachen Mustern aus Sternen und Blüten geschmückt. Prachtvoll und kostbar ist der *Hochaltar* (1617) in strengen Renaissanceformen, mit der Figur des thronenden Willibald in seiner Mitte (15. Jh.). Die Willibaldsverehrung ist heute noch lebendig, zumal hier an Georgi (23. April) oder dem darauffolgenden Sonntag der **Willibaldsritt** veranstaltet wird. Der Ritt bezieht die Kirche mit ein, er führt mitten durch sie hindurch!

Ganz dicht am Haspelmoor – und damit am Ausgang unserer Fahrt – liegt **Luttenwang.** Auf dem Weg dorthin überqueren wir die Maisach – neben der Amper das größte Gewässer im Landkreis Fürstenfeldbruck. Die **Kirche Mariä Himmelfahrt** ist ein spätgotischer Bau, der im 19. Jh. verlängert wurde. Die marianischen Deckenbilder (Ignaz Paur, 1780) künden bereits den Klassizismus an. Eine Schöne Madonna im Hochaltar (um 1425) erinnert noch an den gotischen Ursprung der Marienkirche. Als Gnadenbild war sie das Ziel einer Wallfahrt.

Die B 471 zwischen Fürstenfeldbruck und dem Ammersee wird meist schnell durchfahren, doch lohnt es sich gerade hier, aufmerksam nach links und rechts zu schauen und auch einmal von der Straße abzubiegen. Ratsam ist es, den Wagen in Fürstenfeldbruck stehen zu lassen und durch die **Amperleiten** nach Schöngeising zu wandern. Der Fluß durchzieht hier in weiten Schlingen die Auenlandschaft. Mehrere keltische **Viereckschanzen** (späte Latènezeit) südöstlich von **Schöngeising** deuten darauf hin, daß wir uns hier auf altem Kulturboden befinden. Im übrigen ist der Ort durchaus modern geprägt – hier befindet sich eine Staustufe des Elektrizitätswerks Fürstenfeldbruck. Die **Pfarrkirche St. Johannes Baptist** ist ein hübscher Zwiebelhaubenbau des 17. Jh., doch wird man seinetwegen nicht hierherkommen. Kulturgeschichtlich interessant ist hingegen das **Haus Nr. 11** an der Brucker Straße. Auf diesem Gelände stand einst das Haus des Münchner Hofkapellmeisters Orlando di Lasso, dem Herzog Albrecht V. im Jahr 1587 in Schöngeising einen Garten schenkte.

Südlich von Schöngeising, bei Wildenroth, durchfließt die Amper ein Engtal – sie durchbricht hier die Endmoränenwälle der Würmeiszeit. Wir nähern uns Grafrath, einem in mehrfacher Hinsicht bemerkenswerten Ort mit S-Bahn-Anschluß nach München. Das **Ampermoos**, das sich zwischen Grafrath und dem Ammersee erstreckt, ist

Naturschutzgebiet. Das Niedermoor von etwa 525 ha entstand nach der Eiszeit durch Verlandung des Ammersees, der einst bis Grafrath reichte. Vorbei die Zeit, als hier noch der Raddampfer Maria Theresia verkehrte, der die Wallfahrer von Grafrath nach Diessen brachte. Wegen seines eigenartigen Signaltones, der wie ein langgezogenes Muhen klang, hieß der Dampfer im Volksmund Mooskuh. Das beliebte Schiffchen verkehrte noch bis 1939, dann wurde der Verkehr eingestellt. Zusammen mit dem Ammerseedelta gehört das Ampermoos zu den wenigen Feuchtgebieten in Deutschland, die wegen ihrer internationalen Bedeutung von der UNESCO anerkannt wurden. Im Herbst und Winter wird das Moos – eines der wichtigsten Rast- und Durchzugsgebiete im Alpenvorland – zur Herberge für mehr als 20 000 Sumpf- und Wasservögel.

Von der wässerigen Beschaffenheit der Gegend um **Grafrath** spricht auch der ehemalige Name des Ortes: Wöhrt (mhd. *werd* bezeichnet erhöhtes wasserfreies Land zwischen Sümpfen). Der Name Grafrath taucht jedoch schon Mitte des 14. Jh. auf. Taufpate war Graf Rasso (Graf Rath) aus dem Geschlecht der Grafen von Diessen-Andechs, der sich im Kampf gegen die Ungarn Ruhm erwarb. Um 950 gründete er hier ein Kloster, in dem er anschließend an eine Jerusalemwallfahrt seine letzten beiden Lebensjahre als Laienbruder verbrachte.

Die **Wallfahrtskirche St. Rasso** ist schon der fünfte Bau an dieser Stelle. Der Vorarlberger Michael Thumb errichtete die Grafrather Kirche 1688/94, einen tonnengewölbten, einschiffigen Raum mit Querarm, der durch eine reiche *Rokokoausstattung* erfreut. Hervorragende Meister waren hier in den Jahren 1752/53 versammelt, gerufen vom Stift Diessen, dem die Wallfahrtskirche zugeordnet war. Den meisten begegnen wir auch in Diessen: Johann Georg Bergmüller (Deckenbilder zum Leben des hl. Rasso, 1753), Johann Michael Feichtmayr und Johann Georg Üblher (Stukkaturen, um 1725), Johann Baptist Straub (Hochaltar, 1765–68, wohl nach einem Entwurf von Ignaz Günther). Das in den Hochaltar integrierte Grab des hl. Rasso war schon im 12. Jh. Ziel einer Wallfahrt. In der *Wunderkammer* (linke Chorempore) werden Votivbilder und Weihegaben aufbewahrt, die das Volk dem Heiligen darbrachte. Vor dem Choraltar ist die *Deckplatte* des ehemaligen gotischen Hochgrabes in den Fußboden eingelassen. Sie zeigt Graf Rasso als Fahnenträger – eine ausgezeichnete Arbeit des Münchner Steinmetzen Matthäus Haldner (1468).

Grafrath, Deckenbild in der Wallfahrtskirche St. Rasso (Detail): Der hl. Rasso legt im Himmel Fürbitte für die Notleidenden ein

Im Osten ist die Kirche durch einen Gang mit dem **Franziskanerkloster** (1677) verbunden, dem heutigen Wallfahrts- und Pfarrkloster für den Pfarrverband Grafrath.

Grafrath im Westen benachbart ist **Kottgeisering,** ein hübsches Dorf, dessen östliche Randbauten dem Unteren Ampermoos sehr nahegerückt sind. Am Ortsrand auf dem Weg nach Türkenfeld: die **Pfarrkirche St. Valentin**, ein spätgotischer, mehrfach veränderter Bau. Der Innenraum ist vom Rokoko geprägt; Matthäus Günther malte die Deckenbilder (um 1774), die Figuren stammen aus der Landsberger Luidl-Werkstatt.

Türkenfeld ist wie Grafrath im glücklichen Besitz einer S-Bahn-Station, was dem Ort freilich auch Zersiedelung einbrachte. Die Gemeindeverwaltung hat ihren Sitz im ehemaligen **Schloß**. Von hier aus wurde die ehemalige Hofmark, die bis 1789 im Besitz der Fugger zu Kirchberg und Weißenhorn war, verwaltet. Der zweigeschossige Walmdachbau entstand im Jahr 1725. Ihm gegenüber erhebt sich die **Pfarrkirche Mariä Himmelfahrt,** deren schlanker und dennoch wuchtiger Satteldachturm mit seiner strengen Stabwerkgliederung ein schönes Zeugnis ländlicher Spätgotik (1489) darstellt. Der Innenraum wurde 1754 und 1766 barockisiert: ein weiter Saal mit Doppelempore, vorzüglich ausgestattet. Der elegante farbige Rocaillestuck wird dem Wessobrunner Franz Xaver Schmuzer zugeschrieben (1753/54); die Deckenbilder malten Johann Baptist Baader (Langhaus: Übergabe des Rosenkranzes an den hl. Dominikus und Seeschlacht bei Lepanto, 1766) und Christoph Thomas Scheffler (Chor: Maria als Rosenkranzkönigin, 1754).

Von Türkenfeld aus sind es nur wenige Kilometer bis zur **Erzabtei St. Ottilien,** dem größten Klosterkomplex Süddeutschlands, der ab 1886 für die Missionsbenediktiner errichtet wurde. Was die Mönche aus Ost- und Südafrika mitbrachten, ist im *Missionsmuseum* zu sehen. Die *Abteikirche Herz Jesu* entstand erst 1897–99 im Stil gotischer Zisterzienserkirchen (Hans Schurr). Jedoch hat die Anlage auch einen alten Teil, die *Ottilienkapelle,* die Wallfahrtskirche des ehemaligen Weilers Emming, auf dessen Grund das Kloster errichtet wurde. Hier und im *Schulhaus* – aus dem früheren Hofmarksschlößchen hervorgegangen – ist erstklassiger Wessobrunner Stuck von Johann Schmuzer (um 1690 und 1699) zu sehen.

Nur ein kleiner Vorgeschmack jedoch auf das, was uns im nahen **Eresing** erwartet. Der Raum zwischen Fürstenfeldbruck und dem Ammerseegebiet mag durch manchen reich ausgestatteten Sakralbau glänzen, doch die **Pfarrkirche St. Ulrich** von Eresing sticht sie allesamt aus.

Die Siedlung an der alten Römerstraße von Augsburg zum Brenner wurde im 11. Jh. erstmals urkundlich erwähnt. Später wuchs Eresing zur Hofmark heran. Von der alten spätgotischen Dorfkirche sind Teile im heutigen Bau erhalten, der zwischen 1620 und 1757 in mehreren Phasen entstand. Der Wessobrunner Joseph Schmuzer war der Schöpfer des kraftvollen Turmoktogons (1718), im übrigen verdankt diese prachtvolle Landkirche aber ihre Gestalt in erster Linie Dominikus Zimmermann. Er war schon 1755 gerufen worden, um das ebenfalls sehenswerte Pfarrhaus zu bauen. Ein Jahr später kam er mit seinem Landsberger Palier Nikolaus Schütz als Stukkator, um die Kirche umzugestalten. Schon von außen zeigen die dreigeteilten Fenster die Handschrift Zimmermanns.

Der weite, helle Saalbau mit flachem Spiegelgewölbe und Doppelempore steht in schwäbischer Tradition – im Allgäu finden wir eine

Eresing, Innenraum der Pfarrkirche St. Ulrich

ganze Reihe ähnlicher Säle. Doch im Detail zeigen sich Elemente, die uns auch aus der Wies vertraut sind. Dazu Hermann Bauer: »Formulierungen der Wieskirche erscheinen in Eresing als Zitate, die beliebig und an unerwarteter Stelle eingesetzt sind, so die Doppelsäulen im Chorbogen mit der Volutenklammer darüber (von der Fassade der Wies genommen). Jede Bogenöffnung, zum Chor hin wie in den Emporenöffnungen, ist als große Ornamentvolute verstanden. Gebälkteile brechen ab und gehen in Rocailleornament über, wobei es zu einem Tausch der Positionen gekommen ist, weil die auflastenden Teile jeweils Bandwerkrollungen, also Ornament sind und die Gebälkteile nicht in tektonischem Zusammenhang, sondern als Kurventeil ›irgendwo‹ als ornamentale Klammer sitzen können.«

Feinster farbiger Rocaillestuck von Nikolaus Schütz begleitet die *Fresken* des Schwaben Franz Martin Kuen (1756, Leben und Legende des Kirchenpatrons). Prächtig und auch farblich sehr reizvoll ist der Hochaltar des Bernbeurers Jörg Pfeiffer (1687), der sieben Jahre zuvor den glanzvollen hochbarocken Altar für die Landsberger

Pfarrkirche schuf. Dort wie hier: Figuren des Landsbergers Lorenz Luidl, die hll. Bischöfe Konrad und Narzissus. Manche Details sollten nicht unbeachtet bleiben, wenn auch nicht von großen Künstlern beigetragen. Dazu gehören die Beichtstühle und das Gestühl, vor allem aber der grün gefaßte Taufsteindeckel mit der Gruppe der Taufe Jesu (1793).

Im Dachauer Land

Das alte **Dachauer Moos,** das weite Niedermoorgebiet, das die Maler der Künstlerkolonie an der Wende zum 20. Jh. durch seine melancholisch-herbe Stimmung inspirierte, existiert heute nicht mehr. Zwischen Fürstenfeldbruck und dem Freisinger Land erstreckte es sich an der Amper entlang. Was blieb, sind nur noch kleinere Reste im Norden und Westen, doch auch hier, um Graßlfing, Eschenried und Neuhimmelreich, haben Wasserabsenkung und Torfstich das ursprüngliche Bild verändert. Zwischen München und Dachau drängt sich heute ein Häusermeer, Folge der Bauaktivität seit den 1950er Jahren. Wie es hier noch um 1935 aussah, zeigt uns ein Text von Wilhelm Hausenstein: »Nicht umsonst haben in einer klassischen Zeit der Münchner Malerei treffliche Meister wie Eduard Schleich die Gegend um Dachau aufgesucht. Die Luft ist eine rechte Malerluft, das Licht ein wahres Malerlicht. Der grün-goldenen, bräunlich goldenen Weite des Dachauer Mooses setzten die Münchner Frauentürme und die blauen Alpen mit den blütenweißen Scheiteln ein köstliches Ziel; der großartigen Sicht von der Dachauer Höhe ist nur noch der Ausblick vom Belvedere des Freisinger Domberges vergleichbar.«

Dachau

Dachau hat es durch das Konzentrationslager der Nationalsozialisten zu schlimmer Berühmtheit gebracht, doch verdient es der Ort, auch mit anderen Augen gesehen zu werden. Sowohl die herzoglich-wittelsbachische Zeit als auch die Jahre der Künstlerkolonie haben ihre Spuren hinterlassen, denen nachzugehen sich lohnt.

Ein Fresko im Antiquarium der Münchner Residenz zeigt das Dachauer **Schloß** – Sommerresidenz der Wittelsbacher – als prachtvolle Vierflügelanlage mit Ecktürmen. Hier oben, auf der steil abfallenden Anhöhe über der Amper, stand einst eine Burg der Grafen von Scheyern, den Ahnherren der Wittelsbacher. Aus ihr machten die Herzöge Wilhelm IV. und Albrecht V. ab 1546 eine Renaissanceveste, doch auch diese ist nur noch fragmentarisch erhalten, denn das Schloß wurde zu Beginn des 19. Jh. bis auf den Westflügel abge-

Dachau

Dachau, die Pfarrkirche St. Jakob und das Schloß

brochen. Diesem Flügel, dem ›Festsaaltrakt‹, hat ein gebürtiger Dachauer, der Hofbaumeister Josepf Effner, 1715 eine sehr noble *Fassade* gegeben. Ihr schließt sich der Effner'sche *Hofgarten* an, der zum Teil noch original erhalten ist. Seit 1978 ist der *Festsaal* wieder in seiner alten Schönheit erstanden. Die gewaltige hölzerne *Kassettendecke* (1566, Hans Wißreiter) war 1868 nach München abtransportiert worden und zierte bis 1946 den Dachauer Saal des Bayerischen Nationalmuseums. Der Bilderfries mit Darstellungen antiker Gottheiten entstand ebenfalls in den Jahren, als die Burg zum Schloß ausgebaut wurde (1567, Hans Thonauer d. Ä.).

Dem Wittelsbacher Schloß schließt sich im Nordosten die Altstadt an. Um das Jahr 1288 wurde Dachau zum Markt erhoben und ummauert, doch die alten Stadtmauern sind nicht mehr erhalten, ebensowenig die romanische Kirche. Einem der großen bayerischen Baumeister der Spätrenaissance, dem Weilheimer Hans Krumpper, verdanken wir die **Pfarrkirche St. Jakob.** Die dreischiffige Pfeilerhalle (1624/25; 1926 nach Westen verlängert) mit Kreuzgewölben im Mittelschiff, hat ihre originale Ausstattung nur zum Teil bewahren können. Eindrucksvoll sind die weißgefaßten Figuren der Apostel und Christi an den Pfeilern (um 1625, wohl Constantin Pader). Unter den zahlreichen Epitaphien fällt der Rotmarmorstein für Wilhelm Jocher auf (um 1635). Die **Friedhofskapelle Hl. Kreuz,** ein achteckiger Zentralbau, wird ebenfalls Hans Krumpper zugeschrieben (1627). Eine zugehörige Kreuzigungsgruppe des Weilheimers Adam Krumpper wurde in das **Bezirksmuseum Dachau** (Augsburgerstr. 3) versetzt, ein Walmdachbau (1790, ehemals Palais Minucci), der die Südseite des Marktplatzes beherrscht. Hier finden wir 3000 Objekte zur Geschichte und Kultur des Dachauer Landes.

Die Bilder der Dachauer Künstlerkolonie sind in einem eigenen Museum, der **Dachauer Gemäldegalerie** (Konrad Adenauerstr. 3) untergebracht. Wie im französischen Barbizon und im norddeutschen Worpswede versammelten sich hier – des städtischen Atelierbetriebs müde – um 1900 mehrere hundert Maler, Zeichner und Bildhauer. Ludwig Dill, Adolf Hölzel und Arthur Langhammer gründeten 1893 die Gruppe Neu Dachau, Wilhelm Leibl, Fritz von Uhde und Max Liebermann hatten die Landschaft um Dachau schon zuvor entdeckt. An die 500 Landschafts- und Genrebilder dieser Künstler sind hier zu sehen.

Nicht nur der Mühlbach und die Amper, auch die Würm gehören zu den Gewässern der Dachauer Landschaft. Die Wittelsbacher, die ihre Schlösser durch Kanäle miteinander verbanden, bezogen in das Kanalsystem auch Dachau mit ein. Der **Würmkanal** bei Karlsfeld wurde 1687 angelegt, der **Dachau-Schleißheimer Kanal** entstand durch Ableitung der Amper südlich von Dachau in den Jahren 1691–92.

Vor den Toren der Stadt, am Rande der Flußauen, bauten die Nationalsozialisten 1933 das erste **Konzentrationslager** in Deutschland. Das Areal an der Alten Römerstraße wurde 1965 zur *Gedenkstätte* umgestaltet, am Ende der Anlage wurden Kirchen und ein Kloster errichtet. Im Wirtschaftsgebäude des ehemaligen KZ eröffnete eine Organisation ehemaliger Häftlinge das *KZ-Museum*, das mit Dokumenten, Fotos und Berichten die Geschichte des Lagers Dachau von 1933 bis 1945 belegt. Auf dem Leitenberg im Norden der Stadt wurde 1963 die Gedächtniskirche **Regina Pacis** zur Erinnerung an die italienischen KZ-Opfer eingeweiht. Von den über 200 000 Häftlingen, die in diesem Lager zu leiden hatten, sind über 32 000 gestorben.

Im Dachauer Land zwischen Amper und Glonn versammeln sich auch eine Reihe erstaunlicher Kirchen und Klöster. Hierher zieht es viele Münchner an den Wochenenden, denn die S-Bahn schafft die Voraussetzung für einen Kunstgenuß, der auch mit Wanderungen verbunden werden kann.

Bergkirchen, Sigmertshausen, Altomünster: drei Stationen im Leben des fruchtbarsten Architekten des bayerischen Rokoko, Johann Michael Fischer. Auf einer Anhöhe über dem Ampermoos steht die **Pfarrkirche St. Johann Baptist** von **Bergkirchen.** Von hier aus läßt sich das Maisach- und Ampertal, durchsetzt von Moosflächen, ideal überblicken.

Johann Michael Fischer, noch am Beginn seiner Laufbahn, lieferte 1731 die Pläne zum Neubau des Langhauses, nachdem die alte spätgotische Kirche durch Sturm schwer beschädigt worden war. Die Vorliebe Fischers für Zentralräume kommt schon hier zum Ausdruck. Der rechteckige Gemeinderaum ist durch Abschrägungen zum Achteck geworden, er wirkt als Ovalraum. Diesem Oval schließt sich ein weiteres als Chorraum an. Im Westen ragt eine Doppelempore in den Raum. Der Bandelwerkstuck im Chor – zart und elegant – ist noch original erhalten (1732–34), doch leider wurden die Deckenfresken von Johannes Zick (1735–36) Ende des 19. Jh. abgeschlagen und 1945 ersetzt. Die Altäre, vor allem der *Hochaltar*, sind für eine Dorfkirche überraschend aufwendig. Der Münchner Hofbildhauer Franz de Paula Arnoldt hat ihn um 1760 geschaffen, Johann Baptist Straub hat die Figuren der hll. Anna und Joachim geschnitzt. In der Kapelle südlich des Chors verdient der *Jobaltar* Aufmerksamkeit. Der Dachauer Johann Wilhelm Holzmayr hat den Dulder Job zusammen mit den Stiftern, den Grafen Hundt von Lauterbach, dargestellt (um 1650). Im Hintergrund sieht man das brennende, von den Schweden zerstörte Schloß der Grafen.

Hierher, ins benachbarte **Lauterbach,** sollte man unbedingt fahren. Außer dem im 17. Jh. wiederhergestellten **Schloß** ist auch die **Kirche St. Jakob** sehenswert. Der Stuck in Miesbacher Art (um 1680) ist ebenso beachtlich wie die Glasbilder (Mitte 15. Jh.) hinter dem Hochaltar und die zahlreichen Grabplatten für die Familie Hundt. Die Grabplatte im Chor für die 1466 verstorbene Margarete Hundt ist ein Werk der Münchner Haldner-Werkstatt.

Auf dem Weg nach Sigmertshausen sollten wenigstens zwei Kirchtürme bewundert werden, der eine in **Rumeltshausen** (Kirche St. Laurentius) wegen seiner erstaunlichen Zwiebelhaube (1694), der andere in **Puchschlagen** (Kirche St. Kastulus) wegen seiner erstaunlichen Höhe von über 50 m (1695).

Auch die **Kirche St. Vitalis** in **Sigmertshausen** besitzt einen auffallenden, besonders fein geschwungenen Turmhelm, doch ist sie darüber hinaus auch innen sehr ansehnlich. Als Johann Michael Fischer vom Hofmarksherren Franz Xaver von Ruffini den Auftrag zum Neubau der Dorfkirche bekam, stand er schon auf der Höhe seiner Laufbahn – St. Vitalis ist ein Werk aus Fischers Reifezeit (1754/55). Auch hier ein Zentralraum: die Ecken des quadratischen Gemeinderaumes sind gerundet, die vorderen Nischen mit den Seitenaltären besetzt. Die Hängegewölbe im quadratischen Chor und im Schiff sind mit auffallend großflächigen Fresken dicht ausgemalt – Werke des Augsburgers Franz Josef Degle (1755). Da hier einst eine Marienwallfahrt bestand, bezieht sich das Deckenbild im Schiff auf die Übertragung des Gnadenbildes.

Das benachbarte **Schönbrunn** war bis 1830 Hofmark. Im Jahr 1723 beschloß der Hofmarksherr Baron von Unertl, statt der alten gotischen Katharinenkirche einen Neubau zu errichten. Als Architekt wurde Johann Baptist Gunetzrhainer berufen, der damals bei Johann Effner im Münchner Hofbauamt arbeitete. Eine Architektur, die von der bayerischen Hofkunst geprägt wurde, also mitten im Dachauer Land. Schon von außen zeigt sich die reich gegliederte, in Ocker gehüllte ehemalige **Hofmarkskirche Hl. Kreuz** überaus prächtig. Der zentralisierende, elliptische Hauptraum, mit Apsis im Norden, stellt eine Vorstufe zu Johann Michael Fischers Zentralbauten dar. Kannelierte Pilaster mit korinthischen Kapitellen tragen das

In der Region München

Gebälk – zusammen mit dem eleganten Bandelwerkstuck ein sehr nobles Bild. Das Deckenfresko (Verehrung des Kreuzes) ist das Werk des Münchner Hofmalers Balthasar Augustin Albrecht (1724), der auch die Altarbilder schuf.

Der barocke, reich gegliederte Zwiebelhaubenturm der **Kirche St. Martin** von **Amperpettenbach** ist für sich schon eine Freude, doch gibt es hier noch mehr zu entdecken. Die Bogenblenden am Langhaus deuten auf eine Entstehung in sehr viel früherer Zeit hin. Um 1200 war hier das Kloster Scheyern Grundherr, und in dieser Zeit ist die Martinskirche entstanden. Das 16. Jh. brachte manche Veränderung, es entstand das besonders schöne Netzgewölbe, bereichert durch Figuren an den Konsolen und Schlußsteinen. Das Glasgemälde im Chor (1516) ist eine Stiftung des Münchner Ratsherrn Hans Ligsalz. Die Barockisierung (1677) sorgte dann für eine neue Altarausstattung und manch qualitätvolle Figur.

Das **Ampertal** zwischen Ampermoching und Moosburg ist Landschaftsschutzgebiet. Hier, im südlichen Teil, am Rande der noch weitgehend intakten Auenlandschaft, finden wir einen der reizvollsten bayerischen Adelssitze, das **Schloß Haimhausen.** Herzog Wilhelm V. von Bayern verlieh dem Hofkammerrat Theodor Viepeck im Jahr 1593 die Hofmark Haimhausen, und im Besitz dieser Familie, der späteren Reichsgrafen von Haimhausen, blieb sie bis 1794.

Schloß Haimhausen

Die großzügige Dreiflügelanlage, die wir heute vor uns sehen, ist ein Werk des Rokoko (1747/48). Als Baumeister sorgte François Cuvilliés für Eleganz, feinste Gliederung und zurückhaltenden Dekor der Fassaden. Vor allem die Gartenfront ist bestechend schön, wenn auch die Freitreppe – nach dem Vorbild von Schloß Nymphenburg – erst Ende des 19. Jh. hinzukam. Lorenz von Westenrieder, im Jahr 1791 für seine geplante bayerische Topographie unterwegs, fand die rechten Worte: »Es ist Verhältnis und Ordnung, Geschmack und große Einfachheit, die sich hier beym ersten Anblick empfiehlt.« Schloß Haimhausen mußte sich im Verlauf des 20. Jh. einen regen Besitzerwechsel gefallen lassen, doch wenigstens wurden die Räume neuerdings gründlich renoviert. Zugänglich sind sie allerdings nicht, so daß wir weder den Festsaal mit den Deckenfresken Johann Georg Bergmüllers (1750) noch die Schloßkapelle mit ihrer reichen Rokokoausstattung bewundern können.

Die S-Bahn, die uns von München in den Norden bringt, verzweigt sich bei Dachau. Eine Nebenlinie führt zu den drei wichtigsten Kunst-Stationen: Petersberg, Kloster Indersdorf und Altomünster. Auf dem **Petersberg**, einer Anhöhe bei Erdweg, steht eine erstaunliche romanische Kirche, **St. Peter.** Hier oben hatten sich die Grafen von Scheyern, die späteren Wittelsbacher, eine Burg gebaut. Ihre erste Klostergründung in Bayrischzell hatte nicht lange Bestand; die Hirsauer Mönche zogen von dort aus nach Fischbachau und dann hier auf den Petersberg, bevor sie schließlich in Scheyern ihre endgültige Bleibe fanden. An Stelle der Scheyernburg Glonneck wurde um 1104 das Kloster mit der kleinen Georgskirche errichtet. Es handelt sich hier um einen der ältesten Sakralbauten im Münchner Umland, eine Pfeilerbasilika ohne Querhaus mit drei Apsiden, Musterbeispiel für den Typus der Alpenländischen Basilika. Zwar hat die Barockisierung (1730) kräftig eingegriffen, doch wurde 1906 der alte Zustand wiederhergestellt. Die *Chorfresken* aus der Erbauungszeit wurden 1907 freigelegt und leider auch ergänzt. Gänzlich neu schuf man damals die Malereien der Seitenapsiden. In dem ernsten, stillen Raum entdeckt der Besucher an der Südwand eine edle Schnitzfigur, ein Meisterwerk der Spätgotik. Die *Muttergottes* aus den Jahren um 1520 ist im Umkreis des Meisters der Blutenburger Apostel entstanden.

Im Tal der Glonn gründete Pfalzgraf Otto IV. von Scheyern-Wittelsbach das **Kloster Indersdorf.** Die mächtigen Türme mit ihren hohen Spitzhelmen deuten schon auf den ersten Blick auf ein beträchtliches Alter der **Klosterkirche Mariä Himmelfahrt.** Wie Fürstenfeld ist auch Indersdorf ein Sühnekloster der frühen Wittelsbacher. Pfalzgraf Otto, der König Heinrich V. auf seinem Romzug begleitet hatte, war an der Gefangennahme des Papstes Paschalis II. beteiligt gewesen. Dieser nun verpflichtete den Pfalzgrafen zur Sühne, indem er ihm die Neugründung eines Klosters auferlegte. Die Chorherren kamen aus dem elsässischen Stift Marbach. Die erste

Kloster Indersdorf ☆

In der Region München

Indersdorf, Innenraum der Klosterkirche Mariä Himmelfahrt

Kirche, eine dreischiffige romanische Pfeilerbasilika ohne Querschiff und mit zwei Westtürmen, wurde 1128 geweiht. Bereits 1264 jedoch brannte der Bau mitsamt dem Kloster ab; es blieben nur das Mauerwerk und das Westportal stehen. Zehn Jahre später war die Kirche wieder aufgebaut. In der Zeit der höchsten Blüte des Klosters – Indersdorf war Musterkloster, von hier aus wurden im 15. Jh. 19 Augustiner-Chorherrenstifte reformiert – wurden die Gewölbe umgestaltet und die Türme erhöht. Ende des 17. Jh. setzte die Barockisierung ein, es entstanden die Annakapelle auf der Nordseite und die Sakristei, die Chorkuppel wurde 1691 errichtet. In den Jahren 1754/58 erhielt der Innenraum der romanischen Pfeilerbasilika sein Rokokokleid. Die überreiche Ausstattung hatte Schulden zur Folge – Indersdorf wurde aufgehoben und dem Kollegiatsstift zu Unserer Lieben Frau in München zugewiesen. Heute dienen die Klosterbauten als Schule, die von Barmherzigen Schwestern geleitet wird.

Für das schwelgerische Rokoko des Innenraumes sorgten Matthäus Günther und Johann Georg Dieffenbrunner als Freskenmaler (1753–58) und Franz Xaver Feichtmayr d. Ä. als Stukkator (1754–56). Der schwere, üppige Rocaillen-Stuckdekor umrahmt die *Fresken* an den Hochschiffwänden und Gewölben, Szenen aus dem Leben des hl. Augustinus. Üppig dekoriert sind auch die Seitenaltäre – reifstes, prunkvollstes Rokoko. Der *Hochaltar* in Gold und Blau, der den Chorraum in voller Höhe beherrscht, gehört noch dem späten 17. Jh. an. Das Altarbild, eine Darstellung der Himmelfahrt Mariä, malte der Münchner Hofmaler Johann Andreas Wolff (1691). Die überlebensgroßen Schnitzfiguren sind Werke der Münchner Bildhauerfamilie Ableitner. Hervorragend ist auch die Rokokoausstattung der *Rosenkranzkapelle* am südlichen Seitenschiff. Matthäus Günther malte hier die Muttergottes als Rosenkranzkönigin und vergaß nicht, sein eigenes Porträt hinzuzufügen, das er auf dem Kragen signierte: MG 1758.

Die **Klostergebäude** auf der Nordseite stammen größtenteils aus den Jahren 1694–1704, doch ist der Kreuzgang im Kern gotisch. Bei den *Epitaphien*, Werken des 15.–17. Jh., finden sich auch einige Platten der Münchner Haldner-Werkstatt. Der wuchtige **Schneiderturm**, der den Klosterbezirk nach Norden hin abschließt, ist der letzte Rest der Klosterummauerung. Hier verlief die Grenze zur weltlichen Nachbarschaft: **Markt Indersdorf**. Diese Siedlung nördlich der Glonn – Ende des 19. Jh. zum Markt erhoben – ist älter als das Kloster, sie wurde schon 972 als Undesdorf erwähnt.

Im Dachauer Land richtet es schon allein die S-Bahn so ein, daß das Beste zuletzt kommt: **Altomünster**. Schon von weitem macht der elegante, hohe Turm der **Pfarr- und Klosterkirche St. Alto** auf sich aufmerksam – ein vollendetes Werk der Turmbaukunst, einer der schönsten Kirchtürme des bayerischen Rokoko. Der Legende nach hat der iroschottische Mönch Alto hier im 8. Jh. ein Kloster gegründet. Die erste kleine Anlage wurde von den Ungarn zerstört, doch konnten Mitte des 11. Jh. Benediktinerinnen die Klostertradition fortsetzen. Ihnen folgten im 15. Jh. Nonnen und Mönche des Birgittenordens. Die hl. Birgitta von Schweden hatte um das Jahr 1346 im südschwedischen Vadstena ein Kloster für Nonnen und Mönche gegründet, der Orden breitete sich auch in Deutschland aus. Nach der Aufhebung in der Säkularisation wurde bereits 1841 wieder ein Nonnenkloster in Altomünster eingerichtet.

Die besonderen Erfordernisse eines Doppelklosters waren für den Kirchenbau Johann Michael Fischers maßgeblich (1763–73), zudem galt es, sich dem ansteigenden Gelände anzupassen; alte Bausubstanz mußte übernommen werden, darunter der 1671 errichtete

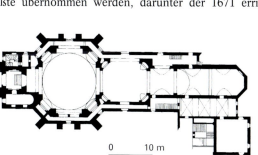

Altomünster, Außenansicht und Grundriß der Pfarr- und Klosterkirche St. Alto

In der Region München

Chor der Vorgängerkirche. Die Raumfolge: Eingang und Vorraum unter dem Turm, dann ein großer, achteckiger Gemeinderaum, der Chor der Laienbrüder mit zwei seitlichen Emporen und über ihm der Nonnenchor. Der Hochaltar im Presbyterium ist zweigeschossig, hinter dem oberen Hochaltar liegt der Chor der Patres.

Die gestaffelte Raumfolge ermöglicht interessante Durchblicke, das Ineinander, Nebeneinander und Übereinander der schön durchlichteten Räume macht Altomünsters besonderen Reiz aus. Leider wird die komplizierte und anspruchsvolle Architektur nicht von einer kongenialen Ausstattung begleitet. Daß wir uns hier bereits nahe am Klassizismus befinden, zeigt der sehr sparsame Stuckdekor (Jakob Rauch, 1766), ebenso die farblich gedämpften, nicht sehr lebensvollen Fresken (Joseph Mages, 1767, Klostergründung und Geschichte des Birgittenordens). Die Altäre und ihre Figuren sind zum großen Teil Spätwerke des Münchner Hofbildhauers Johann Baptist Straub. Sehr harmonisch in die Architektur eingefügt sind vor allem die Altäre im Hauptraum (1767).

Um Freising und Erding

Freising

Freising ☆☆
Besonders sehenswert:
Domberg mit Museum
Unterstadt
Neustift

Die Domstadt Freising, die Stadt der Bischöfe, kennenzulernen, ist von München aus nicht schwierig, denn die S-Bahn bringt uns schnell und direkt dorthin. Dennoch trifft immer noch zu, was Josef Hofmiller 1933 in seinen ›Pilgerfahrten‹ feststellte: »Die Abneigung des Münchners, nordwärts zu wandern, beginnt beim Aumeister; und umgekehrt wird für den Reisenden, der von Norden kommt, Alt-

Freising
1 Domplatz
2 Dom Mariä Geburt
  und St. Korbinian
  und Stiftskirche
  St. Johannes d. Tf.
3 Ehem. Fürstbischöfliche Residenz
4 Diözesanmuseum
5 Rathaus und
  Mariensäule
6 Pfarrkirche
  St. Georg
7 Ehem. Fürstbischöfliches Gymnasium
8 Spitalkirche
  Heilig Geist

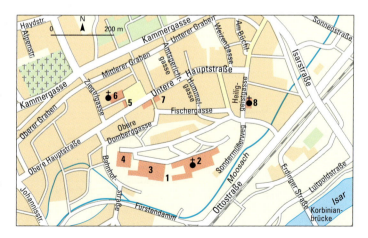

Freising

Freising, Blick auf den Domberg

bayern erst sehenswürdig mit München. Nur so läßt sich verstehen, daß eine so schöne Stadt wie Freising nicht nur unseren meisten norddeutschen Gästen unbekannt bleibt, sondern auch den meisten Münchnern.«

Ähnliches ließe sich vom benachbarten Erding sagen, von Moosburg und der Gegend um Dorfen – ein Gebiet, gespickt mit großen und kleinen Stadtkirchen, Wallfahrtskirchen und Schlössern. Im Norden und Nordosten von München lassen sich ungeahnte Entdeckungen machen. Allerdings verharren die Dörfer um Erding und Freising nicht mehr im Dornröschenschlaf: seit der Münchner Flughafen von Riem ins Erdinger Moos verlegt wurde, geht es hier auf den Straßen sehr lebhaft zu. So mancher Bauer hat um des schnellen Geldes willen sein Land verkauft, so manches Dorf, in dem einst die Stille herrschte, wird heute vom Fluglärm aufgeschreckt.

Der **Freisinger Domberg** war schon in vorgeschichtlicher Zeit besiedelt, und bereits im 8. Jh. stand hier eine Burg der Agilolfingerherzöge, Frigisinga. Als der fränkische Wanderprediger Korbinian sich hier aufhielt (um 720), existierte schon eine Marienkirche, die Pfalzkapelle. 739 errichtete Bonifatius das kanonische Bistum Freising, und heute noch wird von hier aus der größte Teil Oberbayerns kirchlich verwaltet. Die Pfalzkapelle wurde zur Bischofskirche, die Pfalz zum Bischofskloster. Der erste bedeutende Bischof, Arbeo, veranlaßte 769 die Überführung der Reliquien des hl. Korbinian von Obermais (Meran) nach Freising. Auf dem Nachbarhügel hatte Korbinian ein Oratorium zu Ehren des hl. Stephan gegründet, aus dem das Kloster Weihenstephan hervorging. Die Talsiedlung, die spätere Stadt zu Füßen des Dombergs, wird erst im 11. Jh. erwähnt. Von 1138–58 regierte in Freising Bischof Otto I., ein Onkel von Kaiser Friedrich Barbarossa. Er war der bedeutendste Geschichtsphilosoph des Mittelalters.

Die Bauten auf dem Domberg mehrten sich, es entstanden neben dem Dom Kapellen, Kanonikatshäuser und Adelswohnungen. Als sie und der Dom 1159 durch Brand zerstört wurden, begann man sofort mit dem Wiederaufbau. Gleichzeitig hatte Freising einen empfindlichen wirtschaftlichen Verlust zu beklagen. Der Brückenzoll in Föhring, der den Bischöfen bereits im 10. Jh. durch König Ludwig dem Kind geschenkt worden war, ging durch einen Handstreich Heinrichs des Löwen verloren: er verlegte den Isarübergang der von Salzburg kommenden Salzstraße nach München und zerstörte die Zollbrücke des Bischofs von Freising. Dies war der Anfang der Stadt München und zugleich der Beginn der jahrhundertelangen Rivalität zwischen Freising und der späteren Landeshauptstadt. Dennoch war Freising mächtig: bereits im frühen Mittelalter reichte das Territorium der Bischofsstadt von der oberen Isar bis zum Inn. Die Säkularisation brachte die Aufhebung des Hochstifts Freising, der Bischofssitz wurde 1821 nach München verlegt.

Der Anblick des Dombergs mit seinen hochragenden Bauten ist schon von der Ferne sehr eindrucksvoll. »Der Freisinger Domberg«, sagt Josef Hofmiller, »liegt da als ein Wahrzeichen, breit und beherrschend, mit Türmen und geistlichen Gebäuden gekrönt ...«

Der **Domplatz** (1), der den Besucher des Mariendoms empfängt, entstand erst in der Barockzeit – in seiner schönen Geschlossenheit die rechte Einstimmung auf die Großartigkeit der Basilika, des **Domes Mariä Geburt und St. Korbinian** (2). Nach dem Brand im Jahr 1159 entstand die Bischofskirche als dreischiffige Pfeilerbasilika ohne Querschiff mit drei Apsiden und – für Bayern ungewöhnlich – mit Emporen. Wenig ist noch aus dieser frühen Zeit erhalten. Das *romanische Hauptportal* wurde im 14. Jh. der Vorhalle integriert, ein Säulenrücksprungportal nach italienischem Vorbild. An der äußeren Gewändekante sieht man die kleinen Figuren des Kaisers Friedrich Barbarossa, seiner Gemahlin Beatrix von Burgund und seines Onkels Otto von Freising.

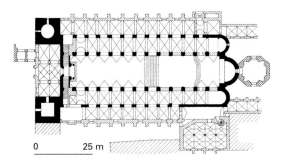

Dom Mariä Geburt und St. Korbinian, Grundriß

Freising

Dom Mariä Geburt und St. Korbinian, Innenraum

Überraschend dann, nach dieser klaren, strengen Einleitung, der Innenraum. Festlich zwar, geordnet, doch in seinem fast überreichen Barockdekor, dem strahlenden Ocker und Gold ein prunkvoll-weltlicher Saal von gewaltigen Dimensionen. Bereits in der Spätgotik wurde die romanische Flachdecke durch ein Gewölbe ersetzt; im Frühbarock gestaltete man die seitlichen Kapellenreihen zu äußeren Seitenschiffen um. Zur Jahrtausendfeier im Jahr 1724 aber wollte der Fürstbischof Johann Franz Eckher den Dom in neuem Glanz erstrahlen lassen und holte sich die Brüder Cosmas Damian und Egid Quirin Asam zur Ausführung des Werks. Innerhalb eines Jahres mußte die gewaltige Aufgabe vollendet sein – und bevor Wände und Gewölbe stuckiert und bemalt werden konnten, mußten die Fenster vergrößert werden, um dem barocken Farbkunstwerk Licht zu geben.

Das Programm der *Deckenbilder* ersann der Freisinger Benediktiner Karl Meichelbeck (Langhaus: Haupttugenden des hl. Korbinian, Aufnahme des Heiligen in den Himmel; Emporenbrüstungen: Szenen aus dem Leben des Kirchenpatrons; Chor: Anbetung des Lammes). Hans Tintelnot charakterisiert das Asam'sche Werk, das zum Vorbild für die meisten Barockisierungen in Süddeutschland werden sollte: »Die ursprünglich romanische Basilika wird völlig von Stuck und Malerei überzogen. Echter und fingierter Stuck, gemalte und plastische Leisten, gerahmte und ungerahmte Szenen gehen ineinander über. Aus den Rahmenbildern quellen Wolken über plastischen Dekor hinweg und werden hinterfangen über die Gurte dahin, kein

Mensch soll mehr unterscheiden, wo hier Konstruktives aufhört und Fiktives beginnt, keiner mehr empfinden, was noch Wirklichkeit und schon Himmelsvorgang ist.«

Prunkvoll auch der *Hochaltar* (1622–25, Philipp Dirr), der das Gemälde des Apokalyptischen Weibes umschließt (Kopie des Originals von Peter Paul Rubens, 1625, heute in der Alten Pinakothek, München). Inmitten aller barocken Pracht jedoch auch einige Werke aus früherer Zeit, wie das kunstvoll geschnitzte *Chorgestühl* (1488) und die eindringliche *Beweinungsgruppe* im nördlichen Seitenschiff. Den Leichnam Christi, eine bemalte Steinskulptur, umgeben die Trauernden – Figuren des Münchners Erasmus Grasser aus dem Jahr 1492. In der Apsis des südlichen Seitenschiffs finden wir die *Sakramentskapelle*, ein Glanzstück des reifsten Rokoko, von den Gebrüdern Asam zu Ehren des hl. Nepomuk geschaffen (1738).

Dom Mariä Geburt und St. Korbinian, Bestiensäule in der Krypta

Wer nicht viel Sinn für barockes Pathos hat, wird dennoch gerade in Freising ein sehr starkes Erlebnis haben können: die sehr geräumige, vierschiffige *Krypta*, das kultische Zentrum dieser Kirche. Mittelpunkt der drei Säulenreihen ist die *Bestiensäule*, ringsherum skulptiert. Man sieht kämpfende Ritter, von Drachen bedroht, und eine weibliche Figur, die nach Osten blickt – Personifizierung der Kirche. Der Brand der Kirche und der Tod Bischofs Otto von Freising hatte im Kloster Katastrophenstimmung erzeugt, wie der Geschichtsschreiber Rahewin es sah: »Zur selben Zeit sahen auch wahrheitsliebende Kleriker wie Laien bei Nacht gewisse vierfüssige Ungeheuer und andere Gespenster hin und herfliegen.« Die Bestiensäule zeugt von dem Grauen dieser Jahre. In der Krypta hat auch der *Reliquienschrein* für den hl. Korbinian einen würdigen Platz gefunden – stets von Kerzen erhellt, ein goldenes Gehäuse (1863) auf einfachem Steinsarkophag.

Mit der Krypta ist die barocke *Maximilianskapelle* verbunden, ein wunderschön stuckierter achteckiger Raum (1710), den sich Bischof Johann Franz Eckher als Grabkapelle errichten ließ (Deckenbilder von Hans Georg Asam). Unter der Herrschaft dieses Bischofs wurde auch der spätgotische *Kreuzgang* barockisiert – eine dreischiffige Anlage östlich des Domchors. Johann Baptist Zimmermann hat ihn 1714 stuckiert und die Vierpaßfelder bemalt. Begleitet wird dieser elegante Dekor in der unteren Zone von einer langen Reihe von *Grabsteinen*, darunter Arbeiten von Stefan Rottaler, Hans Beierlein und Gregor Erhart aus dem frühen 16. Jh.

Am Ostflügel des Kreuzgangs liegt die *Benediktuskirche*, eine gotische Basilika (um 1350), die 1716 barockisiert wurde. Wie in der Maximilianskapelle war auch hier Nikolaus Liechtenfurtner der Meister des reichen Stuckdekors. Von der gotischen Verglasung sind drei Medaillonscheiben erhalten (1412). Im Kreuzgangsbereich ist auch die *Dombibliothek* zu finden, ein bezaubernder, stuckierter Rokokosaal mit umlaufender Galerie (1734).

Die linke Mitte des Domplatzes nimmt die ehemalige **Stiftskirche St. Johannes d. Tf.** ein. Die hochgotische Basilika entstand 1319 bis

1321 als Stiftskirche für das gerade errichtete Kollegiatsstift – eines der frühesten gotischen Bauwerke in Oberbayern, ein Raum von bestechender Eleganz.

Die ehemalige **Fürstbischöfliche Residenz** (3) schließt den Domplatz nach Westen hin ab. Heute ist hier die theologische Bildungsstätte der Erzdiözese München-Freising zu Hause, benannt nach Kardinal Julius Döpfner, dem Leiter der Erzdiözese von 1961 bis 1976. An der Stelle der herzoglichen Pfalz der Agilolfinger errichteten die Bischöfe von Freising im 14. Jh. eine mittelalterliche Burg. Aus dieser Bischofsburg wurde im 16. Jh. ein Renaissancepalast, von dem man noch die *Arkadengänge* des Nord- und Ostflügels sieht (Rotmarmorsäulen von Stefan Rottaler, 1519). West- und Südflügel entstanden in den Jahren 1607–19, im ehemaligen Nordostturm wurde 1617 die fürstbischöfliche *Hauskapelle* eingerichtet (Verkündigungsaltar, Philipp Dirr, 1617–21). Die *Fürstbischöflichen Zimmer* wurden im Geschmack der Rokokozeit ausgestattet, einen Saal stukkierte Johann Baptist Zimmermann (1715).

Etwas abgerückt, doch immer noch auf dem Domberg, steht der spätklassizistische Bau des **Diözesanmuseums** (4). Einst gehörten die Räume dem Erzbischöflichen Knabenseminar, heute werden hier über 10 000 Kunstwerke aufbewahrt. Es ist das größte kirchliche Museum in Deutschland, großartig vor allem die Bestände an mittelalterlicher und barocker Plastik.

Der Domberg war schon im 10. Jh. befestigt. Von der letzten Fortifikation im 15. Jh. sind noch zwei Tore erhalten, das **Osttor** (Domberg 2) und das **Nordtor,** der sog. Kanzlerbogen (1720 umgebaut; Domberg 7). Die Befestigung trennte den Domberg vom Suburbium, der unteren Stadt. Die Siedlung im Tal der Moosach, seit 996 mit dem Privileg eines täglichen Marktes ausgestattet, wurde 1328 zur Stadt erhoben. Offenbar lebte man gut unter dem Krummstab, denn zu einer Bürgererhebung kam es nie.

Dem langgestreckten Straßenmarkt (Obere und Untere Hauptstraße) fügt sich im mittleren Bereich der kleine Marienplatz an. Hier, um die barocke **Mariensäule,** das historische **Rathaus** (5) und die **Pfarrkirche St. Georg** (6), drängt sich das Freisinger Leben. Die Kirche, eine dreischiffige spätgotische Halle, besitzt einen Barockturm, dessen feingegliederte Laternenkuppel jeder großen Stadt zur Ehre gereichen würde (1679–89). Dem Graubündner Baumeister Antonio Riva sind in Oberbayern mehrere sehr ansehnliche Kirchen zu verdanken. Leider ist die Barockausstattung der Georgskirche nicht mehr vorhanden, so daß der Raum heute recht nüchtern wirkt. Das Netzgewölbe ist freilich sehr schön, auch trösten einige qualitätvolle spätgotische Figuren über das Verlorene hinweg.

Ein weiterer Bau Antonio Rivas am Marienplatz: das ehemalige **Fürstbischöfliche Lyzeum und Gymnasium** (7; begonnen 1695). In der großzügigen Vierflügelanlage ist heute das Heimatmuseum untergebracht (erster Stock des Westflügels). Im zweiten Stock dieses Flügels dann die als Asamsaal bezeichnete ehemalige Aula und

Kirche, mit Deckenbildern von Hans Georg Asam (1707) und Stuck von Nikolaus Liechtenfurtner.

Den Marienplatz und die Hauptstraße säumen etliche stattliche Bürgerhäuser des 17. und 19. Jh. Alt-Freising ist in seinem Zentrum noch angenehm intakt. Nicht weit entfernt vom östlichen Ende der Unteren Hauptstraße, in der Heilig-Geist-Gasse, finden wir das **Heilig-Geist-Spital** mit seiner Kirche. Die Spitalgebäude wurden 1686–88 wohl von Antonio Riva errichtet, die **Spitalkirche Heilig Geist** (8) entstand früher (1607). Bischof Johann Franz Eckher, der Schöpfer des barocken Freising, hat den Hochaltar gestiftet (1697).

Der Nachbarberg des Dombergs gehört **Weihenstephan.** Von der altehrwürdigen Tradition auch dieses geistlichen Berges zeugt allerdings nichts mehr. Die Säkularisation hat hier radikal aufgeräumt, die Kirche des ehemaligen Benediktinerklosters, Kapellen und Stiftsgebäude wurden abgebrochen. Der hl. Korbinian, der hier eine Kirche zu Ehren des hl. Stephan gründete, wäre vermutlich mit der Entwicklung Weihenstephans nicht sehr zufrieden. Der ›Lehrberg‹ – das ist der Domberg. Doch Weihenstephan wurde zum ›Nährberg‹ degradiert, seit hier im Jahr 1803 eine Musterlandwirtschaftsschule eingerichtet wurde. Bayerns fünftes Element, der Gerstensaft, wurde allerdings schon in der Klosterbrauerei produziert, doch inzwischen gibt es hier oben neben der landwirtschaftlichen auch eine brautechnische Fakultät. Der ›Nährberg‹ verköstigt ein weites Umland mit seinen Produkten: Milch, Topfen, Rahm und Butter aus Weihenstephan verkaufen inzwischen auch Münchens elitärste Delikatessengeschäfte.

Im Osten von Freising liegt **Neustift.** Bischof Otto von Freising hat hier im Jahr 1125 ein Prämonstratenserkloster gegründet. Die ehemalige Prämonstratenserkirche, die **Pfarrkirche St. Peter und Paul,** zeigt sich uns jedoch in durchaus barockem Gewand. Die Brände, die alle Vorgängerbauten heimsuchten, sind fast unzählbar. Den vorletzten Bau hatten die Schweden 1634 in Brand gesteckt, und die nächste Kirche, von Giovanni Antonio Viscardi errichtet und 1722 geweiht, traf 1751 das gleiche Los. Bis auf das westliche Langhausjoch und die Fassade brannte alles ab. Dennoch: die Wandpfeilerkirche, die bis 1756 wiederhergestellt wurde, folgte dem alten Grundriß, und auch die Säulenbesetzung der Wandpfeiler dürfte auf Viscardis Entwurf zurückgehen. Der überraschend helle Raum strahlt in festlichem Rokoko. Drei große Meister fanden hier zusammen: Johann Baptist Zimmermann als Maler der Fresken, Franz Xaver Feichtmayr als Stukkator und Ignaz Günther als Meister der Altäre und der meisten Figuren. Sechsundsiebzig Jahre alt war Zimmermann bereits, als er 1756 die Fresken zur Verherrlichung des hl. Norbert, des Gründers des Prämonstratenserordens, malte. Es war sein letztes großes Werk.

Neustift, Figur von Ignaz Günther in der Pfarrkirche St. Peter und Paul

Die Wieskirche bei Steingaden hat in der Nähe von Freising eine merkwürdige ›Filiale‹ bekommen. Die **Wallfahrtskirche zum Ge-**

Deckenfresko in der Wallfahrtskirche zum Geißelten Heiland in der Wies

geißelten Heiland in der Wies entstand nach 1745, als Wallfahrer Gnadenbilder vom Wiesheiland mitbrachten und eine nach diesem Vorbild gemalte Tafel zur Verehrung aufstellten. Die Votivgaben mehrten sich, 1746 entstand eine Holzkapelle und bald darauf ein Steinbau. Allmählich bildete sich dann die langgestreckte Baugruppe, die wir heute noch am Waldrand vorfinden. Der Reiz der Freisinger Wieskirche sind ihre *Deckenbilder*: in der elliptischen Chorkuppel Szenen zu den fünf Geheimnissen des schmerzhaften Rosenkranzes und im Langhaus die Darstellung der Verehrung des Gnadenbildes (Franz Xaver Wunderer, 1761).

Zwar ist Moosburg im näheren Umkreis von Freising das wichtigste Kunstziel, doch sollten auch kleinere Orte im Westen und Süden der Domstadt nicht übersehen werden. Lohnend ist etwa der Besuch von **Tünzhausen** wegen seiner wehrhaften romanischen Chorturmkirche **St. Petrus und Paulus**, die zudem noch prächtige barocke Stukkaturen und Altäre besitzt. An der Glonn liegt **Hohenkammer**, ausgestattet mit einem ehemaligen **Schloß** der Freiherrn von Haslang aus dem 16. und 17. Jh. Die spätgotische **Pfarrkirche St. Johannes Ev.** fällt durch ihren hohen, reich gliederten Turm auf, vor allem aber sind hier einige qualitätvolle spätgotische *Holzbildwerke* zu bewundern, darunter eine Gruppe der Beweinung Christi (um 1480).

Neufahrn, das der Autofahrer, kaum dem Münchner Häuserdschungel entronnen, meist sträflich vernachlässigt, gehört bereits zum Freisinger Terrain. Die **Kirche Hl. Geist** war bis 1803 im Besitz des Klosters Weihenstephan. Der spätgotische, Anfang des 17. Jh. barockisierte Bau ist bekannt wegen seines *Kultbildes vom Typ des Volto Santo von Lucca*. Der bekleidete Christus am Kreuz (12. Jh.)

Neufahrn, romanischer Kruzifixus in der Kirche Hl. Geist

wurde seit der Barockzeit als weibliche Heilige, als Wilgefortis (hl. Kümmernis) verehrt. Ein prunkvoller barocker Hochaltar (1661) umschließt das romanische Gnadenbild.

Moosburg

Moosburg ☆
Besonders sehenswert:
Münster St. Kastulus

Eine Burg im Moos gab der Stadt den Namen. Undurchdringliche Sümpfe soll es hier zwischen Isar und Amper gegeben haben. Heute ist nichts mehr davon zu spüren: die Stadt ist von Industriegelände umgeben und nur noch der historische Kern um die beiden Kirchen, um Stadtplatz, Gries und Herrnstraße, zeugt von der Bedeutung der einstmals niederbayerischen Stadt.

Der Höhenrücken zwischen den beiden Flüssen trug nicht nur die Burg der Herren von Moosburg, sondern bereits sehr früh auch ein Benediktinerkloster, in dem die Reliquien des hl. Märtyrers Kastulus seit dem frühen 9. Jh. verehrt wurden. Die Abtei kam 895 in den Besitz des Klosters Freising. Heinrich II. veranlaßte 1021 die Umwandlung in ein Kollegiatsstift.

Die Reformation zwang zur Verlegung des Stiftes nach Landshut; aus der Stiftskirche wurde eine Pfarrkirche. **St. Kastulus** beeindruckt schon von außen durch seinen hohen, von Lisenen und Rundbogenfriesen gegliederten romanischen Turm. Er ist seitlich der Westfassade vorgesetzt, und hier finden wir ein *Portal*, das zu den schönsten in ganz Bayern gehört. Die Säulen des gestuften Gewändes sind reich geschmückt, ebenso die Archivolten (Flechtband, geometrische und vegetabile Ornamente). Im Tympanon sieht man in der Mitte den thronenden Christus, flankiert von Maria und Kastulus, daneben Kaiser Heinrich II. und Bischof Adalbert von Freising.

Die dreischiffige Basilika nach alpenländischem Schema wurde unter dem Freisinger Bischof Adalbert, dem Erbauer des Freisinger Doms, errichtet (1158–84). Spätere Jahrhunderte haben viel verändert: der Chor wurde 1468 neu gebaut, die Seitenschiffe Anfang des 16. Jh. gewölbt. 1874 ersetzte man die barocke Ausstattung durch eine historistische. Der Chorraum, von einem feinen Netzgewölbe bedeckt, birgt einen der vollendetsten Altäre der deutschen Spätgo-

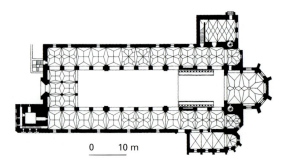

Moosburg an der Isar,
Grundriß des Münsters
St. Kastulus

St. Kastulus, Hochaltar von Hans Leinberger, rechts die Mittelfigur der Muttergottes

tik. Der Moosburger *Hochaltar* ist das erste bekannte Werk des Landshuter Bildhauers Hans Leinberger, entstanden in den Jahren 1511–14. Trotz seiner Höhe von 14,40 m und der Breite von 4,30 m wirkt er sehr filigran. Die Gottesmutter, in der Mitte des Schreins, wird von den hll. Heinrich und Kastulus flankiert, den Schrein bewachen die beiden Johannes. Kleinere Figuren umgeben das Kreuz im Gesprenge. Der Schrein war ursprünglich mit Flügeln versehen – ihre Reliefs (Szenen der Kastuluslegende) sind an den Chorwänden angebracht. Auch die Predella mit den Reliquien des Kirchenpatrons ist reich geschmückt (Hans Wertinger, um 1516).

Zwei weitere Kruzifixe Leinbergers, das geschnitzte Chorgestühl (1475), das Pestvotivbild des Kanonikers Mornauer (um 1515, Leinberger-Werkstatt) und nicht zuletzt das Rotmarmorepitaph für Sigmund Pucher (Stephan Rottaler, um 1514) machen Moosburg zu einem fast unerschöpflichen Studienort für Freunde der Spätgotik.

Der Kastuluskirche eng benachbart ist die **Kirche St. Johannes** – so eng, daß man ihren Spitzhelmturm von der Ferne für den zweiten Turm von St. Kastulus hält. Auch diese Kirche ist im Kern romanisch, doch kamen die Seitenschiffe erst um 1500 hinzu, der Turm ein halbes Jahrhundert später.

Der Platz im Süden der beiden Kirchen nennt sich ›Auf dem Plan‹. Bis 1207 stand hier die Burg der 1281 ausgestorbenen Grafen von Moosburg. Von der alten Bebauung sind noch ehemalige **Stiftsherrenhäuser** zu finden, spätgotisch, doch später verändert. Die **mittel-**

alterliche Stadt** wurde durch Großbrände in den Jahren 1702 und 1865 fast vollständig zerstört. Auf der Suche nach alter – wenn auch veränderter – Bausubstanz lohnt es sich, die Herrnstraße zu durchstreifen, die im Westen im Stadtplatz endet, im Osten im Ensemble Auf dem Gries (hier hübsche Giebelbauten).

Zwei Kilometer nördlich von Moosburg mündet die Amper in die Isar. In der Hügellandschaft über den Auwäldern liegt **Schloß Isareck**. Von dem Renaissanceschloß, das sich Herzog Albrecht V. 1559–70 als Jagdsitz bauen ließ, ist kaum mehr etwas erhalten, ebensowenig vom Nachfolgebau. Doch bevor die Vierflügelanlage gänzlich dem Abriß preisgegeben wurde, griffen 1824 die Grafen Basselet de la Rosée ein und retteten wenigstens zwei Flügel und den spätgotischen Turm mit seiner schönen Barockhaube.

Das nahe **Gelbersdorf** lohnt den Besuch wegen eines bedeutenden spätgotischen Hochaltars in der **Kirche St. Georg** (15. Jh.). Der sechsflügelige Altar, dessen Tafeln und Reliefs das Leben der Maria und die Passion Christi darstellen, wird dem Landshuter Heinrich Helmrot zugeschrieben (1482).

Im Süden von Moosburg ist **Wartenberg** die erste für den Kunstfreund wichtige Station auf dem Weg nach Erding. Der Ort, der sich neuerdings als Kurzentrum einen Namen gemacht hat, ist früh in die bayerische Geschichte eingegangen, denn hier stand einst eine Burg der Wittelsbacher Pfalzgrafen. Sie wurde 1373 abgerissen, und auf dem aussichtsreichen Nikolaiberg, der sie trug, finden wir noch die spätromanische **Nikolauskapelle**.

Nicht die **Pfarrkirche Mariä Geburt** (1719–23, Anton Kogler, Erding) ist in Wartenberg interessant – es ist die **Friedhofskirche St. Georg**, die auf gar keinen Fall versäumt werden darf. Hier ist ein außerordentlicher spätgotischer *Flügelaltar* (1464) zu finden, im Zentrum ein ausdrucksvoller Gnadenstuhl. Wer die Schnitzwerke und Tafeln geschaffen hat, ist noch nicht bekannt. Der Altar gehörte einst zum Bestand der Kirche von Appolding und kam nach ihrem Abbruch hierher.

Der stattliche Bau der **Wallfahrtskirche St. Mariä Himmelfahrt** von **Thalheim** verheißt schon von außen Ungewöhnliches. Thalheim war bereits im 15. Jh. ein bedeutender Wallfahrtsort. Die spätgotische Kirche wurde 1736 nach Westen vergrößert und erhielt ihre fast überreiche barocke Ausstattung. Von der Empore aus ist am besten zu erkennen, wie sich die Nebenaltäre – in den Nischen der Wandpfeiler schräg gestellt – in dichter Folge hintereinanderdrängen. Der Hochaltar ist ein prunkvolles Werk des Erdingers Johann Michael Eckart mit Figuren des Freisinger Hofbildhauers Franz Anton Mallet. Das Gnadenbild, eine anmutige, feine Muttergottesfigur, entstand um 1475 wohl in einer Landshuter Werkstatt. Kostbar ist auch der Tabernakel von Christian Jorhan d. Ä. und Matthias Fackler (1765). Fackler werden auch die schwungvollen Nebenaltäre mit ihren ekstatisch bewegten Figuren, ebenso die prächtige Kanzel, zugeschrieben. Die Deckenbilder des Münchner Hofmalers Johann Heigl (1764) gelten marianischen Themen.

Um das Werk des Landshuter Bildhauers Christian Jorhan d. Ä. zu studieren, ist kaum ein Ort so geeignet wie **Reichenkirchen**. Die barocke **Pfarrkirche St. Michael** enthält zahlreiche Skulpturen Jorhans, der sich in München Straub und Günther zum Vorbild nahm.

»Eine Landschaft von höchstem malerischen Reiz bietet sich den Augen dessen, der zu sehen gelernt hat: die Farbnuancen der braunen Torfschichten, das abgestufte Grün der Strauchwälder aus Weiden, Moosbirken, Erlen und anderen Straucharten, die gleichmäßigen Raster der Birkenalleen und die bunten Farbpunkte der Blumen im federnden Teppich aus Moosgräsern.« Siegmar Gerndt, der diese schöne Schilderung des **Erdinger Mooses** noch Ende der 1970er Jahre in seinem Naturführer stehen ließ, müßte heute revidieren. In jenen Jahren gab es noch keinen Flughafen im Norden von **Hallbergmoos**. Trotz heftiger Proteste der Naturschützer und Einheimischen wurde 1980 mit dem Bau begonnen, und 1992 wurde der ›Flughafen München 2‹ in Betrieb genommen. Nun haben die Münchner, die sich bis dahin von Riem aus in die Luft geschwungen hatten, zwar ihren ›modernsten Flughafen Europas‹, doch um die Schönheit des Erdinger Mooses, um die Ruhe der Vögel am Speichersee bei Ismaning ist es geschehen. Allein die Start- und Landebahnen sind 4 km lang, und so konnten vom größten Moorgebiet Bayerns nur noch spärliche Restbestände erhalten werden.

Erding

Vier Hauptstraßen treffen sich in Erding, der heutigen Kreisstadt – ein ländliches Zentrum, das jedoch auf eine lange Geschichte zurückblicken kann. An der Fernstraße von Schongau über München nach Landshut gründete Herzog Otto I. um 1228 die Stadt in der Nähe der älteren Siedlung Altenerding. Zunächst war Erding Stützpunkt gegen das Hochstift Freising, dann entwickelte es sich zum bedeutenden Handelsplatz. Der alte Stadtkern wird von zwei Armen der Sempt umschlossen. Hinter diesem natürlichen Wassergraben wurde 1250 ein erster Mauerring errichtet.

Eine 400 m lange Nord-Süd-Achse (Lange Zeile) durchzieht den Ort in der Art eines Straßenmarktes. In ihrer Mitte durchkreuzt sie der **Schrannenplatz.** Hier sind Erdings wichtigste Bauten versammelt. Im 18. und 19. Jh. war die Erdinger Schranne nach der Münchner die größte in Bayern. Inmitten eines fruchtbaren Umlandes gelegen, war das Getreide hier – neben dem Vieh – das wichtigste Handelsgut.

Der Turm der **Stadtpfarrkirche St. Johannes** beherrscht den Platz wuchtig und wehrhaft. Dieser Glockenturm (zweite Hälfte 14. Jh.) ist mit dem Chor der Kirche nicht verbunden, er steht frei neben ihr. Die dreischiffige Hallenkirche, ein Werk der Landshuter Bauschule,

In der Region München

Erding, der Schrannenplatz mit der Kirche St. Johannes, der ehemaligen Frauenkirche und dem Rathaus

wurde ab 1370 errichtet, doch dauerte es hundert Jahre, bis sie vollendet war. Einer Barockisierung folgte 1880 auch die Regotisierung, so daß wir heute leider fast nur neugotischen Altären begegnen. Dennoch, es sind einige bedeutende spätgotische Schnitzwerke erhalten: die beiden Johannes im Choraltar vom Meister der Blutenburger Apostel (Ende 15. Jh.); die thronende Maria im nördlichen Seitenaltar; der *Kruzifixus* am Chorbogen, ein Werk von Hans Leinberger (um 1525).

Die ehemalige **Frauenkirche** (Schrannenplatz 3) wurde im 14. Jh. als Marktkirche errichtet, doch ist sie längst profaniert. Im Osten riegelt das **Rathaus** den Schrannenplatz ab. Hier befand sich einst die Stadtresidenz der Grafen von Preysing (17. Jh.), daher nennt man den Bau auch Grafenstock.

Auch die **Spitalkirche Hl. Geist** (Landshuter Str. 12) ist ein Bau aus mittelalterlicher Zeit (1444). Der Barockisierung im Jahr 1688 verdanken wir den hervorragenden Stuck nach Miesbach-Schlierseer Art, den wohl Hans Kogler anbrachte. Die ehemalige Stadtbefestigung (1250 und 15. Jh.) ist bis auf wenige Reste verschwunden; sie wurde schon Ende des 18. Jh. abgetragen. Erhalten blieb das prachtvolle, reich gegliederte **Landshuter Tor** (15. Jh., Haube 1660), ein Wahrzeichen Erdings.

Während der Barockzeit waren in Erding namhafte Baumeister, Bildhauer und Maler ansässig. Zu ihnen gehörten auch Hans und Anton Kogler, die aus Schliersee zugewandert waren. An der Münchner Straße – auf dem Weg nach Altenerding – finden wir die **Wallfahrtskirche Hl. Blut,** die 1675 von Hans Kogler errichtet und 1704 von Anton Kogler verändert wurde. Vor allem der Freund Wessobrunner Stucks (1704, Johann Georg Bader) wird in diesem aufwendigen Saalbau gern verweilen. Die Tonnengewölbe und ihre Stichkappen sind mit Akanthusrankenstuck dicht besetzt, so daß für die Deckenbilder wenig Raum blieb. Von den kostbaren Arbeiten in Stuckmarmor ist besonders die Kanzel wegen ihres feinen Scaglioladekors hervorzuheben (1692, Christian Eckert).

Das benachbarte **Altenerding** war schon im 5. Jh. besiedelt – das beweisen Funde in einem Reihengräberfriedhof, der in den 1960er Jahren freigelegt wurde. Später existierte hier ein Königshof, Ardienga, der von König Arnulf von Kärnten im Jahr 891 an Salzburg geschenkt wurde.

Die **Pfarrkirche Mariä Verkündigung** wurde ebenfalls von dem Erdinger Stadtmaurermeister Anton Kogler errichtet (1724). Der Saalraum ist überraschend reich und einheitlich ausgestattet (1724). Die Altäre stammen von dem Dorfener Matthias Fackler, die Figuren vom Landshuter Christian Jorhan d. Ä. und die Deckenbilder vom Münchner Martin Heigl. Auffallend ist die *Kanzel* in Form eines Schiffes (Jorhan und Fackler, 1767). Der Typ der Schiffskanzel – Symbol der Kirche – ist in Europa angeblich 25 Mal vertreten.

Auch im benachbarten **Niedererding** gibt es eine Schiffskanzel Jorhans zu sehen. Und wer im Anschluß an die Heilig-Blut-Kirche nach weiterem qualitätvollen Stuckdekor Ausschau halten möchte, wird in **Eschlbach, Hörgersdorf** und **Oppolding** fündig. Johann Anton Bader, der Meister von Oppolding, hat in diesen Dorfkirchen seltsam bizarre Rokokoaltäre und Kanzeln geschaffen.

Am rechten Ufer der Isen gründeten die Wittelsbacher Herzöge um 1230 den Markt **Dorfen.** Wie Erding wurde auch Dorfen Stützpunkt gegen das Hochstift Freising, ebenso gegen die Grafschaft Haag. Dorfen hat drei von seinen vier alten **Tortürmen** bewahren können (im Kern spätgotisch). Von größter Bedeutung war für den Ort seit dem 15. Jh. die Wallfahrt zur Marienkirche auf dem Rupprechtsberg. Die **Pfarr- und Wallfahrtskirche St. Maria** wurde 1782–86 vom Erdinger Matthias Besler als Wandpfeilerbau errichtet. Der frühe Klassizismus beherrscht die Ausstattung. Leider wurde der ursprüngliche Hochaltar der Brüder Asam 1868 abgetragen, und was man heute sieht, ist Rekonstruktion. Das Gnadenbild jedoch, eine Muttergottesfigur, ist alt (um 1470). Die Deckenbilder zum Marienleben hat der Augsburger Akademiedirektor Johann Joseph Anton Huber 1786 gemalt.

Ein Abstecher in das Tal der Goldach lohnt sich. Vor allem die Liebhaber von Renaissanceschlössern werden von **Schwindegg** be-

Altenerding, Schiffskanzel in der Pfarrkirche Mariä Verkündigung

In der Region München

Das Wasserschloß Schwindegg

geistert sein. Und da das Wasserschloß, das sich der Salzburger Sebastian von Haunsperg 1594 errichten ließ, inzwischen zur Eigentumswohnanlage umfunktioniert wurde, gibt es sogar Gelegenheit, vielleicht selbst einmal als Schloßherr zu agieren. Die Vierflügelanlage mit ihren Zwiebelhauben-Ecktürmen ist wirklich schön, und man merkt ihr nicht an, daß es hier so manchen Besitzerwechsel gegeben hat. 1620 kam das Schloß an Herzog Albrecht von Bayern, im 18. Jh. gehörte es den Grafen Fugger, und im 19. Jh. verkam es zum Gutsbetrieb mit Brauhaus, zum Kriegsveteranenheim, und wurde schließlich Krankenhaus, bis die achtziger Jahre des 20. Jh. den Umbau für Privatzwecke brachten.

St. Wolfgang ☆

Die B 15 berührt zwischen Dorfen und Haag das Dorf **St. Wolfgang.** Auf der Reise zum Mondsee kam der Überlieferung nach der hl. Wolfgang, Bischof von Regensburg, auch durch das Goldachtal. Über einer Quelle, die er durch die Berührung mit seinem Bischofsstab erweckte, wurde eine Kapelle gebaut, später dann die **Pfarr- und Wallfahrtskirche St. Wolfgang.** Die *Brunnenkapelle* entstand um 1400, ab 1430 bis 1477 wurde dann die zweischiffige Wandpfeilerkirche errichtet. Wenn auch die tief hinabreichenden Netzgewölbe die Gotik nicht vergessen lassen, ist es doch die prächtige Barockausstattung, die in diesen Räumen die Akzente setzt. Der *Hochaltar* (1697) – prunkvoll mit seinen goldgefaßten gedrehten Säulen – umschließt Figuren und Reliefs des spätgotischen Vorgängers (um 1485, Heinrich Helmschrot, Landshut). Unübersehbar in ihrer barocken Fülle ist die reichverzierte Kanzel, deren Meister leider unbekannt ist (um 1690). Der Kreuzaltar an der Südwand des Seitenschiffs fällt nicht nur wegen seiner schönen Muttergottesfigur (Johann Baptist Straub, 1777) auf, sondern auch wegen des außerordentlichen Kreuzigungsreliefs der Landshuter Schule (um 1490). Die Brunnenkapelle gleich neben dem Eingang wurde um 1710 sehr fein stuckiert, und auch der Altar ist Werk des 18. Jh. (Gnadenbild, hl. Wolfgang, um 1470). Links neben dem Altarsockel sieht man den Quellaustritt.

Eine Nebenstraße führt nach **Isen** und zur **Pfarrkirche St. Zeno.** Die imponierenden Strukturen der Kirche im Isental deuten auf einen mächtigen Bauherrn hin. Das Domstift Freising gründete hier bereits um 747 eine Benediktinerpropstei; im 12. Jh. wurde sie in ein Kollegiatsstift umgewandelt. Die Stiftskirche (dreischiffige Pfeilerbasilika ohne Querschiff mit drei Chorapsiden und östlicher Hallenkrypta) entstand um 1200 nach Vorbild des Freisinger Doms. Gotik und Barock haben dann auch mitgewirkt, so daß die Zenokirche wenig einheitlich, aber gerade deshalb besonders reizvoll erscheint. Die gotische Vorhalle umschließt das romanische *Westportal*, tief gestaffelt und reich verziert. Die *Wandmalereien* der Vorhalle (zweite

Wallfahrtskirche St. Wolfgang, Figuren im Hochaltar

Hälfte 15. Jh.) sind zart und ausdrucksstark: ein edler hl. Georg, eine eindringliche Kreuztragung – und davor eine spätgotische Marienfigur, zusammen ein wunderschönes Bild. Die Kirche wurde 1490 nach einem Brand gewölbt, ihren sehr reichen *Stuckdekor* erhielt sie im Jahr 1699, im Chor 1730. Schade, daß die Meister dieser besonders qualitätvollen Stukkaturen nicht bekannt sind. Namen bedeutender Künstler sind in Isen so gut wie nicht vertreten, doch malte Ulrich Loth um 1650 die Kreuzigungsdarstellung für den Hochaltar (nach Rubens), und der Wasserburger Wolfgang Leb meißelte das Grabdenkmal für die Familie Pfäffinger (Anfang 16. Jh.) mit einer Darstellung der Anna Selbdritt. Erstaunlich ist die dreischiffige romanische *Krypta*, da sie aus zwei Teilen besteht, einem höheren Ostteil und einem tiefer liegenden, wohl früheren Westteil.

Die Anfahrt nach **Haag** über die B 15 ist spannend, denn der gewaltige gotische **Schloßturm,** der sich am Horizont abzeichnet, verspricht Außergewöhnliches. Haag war einst Mittelpunkt einer Reichsgrafschaft, ab 1245 herrschten hier die Frauenberger, seit 1509 Grafen von Haag. Von der erhöht gelegenen Burg, die zwischen dem 12. und 16. Jh. mehrfach erweitert wurde, ist bis auf den 40 m hohen Bergfried kaum mehr etwas erhalten. Das oberste Geschoß mit Pyramidendach und Erkertürmchen entstand um 1500 und trägt zu der erstaunlichen Haager Silhouette bei – aus der Ferne die Fata Morgana eines Loireschlosses. In den sieben Turmgeschossen ist seit 1986 das **Museum des Haager Landes** untergebracht.

Im Osten von München um Ebersberg und Glonn

Bis weit hinein in den Osten greifen die Strukturen der Münchner Schotterebene, doch muß sich der Landkreis Ebersberg keineswegs nur mit diesem flachen Gelände begnügen. Um Ebersberg, Grafing und Glonn reihen sich die wallförmigen Moränen der Würmeiszeit und sorgen für vielfältige Landschaftseindrücke. Die B 304, die bei Haar die großstädtische Umklammerung durchbricht, führt uns zwar ohne viel Umwege zum Hauptort des Landkreises, doch wäre es schade, nicht zuvor schon haltzumachen.

Dem dichten Siedlungsgürtel um Haar und Vaterstetten kaum entronnen, finden wir bei Grasbrunn eine kleine Siedlung, die den Kunstfreund begeistern muß: **Möschenfeld.** Wunderschöne, großzügige und gepflegte Bauten eines Gutshofes und dann: der hochragende, achteckige Turm der **Wallfahrtskirche St. Ottilie.** Schon im 11. Jh. kamen die Möschenfelder Fluren in den Besitz des Benediktinerklosters Ebersberg, das hier eine Kapelle zu Ehren der hl. Ottilie errichtete. Die Wallfahrer – vor allem Augenkranke – strömten her-

Ebersberg, Pfarrkirche St. Sebastian

bei, und so folgte ein größerer Bau dem anderen. Die heute bestehende Kirche stammt aus den Jahren nach 1640. Der stattliche Bau mit seinen hübschen Treppentürmchen wurde von unbekannten Münchner Meistern geschaffen, ein Balthasar Wölkhamer hat den Raum gewölbt. Unter dem Einfluß der Münchner Jesuitenkirche St. Michael (das Ebersberger Kloster war 1596 den Jesuiten übergeben worden) entstand ein weiter Saal mit eingezogenem Altarraum, flacher Stichkappentonne und Doppelempore im Westen. Bestechend schön ist der reiche Rahmenstuck, dessen zartes Grau-Weiß das Gold der Altäre erst richtig zum Leuchten bringt. Ein Vorgänger der Barockaltäre, ein spätgotischer Flügelaltar, ist nicht ganz verlorengegangen: Seine Tafeln wurden an der Westempore angebracht. Die *Szenen zur Ottilienlegende* sind bedeutende Arbeiten eines Münchner Meisters aus der Zeit um 1480. Aus dieser Zeit stammt auch die Schnitzfigur der hl. Ottilie an der Langhauswand.

Aus allen Himmelsrichtungen treffen die Straßen in **Ebersberg** zusammen. Die Verkehrshektik schadet besonders dem Marienplatz, der durch Erweiterung der Durchgangsstraße München–Wasserburg entstand. Das **Rathaus** (1529) gehört zu den stattlichen, hier versammelten Häusern und bewahrt aus seiner Vergangenheit als Klostertaverne noch eine Holzdecke mit Flachschnitzdekor.

Wenn auch die einstige Benediktinerklosterkirche, die heutige **Pfarrkirche St. Sebastian,** ihre herrscherliche Dominanz von Osten her am eindrucksvollsten zeigt, ist sie doch auch im Ort immer präsent. Graf Sieghard von Sempt ließ um 880 auf einem Hang über

In der Region München

dem Ebrachtal eine Burg bauen, zu der auch eine Marienkapelle gehörte. Sein Enkel Graf Eberhard I., Anführer des bayerischen Heeres gegen die Ungarn auf dem Lechfeld, errichtete 934 gemeinsam mit seinem Bruder Adalpero eine fest gemauerte Kirche. Als Rompilger die Hirnschale des hl. Sebastian als Reliquie mitbrachten, entstand in Ebersberg eine Sebastianswallfahrt. Ein kleines Kloster wurde mit Augustinerchorherren besiedelt, denen 1031 Benediktiner folgten. Sie machten Ebersberg zu einer wichtigen Stätte der Literatur und Buchmalerei. Die Ebersberger Sebastianswallfahrt war bis zum Ende des 14. Jh. die bedeutendste Wallfahrt in Altbayern. Abt Eckhard (1446–72) sorgte für die Einführung der Melker Reform. Eine Sebastiansbruderschaft, von diesem Abt begründet, brachte dem Kloster viele Wohltäter, darunter Herzöge und Kaiser. Nach einer Krise während der Reformationszeit wurde das Kloster mit Jesuiten besetzt, die bis zur Aufhebung des Ordens (1773) blieben. Nun kamen Malteser nach Ebersberg, doch dann erzwang die Säkularisation die Übergabe der Klostergebäude an den bayerischen Staat.

Graf Ulrich I. von Ebersberg, Detail am Stiftergrab in der Pfarrkirche St. Sebastian

Die Kirche von heute, ein wuchtiger Bau, ist ein gelungenes Werk aus drei Phasen, Romanik, Spätgotik und Barock. Als der Münchner Baumeister Erhard Randeck im späten 15. Jh. seine Hallenkirche baute, bezog er vier romanische Turmuntergeschosse und den Giebel des Langhauses mit ein. In der *Vorhalle* empfängt den Besucher ein Portal mit romanischen Türziehern (nur einer original) und spätgotischen Beschlägen. Beim Eintritt in die Kirche überrascht das monumentale *Stiftergrab*, ein Werk von Wolfgang Leb aus Wasserburg (um 1500). Die Tumba, die auf der Deckplatte das Grafenpaar mit dem Kirchenmodell zeigt, trägt des Künstlers Inschrift: »W. Leb maister des vercks.« Ausdrucksvoll und von schönster Qualität sind die vier *Konsolbüsten* mit Wappen und Schriftbändern, darunter im Nordwesten die Büste des Baumeisters Randeck (1484).

Die breite spätgotische Halle wurde 1733 und 1781 barockisiert. Die warmen Goldtöne im Chorbereich stehen im Gegensatz zu der kühlen Farbigkeit der Deckenbilder, charakteristische Werke des Frühklassizismus (1783, Franz Kirzinger). Das künstlerische Kleinod dieser Kirche ist die *Sebastianskapelle* über der Sakristei. Der kleine, von Michael Schmuzer fein stuckierte Raum (1668/69) birgt die kultisch bedeutsame Silberbüste (um 1450) mit der Hirnschale des hl. Sebastian.

Die ehemaligen **Klostergebäude** Vorarlberger Baumeister (1666–68) wurden nach einem Brand (1781) nur zum Teil wieder aufgebaut. Sie werden staatlich und privat genutzt.

Der **Ebersberger Forst,** an dessen Südrand der Ort liegt, ist mit 90 km^2 das größte zusammenhängende Waldgebiet in der Region München. Ende des 19. Jh. haben die Raupen des Nonnenfalters ein Drittes des Waldes kahlgefressen, und da man damals bei der Wiederaufforstung die Monokultur bevorzugte, wirkt der Wald durch das Vorherrschen der Fichten sehr dunkel. Schon vor 200 Jahren wurde das regelmäßige Wegenetz angelegt, das diesen Forst kennzeichnet. Vom Aussichtsturm der **Ludwigshöhe** überblickt man nicht nur einen guten Teil des Forstes, sondern genießt auch den weiten Blick auf die Alpen.

Im Norden des Forstes liegt **Markt Schwaben**. Hier ist es die **Pfarrkirche St. Margaretha** am Marktplatz, die den Kunstfreund lockt (1671). Ihr Baumeister, der Schlierseer Georg Zwerger, kann für sich in Anspruch nehmen, den Typ der Wandpfeilerhalle in den ländlichen Kirchenbau eingeführt zu haben. Der vierjochige Raum mit tiefen Mauerpfeilern ist sehr reich stuckiert (1671, Miesbach-Schlierseer Stuck).

Auch im benachbarten **Anzing** war Georg Zwerger am Werk. Die **Pfarr- und Wallfahrtskirche St. Maria** ist ein Wandpfeilerbau der Jahre 1677–81. Auch hier: Miesbach-Schlierseer Stuck, wenn auch weniger reich als in Markt Schwaben.

Moränenwälle, Hänge, Terrassen und Täler charakterisieren die Landschaft um **Grafing**. Die geschäftige, vom Durchgangsverkehr stark gezeichnete kleine Stadt kann fast froh sein, daß der »schwedische Feindt« hier kurzen Prozeß machte. Der Brand vom Jahr 1632 ließ hinterher manch schönen Bau um den Marktplatz entstehen, ebenso auch die **Pfarrkirche St. Ägidius** (1692, Thomas Mayr). Den Kenner aber verlockt in Grafing vor allem die **Dreifaltigkeitskirche** (1672). Die Deckenbilder gehören zu den weniger bekannten Arbeiten Johann Baptist Zimmermanns (1743; Langhaus: Himmelfahrt Mariä; Altarraum: Anbetung der hl. Dreifaltigkeit), und auch der zarte Stuck ist Werk des Wessobrunners.

Die Nähe zu Ebersberg und seinen einstigen Herren, den Grafen von Ebersberg-Sempt, wird in **Unterelkofen** deutlich, wo das bedeutende Adelsgeschlecht im 11. Jh. das **Schloß Elkofen** errichtete. Allerdings ist die heute noch bestehende wehrhafte Burg im wesentlichen das Werk des 14.–16. Jh., als die Wittelsbacher hier die Herren waren. Bergfried und Palas, auch die Umfassungsmauer wirken trutzig – dennoch ist das Burgschloß bewohnt: seit 1871 von den Grafen von Rechberg.

Die Signatur »Zimmermann pinxit et stuccat« finden wir auch in **Emmering**, im südöstlichen Winkel des Landkreises. In der **Pfarrkirche St. Pankratius** (Anfang 15. Jh.; 1730 barockisiert) ging man allerdings wenig pfleglich mit den Werken des Meisters um. Der Stuck wurde im 19. Jh. abgeschlagen, die Fresken übertüncht, und nur im Chor wurde 1936 das Deckenbild der Geburt Mariä freigelegt (1745).

Im übrigen wird sich der Kunstfreund von Grafing aus eher in westlicher Richtung bewegen. Schon in **Taglaching** begegnet uns ein interessanter Bau, die **Kirche St. Georg**. Der kleine Tuffquaderbau stammt aus spätromanischer Zeit (Anfang 13. Jh.) und nur der Dachreiter mit Zwiebelhaube wurde im 18. Jh. aufgesetzt. Selten und überaus wirkungsvoll: die Blendbogenarkaden an der Südwand des Langhauses, dazwischen ein unbeholfen gehauener Zahnschnittfries.

In der Region München

Die hügelige Landschaft um **Moosach** herum lockt vor allem im Sommer viele Besucher an, denn im *Steinsee* läßt es sich sehr angenehm und warm baden. Daß dieser See Landschaftsschutzgebiet ist, wird meist zu wenig beachtet. Die Gelbe Teichrose gehört zu den seltenen und gefährdeten Pflanzen und auch der Waller steht auf der Liste der vom Aussterben bedrohten Fische.

Auf einer bewaldeten Anhöhe über der Moosach steht der weißverputzte Bau der **Wallfahrtskirche zu Unserer Lieben Frau vom Siege** in **Altenburg.** Hier stand einst die Altenburch mit einer Burgkapelle, die 1405 einer Liebfrauenkirche Platz machen mußte. 1467 entstand ein größerer Bau, der dann während der Blütezeit der Wall-

Altenburg, Innenraum der Wallfahrtskirche zu Unserer Lieben Frau vom Siege

fahrt im frühen 18. Jh. barockisiert wurde. Diesen Jahren um 1711 ist der schöne, sehr reiche *Stuck* zu verdanken, ebenso auch die marianischen Fresken. Melchior Steidl wird als Freskant angenommen. Die herzhafte Farbigkeit des Raumes steigert sich im prachtvollen Stuckmarmor-Hochaltar, der in seinem Grün-Rot-Gold ein wahres Augenfest ist.

Die Landstraße Moosach–Glonn ist besonders im letzten Abschnitt mit schönen Ausblicken gesegnet. Auch der Kunstfreund wird in dieser Gegend fündig, vor allem in **Glonn** selbst. Die **Pfarrkirche St. Johannes d. Tf.** (1777, Franz Anton Kirchgrabner) enthält ausgezeichnete Arbeiten des Bildhauers Joseph Götsch, ein Meister aus Aibling, der auch im Chiemgau sehr produktiv war.

Schloß Zinneberg, im 13. Jh. im Besitz der Herren von Preysing, hat viele Besitzerwechsel erlebt. Die langgestreckte Anlage wird von den Veränderungen geprägt, die Friedrich von Thiersch 1904/05 für den Baron Büssung von Orville unternahm. Seit 1927 ist das Schloß im Besitz des Ordens vom Guten Hirten.

Südlich von Glonn wechseln wir den Landkreis und betreten Münchner Territorium. **Kleinhelfendorf** ist mit seinen Sakralbauten, der Pfarrkirche St. Emmeram und der Marterkapelle St. Emmeram allein schon eine Reise wert. »Seine Mörder banden ihn auf eine Leiter und schnitten ihm alle Glieder vom Leibe, warfen selbe in ein nahestehendes Gesträuch, welche aber nachher zwei weißgekleidete Reiter mit Verehrung sammelten ...« Auf einem Bildstock bei der **Marterkapelle** sehen wir diesen schaurigen Text. Es geht um den hl. Emmeram, den Bischof von Regensburg, der auf einer Wallfahrt nach Rom im Jahr 652 bei der Straßenstation Kleinhelfendorf getötet wurde. Das Martyrium wird in drastischer Anschaulichkeit im Innern der Kapelle dargestellt. Um einen Findling – angeblich der Marterstein des Heiligen – scharen sich die Häscher, der Bischof liegt ausgestreckt auf einer Leiter. Die Holzgruppe entstand 1789, die Kapelle selbst wurde 1747 nach Abbruch einer gotischen Vorgängerin errichtet.

Kleinhelfendorf, Darstellung der Marter des hl. Emmeram in der Marterkapelle

Architektonisch eindrucksvoller aber ist die **Pfarrkirche St. Emmeram.** Isinisca, eine Station an der Römerstraße Augsburg–Salzburg, stand am Beginn des Kirchenweilers Kleinhelfendorf. Um 740 folgte eine Kirche zu Ehren des hl. Emmeram. Ein karolingischer Königshof wurde im 10. Jh. dem Regensburger Emmeramskloster geschenkt. Wenn auch die heutige Pfarrkirche nicht auf die Frühzeit Kleinhelfendorfs zurückgeht, enthält sie doch Teile eines romanischen Baus aus dem 12. Jh. 1466 wurde die Apsis durch einen gotischen Chor ersetzt. Der heutige Bau ist in seiner Erscheinung barock. 1668/69, gleichzeitig mit seinem Zentralbau von Westerndorf, schuf der Münchner Baumeister Constantin Pader (Bader) die Emmeramskirche. Auch für das Stuckprogramm war Pader verantwortlich. Gerade dieser vollplastische *Stuck* nach Miesbach-Schlierseer Art macht die Schönheit des Wandpfeilerraums aus. Auch die Altarausstattung stammt größtenteils aus den Jahren um 1670/80. Im

Hochaltar sehen wir eine überlebensgroße *Holzfigur des hl. Emmeram*, ein Werk des Münchners Erasmus Grasser (Ende 15. Jh.).

Aying hat in und um München einen sehr guten Namen, allerdings weniger wegen der zu betrachtenden Kunstschätze, sondern wegen des schmackhaften Biers, das hier gebraut wird. So findet man im **Brauereigasthof Hotel Aying** an Wochenenden denn auch meist keinen Platz. Das freundliche, in satte Wiesen eingebettete Dorf – überragt von der stattlichen **Pfarrkirche St. Andreas** (1655, Turmunterteil 15. Jh.) – besitzt seit 1978 auch ein Heimathaus: Der **Sixthof** (Münchner Str. 4), ein ehemaliger Bauernhof aus dem Jahr 1582, ist von oben bis unten mit alten Möbeln und Gerätschaften angefüllt.

Am Rande des Höhenkirchner Forstes liegt **Siegertsbrunn**. Schon von weitem ist in diesem flachen Gelände der Turm der **Wallfahrtskirche St. Leonhard** zu sehen. Die Siegertsbrunner Leonhardiwallfahrt (zweiter Sonntag im Juli) ist alt. Bereits im Jahr 1000 stand im Dorf, das damals Sigohohesprunnen hieß, eine Leonhardskapelle. Das Wallfahrtsbeneficium wurde 1460 gegründet, und in diesem Jahr wurde wohl mit dem Bau der Kirche begonnen. Den Innenraum prägt eine Erneuerung der Jahre 1785–95, die nach einem Brand notwendig geworden war. Meist ist das Gitter geschlossen, so daß der breite Spitzbogen nur den Blick auf den Hochaltar freigibt. Allzuoft haben sich hier Diebe eingeschlichen und den reichen Bestand an *Votivgaben* dezimiert. Doch im Pfarrhaus im Dorf ist man zugänglich für Bitten um Einlaß. Sehr festlich wirkt die Brokatmalerei der Stichkappentonne im Langhaus – wie auch das Deckenbild (hl. Leonhard als Fürbitter, 1793) ein Werk des Münchner Hofmalers Christian Winck. Ein weiterer Hofkünstler, Augustin Demmel, malte im Chor den hl. Leonhard als Wohltäter. Der barocke Hochaltar, der die gesamte Höhe und Breite des Chores einnimmt, ist reich gegliedert – ein würdiger Schrein für die Gemälde der Viehpatrone Sixtus und Leonhard und die beiden Holzfiguren der hll. Leonhard und Sigismund.

Die bayerische Landes-hauptstadt München

Die bayerische Landeshauptstadt München

München ☆☆
Besonders sehenswert:
Frauenkirche
St. Peter
Marienplatz
St. Michael
Asamkirche
Theatinerkirche
Residenz mit Museum
Alte Pinakothek
Neue Pinakothek
Deutsches Museum
Bayerisches Nationalmuseum
Schloß Nymphenburg mit Parkschlößchen
Blutenburg

»Stadt der Bergluft und des südlichen Himmels, Pfeiler der Brücke zwischen Deutschland und Italien, Stadt der Bierkeller und weihrauchgefüllten Kirchen, der knurrenden Beamten, der schönen Bürgertöchter. Stadt der Gegensätze, wie ein lebendiges Herz sie vereinigt, farbiges, festliches, ländliches, bier- und schönheitsseliges München!« Das schrieb Ricarda Huch (›Unser München‹) im Jahr 1930.

Die Lobeshymnen auf die bayerische Metropole, Deutschlands ›heimliche Hauptstadt‹, sind nicht zu zählen. Und selbst wenn das Lob – wie in diesem Fall – aus der Feder einer hier weniger geschätzten Sorte Mensch, einer Preußin, stammt: man hört es gern. Tadel äußern am besten nur die Einheimischen, und sie halten auch nicht damit zurück, denn das einst so gemütliche München hat sich mehr und mehr zur hektischen, lärmenden Millionenstadt entwickelt. Der Münchner, der bei allem Hang zur lauten Festesfreude nichts so sehr schätzt wie seine ›Königlich Bayerische Ruh‹, ist nicht mehr zufrieden mit seiner Stadt, er könnte auf manchen modernen Akzent verzichten, wie er überhaupt jeglicher Veränderung skeptisch begegnet.

Auch in der Architektur der Nachkriegsjahre drückt sich das konservative Münchner Grundmuster aus. Die Stadt, die vom Krieg wie kaum eine andere getroffen wurde, hat den Wiederaufbau auf ihre Weise bewältigt: es wurde nach alten Vorlagen rekonstruiert, ergänzt, auch nachempfunden – das Neue fand nur selten Eingang. Heute, so muß sich mancher Kritiker dieses Architektur-Konservativismus eingestehen, ist man doch recht froh darum: wer möchte die alten harmonischen Formen und Proportionen missen oder sie tauschen gegen das, was anderswo in dieser Zeit der – auch künstlerischen – Unsicherheit entstand? Stellvertretend für viele Gleichgesinnte hierzu der Schriftsteller Hermann Lenz: »Man schrieb das Jahr 1933, als ich vom Bahnhof zur Universität ging und bei der Theatinerkirche zum erstenmal die Ludwigstraße sah, die von scharfem Regenlicht weithin beleuchtet wurde. Ich atmete auf und spürte, was Größe bedeutet. Die Bauwerke zeigten sich, und so wie damals mutet mich auch heute München an. Ich bin froh, daß die Stadt so wiederaufgebaut wurde, wie sie früher gewesen ist, nachdem ich ihr zerrissenes Ruinengesicht gesehen habe, als ich dachte, es dauere fünfzig Jahre, bis alles wieder so dastehe wie früher.«

Vorbildliche Denkmalpflege, nicht minder dankenswerte Bemühungen der Stadtväter um die Erhaltung gewachsener Strukturen, um viel belebendes Grün und nicht zuletzt um Sauberkeit, machen das München von heute zu einer – alles in allem – überaus erfreulichen Stadt, deren Schönheiten Jahr für Jahr Millionen Touristen begeistern. Die Statistiker bezeugen es: München ist, auch was die Lebensqualität betrifft, die Nr. 1 in Deutschland und rangiert auch in Europa ganz weit vorn. Das Programm für den Kunstfreund ist gewaltig, hier – bei den unzähligen Museen, Kirchen, Palästen und Schlössern – hätte man Wochen zu tun. Wir können bei den Stadtrundgängen nur das Wichtigste betrachten, denn neben München verlangt auch das übrige Oberbayern seinen gebührenden Raum.

Portal-Löwe an der Westfassade der Residenz, um 1595

Daten zu Geschichte, Kultur und Kunst

1158	Gründung Münchens durch Heinrich den Löwen: Zerstörung der Isarbrücke in Oberföhring und Verlegung des Flußübergangs nach ›Munichen‹, wo Markt und Münzstätte gegründet werden
um 1175	Anlage des ersten Mauergürtels; 1214 wird München erstmals als Stadt genannt
1240	Das Haus Wittelsbach wird Besitzer der Stadt München. Bei der ersten der drei Landesteilungen (1255) wird München Residenzstadt des Teilherzogtums Bayern-München
1270–1315	Stadterweiterung auf das Fünffache des ursprünglichen Areals und Anlage des zweiten Mauergürtels. 1294 erläßt Herzog Rudolf für München ein Stadtrecht
1314	**Herzog Ludwig der Bayer** wird König, ab 1328 Kaiser, und München wird die Hauptstadt des Reiches.
1323–50	Die Reichskleinodien in München; die Farben des Reiches, Schwarz und Gold, werden zu den Stadtfarben. 1340 verleiht Ludwig der Bayer München das Große Stadtrecht
1327	Stadtbrand; weitere Brände in den Jahren 1407, 1418, 1420 und 1460
1467–1508	**Herzog Albrecht IV., der Weise,** erster Humanist unter den Wittelsbacher Herzögen; Blüte der Spätgotik. 1468–88 Jörg von Halsbach Stadtmaurermeister; Bau der Liebfrauenkirche. 1505 wird München alleinige Hauptstadt Bayerns
1550–79	**Herzog Albrecht V., der Großmütige.** München wird Zentrum der Gegenreformation. Seit 1559 Jesuiten in München. Berufung von Orlando di Lasso an die Hofkapelle
1579–97	**Herzog Wilhelm V., der Fromme.** München wird Zentrum der Renaissancekultur. Ab 1583 Bau der Michaelskirche. Seit 1584 ist der Bildhauer, Stukkator und Architekt Hans Krumpper für den Hof tätig
1597–1651	**Maximilian I., Herzog von Bayern,** seit 1623 Kurfürst. Ausbau der Residenz zur Vierflügelanlage um Kaiserhof und Brunnenhof. 1619–45 Anlage einer neuzeitlichen Befestigungsanlage. Im Dreißigjährigen Krieg besetzt der Schwedenkönig Gustav Adolf vorübergehend die Stadt (1632). Errichtung der Mariensäule 1637–38
1651–79	**Kurfürst Ferdinand Maria.** Blüte des Hochbarock unter Leitung italienischer Künstler. 1663–90

Die bayerische Landeshauptstadt München

	Theatinerkirche; 1664–76 Kernbau von Schloß Nymphenburg
1679–1726	**Kurfürst Max II. Emanuel.** Im Zuge des Spanischen Erbfolgekrieges (1701–14) ab 1706 Exil in den Niederlanden und Frankreich. Nach seiner Rückkehr 1714 beginnender Einfluß der französischen Kunst und Kultur. Ab 1701 Schloß Schleißheim, ab 1702 Ausbau von Schloß Nymphenburg. 1715 Josef Effner Hofbaumeister
1726–45	**Kurfürst Karl Albrecht,** ab 1742 Kaiser Karl VII. Die Münchner Rokoko-Hofkunst erwächst zu europäischem Rang. In der Residenz: Reiche Zimmer. Im Nymphenburger Park: Amalienburg. Wirken von Johann Michael Fischer, François de Cuvilliés, Johann Baptist Straub, Johann Baptist Zimmermann
1745–77	**Kurfürst Max III. Joseph.** Ab 1754 Ignaz Günther Hofbildhauer. 1754–63 Bustelli als Porzellanmodelleur tätig. 1751–53 Cuvilliéstheater.
1777–99	Kurfürst Karl Theodor, Vereinigung von Bayern mit der Pfalz
1799–1825	**Kurfürst Max IV. Joseph,** ab 1806 **König Max I. Joseph.** Im selben Jahr wird München Königliche Haupt- und Residenzstadt. 1808 Gründung der Kunstakademie. Durch Berufung Schellings wird München ein Zentrum der romantischen Philosophie. 1810 erstes Oktoberfest. Als erstes deutsches Land erhält Bayern 1818 eine Verfassung
1825–48	**König Ludwig I.** Neben Berlin wird München Zentrum des Klassizismus. Klenze, Gärtner, Overbeck, Cornelius tätig. 1826–36 Bau der Alten Pinakothek. 1826 wird die Universität von Landshut nach München verlegt. 1848 führen die März-Unruhen zur Abdankung Ludwigs I.
1848–64	**König Max II.** Ausbildung des ›Maximiliansstils‹. Norddeutsche Gelehrte und Literaten, die sogenannten Nordlichter, werden berufen. 1855 Gründung des Bayerischen Nationalmuseums
1864–86	**König Ludwig II.** Wagner durch den König nach München berufen. 1866 Krieg gegen Preußen. 1869 Erste Internationale Kunstausstellung. Durch den Schlösserbau Ludwigs II. Blüte des Kunsthandwerks
1886–1912	**Prinzregent Luitpold.** Münchner Kunstblüte unter Einfluß von Franz von Lenbach. 1892 Gründung der ersten Secession in Deutschland. 1896 Gründung der Zeitschrift ›Jugend‹. 1897 kommt Kandinsky nach München. 1907 Gründung des

	Deutschen Werkbundes. 1911 ›Der Blaue Reiter‹ mit Marc, Kandinsky, Macke u. a. Um 1900 viele Literaten in München, u. a. Thomas Mann, Stefan George, Rainer Maria Rilke
1913–18	**König Ludwig III.** 1918/19 Revolution und Räterepublik
1923	Hitler-Putsch gegen Bayerisches Kabinett und Regierung. Marsch zur Feldherrnhalle
1935–45	München ist ›Hauptstadt der Bewegung‹. 1937 Ausstellung ›Entartete Kunst‹. 1943 Widerstandsbewegung ›Weiße Rose‹ der Geschwister Scholl. 1944 wird die Stadt durch Luftangriffe weitgehend zerstört, 1945 marschieren amerikanische Truppen ein
1946	Neue Bayerische Verfassung. München wird Hauptstadt des Freistaats Bayern

Die Altstadt um Marienplatz und Frauenkirche
(Plan: S. 118f.)

Ein Rundgang durch die Altstadt beginnt traditionell beim **Marienplatz.** Der Marktplatz des mittelalterlichen München – einst Getreide- und Salzmarkt – ist auch heute noch ein sehr lebendiges Zentrum, von Geschäften gesäumt. Verkehrslärm gibt es hier glücklicherweise nicht; der Platz ist Fußgängerzone.

Wenn auch das Neue Rathaus als mächtige nördliche Begrenzung den Hauptakzent setzt – die eigentliche Mitte dieses Platzes ist die **Mariensäule** (1). Kurfürst Maximilian I. hat sie als Dank für die Errettung der beiden Hauptstädte München und Landshut vor den Schweden im Dreißigjährigen Krieg gestiftet – ein nobles Monument, bekrönt von einer goldglänzenden Marienfigur. Hubert Gerhard hat die anmutige Himmelskönigin um 1590 geschaffen, doch hatte sie einst ihren Platz auf dem Hochaltar der Frauenkirche. Die vier Putti eines unbekannten Bronzebildners (um 1640) sind Allegorien des Kampfes gegen Hunger, Krieg, Pest und Ketzerei.

In München prägen zwar historistische Bauten ganze Stadtteile, dennoch ist das **Neue Rathaus** (2) sehr ungewöhnlich. Gotische flandrische Architekturen standen Pate bei diesem reich gegliederten Prunkbau des Grazers Georg Hauberrisser. Besonders die Fassade in hellem Haustein war für das München des ausgehenden 19. Jh. (1867–1909) neu, denn hier kannte man nur die Backsteingotik. Nicht weniger als 24 Altmünchner Häuser mußten dem Komplex, der sich um vier Innenhöfe gruppiert, weichen. Der zwölfstöckige Turm reckt sich in eine Höhe von 85 m. Vor ihm versammelt sich vormittags um 11 Uhr die erwartungsvolle Menge – um diese Zeit gleicht der Marienplatz einem Heerlager. Das *Glockenspiel* im Turmerker lockt Fremde und Einheimische an – wer es nicht sah, war nicht in München! 32 lebensgroße Figuren, begleitet vom Spiel der 43 Glocken, stellen das Turnier bei der Hochzeit Wilhelms V. dar, dazu auch den Schäfflertanz.

Das **Alte Rathaus** (3), das den Platz im Osten begrenzt, wirkt in seinen makellosen altdeutschen Formen wie aus Spielzeugbausteinen gebildet. Die Rekonstruktion des Turmes (1971/72) folgte dem Aussehen von 1462, der Saalbau daneben wurde nach der Zerstörung 1944 in einfacherer Form wiederhergestellt. Dieser Saalbau, 1470–75 durch den Dombaumeister Jörg von Halsbach errichtet, war aufwendig ausgestattet. Die berühmten Moriskentänzer, die jetzt im Stadtmuseum zu sehen sind (1480, Erasmus Grasser), hatten hier ihren Platz (Abb. S. 137). Im Turm hat 1983 das *Spielzeugmuseum* seinen sehr geeigneten Ort gefunden.

Die formvollendete Fassade in hellem Grün, die hinter dem Rathaus sichtbar wird, gehört zur **Heiliggeistkirche** (4). Im Jahr 1208 wurde an dieser Stelle ein Pilgerhaus mit Spital und Kapelle gegründet, Ende des 14. Jh. entstand hier die erste Hallenkirche Münchens. Johann Georg Ettenhofer und die Brüder Asam barockisierten sie 1724–30. Bei der Erweiterung der Kirche nach Westen in den Jahren um 1886 entstand die erstaunliche neubarocke Fassade. 1944/45 wurde die Heiliggeistkirche bis auf die Außenmauern zerstört, bis 1963 gelang der Wiederaufbau auch des Innenraumes. Originale Stuckreste ermöglichten die Rekonstruktion des Dekors, und auch die Deckenbilder Cosmas Damian Asams konnten originalgetreu wiederhergestellt werden (Gründungsgeschichte des Spitals). Im lichten, vorbildlich nachgestalteten Raum fallen einige Ausstattungsstücke wegen ihrer hohen Qualität auf: die großen Engel am Hochaltar (Johann Georg Greiff, 1730); das Gnadenbild der Hammerthaler-Muttergottes im Marienaltar des linken Seitenschiffs (Mitte 15. Jh.); das Bronzegrabmal für Herzog Ferdinand von Bayern am Westeingang nach Entwurf von Hans Krumpper (um 1619).

Die Heiliggeistkirche steht am Eingang zur Straße Im Tal, der Verbindung zwischen dem Marienplatz und dem Isartorplatz. Das **Isartor** (5), eine wehrhafte Anlage, erhielt zwar 1835 sein effektvolles Fresko zum Triumph Kaiser Ludwigs in der Schlacht von Mühldorf, vermittelt aber immer noch ein anschauliches Bild eines Stadttors im späten Mittelalter (1337 und 1499, mehrfach verändert). Im südlichen Turm befindet sich das Museum für Karl Valentin: *Valentin-Musäum*.

Die **Pfarrkirche St. Peter** (6), ›der Alte Peter‹, wird in München fast noch mehr geliebt als die Frauenkirche. Sie ist auch älter, war die erste Pfarrkirche der Stadt. Allein der elegante Renaissancehelm mit Laterne und Obelisk – unverwechselbar in der Stadtsilhouette – kann begeistern, im Innern erlebt man dann freudigstes Rokoko. Dabei war auch diese Kirche 1945 nur noch Ruine, und es bedurfte einer Bürgeraktion, die geplante Sprengung zu verhindern.

Dem romanischen Gründungsbau und einem gotischen Neubau des 13. Jh. folgte ab 1327 eine gotische Basilika mit Langchor. 1607

Marienplatz mit Neuem Rathaus und Mariensäule; im Hintergrund die Türme der Frauenkirche ▷

Die Altstadt um Marienplatz und Frauenkirche

Die bayerische Landeshauptstadt München

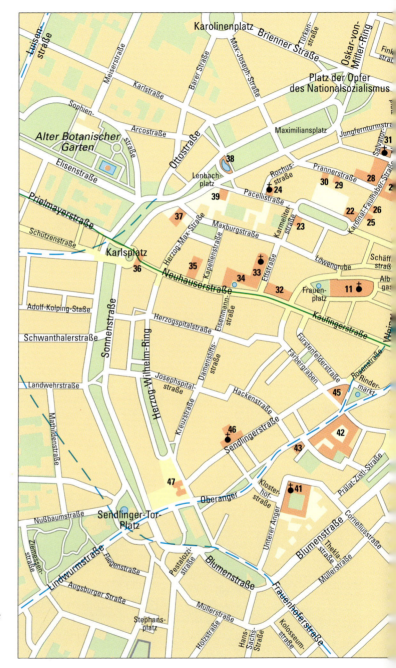

Innenstadt, Plan I
1 Mariensäule
2 Neues Rathaus
3 Altes Rathaus
4 Heiliggeistkirche
5 Isartor mit Valentin-Musäum
6 Pfarrkirche St. Peter
7 Alte Stadtschreiberei, heute Weinstadl
8 Alter Hof
9 Ehemaliges Hauptmünzamt
10 Hofbräuhaus
11 Frauenkirche
12 Feldherrnhalle
13 Theatinerkirche St. Kajetan
14 Leuchtenberg-Palais
15 Reiterdenkmal König Ludwigs I.
16 Palais Arco-Zinneberg
17 Palais Ludwig Ferdinand
18 Tempel im Hofgarten
19 Preysing-Palais
20 Residenz
21 Ehemalige Hauptpost
22 Montgelas-Palais
23 Gunetzrhainerhaus
24 Dreifaltigkeitskirche
25 Palais Portia

Die Altstadt um Marienplatz und Frauenkirche

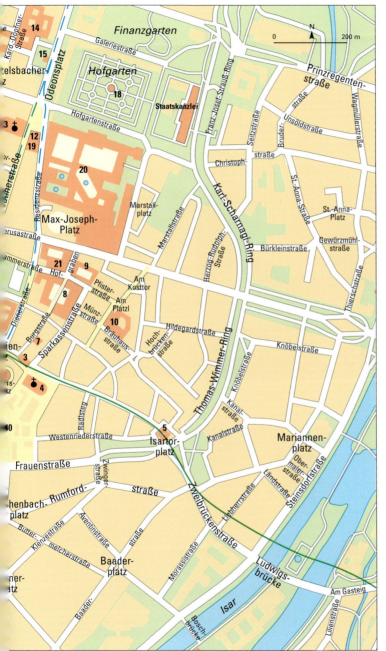

26 Bayerische Hypotheken- und Wechselbank
27 Erzbischöfliches Palais
28 Palais Neuhaus-Preysing
29 Palais Seinsheim
30 Palais Gise
31 Salvatorkirche
32 Ehemalige Augustinerkirche, heute Deutsches Jagd- und Fischereimuseum
33 St. Michael
34 Alte Akademie
35 Bürgersaal
36 Karlstor
37 Künstlerhaus
38 Wittelsbacher Brunnen
39 Turm der Herzog-Max-Burg
40 Viktualienmarkt
41 Kirche St. Jakob
42 Münchner Stadtmuseum
43 Ignaz-Günther-Haus
44 Theater am Gärtnerplatz
45 Ruffinihäuser
46 Asamkirche mit Asamhaus und Priesterhaus
47 Sendlinger Tor

Die bayerische Landeshauptstadt München

Pfarrkirche St. Peter

erhielt der Westbau, ursprünglich mit zwei Spitzhelmen bekrönt, seine Kuppel; 1636 wurde der Chor durch eine Dreikonchenanlage ersetzt. Dieser Bauteil von Isaak Pader beherrscht den östlichen Bereich um die Kirche – wunderschön in dunklem Backstein, durch Treppentürme und Strebepfeiler ausdrucksvoll gegliedert. Das 17. Jh. brachte außerdem den Umbau und die Einwölbung des Langhauses. 1730 erhielt der Bau ein neues Chorgewölbe (Ignaz Anton Gunetzrhainer), Stuck und Deckenbilder von Johann Baptist Zimmermann.

Die alte gotische Pfeilerbasilika, das Mittelschiff schmal und steil, ist trotz ihres Rokokogewandes immer noch zu erkennen. Beherrschend ist der *Hochaltar*, dem man nicht anmerkt, daß er 1945 aus erhaltenen Fragmenten neu zusammengefügt werden mußte. Den thronenden Petrus, eine Figur von Erasmus Grasser (1492) in glänzendem Gold, umgeben die ebenso glanzvoll gefaßten vier Kirchenväter Egid Quirin Asams (1732). Kaum ein großer Münchner Künstlername fehlt in dieser üppig ausgestatteten Kirche. Das Rokoko-Chorgestühl schufen Ignaz Günther und Joachim Dietrich, und auch einige der Seitenaltäre sind Werke Günthers oder seines Lehrmeisters Johann Baptist Straub. Wenn auch von der Ausstattung des

Mittelalters wenig blieb – zwei Werke sind herausragend: die *Flügelbilder* vom ehemaligen Hochaltar im Chor, Arbeiten von Jan Polack (um 1517), und der *Schrenk-Altar* in einer Kapelle der Nordseite, ein Retabel aus Sandstein mit der vielfigurigen Darstellung des Weltgerichts (um 1407). Leider sind die Fresken Johann Baptist Zimmermanns zum Leben Petri nur in den drei Westjochen original, der Rest mußte rekonstruiert werden.

Die Burgstraße verbindet das Alte Rathaus mit dem Alten Hof. Von den alten Bauten blieb nur eines erhalten, das Haus Nr. 5, die ehemalige Stadtschreiberei (1552), heute der **Weinstadl** (7). Zwei der drei Giebel sind mit Aufzugsvorrichtungen ausgestattet. Hans Mielich sorgte für die Fassadenmalerei, die allerdings restauriert werden mußte. Im Innern des beliebten Weinlokals: ein Laubenhof, gemütliche Gewölbe und ein Treppenturm mit Schnecke. Der Weinstadl hatte einst prominente Nachbarschaft: im Haus Nr. 7 (nach Kriegszerstörung wieder aufgebaut), komponierte Mozart 1780/81 seine Oper ›Idomeneo‹, und in der Nr. 8 lebte François de Cuvilliés bis zu seinem Tod. Am Ende der Straße: ein idyllischer, ruhiger Hof mitten im Getriebe des Stadtzentrums, umgeben von mittelalterlichem Gemäuer, dem **Alten Hof** (8). An dieser Stelle, damals die Nordostecke der Stadt, bauten sich die Wittelsbacher ihre Burg. Seit 1253 war sie Stadtresidenz, von 1328–47 Residenz Kaiser Ludwigs des Bayern. Die Anlage war einst bedeutend umfangreicher, doch blieben die eindrucksvollsten Teile mit dem Torturm (um 1460), dem Burgstock und dem Zwingerstock. Das hübsche Erkertürmchen, das sogenannte Affentürmchen (um 1470), entstand zu einer Zeit, als bereits eine neue Residenz existierte, die Neuveste.

Wo der Hofgraben eng und dunkel wird und zur Maximilianstraße führt, übersieht man leicht den Eingang zum ehemaligen **Hauptmünzamt** (9), obwohl eine noble frühklassizistische Fassade auf sich aufmerksam macht. Das Gebäude, als Fürstlicher Marstall errichtet (1563–67), barg im Obergeschoß die Kunstkammer Herzog Albrechts V. Von 1809–1983 diente der Bau der staatlichen Münze; heute ist hier das Bayerische Landesamt für Denkmalpflege zu Hause. Berühmt ist der *Münzhof*, ein dreigeschossiger Arkadenhof, der trotz italienischer Renaissancevorbilder einen recht bayerisch-rustikalen Eindruck macht (Wilhelm Egkl, 1567).

Abgelegen und dennoch immer belebt ist der Bereich ums Platzl, denn hier steht Münchens berühmtes **Hofbräuhaus** (10). Leider ist der kleine Platz durch Modernisierung seit 1988 völlig seines alten Charakters beraubt – ein elegantes Geschäft reiht sich ans andere, das neue Hotel gibt sich altbayerisch, dies alles paßt nicht hierher. Vorbei die Zeit, als im ›Platzl‹, dem Altmünchner Lokal, der Volksschauspieler Weiß Ferdl sein bierseliges Publikum zum Lachen brachte – heute wird hier nur noch Touristenfolklore gepflegt, und das täglich.

Erst zum Ende des 19. Jh. hin entstand das Hofbräuhaus (Littmann und Maxon, 1896), der mächtige Bierpalast mit der ›Schwemme‹ im Erdgeschoß, den Trinkstuben und dem Festsaal im Obergeschoß. An die 10 000 l Bier werden hier täglich ausgeschenkt! Was hätte Herzog Wilhelm V. dazu gesagt, der ab 1591 in seinem Bräuhaus im Alten Hof das braune Gerstenbier nur für die eigenen Mannen brauen ließ? Auch als das Hofbräuhaus 1644 zum Platzl verlegt wurde, durfte das Volk nicht an dem Trinkvergnügen teilhaben; das war erst ab 1828 erlaubt.

Die Frauenkirche

»Auch die Liebfrauenkirche ist ein offener Raum mit schwirrenden Vögeln darin. Wie ein Gast steht ein einzelner Pfeiler in der Mitte, wie ein Heimkehrer, der sich umschaut; irgendwo sieht man Ansätze eines Gewölbes, Fetzen einer Malerei, die an die Sonne kommt. Das Dach ist ein schwarzes Gerippe.« Fünfzig Jahre sind vergangen, seit Max Frisch die Münchner Ruinenlandschaft durchschritt und seine Eindrücke im Tagebuch festhielt. Fünfzig Jahre – und wie steht die Frauenkirche (11) heute da: makellos intakt, in hellem Ziegelglanz, und so massiv, als könne sie niemals zerbrechen. Der Wiederaufbau nahm fast zehn Jahre in Anspruch, doch erst 1994 – zum 500jährigen Weihejubiläum – war die Neuaufstellung der Ausstattung abgeschlossen.

Die Domkirche zu Unserer Lieben Frau, seit 1821 Metropolitankirche des Erzbistums München-Freising, ist die zweite Kirche an dieser Stelle, ihr Baumeister war der Stadtmaurermeister Jörg von Halsbach und nach seinem Tod 1477 Lukas Rottaler. 1468 wurde der Grundstein gelegt, 1488 waren die Türme vollendet, doch erst 1525 bekamen sie ihre welschen Hauben. Die Frauenkirche ist eine der größten Hallenkirchen in Süddeutschland, dreischiffig mit Chorumgang; mit ihrer Länge von mehr als 100 m und fast 40 m Breite sollte sie Raum für 20 000 Menschen geben.

Schon am Außenbau klingt das Bildprogramm der Kirche an – die Erlösung der Menschen durch den auferstandenen Christus und die Fürbitte und Mittlerschaft Mariä. Die gotischen Bildwerke an den Portalen (bzw. ihre Kopien) stellen den Erlöser als Schmerzensmann dar, man sieht Maria mit dem Kind und mit dem Verkündigungsengel. Die *Portale* im warmem, tiefen Braun sind alle reich geschnitzt – Werke des großen Münchner Rokokobildhauers Ignaz Günther (um 1770). Das Portal im Nordosten ist dem Stadt- und Landespatron, dem hl. Benno gewidmet. 1580 kamen die Reliquien des hl. Benno von Meißen (gest. 1106) im Zuge der Gegenreformation nach München und werden seitdem in der Frauenkirche verehrt. An den Außenwänden fallen die zahlreichen *Epitaphien und Grabsteine* auf, die zum Teil von aufgelassenen Friedhöfen stammen. Neben dem Südwestportal ist der Grabstein für Cosmas Damian Asam angebracht, den großen Barockmaler und Architekten, der 1739 starb.

Ebenso geschlossen wie der Außenbau ist auch der Innenraum. Ein lichter, etwas kühler Raum, dessen kantige, blendend weiße Pfei-

Die Altstadt um Marienplatz und Frauenkirche

ler in schwindelnde Höhe emporsteigen. Das Gewölbe, mit Rippen in Gelb, macht die älteren Münchner etwas traurig, denn hier breitete sich früher ein blauer Sternenhimmel aus.

Um die Ausstattung gab es manche Aufregung. Allzuviel wurde in den Chor und die Kapellen hineingestellt und – gehängt: an die 400 Altarblätter, Skulpturen, Reliquienschreine und Leuchter sind hier versammelt, man hat den Eindruck, in einem Museum zu sein. Nur die wichtigsten Werke seien herausgegriffen: Am Choreingang links das farbig gefaßte Steinbildwerk des Erlösers (um 1320); im Chorgestühl Propheten- und Apostelbüsten von Erasmus Grasser, von ihm auch die Heiligenstatuetten am Chorgitter (1502). Das Chorschlußretabel enthält eine Immaculatafigur von Roman Anton Boos (1780); seitlich vergoldete Reliefs (Szenen aus dem Marienleben) von Ignaz Günther (1774). Über der Sakristeitür ist das ehemalige Hochaltargemälde angebracht, eine Darstellung der Himmelfahrt Mariä von Peter Candid (1620). Eine Figur, die in der einst sehr sparsam ausgestatteten Kirche besonders auffiel, der gewaltige Christophorus von Hans Leinberger (um 1525), ist jetzt in der letzten nördlichen Kapelle vor dem Chorumgang zu sehen. Hier beeindrucken auch zwei weitere monumentale Figuren, der hl. Georg von Hans Leinberger und der hl. Ritter Rasso vom Meister von Rabenden, beide um 1520 entstanden.

Neben der *Sakramentskapelle* des Chorumgangs ist eine Automatenuhr aufgestellt, ihre Bildwerke stammen von Erasmus Grasser (um 1500). In der *Sebastianskapelle* wurde der Andreasaltar der ehemaligen Kirche St. Nikolaus aus dem Haberfeld rekonstruiert, die Figuren stammen vom Meister von Rabenden, die Gemälde von Jan Polack (um 1510). Auch das schöne, den Münchnern besonders ans Herz gewachsene Schutzmantelbild in der Chorhauptkapelle mit der Maria im Ährenkleid ist ein Werk Polacks (um 1500). Hier sind auch Glasgemälde des Straßburger Glasmalers Peter Hemmel von Andlau zu sehen (1493). In der Bennokapelle der südlichen Kapellenreihe wird der kostbare silberne Bennoschrein verwahrt, der 1601 nach Entwurf Hans Krumppers gefertigt wurde.

Im Westteil der Kirche befindet sich das gewaltige *Prunkgrabdenkmal für Kaiser Ludwig den Bayern*, das einst seinen Platz im

Grundriß der Frauenkirche
1 Westportal
2 Bennoportal
3 Südwestportal
4 Vorhalle
5 Nördliche Turmkapelle
6 Apolloniakapelle
7 Kapelle der hl. Drei Könige
8 Kapelle des hl. Korbinian
9 Kapelle des hl. Blasius und der Unschuldigen Kinder
10 Sieben-Schmerzen-Kapelle
11 Chorgestühl
12 Sakristeieingang
13 Katharinenkapelle
14 Kapelle der Hofbruderschaft St. Anna und St. Georg
15 Sakramentskapelle
16 Sebastianskapelle
17 Chorhauptkapelle
18 Kapelle Mariä Opferung
19 Rupertuskapelle
20 Johann-Nepomuk-Kapelle
21 Bennokapelle
22 Taufkapelle
23 Geburt-Christi-Kapelle
24 Margarethenkapelle
25 Mariä-Verkündigungskapelle
26 Bartholomäuskapelle
27 Prunkgrabmal für Kaiser Ludwig den Bayern
28 Südliche Turmkapelle

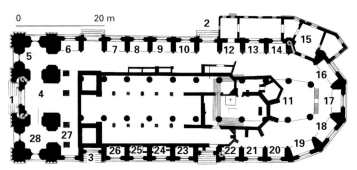

Die bayerische Landeshauptstadt München

Frauenkirche, Grabdenkmal für Kaiser Ludwig den Bayern

Chor hatte. Das Schwarzmarmorgehäuse und die Bronzefiguren sind Werke von Hans Krumpper (1619/22), die Gedächtnisplatte für Kaiser Ludwig im Innern des Gehäuses ist spätgotisch. Ebenfalls im Westteil, in der Bartholomäuskapelle beim Südwesteingang, ist eine eindringliche Pietà zu sehen, die um 1400 in Salzburg entstand.

Um Odeonsplatz, Max-Joseph-Platz und Promenadeplatz
(Plan: S. 118f.)

Altmünchnerisch wie der Marienplatz ist das Gelände um den **Odeonsplatz** nicht. Betrachtet man alte Stadtansichten, so entdeckt man zwischen der Nordwestecke der Residenz und der Theatinerkirche das mittelalterliche Schwabinger Tor. Von hier aus führte die Schwabinger Landstraße zur späteren Fürstenstraße. Wie auch andere Bauten war dieses Tor im Wege, als König Max I. Josef und Ludwig I. ihre Stadt im frühen 19. Jh. großzügig nach Westen und Norden erweiterten. Leo von Klenze, seit 1816 Hofbauintendant, der für München geschlossene Plätze und Straßenfronten konzipierte, griff auch bei der Umgestaltung des Geländes am Schwabinger Tor ein. Die geplante Ludwigstraße sollte auf die Mitte zwischen der Residenz und der Theatinerkirche ausgerichtet werden. Als ihr optisches Ziel wurde 1841–44 die **Feldherrnhalle** (12) errichtet. Die dreibogige, offene Halle nach Vorbild der Florentiner Loggia dei Lanzi ist das Werk Friedrich von Gärtners, der Klenze 1827 im Ausbau der Ludwigstraße ablöste. Mit ihren Bronzestandbildern gibt sie sich recht martialisch: in der Mitte sieht man ein Denkmal für die bayerische Armee (Ferdinand von Miller, 1882), links und rechts die Generäle Tilly und Wrede (Ludwig Michael von Schwanthaler, 1844).

Die Feldherrnhalle ist zwar Mittelpunkt, dennoch aber nur Beiwerk, denn hier dominiert eine der herrlichsten Kirchen der Stadt, die strahlend ockergelbe **Theatinerkirche St. Kajetan** (13). Als dem bayerischen Kurfürsten Ferdinand Maria und seiner Gemahlin Henriette Adelaide von Savoyen 1662 der lang erhoffte Thronfolger, Erbprinz Max Emanuel, geboren wurde, gelobten sie den Bau einer Kirche und eines Klosters. Dem Theatinerorden besonders zugetan, wünschte sich die Kurfürstin als Kirchenpatron den hl. Kajetan, einen der Mitbegründer des Ordens. Nach dem Vorbild der Theatinermutterkirche St. Andrea della Valle in Rom begann der Bologneser Agostino Barelli den Bau, eine Wandpfeilerkirche mit Querhaus und überkuppelter Vierung. 1669 setzte der Graubündner Enrico Zuccalli das Werk fort; er gab dem Bau seine prachtvolle, ganz und gar italienische Kuppel. Zu den römischen gesellten sich auch venezianische Einflüsse, denn die Turmhelme erhielten ihre merkwürdigen, phantasievollen Voluten nach dem Vorbild von Santa Maria della Salute. 1690 war der Bau fast vollendet, doch fehlte die Fassade. Erst

Der Odeonsplatz mit Blick auf die Theatinerkirche und die Feldherrnhalle

1765–68 wurde sie dem Hochbarockbau angefügt, jetzt im Zeitgeschmack des Rokoko, gestaltet von François de Cuvilliés. Auch diese Kirche – viermal von Bomben getroffen – wurde schwer beschädigt, der Chor zerstört, die Ausstattung weitgehend vernichtet. 1955 abgeschlossen war der Wiederaufbau.

Die elegante, rhythmisch gegliederte Fassade mit Figurenschmuck erhält ihre Bekrönung durch das reizvolle Giebelwappen in Stuck, das Allianzwappen Bayern-Sachsen nach einem Entwurf von Ignaz Günther. In dem stets dämmrigen Innenraum beeindruckt sofort der schwere italienische *Akanthusstuck* (1674, Giovanni Nicolo Perti und Abraham Leuthner), bereichert durch Stuckfiguren. Der Hochaltar, eine Rekonstruktion, ist nach Art der Theatiner in Altarwand und Mensa geteilt. Caspar de Crayer malte die thronende Maria mit Heiligen 1646 für die Brüsseler Augustinerkirche. Die weiteren Altarbilder stammen von bekannten deutschen und italienischen Barockmalern wie Joachim von Sandrart, Karl Loth und Antonio Triva. Prachtvoll wirkt die verschwenderisch mit Schnitzwerk geschmückte Kanzel, ein Werk von Andreas Faistenberger (1690).

Königstreue Bayern fühlen sich besonders von der *Fürstengruft* unter dem Chor angezogen, die vom rechten Querschiff aus zu erreichen ist. Bis heute nutzen die Wittelsbacher sie als Grablege, hier wurden auch der Stifter der Kirche, Ferdinand Maria, und seine savoyische Gemahlin bestattet. – Das ehemalige Kloster südlich der Kirche wurde größtenteils zerstört, die Bauten nach dem Krieg entweder rekonstruiert oder durch Neubauten ersetzt.

Der Platz um das Denkmal Ludwigs I. erhielt seinen Namen vom Odeon, einem Konzert- und Veranstaltungsgebäude, das Klenze 1826/28 errichtete. Kern des Baus war ein Säulensaal, der von den alten Münchnern wegen seiner hervorragenden Akustik sehr geliebte Odeonssaal. Zum Wiederaufbau des 1944 zerstörten Gebäudes konnte man sich nicht entschließen, und so erlebt der Besucher das Baufragment heute als Innenhof des Innenministeriums. Vor dem Bau des Odeons hatte Klenze 1816–21 das **Leuchtenberg-Palais** (14) für Eugène Beauharnais, den Herzog von Leuchtenberg und Schwiegersohn Max' I. Josef, errichtet. Der Wiederaufbau unter Beibehaltung der alten Fassade war 1966 abgeschlossen. Für den Neurenaissancebau nahm sich Klenze den römischen Palazzo Farnese zum Vorbild – heute residiert hier das Finanzministerium.

Das **Reiterdenkmal Ludwigs I.** (15), das den königlichen Kunstliebhaber umringt von den Allegorien der Religion, Kunst, Poesie und Industrie zeigt, entstand 1862 nach Entwurf Ludwig Schwanthalers. Von hier aus geht der Blick auf die Seitenfront des Palais Ludwig Ferdinand am **Wittelsbacherplatz**. Von vornehmen klassizistischen Bauten in zarten Pastelltönen gesäumt, in der Mitte ein prachtvolles Reiterdenkmal in edler Patina (Kurfürst Maximilian I., Bertel Thorwaldsen, 1830) – dieser kleine Platz ist ein Juwel. Die Klenze-Bauten entstanden 1820 und 1825, hier wohnte der Hochadel, doch auch der Architekt selbst hatte sich hier eine Stadtwohnung eingerichtet. Das **Palais Arco-Zinneberg** (16; Nr. 1) ist heute mit eleganten Geschäften besetzt. Das **Palais Ludwig Ferdinand** (17; Nr. 4), dessen Räume auch Klenze bewohnte, ist heute Verwaltungszentrale des Siemens-Konzerns.

Das *Hofgartentor* (1816/17) – Klenzes erstes Münchner Bauwerk – ist der monumentale Eingang zum **Hofgarten** (18), einem friedlich-grünen Ort am Rande des Großstadtgetriebes. Nach dem Vorbild italienischer Renaissancegärten wurde er 1613–17 unter Herzog Maximilian I. angelegt. Der *Hofgartentempel* im Mittelpunkt – ein zwölfeckiger Pavillon – wird von einer anmutigen Bronzefigur bekrönt. Erst war sie als Diana zur Brunnenfigur bestimmt (1594, Hubert Gerhard) wurde dann aber 1616 in den Hofgarten versetzt, von Hans Krumpper als behelmte Göttin zur Tellus Bavarica umgestaltet, das Sinnbild der Bayerischen Erde (Kopie). Im Westen und Norden begrenzen klassizistische *Arkadenbauten* (Klenze, 1826–31) den Hofgarten, im Süden bildet der Festsaalbau der Residenz die herrscherliche Dominante. Bis 1990 war der Blick nach Osten frei, nur der Kuppelbau des zerstörten Armeemuseums setzte einen kraftvollen Akzent. Auf diesem Gelände breitet seit 1993 die neue *Staatskanzlei* ihre gläsernen Flügel aus, ein heftig umstrittener Bau, an den die Münchner sich erst gewöhnen müssen.

Rokokopracht gleich am Anfang der Residenzstraße: das **Preysing-Palais** (19). Zwar standen von dem einst glanzvollen Bau am Ende des Krieges nur noch zwei Fassaden, doch bis 1960 gelang die Rekonstruktion. Das noble Palais hat Joseph Effner 1723–28 für den kurfürstlichen Oberstjägermeister Graf Maximilian von Preysing-Hohenaschau errichtet. Erstaunlich, daß selbst die Wiederherstellung der *Prunktreppe* gelang. Der feine Bandelwerkstuck, der die Wände schmückt, beweist die Tüchtigkeit der modernen Stuckhandwerker.

Die Residenz

Die alte Wittelsbacher Residenz (20), die sich dem Hofgarten festlich klassizistisch zuwendet, zeigt in der Mitte der Residenzstraße ihr edles Renaissancegesicht. Ihre Schauseite, auch sie klassizistisch, erleben wir am Max-Joseph-Platz.

Ihre erste Residenz, den Alten Hof, gaben die Wittelsbacher Herzöge Ende des 14. Jh. auf und bezogen die Neuveste an der Nordostecke der Stadtmauer. Die prächtige Anlage entwickelte sich seit Mitte des 16. Jh. durch Erweiterungsbauten zu dem umfangreichen Komplex der uns vertrauten Residenz. Schließlich mußte die Neuveste selbst, eine Wasserburg, weichen, die letzten Reste wurden im 19. Jh. beseitigt. Die Residenz der Wittelsbacher (bis 1918) wurde 1920 als Museum der Allgemeinheit zugänglich gemacht. Nach der fast völligen Zerstörung im Krieg bedurfte es jahrzehntelanger Aufbauarbeit, um den Bau und seine Ausstattung wiederherzustellen. Die wichtigsten Bauperioden umfassen das frühe 17. Jh., als unter

Residenz, Figur der Patrona Boiariae an der Fassade

Die bayerische Landeshauptstadt München

Residenz, Zuschauerraum des Alten Residenztheaters (Cuvilliéstheater)

Maximilian I. die Vierflügelanlage um den Kaiserhof entstand, und die erste Hälfte des 19. Jh., als König Ludwig I. den Königsbau und den Festsaalbau errichten ließ.

Die Renaissancefassade der **Maximilianischen Residenz** an der Residenzstraße besitzt zwei prächtige *Portale*. Aufs schönste verbindet sich die warme Farbe des Rotmarmors mit der tiefen Patina der Bronzefiguren. Wichtig für die abergläubischen Münchner vor allem die vier *Wappenlöwen:* als glückbringend eingeschätzt, sind sie stellenweise vom Anfassen schon blank poliert. Ihr Meister war Hubert Gerhard (um 1595), gefertigt wurden sie für ein Wittelsbachergrab. Auf den Sprenggiebeln der beiden Portale sehen wir allegorische Liegefiguren der vier Kardinaltugenden (Hans Krumpper, um 1615). In einer Nische in der Mitte der Fassade steht die herrliche *Patrona Boiariae,* die Muttergottes in Gestalt des gekrönten apokalyptischen Weibes (Hans Krumpper, 1616). Von hier aus erreicht man die weiträumigen Höfe; reizvoll vor allem der **Brunnenhof** mit dem figurenreichen *Wittelsbacher Brunnen* (um 1600, Hubert Gerhard).

Den Zugang zum **Residenzmuseum** verschafft der Königsbau am Max-Joseph-Platz, den Klenze 1826–35 nach Vorbild florentinischer Renaissancepaläste (Pitti, Ruccelai) errichtete. Die Rundgänge verlaufen vormittags zum Teil anders als nachmittags; die Nummern der folgenden Kurzbeschreibung entsprechen dem offiziellen Plan.

Die wichtigsten Räume im *Vormittagsrundgang:*
4 Ahnengalerie mit 121 Darstellungen regierender Wittelsbacher, Stuck von J. B. Zimmermann (1730), geschnitzte Wandvertäfelungen von W. Miroffsky   6 Grottenhof, Geheimes Lust- und Residenzgärtlein für Herzog Wilhelm V. (1581–86, F. Sustris; Perseusbrunnen H. Gerhard, um 1590)   7 Antiquarium, größter profaner Renaissanceraum des 16. Jh. nördlich der Alpen, gebaut 1568–71 für die Antikensammlung Herzog Albrechts V. (J. Strada, S. Zwitzel); in Stichkappen und Fensterlaibungen 102 Ansichten bayerischer Städte und Schlösser (1586–90, H. Donauer d. Ä.); nach Einsturz der mittleren Gewölbejoche im Krieg bis 1958 wiederhergestellt   13 Schwarzer Saal (Obergeschoß); Deckenbild in illusionistischer Architekturmalerei (1602)   14 Gelbe Treppe, Zugang zu den Gemächern König Ludwig I. im Königsbau; ›Venus Italica‹ von A. Canova, 1812   14 d–g Porzellankammern (Manufakturen des 19. Jh.) 15–21 Sammlung ostasiatischen Porzellans 22–31 Kurfürstenzimmer für Max III. Joseph, Ausstattung 1760–63 unter Leitung von F. Cuvilliés 32 Allerheiligengang mit italienischen Landschaften von C. Rottmann 33–37 ehemalige Hofgartenzimmer im Charlottentrakt, benannt nach Prinzessin Charlotte Auguste, der Tochter des Königs Max I. 39–41 Wohnräume der Prinzessin Charlotte   46–53 Trierzimmer im Kaiserhoftrakt für Herzog Maximilian I. (H. Krumpper, bis 1616)   55–62 Reiche Zimmer (1730–33), glanzvolles Rokoko-Raumkunstwerk von F. Cuvilliés für Kurfürst Karl Albrecht mit Grüner Galerie, Paradeschlafzimmer und Spiegelkabinett. Weitgehende Zerstörung im Zweiten Weltkrieg, doch Wandvertäfelung und Mobiliar durch Auslagerung gerettet   66–71 Päpstliche Zimmer mit dem Herzkabinett für die Kurfürstin Henriette Adelaide (1669)   75–79 Nibelungensäle im Erdgeschoß des Königsbaus mit Wand- und Deckengemälden, die meisten von J. Schnorr von Carolsfeld zum Nibelungenlied (ab 1827).

Nachmittagsrundgang: (Räume 1–5, 55–71 und 75–81 siehe Vormittagsrundgang):
82–88 Porzellankammern (europäisches Porzellan des 18. Jh.)   89 Hofkapelle, 1601–03, Chor 1630 (H. Krumpper). Deckenstukkaturen mit Symbolen der Lauretanischen Litanei (1614)   91–93 Paramentenkammern   95 Reliquienkammer (Obergeschoß)   98 Reiche Kapelle, Privatoratorium Maximilians I (H. Krumpper, bis 1615). Nach schweren Schäden im Jahr 1944 nach dem Krieg aus Trümmern zusammengesetzt. Kostbar ausgestatteter Raum, in der Dekkenzone vergoldeter Stuckdekor auf lapislazulifarbenem Grund, Stuckmarmorwände mit Scagliola-Tafeln, Fußboden in mehrfarbigen Marmor- und Steinarten   100–103 Silberkammern (Tafelsilber des Hauses Wittelsbach, 18. und 19. Jh.)   104–109 Steinzimmer im Westtrakt des Kaiserhofes. Prächtige Ausstattung in Marmor, Stuckmarmor und Scagliola. Deckengemälde P. Candids nach Residenzbrand 1674 erneuert   110–112 Vierschimmelsaal, Kaisersaal, Kaisertreppe. Spätrenaissanceräume von H. Schön und H. Krumpper

(1612–16) mit Deckenbildern und Wandteppichen von P. Candid 115–127 Appartements König Ludwigs I. im Königsbau nach Entwürfen von Klenze.

Im östlichen Erdgeschoßflügel des Königsbaues (Eingang Max-Joseph-Platz 3) ist eine der kostbarsten dynastischen Kleinodiensammlungen zu sehen, die **Schatzkammer** der Wittelsbacher. Herzog Albrecht V. hat die Grundlage geschaffen, als er 1565 die ›Hauskleinodien‹ aus der herzoglichen Kunstkammer aussonderte und für unveräußerlich erklärte. Unter Kurfürst Karl Theodor kamen Ende des 18. Jh. die ›Pfälzer Schätze‹ aus Heidelberg, Düsseldorf und Mannheim hinzu und ab 1803 die sakralen Kleinodien der säkularisierten Klöster. Die Insignien des Königreichs Bayern, das 1806 neu geschaffen wurde, gehören ebenfalls zu den Kostbarkeiten der Schatzkammer, die in zehn Räumen etwa 1200 Exponate versammelt.

In den Apothekenstock der Residenz wurde 1956–58 das **Alte Residenztheater** (Cuvilliéstheater) eingebaut, das Neue Residenztheater war bereits ab 1946 über den Umfassungsmauern des alten Theaters am Max-Joseph-Platz errichtet worden. 1944 wurden Bühne und Zuschauerraum zerstört, doch glücklicherweise blieb die ausgelagerte Innenausstattung intakt, so daß das glanzvolle kleine Rokokotheater heute wieder genutzt werden kann. Kurfürst Max III. Josef beauftragte François de Cuvilliés, das ›Neue Opera Haus‹ zu errichten, nachdem das alte Hoftheater in der Neuveste 1750 durch Brand zerstört worden war. Die Elite der bayerischen Hofkünstler, darunter Johann Baptist Zimmermann (Stuck und Fresko) und Johann Baptist Straub (Figuren) wirkte zusammen, um diesen prunkvollen Festraum zu schaffen. Am 29. Januar 1781 fand hier die Uraufführung von Mozarts Oper ›Idomeneo‹ statt.

Einen weiteren für das Münchner Kunstleben wichtigen Raum, den **Neuen Herkulessaal,** finden wir im Festsaalbau (Eingang Hofgartenstraße). Der ehemalige Thronsaal wurde bis 1958 zum Konzertsaal ausgebaut, Antwerpener Wandteppiche mit Herkulesdarstellungen (1991 entfernt) gaben dem Saal den Namen.

In unmittelbarer Nachbarschaft (Eingang Hofgartenstraße) ist die **Staatliche Sammlung Ägyptischer Kunst** zu finden. Seit 1960 sind hier alle ägyptischen Objekte aus bayerischem Staatsbesitz vereinigt, darunter Spitzenstücke wie der Torso Amenemhets III. aus dem Mittleren Reich und der Goldschmuck der Königin Amani-Schaheto (um 20 v. Chr.). Im weitläufigen Komplex der Residenz hat auch die **Staatliche Münzsammlung** ihren Platz gefunden (Eingang Residenzstr. 1), die regelmäßig Wechsel- und Sonderausstellungen veranstaltet.

Wahrhaft königlich zeigt sich München am **Max-Joseph-Platz.** Anfang des 19. Jh., als München Königliche Haupt- und Residenzstadt geworden war, entstand der Plan der Anlage. Die Front des Königsbaues der Residenz (ab 1826) im Norden, im Osten die monumentale Säulenfassade des **Nationaltheaters** (1811–18, Karl von Fischer, nach Zerstörung 1958–63 wieder aufgebaut) und am Haupt der Maximilianstraße die noble Loggia der **Hauptpost** (21) von Klenze (1835) – großartige, klassizistische Architekturen als Rahmen des Platzes, in dessen Mitte dem ersten König Bayerns, Max I. Joseph, ein würdiges **Denkmal** gesetzt wurde (Figurenkomposition von einem der bedeutendsten Bildhauer des deutschen Klassizismus, Christian Rauch). Die Residenzstraße im Westen des Platzes ist mit reizvollen alten Bürgerhäusern besetzt – heute eine stets belebte Geschäftsstraße, ebenso wie die sich im Westen anschließende Perusastraße.

Über die Maffeistraße erreichen wir den **Promenadeplatz**. Der einstige Salzmarkt und spätere Paradeplatz, 1780 mit Linden bepflanzt, war schon früh mit eleganten Adelspalais und Bürgerhäusern besetzt. Heute herrscht hier neben prächtigen Bankpalästen das Hotel Bayerischer Hof, dem auch das noble **Montgelas-Palais** (22; 1811–13) integriert ist. Das **Gunetzrhainerhaus** (23) auf der Südseite des Platzes wurde um 1730 vom Hofbaumeister Johann Baptist Gunetzrhainer errichtet und erhielt damals seinen feinen Régence-Stuckdekor (Fassade nach Kriegszerstörung 1960 rekonstruiert).

Wählen wir den Weg in Richtung Lenbachplatz, so begegnen wir in der Pacellistraße der **Dreifaltigkeitskirche** (24), die ihre prachtvolle Barockfassade weit über die Häuserfronten hinausschiebt. Die Kirche ist ein Votivbau. Im Spanischen Erbfolgekrieg, als auch München die Verwüstung drohte, hatte die Tochter eines herzoglichen Kammerdieners, Anna Maria Lindmayr, eine Vision: wenn die drei Stände – Geistlichkeit, Adel und Bürger – eine Kirche zu Ehren der Allerheiligsten Dreifaltigkeit errichteten, würde die Stadt vom Krieg verschont bleiben. Aus ihrem eigenen Besitz stiftete die fromme Bürgerin ein Grundstück für die Kirche und ein kleines Kloster der Unbeschuhten Karmelitinnen. Im Oktober 1711 wurde der Grundstein gelegt, im Mai 1718 konnte die Kirche geweiht werden. Antonio Viscardi, der Hofoberbaumeister, fertigte den vom römischen Hochbarock beeinflußten Entwurf für eine der reizvollsten und intimsten Münchner Kirchen. Die plastisch durchgebildete, reich gegliederte Fassade tritt konvex hervor, was es in Bayern zuvor noch nie gegeben hatte. In ihrer Verbindung von Längs- und Zentralbau wurde die Kreuzkuppelkirche vorbildlich für die süddeutsche Rokoko-Architektur. Der fein und dennoch kraftvoll rhythmisierte Innenraum ist vornehm ausgestattet. Cosmas Damian Asam, damals noch am Beginn seiner Laufbahn, malte 1714/16 die Deckenbilder in der hohen, belichteten Kuppel: sie stellen die Dreifaltigkeit in der Glorie dar.

Wenden wir uns vom Promenadeplatz nach Norden, so sehen wir in der Kardinal-Faulhaber-Straße nicht weniger eindrucksvolle Bauten. Wir sind hier mitten im alten Münchner Adelsquartier, zu dem auch noch die Prannerstraße gehörte. Die Bayerische Vereinsbank hat sich zu einem ihrer Sitze das **Palais Portia** (25; Hausnummer 12) erkoren – wahrlich keine schlechte Wahl, denn der vornehme Bau nach Vorbild italienischer Paläste ist das Werk zweier bedeutender Architekten des Münchner Hofes (Enrico Zuccalli 1694; Umgestaltung im Stil des Rokoko François Cuvilliés, ab 1731). Pompöser Historismus folgt: der Bau der **Bayerischen Hypotheken- und Wechselbank** (26; Hausnummer 10), ein Bankpalast der Gründerzeit (Emil Schmidt, 1895–98).

Das benachbarte **Erzbischöfliche Palais** (27; Hausnummer 7) wirkt dann wieder bedeutend nobler. Kurfürst Karl-Albrecht, der das Palais Portia einer seiner Geliebten schenkte, ging wenig später daran, für den Grafen Holnstein, seinen illegitimen Sohn aus einer weiteren Verbindung, ein herrschaftliches Rokoko-Palais zu errichten. Die bezaubernde, fein gegliederte Fassade trägt die Handschrift des Rokokogenies Cuvilliés, dem als Stukkator Johann Baptist Zimmermann zur Seite stand. Wunderschön: das Portal im Mittelrisalit mit reichem figürlichem Stuckdekor, darüber ein fein geschwungener Balkon. Das Wappen der Grafen Holnstein im Giebel zeigt den Bastardbalken. Die Innenräume, von Johann Baptist Zimmermann ausgestattet, stehen dem Erzbischof von München und Freising zur Verfügung und sind daher nicht zugänglich.

In der Prannerstraße drei weitere Adelsbauten: Nr. 2, das **Palais Neuhaus-Preysing** (28; um 1735–40, Nachfolge Cuvilliés, jetzt Bayerische Vereinsbank); Nr. 7, **Palais Seinsheim** (29; 1764). Hier zeigt sich, wie die Freude am lebhaften Rokokodekor allmählich nachläßt, es kündigt sich der strenge Klassizismus an. Nr. 9, das **Palais Gise** (30; um 1765 entstand nach Plänen von Karl Albrecht von Lespilliez. Die edlen, klaren Formen der **Salvatorkirche** (31) geben dem Bereich um den Salvatorplatz einen schönen gotischen Akzent. Der Backsteinbau war einst Friedhofskirche der Frauenkirche (1493–94). Nach Auflassen der Stadtfriedhöfe wurde sie 1788 säkularisiert und verlor ihre wertvolle Ausstattung. Seit 1829 ist hier die griechisch-orthodoxe Gemeinde zu Hause.

Zwischen Neuhauserstraße, Karlsplatz und Lenbachplatz
(Plan: S. 118f.)

Kaufingerstraße und Neuhauserstraße – der Weg vom Marienplatz zum Karlsplatz – sind Geschäftsstraßen in Reinkultur. In den ausgewiesenen Fußgängerzonen herrscht zwar kein Lärm, doch immer sehr viel Bewegung. Einige alte Bauten verleihen dieser wenig glanzvollen Einkaufsmeile Adel. Der edle Backsteinbau der ehemaligen **Augustinerkirche** (32) macht den Anfang. Zwar wurde die gotische Kirche der Augustinereremiten (Weihe 1294) 1803 profaniert und mehrfach umgebaut, doch konnte wenigstens der außerordentliche Deckenstuck aus der Zeit der Barockisierung (1620, Veit Schmidt) teilweise erhalten werden. Hier residiert heute das **Deutsche Jagd-**

Zwischen Neuhauserstraße, Karlsplatz und Lenbachplatz

Kirche St. Michael, Innenraum

und Fischereimuseum, in dem u. a. kostbare Jagdwaffen aus der Renaissance und dem Barock zu sehen sind.

Fast wie ein altes Rathaus zeigt sich die Jesuitenkirche **St. Michael** (33) von außen – etwas bürgerlich und keineswegs sakral, denn ein Turm ist nicht vorhanden. Dennoch – wir stehen vor einem Bauwerk, das wie kein anderes in der Geschichte der süddeutschen Architektur Maßstäbe setzte. Herzog Wilhelm V., der als der Fromme in die bayerische Geschichte einging, kämpfte für die Ziele der Gegenreformation und förderte daher auch den Jesuitenorden. 1540 hatte Ignatius von Loyola die Societas Jesu gegründet, und bereits 1559 wurde der neue Orden nach München berufen. Für Kirche und Kolleg, die es nun zu errichten galt, wurden 1583 und 1585 die Grundsteine gelegt. Unter der Leitung des herzoglichen Kunstintendanten Friedrich Sustris – ein Niederländer, in Italien geschult – arbeiteten mehrere Kräfte zusammen, ausführender Werkmeister war der Münchner Maurermeister Wolfgang Miller. 1587 war das gewaltige Tonnengewölbe mit einer Spannweite von 20 m eingezogen, doch als 1590 der Turm einstürzte, begann man mit der Neuordnung

Die bayerische Landeshauptstadt München

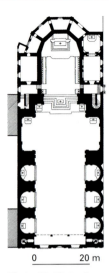

Kirche St. Michael, Grundriß

St. Michael, Bronzefigur des hl. Michael an der Fassade

des Bauprogramms. Der Erzengel Michael – als Bekämpfer aller gottfeindlichen Mächte nun auch in die Rolle eines Streiters gegen die Protestanten gezwungen – fordere eine größere Kirche, so meinte der Herzog, der Einsturz des Turmes wurde als Mahnung aufgefaßt. Sustris entwarf einen neuen Plan zur Verlängerung der Kirche: ein Querhaus wurde eingefügt, der Chor gewann an Tiefe. Am 6. Juli 1597 konnte der Bau geweiht werden. Nach der Aufhebung der Gesellschaft Jesu im Jahr 1773 wurde St. Michael zunächst zur Hofkirche bestimmt, 1782 wurde sie Kirche des Malteserordens, doch seit 1921 sind wieder Jesuiten mit der Seelsorge betraut. Grauenhaft war der Anblick der Michaelskirche nach einem Bombenangriff am 22. November 1944, denn das gesamte Gewölbe im Chor und Langhaus stürzte ein. Es dauerte bis zum Jahr 1983, als mit der Rekonstruktion des Stuckdekors, der Orgelempore und der Innenfassade die Wiederaufbauarbeiten abgeschlossen werden konnten.

Die dreigeschossige *Fassade* ist mit Statuen besetzt – die Ahnen des Herzogs Wilhelm V. aus dem Haus Wittelsbach, bekrönt von der Figur Christi als Salvator. Zwischen den beiden großen Rotmarmorportalen: die großartige *Bronzefigur des hl. Michael als Sieger über den Drachen*, ein Werk von Hubert Gerhard (1588). Der *Innenraum* beeindruckt durch das mächtige Tonnengewölbe, doch wirken die gewaltigen Dimensionen dieser Kirche von 78 m Länge und 31 m Breite, bei einer Höhe von fast 30 m, nahezu erdrückend. Der Wandpfeilerbau mit Emporen entstand nach Vorbild antiker römischer Basiliken und der Jesuitenkirche Il Gesù in Rom – ein Triumphalbau der Gegenreformation. Wenn auch noch in Formen der Renaissance – die Michaelskirche wurde in und nach dem Dreißigjährigen Krieg Vorbild für die süddeutsche Architektur des Frühbarock; mehr als hundert Bauten sind unter diesem Einfluß entstanden.

Die *Ausstattung* steht dem Raumgefüge an monumentaler Kraft nicht nach. Standbilder in Nischen reihen sich – wie an der Fassade – auch an den Langhauspfeilern und im Chor. Hier umgeben Figuren aus der Werkstatt Hubert Gerhards – Apostel und Propheten – den dreigeschossigen *Hochaltar* des Augsburgers Wendel Dietrich (1586–89). Im Zentrum ein gewaltiges Altarbild: *Sturz der Engel*, das Hauptwerk des Münchner Manieristen Christoph Schwarz (1587/88).

Unter dem Chor liegt die *Fürstengruft*, in der 41 Mitglieder des Hauses Wittelsbach bestattet sind, darunter auch der Stifter der Kirche, Herzog Wilhelm V., Kurfürst Maximilian I. und König Ludwig II. Künstlerisch herausragend sind in dieser Kirche vor allem einige Werke der Bronzebildnerei, wie das *Bronzekreuz* von Giovanni da Bologna mit der hl. Magdalena von Hans Reichle (1594/95, südliches Querschiff) und der *Weihbrunnenengel* von Hubert Gerhard, entworfen für ein projektiertes Mausoleum für Herzog Wilhelm V. (1593–96, vor der Empore). In der dritten östlichen Kapelle befindet sich ein Werk der Spätgotik, der *Schrein der Ärzte Cosmas und Damian*, 1400 in Bremen gefertigt. Ein Werk des Klassizismus im nördlichen Querschiff überrascht nicht zuletzt wegen seiner Inschrift. Das *Grabdenkmal*

Zwischen Neuhauserstraße, Karlsplatz und Lenbachplatz

von Bertel Thorwaldsen ist Eugen Beauharnais, Herzog von Leuchtenberg gewidmet, dem Stiefsohn Napoleons, der mit einer Tochter König Maximilians I. von Bayern verheiratet war (1830).

Der Kirche schließt sich im Westen das ehemalige Jesuitenkolleg an, die spätere **Alte Akademie** (34; 1585–97, Entwurf Friedrich Sustris). Eine der vornehmsten Barockfassaden Münchens besitzt der **Bürgersaal** (35), entworfen von Giovanni Antonio Viscardi, der mit der Dreifaltigkeitskirche in der Pacellistraße für einen weiteren Glanzpunkt sorgte. Der Bürgersaal entstand 1709/10 für die Sodalen, Münchner Bürger, die sich in der Marianischen Männerkongregation zusammengeschlossen hatten. Der Zweigeschossigkeit der Fassade entspricht der Bau auch innen, denn er besteht aus zwei Kirchen. Die *Unterkirche* dient heute der Verehrung des 1987 seliggesprochenen Jesuitenpaters Rupert Mayer (1867–1945), der sich dem Nationalsozialismus heldenhaft widersetzte. Die Oberkirche, der eigentliche *Bürgersaal,* ein Kongregations-Betsaal traditioneller Art, wurde 1773/74 neu ausgestattet. Im Jahr 1944 bis auf die Außenmauern zerstört, konnte der Bau erst bis 1970/71 restauriert werden. Verloren ging leider das Deckenfresko von Martin Knoller – heute sehen wir einen modernen Ersatz (Hermann Kaspar, 1973) in allzu kräftigen Farben. Der Stuck der Bauphase von 1710 wurde 1959 rekonstruiert. Erhalten blieben die 17 Ansichten bayerischer Wallfahrtsorte, Ölbilder von Joachim Beich (1725/30), und auch das Relief der Verkündigung im Hochaltar existiert noch, ein Werk des Tirolers Andreas Faistenberger. Nicht zum ursprünglichen Bestand gehört die berühmte *Schutzengelgruppe* von Ignaz Günther, die 1763 als Prozessionsfigur für die Schutzengelbruderschaft der Karmelitenkirche entstand und erst 1802 in den Bürgersaal kam. Bei der Restaurierung (1995) fand sich im Innern der Gruppe ein Zettel mit einer Inschrift des Meisters, die seine Urheberschaft bezeugt.

Bürgersaal, die Schutzengelgruppe von Ignaz Günther

Das **Karlstor** (36) leitet über zum großstädtisch-betriebsamen **Karlsplatz,** den der Münchner jedoch meist als *Stachus* bezeichnet. Wo sich heute das Gebäude des Kaufhofs ausbreitet, stand im 18. Jh. die ›Wirtschaft zum Stachus‹ des Eustachius Föderl. Kurfürst Karl Theodor, der 1791 die Stadtbefestigung schleifen ließ und den großzügigen Platz anlegte, war also nur offizieller Namensgeber. Das Karlstor geht in Teilen noch auf die mittelalterliche Befestigung des 14. Jh. zurück, wurde mehrfach umgebaut und schließlich von Gabriel von Seidl in die effektvollen Rondellbauten einbezogen (1899–1902).

Wenden wir uns stadteinwärts, so erreichen wir am **Künstlerhaus** (37) den Lenbachplatz. Der ehemalige Vereinsbau der Münchner Künstlergenossenschaft, 1892–1900 nach Entwurf Gabriel von Seidls gebaut, sah in seinen Neurenaissance-Sälen einst bunte Künstlerfeste – heute herrscht hier die Gastronomie. Im übrigen dominiert am **Lenbachplatz** das Neubarock in seiner glanzvollsten Ausprägung (Deutsche Bank und Bayerische Börse, Nr. 2, Bernheimer Haus, Nr. 3). Vor allem aber sehen wir hier einen der herrlichsten Münchner Brunnen, den **Wittelsbacher Brunnen** (38), den

135

Die bayerische Landeshauptstadt München

»Der Viktualienmarkt vor der Peterskirche«. Domenico Quaglio, 1824 (Münchner Stadtmuseum)

Adolf von Hildebrand 1893–95 schuf. Ein steinschleudernder Jüngling auf einem Wasserroß und eine Nymphe mit Schale sollen Kraft und Segen des Wassers symbolisieren.

Der Brunnen leitet über zum begrünten Areal der Anlagen am **Maximiliansplatz**. Noch zum Bereich des Lenbachplatzes gehört die **Herzog-Max-Burg** (39). Von der einstigen Veste Wilhelms V., um 1590 errichtet, ist allerdings kaum etwas geblieben. Die Maxburg – so genannt nach Herzog Maximilian Philipp, der hier im 17. Jh. residierte – wurde 1944 weitgehend zerstört; nur der Turm an der Nordseite des modern bebauten Geländes (1954–57) zeugt noch von alter bayerischer Herzogsmacht.

Zwischen Viktualienmarkt und Sendlinger-Tor-Platz
(Plan: S. 118f.)

Im Schatten der vornehmen Heiliggeistkirche geht es mitunter recht bunt und lebhaft zu. Am Faschingsdienstag strömt halb München herbei, um am **Viktualienmarkt** (40) den Tanz der Marktfrauen zu erleben. Dieser Markt ist Münchens ländliches Herz – und auch wenn man die Stadt wegen ihrer Kunst durchstreift, sollte man ihn nicht auslassen. Aus dem ›Kräutlmarkt‹ auf dem Gelände des aufgehobenen Heiliggeistspitals erwuchs diese Münchner Institution, und es ist kein Zufall, daß wir gerade hier die *Gedenkbrunnen für Mün-*

Zwischen Viktualienmarkt und Sendlinger-Tor-Platz

chens beliebteste Volksschauspieler finden, für Karl Valentin, Liesl Karlstadt, Weiß Ferdl und andere. Hermann Proebst, dessen journalistische Kultur heute wohl mancher Münchner Zeitungsleser vermißt, fand schöne Worte für den Markt: »Nein, an die Römer dachten wir keinesfalls und auch nicht an Heinrich den Löwen, wenn wir vom Petersbergl aus schwärmten nach dem Viktualienmarkt. Bei unserem Vordringen durch die Budengassen der Geflügelhändler und Gewürzkrämer zu den Metzgern, Butterfrauen und Froschschenkelzubern hatten wir vollauf zu tun, um einen unerschöpflichen Reichtum an Brotsorten wahrzunehmen, seltene Blumen zu bestaunen und den Feilschenden auf die Finger zu schauen. Uns schien der überquellenden Fülle des Marktes die geräumige Weitläufigkeit des Viertels dahinter gut zu entsprechen, wo die Bauern wie auf einem Dorfanger ihre Gäule ausspannten. Zum erstenmal ging uns das ländliche Wesen dieser Stadt auf mit ihren behäbigen Gasthöfen, aus deren breiten, steingefaßten Toren stets ein Duft von Schweinsbraten und Gurkensalat oder Sauerem Lüngerl hervordrang.«

Die geräumige Weitläufigkeit des Viertels dahinter – damit ist auch das Gelände um den **Sankt-Jakobs-Platz** gemeint. Hier, im Angerviertel, wurden einst die großen Märkte zu den Heiligenfesten abgehalten, die ›Dulten‹. Wenn auch im Zweiten Weltkrieg schwer getroffen, konnten einige der historischen Bauten nördlich der **Kirche St. Jakob** (41; im Krieg 1944 schwer beschädigt, 1956 neu errichtet) gerettet, bzw. rekonstruiert werden. Sie wurden größtenteils in den Komplex des **Münchner Stadtmuseums** (42) integriert, darunter das Zeughaus, das Lukas Rottaler 1491–93 baute. Die Sammlungen ge-

Münchner Stadtmuseum, Moriskentänzer von Erasmus Grasser

Die bayerische Landeshauptstadt München

hören zu den interessantesten und unterhaltendsten der Stadt: hier erleben wir Münchner Möbelkultur vom Barock bis zur Neuen Sachlichkeit, wir finden ein *Puppentheatermuseum*, ein *Fotomuseum*, ein *Filmmuseum* und ein *Musikinstrumentenmuseum*. Für den Kunstfreund aber besonders interessant: die berühmten *Moriskentänzer*, die Erasmus Grasser 1480 für den Saal des Alten Rathauses schnitzte – 16 Figuren in lebhafter Gestik.

Ebenfalls am Sankt-Jakobs-Platz: das **Ignaz-Günther-Haus** (43), das Bayerns bedeutendster Rokokobildhauer von 1761–75 bewohnte. Das Doppelhaus mit mittelalterlichem Kern diente dem Künstler als Wohnhaus und als Werkstatt. Originale Günthers finden wir hier leider nicht, nur eine Kopie seiner Hausmadonna von der Fassade am Oberanger (Original im Bayerischen Nationalmuseum).

Die Corneliusstraße führt direkt zum Gärtnerplatz in der Isarvorstadt. Ab 1861 entstand dieser kreisrunde Platz, an dem sich drei Straßenzüge kreuzen. Der spätklassizistische Bau des **Theater am Gärtnerplatz** (44; erbaut 1864/65 nach Plänen von Franz Michael Reiffenstuel) zeigt sich so nobel, daß man ihm seine Bestimmung als Volkstheater nicht ansieht. Ursprünglich errichtet als Münchner Aktien-Volkstheater, dann von König Ludwig II. 1870 zum Königlichen Volkstheater befördert, wurde das Gärtnerplatztheater nach 1926 Münchens beliebtestes Operettentheater und führt heute noch Singspiele, Musicals und natürlich auch Operetten auf. Als kleinere Kopie des Nationaltheaters weist es prunkvollen Farben- und Formenschmuck auf, eine gewaltige zeltähnliche Decke, vier Ränge und eine Königs- und Fürstenloge im Proszenium.

Parallel zum Oberanger verläuft die Sendlinger Straße, eine nicht allzu breite, stets belebte Geschäftsstraße. Ihr Eingang: der Rindermarkt mit den prachtvoll dekorierten **Ruffinihäusern** (45; erbaut 1903–05 durch Gabriel von Seidl), ihr Ausgang: das Sendlinger Tor. Inmitten des bunten Häusergedränges fällt das barocke Dreigestirn des Asamhauses, der **Asamkirche** (46) und des Priesterhauses schon allein durch seine schwungvollen Formen auf.

Der Stukkator Egid Quirin Asam erwarb 1729 und 1730 zwei Häuser an der Sendlinger Gasse, die er als Wohnhaus umbauen wollte. 1733 kaufte er noch Grund dazu, um auf eigene Kosten eine Kirche für den 1729 heiliggesprochenen Märtyrer Johannes Nepomuk zu errichten. Im gleichen Jahr erwarb Egid Quirins Bruder Cosmas Damian das nördlich anstoßende Grundstück zur Errichtung eines Priesterhauses. In der Kirche, dem Volk zugänglich, sollte Asams privates Oratorium seinen Platz haben, auch eine eigene Grablege war vorgesehen.

Die Asamkirche ist wie Weltenburg ein Gemeinschaftswerk der Brüder Asam, auch das ikonographische Programm geht auf sie zurück. Zu Weihnachten 1734 konnte die noch unvollendete Kirche geweiht werden, doch erst 1746 war die *Fassade* fertig, die sich wie ein gewaltiger Altar in drei Geschossen aufbaut. Auf dem Portaldach, von Engeln flankiert: der betende Johannes Nepomuk. Das

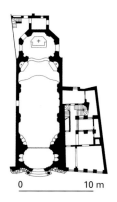

Asamkirche, Grundriß

Zwischen Viktualienmarkt und Sendlinger-Tor-Platz

Die Asamkirche und das angebaute Asamhaus; oben: Stuckdekor an der Fassade des Asamhauses

große Fassadenfenster ist für den schmalen, hohen *Innenraum* die Hauptlichtquelle. Die wellenförmig geschwungenen Wände, von üppigem Dekor dicht bedeckt, lassen das Auge zunächst nur die umlaufende Empore als einziges gliederndes Element wahrnehmen. »Das für den Spätbarock in Bayern so typische Zusammenwachsen von Architektur, Skulptur, Malerei und Ornamentik macht die Frage nach der Funktion der Einzelform illusorisch – es ist eine Gesamtvision, eine alles übergreifende Bewegung, die dem Detail künstlerisches Leben einhaucht. Neben der sonoren Farbigkeit spielt die Führung des Lichtes eine überragende Rolle. In dem schluchtartigen Raum sammelt sich unten das Dunkel, um sich über die hellere Wandbehandlung über die Galerie aufzulichten bis dann hinter der Dreifaltigkeitsgruppe und in der Deckenbeleuchtung das Licht siegreich durchbricht.« (B. Rupprecht)

Es ist ratsam, die Asamkirche in den frühen Morgenstunden zu besuchen, denn das dämmrige Licht dieses Raumes erlaubt es fast nie, die Einzelheiten genauer zu betrachten. Die Hauptwerke der Kirche: die *Dreifaltigkeitsgruppe* als Abschluß des Hochaltars (Egid Quirin Asam); das *Deckengemälde* (Cosmas Damian Asam, Leben und Sterben des Kirchenpatrons); die *Stuckreliefs* in der Hohlkehle (Egid Quirin Asam); die *Beichtstühle* mit der Darstellung der Vier Letzten Dinge (ikonologisch wichtig, denn Johannes Nepomuk war Schutzheiliger des Beichtgeheimnisses); das *Epitaph des Grafen Zech* in der Vorhalle (1758, Ignaz Günther).

Links neben der Kirche bildet das **Asamhaus** den heiteren Kontrast zu der von schweren römischen Barockformen inspirierten Kirchenfassade. Der reiche figürliche *Stuckdekor* ist frei über die Fläche verteilt, das Programm ist humanistisch-allegorisch, Athena erscheint als Patronin der Wissenschaften, Apoll als Patron der Schönen Künste. Das **Priesterhaus** rechts von der Asamkirche ist kein Asam-Bauwerk. 1771 mußte das Gebäude wegen Baufälligkeit abgebrochen werden, es entstand ein Neubau nach Art von François Cuvilliés d. J. (1771–73).

Das **Sendlinger Tor** (47), das zum Sendlinger-Tor-Platz überleitet, geht auf die zweite Stadtbefestigung unter Ludwig dem Bayern zurück (um 1310). Hier nahm die Fernstraße nach Süden ihren Anfang. Zwar wurde der Mittelturm schon 1810 abgetragen, doch die beiden sechseckigen Flankentürme und die Seitenmauern des Wehrhofs blieben erhalten und wurden restauriert.

Von der Ludwigstraße zum Königsplatz und den Pinakotheken
(Plan: S. 142f.)

Die **Ludwigstraße,** deren Architektur in ihrer Klarheit und monumentalen Würde jeden Besucher Münchens begeistert, ist das Werk von Leo von Klenze und Ludwig von Gärtner. Zusammen mit dem Odeonsplatz plante Kronprinz Ludwig die Prachtstraße nach Norden, die über das Dorf Schwabing eine Verbindung zum Schloß Schleißheim schaffen sollte. Nach dem Vorbild italienischer Renaissancebauten und im Stil des bereits ab 1816 am Odeonsplatz errichteten Leuchtenberg-Palais entstanden in eindrucksvoller Einheitlichkeit die Gebäude, die die Ludwigstraße säumen: Nr. 1, errichtet für Staatsrat von Kobell, wurde 1818 vollendet.

Der langgestreckte Bau der **Bayerischen Staatsbibliothek** (48) in der Ludwigstraße 16 entstand 1832–43 (Friedrich von Gärtner). *Sitzfiguren* – Thukydides, Homer, Aristoteles und Hippokrates – schmücken die Freitreppe; es sind moderne Nachbildungen der Originale Ludwig von Schwanthalers. Imponierend auch die Haupttreppe, die hinauf zu den Büchersälen führt: die Scala dei Giganti des Dogenpalastes war ihr Vorbild. Mit über 5 Millionen Bänden (davon 58 000 Handschriften) ist diese Sammlung die größte Universalbibliothek Deutschlands neben Berlin.

Die beiden Spitztürme von **St. Ludwig** (49; Ludwigstraße 20) haben beträchtliche Fernwirkung, sie gehören zu Münchens Silhouette, auch wenn sie schon ein wenig außerhalb des Zentrums postiert sind. Ludwig I. ließ die Pfarr- und Universitätskirche errichten, ihr Planer war Friedrich von Gärtner (1829–44). Vornehm kühl wie der Außenbau dann auch der Innenraum der Kirche, doch schaffen hier die Farben der Deckenbilder und des gewaltigen *Chorfreskos* ein belebendes Gegengewicht. Peter von Cornelius, der sich in Rom an der Antike und Raffael schulte, wurde von König Ludwig gerufen, er wurde zum Erneuerer der Freskenkunst.

Ursprünglich sollte die Ludwigstraße durch einen Kreisplatz mit Triumphtor abgeschlossen werden (Plan Klenze), doch schließlich setzte sich Friedrich von Gärtner mit seinem Plan eines Forums mit zwei Brunnen durch. Die großzügige Anlage der **Ludwig-Maximilians-Universität** (50), gegenüber das **Georgianum** mit dem ehemaligen **Max-Joseph-Stift,** ist also einem Einfall Gärtners zu verdanken. Erst seit 1826 ist die Universität (Geschwister-Scholl-Platz), deren Bauten Gärtner 1835–40 errichtete, eine Münchner Einrichtung. Ursprünglich war die Landesuniversität 1472 von Herzog Ludwig dem Reichen in Ingolstadt gegründet worden; 1800 wurde sie nach

Brunnen der Ludwig-Maximilians-Universität am Geschwister-Scholl-Platz; im Hintergrund Ludwigstraße und Ludwigskirche

Die bayerische Landeshauptstadt München

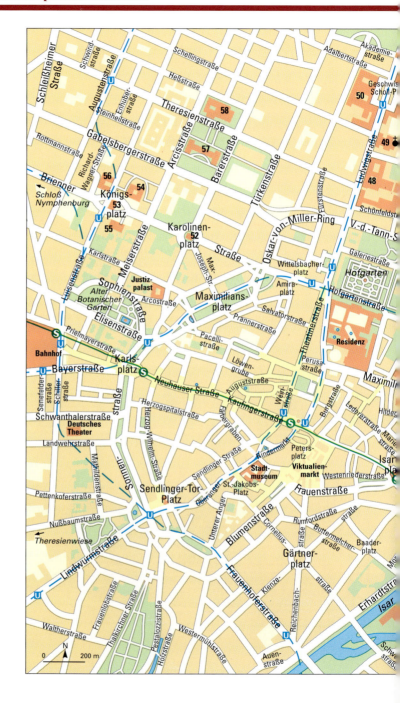

Von der Ludwigstraße zum Königsplatz und den Pinakotheken

Innenstadt, Plan II
48 Bayerische Staats-
   bibliothek
49 Kirche St. Ludwig
50 Ludwig-Maximi-
   lians-Universität
51 Siegestor
52 Obelisk am
   Karolinenplatz
53 Propyläen
54 Glyptothek
55 Staatliche Antiken-
   sammlungen
56 Lenbach-Villa
57 Alte Pinakothek
58 Neue Pinakothek
59 Prinz-Carl-Palais
60 Haus der Kunst
61 Bayerisches
   Nationalmuseum u.
   Neue Sammlung
62 Museum für Vor-
   und Frühgeschichte
63 Klosterkirche
   St. Anna am Lechl
64 Pfarrkirche St.Anna
65 Schackgalerie
66 Friedensdenkmal
67 Villa Stuck
68 Prinzregenten-
   theater
69 Hildebrandhaus
70 Villa Bechtolsheim
71 Kirche St. Georg
72 Hotel Vier Jahres-
   zeiten
73 Schauspielhaus
74 Regierung von
   Oberbayern
75 Staatliches Muse-
   um für Völkerkunde
76 Denkmal Max' II.
77 Maximilianeum
78 Kulturzentrum am
   Gasteig
79 Kirche St. Nikolai
   am Gasteig
80 Müllersches Volks-
   bad
81 Deutsches Museum

Landshut verlegt. Den großen *Lichthof* im Innern nutzten 1943 die Geschwister Scholl für ihre Flugblattaktion – eine Gedenktafel erinnert an die Widerstandskämpfer der Weißen Rose. Die Halle, 1906–09 errichtet, gehört zum Erweiterungsbau der Universität (Zugang Amalienstraße 58).

Das **Siegestor** (51), ein Triumphbogen römischer Art, markiert das Nordende der Ludwigstraße. König Ludwig I. ließ es durch Friedrich von Gärtner zu Ehren des siegreichen bayerischen Heeres errichten (ab 1843). Eine Bavaria mit Löwenquadriga bekrönt das Tor, das im Zweiten Weltkrieg schwer beschädigt wurde. Heute sieht man an der Südseite die eindringliche Inschrift: »Dem Sieg geweiht, vom Krieg zerstört, zum Frieden mahnend.«

Am Siegestor setzt sich die Achse nach Norden hin als Leopoldstraße fort. Hier befinden wir uns in **Schwabing,** dem bekanntesten Stadtteil Münchens neben dem Nobelviertel Bogenhausen. Der freie und doch ernste Künstlergeist, der einst hier herrschte – findet man ihn noch? »Schwabing war eine geistige Insel in der großen Welt, in Deutschland, meistens in München selbst« – so konnte sich Wassily Kandinsky erinnern. Doch was aus Schwabing nach dem Zweiten Weltkrieg wurde, ist anders dokumentiert. Der Dichter Peter Paul Althaus, der hier von 1922–65 lebte und trotz seiner westfälischen Herkunft ein echter Schwabinger war, fand zum Schluß nur noch traurige Worte: »Früher war's das Künstlerviertel, / Schwabing – Schwabylon. / Heut markieren Viertelkünstler / Schwabing – Babylon.«

Wieder zum Beginn der Ludwigstraße und zum Odeonsplatz zurückgekehrt (am angenehmsten am Englischen Garten entlang, parallel zur Königinstraße), ist nun das Gelände zwischen der **Briennerstraße** und dem Königsplatz zu erkunden. Die elegante Geschäftsstraße war einst als ›Fürstenweg‹ zwischen der Residenz und Schloß Nymphenburg angelegt worden (ab 1808, Karl von Fischer) und bildete die Hauptachse der Maxvorstadt, die im Nordwesten der Altstadt ab 1791 als Neubauviertel entstand.

Am Wittelsbacher Platz (s. S. 126) vorbei führt der Weg schnurgerade zum **Karolinenplatz.** Inmitten des kleinen Rondells: ein schwarzer, hoher **Obelisk** (52) als Denkmal für die 30 000 im Krieg gegen Rußland gefallenen bayerischen Soldaten (1833, Leo von Klenze). Wenn auch vom Kreisverkehr beeinträchtigt, ist dieser kleine Platz dennoch ein Ruhepunkt, ästhetisch ein Genuß, ein kleines Stück Paris in München.

Ludwig I., von hellenistischem Geist durchdrungen, wünschte sich für München einen Platz mit Propyläen, einen Bezirk für Kunst, Geschichte und Religion. Der Klassizist Klenze war der rechte Architekt, um die antikisierenden Bauten zu entwerfen: die dorischen Propyläen, die ionische Glyptothek und das korinthische Ausstellungsgebäude. Was aus dem Platz Ludwigs, dem **Königsplatz,** dann in der Hitlerzeit wurde, weiß man nur zu gut. 1933–35 wurde ein ›Ehrentempel‹ mit 16 Särgen für die ›Gefallenen der Bewegung‹ er-

Von der Ludwigstraße zum Königsplatz und den Pinakotheken

Der Königsplatz mit den Staatlichen Antikensammlungen, den Propyläen und der Glyptothek (von links)

richtet, anschließend ein Verwaltungsgebäude für die NSDAP und ein ›Führerhaus‹ (alles nach Plänen von Paul Ludwig Troost). Auf dem weiten Gelände fanden politische Kundgebungen statt, und seit 1935 wurde der Königsplatz in ›Königlicher Platz‹ umbenannt. Nach dem Krieg sprengte man die Ehrentempel. Das mit Platten gepflasterte Areal konnte erst 1986 erneut mit Rasenflächen versehen werden.

Der Torbau der **Propyläen** (53) riegelt den Platz nach Westen ab. Klenze vollendete 1862 den bereits 1817 konzipierten Bau. An der sechssäuligen dorischen Giebelfront und über den beiden Durchfahrten: Giebelplastiken von Ludwig Schwanthaler als Denkmal für den Wittelsbacher König Otto von Griechenland und den griechischen Befreiungskampf und Reliefs mit Kampfszenen.

Die **Glyptothek** (54) im Norden des Platzes entstand ab 1816 als öffentlicher Museumsbau – es war Klenzes erster großer Bau in München. Hier sollten die spätarchaischen *Ägineten* (1811 ausgegraben) ebenso ihren Platz finden wie der von Kronprinz Ludwig erworbene hellenistische *Barberinische Faun*. Der klassizistische Tempelbau, im Inneren reich mit Stukkaturen und Fresken geschmückt, wurde 1944 schwer beschädigt; erst 1972 konnte die Sammlung, die in erlesenen Exemplaren die antike Bildhauerkunst zwischen 450 v. Chr. und 400 n. Chr. dokumentiert, wieder der Allgemeinheit zugänglich gemacht werden.

Die bayerische Landeshauptstadt München

Die Südseite des Platzes nimmt der Bau der **Staatlichen Antikensammlungen** ein (55; 1838–48, von Georg Friedrich Ziebland). Das Museum im korinthisch geprägten Tempelbau mit hoher Freitreppe – 1944 ausgebrannt – vereinigt seit seiner Wiederherstellung verschiedene Sammlungen antiker Kleinkunst, darunter auch die der Wittelsbacher Herzöge und Ludwigs I. Von internationalem Rang ist die Sammlung griechischer Vasenkunst, die im Hauptgeschoß allein fünf Säle einnimmt. Eines der schönsten Stücke: die *Trinkschale mit dem Schiff des Dionysos*, ein Werk des Töpfers und Malers Exekias (Athen, um 530 v. Chr.). Etruskischer Goldschmuck, antikes Glas, Ton- und Bronzestatuetten gehören ebenfalls zu den Beständen dieser bedeutenden Sammlung.

Mit dem Königsplatz verlassen wir den klassizistisch-streng geprägten Kunstbezirk und treten jenseits der Propyläen in das heitere Ambiente der **Lenbach-Villa** (56) ein. Der ›Malerfürst‹ Franz von Lenbach ließ sich 1887–91 durch Gabriel von Seidl seine Stadtresidenz nach dem Vorbild italienischer Villen bauen – ein reich gegliederter, großzügiger Bau in dunklem Ocker, umgeben von einem Garten nach Renaissanceart. 1929 wurde für die Sammlungen der **Städtischen Galerie** ein neuer Trakt errichtet. Dort ist heute die bedeutendste Sammlung zur Kunst des *Blauen Reiters* untergebracht; Werke von Franz Marc, Wassily Kandinsky, Alexej von Jawlensky, Gabriele Münter und anderen. Mehrere Stiftungen, darunter die Gabriele-Münter-und-Johannes-Eichner-Stiftung (1966) führten zu diesem einzigartigen Bestand an Werken der klassischen Moderne. Auch die ›Münchner Schule‹ des 19. Jh. ist hier mit wichtigen Werken vertreten. Wechselausstellungen zur Gegenwartskunst gehören zum weiteren Programm dieses in jeder Hinsicht verlockenden Museums.

Alte Pinakothek

Von der Ludwigstraße zum Königsplatz und den Pinakotheken

Dem Königsplatz, von Klenzes Architektur geprägt, schließt sich im Norden ein weiterer Bezirk an, der noch heute deutlich die Handschrift des großen Klassizisten zeigt. Die **Alte Pinakothek** (57), eines der nobelsten Museumsgebäude der Welt, wurde 1826–36 errichtet, als die Galerie am Hofgarten nicht mehr ausreichte, weil die Kurfürsten Karl Theodor und Max I. Joseph die Sammlungen aus Mannheim, Zweibrücken und Düsseldorf nach München holten. Am 6. 4., dem Todestag Raffaels, wurde der Grundstein zur Alten Pinakothek gelegt, 1836 wurde der Bau eröffnet. Im Jahr 1944 wurde das Museum schwer beschädigt, doch die Bestände, zu Kriegsbeginn ausgelagert, blieben unversehrt. Erst 1958 konnte das Museum wieder eröffnet werden.

Der langgestreckte Bau nach Vorbild oberitalienischer Renaissancepaläste, jedoch aus unverputzten Ziegeln, war zur Zeit seiner Entstehung der größte Galeriebau der Welt. Heinrich Wölfflin pries ihn als »Meisterwerk der Proportionskunst«, und auch die Lichtverhältnisse in den Räumen sind so ideal, daß sie heute noch Museumsarchitekten zum Vorbild dienen. Wittelsbachischer Sammeltätigkeit vom 16. bis 19. Jh. ist der Hauptbestand zu verdanken; im 20. Jh. kamen Stiftungen bayerischer Banken hinzu. Die europäische Malerei vom 14. bis zum 18. Jh. ist mit bedeutenden Werken vertreten. Schwerpunkte der Sammlung: die deutsche Malerei der Dürerzeit, die altniederländische Malerei, die italienische Malerei der Früh- und Hochrenaissance, die flämische Malerei des 17. Jh. mit einem reichen Bestand an Gemälden von Peter Paul *Rubens*. Nach mehr als vierjähriger Generalrestaurierung erstrahlt das Museum wieder in neuem Glanz.

Wo sich heute der postmoderne Betonbau der **Neuen Pinakothek** erhebt (58; erbaut nach Plänen Alexanders von Brancas, 1975–81), stand bis 1949 das spätklassizistische Museumsgebäude, das Ludwig I. für seine Sammlung zeitgenössischer Kunst errichten ließ. 1944 schwer beschädigt, wurde der erste Bau der Neuen Pinakothek 1949 abgetragen. Grundstock der Sammlung von etwa 4500 Gemälden und 300 Skulpturen ist die Privatsammlung Ludwigs I., vor allem Historienbilder, Landschafts- und Genrebilder, zum Teil Arbeiten Münchner Akademiemaler. Durch Staatsankäufe nach der Jahrhundertwende wurden die Sammlungen um Werke französischer und deutscher Impressionisten und Symbolisten bereichert. Heute sehen wir in 22 Sälen Meisterwerke europäischer Malerei und Skulptur vom späten 18. bis zum frühen 20. Jh. Die Schwerpunkte: die Malerei der deutschen Romantik, die Nazarener, das deutsche und österreichische Biedermeier, der deutsche Realismus, der Historismus, die ›Deutschrömer‹, Wilhelm Leibl und sein Kreis, der französische und deutsche Impressionismus, der Pointillismus, Symbolismus und Jugendstil. Bis 1997 sind in der Neuen Pinakothek auch die Hauptwerke aus den Beständen der Alten Pinakothek zu sehen. In Wechselausstellungen werden Werke aus dem Besitz der Staatlichen Graphischen Sammlung (Meiserstraße 10) gezeigt.

Wilhelm Leibl, »Nichte Lina Kirchdorffer«, 1871 (Neue Pinakothek)

Die bayerische Landeshauptstadt München

Englischer Garten, der Kleinhesseloher See mit Restaurant und Biergarten Seehaus

Prinzregentenstraße, Englischer Garten, Lehel und Bogenhausen
(Plan: S. 142f.)

Prinzregent Luitpold (1821–1912), der nach der Entmündigung König Ludwigs II. die Regentschaft übernahm, war Namensgeber und Schöpfer der **Prinzregentenstraße**. In der Kunst herrschte der Historismus, seine Architekten waren in München Gabriel von Seidl und Friedrich von Thiersch. Die Prinzregentenstraße ist der letzte von den Wittelsbachern geschaffene große Straßenzug. Geplant war allerdings nicht die von hohen Bauten dicht bedrängte Achse, die sich heute zeigt, sondern eine Parkallee mit lockerer Randbebauung. Dennoch, bei allen Bausünden: mit dem begleitenden Grün des Englischen Gartens, mit der historistischen Pracht des Nationalmuseums, vor allem aber mit dem goldglänzenden Friedensengel über dem Isarhochufer, ist diese Straße immer noch ein besonders großartiges Stück München.

Das **Prinz-Carl-Palais** (59), das sich mit seiner tempelartigen Hauptfront der Prinzregentenstraße zuwendet, ist ein frühklassizistischer Bau der Jahre 1804–06 (Karl von Fischer). Das Palais war einst von Grünflächen umschlossen, auch wurde ihm 1826 nach Westen hin ein Trakt angefügt. Für den Minister Pierre de Salabert errichtet, kam der Bau schon 1907 an die Wittelsbacher; König Ludwig I. stellte ihn seinen Bruder, Prinz Carl, zur Verfügung. Seit 1924 diente der repräsentative Bau dem bayerischen Ministerpräsidenten als Wohnsitz, ab 1971 wurde er zum Amtssitz umgebaut. Jean-Baptiste Métivier, der den Westtrakt errichtete, sorgte auch für die glanzvolle Innenausstattung (1827–30).

Schräg gegenüber, am Eingang zum Englischen Garten, dann ein weniger ruhmvoller Bau: das **Haus der Kunst** (60). Als Haus der Deutschen Kunst von Paul Ludwig Troost ab 1933 errichtet, beherbergte Hitlers neoklassizistischer Kunsttempel bis 1944 die Ausstellungen zur Kunst des Dritten Reichs. Während der Ostflügel Wechselausstellungen vorbehalten ist, dient der Westflügel heute der **Staatsgalerie moderner Kunst.** Die bedeutende Sammlung zur Kunst des 20. Jh., die alle Strömungen von der Klassischen Moderne bis zur Gegenwart mit hervorragenden Beispielen dokumentiert, ist in diesen Räumen nur notdürftig untergebracht. Ein Neubau, das Museum der Moderne, ist geplant.

Wo heute das Haus der Kunst steht, befand sich einst ein Elevengarten für die Schüler der Militärakademie. Unter dem Einfluß des Amerikaners Benjamin Thompson (1753–1814), dessen internationale politische Karriere ihm u. a. den Titel Reichsgraf von Rumford und den Posten eines bayerischen Kriegsministers eintrug, entwickelte sich nördlich dieses Geländes nach und nach das weite Areal des **Englischen Gartens.** Mit 5 km Länge und 1 km Breite ist dieser Landschaftsgarten inmitten einer Großstadt in Deutschland einzigartig. Rumford, der Demokrat, brachte es fertig, den Kurfürsten Karl Theodor zur Anlage eines Volksparks zu bewegen. Der Landschaftspark nach englischer Art solle »nicht bloß einem Stand, sondern dem ganzen Volke zugutekommen«. Als Planer der Anlage wurde der Gartenarchitekt Friedrich Ludwig von Sckell bestimmt. Die Arbeiten begannen im Revolutionsjahr 1789 und dauerten bis 1808.

Im südlichen Teil überwiegen die Rasenflächen, im mittleren Sträucher und Bäume, und bei der Hirschau geht der Park in das Naturgelände der Isarauen über. Jede Parkpartie hat ihre besonderen Attraktionen: im Süden der 1815 angelegte *künstliche Wasserfall* und das erst 1972 entstandene *Japanische Teehaus*; im mittleren Teil, auf einem kleinen Hügel, der *Monopteros* Leo von Klenzes, ein

Englischer Garten
1 *Haus der Kunst*
2 *Japanisches Teehaus*
3 *Wasserfallbrücke und Wasserfall*
4 *Monopteros*
5 *Chinesischer Turm*
6 *Rumfordhaus*
7 *Kleinhesseloher See*
8 *Seehaus*
9 *Sckell-Denkmal*
10 *Gaststätte Hirschau*
11 *Ökonomie*
12 *Apollo-Hain*

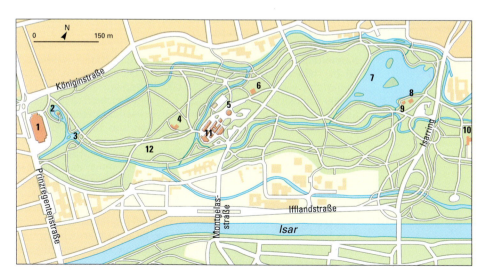

eleganter klassizistischer Rundtempel; weiter nördlich dann der *Chinesische Turm* mit umgebendem Biergarten, 1789/90 nach Vorbild im englischen Kew Garden entstanden und nach Zerstörung (1944) ab 1951 rekonstruiert. Wenig beachtet, dennoch sehenswert: das *Rumfordhaus* in der Nähe der Aussichtspagode, 1791 als Offizierskasino im englischen Kolonialstil errichtet.

Eine das Gelände des Englischen Gartens schmerzlich durchschneidende asphaltierte Straße – die Verbindung zwischen Bogenhausen und Schwabing – markiert die Grenze zum weitläufigen Gelände des *Kleinhesseloher Sees* mit dem *Seehaus*. Der kleine See mit seinen drei Inseln wurde 1802 angelegt. Meist geht es hier sehr lebhaft zu – wie am Chinesischen Turm herrscht hier die Gastronomie. Nördlich des verkehrsreichen *Isarrings* beginnt das Gelände der *Hirschau*. Einladende Wege führen zu einem der beliebtesten Münchner Gasthäuser, dem *Aumeister*, so genannt nach dem Verwalter des Jagdreviers in den Isarauen, dem Au-Jägermeister.

An der Lerchenfeldstraße, die sich nördlich der Prinzregentenstraße am Englischen Garten entlangzieht, treffen wir auf den umfangreichen Komplex des **Bayerischen Nationalmuseums** (61). Der historistische Bau wurde 1894–99 im Auftrag des Prinzregenten durch Gabriel von Seidl errichtet, ein monumentales, reich gegliedertes Prunkwerk, das zwischen Romanik und Spätbarock keinen Stil ausläßt. Wiederum bildeten Sammlungen aus Wittelsbacher Besitz den Grundstock, doch kamen später Schenkungen und Neuerwerbungen hinzu, so daß hier heute an die 18 000 Exponate versammelt sind. Die Räume wurden bereits beim Ausbau ganz auf den Charakter der zu präsentierenden Kunstwerke ausgerichtet. Schwerpunkte der Sammlung sind Skulpturen, Möbel, Tapisserien, Waffen, Porzellane und Fayencen. Vom frühen Mittelalter bis zum Beginn des 20. Jh. finden sich alle Perioden, wobei der süddeutsche Raum besonders gut dokumentiert ist.

Die Seeoner Madonna, Werk eines unbekannten Meisters (um 1430; Bayerisches Nationalmuseum)

Im westlichen Seitentrakt (Prinzregentenstraße 3) ist die **Neue Sammlung** untergebracht. Kunsthandwerk und Kunstgewerbe des 20. Jh. bilden das Hauptsammelgebiet. Die berühmte *Plakatsammlung* verfügt über etwa 10 000 Exemplare. Mit ihren über 35 000 Objekten zu mehr als 20 Themenbereichen ist die Neue Sammlung so gut bestückt, daß weitere Ausstellungsräume dringend nötig wären (neue Aufstellung im geplanten Museum der Moderne vorgesehen).

Um die Ecke, in der Lerchenfeldstraße 2, dann ein Museum gänzlich anderer Art: die Prähistorische Staatssammlung, das **Museum für Vor- und Frühgeschichte** (62). Die Besiedlungsgeschichte Bayerns wird hier bis zur Zeit Karls des Großen dokumentiert, übersichtlich in die drei Gebiete Urgeschichte, Römerzeit und Frühmittelalter aufgeteilt. Die Sammlung wurde 1885 gegründet, doch schon Max I. Josef hatte 1807 eine ›Centralstelle für Untersuchung und Aufsammlung der im ganzen Lande gefundenen urgeschichtlichen Altertümer‹ einrichten lassen.

Prinzregentenstraße, Englischer Garten, Lehel und Bogenhausen

Wagmüllerstraße und Liebigstraße führen zum Sankt-Anna-Platz im **Lehel**. ›Das Lechl‹, wie der Münchner sagt, war einst östliches Vorgelände der Stadt. Hier baute sich der Hieronymitenorden, mit der Seelsorge für den Vorort betraut, sein Kloster und die **Klosterkirche St. Anna am Lechl** (63). Zum Baumeister wurde Johann Michael Fischer bestimmt, für die Ausstattung waren die Brüder Asam zuständig (1730–38). Als im Jahr 1944 der Bau ausbrannte, glaubte man nicht, ihn jemals wiederherstellen zu können. Doch das Restaurationswunder gelang: seit 1979 ist die Annakirche auch im Innern wiederhergestellt. Die zerstörten Deckenbilder Cosmas Damian Asams konnten allerdings nur nach Vorlagen nachgemalt werden (Karl Manninger, 1967–76, im Hauptraum Erhebung der hl. Anna in den Himmel). Die Wandpfeilerkirche war Fischers erster Bau in München, zugleich der erste Rokokobau in Altbayern. In der zentralisierenden Tendenz ist die Annakirche Vorstufe für die späteren Zentralbauten Fischers. Von der Originalausstattung blieben erhalten: das Tabernakel von Johann Baptist Straub (um 1756); die Kanzel, ebenfalls von Straub, auf dem Schalldeckel Christus als Weltenrichter (um 1756); die Altargemälde der vorderen Seitenaltäre von Cosmas Damian Asam (1735 und 1738).

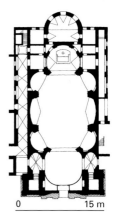

Klosterkirche St. Anna am Lechl, Grundriß

Der St.-Anna-Platz wird beherrscht von der mächtigen neuromanischen **Pfarrkirche St. Anna** (64). Die dreischiffige Basilika wurde ab 1887 nach Plänen Gabriel von Seidls errichtet, als Vorbild nahm man sich rheinische Kirchen der Romanik wie Worms und Maria Laach.

Wieder in die Prinzregentenstraße zurückgekehrt, finden wir anschließend an das Areal des Nationalmuseums den neuklassizistischen Bau der **Schackgalerie** (65; Fassade Max Littmann, 1907/08). Adolf Friedrich Graf von Schack aus Schwerin, der in München junge Maler wie Anselm Feuerbach, Hans von Marées und Arnold Böcklin förderte, vermachte seine Sammlung Kaiser Wilhelm II. Dieser ließ dem Neubau der ehemaligen Preußischen Gesandtschaft (Bayerische Staatskanzlei bis 1993) einen Galerieflügel anfügen, um die Schack'sche Gemäldesammlung würdig präsentieren zu können. In den 17 Räumen und im Treppenhaus werden wichtige Werke der deutschen Malerei von der Früh- bis zur Spätromantik gezeigt, darunter allein 33 Gemälde von Moritz von Schwind.

Isar und Isarhochufer zeigen sich nun von ihrer großartigsten Seite. Voluminöse Rampenfiguren, die vier bayerischen Stämme symbolisierend, umlagern die Luitpoldbrücke (1900, Theodor Fischer). Die **Prinzregententerrasse** mit dem Friedensengel ist nicht nur Abschluß der inneren Prinzregentenstraße, sondern zugleich auch repräsentativer Eingang zu Münchens Nobelviertel Bogenhausen. Der ›Friedensengel‹, offiziell das *Friedensdenkmal* (66), entstand zur 25. Wiederkehr des Sieges über Frankreich 1871. Begegnen uns auf der Prinzregententerrasse mit Springbrunnen und zweiläufiger Treppe noch italienische Motive, so zeigt sich das Friedensdenkmal vorwiegend griechisch, denn der kleine Tempel entstand nach Vorbild der Korenhalle des Erechtheions, der goldglänzende Engel selbst wurde von der Nike des Paionios in Olympia inspiriert (1896–98 nach Entwürfen von Düll, Pezold und Heilmaier).

Einst sollte auf den Isarhöhen nördlich der Prinzregentenstraße ein Festspielhaus entstehen, Ludwig II. wollte dort die Werke Wagners aufführen lassen. Der Plan scheiterte, doch zumindest erinnert ein *Denkmal Ludwigs II.* (1967, Toni Rückel) in den **Maximiliansanlagen** noch an des Königs Projekt. Diese herrlichen Anlagen zwischen dem Maximilianeum und dem Achtersee, nördlich der Auffahrtsrampe zum Friedensengel, wurden schon 1856–61 durch Karl Effner geschaffen – ein Teil der *Isaranlagen*, die vom Müllerschen Volksbad bis zur Max-Joseph-Brücke reichen.

Das Friedensdenkmal über der Prinzregententerrasse

Die Prinzregentenstraße setzt sich jenseits des Friedensengels fort, früher sinnvoll als Äußere Prinzregentenstraße. Hier finden wir – neben dem Lenbachhaus – Münchens zweite repräsentative Künstlerresidenz, die **Villa Stuck** (67; Prinzregentenstraße 60). Franz von Stuck (1863–1928) war als Maler so erfolgreich, daß er sich ab 1897 eine prunkvolle Villa mit anschließendem Atelierbau schaffen konnte. Der gesamte Komplex – eine Verbindung von Klassizismus und Jugendstil – ist nach Stucks eigenen Entwürfen entstanden, ebenso auch die Inneneinrichtung. Nach Kriegszerstörungen 1944 rettete der Architekt Hans-Joachim Ziersch den Bau (Wiederherstellung 1965–68) und begründete den *Stuck-Jugendstil-Verein*. Im *Museum Villa Stuck* werden die Wohnräume des ›Malerfürsten‹ gezeigt, zudem finden Ausstellungen zur Kunst des Jugendstils und des 20. Jh. statt.

Seit 1895 wurde das Gebiet am östlichen Isarhochufer erschlossen. Was Ludwig II. nicht gelang: hier entstand in der Prinzregentenzeit ein großartiges Festspielhaus, das heutige **Prinzregententheater** (68). Der noble neuklassizistische Bau (1900/01, Max Littmann), der sich mit seinen Balustradenstatuen – Musik, Gesang, Tragödie und Komödie – als Musentempel ausweist, ist eines der schönsten und beliebtesten Münchner Theater. Die Eröffnung im Jahr 1901 mit den ›Meistersingern‹, die Uraufführung von Pfitzners ›Palestrina‹ (1917) unter Bruno Walter, die Premieren von Wedekinds ›Herakles‹ und Hofmannsthals ›Turm‹ (1919 und 1928), ebenso nach dem Krieg die Aufführung von Hindemiths Oper ›Harmonie der Welt‹, vom Komponisten selbst dirigiert (1957), sind Höhepunkte in der Geschichte des Prinzregententheaters. Nach Bayreuther Vorbild gibt es hier einen verdeckten Orchestergraben, der Zuschauerraum ist als Amphitheater ausgebildet. 1964 wegen Baufälligkeit geschlossen, konnte das Haus nach abgeschlossener Restaurierung 1988 wiedereröffnet werden.

Auf dem Weg zum einstigen Dorf Bogenhausen begegnen wir mitten im noblen Villenviertel einem weiteren großzügigen Künstlerwohnsitz, dem **Hildebrandhaus** (69; Ecke Maria-Theresia-/Siebertstraße). Der Bildhauer Adolf von Hildebrand (1847–1921), dem die Stadt als ›Teilhonorar‹ für seinen Wittelsbacher Brunnen ein Grundstück schenkte, baute sich hier 1897/98 ein Wohn- und Atelierhaus. Der Dreiflügelbau nach Art barocker Landschlößchen beherbergt seit 1977 die *Monacensia-Sammlung* mit angeschlossener *Handschriftensammlung*. Alles, was es über München und den Münchner Raum zu lesen gibt, ist hier in über 100 000 Bänden versammelt.

In der Maria-Theresia-Straße Nr. 27 steht ein weiterer interessanter Bau: die **Villa Bechtolsheim** (70). Die herrschaftliche Villa, 1896–98 von Martin Dülfer errichtet, zeigt am Turm wunderschönes Jugendstilornament, gestaltet von Richard Riemerschmied. Wir stehen hier vor dem ersten Jugendstilbau in Deutschland.

Am Bogenhausener Kirchplatz zeigt sich Bogenhausen von seiner liebenswertesten, noch recht dörflichen Seite. Bis vor wenigen Jah-

Die bayerische Landeshauptstadt München

Kirche St. Georg in Bogenhausen, Innenraum

ren hüllte sich die kleine **Kirche St. Georg** (71) mitsamt ihrem Pfarrhaus noch in schönstes Rosa, was ihr selbst und ihrer sattgrünen Parkumgebung sehr gut bekam. In grauem Weiß zeigt sich der Rokokobau nun bedeutend distanzierter. Ein Baumeister aus dem Umkreis Johann Michael Fischers hat 1766–68 die Kirche errichtet; ein romanischer Bau war vorausgegangen. Der Saal ist reich ausgestattet, erstaunlich der *Hochaltar* mit einem hl. Georg (Werkstatt Johann Baptist Straub, 1770–73), wie man ihn ähnlich auch in der Kirche von Bichl sieht. Ignaz Günther schuf die *Kanzel* (um 1774), ebenso den hl. Korbinian am rechten Seitenaltar. Der sehr idyllische **Friedhof** versammelt Gräber prominenter bildender Künstler, Dirigenten, Regisseure, Schauspieler und Schriftsteller, darunter Hans Knappertsbusch, Friedrich Domin, Liesl Karlstadt, Gustl Waldau, Wilhelm Hausenstein, Erich Kästner und Anette Kolb. Ein Gedenkstein erinnert an Opfer der Nazi-Herrschaft, darunter der ehemalige Rektor von St. Georg, Pater Alfred Delp.

Die Maximilianstraße, Haidhausen und das Deutsche Museum
(Plan: S. 142f.)

Der Luxus, der sich in München zunehmend ausbreitet, hat sein elegantestes, stilvollstes Quartier in der **Maximilianstraße.** König Max II. ließ ab 1852 die über 1200 m lange Prachtstraße anlegen, die das Münchner Stadtzentrum mit Haidhausen am östlichen Isarufer verbindet. Die Bebauung sollte einheitlich und in zeitgemäßem Baustil erfolgen, doch sollte dieser Stil neu sein. Der Architekt Friedrich Bürklein, mit der schwierigen Aufgabe betraut, konnte auch nur auf das gegebene historische Repertoire zurückgreifen: Elemente der englischen und niederländischen Gotik finden wir im ›Maximiliansstil‹ ebenso wie Motive aus der italienischen Spätrenaissancearchitektur. Der vornehme Straßenzug mit dem Maximilianeum auf der Isarhöhe als eindrucksvollem Abschluß, wird leider durch den modernen Altstadtring gewaltsam durchschnitten. An dieser Stelle begibt man sich am besten in den Untergrund und taucht dann auf der anderen Seiten vor den reizvollen Grünanlagen wieder auf.

Bauten und Denkmale, die an der Maximilianstraße auffallen: das **Hotel Vier Jahreszeiten** (72) in der Nr. 17, zunächst als Mietshaus geplant, doch noch im Bau als Hotel eingerichtet (1856–57, R. W. Gottgetreu). Das **Schauspielhaus** (73; Hausnummer 34/35), 1900/01 von Max Littmann gebaut und von Richard Riemerschmid gestaltet, eines der wenigen Jugendstil-Theater in Deutschland. Ein exemplarisches Beispiel des Maximiliansstils stellt die Nr. 39 dar, Sitz der **Regierung von Oberbayern** (74), 1856–64 von Bürklein an der Nordseite des begrünten Forumsplatzes errichtet. Gegenüber, in der Hausnummer 42, befindet sich das **Staatliche Museum für Völkerkunde** (75), 1858–63 als Museumsbau errichtet, doch erst 1926 für die Sammlungen des Völkerkundemuseums zur Verfügung gestellt. Aus der wittelsbachschen ›Kunst- und Wunderkammer‹ der Renaissancezeit hervorgegangen, hat sich die ethnologische Sammlung inzwischen so vergrößert, daß sie nach Berlin zur größten in Deutschland wurde. Den Schwerpunkt bilden die Sammlungen aus Asien, die in regelmäßigen Sonderausstellungen vorgeführt werden. Das **Denkmal Max II.** (76) am Rondell mit dem Bronzestandbild des Königs umgeben Sitzfiguren der vier Herrschertugenden (Kaspar von Zumbusch, 1875).

Die Maximiliansbrücke, deren Geländer wunderschönes Jugendstilornament schmückt, führt hinüber zum **Maximilianeum** (77). Des Königs und Bürkleins gotisierender Stil wurde nicht überall freundlich aufgenommen. Kritisch äußerte sich unter anderem Jacob Burckhardt, der 1877 in einem Brief an den Architekten Max Alioth bemerkte: »Ihr Urteil über das Maximilianeum ist leider nur zu gerecht; es ist ein Kartonmachwerk, und wenn man die kümmerliche Rückseite sieht, wird einem vollends schwach. Ich habe nur deshalb einige Dankbarkeit für das Gebäude empfunden, weil es wenigstens äußerlich in die Formen der Renaissance hinüberleitet und den Geist von dem jämmerlichen Gotisch der Maximiliansstraße befreit.«

Auch das Maximilianeum hatte ursprünglich in Formen der »jämmerlichen Gotik« erscheinen sollen, doch während der langen Bauzeit kam 1864 die königliche Order zur Änderung der geplanten Spitzbogen in Rundbogen. 1857 war der Grundstein zum Maximilianeum gelegt worden, einer Stiftung des Königs zur Aufnahme begabter bayerischer Universitätsstudenten. Erst 1874 wurde der auf königlichen Wunsch von Bürklein geplante ›Nationalbau‹ auf dem Isarhochufer vollendet. Das breit gelagerte, durch seine vielen Fenster und Arkaden bei aller Monumentalität doch filigran wirkende Bauwerk ist mehr Kulisse als Architektur, die Bezeichnung ›Kartonmachwerk‹ ist nicht ganz abwegig, wenn auch nicht sehr schmeichelhaft. Heute ist hier der Bayerische Landtag zu Hause, die Stipendiaten des Maximilianeums sind in einem rückwärtigen Erweiterungsbau untergebracht.

Die Innere Wiener Straße führt hinab zum **Kulturzentrum am Gasteig** (78). Wir befinden uns hier im Stadtteil Haidhausen, einst ein eher kleinbürgerliches Gelände, doch neuerdings auch beliebtes Künstlerquartier. Der gewaltige Backsteinbau des Gasteigs ist nach anfänglicher heftiger Kritik inzwischen schon zu einem unverzichtbaren Stück München geworden. Nach Abschluß der siebenjährigen Bauzeit im Jahr 1985 fanden hier die *Philharmonie* und die *Städtischen Bibliotheken* ihren Platz, es gibt Unterrichtsräume für die *Volkshochschule*, kleinere Konzertsäle und eine Studio-Bühne.

Der Konzertbesucher hat von hier aus einen herrlichen Blick auf die Altstadt, ihm liegt die kleine **Kirche St. Nikolai am Gasteig** (79; gotisch, mehrfach erneuert) zu Füßen, dahinter zeigen sich die seltsamen Strukturen des **Müllerschen Volksbads** (80). Der Jugendstilbau (1897–1901), neubarock durchsetzt, erweist sich vor allem von Innen als prachtvoller Badetempel, ausgestattet mit pompösen Schwimmhallen; früher gab es hier ein Damenbad, ein Herrenbad und ein Römisch-Irisches Schwitzbad. Da selbst die Ruhekabinen reich und geschmackvoll ausgestattet sind, lohnt es sich, hier am Tag des Denkmals einen Besuch zu machen oder sich mittels Billet dem Schwimmvergnügen hinzugeben. Karl Ritter von Müller war der Stifter dieses bis ins Detail nahezu luxuriösen Baues, der 1901 dem »unbemittelten Volk« zur Verfügung gestellt wurde (Architekt Carl Hocheder).

Die Museumsinsel mit dem **Deutschen Museum** (81) ist nicht weit. Auch hier war es die Initiative eines Privatmannes, Oskar von Miller, die zur Entstehung des Baues führte. Zunächst hatte nur ein reines Technikmuseum entstehen sollen, doch schließlich wurde eine umfangreiche, vielseitige Sammlung daraus: 55 000 m² Ausstellungsfläche stehen zur Verfügung, um die über 16 000 Objekte aus dem Bereich der Technik und Naturwissenschaften zu zeigen. Der Gründungsbau entstand nach Entwürfen von Gabriel von Seidl (ab 1908); weitere Bauten kamen in den dreißiger Jahren und ab 1970

Maximilianstraße, Haidhausen und Deutsches Museum

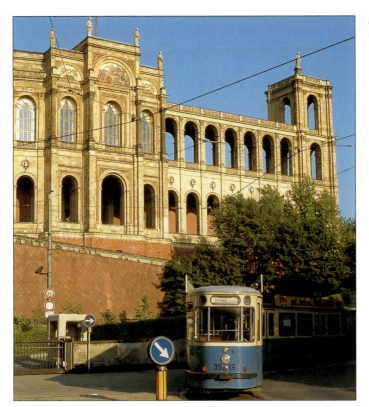

*Das Maximilianeum
(1857-1874)*

hinzu. Zusätzlich zu den technischen und naturwissenschaftlichen Sammlungen gibt es eine Spezialbibliothek zur Geschichte der Technik und Naturwissenschaften und seit 1992 auch ein Forum der Technik mit einem Planetarium, einem Spezial-Filmtheater, mit Vortrags- und Seminarräumen. Das Deutsche Museum ist das bedeutendste seiner Art in Europa und – will man der Statistik glauben – das beliebteste Museum in Deutschland. Etwa 1,3 Millionen Besucher werden im Jahr gezählt!

Die Theresienhöhe und das Oktoberfest

Die Theresienwiese ist jedes Jahr ab Ende September das Ziel einer Heerschar vergnügungssüchtiger Besucher. Aus aller Welt kommen sie zusammen, um das **Oktoberfest** zu erleben – wenn man der Statistik glauben will, sind es inzwischen an die 7 Millionen. Das Herz der Wirte lacht, denn 5 Millionen Maß Bier werden sicherlich in diesen 16 Tagen abgesetzt werden, nachdem der Oberbürgermeister

Die bayerische Landeshauptstadt München

Oktoberfest auf der Theresienwiese

höchstpersönlich mit dem Ruf »O'zapft is« das erste Faß Wiesnbier angeschlagen hat.

Dabei hatte alles recht zivilisiert begonnen. Am 17. Oktober 1810, anläßlich der Hochzeit des Kronprinzen Ludwig mit der Prinzessin Therese von Sachsen-Hildburghausen, wurde auf einer großen Wiese vor den Toren der Stadt ein Pferderennen veranstaltet, zu dem Hof und Bürger eingeladen waren. Das Rennen sollte jedes Jahr wiederholt werden, und da im folgenden Jahr eine Viehausstellung damit verbunden wurde und sich seit 1818 auch Schausteller mit Schaukeln und Karussellen einfanden, war das Volksfest geboren, das heute das größte der ganzen Welt ist.

König Ludwig hat dann auf dem Gelände der **Theresienhöhe** weiter geplant. Ludwig von Klenze, mit der Errichtung einer Gedenkstätte für »ausgezeichnete Bayern« betraut, schuf die monumentale **Ruhmeshalle** (1843/54), eine dorische Säulenhalle, deren Metopen von Ludwig Schwanthaler geschmückt wurden.

Vor dieser gewaltigen und doch edlen Halle erhebt sich das riesige Standbild der **Bavaria.** Von Klenze bedeutend anmutiger geplant, entwickelte es sich unter Schwanthalers Hand zu einem germanischen Kolossalweib mit Bärenfell (Guß 1843–50 durch Ferdinand von Miller). Die Enthüllung 1850 war eine Sensation, das Denkmal wurde zur Attraktion für die Fremden, darunter auch Ignaz Castelli, dem es nicht genügte, das Riesenweib von außen zu betrachten: »Ich habe mir schon oft etwas in den Kopf gesetzt, aber in München bin ich zum erstenmal in einem andern Kopf gesessen und zwar mit noch zwei anderen Personen. Ich bin nämlich 121 Stufen in den Kopf des 1560 Zentner schweren ehernen Kolosses Bavaria hinaufgestiegen, in welchem sich zwei Ruhebänke befinden, und habe durch die Haare auf die unabsehbare Ebene um München hinausgesehen«. (1855)

Schloß Nymphenburg, St. Wolfgang in Pipping und Schloß Blutenburg

Um **Schloß Nymphenburg** in seiner vollen Schönheit zu erleben, sollte man sich ihm langsam, daher am besten zu Fuß, nähern. Eine U-Bahnlinie steht bis zum Rot-Kreuz-Platz zur Verfügung, und von dort aus sind es nur noch etwa 10 Minuten Fußweg bis zum Beginn des **Nymphenburger Kanals,** der sich am Rande der Nördlichen Auffahrtsallee entlangzieht. Der Weg am Kanal entlang ist reizvoll und entspannend.

Zwar zählt das Nymphenburger Schloß wegen seiner Parkschlößchen und der Dekoration des Festsaals zu den Glanzleistungen des deutschen Rokoko, doch entstanden ist die Anlage schon seit Mitte des 17. Jh. Kurfürst Ferdinand Maria (1636–79) schenkte seiner Gemahlin Henriette Adelaide von Savoyen zur Geburt des Kronprinzen Max Emanuel die Schwaige Kemnat zwischen den Dörfern Neuhausen und Obermenzing. Sogleich beschloß die Kurfürstin, in ›Kemmertin‹ bauen zu lassen. Das neue Schloß war als Sommerresidenz gedacht, zum planenden Architekten war Agostino Barelli bestimmt. Bis 1675 war der Bau unter Dach, doch nach dem Tod der Kurfürstin

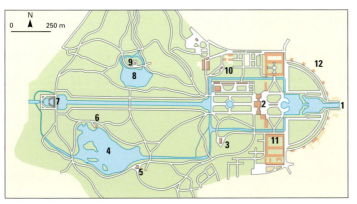

Schloßpark Nymphenburg
1 Nördliche Auffahrtsallee
2 Schloß
3 Amalienburg
4 Badenburger See
5 Badenburg
6 Monopteros
7 Große Kaskade
8 Pagodenburger See
9 Pagodenburg
10 Magdalenenklause
11 Marstallmuseum mit Museum Nymphenburger Porzellan
12 Nymphenburger Porzellanmanufaktur

Die bayerische Landeshauptstadt München

(1676) wurden die Arbeiten eingestellt. Erst unter der Regentschaft Max Emanuels (1662–1726) wurde weitergebaut. Als Statthalter der Niederlande hatte der Kurfürst die Schlösser Rijkswijk und Het Loo kennengelernt, sie sollten dem für Nymphenburg bestimmten Baumeister Antonio Viscardi als Vorbild dienen. Der bereits bestehende Hauptpavillon wurde in die Anlage integriert, ihm schlossen sich zu beiden Seiten Galerien auf Arkaden und je zwei Pavillons an. Diese zweite Bauphase (ab 1702) wurde durch den Spanischen Erbfolgekrieg unterbrochen. Erst nach der Rückkehr des Kurfürsten aus dem Exil konnten die Arbeiten wieder aufgenommen werden, diesmal unter der Leitung von Joseph Effner. Mit ihm, der in Paris ausgebildet worden war, begann die französische Phase Nymphenburgs. Effner veränderte ab 1715 den Mittelbau und schuf die quadratischen Höfe zu beiden Seiten der Schloßanlage. Um sie gruppieren sich die Orangerie im Norden und der Marstall im Süden. Mit Kurfürst Karl Albrecht (1697–1745), dem späteren Kaiser Karl VII., setzten ehrgeizige Planungen für Nymphenburg ein. Eine ›Carlstadt‹ sollte entste-

hen, wie in Karlsruhe sollte das Schloß im Zentrum eines halbkreisförmigen Rondells stehen; von hier aus sollte sich die Stadtanlage radial entwickeln. Das Projekt konnte nicht realisiert werden, doch entstanden ab 1728 die **Rondellbauten,** die das Schloß auf der Ostseite halbkreisförmig umschließen.

Auch der Schloßpark ist erst nach und nach entstanden. Das bescheidene italienische Parterre des ersten Baues wurde durch Max Emanuel zu der großartigen Anlage erweitert, die wir heute noch erleben können. Als Mittelachse des Gartens entstand der vom Flüßchen Würm abgezweigte **Kanal** und 15 Jahre später (1730) sein Pendant auf der Stadtseite. 1804/1823 wurde der Barockgarten dann durch Friedrich Ludwig von Sckell größtenteils in einen englischen Landschaftsgarten verwandelt.

Wie zeigt sich Nymphenburg heute dem Besucher? Der **Rundgang** beginnt im Festsaal, dem *Steinernen Saal*. Er war bereits im ersten Bau angelegt, doch wurde er später verändert und 1755/57 im Geschmack des Rokoko ausgestattet. Johann Baptist Zimmermann

Schloß Nymphenburg

stand schon am Ende seiner Laufbahn, als er die Dekoration dieses großen, zweigeschossigen Saales übernahm. Im Deckenbereich: heitere Farbigkeit, ein Götterhimmel bayerischer Art. Im Hauptfresko sieht man die Huldigung der Nymphen an die Göttin Flora, darüber im Zentrum der Sonnenwagen Apolls. Unter der Regie von Cuvilliés wurden die beiden dem Garten vorgelagerten Säle neu dekoriert. An der Decke des Gartensaals: die Entführung Floras durch Zephyr.

Schon zur Zeit der Kurfürstin Henriette Adelaide war die Raumfolge so festgelegt, wie wir sie heute noch erleben: Einer Raumflucht von je vier Gemächern für den Kurfürsten entsprach auf der Seite gegenüber eine weitere für die Kurfürstin. Im Nordflügel gibt es noch Räume mit originalen Barockdecken (um 1675). Einige der Räume enthalten ›Schönheitengalerien‹. Berühmt wurde die *Schönheitengalerie Ludwigs I.* Der König beauftragte Joseph Stieler, die Bildnisse der 36 schönen Frauen zu malen, keineswegs nur Aristokratinnen, sondern auch Frauen der niederen Stände. Das Bild der Tänzerin Lola Montez wird immer mit besonderer Aufmerksamkeit betrachtet, denn diese verursachte schließlich vor des Königs Abdankung 1848 einen Hofskandal. Im Südlichen Pavillon, dem *Königsbau*, wurden 1807 Wohnräume für Königin Caroline, die Gemahlin von König Max I. Joseph, eingerichtet. Hier, im Schlafzimmer, wurde am 25. August 1845 der spätere König Ludwig II. geboren.

Im **Schloßpark** begleiten antike Götterfiguren den Weg durch das symmetrisch angelegte französische *Gartenparterre*. Ein Nebenweg führt von hier zum berühmtesten der Parkschlößchen, der **Amalienburg,** einen eleganten kleinen Bau, den François Cuvilliés 1734–39 als Jagdschlößchen für die Kurfürstin Amalie, die Gemahlin Karl Albrechts, errichtete. Einer Rotunde schließen sich zwei seitliche Flügelbauten an. Dem kreisrunden Mittelsaal, dem Spiegelsaal, sind kleinere Räume angefügt: Jagdzimmer, Fasanenzimmer, Gelbes Zimmer und Blaues Kabinett. Der *Spiegelsaal* in Blau und Silber ist ein Meisterwerk der Dekorationskunst (Stuck Johann Baptist Zimmermann, Schnitzarbeiten Joachim Dietrich), verschwenderisch ausgestattet – hier wird jeder Besucher Münchens hingeführt! Als Jagdschlößchen wurde die Amalienburg der Göttin Diana gewidmet, zu deren Attributen der Mond gehört. So wählte man denn auch Silber, das Metall des Mondes, für die Fassungen der Stukkaturen und des Schnitzwerks. Neben dem Spiegelsaal wohl am reizvollsten ist die *Küche,* deren Wände über und über mit bunten und blau-weißen holländischen Fliesen verkleidet sind.

Der Nymphenburger Park wird von größeren und kleineren Gewässern durchsetzt. Je einen kleinen See finden wir zu beiden Seiten des Mittelkanals. Am südlichen Ende des Badenburger Sees steht die **Badenburg.** Kurfürst Max Emanuel hat sich hier 1718–21 durch Joseph Effner ein ›Badeschlößchen‹ bauen lassen, luxuriös mit Deckenbildern, chinesischen Tapeten und Stuckfiguren ausgestattet. Der Baderaum selbst war heizbar, auf der Schaugalerie konnten sich die höfischen Gäste delektieren.

Schloß Nymphenburg, St. Wolfgang in Pipping und Schloß Blutenburg

Schloß Nymphenburg, Steinerner Saal

Auf einer Landzunge des Badenburger Sees steht der **Monopteros,** den Ludwig von Klenze 1862 für König Ludwig I. entwarf. Der Rundweg führt über die **Kaskade** (1717, Marmorfassung von Cuvilliés 1769–71, Statuen von Roman Anton Boos, Wilhelm de Groff u. a.) zum kleineren Pagodenburger See und zur **Pagodenburg.** Der anmutige, von Joseph Effner 1716/19 für Max Emanuel errichtete Bau zeigt sich außen elegant-französisch, innen aber chinesisch. Die Chinamode des frühen 18. Jh. bestimmte die Einrichtung in den Räumen des Erdgeschosses (›Salettl‹) und des Obergeschosses (Chinesischer Salon, Chinesisches Kabinett, Ruhezimmer).

Die bayerische Landeshauptstadt München

Nördlich vom Gartenparterre, in einem kleinen Gehölz versteckt, finden wir die **Magdalenenklause,** eine Einsiedelei, als verfallene Eremitenhütte gestaltet (1725/26, Joseph Effner). Für lustvolle Vergnügen war im Park genügend gesorgt – hier sollte eine Stätte der Kontemplation entstehen, als Patronin wurde die heilige Büßerin Maria Magdalena gewählt.

Lohnend ist auch ein Besuch des **Marstallmuseums** im südlichen Flügel des Schlosses. Prunkwagen des 18. und 19. Jh. sind hier in vier Hallen ausgestellt, darunter der Krönungswagen Karl Albrechts und die Prunkkarosse König Ludwigs II. Über dem Marstallmuseum, im Obergeschoß des Kavalierbaues, ist die **Nymphenburger Porzellansammlung** ausgestellt. Die Nymphenburger Porzellanmanufaktur wurde 1747 gegründet. Hier modellierte Franz Anton Bustelli die berühmten *Figuren der Commedia dell'Arte*. Albert Bäuml, der 1888 die Manufaktur pachtete, hat die Sammlung begründet.

An der nördlichen Seite des Schloßparkareals finden wir Münchens ebenso berühmten wie beliebten **Botanischen Garten** (Menzinger Straße 65). Der Alte Botanische Garten am Karlsplatz wurde zunehmend durch Neubauten bedrängt, und so entschloß man sich 1914 zur Anlage des Neuen Botanischen Gartens in Nymphenburg. Auf dem Gelände von 20 ha wurden auch die Gebäude des *Botanischen Instituts* und der *Botanischen Staatssammlung* errichtet. Zu den großen Attraktionen gehört der *Rhododendronhain* mit 150 Arten, der im Mai und Juni seine Reize entfaltet. Ein weiterer Publikumsmagnet: die *Gewächshausanlage*. 6000 Pflanzenarten sind hier versammelt, darunter im Haus 3 die spektakulären Victoria-Seerosen.

Wer gut zu Fuß ist, sollte es nicht versäumen, zusammen mit dem Nymphenburger Schloßpark auch die Blutenburg zu besuchen. An der Schloßmauer hinter der Kaskade finden wir einen Durchgang, und nach dem Passieren einer S-Bahn-Unterführung erreichen wir bald das freie Gelände ›Am Durchblick‹. Unterwegs geht der Blick immer wieder zurück auf das Schloß und den langen Kanal. Wie die benachbarte Pippinger Wolfgangskirche wurde Schloß Blutenburg in die Nymphenburger Gartenanlage als Point de Vue einbezogen. Die Würm, die vom Starnberger See kommend, gemächlich am Stadtrand von Obermenzing entlangfließt, wurde von den Wittelsbacher Herrschern mehrfach erfolgreich angezapft. Das verzweigte Kanalsystem, das seit 1611 entstand, um die Schlösser Schleißheim, Lustheim und Nymphenburg und ihre Gartenanlagen mit Wasser zu versorgen, bezog auch die Würm mit ein.

Auch **Schloß Blutenburg** macht von der Würm Gebrauch: das Wasserschloß liegt auf einer kleinen Insel zwischen zwei Armen des Flüßchens. Herzog Albrecht III. ließ sich ›Pluedenberg‹ um 1431 als Jagd- und Lustschloß errichten. Hier lebte er zusammen mit der Augsburger Baderstochter Agnes Bernauer, die er heimlich geheiratet hatte. Durch seinen Vater Herzog Ernst kam es dann zu dem fürchterlichen Todesurteil: Die Bernauerin wurde 1435 von einem

Mezzetino, Figur der Commedia dell'Arte von Franz Anton Bustelli

Henker in die Donau gestürzt. Vor allem aber machte Herzog Sigmund, ein Sohn Albrechts, von dem Schlößchen Gebrauch. Prinz Adalbert von Bayern schildert in der Geschichte seines Hauses, ›Die Wittelsbacher‹, was Sigmund hier draußen gefiel: »Er zog sich in sein hübsches Schlößchen Blutenburg an der Würm zurück, umgab sich mit schönen Frauen und ließ ansonsten den herzoglichen Bruder in der Residenz schalten. Zu den Vergnügungen des im Austrag lebenden Herzogs Sigmund gehörte offensichtlich der Bau von Kirchen: 1468 errichtete er das inzwischen berühmte gotische Kirchlein bei seinem Blutenburger Schloß, im gleichen Jahr legte er den Grundstein für die Münchner Frauenkirche, 1487 kam die Kirche von Pipping hinzu, 1492 die von Untermenzing und 1499 schließlich noch die von Aufkirchen am Starnberger See.«

Die Blutenburg, mehrfach umgebaut und 1979/83 gründlich restauriert, beherbergt heute die **Internationale Jugendbibliothek,** außerdem kann man sich in einem Restaurant von den Strapazen des langen Spaziergangs erholen. Die Kunstfreunde aber verlockt vor allem die von Herzog Sigmund errichtete **Schloßkapelle Hl. Dreifaltigkeit.** Der Backsteinbau, wohl ein Werk der Münchner Dombauhütte, ist in den Schloßkomplex integriert. Den Innenraum – einzigartig in seiner Geschlossenheit – beherrschen drei kostbare, filigrane gotische Altäre. Wie ein Baldachin breitet sich das tief hinabreichende Netzgewölbe über den Chorraum aus. Die Altarbilder sind Werke des Krakauers Jan Polack, der vom Münchner Hof gefördert wurde – 1490 malte er für Albrecht IV. den großen Wandelaltar in der Peterskirche. Das Hauptbild des Hochaltars, eine Darstellung des *Gnadenstuhls* auf Goldgrund (1491), gehört zu den ergreifendsten Kunstwerken, die im Münchner Raum in der Spätgotik entstanden. Herausragend sind auch die *Schnitz-*

Lalage, Figur der Commedia dell'Arte von Franz Anton Bustelli

Schloß Blutenburg, Innenraum der Schloßkapelle

Die bayerische Landeshauptstadt München

Schloß Blutenburg

figuren an den Wänden des Kirchenraumes und des Chors – Chritus, die Apostel und die Madonna (Ende 15. Jh.). Sie, die edle Blutenburger Madonna ist in der Kunstgeschichte eine Berühmtheit. Neuerdings werden die Figuren dem Münchner Bildhauer Markus Haldner zugeschrieben. Die *Glasbilder* am Unterrand der Fenster sind 1497 datiert – Szenen aus dem Leben Christi. Die Wappenscheiben darüber repräsentieren mit den Wittelsbachern verbundene Fürstenhäuser.

An der Würm entlang ist es nicht weit nach **Pipping** und zur **Kirche St. Wolfgang.** Auf dem Weg nach St. Wolfgang am Abersee machten hier die Pilger Rast. Herzog Sigmund, der den Bau ab 1478 errichten ließ, ebenso die Almosen der Pilger, ermöglichten die reiche Ausstattung. Frische und Farbigkeit sind der Restaurierung seit 1975 zu verdanken. Die drei Altäre sind Arbeiten Münchner Meister aus der Erbauungszeit, im Hochaltar erscheint der hl. Wolfgang, flankiert von zwei Diakonen. *Freskenreste* aus den Jahren um 1480 blieben im Chor erhalten – Szenen der Passion Christi und des Marientodes. Ein seltsames Detail: der perspektivisch auf die Wand gemalte Schalldeckel der Kanzel.

Die Schlösser Schleißheim und Lustheim

Auch der Norden Münchens ist mit einer großartigen barocken Schloßanlage gesegnet. Um sie zu erreichen, sollte man sich der S-Bahn bedienen (S 1). Von der Station **Oberschleißheim** aus sind es dann noch etwa 10 Minuten zu Fuß bis zum Schloßareal. Zuerst empfängt den Besucher das **Alte Schloß**. Mit ihm beginnt die Geschichte der gewaltigen Anlage, die drei Schlösser und einen großen Park umfängt. Herzog Wilhelm V. von Bayern (1548–1626), der als junger, lebenslustiger Prinz auf seiner Landshuter Burg Trausnitz fröhliche Feste feierte, wurde nach schweren Schicksalsschlägen zum ernsten, frommen Mann. Ihm verdankte der Jesuitenorden die Münchner Michaelskirche und das Kolleg. Als im Jahr 1577 die Schwaige Schleißheim in seinen Besitz kam, baute er sich dort ein einfaches Herrenhaus und umgab es mit neun Einsiedeleien mit Kapellen »nach Art der neun Kirchen von Rom«. Dieser fürstlichen Eremitage folgte durch Kurfürst Maximilian I. (1573–1651) ein anspruchsvollerer Bau, das heutige Alte Schloß. Heinrich Schön war der Baumeister (1616–23), Peter Candid der Innenausstatter. Was wir heute vor uns sehen, ist freilich größtenteils nur Rekonstruktion. Im Zweiten Weltkrieg weitgehend zerstört, mußte beim Wiederaufbau 1971/72 der südliche Teil neu aufgebaut werden. Heute ist hier die *Sammlung Weinhold* untergebracht, die sehr interessante Objekte religiösen Volksglaubens präsentiert.

Dem Alten Schloß gegenüber: die langgestreckte Front des **Neuen Schlosses**. Der Schöpfer des barocken Schleißheim war Kurfürst Max II. Emanuel (1662–1726), ein absolutistisch gesonnener Herrscher. Daher sollte sein Schleißheimer Schloßbau alles bisher in Bayern dagewesene an Pracht übertreffen. Er erhoffte sich einen Königsthron – hier sollte eine königliche Residenz entstehen. Mit dem Bau des Jagdschlößchens Lustheim war der erste Schritt bereits voll-

Oberschleißheim ☆☆
Besonders sehenswert:
Altes Schloß
Neues Schloß
Schloß Lustheim
Schloßpark

Schleißheim, Schloß und Park
1 Altes Schloß
2 Neues Schloß
3 Gartenparterre und Boskettzone
4 Schloß Lustheim

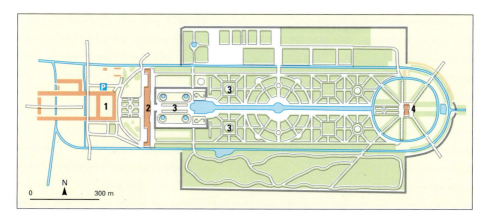

zogen worden, 1701 wurde der Grundstein zum Bau des Neuen Schlosses gelegt. Der Graubündner Enrico Zuccalli, seit 1677 Oberhofbaumeister, sah eine Vierflügelanlage vor, unter Einbeziehung des Alten Schlosses.

Der Spanische Erbfolgekrieg, der den Kurfürsten ins Exil zwang, führte zur Unterbrechung der Bauarbeiten. Als nach 1719 von neuem begonnen wurde, hatte sich Josef Effner als Hofbaumeister durchgesetzt. In Paris geschult, sorgte er für einen Stilwandel vom italienischen zum französischen Geschmack. Die 330 m lange Fassade, streng gegliedert, wurde durch Austausch von Fensterformen verändert. Der Kurfürst erlebte die Vollendung seines Prunkschlosses nicht mehr; bei seinem Tod 1726 waren jedoch die meisten Räume in ihrer Ausstattung fertiggestellt.

Bedeutende Künstler, darunter auch junge Talente wie Johann Baptist Zimmermann, der 1720 mit den Stuckarbeiten seinen ersten höfischen Auftrag erhielt, waren an den Ausstattungsarbeiten beteiligt. Das *Treppenhaus,* das Joseph Effner 1720–23 nach den Plänen von Enrico Zuccalli ausführte, wurde zum Vorbild für weitere barocke Treppenanlagen. Nach langjährigen Renovierungsmaßnahmen sind die Prunkräume wieder zugänglich, so auch die berühmte *Barockgalerie* mit Arbeiten flämischer, italienischer und französischer Meister des 17. und 18. Jh.

Zugänglich ist jedoch die großartige **Gartenanlage,** ebenso das Schloß Lustheim an ihrem Ende. Ab 1688, nach Abschluß der Arbeiten an dem Jagdschlößchen, wurde zunächst damit begonnen, das *Kanalsystem* anzulegen, das noch heute besteht. Auf der Höhe des Aumeisters wurde von der Isar Wasser nach Lustheim geführt, es wurde kreisförmig um das Schloß herumgeleitet und dann in zwei Kanälen gerade in Richtung Dachau, um den Anschluß an das Nymphenburger Kanalsystem zu ermöglichen.

Dem Garten mit seinen geometrischen Strukturen ist noch heute deutlich anzusehen, daß bei der Planung ein Franzose am Werk war. Dominique Girard, ein Schüler des Gartenarchitekten Le Nôtre, kam im Gefolge des Kurfürsten aus dem Exil zurück. Ihm verdanken wir die Parterres mit den symmetrischen Boskettzonen, die Kaskade mit den Fontänen – alles zum Schloß Lustheim als Point de Vue ausgerichtet.

Die Hochzeit des Kurfürsten mit der österreichischen Kaisertochter Maria Antonia war Anlaß zum Bau des **Schlosses Lustheim.** Im Stil eines italienischen Gartencasinos entstand der Bau 1684–88 durch Enrico Zuccalli. Der breitrechteckige Mittelsaal des Belvedere wird von Seitenflügeln umschlossen, hier lagen die kurfürstlichen Appartements. Das bezaubernde kleine Schloß, mit Fresken italienischer Maler ausgestattet (Thema: Diana als Göttin der Jagd), wird heute für Museumszwecke genutzt. Hier fand 1971 die *Meißner Porzellansammlung Ernst Schneider* einen würdigen Platz. 1800 Objekte größter Kostbarkeit, darunter Böttgerporzellan aus den Anfängen der Produktion.

*Blick über die Schloß-
◁ anlage Schleißheim*

Kunst am Stadtrand und in den Vororten

Kunst am Stadtrand und in den Vororten

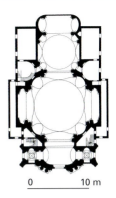

St. Michael in **Berg am Laim.** Im östlichen Vorgelände der Stadt, einst bekannt wegen seiner ergiebigen Lehmgruben (Laim = Lehm), baute sich Herzog Josef Clemens von Bayern, ein Bruder des Kurfürsten Max Emanuel, die Josephsburg. Gleichzeitig gründete er, seit 1688 Erzbischof und Kurfürst von Köln, eine Erzengel-Michael-Bruderschaft. Sein Nachfolger Clemens August, ein Bruder des Kurfürsten Karl Albrecht, beschloß den Bau einer großen Kirche, da die Schloßkapelle der Josephsburg, die Hauptkirche der Bruderschaft, zu klein geworden war. Zum Baumeister wurde zunächst Johann Michael Fischer bestimmt, doch griff auch der Stadtbaumeister Kögelsberger in die Planung ein. Der Grundstein wurde 1738 gelegt, doch wegen der Rivalität der beiden Architekten dauerte es mehr als zwanzig Jahre, bis die Michaelskirche vollendet war.

Kirche St. Michael in Berg am Laim, Innenraum; oben: Grundriß

Die beiden hoch aufragenden Türme, die schon von weitem auf die Kirche aufmerksam machen, sind glanzvoller Auftakt zu diesem bei allen Widrigkeiten doch sehr einheitlich wirkenden Bau. Dennoch: die Doppelturmfassade, ursprünglich als Ziel eines Straßenzuges geplant, der von München herführte, ist durch die heutige Bebauung in ihrer Wirkung sehr beeinträchtigt.

Einer querovalen Eingangshalle schließt sich der zentrale, kuppelgewölbte Mittelraum an, dann folgt ein zentrales Presbyterium und schließlich der ovale Chor. Der Innenraum ist glanzvoll ausgestattet. Johann Baptist Zimmermann, der in seinen *Fresken* (1743/44) die drei Erscheinungen des Erzengels Michael darzustellen hatte, zeigt sich auch hier fröhlich-bayerisch. »Hier stellte Zimmermann im asymmetrischen Panorama der Hängekuppel ein Hirtenvolk dar, das zeitlos irgendwo zwischen Oberbayern und dem Morgenlande lebt. Der inhaltliche Hauptakzent, die Wundergrotte des heiligen Michael, ist aus der Zentralachse geschoben. Der König und die Priester gehen erst in langem Kurvenzug darauf zu, in den Wolken wird dieser Kurvenrhythmus noch einmal ganz zart aufgenommen. Köstlich wirkt dazwischen die gravitätisch-preziöse Gespreiztheit des wallfahrenden Königs, kapriziös der Einfall, die üppigen Porzellankostüme seines Gefolges unmittelbar neben die volkstümlichen der Hirtengruppe zu setzen.« (Hans Tintelnot) – Zimmermann hat auch den anmutigen Rocaillestuck geschaffen, und da die *Altäre* ebenfalls Werke eines großen bayerischen Meisters des Rokoko sind – Johann Baptist Straub –, können wir in dieser Kirche schwelgen.

Nicht weit entfernt von dieser eleganten Hofkirche dann eine sehr dörfliche Wallfahrtskirche: **St. Mariä Himmelfahrt** in **Ramersdorf**. Die Wallfahrt ist alt: neben Altötting ist sie wahrscheinlich die älteste in Süddeutschland. Ein Kreuzpartikel aus dem Besitz Kaiser Ludwigs des Bayern wurde 1377 an Ramersdorf übergeben, woraufhin die erste romanische Kirche durch einen gotischen Neubau ersetzt wurde (1399–1412). Die Barockisierung des Jahres 1657 durch den Schlierseer Wolfgang Zwerger prägt die heutige Erscheinung des Innenraumes. Nach Abschlagen der gotischen Kreuzrippen wurde der Felderstuck nach Miesbach-Schlierseer Art angebracht, der leider 1867 vergoldet wurde. Zentrum des barocken Hochaltars ist das *Gnadenbild*, eine spätgotische thronende Muttergottes (um 1470), die einst fälschlich Erasmus Grasser zugeschrieben wurde. Schnitzwerke Grassers besitzt die Kirche dennoch. Der ehemalige *Kreuzaltar* an der nördlichen Langhauswand enthält Skulpturen des Münchners (1483), die Gemälde der Flügel (Geschichte der Kreuzreliquie) werden Jan Polack zugeschrieben. Auch die *Schutzmantelmadonna* im Langhaus ist wohl eine Arbeit Polacks (1503).

In **Thalkirchen**, im Münchner Süden, ist der **Tierpark Hellabrunn** die große Attraktion. Für Kunstfreunde gibt es noch eine zusätzliche Freude, denn im alten Ortsteil finden wir eine der reizvollsten Marienkirchen im Münchner Raum, **St. Maria Thalkirchen.** Auf einem der *Votivbilder* im Innern der Kirche erfahren wir, wie es zur Stiftung kam: »Als der Krieg, den Herzog Stephan von Bayern im Jahre 1372 mit der Reichsstadt Augsburg geführt, und gedrängt durch des Feindes Macht hierher kamen, da gelobte sein Feldherr Christian Graf v. Frauenberg der hl. Jungfrau Maria, wen er mit den Seinen den reissenden Isar Stromm durchsetzet, hier eine Kirche zu bauen. Er wurde erhört u. erbaute diese Kirche.«

Die alte Flößersiedlung Thalkirchen – die ›Kirche im Tal‹ – ist die Mutterpfarrei des Münchner Gebietes links der Isar, und als die Fraunberger im 14. Jh. ihr Gelübde einlösten, existierte schon ein romanischer Bau. Heute zeigt sich Maria Thalkirchen nicht nur gotisch – auch die Barockzeit, ja sogar noch im 20. Jh. hat hier kräftig mitgebaut. Die barocke Umgestaltung des Langhauses ist Kurfürst Max Emanuel zu verdanken, er setzte den Hofkünstler Johann Andreas Wolff als Leiter der Bauarbeiten ein. Wolff malte das Deckenbild, die Darstellung der Himmelfahrt Mariä (1696). Das kostbarste Kunstwerk aber ist der – allerdings mehrfach veränderte – Hochaltar mit dem *Gnadenbild* (1482) und dem schwebenden Engel des Altarbauers Ignaz Günther (um 1759). Von Günther stammen auch die Halbfiguren der hll. Anna und Joachim (um 1775).

Der Thalkirchner Kirchweg mündet im Süden in die Maria-Einsiedel-Straße. Hier (Nr. 45) erwarb der Barockmaler Cosmas Damian Asam 1724 einen Landsitz und baute ihn als Wohn- und Atelierbau aus. In Erinnerung an das Schweizer Kloster Einsiedeln, in dessen Kirche er im gleichen Jahr freskiert hatte, nannte er den neuen Besitz, zu dem auch Ökonomiegebäude gehörten, Asamisch-Maria-Einsiedl-Thal. Das **Asam-Schlößl,** wie man den Bau heute nennt, ist über und über mit *Fassadenmalerei* geschmückt, doch sehen wir hier leider nicht mehr das Original des Meisters, sondern eine Rekonstruktion der Nachkriegszeit. Kunsthistorisch interessant: der Borghesische Fechter, die malerische Nachbildung einer römischen

Olympiapark, Zeltdach der Schwimmhalle

Die bayerische Landeshauptstadt München

Statue, die an die römische Akademieausbildung des Malers erinnern soll.

Im Westen von Thalkirchen, nahe der Parkstadt Solln, liegt **Forstenried**. Die **Pfarr- und Wallfahrtskirche Heiligkreuz** (Forstenrieder Allee 180 a), ein spätgotischer, barockisierter Bau, bewahrt ein bedeutendes Werk der romanischen Kunst, das *Forstenrieder Kreuz*. Einer Legende nach soll es um 1170 von Frater Albanus aus dem Kloster Seeon für die Burgkapelle von Andechs geschnitzt worden sein. Bis 1229 soll das Kreuz noch in Andechs gewesen sein, dann kam es nach Forstenried, wo es seitdem als Gnadenbild verehrt wird. Der Gekreuzigte ist hier als Christkönig dargestellt, mit Krone und weit geöffneten Augen – es ist der lebende Christus, der über den Tod triumphiert. Zum erstenmal in der romanischen Kunst stehen die Füße nicht parallel, sie liegen übereinander und sind von nur einem Nagel durchbohrt (Dreinagelkruzifix).

In entgegengesetzter Richtung, weit oben im Münchner Norden, finden wir einen in der Allgemeinheit recht wenig bekannten Bau, die **Kirche Heiligkreuz** in **Fröttmaning** (Kranzberger Allee 66). An der Autobahn München-Nürnberg nahe der Mülldeponie gelegen, ist das Gelände heute nicht besonders einladend, doch sollte man die Fahrt (auch mit der U 6) nicht scheuen. Die kleine Chorturmkirche, im Kern romanisch, ist wohl die älteste Kirche Münchens. Erstaunliche *Ornamentmalereien* schmücken Längswände und Chorwand. Mit weißem Kalk gemalt, direkt auf den Ziegel aufgetragen, gehören sie zu den großen kunsthistorischen Raritäten in Bayern. Die Malereien aus dem 12.–13. Jh. wurden erst 1981 freigelegt.

München ist nicht gerade reich an herausragender moderner Architektur. Auf der Suche nach auch städtebaulich bedeutsamen Bauten werden wir im östlichen und nördlichen Stadtrandbereich fündig. Von den Bewohnern Alt-Bogenhausens mißtrauisch beäugt wurden die Bauarbeiten am **Hypo-Bank Verwaltungszentrum**, die notwendigerweise zur radikalen Veränderung der vertrauten Silhouette führen mußten. Seit 1981 steht das silbrig-glänzende gewaltige Gebilde von 114 m Höhe – und man hat sich daran gewöhnt. Das Hochhaus aus drei prismatischen Türmen und vier Rundtürmen – ein Stahlbetonbau mit Aluminiumhaut – dient der Büronutzung (1975–81, Walther und Bea Betz, Arabellastr. 12).

Die Form eines Vierzylinders ist für ein Bauwerk sicherlich außergewöhnlich, doch im Fall des **BMW-Verwaltungsgebäudes** (Petuelring 130) durchaus sinnvoll. Das 18geschossige Gebäude (Karl Schwanzer, 1970–72) besitzt eine Fassade aus gegossenen Aluminiumteilen. Angegliedert ist die Betonschüssel des *BMW-Museums*.

Diese Bauten entstanden gleichzeitig mit den **Olympiabauten** auf dem ehemaligen Fluggelände Oberwiesenfeld: Olympiapark, Olympiastadion, Olympiaturm, Olympisches Dorf. Aufsehen erregte auch international das *Zeltdach* des Stadions, das mit seinen lichtdurchlässigen Acrylglasplatten schwebende Leichtigkeit vermittelt (Günther Behnisch und Partner).

Landschaft der Osterseenplatte: der Sengsee bei Iffeldorf vor den Bergen des Ammergaus ▷

Im Fünfseenland

Im Fünfseenland

Der Ammersee und seine Umgebung

Im Vergleich zum Starnberger See ist der **Ammersee** fast noch eine Idylle: die Ufer sind bei weitem nicht so dicht besiedelt, das Auge kann frei über Wälder und Wiesen schweifen und findet viel wohltuendes Grün. Dennoch herrscht auch hier viel Bewegung; die Nähe zu Augsburg und München schafft Menschen in Scharen heran, und in den Ferienmonaten kommen die Gäste aus ganz Deutschland.

Die Sommerfrische am Ammersee wurde nicht erst in unserer Zeit entdeckt. Bereits 1879 lohnte sich ein erstes Fahrgastschiff, und ab 1903 gab es eine Eisenbahnverbindung. Auch Künstler siedelten sich hier an, doch alles in allem gehörte der See den Einheimischen, den Bauern, Fischern und Handwerkern. Er war immer der Bauernsee, während man beim Starnberger See mit seinen Adelssitzen und den herrschaftlichen Villen des Großbürgertums vom Fürstensee sprach.

Mit seinen 47 km^2 Fläche ist der Ammersee nach dem Chiemsee und dem Starnberger See der größte See Bayerns. Er ist etwa 16 km lang und 3–6 km breit. Zwischen Herrsching und Riederau wurde die größte Tiefe gemessen: 83 m. Zusammen mit dem Starnberger See und den kleineren Gewässern um Seefeld gehört er zum Fünfseenland. Landschaftsbildend hat in diesem Gebiet der Isar/Loisach-Gletscher gewirkt. Als dieser sich nach der letzten Eiszeit – vor 10 000 Jahren – zurückzog, entstanden die Alpenvorland-Seen. Nach dem Ende der Eiszeit füllte der Ammersee noch das gesamte Becken zwischen Polling und Grafrath; im Lauf der Jahrtausende aber verlandete er in weiten Teilen – Restseen wie der Pilsensee und der Wörthsee, dazu verschiedene Moore, erinnern an diesen Prozeß. Die seebegleitenden Moränenhügel gehören zum Bild dieser Landschaft ebenso wie die flachen Moorgebiete am Süd- und Nordende des Sees und – an schönen Tagen – die Gebirgskette im Süden.

Beginnen wir unsere Erkundung am Westufer. Die Ammer, die den See von Süden her speist, verläßt ihn an seinem Nordende als Amper. Ihren Lauf durch das Ampermoos bis Grafrath verfolgen wir in einem anderen Kapitel.

Wenn auch nicht direkt am See gelegen, ist **Greifenberg** dennoch als Einstieg sehr geeignet. Hier – hoch über dem Tal der Windach – steht das **Schloß** der Freiherrn von Perfall. Zwar ist der Vierflügelbau nicht zu besichtigen, doch bietet er auch von außen einen sehr erfreulichen Anblick. Leonhard Matthäus Gießl, der vielbeschäftigte Münchner Hofmaurermeister, hat die mittelalterliche Burg nach einem Brand im Jahr 1760 in ein barockes Schloß verwandelt. Die von Perfall – seit 1478 Schloßherren – waren bis 1848 Herren der Hofmark Greifenberg, zu der auch **Schondorf** gehörte.

Hier sind wir nun schon direkt am Seeufer – eine recht dicht besiedelte Gemeinde, bestehend aus Ober- und Unterschondorf. Der Luftkurort abseits der Hauptverkehrsstraßen erinnert an keiner Stelle mehr an seine bescheidenen Anfänge als Fischer-, Tagelöhner- und

Weberdorf. Wie oft an den oberbayerischen Seen machten auch hier die Künstler den Ort der Außenwelt bekannt. Der Maler Wilhelm Leibl, der hier – von München enttäuscht – 1875 Quartier nahm, blieb allerdings nur zwei Jahre.

Zu Ende des Jahrhunderts erleichterte bereits ein Ammerseedampfer die Anfahrt. Zusammen mit Schondorf sind auch Stegen, Buch, Breitbrunn, Herrsching, Diessen, Riederau und Utting mit dem Schiff zu erreichen. Es kamen jedoch nicht nur Feriengäste. Weniger als Salem, jedoch auch sehr bekannt ist Schondorf als Sitz eines **Landerziehungsheims.** Nach Plänen Friedrich von Thierschs entstand 1907 das Hauptgebäude.

Nahe am Dampfersteg finden wir Schondorfs ältestes Baudenkmal, die romanische **Kirche St. Jakob,** einen der wenigen fast unberührt erhaltenen bayerischen Tuffquaderbauten der Zeit um 1150. Besonders interessant an der Jakobskirche: sie besitzt zwei Geschosse. Ob das Obergeschoß einst als Pilgerherberge diente oder ob wir hier eine Doppelkirche mit zwei Sakralräumen vor uns haben – man weiß es nicht. Der barocke Hochaltar stammt aus der Zeit um 1760, die Figuren sind Arbeiten der Weilheimer Degler-Werkstatt. Der romanische Kruzifixus (frühes 13. Jh.) ist nur Ersatz für einen bedeutend kostbareren, der 1942 entwendet wurde.

Utting, noch vor zwanzig Jahren als aufstrebender Fremdenverkehrsort charakterisiert, ist heute längst etabliert, man findet Badeplätze, Segelschulen und einladende Biergärten. Die **Pfarrkirche Mariä Heimsuchung** besitzt zwar einen wuchtigen Barockturm, doch das Langhaus entstand erst 1819. Sehr reizvoll sind die Figuren des Landsberger Meisters Lorenz Luidl, besonders die Gruppe der Verkündigung Mariä vom Anfang des 18. Jh.

In effektvollem Rot-Weiß zeigt sich die Kirche im Oberdorf, **St. Leonhard.** Der Diessener Klosterbaumeister Michael Natter hat sie 1707–12 errichtet. Wunderschön ist der spiralige Akanthusrankenstuck von Pontian Finsterwalder, einem Wessobrunner Stukkator (1709). Auch hier: Figuren der Landsberger Lorenz und Johann Luidl.

Der Uttinger **Seepavillon** (1988) enthält eine für den Ammersee überaus wichtige Einrichtung, die **Fischbrutanstalt.** Da die Faulschlammablagerung am Grund des Sees die Entwicklung des Fischlaichs behindert, sind solche Brutanstalten wichtig. Der Ammersee, vor allem wegen seiner köstlichen Renken bekannt, gehört zu den artenreichsten Gewässern in Oberbayern. Seit vielen Jahrhunderten wird hier die Fischerei ausgeübt, als Nebenerwerb diente einst auch die Personenbeförderung über den See.

Das benachbarte **Holzhausen** wird von seiner erhöht gelegenen Kirche beherrscht. **St. Ulrich,** im Kern noch romanisch, ist in zweifacher Hinsicht interessant: einmal wegen der ansehnlichen Barockaltäre (Hochaltar 1676), vor allem aber wegen des kleinen *Friedhofs.* Die Namen der Grabsteine – Fritz Erler, Walter Georgi, Eduard Thöny, Adolf Münzer – erinnern an die alte Holzhausener Künstlerkolonie, die sich hier Anfang des 19. Jh. bildete.

Im Fünfseenland

Am Rande des Naturschutzgebiets Seeholz führt die Straße nach **Riederau**. Wer von Herrsching aus mit dem Dampfer über Riederau nach Diessen fährt, kann sich am Anblick dieser herrlichen Westuferpartie erfreuen: ein gepflegtes Grundstück neben dem andern, die Villen hinter Rotbuchen, Eschen, Erlen und Eichen versteckt. In einem alten Bauernhaus wurden 1975 die **Kreisheimatstuben Riederau** eingerichtet. Hier kann man nicht nur bäuerliche Wohnkultur erleben, sondern sieht auch Werke der Ammerseekünstler wie Wilhelm Leibl und Eduard Thöny.

Diessen

Diessen ☆☆

Die Anfahrt nach Diessen ist vom See aus so eindrucksvoll, daß man sie jedem Besucher nur wünschen kann: im Vordergrund die gestaffelte Reihe der Bootshäuser, die als Pfahlbauten im Wasser stehen, und über dem satten Grün der Uferanlagen die machtvolle und doch elegante Silhouette der Klosterkirche.

Tosende Bäche, die sich zum See hinabstürzen, sollen dem Ort den Namen gegeben haben, denn ›diezzen‹ bedeutet im Mittelhochdeutschen Tosen. Die Siedlung wird 1039 zum erstenmal urkundlich erwähnt, doch scheint sie viel älter zu sein. Als erste Herren treten die Grafen von Diessen – Ahnherren des Hauses Andechs-Meranien – im 11. Jh. aus dem Dunkel der Geschichte. Die Legende allerdings reicht bis ins 8. Jh. zurück, als ein Angehöriger dieses Geschlechts auf dem ›Sconenberg‹ bei Diessen seine Stammburg gebaut haben soll. Und wenig später, im Jahr 815, sei dann in St. Georgen vor Diessen das erste Kloster gegründet worden. Gewiß ist jedoch nur dies: ein früher an anderem Ort gegründetes Stift, 1013 an die Augustinerchorherren übergeben, wurde 1132 an den jetzigen Ort verlegt. Graf Rathard von Diessen war der Überlieferung nach der erste Klostergründer (9. Jh.), Graf Berthold II. der Gründer des Augustinerchorherrenstifts im 12. Jh. Die Grafen von Diessen, die sich nach 1185 von Andechs nannten, sind in die bayerische Geschichte als mächtigstes Geschlecht vor den Wittelsbachern eingegangen.

Die heutige **Pfarrkirche Mariä Himmelfahrt,** die ehemalige Augustinerchorherrenkirche, feiert das Gedenken an die Stifter, die Heiligen und Seligen des Hauses Andechs in grandioser Art, in barockem Überschwang. Denn: von den ersten Kirchenbauten auf dem Diessener Hügel ist nichts geblieben. Was wir heute vor uns sehen, ist ein einheitliches Werk des 18. Jh.

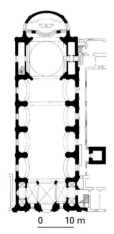

Diessen, Grundriß der ehemaligen Klosterkirche Mariä Himmelfahrt

Mit Herculan Karg (reg. 1728–55) besaß das Kloster einen außergewöhnlich kunstverständigen Propst. Zur 600-Jahr-Feier der Gründung wollte er einen neuen und besonders prächtigen Kirchenbau errichten und holte sich dazu Altbayerns vorzüglichsten Baumeister, Johann Michael Fischer. Der Vorgänger Herculan Kargs hatte bereits um 1720 mit dem Neubau der Stiftskirche begonnen, doch was Fischer hier vorfand, konnte er nicht anerkennen. Ab 1732 wurde das

Diessen

Diessen, Innenraum der Pfarrkirche Mariä Himmelfahrt

Gemäuer abgetragen, das Fundament aber beibehalten. So folgt Diessen im Grundriß dem Schema der damals bereits antiquierten Wandpfeileranlage, doch vermochte es Fischer durch geschickte Rhythmisierung im Raum Bewegung und Spannung zu erzeugen.

Bereits die fein gegliederte, schwingende *Fassade* ist ein Fest, vielleicht die nobelste, die Oberbayern besitzt. Vermutlich entstand sie unter Mitwirkung von François Cuvilliés. Der seitlich aufragende *Turm* wurde erst 1986/87 nach alten Vorbildern rekonstruiert, gleichzeitig auch die umfassende Renovierung des Innenraums abgeschlossen. Fresken, Stukkaturen und Altäre zeigen sich also heute in strahlendem Glanz. Auch für die Gestaltung der Ausstattung war Propst Herculan Karg das Beste gerade gut genug: was sich hier in den sieben Jahren bis zur Kirchenweihe (1739) an Malern, Bildhauern, Altarmeistern und Stukkatoren zusammenfand, war bayerische und auch schwäbische Künstlerelite. Schwaben mußten auch dabei sein, da Diessen kirchlich dem Bistum Augsburg angehört. So holte man als Freskanten den Augsburger Akademiedirektor Johann Georg Bergmüller, der hier sein Hauptwerk schuf. Auch die Stukkatoren Franz Xaver und Johann Michael Feichtmayr waren in Augsburg ansässig, ebenso die Altarmeister Ehrgott Berhard Bendl und Ägid Verhelst. Politisch hingegen war Diessen Teil des Herzogtums Bayern, und so wurden bedeutende Münchner Künstler verpflichtet: die Bildhauer Johann Dietrich und Johannes Baptist Straub, die Maler Balthasar Augustin Albrecht und Georges Desmarées. François Cuvilliés, der kurfürstliche Hofbaumeister, lieferte einige Entwürfe. Aus dem Diessener Umkreis gesellten sich als Bildhauer der Weilheimer Franz Xaver Schmädl sowie der Wessobrunner Stukkator Johann Baptist Üblher hinzu. Schließlich holte man sich aus Italien noch zwei Werke venezianischer Künstler, Giovanni Battista Tiepolo und Giovanni Battista Pittoni.

Als der Bau schließlich vollendet war, pries ihn der Pollinger Chorherr Fastl in seiner Kirchweihpredigt als »der neue Himmel zu Diessen«. Er ist eine Stätte des Gedenkens an die Stifter und Heiligen des Hauses Diessen-Andechs, die Bergmüller in seiner Chorkuppel darstellte, diesem ›Diessener Heiligenhimmel‹.

Betrachten wir die wichtigsten Kunstwerke in Chor, Gemeinderaum und Vorhalle. *Hochaltar* (1738) nach Entwurf von François Cuvilliés; Altarblatt Mariä Himmelfahrt von Balthasar Augustin Albrecht; Figuren der vier Kirchenväter von Joachim Dietrich. *Fresko* in der Chorkuppel von Johann Georg Bergmüller (Heilige und Selige aus dem Geschlecht der Grafen von Diessen-Andechs, 1736).

Die Seitenaltäre im Langhaus sind einander paarweise zugeordnet. Die Kapellen der Nordseite (beginnend beim Chor): *1. Magdalenen- bzw. Mechtildisaltar* (Heilige Kapelle) mit der Darstellung der Buße der hl. Magdalena von Johann Andreas Wolff; Aufbau und Figuren von Aegid Verhelst. Da die Kapelle dem Andenken der Diessener Grafenfamilie gewidmet ist, wird im Oberbild (Johann Georg Bergmüller) die hl. Hedwig von Schlesien dargestellt. Im gläsernen Schrein die Gebeine der hl. Mechtildis und unter der Kanzeltreppe ihr Hochgrab (um 1500). *2. Stephanusaltar* mit der Darstellung des Martyriums des Heiligen von Giovanni Battista Pittoni; Aufbau und Figuren von Johann Baptist Straub (um 1737). Neben dem Stephanusaltar die *Kanzel* von Straub mit der Paulusfigur auf dem Schalldeckel und Reliefs zu Predigt und Bekehrung. *3. Michaelsaltar* mit der Darstellung des Engelskampfes von Johann Evangelist Holzer (1737); Altaraufbau und Figuren von Aegid Verhelst.

Die Kapellen der Südseite: *1. Kreuzaltar* mit Darstellung der Kreuzigung Christi von Georges Desmarées (um 1738); Aufbau von Ehrgott Bernhard Bendl, Putten mit Büsten von Aegid Verhelst. *2. Augustinus- oder Rathardsaltar* mit Darstellung der Verzückung des hl. Augustinus von Johann Georg Bergmüller (1740); Aufbau und Figuren von Aegid Verhelst. Rotmarmor-Grabstein für Stephan von Schmiechen (gest. 1495) wohl von Matthäus Haldner. *3. Seba-*

stiansaltar mit der Darstellung der Marter des hl. Sebastian von Giovanni Battista Tiepolo (um 1738/39); Aufbau und Figuren von Johann Baptist Straub.

Das *Deckenbild* im östlichen Langhausjoch (Johann Georg Bergmüller) stellt die erste Klostergründung St. Georgen durch den seligen Rathard dar; das Hauptfresko, das sich über drei Joche spannt, zeigt Szenen aus der Geschichte der Diessener Klöster St. Stephan und Maria, im Zentrum die Gottesmutter (1736); über der Orgelempore stellte Bergmüller die Auffindung der Gebeine des sel. Rathard dar. - Im linken Seitenraum der *Vorhalle*, der Taufkapelle, ist eines der schönsten Schnitzwerke der Kirche zu sehen, ein anmutiger schwebender Engel des Münchners Johann Baptist Straub.

Von den barocken **Klostergebäuden** (1681–88, Michael Thumb) ist nur noch der Ostflügel erhalten. Nördlich der Kirche (links neben der Fassade) steht noch ein Teil des barocken Wirtschaftsflügels. Der ›Traidkasten‹ (1727), einst als Getreidespeicher und Marstall genutzt, wurde 1981 zur **Winterkirche St. Stephan** ausgebaut. Die Votiv- und Hinterglasbilder der linken Nische umgeben eine romanische Marienfigur, die Rosa Mystica (um 1250). Der Getreidespeicher über diesem Raum wurde zum Pfarrsaal umgestaltet und ein weiteres Geschoß dient heute als **Pfarrmuseum.** Hier ist qualitätsvolle Volkskunst zu sehen, darunter die Gschwind-Krippe mit über 450 Figuren.

Rechts von der Kirchenfassade finden wir den Eingang zur **Schmädl-Bergmüller-Galerie.** Franz Xaver Schmädls Weihnachtskrippe ist hier zu sehen, dazu die Aufbauten des Heiligen Grabes für die kleine Bühne im Hochaltar, ebenso zwei Gemälde des Augsburgers Johann Evangelist Holzer. Der Greifenberger Bauernmaler Max Raffler (gest. 1986) ist hier wie auch im Pfarrmuseum mit expressiven Bildern vertreten.

Der in effektvolles Gelb gehüllte **Taubenturm** (zweite Hälfte 18. Jh.), einst Eingang zum Klosterhof, führt uns in den Ortsbereich. Wenn auch reichlich durchsetzt mit Bauten modernen Gepräges – Diessen hat durchaus noch dörflichen Charakter. Die ruhmvolle mittelalterliche Vergangenheit als Gründung der Grafen von Diessen, die 1231 sogar mit dem Stadtrecht ausgezeichnet wurde, ist allerdings nicht mehr ablesbar. Mit dem Aussterben der Andechser Grafen (1248) wurde Diessen zum Markt degradiert. Am Seeufer entwickelte sich eine Fischersiedlung, und zwischen ihr und dem Klosterhügel entstand ein Handwerkerort. Noch heute ist Diessen wegen seiner vielen **Töpferwerkstätten,** vor allem aber wegen seiner **Zinngießerei** bekannt. Unten am See, inmitten der vorbildlich gepflegten Uferanlagen findet man einen **Pavillon,** der das Diessener Kunsthandwerk sehr schön präsentiert.

Kein Wunder, daß sich an diesem Ort auch andere Künstler wohlfühlten, etwa der Komponist Carl Orff (1895–1982), der hier zusammen mit der Schriftstellerin Luise Rinser lebte. Auf dem Gelände der alten Rink-Villa wurde ein kleines **Orff-Museum** eingerichtet, in

Figuren aus der Zinngießerei zu Diessen, hier in Augsburger Tracht

dem neben biographischen Dokumenten auch Instrumente zum Orffschen Schulwerk zu sehen sind.

Nicht nur die Klosterkirche, auch die **Friedhofskirche St. Johann** sollte besucht werden, zumal wir hier einen der in dieser Gegend seltenen frühklassizistischen Saalräume sehen können (Stuckmarmor-Altäre 1780/90, Thomas Schaidhauf).

Am westlichen Ortsrand liegt **St. Georgen** mit der **Kirche St. Georg**. Hier begann der Überlieferung nach die Geschichte des Diessener Klosters. Der sel. Rathard aus dem Geschlecht der Grafen von Andechs soll hier um 815 ein Stift gegründet haben, das dann 1132 nach Diessen verlegt wurde. Der heutige Bau ist spätgotisch und wurde ab 1750 im Geschmack des Rokoko umgestaltet (Stuck Franz Xaver Feichtmayr, um 1750; Hochaltar Thomas Schaidauf, 1760, mit Gemälde des hl. Georg von Matthäus Günther; Seitenaltäre und Kanzel von Thassilo Zöpf, 1765).

Das gesamte Südufer des Ammersees ist Naturschutz- und auch Vogelschutzgebiet; die Straße nach Fischen macht einen weiten Bogen um das Moorgelände. Zu beiden Seiten der Schwedeninsel, die als Halbinsel in den See greift, mündet ein Arm der **Ammer** in den See – im Osten die kanalisierte Neue Ammer, im Westen die Alte Ammer. 17 m^3 Wasser pro Sekunde ergießen sich hier in den See, und was der Fluß an Schotter mitbringt, wird allmählich zu einer völligen Verlandung des Ammersees führen.

Das Hinterland des Südufers ist mit weiten Ausblicken besonders gesegnet, wenn auch von **Raisting** her die Riesenantennen der Erdfunkstelle – zwölf mit in die Landschaft hineinleuchtende Schüsseln – störend eingreifen. Schon im Jahr 1965 wurde die Raistinger Wanne als idealer Standort für diese ›Ohren zum Weltraum‹ von der Bundespost entdeckt – sehr zum Ärger der Naturfreunde. Raisting besitzt in der **St. Remigiuskirche** einen bemerkenswerten Bau, das Werk des Diessener Stiftsbaumeisters Michael Natter (1694/96). Die Deckenfresken im Chor stammen von Christian Winck (1766), der Stuck und die Stuckmarmoraltäre von Thomas Schaidauf.

Von Raisting aus führt der Weg durch das weite Moos, die Ammer überquerend, nach **Pähl**. Der hohe Turm der **Pfarrkirche St. Laurentius** ist weithin sichtbar. Caspar Feichtmayr, der Baumeister der Klosterkirche von Benediktbeuern, hat ihr das markante Turmobergeschoß mit der prallen Zwiebelhaube gegeben (um 1680). Das hochbarocke Langhaus ist ein Werk von Joseph Schmuzer (1723). Die Fresken, die das Leben des hl. Laurentius darstellen, gehören zu den Hauptwerken des Johann Baader (1772).

Pähl ist alter historischer Boden. Zwar zeigt sich das **Hochschloß Pähl** an seinem Moränenhang in neugotischem Gewand (1883–85, Albert Schmid), doch stand hier einst eine Burg der Grafen von Andechs-Meranien, die im 13. Jh. in den Besitz der Wittelsbacher kam. Der *Pähler Altar*, um 1400 für die Burgkapelle entstanden, gehört heute zu den Kostbarkeiten des Bayerischen Nationalmuseums in

München. Von hier oben schweift der Blick über die Ammersenke und den Hohenpeißenberg. Wer sich für Wasserfälle interessiert, findet einen recht eindrucksvollen in der **Pähler Schlucht:** der Burgleitenbach stürzt auf seinem Weg zum Ammerseebecken über eine 15 m hohe Nagelfluhwand.

Eine vielfältige Moränenlandschaft begleitet auch das Ostufer des Ammersees. Zum Höhenzug, der sich zwischen Pähl und Widdersberg (südlich von Seefeld) erstreckt, gehört auch der Andechser Berg – landschaftlich wie auch kulturell die großartige Dominante. Wir beginnen unsere Fahrt in **Fischen** – einst ein Fischerort, doch durch die Verlandung des Sees beträchtlich weit ins Hinterland gerückt. Von den drei Ortsteilen – Vorderfischen, Mitterfischen und Aidenried – verdient vor allem **Mitterfischen** Beachtung. Die **Kirche St. Pankratius,** ein hübscher barockisierter Bau, sitzt in aussichtsreicher Position auf einem Hügel. Von hier aus geht der Blick weit ins Voralpenland, auf das buchtenreiche Südufer des Sees und auf Diessen. Die *Totenbretter* an der Linde vor der Kirche sind reich verziert.

Die Straße am Ufer entlang in Richtung Herrsching hat ebenso ihren Reiz wie der Weg auf der oberen Terrasse, der über die Erlinger Höhe nach Andechs führt. **Schloß Mühlfeld** ist die erste interessante Station vor Herrsching. Michael Wening hat in seinem Werk ›Topographia Bavariae‹ das »Schloß Milfelden« der Dokumentation für würdig befunden und es dargestellt, wie es – bis auf wenige Veränderungen – heute noch dasteht: als langgestreckten Walmdachbau mit kleinem Zwiebelturm. Damals (1701) war das Renaissanceschlößchen der Wittelsbacher noch Sommersitz der Andechser Äbte, heute ist es in Privatbesitz und daher nicht zugänglich.

In **Herrsching** geht es fast das ganze Jahr hindurch recht lebhaft zu. Dafür sorgt einmal der Dampferbetrieb, dann die Nähe von Andechs, vor allem aber die S-Bahn in Richtung München. Der ehemals gemütlich-stille Ort wurde durch eine hektische Bautätigkeit nach dem Zweiten Weltkrieg rigoros verändert – so sehr, daß die beiden alten Ortskerne um die Martinskirche und die Nikolauskirche kaum noch erkennbar sind. Pfarrkirche ist **St. Nikolaus,** ein mehrfach veränderter spätgotischer Bau mit barockem Hochaltar. Herausragend ist der Kruzifixus an der Südwand, daneben Bilder der hll. Maria und Johannes in venezianischen Spiegelrahmen. In beherrschender Position steht die **Kirche St. Martin** auf einem Bergsporn, der vom Kienbach umflossen wird. Der barocke Zwiebelhaubenturm täuscht: der Bau ist spätgotisch, wurde aber im 18. Jh. barockisiert (Hochaltar um 1680).

Bestechend ist in diesem Ammerseeort der gepflegte Kurpark, darin am Seeufer die auffallend aufwendige **Scheuermann-Villa,** das sog. Kurparkschlößchen. Der Maler Ludwig Scheuermann hat es sich 1888/89 im Stil der Neurenaissance bauen lassen und dabei Eindrücke von Reisen nach Florenz und Venedig verwertet. Heute wird die Villa als Kulturzentrum genutzt.

Im Fünfseenland

Andechs ☆☆

Andechs

Mit dem Wagen fährt man von Herrsching aus in wenigen Minuten nach Andechs. Doch viel schöner und sinnvoller ist der Weg zu Fuß durch das Kiental oder durch den Wald am Ramsee-Denkmal vorbei. Der **Heilige Berg von Andechs** – einer der großen bayerischen Gnadenorte, zugleich aber auch ein sehr weltliches Pilgerziel. Das gute Bier, das die Benediktiner brauen und das im Bräustüberl ausgeschenkt wird, hat magnetische Wirkung. So erleben wir diesen alten ehrwürdigen Ort vor allem an den Wochenenden wie im Jahrmarktstrubel, laut und betriebsam.

Schon lange bevor die Grafen von Diessen hier oben eine Burg bauten, war der Andechser Höhenrücken besiedelt. Der Ortsname erscheint als Anadehsa zum erstenmal im Jahr 1068, doch schon Mitte des 12. Jh. wird urkundlich das nun endgültige Andechs genannt. Damals stand bereits die Burg der Grafen von Diessen. Nachdem diese ihre Diessener Ländereien dem Kloster geschenkt hatten, verlegten sie ihre Hofhaltung nach Andechs und nannten sich von nun an Comites de Andechs, Grafen von Andechs. Der schnelle Aufstieg des Hauses begann. Bereits zu Beginn des 12. Jh. hatten die Grafen über einen Landbesitz verfügt, der vom Ammersee bis zur Isar reichte und weiter bis an den Gebirgsrand. Nach der Jahrhun-

Andechs, Blick auf das Kloster und die Brauerei

dertmitte nun kamen Ländereien in Tirol hinzu, und schließlich wurde Graf Bertold III. als treuer Anhänger Kaiser Friedrich Barbarossas mit der Markgrafschaft Krain und Istrien belehnt (1173). Sein Sohn Bertold IV. erhielt dann 1195 den Titel eines Herzogs von Meranien (›das Land am Meer‹), womit die Andechser zu Reichsfürsten wurden. Die Töchter Bertolds konnten nun wegen ihres hohen Ranges auch mit Herzögen und Königen vermählt werden, und so kam Hedwig nach Polen, wurde Herzogin von Schlesien und später als hl. Hedwig zur Patronin Schlesiens. Sie gehörte – wie die hl. Elisabeth von Thüringen, deren Mutter Gertrud eine Andechserin war – zu den frommen Frauen dieses Geschlechts, aus dem 28 Heilige und Selige hervorgingen.

Doch Ruhm und Heiligkeit genügten nicht, um dieses große bayerische Geschlecht vor dem Sturz zu bewahren, und sein Niedergang war ebenso schnell wie der Aufstieg. Bei der Hochzeit des Andechser Herzogs Otto VIII. mit Beatrix von Burgund, der Nichte des Stauferkönigs Philipp von Schwaben, im Jahr 1208 wurde der König von einem Wittelsbacher ermordet. Die Andechser wurden der Mitwisserschaft bezichtigt und in Acht und Bann gelegt. Als sie ihre Unschuld beweisen konnten, war es bereits zu spät: die Wittelsbacher hatten sich ihrer Ländereien bemächtigt. Der letzte Herzog des Hauses Andechs-Meranien starb 1248 ohne Erben.

Wenn auch die Geschicke von Andechs in den folgenden Jahrhunderten von den Wittelsbachern und den von ihnen eingesetzten Benediktinern bestimmt wurden – in seinem sakralen Zentrum, der Heiligen Kapelle, erinnert dieser Ort sehr nachdrücklich an die einstigen Herren. Von Pilgerzügen und Kreuzfahrten hatten die Grafen von Andechs-Meranien kostbare Reliquien mitgebracht. Als sie nun die Burg verlassen mußten, versteckten sie das ›Andechser Heiltum‹ so gründlich, daß es erst 180 Jahre später entdeckt wurde. Die bayerischen Herzöge brachten die Reliquien zunächst in die Lorenzkapelle des Alten Hofes in München, doch kamen sie zu Beginn des 15. Jh. wieder nach Andechs. Die Wallfahrt zum Andechser Heiltum versammelte dann so viele Gläubige auf dem Heiligen Berg, daß ein großer Kirchenbau notwendig wurde (1420–25). Kirche und Wallfahrt wurden bis 1455 von weltlichen Augustinerchorherren betreut, dann von Benediktinern aus Tegernsee, die Herzog Albrecht III. berufen hatte. Die Säkularisation (1803) brachte auch hier die übliche Zäsur. König Ludwig I., der Retter vieler bayerischer Klöster, erwarb 1850 die Gebäude und übergab sie den Benediktinern der Abtei St. Bonifaz in München.

Die **Wallfahrtskirche St. Nikolaus, Elisabeth und Maria,** umringt von Klosterbauten, wirkt mit ihrem hohen Zwiebelturm weit ins Land hinein. Am schönsten ist die Annäherung an den Heiligen Berg von Osten her: ein Weg, gesäumt von Kreuzwegstationen, die auf das Ereignis Andechs vorbereiten. Ein kurzer Anstieg, vorbei an unauffälligen Ökonomiegebäuden, an Souvenirläden und dem stets belebten Bräustüberl, und dann der steil aufragende Turm, leuchtend in

Im Fünfseenland

warmem Altrosa. Kommt man von Diessen her, diesem strahlend hellen Kirchenraum, so muß man sich in Andechs umgewöhnen, denn hier herrscht dämmriges Licht. Doch hat sich das Auge erst an das Halbdunkel gewöhnt: welche Pracht, welcher Glanz, welch goldene Herrlichkeit des Hochaltars! Die dreischiffige spätgotische Halle trägt ein Rokoko-Festgewand, seit im Jahr 1755 die Dreihundertjahrfeier der Abtei begangen wurde. Abt Bernhard Schütz, der aus einer Wessobrunner Stukkatorenfamilie stammte, holte sich als Stukkator und Freskant den Münchner Hofkünstler Johann Baptist Zimmermann, einen gebürtigen Wessobrunner. Aus München kam auch der Baumeister Lorenz Sappel, der die spätgotische Hallenkirche umbaute, beraten von dem Architekten der Landsberger Jesuitenkirche, Ignaz Merani.

Das vierte Pfeilerpaar wurde abgebrochen, und so entstand ein weiter Raum für den **Hochaltar,** für den Zimmermann die Entwürfe lieferte. Der Altar baut sich über zwei Geschosse auf, er steht in Verbindung mit der umlaufenden Galerie. Am Hochaltar vorbei konnten die Wallfahrer über die Galerie zur Reliquienkammer kommen; zugleich war sie auch Demonstrationsempore – die Heiltümer wurden von hier aus an bestimmten Tagen öffentlich gezeigt. Der untere Teil des Altars birgt das *Gnadenbild,* eine thronende Madonna im Strahlenkranz (um 1468). In der Nische des oberen Altars erscheint eine Immaculata (1609, Hans Degler). Die Figuren zu ihrer Seite, ebenso auch die schwungvollen Emporenfiguren in Weiß-Gold sind Werke von Franz Xaver Schmädl (um 1753). Hinter der Pracht dieses mächtigen Hochaltars treten die *Seitenaltäre* zurück. Die beiden ersten Altäre sind dem hl. Benedikt und dem hl. Rasso von Grafrath geweiht (Gemälde von Andreas Wolff, 1703). Graf Rasso von Diessen, der sich als Kämpfer gegen die Ungarn Ruhm erwarb und eine Pilgerfahrt ins Heilige Land unternahm, gilt als Gründer des Andechser Heiltumschatzes.

Die spätgotischen Gewölbe ließen nur wenig Raum für die *Deckenfresken* (1751/52). Wie in Diessen gibt es auch hier einen Heiligenhimmel: in der Chorkuppel versammeln sich die Heiligen und Seligen des Hauses Andechs um den kostbarsten Schatz des Heiltums, die Heiligen Drei Hostien. Zimmermanns Malerei ist wie immer duftig und fein nuanciert; reizvoll besonders das Fresko im Zentrum des Mittelschiffs, die Darstellung der Wunderheilung am See Bethesda. Auch die Empore wurde in das große Andechser Bildprogramm mit einbezogen, hier sieht man volkstümliche Darstellungen zur Heiltumsgeschichte.

Die Seitenschiffe werden von *Kapellen* begleitet. Hier findet man auch – an der Westseite – das berühmte *Wachsgewölbe* mit wunderschönen bemalten Votivkerzen, zum Teil an die 2 m hoch.

Jede Kapelle ist aufwendig ausgestattet. Innerhalb eines bizarren Rokokoaufsatzes sieht man in der ersten Kapelle der Nordseite (Schmerzhafte Kapelle) eine eindringliche Pietà aus dem späten 17. Jh. Zwischen dieser und der Sebastianskapelle (Rokokoaltar und

Andechs, Votivkerzen im Wachsgewölbe

186

Andechs

Wallfahrtskirche Andechs, Hochaltar und Seitenaltäre

Deckenbild von Johann Baptist Zimmermann, 1754) führt eine Treppe zur *Heiligen Kapelle*. Das vielverehrte Zentrum des Heiltumsschatzes ist die *Dreihostienmonstranz*, ein kostbares Münchner Goldschmiedewerk (um 1435). Der Überlieferung nach hat Bischof Otto von Bamberg, ein Mitglied des Hauses Diessen-Andechs, drei heilige Hostien aus dem Besitz der Bamberger Domkirche im 13. Jh. nach Andechs bringen lassen, um dem Land Frieden zu geben. Darunter war auch das Sakrament des hl. Gregor, die Zelebrationshostie, auf der während der Wandlung ein blutiges Kreuz erschien, als Papst Gregor der Große vor der spanischen Königin Elvira die Messe las. Der Heiltumsschatz war bis zur Säkularisation sehr umfangreich, doch dann wurden viele Reliquiare eingeschmolzen, so daß heute nur noch an die sechzig Objekte gezeigt werden können. Manches hat der wissenschaftlichen Untersuchung nicht standgehalten – dennoch taten die Reliquien ihre Wirkung, wie auch die vielen Votivbilder dankbarer Gläubiger beweisen, die unter der Kirche zu sehen sind. Zu den Gegenständen die zweifelsfrei echt sind, gehört das Brautkleid der hl. Elisabeth.

Eine weitere Kapelle – gegen Osten – die *Kreuzkapelle,* ist mit feinstem Wessobrunner Rokokostuck geschmückt, in die Rocaillen sind kleine Spiegelscheiben eingelassen. Das Deckenbild (Johann Baptist Zimmermann, um 1752) stellt die Huldigung der Erdteile an die hl. Dreifaltigkeit dar. Wunderschön: der Kreuzaltar von Franz Xaver Schmädl (1755), eine bewegte Passionsszenerie von seltener Eindringlichkeit.

Die **Klostergebäude,** spätgotisch im Kern, wurden nach einem Brand 1669 erneuert. Die 750. Wiederkehr des Todes der hl. Hedwig wurde 1993 zum Anlaß einer Ausstellung, die auch einige Klosterräume mit einbezog. Nun sah man zum erstenmal die herrlichen, soeben restaurierten Stuckdecken im *Fürstentrakt.* Wohl nur in Wessobrunn selbst läßt sich Stuck aller Stilstufen so gut studieren wie in Andechs. Vom einfachen Quadraturstuck (Chorkapelle, Graf-Bertold-Zimmer, Winterchor) über den Hochbarockstuck (Fürstensaal, Herzog-Albrecht-Zimmer), zum Spätbarockstuck (Billardzimmer) ist hier jede Stilstufe vertreten. Prunkvoll: der *Fürstensaal* mit kraftvollem Akanthusblattwerk, mit Putten, Blattmasken und phantastischen Köpfen, alles farbig gefaßt. Dank der Forschungen von Eva Chr. Vollmer ist eine genaue Zuweisung der Andechser Stuckdecken an bestimmte Wessobrunner Stukkatoren möglich. So steht der Fürstensaal heute als Werk von Johann Schmuzer fest (um 1680/81). Auch Schmuzers produktiver Sohn Franz Schmuzer ist in Andechs mit zwei meisterlichen Dekorationen vertreten (Bibliothekssaal, um 1733, und Refektorium, um 1725) die bisher Johann Baptist Zimmermann zugeschrieben wurden.

Zum Kloster gehörte auch eine **Apotheke** – untergebracht in einem geräumigen Walmdachbau vor der Kirche (1763–67). Das Programm der Deckenbilder bezieht sich auf die Heilkunde. Vom begrünten Platz vor der Kirche führt ein steiler Treppenweg hinab zum ummauerten Bezirk des **Wittelsbacher Friedhofs.** Er wurde an der Südseite des Klostergartens erst 1980 eingerichtet, und so finden wir hier nur Gräber von Angehörigen des Hauses Wittelsbach, die erst in jüngster Zeit verstorben sind.

Vom Klostergasthof und dem Bräustüberl, wo der belebende Gerstensaft genossen wird, ist es nicht weit zu seiner einstigen Produktionsstätte, dem **Sudhaus.** Schon von fern sieht man die mächtige neubarocke Anlage an der Ostseite des Klosters mit ihrem hohen Schornstein. Bis 1984 wurde hier das Andechser Bier gebraut, dann baute man ein neues Sudhaus am Fuß des Klosterbergs. Hier gibt es allerhand zu tun, denn der Jahresausstoß beträgt 80 000 hl, verteilt auf fünf Biersorten. Jährlich, so wird behauptet, zieht der gute Ruf des Andechser Bieres eine Million Besucher an!

Schloß Seefeld

Herrsching ist auch Ausgangspunkt für die Erkundung des Seengebietes um Seefeld, Steinebach und Weßling, zumal diese Orte an die S-Bahn angeschlossen sind. In wenigen Minuten ist der **Pilsensee** erreicht (Station Seefeld-Hechendorf). Das **Herrschinger Moos** (NSG), das die Fahrt zunächst begleitet, ist der verlandete Teil eines Arms, den der Ammersee einst nach Osten ausstreckte. Als Rest blieb, in der Nacheiszeit vom Ammersee abgetrennt, der kleine Pilsensee von 1,9 km^2 Fläche.

Herren über dieses Gebiet waren durch viele Jahrhunderte die Grafen von Toerring (auch Törring), deren Schloß sich als wehrhafter Komplex über dem Ostufer erhebt. Noch heute ist **Schloß Seefeld** im Besitz der Toerring und daher öffentlich nicht zugänglich. Vor dem einladenden barocken Torpavillon (Entwurf Johann Michael Fischer, 1738) am Höllgraben muß allerdings nicht haltgemacht werden, denn im Schloßbräustüberl, wo Toerring'sches Bier ausgeschenkt wird, ist der Gast willkommen. Dem inneren Wirtschaftshof mit Bräuhaus und Bräustüberl folgt dann der richtige Schloßhof, umgeben von den Schloßbauten. Nur der hohe *Bergfried* stammt noch im Kern aus dem 13. Jh., als hier die Herren von Seefeld herrschten, Hochfreie im Gebiet der Andechser. Im übrigen gehen alle Teile auf die Herrschaft der Toerring zurück, die 1472 den Herren von Preysing auf Wolnzach folgten. Vom Schloßgarten aus, dessen Parterre ein Wassergraben umgibt, ist der Komplex am besten zu überblicken. Hier, an der Südwestseite, baute Gabriel von Seidl 1897 eine reizvolle Loggia, die dem recht abweisenden Bau wohltut. Die *Schloßkapelle*, von außen nicht sichtbar, wurde im 18. Jh. ausgestattet und mit Wessobrunner Stuck geschmückt (Thassilo Zöpf).

Schloß Seefeld am Pilsensee

Ende des 18. Jh. ließ Clemens Anton Graf Toerring eine **Eichenallee** pflanzen, die heute noch bewundert wird. Sie führt nach **Delling**, wo ein großzügig angelegter ehemals Toerringscher Gasthof steht. Lohnend ist auch der Ausflug nach **Drößling** mit der prachtvollen **Kirche St. Mariä Himmelfahrt** (1688), zu deren Ausstattung eine besonders schöne sitzende Madonna (1480) gehört. Ebenso stattlich ist die **Pfarrkirche St. Peter** in **Oberalting**, die als Grablege der Grafen Toerring interessante Epitaphien aufweist. Vor allem aber darf **Unering** nicht versäumt werden, denn **St. Martin** gehört zu den Dorfkirchen, die von Johann Michael Fischer errichtet wurden. Der kleine oktogonale Zentralraum (1730) wurde von Johann Baptist Zimmermann stuckiert, und wenn auch die Fresken von keinem namhaften Maler stammen (Johann Georg Sang, München, 1731), sind sie dennoch sehr eindrucksvoll (Deckenbild: der hl. Martin als Fürsprecher der Armen).

Am Pilsensee und auch am bedeutend größeren **Wörthsee** (4,5 km^2) sind Badefreudige willkommen, doch sind die Ufer keineswegs überall zugänglich. Den schönsten Blick auf die Wörthseelandschaft eröffnet die Uferstraße zwischen Steinebach und Walchstadt. **Steinebach** war bis zum Bau der Bahnlinie Pasing-Herrsching (1903) noch ein sehr stiller Ort, doch seit der Anbindung an die S-Bahn aus Richtung München hat sich hier sehr viel verändert. Ein hübscher Akzent: die kleine **Martinskirche** mit dem ortsbeherrschenden Satteldachturm (Fresken 1738, Johann Georg Sang).

Teile des Wörthseegebiets sind unter Landschaftsschutz gestellt, so auch die Halbinsel Wörth, die von Westen her in den See greift. Unter Naturschutz steht das einsame Schluifelder Moos; am Nordrand breitet sich das schon fast unvermeidbare Golfgelände aus. Von hier aus führt ein Weg durch den Schluifelder Wald zu einer erstaunlichen Wallfahrtskapelle, **Maria Hilf** in **Grünsink**. Ein Toerringscher Jäger, so berichtet die Legende, habe sich einst im Wald verirrt und der Muttergottes die Aufstellung eines Bildes gelobt, wenn sie ihn aus der Not retten würde. Er wurde erhört, das Marienbild fand einen Platz in einem Birnbaum, und bald kamen so viele Andächtige, daß eine Kapelle gebaut werden mußte (1763). Kaum zehn Jahre später wurde ein Anbau notwendig, dem man auch eine kleine Eremitenwohnung anfügte.

Der langgestreckte Bau, reich gegliedert, ist im Innern ein Augenfest für Freunde des Volksbarock; angefüllt mit Votivbildern, im Zentrum der kostbare Gnadenaltar mit dem Gnadenbild, das von einer bezaubernden blumengeschmückten Draperie aus Stuckmarmor gerahmt wird. Die Wallfahrt zur Grünsinker Madonna ist noch heute lebendig. Ende Juli und Mitte August wird eine Messe im Freien zelebriert, und dann gibt es ein Volksfest mit Wallfahrtsmarkt.

Der kleine Wesslinger See ist nun nahegerückt – ein Toteissee wie die Osterseen im Süden des Starnberger Sees. Die S-Bahn – Nähe zu München hat das alte **Wessling** ebenso verändert wie die Nachbarorte. Rings um den See, mit Ausnahme des steileren Südostufers, reihen sich die Häuser. Reizvoll ist der Blick vom Nordufer auf die **Alte Pfarrkirche,** ein stattlicher Bau mit Staffelgiebel (15. und Ende 18. Jh.).

Bleibt noch das Ostufer des Ammersees zwischen Herrsching und Inning zu erkunden. Das Gelände am See außerhalb der Ortschaften befindet sich meist in Privathand, doch ist hin und wieder ein Badeplatz zugänglich.

Breitbrunn wird von der kleinen **Kirche St. Johannes** beherrscht. Der spätgotische Bau mit Satteldach kann noch Mauerreste aus dem 13. Jh. aufweisen. Die Ausstattung: ländliches Barock, im rechten Seitenaltar eine spätgotische Madonna. Sehr hübsch ist die Holzempore mit gemalten Apostaldarstellungen. Hier, vor allem aber im Nachbarort **Buch:** alte und neue Villen, manche sehr repräsentativ, wie etwa die neuklassizistische **Villa Kühnrich** in der Bucher Schloßstraße, ein Bau von 1923.

Am schönsten aber ist der See von der oberen Terrasse aus. Der **Jaudsberg** im Norden von Breitbrunn ist mit seinen 617 m zwar nur ein kleiner Buckel, doch gilt er am Ammersee als bester Aussichtspunkt.

Inning liegt nicht mehr direkt am See, doch ist der Ort in mancher Hinsicht attraktiv. Von hier aus ist der Wörthsee fast genauso nah wie der Ammersee, vor allem die Mausinsel mit dem **Wörthsee-Schlößchen,** 1772 als Sommersitz für die Grafen Toerring errichtet. Innings Dorfkirche, die **Pfarrkirche St. Johannes Baptist,** ist ein sehr ansehnlicher Bau. Bauherren waren die Grafen Toerring-Seefeld, die, wie auch in Perchting, den Münchner Hofmaurermeister Leonhard Matthäus Gießl beriefen (1765). Den geräumigen Saalbau überspannt eine Flachkuppel – Schauplatz einer bewegten, vielfigurigen Malerei zum Thema der Johannespredigt (1767, Christian Winck). Der Wessobrunner Thassilo Zöpf hat die graziösen Stuck-Rocaillen geschaffen, Franz Xaver Schmädl den mächtigen Hochaltar und die Figuren der beiden Johannes in Polierweiß.

Der Starnberger See und seine Umgebung

Als beliebtestes Nah-Erholungsziel der Münchner, als Standort unzähliger Villen, Landhäuser und Zweitwohnungen, ist der **Starnberger See** sicherlich der besuchteste, bevölkertste und betriebsamste See in ganz Oberbayern. Im Jahr 1857 wurde die Eisenbahnstrecke zwischen München und Starnberg in Betrieb genommen und zugleich auch die Dampfschiffahrt auf dem See eröffnet. Bis dahin gehörte der Würmsee, wie er damals hieß, den Bauern, Fischern und Handwerkern. An manchen bevorzugten Stellen gab es jedoch auch Adelssitze, und natürlich hatte sich auch der Münchner Hof repräsentative Bauten geschaffen.

Im Fünfseenland

Mit einer Fläche von 57 km² ist der Starnberger See der zweitgrößte in Bayern. Er ist 21 km lang, zwischen 2 und 5 km breit und – bei Allmannshausen – bis zu 123 m tief. Wie der Ammersee entstand auch dieser See nach dem Rückzug des Eises im Spätglazial. Die Würmseegletscherzunge – Teil des großen Isar-Loisach-Gletschers – hat in diesem Gebiet landschaftsbildend gewirkt. Die Umrisse der Gletscherzunge gaben dem See seine Gestalt, die eiszeitlichen Ablagerungen, die Moränen, formten die ihn begleitende Hügellandschaft.

Starnberg

Starnberg ☆
Besonders sehenswert:
Alte Pfarrkirche
St. Joseph
Heimatmuseum

Das Nordufer des Sees nimmt Starnberg ein. Ein Logenplatz am See, denn der Blick auf die Alpenkette im Süden ist bei entsprechender Wetterlage imponierend. Ein Ausgleich für manch anderes Ungemach, denn dieser Ort, in dem die Autobahn von München fast übergangslos endet, ist besonders stark zersiedelt, da er eben auch von jeher besonders begehrt war.

Den Anfang machten die Grafen von Andechs-Meranien, die sich auf dem heutigen Schloßberg eine Burg bauten, Grenzbastion gegen die Wittelsbacher, die im oberen Würmtal – auf dem Karlsberg bei Leutstetten – saßen. Schon im Jahr 1246 jedoch sehen wir die Festung Starnberg in Wittelsbacher Hand, und ein Jahrhundert später

Starnberg, Blick vom See auf St. Joseph und das Schloß

wurde auf der Burg der erste herzogliche Pfleger eingesetzt. Der Münchner Hof allerdings entdeckte Starnberg erst im 16. Jh. für sich. Herzog Wilhelm IV. ließ 1541 die Burg in einen Sommersitz verwandeln, und mit dem Hof zog es auch den Münchner Adel und das wohlhabende Bürgertum an den See – es entstanden Schlößchen und Landsitze an allen Ufern. In der Chronik ›Der Würmsee‹ (1857) schilderte A. Link die Vorzüge Starnbergs und seiner Landschaft: »Auf den offenen Anhöhen erblickt man fast immer in Entfernungen von weniger als einer Stunde von einander ansehnliche Schlösser mit Thürmen und zwischen diesen die lieblichsten Landhäuser.«

Die glanzvollste Zeit erlebte Starnberg unter dem Kurfürsten Ferdinand Maria (1636–79) und seiner Gemahlin Adelheid Henriette von Savoyen. Die See- und Jagdfeste um Starnberg, Possenhofen, Berg und Kempfenhausen waren in ganz Europa berühmt, auf dem See kreuzte das Prunkschiff Buccentaur, von hundert Ruderern bewegt. Die zweite Blütezeit Starnbergs begann mit dem Bau der Eisenbahnlinie und mit dem Zuzug des Münchner Großbürgertums, das sich hier seine aufwendigen Villen baute. 1912 wurde Starnberg zur Stadt erhoben und entwickelte sich nach dem Zweiten Weltkrieg zur modernen Kreisstadt.

Vom See aus zeigen sich inmitten des recht diffus bebauten Hanges das **Schloß** und die alte Josephskirche als wohltuend gliedernde Akzente. Dem dreigeschossigen Vierflügelbau sieht man es heute allerdings nicht mehr an, daß er einst Mittelpunkt aufwendiger Feste war. Das Renaissanceschloß (1541), nach seinem Verfall im 19. Jh. zum Amtssitz umgebaut und 1969 grundlegend saniert, ist Sitz des Finanzamts. Nur die gewölbte Durchgangshalle im Erdgeschoß und zwei Kassettendecken im Obergeschoß zeugen noch von der Renaissance-Vergangenheit.

Dem Sommerschloß der Kurfürsten schloß sich einst ein Hofgarten an, besetzt mit einem kleinen Sommerhaus. Heute erhebt sich an der Stelle die **Alte Pfarrkirche St. Joseph,** deren elegante Doppelzwiebelhaube schon von Ferne entzückt. Der Münchner Hofmaurermeister Leonhard Matthäus Gießl, dem Oberbayern manch ansehnliche Dorfkirche verdankt, hat die Josephskirche 1764–66 errichtet; hervorragende Meister des Spätrokoko statteten den lichten Raum aus. Dem breiten Langhaus schließt sich ein eingezogener Chor an. Hier, vor der flachen Apsis, steht einer der schönsten *Hochaltäre,* die in Rokoko-Bayern zu sehen sind, ein Meisterwerk von Ignaz Günther (um 1765). Im Mittelpunkt: ein goldener Tabernakel und darüber in strahlendem Weiß die Heilige Familie. Links und rechts, diese Gruppe flankierend, die Figuren der hll. Johannes von Nepomuk und Franz Xaver, alles sehr elegant und ein wenig morbid. Auch die *Kanzel,* rechts unter dem Chorbogen, ist ein Werk Günthers. Die Evangelistensymbole am Kanzelkorb und die Kartusche – züngelndes, ornamental aufgelöstes Rokoko, und statt des Schalldeckels ein flügelschlagender Johannes-Adler.

Sowohl der Freskant der Kirche, Christian Winck, als auch der Stukkator, Franz Xaver Feichtmayr, haben öfter mit Gießl zusammengearbeitet. Die Starnberger *Fresken* gelten dem Kirchenpatron. Sehr reizvoll in der Chorkuppel: die bewegte Szene der Anrufung des hl. Joseph und der Gottesmutter durch Kurbayern und die Starnberger Stände.

Über die Dorfstraße ist das **Heimatmuseum** zu erreichen, das in einem ehemaligen Bauernhof, dem Lochmann-Hof, untergebracht ist. Hier wurde alles zusammengetragen, was das Leben im alten Starnberg dokumentieren kann. Die größte Kostbarkeit: die Starnberger Heilige, ein Frühwerk Ignaz Günthers (1755).

Der alte **Bahnhof** aus der Gründungszeit der Bahnlinie (1855) ist einen Blick wert, vor allem der holzvertäfelte Königssalon. Hier hielten sich die Mitglieder des Münchner Hofs vor der Weiterfahrt nach Schloß Berg auf. Von der immer belebten **Seepromenade** aus sehen wir das Schlößchen am anderen Seeufer liegen. Hier finden wir auch den **Bayerischen Löwen,** einst Heckfigur des Dampfers Bavaria, entworfen vom Münchner Bildhauer Lorenz Gedon (um 1878).

Parallel zur Seepromenade und zur Possenhofener Straße führt der Almeidaweg zum **Almeidaschlößchen.** Der noble klassizistische Bau wurde 1832 für den Bruder König Ludwigs I., Prinz Karl von Bayern errichtet und kam später an die Grafen Almeida. Eine Etage höher führt der **Prinzenweg** auf sonnig-aussichtsreichen, aber auch auf schattigen Wegen nach Pöcking. Eine kleine Wanderung, außerordentlich lohnend, vorbei an manch alter und moderner Villa. Interessant ist die **Villa Kornmann** (Prinzenweg 13), die der Starnberger Maler Joseph Wörsching mit Architekturmalerei nach pompejanischem Vorbild ausstattete (Privatbesitz).

Söcking erinnert nur noch um seine **Kirche St. Stephan** (17. und 19. Jh.) herum an das alte Dorf, das Mitte des 18. Jh. nur aus zwanzig Anwesen bestand. Heute geht der Ort fast nahtlos in das Starnberger Gelände über. Auch hier: fabelhafte Villen in elitärer Aussichtslage. Und auf einer Anhöhe nahe der Andechser Straße steht das **Mausoleum,** das Prinz Karl von Bayern 1830/40 errichten ließ.

Die Söckinger Straße ist in ihrem unteren Teil den Wanderern bekannt, die sich auf den Weg zum **Naturschutzgebiet Maisinger See** machen. Am Maisinger Bach entlang geht es durch ein Wiesental zur Maisinger Schlucht, dann weiter zum See. Das Verlandungsgebiet eines nacheiszeitlichen Schmelzwassersees ist mit seinen Auwaldgehölzen, Steifseggenbulten und Moorflächen ein ideales Vogelbrutgebiet. Um die Vögel zu schonen, führt der Wanderweg nur am Ostrand des kleinen Sees entlang.

Über Söcking ist **Perchting** zu erreichen, wo die **Kirche Mariä Heimsuchung** durch ihre reiche Ausstattung überrascht. Der einfache Bau mit seltsam eingeschnürten Turmhelm entstand 1768 wohl nach einem Entwurf des Münchner Hofmaurermeisters Leonhard Matthäus Gießl. Ein großes Fresko von Johann Baptist Baader schmückt die Flachkuppel des Langhauses – figurenreiche Szenen zum Thema der Sebastianslegende (1774). Die Figuren des Hochaltars, die hll. Petrus und Paulus, stammen von einem bekannten Weilheimer Bildhauer, Franz Xaver Schmädl.

Auch der Norden von Starnberg ist mit Ausflugszielen reich gesegnet. Die **Würm** verläßt den See, dem sie einst den Namen gab, im Osten der Stadt. Die Nepomuksbrücke, eine hölzerne Zugbrücke, bildet das Tor zur Reise des kleinen Flusses, der dann nach einer Wegstrecke von 38 km bei Dachau die Amper erreicht. Die letzte der Eiszeiten wurde nach der Würm benannt; nördlich von Starnberg hat die Würmseegletscherzunge einen eindrucksvollen Endmoränenwall hinterlassen. Hören wir hierzu Siegmar Gerndt: »Wie in einem Amphitheater, wo die Sitzreihen sich zum Bühnenraum hin öffnen, so runden sich die Moränenwälle um das Leutstettener Moos (den verlandeten Nordzipfel des Würmsees) und führen den Blick über Starnberg und Percha bis zur weiten Fläche des Sees und zur Gebirgskulisse der Alpen im Hintergrund. Bei Leutstetten beginnt die einzigartige Mühltalschlucht. Sie ist das Durchbruchstal der Schmelzwasser durch die Endmoränen. Heute rauscht die Würm in malerischen Kehren durch diese trotz ihres dichten Baumwuchses anmutige Enge.«

Perchting, Kirche Mariä Himmelfahrt, Detail des Freskos zur Sebastianslegende. Der Ausschnitt zeigt einen entsetzten Zeugen des Martyriums

Leutstetten lohnt in mehrfacher Hinsicht den Besuch. Der hübsche kleine Ort mit der von Ausflüglern gern besuchten **Schloßgaststätte** ist Pilgerziel für so manchen königstreuen bayerischen Patrioten. Zwar baute sich das reizvolle **Schloß** mit seinen markanten Ecktürmen nicht das Haus Wittelsbach, sondern der damalige Hofmarksbesitzer Hans Urmiller (1558), doch 1875 ging es in den Besitz des Prinzen Ludwig, des späteren, im Volk sehr geliebten Königs Ludwig III. über. Und danach wurde Leutstetten Alterssitz des nicht minder populären Kronprinzen Rupprecht, der 1955 hier starb.

Leutstetten, bereits um 800 urkundlich erwähnt, besitzt auch einen erstaunlichen kleinen Sakralbau, die **Kirche St. Alto.** Der spätgotische Bau, im 17. und 18. Jh. verändert, birgt drei schöne Barockaltäre. Im linken Seitenaltar ist die bewegte Gruppe des *Pfingstwunders* nicht zu übersehen, wohl ein Werk des Münchner Bildhauers Markus Haldner (Ende 15. Jh.).

Über das Schloßgut Schwaige und Buchendorf ist in dreistündiger Wanderung **Gauting** zu erreichen, die einstige Römersiedlung Bratanium. Unter den Kirchen Gautings ist vor allem die **Frauenkirche** zu nennen, ein spätgotischer Bau mit einigen erhaltenen Fresken (um 1600) und prächtigen Barockaltären. Die beiden Seitenaltäre stammen aus der Werkstatt des Münchner Hofbildhauers Johann Baptist Straub.

Wieder in Starnberg, befahren wir nun die Uferstraße in Richtung Feldafing. In **Niederpöcking** entstand ab 1854 eine Villenkolonie. Nicht nur das Münchner Großbürgertum, sondern auch Künstler siedelten sich hier an, darunter auch der Maler Moritz von Schwind. Die **Villa von Miller** wurde 1855 für den Erzgießer Ferdinand von Miller von Arnold Zenetti im Maximiliansstil gebaut.

Im Fünfseenland

Possenhofen, das Schloß

Während die königlichen Wittelsbacher sich im 19. Jh. gern in Schloß Berg aufhielten, wählten die herzoglichen Verwandten **Possenhofen** zu ihrem Landsitz. Das **Schloß**, im 16. Jh. für Herzog Wilhelm V. errichtet, erwarb 1834 Herzog Max in Bayern. Aus dem Renaissanceschloß mit Ecktürmen ließ der Herzog einen neugotischen, mit Zinnen geschmückten Bau gestalten. Für die Gäste und die Dienerschaft wurde daneben das Neue Schloß errichtet, eine recht nüchterne Dreiflügelanlage. Possenhofen wurde zur Heimat der zehn Kinder des Herzogs, darunter auch die schöne Elisabeth, ›Sissy‹, die spätere Kaiserin von Österreich. Wer heute Possenhofen besucht, wird von höfischem Glanz allerdings nichts mehr feststellen können. Die herzogliche Familie nutzte den Bau noch bis 1920 als Landsitz, dann begann das Schloß zu verfallen und wurde schließlich durch private Initiative gerettet. Die Eigentumswohnungen die hier entstanden, sind luxuriös in jeder Hinsicht.

Ein schattiger Weg am Seeufer entlang führt in den Gemeindebereich von Feldafing und zur **Roseninsel**. Am Wochenende, doch nur bei schönem Wetter, bringt uns eine Fähre hinüber. König Maximilian II. erwarb die Insel, die früher einfach Wörth hieß, baute sich ein kleines Schlößchen im Villenstil (1851/52) und ließ daneben ein Rosenrondell anlegen. Seitdem heißt sie Roseninsel.

Am diesseitigen Seeufer plante Maximilian einen neuen Schloßbau und ließ auf dem umliegenden Terrain vom Berliner Landschaftsarchitekten Peter Josef Lenné einen Park im englischen Stil planen. Der Hofgartendirektor Karl von Effner führte den Entwurf aus. Während das geplante Schloß nicht über die Grundmauern hinausgedieh, finden wir den Lenné-Park noch heute, und zwar in Gestalt des überaus großzügigen **Feldafinger Golfplatzes**. Mitten hindurch führt ein Weg hinauf nach **Feldafing**. Vom einstigen Bauern- und Fischerort ist hier nichts mehr zu erkennen, denn die aussichtsreiche Terrassenanlage forderte zum Villenbau auf. Ende des 19. Jh. entstand die **Villenkolonie am Höhenberg,** die zu durchstreifen sich lohnt.

Die 1401 geweihte **Pfarrkirche St. Peter und Paul** wurde durch mehrfache Veränderungen zum neuromanischen Bau. Reizvoll dennoch: der byzantinisierende Innenraum. Einige der Glasfenster stiftete die Kaiserin Elisabeth von Österreich, die ehemalige Possenhofenerin. An sie erinnert auch das nobel altmodische **Hotel Kaiserin Elisabeth** (1854), dessen Gartenterrasse einen unverstellten Blick auf Park, See und Gebirge gewährt.

Der Uferweg in Richtung Tutzing führt zunächst nach **Garatshausen.** Direkt am See: das kleine **Schloß,** ein reizvoller Renaissancebau mit vier Erkertürmen (16. Jh.). Auch hier trat Herzog Max in Bayern 1834 als Käufer auf. Im Erbgang kamen Schloß und Hofmark Garatshausen 1888 an den Fürsten von Thurn und Taxis.

Als Endstation der S-Bahnlinie München–Starnberger See ist **Tutzing** fast schon ein Vorort der bayerischen Metropole. Wie auch in Starnberg: ein fast unaufhaltsamer Zersiedlungsprozeß, der schon 1865 einsetzte, als dem friedlichen Bauern- und Fischerdorf die Bahnstrecke beschert wurde. Der alte Ortskern dicht am See, um die **Alte Pfarrkirche St. Peter und Paul** (1738/39; Turm 1901), ist nur noch vage erkennbar. Dennoch wirkt Tutzing ländlicher als Starnberg, besitzt auch weniger wirkliche Prunkvillen. Die meisten Häuser der Jahrhundertwende entstanden im einfacheren, am Bauernhaus orientierten Landhausstil.

Als Sitz der Evangelischen Akademie ist **Schloß Tutzing** weit über die bayerischen Grenzen hinaus bekannt. Der klassizistische Dreiflügelbau wurde 1803–16 durch Umbau eines barocken Herrensitzes für die Grafen von Vieregg errichtet. Der großzügige Park am Seeufer – im englischen Stil 1869 durch den Hofgartendirektor Karl von Effner angelegt – schafft mit seinen Brunnen und Pergolen noble Atmosphäre. Bedeutende Wissenschaftler, Theologen, Künstler und Politiker werden regelmäßig zu Diskussionen geladen.

Tutzings Hinterland ist bei Wanderern außerordentlich beliebt. Ein kleiner Ausflug führt hinauf zur **Ilka-Höhe,** im näheren Umkreis von München wohl der bekannteste Aussichtshügel. Bei schönem Wetter geht der Blick von diesem Moränenhügel von 728 m bis zu den Chiemgauer Bergen und den Allgäuer Alpen.

Unser nächstes größeres Ziel ist Bernried. Über **Unterzeismering** (dort noch einige alte Fischer- und Bauernhäuser) erreicht man den **Karpfenwinkel.** Die Seebucht mit schilfgesäumten Ufern ist ein wichtiges Vogelbrutgebiet und ist unter Naturschutz gestellt.

Blick von der Ilkahöhe bei Tutzing über den Starnberger See auf die Berge des Isarwinkels ▷

Bernried bis Bauerbach

Südlich von Unterzeismering verlassen wir den Landkreis Starnberg und erreichen das Gelände des Landkreises Weilheim-Schongau. Der **Bernrieder Park,** ein Landschaftsparadies von 80 ha, ist heute Teil des König-Ludwig-Weges, der am Seeufer entlang führt. Die amerikanische Millionärin Wilhelmina Busch-Woods kaufte das Areal nach 1914 und ließ sich darauf ein Schloß bauen – heute Teil der Klinik Höhenried. Auf diesem Gelände wurde im Frühjahr 2001 das **Museum der Phantasie/Sammlung Buchheim** eröffnet. Vom See aus zeigt sich der Südflügel des frühbarocken **Klosterbaues** (1653) noch heute recht eindrucksvoll. Viel ist von der Anlage des ehemaligen Augustinerchorherrenstifts, gegründet 1120 durch die Grafen von Valley, allerdings nicht geblieben.

Das von Günther Behnisch erbaute Museum der Phantasie beherbergt in der Sammlung Buchheim bedeutende Werke deutscher Expressionisten. Daneben präsentieren sich zahlreiche volks- und völkerkundliche Nebensammlungen.

Vom Klosterviereck steht nur noch ein Flügel, der heute von Tutzinger Missionsbenediktinerinnen bewohnt wird. Dicht an ihn gedrängt: der stämmige Turm der ehemaligen Stiftskirche, der heutigen **Pfarrkirche St. Martin** von **Bernried.** Einer der produktivsten Baumeister des bayerischen Barock, der Wessobrunner Caspar Feichtmayr, hat ihn und die Kirche 1695 errichtet. Leider ist der Originalstuck Feichtmayrs nicht mehr erhalten. Der monumentale Hochaltar (1663) und auch die Seitenaltäre sind mit Gemälden des Münchners Franz Kirzinger ausgestattet (1795/96). Beeindruckend in diesem etwas kühl wirkenden Saalraum ist vor allem der *Sippenaltar* an der Südwand unter der Empore, ein spätgotischer Flügelaltar der Münchner Schule (um 1510).

Nur wenige Schritte von hier entfernt steht einer der liebenswertesten kleinen Sakralbauten Oberbayerns, die ehemalige Bernrieder **Hofmarkskirche,** heute St. Mariä Himmelfahrt. Der gotische Bau (Weihe 1382) wurde Ende des 17. Jh. barockisiert. Dabei erhielt das Gewölbe auch seinen weißen, geometrischen Stuck, von dem sich das Gold der Altäre und die lebhaften Farben ihrer Gemälde und Figuren wirkungsvoll abheben. Aus dieser Zeit stammt auch der Hochaltar, doch die Seitenaltäre sind reinstes ländliches Rokoko (Paul Zwinck, 1769, Entwürfe Thassilo Zöpf). Reizend in ihrer ländlichen Tracht wirken die Figuren der Bauernheiligen Notburga und Isidor – in der Art, wie sie von Ignaz Günther in Rott am Inn 1761 vorgebildet wurden. Lebhaft farbig sind auch die Altarbilder Franz Kirzingers und die bemalte Kanzel über dem Durchgang zur *Gruftkirche.* In einem feinen Rokokoaltar (1734) sehen wir das vielverehrte Gnadenbild der alten Bernrieder Wallfahrt (um 1400).

Bernried, Altar der Hofmarkskirche

Das Hinterland von Bernried ist manchen Ausflug wert. Der Prälatenweg führt über den Neusee und den Nußberger Weiher an den Rand des **Naturschutzgebietes Bernrieder Filz,** ein zum Teil recht sumpfiges Gelände, das nur am Südende begehbar ist.

Die Weiherlandschaft setzt sich auch nördlich des Nußberger Weihers fort. Über den Gallaweiher erreicht man **Bauerbach.** Hier gibt es eine schöne Dorfkirche zu sehen, die **Kirche St. Leonhard.** Der Wessobrunner Klosterbaumeister Joseph Schmuzer hat den spätgotischen Bau im Jahr 1735 umgestaltet. Hervorragend ist die Stuckdekoration vor allem im Chor – Ranken- und Bandwerkornament der Wessobrunner Feichtmayr-Üblher-Werkstatt aus der Zeit um 1736. Die Fresken des 19. Jh. gelten der Legende des hl. Leonhard. Wie der Stuck im Chor sind auch die Altäre schönstes Rokoko, reich figürlich ausgestattet und mit allen Heiligen versehen, die dem Landvolk wichtig waren: Leonhard, Barbara, Magdalena, Rochus und Sebastian.

Wie manch anderes Gewässer besitzt auch der Starnberger See am Südende ein sanftes, liebliches Ufer. **Seeshaupt,** einst beliebter Ferienort der Münchner Gesellschaft, hatte im Gasthof Post eine Herberge, die auch der Hof nicht verschmähte. Seit 1992 gibt es das traditionsreiche Hotel nicht mehr, ebensowenig das Königszimmer, Quartier Ludwigs II. auf der Fahrt nach Linderhof, Neuschwanstein oder Hohenschwangau. Viele alte Bauten sind in Seeshaupt nicht zu finden, denn der Ort brannte 1815 nieder. Die **Kirche St. Michael** besitzt zwar noch Reste mittelalterlicher Mauern, doch im übrigen entstand der neubarocke Bau erst 1909.

Seeshaupt ist ein idealer Ausgangspunkt für Fahrten und Wanderungen zu den **Osterseen.** Ein See reiht sich an den andern, zunächst sind es nur kleinere Gewässer, dann kommt in der Mitte der Ostersee selbst (1,22 km^2), dem sich bis Staltach noch weitere Seelein anschließen. Die idyllische Landschaft aus Seen, Mooren und dunklen Wäldern ist eine Hinterlassenschaft der Würmeiszeit vor etwa 10 000 Jahren. Der Starnberger Gletscher, der weit in das Alpenvorland vorgestoßen war, bekam am Ende der letzten Kaltzeit aus den Alpentälern keinen Nachschub mehr und begann zu zerfallen. Die riesigen Toteisschollen – abgetrennt vom lebenden Gletscher – wurden vom Schmelzwasser der abtauenden Gletscherzunge mit Schotter und Sand umlagert und zum Teil mit Sediment bedeckt. Aus den Toteismassen, die im Lauf der Jahrhunderte abschmolzen, entstanden in den von ihnen gebildeten Hohlformen, den Toteiskesseln, kleine Seen, von denen manche im Lauf der Zeit zu Mooren verlandeten.

Auf einer Randterrasse über den Osterseen liegt **Iffeldorf** mit seiner **Pfarrkirche St. Vitus.** Von hier aus schweift der Blick auf das Südende der Osterseen, den Sengsee (s. S. 175) und den Fohnsee. Die barocke Vituskirche, wohl ein Bau des Wessobrunners Caspar Feichtmayr (um 1670/80) präsentiert sich von innen im heitersten Rokoko. Zwar sind Altäre und Kanzel erst 1888 in Neurokoko-Formen entstanden, doch zum Ausgleich gibt es vorzüglichen *Rokokostuck* zu sehen. Einer der begabtesten Wessobrunner Stukkatoren, Franz Xaver Schmuzer, hat ihn angebracht (um 1755). Auch die Deckenfresken stammen von einem Könner, Jakob Zeiller, der im Chor die Verehrung des Herzens Jesu und im Langhaus das Martyrium des Kirchenpatrons darstellte (1755).

Herrlichster Wessobrunner Stuck auch am östlichen Ortsrand von Iffeldorf! Eine Kastanienallee führt zur **Wallfahrtskapelle St. Maria** von **Heuwinkl,** einem kleinen Rundbau mit voluminösem Kuppel-

Heuwinkl, Wallfahrtskapelle St. Maria

dach. Johann Schmuzer, der Wessobrunner Klosterbaumeister, errichtete sie 1698–1701 als Zentralbau mit vier Konchen und einer Vorhalle und schmückte ihren Innenraum mit kraftvollem Akanthusrankenstuck. Die Ölgemälde auf Leinwand – wohl Arbeiten des Münchner Hofmalers Nikolaus Prugger aus den Jahren um 1700 – stehen in Bezug zum Gnadenbild. Die Heuwinklmutter wird auch heute noch von den Wallfahrern verehrt.

Am östlichen Südufer des Starnberger Sees liegt **Sankt Heinrich.** Ein hübsches Bild direkt an der Straße: das einladend-gemütliche Gasthaus Fischerrosl und dahinter der Zwiebelhaubenturm der **Kirche St. Maria.** Angeblich war es ein Graf Heinrich aus dem Haus Diessen-Andechs, der sich hier im 12. Jh. eine Einsiedlerklause baute und damit dem Ort seinen Namen gab. Der spätgotische, im 19. Jh. stark veränderte Bau, enthält noch eine *Tumba* des seligen Heinrich (17. Jh.), der hier im Wallfahrtsgewand zu sehen ist. Im Jahr 1480 wurde die Kapelle von Herzog Albrecht den Augustinerchorherren von Beuerberg übergeben – ein Ereignis, an das ein Ölbild an der Chornordwand erinnert.

Dorthin, nach Beuerberg, hinab ins **Loisachtal,** soll uns nun ein Ausflug führen – zumal Sankt Heinrich wegen seines regen Bade- und Campingbetriebes ein recht unruhiger Ort geworden ist. Die Loisach, die im Talkessel von Lehrmoos-Ehrwald entspringt, vereint sich bei Wolfratshausen mit der Isar. Kurz davor, bei Beuerberg, zapft ihr der **Loisach-Isarkanal** kräftig das Wasser ab. Der windungsreiche Fluß – das Hauptgewässer des Werdenfelser Landes – bildet bei Beuerberg eine weite Schleife. Auch hier hat die Eiszeit deutliche Spuren hinterlassen: Der Westrand des Wolfratshauser Beckens – ein

Im Fünfseenland

Beuerberg, Innenraum und Altäre der Stiftskirche St. Peter und Paul

Zweigzungenbecken des Isar/Loisachgletschers – ist steil, vom Eis ausgeschürft, und entlang dieser bewaldeten Hänge fließt die Loisach zwischen Beuerberg und Wolfratshausen.

Anders als das gar nicht so weit entfernte Kloster Schäftlarn – in ähnlicher Lage zwischen Hang und Fluß – ist das ehemalige Augustinerchorherrenstift **Beuerberg** mit seiner ehemaligen **Stiftskirche St. Peter und Paul** in der Allgemeinheit nicht sehr bekannt. Vielleicht ein Glück für die wahren Kunstfreunde, die hier in aller Ruhe eines der in Oberbayern seltenen Denkmale des frühen Barock betrachten können. Schon von außen eine Freude: die illusionistische Architekturmalerei aus der Zeit, als auch die Stiftsgebäude entstanden (1729).

Das Chorherrenstift Beuerberg wurde um 1120 von Otto von Iringesburg (Eurasburg) gegründet. Die alte romanische Kirche wurde mehrfach erneuert und umgebaut, bis sie 1629 einem Neubau weichen mußte. Isaak Pader (Bader), Münchner Hofmaurermeister und Stukkator, wird als Baumeister genannt. In dieser Zeit kam auch beim ländlichen Kirchenbau niemand um das Vorbild der Münchner Michaelskirche herum, die noch vor dem Jahrhundertende (1583–87) als exemplarischer Bau der Gegenreformation vollendet worden war. In Anlehnung an diesen bedeutenden Bau entstand in Beuerberg eine Wandpfeilerkirche mit stuckierter Tonne, allerdings ohne Emporen im Langhaus.

Wunderschön ist der feierlich-strenge Raum allein schon farblich: das Schwarz-Gold-Blau des Hochaltars und das Braun-Gold der Seitenaltäre kontrastiert wirkungsvoll zum strahlenden Weiß des Modelstucks. Im Chorraum nimmt der prunkvolle Hochaltar den gesamten Platz ein. Das Altarbild, eine Darstellung der Kreuzigung nach Daniele da Volterra, zählt zum Hauptwerk des Weilheimers Elias Greither (1645), und auch die beiden goldglänzenden Figuren der Apostelfürsten Petrus und Paulus stammen von einem Weilheimer Künstler, Bartholomäus Steinle (um 1650).

Die Stiftskirche bildet den Nordflügel des Klosterviereckels. Ab 1729 wurden die ehemaligen **Stiftsgebäude** errichtet. Die Säkularisation zwang zum Verkauf des Klosterbesitzes, doch schon 1835 konnten Salesianerinnen die Gebäude erwerben und neu besiedeln. Heute werden sie als Müttergenesungsheim genutzt.

Auch die **Friedhofskirche St. Maria** ist den Besuch wert. Der Barockbau von 1643 wurde im späten Rokoko einheitlich ausgestattet, und zwar von so ausgezeichneten Meistern wie Thassilo Zöpf (Stuck) und Johann Baptist Baader (Fresken, 1779/80).

Kirche St. Peter und Paul, Seitenfigur des Petrus am Hochaltar

In einer Kapelle der alten Stiftskirche ist eine Grabplatte einer der Freiherrn von Schrenck-Notzing zu sehen, im 18. Jh. Besitzer von **Schloß Eurasburg.** Dieser Spätrenaissancebau über dem Westufer der Loisach war einst im Besitz der Wittelsbacher. Herzog Albrecht, Bruder des Kurfürsten Maximilian I., ließ die alte Burg der Iringe – der Gründer des Stiftes Beuerberg – abbrechen und errichtete weiter östlich das heutige Schloß (1626–30). Die Pläne für den eindrucksvollen Bau mit achteckigen Türmen stammen wohl von dem Münchner Hofmaler Peter Candid. Leider brannte das Schloß in der Silvesternacht 1975/76 ab, konnte aber bis 1991 wiederhergestellt werden.

Am Rande des Eurasburger Waldes führt eine Straße wieder hinab an den See, zunächst nach **Ambach.** Zwar legen auch hier die Dampfschiffe an, doch hat sich das alte Fischerdorf noch erstaunlich viel Ländlichkeit bewahren können. Wie manch anderer Schriftsteller war auch Herbert Achternbusch Gast beim ›Fischmeister‹ der Schauspieler Sepp und Annamirl Bierbichler und stellte dem Dorf das schönste Zeugnis aus: »Zuwanderer kommen, sagt man, von Ambach nicht mehr weg; sie bleiben hängen wie an einem Krankenbett.« Hängen blieb auch Waldemar Bonsels, der Autor des Kinderbuchs ›Die Biene Maja‹, der von 1921 bis 1952 in einer Villa an der Seeuferstraße (Nr. 25) lebte. Blickfang ist das buntbemalte Holztor, das einer der Eigentümer der Villa (1885, Gabriel von Seidl) aus Siebenbürgen heranschaffen ließ.

Das Hügelland um Ambach lädt zu ausgedehnten Wanderungen ein. Besonders genußreiche Ausblicke auf den See und das Gebirge hat man von der oberen Etage des **Münsinger Höhenrückens.** In etwa vier Stunden lassen sich – beginnend in Oberambach – Holzhausen, Ammerland und Münsing erwandern.

Der Kirchhügel von **Holzhausen** ist einer der beliebtesten Aussichtspunkte über dem See. Die frei stehende **Kirche St. Johannes**

Baptist und Georg, umgeben von hohen Linden, beherrscht die Landschaft. Der wuchtige Bau mit achteckigem Turmoberteil und praller Zwiebelhaube (zweite Hälfte 17. Jh.) besitzt noch spätgotische Mauerreste. Auch im Innern erkennt man an den Gewölben den mittelalterlichen Kern dieser Landkirche, die einst zum Kloster Beuerberg gehörte. Die Ausstattung ist Werk des 17. und 18. Jh.

Ein zweiter, weit in die Ferne wirkender, ebenso schöner Kirchturm ganz in der Nähe: in **Münsing,** Hauptort der Gemeinde, die bis ans Seeende nach St. Heinrich reicht. Die **Kirche St. Maria** steht mitten im Dorf in erhöhter Position. Mit ihren Strebepfeilern am Chor und dem achteckigen Turmobergeschoß mit üppiger Zwiebelhaube könnte man sie für eine gelungene Mischung aus Spätgotik und Barock halten. Leider hat hier jedoch noch das 20. Jh. (um 1920) so stark eingegriffen, daß an Altem nicht mehr viel übrig blieb. Außen am Chor finden wir die *Grabstätte der Grafen Pocci.*

Das bekannteste Mitglied der Grafenfamilie war der Dichter Franz Pocci, der unten am See, in **Ammerland,** lebte. Das kleine **Schloß,** Ende des 17. Jh. für einen Freisinger Fürstbischof errichtet, kam 1841 an König Ludwig I., der es als Lehen dem Vater des Dichters, General Pocci aus Viterbo, überließ. Hier hat Graf Franz Pocci, der den ›Kasperl Larifari‹ zu neuem Leben erweckte, geschrieben und gezeichnet.

Auch **Allmannshausen** besitzt ein **Schloß,** das allerdings in nichts mehr an den ursprünglichen Bau erinnert. Der hölzerne Edelmannssitz der Hofmark Allmannshausen wurde 1696 von Caspar Feichtmayr für die Familie von Hörwarth durch ein gemauertes, dreigeschossiges Schlößchen ersetzt. Für den Mannheimer Fabrikanten Böhringer wurde dann nach 1880 ein historistischer, der italienischen Renaissance nachempfundener Prachtbau daraus gemacht. Heute ist hier ein amerikanisches Missionswerk zu Hause, das sich auch das **Schloß Seeburg** südlich von Allmannshausen zu eigen gemacht hat. Hier befinden wir uns in Unterallmannshausen, denn der eigentliche Ort, Oberallmannshausen liegt oberhalb, auf der Höhe des Moränenwalls. Wenn sich auch die kleine **Kirche St. Valentin** (1651, mit Modelstuck, Barockaltären und Votivbildern) sehr ländlich ausnimmt, kann sie doch nicht darüber hinwegtäuschen, daß der Ort durch Zersiedlung erheblich an Gesicht verloren hat.

Auf dem Weg nach Leoni passieren wir den **Bismarckturm,** den Vaterlandstreue – an ihrer Spitze der Maler Franz von Lenbach – errichten ließen (1896–99, Theodor Fischer). **Leoni** war einst eine Fischersiedlung und hieß Assenbuch. Doch als der Münchner Hofopernsänger Giuseppe Leoni im Jahr 1825 die Villa des Staatsrats von Krenner erbte und eine Pension daraus machte, wurde aus dem Weiler zunächst Leonihausen, schließlich aber Leoni. Interessantester Bau ist hier die **Villa Himbsel** (Assenbucher Straße 51), die sich Johann Ulrich Himbsel, Baurat und Bauleiter der Bahnlinie Pasing–Starnberg, als Sommersitz schuf (1824). Es ist kein protziger Bau im Villenstil, sondern ein Giebelbau in der Art oberbayerischer Landhäuser. Münchner Künstler statteten das Treppenhaus mit Fresken aus – Wilhelm von Kaulbach, Moritz von Schwind und Karl Rottmann waren hier am Werk.

An den Spätromantiker Karl Rottmann erinnert ein Denkmal auf der **Rottmannshöhe** vor Leoni. In der ›Starnberger Chronik‹ von A. Link erfahren wir: »Unfern von Aufkirchen – das auch wegen des dortigen Gasthofs und seiner prachtvollen Fernsicht vielfach besucht wird, befindet sich südlich die Rottmannshöhe, ein Punkt, welchen der berühmte Landschaftsmaler Karl Rottmann bei seinem Landaufenthalte am See wegen der entzückenden Aussicht nach den Alpen und über den See sich zu seinem Lieblingssitze erkor.«

Hinauf ins aussichtsreiche **Aufkirchen** führt nun unser Weg. Ein Kreuzweg geleitet zur **Wallfahrtskirche Mariä Himmelfahrt**. Die Aufkirchner Wallfahrt gehörte seit dem 15. Jh. zu den bedeutendsten im bayerischen Oberland und erreichte ihre Blüte, als Münchner Augustiner-Eremiten 1688 die Pfarrei zu betreuen begannen. Der spätgotische, sehr stattliche Bau mit tief herabgezogener Glockenhaube (1796) liegt inmitten eines ummauerten Friedhofs. Nach einem Brand (1626) wurden die Gewölbe umgestaltet und mit feinem Stuck nach Vorbild der Münchner Michaelskirche geschmückt. Von der ehemaligen Ausstattung blieb nicht viel. Die großartigen *Apostelfiguren* an den Wandpfeilern stammen aus der Weilheimer Werkstatt von Christoph Angermair (1626).

Nicht weit entfernt von hier, in der **Kirche St. Martin und Nikolaus** von **Farchach**, finden wir noch einige Erinnerungsstücke an Aufkirchen. Die beiden Figuren der hll. Katharina und Barbara an der Empore hatten einst ihren Platz in der Wallfahrtskirche (Werkstatt Chr. Angermair, 1626).

Am Starnberger See selbst sind wenig wirklich hochrangige Kunstwerke zu finden. Der Ammersee mit Diessen und Andechs hat es da besser. Doch nun, etwas abgerückt vom See, nahe der Autobahn, finden wir noch etwas ganz Außerordentliches. Ausdauernde Wanderer können **Mörlbach** in eine Tagestour mit einschließen, die unten am See in Kempfenhausen beginnt und in etwa 4^1/$_2$ Std. über Aufhausen und Leoni wieder an den Ausgangsort zurückführt.

Der einfachen, kleinen **Filialkirche St. Stephan** sieht man nicht an, was sie im Innern an Kostbarkeit birgt. Die Thorer von Eurasburg, Nachfolger der Iringe, die wir als Gründer von Kloster Beuerburg bereits erwähnten, haben die Mörlbacher Kirche im frühen 16. Jh. gestiftet. Wenn auch die Barockzeit die Gewölbe veränderte, überrascht der Raum durch seine einheitlich spätgotische Ausstattung. Wunderschön schon allein die warmen Farben des Kirchengestühls auf dem noch originalen Ziegelpflaster-Boden (16. Jh.), das Gold der Altäre, die tiefen Töne der Malereien.

Die 1510 datierten Glasbilder im südlichen Chorfenster nennen als Stifter Caspar Thorer zu Eurasburg. Auf ihn geht wohl auch die Ausstattung zum großen Teil zurück: hier im Chor der filigrane *Hochaltar*, beschirmt von einem weiten Netzgewölbe, das mit zar-

Im Fünfseenland

Mörlbach, Hochaltarfiguren und -reliefs in der Kirche St. Stephan

tem gotischen Blumendekor geschmückt ist. Im Schrein des Altars sehen wir in goldenem Gewand den Märtyrer Stephanus und neben ihm die hll. Jakobus und Sebastian. Wer im Chiemgau unterwegs war, hat ähnliche Darstellungen des Pilgervaters Jakobus betrachten können, Werke des Meisters von Rabenden. Diese Werkstatt wird denn auch als Urheberin des Mörlbacher Altars genannt (um 1515/20). Die Flügelinnenseiten zeigen die zwölf Apostel im Flachrelief. Im geschlossenen Zustand sehen wir gemalte Darstellungen der Passion, in der Predella Beweinung, Grablegung und Auferstehung. Das zweite bedeutende Kunstwerk der Mörlbacher Kirche: der *Verkündigungsaltar* an der Nordwand des Schiffes. Die Schnitzgruppe im Schrein – Maria und der Erzengel Gabriel – wird einer Nürnberger oder Münchner Werkstatt zugeschrieben (um 1480), die gemalten Darstellungen aus dem Marienleben einem flämischen Wanderkünstler.

Mörlbach gehört ebenso wie Farchach, Aufkirchen, Allmannshausen und Leoni zur Gemeinde **Berg**. Das Dorf Berg – früher Oberberg – liegt oben auf der Höhe, während das Terrain am Seeufer vom Schloß mit seinen ausgedehnten Parkanlagen und der Votivkapelle eingenommen wird. Schon 822 wird ein »perge locus cum basilica« genannt, doch stammen die Mauern der Dorfkirche **St. Johannes Baptist** nicht aus karolingischer Zeit. Der schlichte Bau dürfte im 12. Jh. entstanden sein, er wurde während der Spätgotik verändert und innen um 1658 barockisiert. Herausragend unter den Schnitzwerken: das Relief des *Marientodes* aus einer Münchner Werkstatt (Ende 15. Jh.).

Das Interesse der vielen Besucher, die von Starnberg aus mit dem Dampfschiff herüberkommen, gilt jedoch dem Schloßareal, nicht zuletzt auch dem traditionsreichen **Strandhotel Schloß Berg** und seiner einladenden Terrasse. Hinter hohen Bäumen verbirgt sich der kubische Bau des **Schlosses,** heute noch Wittelsbacher Residenz. Der

Kanzler Hans F. Hörwarth hat es 1640 errichten lassen, doch schon 1676 kam es an den Kurfürsten Ferdinand Maria, der es zum Mittelpunkt seiner Seefeste machte. Erst 1950 verlor der Bau seine neugotischen Zinnen, die ihm König Max II. hatte aufsetzen lassen. Schloß Berg war die letzte Station im Leben Ludwigs II. Der entmündigte König wurde am 12. Juni 1886 von Schloß Neuschwanstein hierher gebracht, und am 13. Juni – es war ein Pfingstsonntag – wurde er im seichten Wasser des Seeufers tot aufgefunden. Der rätselhafte Tod des Königs und seines Leibarztes Dr. Gudden beschäftigt noch heute die Gemüter vor allem der Wittelsbacheranhänger. So wurde denn auch die Materialsammlung von Peter Glowasz, die 1991 unter dem Titel ›Wurde Ludwig II. erschossen?‹ erschien, begierig gelesen. Vorausgesetzt ist dem kleinen Band ein Ausspruch Ludwigs: »Daß man mich des Thrones beraubt, kann ich verschmerzen, daß man mich aber für irrsinnig erklärt, überlebe ich nicht. Mein Blut komme über diejenigen, die mich gerichtet und verraten haben.«

Ein einfaches **Gedenkkreuz** bezeichnet die Stelle im See, wo der Leichnam des Königs gefunden wurde. Die ernste neuromanische **Votivkapelle** im Schloßpark wurde 1896–90 errichtet. Von ihr aus führt eine Freitreppe zum See hinab und ihr zu Füßen steht die Totenleuchte, die von der Königsmutter Marie im Todesjahr für ihren Sohn aufgestellt wurde.

Kurz hinter Berg, in **Kempfenhausen,** erleben wir den See und seine Kunst noch einmal von einer heiteren Seite. Auch dieser Ort besitzt sein **Schloß,** allerdings ein unauffälliges. Der Münchner Maler Gabriel Maleskircher (auch Mäleskircher) hat sich hier 1485 seinen Landsitz gebaut, aus dem durch Um- und Erweiterungsbauten mehrerer Jahrhunderte der heutige Komplex entstanden ist. Das Schloß und die benachbarte **Schloßkapelle St. Anna** umgibt ein Park – heute im Besitz der Stadt München, der auch die angrenzende Klinik für Multiple-Sklerose-Kranke gehört. Der kleine Kapellenbau vom Ende des 17. Jh. ist innen ein Rokokojuwel. Johann von Pirchinger, damals Inhaber der Hofmark Kempfenhausen, hat für die reiche, farbenfrohe Ausstattung gesorgt (Fresken von Christian Winck, 1774).

Während das Schloß und seine Nebengebäude die obere Etage des Kempfenhausener Moränenzuges beanspruchen, reihen sich unten am See die Villen des 19. und frühen 20. Jh. Am auffallendsten: der schloßartige Bau der ehemaligen **Villa de Osa,** der 1909 für die Witwe eines kolumbianischen Botschafters entstand. Der repräsentative neubarocke Bau nach Vorbild der Stuttgarter Solitude wurde 1953 für die Bedürfnisse einer Klinik verändert (Münchner Straße 27).

Bescheidener zeigt sich die ehemalige **Villa Pellet** (Münchner Straße 49), die in mehreren Phasen zwischen 1843 und 1898 errichtet wurde. Das erste Stadium der Metamorphose: ein einfacher Bau im Landhausstil, das Haus Pellet. Hier hat Richard Wagner im Jahr 1864 gewohnt; Ludwig II. hatte ihn in dem Haus eingemietet und kam fast täglich von Schloß Berg her zu Besuch.

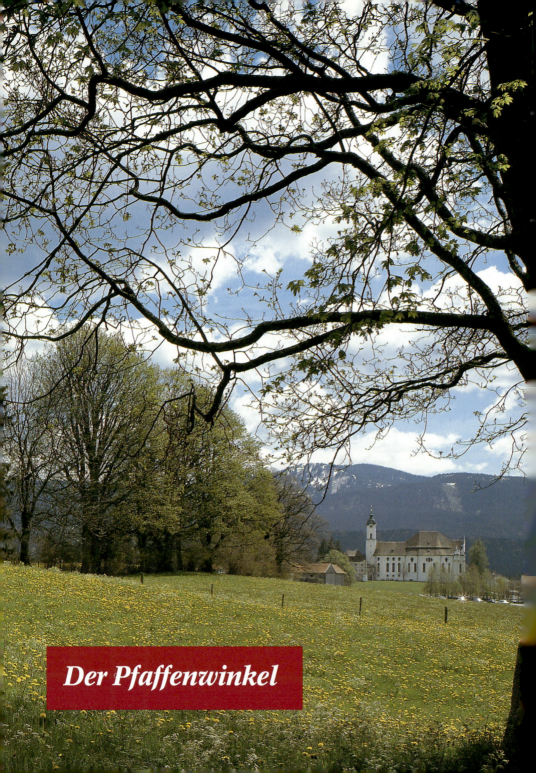

Der Pfaffenwinkel

»Das aber muß zum besonderen Lob der Bewohner dieses Landes gesagt werden, daß sie, bei aller Unauffälligkeit und Schlichtheit, im Glauben gut unterrichtet und gute Katholiken sind, was man nach der Gnade Gottes den vielen Priestern zu danken hat, denn allgemein wird dieser Landstrich wegen der zahlreichen Klöster Pfaffenwinkel genannt.« (Franz Sales Gailler in der Beschreibung des Landkapitels Weilheim, 1757)

Wenn auch die Umgebung von Weilheim, die der Raistinger Pfarrer Gailler als Dekan dieses Landkapitels zu betreuen hatte, besonders reich an alten Klöstern ist, so versteht man heute unter dem Pfaffenwinkel ein bedeutend umfangreicheres Gebiet. Schmellers ›Bayerisches Wörterbuch‹ nannte Mitte des 19. Jh. »die ganze Gegend vor dem Gebirg, die ehemals mehr als andere mit Klöstern ersten Ranges gesegnet war«, und Autoren unserer Zeit wie Hans Pörnbacher und Hugo Schnell zeigen sich noch viel großzügiger.

Einige unbeirrbare Lokalpatrioten wollen zwar auch heute noch nur das Land um den ›Bayerischen Rigi‹, den Hohenpeißenberg, als Pfaffenwinkel bezeichnet wissen, doch allgemein gelten ganz andere Markierungen, worüber sich vor allem der Tourismus freut. Der Pfaffenwinkel umfaßt nach heutigem Verständnis das Gebiet zwischen Lech und Loisach und dem Nordrand der Alpen, wobei im Norden noch der Bereich um Landsberg, ebenso die Südzipfel des Ammersees und des Starnberger Sees mit einbezogen werden. Nicht nur die bedeutenden Klöster zwischen Andechs und Ettal gehören also dazu, sondern auch der gesamte Lechbereich bis nahe an den Forggensee, das Ammertal mit Unter- und Oberammergau, das Staffelseegebiet mit Murnau, ja selbst noch Benediktbeuern und Kochel. Wir beginnen unsere Reise durch den Pfaffenwinkel im Westen, beziehen jedoch das Ammerseegebiet nicht mit ein, sondern geben diesem ein eigenes Kapitel.

Zwischen Landsberg und Schongau

Wer von München aus mit dem Wagen ins Unterallgäu fährt, wird auf der sonst sehr schnellen E 54 manch unliebsamen Stau erleben. Trostreich daher der Blick ins Hinterland, wo nahe des Ammersee-Nordufers die imponierenden Strukturen der Klosterkirche St. Ottilien sichtbar werden, und vor Landsberg das Bayertor und die Türme der Malteserkirche so herausfordernd in den Himmel ragen, daß man die Fahrt am liebsten unterbrechen möchte. Eine Warnung jedoch für den Kunstfreund: hier ist es mit einem Kurzbesuch nicht getan – Landsberg erfordert einen ganzen langen Tag für sich. Es ist auch sinnvoll, erst einmal nach Norden auszuscheren, denn in **Kaufering** gibt es bereits viel Schönes zu entdecken, auch für den Naturfreund. Beim Aussichtspunkt Kongo zeigt sich der Lech noch in sei-

◁ *Steingaden, die Wieskirche vor den Trauchgauer Bergen*

Der Pfaffenwinkel

nem ursprünglichem Zustand, während wir ihn dann auf der Fahrt in Richtung Schongau oft unschön gebändigt erleben werden.

Die **Pfarrkirche St. Johannes d. Tf.** bereitet in vielen Einzelheiten auf die Kunst Landsbergs, ja des ganzen Pfaffenwinkels vor. Beherrschend über dem Ort postiert, in auffälligem Ocker und Rot, ist sie ein Wahrzeichen des mittleren Lechrains. Das Kloster Diessen ließ den Wandpfeilerbau 1699 von dem Vorarlberger Michael Natter errichten, die Stukkatoren kamen aus Wessobrunn (Chor: Johann Schmuzer, um 1700; Langhaus Joseph Schmuzer, 1704–06), die Bildhauer aus Landsberg und Weilheim. Die Kunst der Landsberger Lorenz und Johann Luidl wird uns im weiten Umkreis der Lechstadt begleiten, und auch der Weilheimer Hans Degler, der die Hauptfiguren des Hochaltars schuf, gehört zum unverzichtbaren Pfaffenwinkel-Vokabular. Der Augsburger Johann Georg Bergmüller malte die Bilder des Hochaltars (Taufe Christi und Himmelfahrt Mariä).

Lohnend ist auch der Blick in die **Leonhardskapelle,** die 1715 von Michael Natter errichtet wurde (Schnitzfiguren von Lorenz und Johann Luidl, Fresken von Franz Kirzinger, 1765 zur Leonhardslegende).

Landsberg

Landsberg, Blick über das Wehr auf die Altstadt

Landsberg

Romantik am Lech: so preisen die Touristenprospekte die Stadt an. Zu Recht, denn mehr malerische Winkel, mehr mittelalterliche Türme und Tore lassen sich weit und breit nicht finden – unter den Lechstädten kann nur noch Füssen mit Landsberg konkurrieren.

Die Stadt staffelt sich terrassenförmig bis hinauf zur alles überragenden Malteserkirche und dem Ostzug der Stadtmauer. Unten, am heutigen Hauptplatz, haben wir altes Schwemmland, hier bildete sich in der Mitte des 13. Jh. eine städtische Siedlung. Oben auf dem Schloßberg hatte sich bereits 1160 Heinrich der Löwe eine Burg gebaut, denn es galt, den Lechübergang der gerade erst angelegten Salzstraße von Ostoberbayern nach Schwaben zu sichern. Neben der Burg, die als Landespurch überliefert ist, entstand ein Dorf welfischer Ministerialen, der Pfetten. Bis ins späte Mittelalter hinein existierte dieses ›Phetene‹ neben der Stadt Landsberg, die Herzog Ludwig II. um 1260 gründete. Erst 1422 wurde auch die dörfliche Siedlung in einen erweiterten Mauerring einbezogen. Dank der besonderen Förderung der bayerischen Herzöge (1358 Recht einer

Landsberg ☆☆
Besonders sehenswert:
Stadtpfarrkirche
Mariä Himmelfahrt
Hl.-Kreuz-Kirche
Kirche St. Johannes
Rathaus
Bayertor

Der Pfaffenwinkel

Landsberg am Lech
1 Hauptplatz
2 Rathaus
3 Marienbrunnen
4 Schmalzturm
5 Dominikanerinnen-
  kirche und
  ehemaliges
  Ursulinenkloster
6 Stadtpfarrkirche
  Mariä Himmelfahrt
7 St. Johannes
8 Sandauer Tor
9 Färbertor und
  Bäckertor
10 Jesuitengym-
   nasium, heute
   Stadtmuseum
11 Hl.-Kreuz-Kirche
   und ehemaliges
   Jesuitenkolleg
12 Bayertor
13 Jungfernturm und
   Nonnenturm
14 Mutterturm

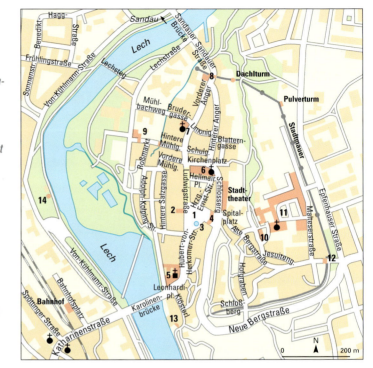

eigenen Salzniederlage) erlebte die Stadt im Spätmittelalter eine erste Blütezeit. Auch das Gewerbe, vor allem die Weber und Töpfer, hatte Anteil am Aufstieg Landsbergs, das im frühen 15. Jh. bereits 2000 Einwohner zählte. Der Niedergang kam mit der Glaubensspaltung und dem Dreißigjährigen Krieg, doch bereits Ende des 17. Jh. gab es einen neuen Aufschwung. Auch die beiden Erbfolgekriege nahmen der Stadt auf die Dauer nicht ihre Vitalität, die sich auf dem Gebiet der Kunst aufs Schönste äußerte.

Der dreieckige **Hauptplatz** (1), Kern der alten Stadtsiedlung, ist auch heute noch das sehr geschäftige Zentrum Landsbergs. Hier versammeln sich überaus noble Bauten, hier steht auch das **Rathaus** (2), ein Wahrzeichen der Stadt. Dominikus Zimmermann, wohl der berühmteste aller Wessobrunner, war 1716 von Füssen nach Landsberg umgezogen und erwarb hier das Bürgerrecht. Zwei Jahre später beauftragte ihn der Rat der Stadt den Festsaal des Rathauses samt Vorplatz und schließlich auch die Fassade zu stuckieren. Der viergeschossige, schmale Bau mit Schweifgiebel war 1699–1702 durch den Wessobrunner Johann Schmuzer errichtet worden, nun galt es, ihn ornamental zu schmücken. Der Entwurf Zimmermanns für die Dekoration der *Fassade* wird im Weilheimer Stadtmuseum aufbewahrt. Eine graphische Kostbarkeit – doch wieviel prachtvoller in ihrer feinen Farbigkeit und dem verschwenderischen Bandelwerkstuck zeigt sich die Fassade selbst, die auch in ihrer noblen Gliederung zu den schönsten in ganz Bayern zählt.

Auch der Stuck Zimmermanns im *Festsaal* des zweiten Obergeschosses ist reizvoll, doch kommt er hier wegen der übermächtigen Konkurrenz der Monumentalgemälde Hubert von Herkomers (1891, 1905) nicht gut zur Geltung.

Einst schlossen sich dem alten Rathaus mittelalterliche Häuser mit Laubengängen an, doch der Durchgangsverkehr erforderte die Erweiterung des Marktplatzes, so daß diese Bauten weichen mußten. An der Stelle des ehemaligen Ratsgebäudes sehen wir heute den außerordentlich harmonisch gefügten **Marienbrunnen** (3) aus dem späten Rokoko. Joseph Streiter, Schüler des Münchner Hofbildhauers Johann Baptist Straub, war der Meister der feinen Immaculata (1783). Die schmalen, hochgiebeligen und trotz mancher modernen Eingriffe mittelalterlich wirkenden Häuser, die den Platz umgürten, passen gut zum **Schmalzturm** (4), den man auch den Schönen Turm nennt. Mit seinen farbig glasierten Dachziegeln ist dieses alte Stadttor, dessen älteste Teile noch aus der Zeit Ludwigs des Bayern stammen (erste Hälfte 14. Jh.) wirklich auffallend dekorativ.

Das südliche Platzende verengt sich zur Herkomerstraße; an ihrer Biegung erhebt sich der stattliche Komplex der **Dominikanerinnenkirche** und des ehemaligen **Ursulinenklosters** (5). Reizvoll: die bunt bemalte Fassade, darüber die formvollendeten Dachreiter. Dominikus Zimmermann wurde um 1720 beauftragt, Kirche und Kloster für die Ursulinen zu bauen, die man gerufen hatte, um die begabten Mädchen Landsbergs zu erziehen. Ein Erweiterungsbau des Klosters und ein Neubau der Kirche wurden 1764 notwendig, und diesmal war Zimmermann wohl nur noch planend tätig. Der hohe, durch Pilaster gegliederte Saal mit eingezogenem Chor und Stichkappentonne im Langhaus wirkt nicht so freundlich wie andere Rokokoräume in dieser Gegend. Das mag mit den sehr dunklen Tönen der Fresken zusammenhängen, die hier fast überreich ausgebreitet sind (Johann Baptist Bergmüller, 1766). Auch die gliedernde Fassadenmalerei des Klosters stammt von diesem Freskanten, dem Sohn des bedeutenderen Johann Georg Bergmüller. Im Halbdunkel des Vorraums: das eindringliche *barocke Schauerkreuz*, in der Art gotischer Astkreuze.

Den Bereich nördlich vom Hauptplatz beherrscht der mächtige Bau der **Stadtpfarrkirche Mariä Himmelfahrt** (6). Der Grundstein zu dieser herrlichen spätgotischen Stadtkirche wurde 1458 gelegt. Valentin Kindlin von der Straßburger Bauhütte – in der Kunstgeschichte bekannt als einer der Baumeister der Augsburger Kirche St. Ulrich und Afra – leitete das Werk von 1458–67; ihm folgte sein Palier Ulrich Kiffhaber, der den Bau mit der Einwölbung der Seitenschiffe, der Kapellen und des Chors 1488 vollendete. Die Jahre 1680–1710 brachten die durchgreifende Barockisierung. Das ursprünglich flach gedeckte Mittelschiff der dreischiffigen Pfeilerbasilika erhielt 1702 eine hölzerne Stichkappentonne. Erst jetzt konnte

Stadtpfarrkirche Mariä Himmelfahrt, Muttergottesfigur von Hans Multscher im Rosenkranzaltar

man den üppigen *Wessobrunner Stuck* anbringen, der die festliche Wirkung des großen Kirchenraumes wesentlich bestimmt. Wer die wunderschönen Akanthusranken, Fruchtgehänge und Lorbeerblattstäbe gebildet hat, ist nicht bekannt, doch werden Matthias Stiller, Franz und Joseph Schmuzer als mögliche Stukkatoren genannt. Ebenso wie der Stuck stammen auch die Deckenbilder vom Anfang des 18. Jh.

Der Chorraum wird in ganzer Höhe von dem prachtvollen barocken *Hochaltar* eingenommen (Jörg Pfeiffer, Bernbeuren, 1679–81). Vor den mächtigen, gedrehten Säulen – die Weinranken weisen auf das Altargeheimnis hin – stehen die hohen Figuren der hll. Joseph und Joachim. Sie flankieren das Altarbild, das die Huldigung der Gottesmutter darstellt (1680). Alle Figuren, bis hin zu den stehenden Engeln, die den Altar zu tragen scheinen, stammen von Lorenz Luidl. Er und sein Sohn Johann haben in dieser Kirche ihre Hauptwerke geschaffen. Die Seitenaltäre – Stiftungen der Zünfte und Bruderschaften – sind fast ausschließlich mit den anmutigen Figuren des Johann Luidl besetzt, ebenso die Langhauspfeiler. Lorenz Luidl (um 1650–1719), der aus einer Meringer Schnitzerfamilie stammte, ließ sich 1668 in Landsberg nieder. Sein erstes Auftragswerk, einen *Christus auf dem Palmesel* (1671), können wir noch heute in der Kirche bewundern. Auch die weiß-gold gefaßte Apostelreihe im Langhaus stammt von ihm, ebenso die bewegten Figuren des Orgelprospekts.

Links vom Hochaltar, an der Nordseite des Chors, steht der *Rosenkranzaltar*. Dominikus Zimmermann hat ihn 1721 zur Säkularfeier der Rosenkranzbruderschaft geschaffen – ein auch farblich sehr reizvolles Stuckmarmorwerk mit Scagliola-Antependium. Die *Muttergottesfigur* unter dem Baldachin stammt von dem Ulmer Hans Multscher (1437), ein herausragendes plastisches Werk süddeutscher Kunst, das ursprünglich zum spätgotischen Hochaltar gehört hatte.

Nicht gut sichtbar, da vom Hochaltar verdeckt, sind die spätgotischen *Glasgemälde*. Das Passionsfenster (links) vom Ende des 15. Jh. entstand nach Entwurf des Augsburgers Hans Holbein d. Ä. Beredtes Zeugnis von der Landsberger Stadtgeschichte des 15. bis 19. Jh. legen die zahlreichen *Grabdenkmäler und Epitaphien* ab; auffallend ist vor allem das Monument für den Arzt Cyriakus Weber (gest. 1575), wegen der überlebensgroßen Darstellung eines menschlichen Skeletts ›Tödtlein‹ genannt (Paul Reichel, Schongau.)

Nur wenige Schritte weiter, am Vorderen Anger, finden wir inmitten dicht aneinandergedrängter Wohnhäuser eine erstaunliche kleine Kirche, **St. Johannes**(7). Nach Abbruch der alten Friedhofskapelle wurde die Johanneskirche 1750–52 durch Dominikus Zimmermann errichtet. Dem kleinen Ovalraum, wie in der Wies von Doppelpfeilern gesäumt, schließt sich ein kreisrunder Chor an. Der *Hochaltar* ist der phantasievollste und originellste, den der Wessobrunner je schuf. Hören wir dazu Hugo Schnell, einen der besten

Kirche St. Johannes, Grundriß

Kenner des Zimmermannschen Werkes: »In einem Aufbau von vier Freistützen, die oben und unten gebogen sind und nur aus ornamentalem Schaumwerk aufstreben, steht über der Predella in einer offenen Nische eine plastische Gruppe der Taufe Jesu durch den Kirchenpatron Johannes der Täufer (von Joh. Luidl). Rückwärts erscheint auf der Chormauer gobelinhaft die Jordanlandschaft von Karl Thalheimer, der auch das Deckenfresko gemalt hat. Die phantastische Komposition gleicht einem großen Triumphbogen mit Blumengirlanden um die Szene der Taufe, bei der Gott Vater Christus als seinen Sohn bezeugt. Durch die Ornamentaufbauten kann man überall auf den Hintergrund durchsehen, eine Kommunikation, die kein anderer Altar zeigt. Weder in einem Schloß noch in einer Kirche

Kirche St. Johannes, Hochaltar

hat ein Wessobrunner so viel Ornamente aufgetürmt, die sich organisch bedingen und die zum Thema des Sprudelnden und Fließenden des Taufwassers aus dem Jordan gehören.«

Sehr anmutig sind die beiden Seitenaltäre Zimmermanns mit Gemälden von Franz Anwander (Offenbarung des Johannes, hl. Johann Nepomuk), und auch das Deckenbild mit Szenen aus dem Leben des Täufers trägt zum hohen Rang dieses kleinen Sakralbaues bei.

Den Abschluß des Vorderen Angers bildet das **Sandauer Tor** (8), das einst die Straße nach Augsburg abriegelte. Der wehrhafte Bau, um 1625 erneuert, war Teil der Stadtbefestigung. Wir befinden uns hier am Ende des Nordzuges der Stadtmauer, der am **Färbertor** (9) beginnt (Hintere Mühlgasse 199, zweite Hälfte 15. Jh.) und beim Sandauer Tor einen Bogen beschreibt. Noch dazu gehören der **Dachlturm** (Lueginsland, erste Hälfte 15. Jh.) und der **Pulverturm** (15./16. Jh.). Wie das Färbertor wurde auch das ihm benachbarte **Bäckertor** (Hintere Mühlgasse 204, um 1430) von den Zünften errichtet, die ihren Teil zur Stadtverteidigung beizutragen hatten.

Um das schönste Tor Landsbergs, das Bayertor, zu erreichen, passieren wir den Schmalzturm, durchschreiten die engen Straßen des Hexenviertels und erreichen über eine Treppe das ehemalige **Jesuitengymnasium** (10; Helfensteingasse 426). Der viergeschossige Barockbau (1688–92, Michael Natter) birgt die reichhaltigen Sammlungen des Neuen Stadtmuseums.

Die Jesuiten prägten mit ihren Bauten den Ostbereich der Stadt. Ein Jesuitenkollegium wurde 1576 gegründet, und 1580 wurde der Grundstein zur ersten Jesuitenkirche Süddeutschlands gelegt. Dieser erste Bau Johann Holls mußte 1752 einem Neubau weichen. Der Baumeister Ignatius Merani, ein Jesuit aus Prag, hatte sich bereits bei der Errichtung des Dillinger Jesuitenkollegs bewährt. In allen Einzelheiten läßt die **Heilig-Kreuz-Kirche** (11), deren gewaltige Dimensionen die Stadtsilhouette nachdrücklich bestimmen, den geistigen Machtanspruch der Societas Jesu spüren. Die Dillinger Jesuitenkirche (Studienkirche) war Vorbild für den Landsberger Bau. Dominikus Zimmermann hat Merani wohl beratend beiseite gestanden – manche Bauteile, wie das Portal und die geschweiften Fenster zeigen seine Handschrift. Nach der Aufhebung des Ordens (1773) kam die Kirche an die Malteser und wird seither allgemein Malteserkirche genannt.

Der Wandpfeilerbau mit eingezogenem Chor, einem Tonnengewölbe mit Stichkappen und doppelter Westempore ist glanzvoll ausgestattet (Innenrenovierung 1982–86). Die *Deckenbilder* (1753/54) zur Kreuzlegende und Geschichte der Jesuiten – vielfigurig, in kräftigen, bunten Farben – stammen von Christoph Thomas Scheffler, der auch die Dillinger Jesuitenkirche ausmalte. Eindrucksvoll ist vor allem die perspektivisch kühne Darstellung des Sieges Konstantins an der Milvischen Brücke im Chor (1753). Selbst die Emporenunterseite wurde in das Bildprogramm mit einbezogen: hier sehen wir die drastische Darstellung des Märtyrertodes von drei Jesuiten in Japan.

Ebenso farbensatt wie die Fresken zeigen sich die Altäre, die allesamt in der Werkstatt Dominikus Bergmüllers in Türkheim entstanden (1752–60). Der prächtige, säulenreiche Hochaltar ist der würdige Rahmen für die Darstellung der Kreuzigung (Johann Baptist Baader, 1758, nach einem Gemälde von Johann Georg Bergmüller).

Das ehemalige **Jesuitenkollegium** nördlich der Kirche ist heute Spital (Kernbau Johann Holl, 1576–78). Der *Arkadengang* an der Nord- und Westseite gehört zu den seltenen Renaissance-Partien dieser Stadt.

Die Malteserstraße führt direkt zum **Bayertor** (12), das den Ostzug der Stadtmauer wirkungsvoll abschließt. Zwei Neben- und zwei Vortürme flankieren den 36 m hohen, zinnenbewehrten Hauptturm. Das Tor, 1425 errichtet, zeigt sich seit seiner Renovierung 1975–77 in effektvoller, satter Farbenpracht. Die Wappenschilder erinnern an Herzog Ernst von Bayern-München, unter dessen Herrschaft dieses Stadttor entstand.

Die Neue Bergstraße folgt dem Südzug der Stadtmauer. Dem **Jungfernturm** (auch Jungfernsprung; 13) aus dem 15. Jh. schließt sich der **Nonnenturm** (zweite Hälfte 14. Jh.) an. Von hier aus (Klösterl 64) sind es nur noch wenige Schritte zur **Karolinenbrücke.** Das alte, wohl schon im 13. Jh. angelegte **Lechwehr** bildet zusammen mit den dichtgedrängten mittelalterlichen Häusern, über denen sich die Malteserkirche majestätisch erhebt, ein reizvolles Motiv. Hans Karlinger, einer der Meister der bayerischen Kunstgeschichtsschreibung, hat diese Altstadtpartie gepriesen: »Die erste Schönheit der Stadt Landsberg liegt im Lechspiegel, in dem wunderbaren, ruhig klaren Wasser am Brückenwehr, in dem der Fluß das weite Bild einer türmereichen Stadtkrone auffängt.«

Jenseits des Lechs verdient der **Mutterturm** (14), einen Besuch, zumal nebenan seit 1990 das **Herkomer-Museum** eingerichtet ist. Der Porträtist Hubert von Herkomer (1849–1914) hatte vor allem in London Erfolg, weshalb man ihm dort den Titel ›Sir‹ verlieh. Die Sommermonate verbrachte der in Waal bei Landsberg geborene Künstler in der Heimat, baute sich 1884 einen Atelierturm am Lech und widmete ihn seiner Mutter.

Einen Kilometer nördlich von Landsberg liegt **Sandau,** das man auch zu Fuß über einen Wanderweg am Lech entlang erreicht. An der Stelle der **Kirche St. Benedikt** befand sich Mitte des 8. Jh. ein Kloster und im 9. Jh. eine karolingische Basilika, deren Seitenwände in das heutige Langhaus einbezogen sind. Der Chor entstand 1468. Von der barocken Ausstattung Mitte des 18. Jh. sind noch die Figur des hl. Benedikt (Lorenz Luidl, um 1700) sowie ein Vesperbild vorhanden.

Wenn auch im Süden der Lechstadt Vilgertshofen das erste wichtige Kunstziel ist, sollte man zuvor noch zweimal Station machen. Gleich hinter Landsbergs Toren finden wir **Pöring** mit einem neugotischen Schlößchen und der ehemaligen **Schloß- und Wallfahrtskirche Ma-**

Der Pfaffenwinkel

ria von der Versöhnung. Als das Gnadenbild der Schloßkapelle nach einer Teufelsaustreibung immer größere Verehrung fand, sah sich die Schloßherrin Maria Isabella von Berndorfer zum Bau einer Kirche genötigt und berief 1739 Dominikus Zimmermann. Schon von außen wirkt der kleine Bau, der dem neugotisch umgestalteten kleinen Schloß angefügt ist, mit seinen dreiteiligen, geschwungenen Fenstern sehr einladend. Der Innenraum, ein rechteckiges Langhaus mit dreipaßförmigem Chor, überrascht durch die schwingende Architektur, die kreisenden Formen, die im Keim schon enthalten, was dann in der Wies vollendet komponiert wurde. Die Deckenbilder (Marienkrönung, Engelskonzert), der zurückhaltende Stuck, die anmutige Stuckkanzel: alles Arbeiten Zimmermanns aus der Zeit, als sich die Rocaille, aus Frankreich importiert, bereits in Süddeutschland durchgesetzt hatte. Das **Schloß,** im Kern spätgotisch, doch Ende des 19. Jh. umgestaltet, war von 1844–58 Domizil des Freiherrn von Leoprechting, dessen Erzählungen ›Aus dem Lechrain‹ auch heute noch sehr vergnüglich zu lesen sind.

Nicht weit von Pöring entfernt noch eine zweite Überraschung freilich ganz anderer Art. Zwischen Lech und Ammersee, nahe am Stausee Windach-Speicher, liegt **Thaining.** Wenn auch die **Pfarrkirche St. Martin** (1762/64, Nikolaus Schütz; Fresken Franz Kirzinger, 1764) manch beachtliches Detail enthält, so ist doch die Nebenkirche, **Sankt Wolfgang,** Thainings wirkliche Attraktion. Ein schlichter, niedriger Saal mit flacher Holzdecke, ein eingezogener Chor; darin, auf engstem Raum zusammengedrängt: vier Altäre, ein Chorgestühl, die Kanzel, eine kleine Empore – alles dicht besetzt mit Figuren verschiedenster Art und Größe. Ein wohlhabender Wallfahrer hat die Wolfgangskirche um 1430 gestiftet, 1664 wurde sie barock ausgestattet. Nur der Kruzifixus des Kreuzaltars in der Mitte und die hll. Wolfgang und Johannes am Hochaltar sind spätgotisch, alles weitere kam im 17. Jh. hinzu. Die Landsberger Luidl-Werkstatt, voran Lorenz Luidl, und die Weilheimer Degler-Werkstatt mit David und Ambros Degler haben hier zusammengewirkt. So entstand ein Sakralraum, der in seiner bunten Fülle und Volkstümlichkeit einzigartig in Bayern ist.

Vilgertshofen ☆

Jedes Jahr im August, am Sonntag nach Mariä Himmelfahrt kommen die Wallfahrer nach **Vilgertshofen** und feiern die Stumme Prozession. Das religiöse Schauspiel nach Art der Passionsspiele stellt Szenen aus dem Alten und Neuen Testament dar. Vilgertshofen war schon im Spätmittelalter Wallfahrtsort. Im 17. Jh. wurden jährlich an die 24 000 Pilger gezählt, und so entschloß sich das Kloster Wessobrunn, dem die Gemeinde zugehörte, einen größeren Kirchenbau zu errichten. Der Wessobrunner Klosterbaumeister selbst, Johann Schmuzer, wurde mit der Planung und Ausführung, schließlich auch mit der Stuckierung betraut.

Die **Wallfahrtskirche zur Schmerzhaften Mutter** ist schon von außen in ihrer weithin leuchtenden rot-weißen Gliederung und dem schlanken Zwiebelhaubenturm überaus reizvoll. Welche Fülle und

Vilgertshofen

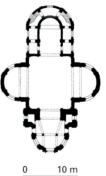

Vilgertshofen,
Wallfahrtskirche
zur Schmerzhaften
Mutter, Außenansicht
und Grundriß

Der Pfaffenwinkel

Pracht jedoch erst im Inneren! Der zentralisierende, vierpaßförmige Bau überrascht nicht nur durch neue, für den barocken Kirchenbau Altbayerns bahnbrechende Lösungen, er ist auch in seinem Dekor – ein Meisterwerk Wessobrunner Stuckkunst – beispielhaft. Es war vor allem Dominikus Zimmermann, der manche Anregungen aus dem Vilgertshofener Bau bezog. Nicht nur die gedoppelten hohen Rundbogenfenster mit Oberlicht, sondern auch die Gestaltung des Chors und seines Doppelaltars wurden als Vorbilder genutzt. Dem zweigeschossigen Altarraum entspricht im Westen die zweigeschossige Vorhalle. Die Höhe des schmalen Chorraumes füllt der elegante, zweiteilige *Hochaltar* aus. Unten in der Altarnische: das wundertätige Gnadenbild, ein spätgotisches Vesperbild, die Schmerzhafte Mutter. Pfarrer Nikolaus Praun wurde der Überlieferung nach durch dieses Andachtsbild von einem schweren Kopfleiden geheilt. Daraufhin führte er 1674 die Bittprozession nach Vilgertshofen ein, die dann zur Blüte der Wallfahrt führte.

Das Deckenbild im Chor (1721, Pietà und Gottvater) ist ein Werk Johann Baptist Zimmermanns, doch das Hauptfresko (Kreuzigung) ist erst 1976 hinzugekommen. Fast überreich breitet sich der *Stuckdekor* Schmuzers an Decken, Wänden und Empore aus. Die großen, scharfkantigen Akanthusranken sind hier das auffallendste Element – in dieser Fülle und Großzügigkeit sind sie nirgendwo mehr zu sehen. Inmitten all dieser barocken Üppigkeit ein anmutiger Rokoko-Akzent: der Stephansaltar in der rechten Seitenapsis (Thassilo Zöpf, 1751) mit dem Gemälde der Steinigung des hl. Stephanus (1770, Johann Baader).

Diesen Maler, den ›Lechhansl‹, dessen Geburtsort Lechmühlen von Vilgertshofen nicht weit entfernt ist, können wir auch im benachbarten **Gasthaus,** einer ehemaligen Pilgerherberge, noch einmal erleben. Drei Deckenbilder, darunter die ›Herbergssuche‹, wurden von Baader um 1770 gemalt. Auffallend bei allen Figuren: die Lechrainer Tracht.

Die zwischen Lechmühlen und Kinsau besonders zahlreichen Aussichtspunkte rechtfertigen – vor dem großen Erlebnis Wessobrunn – einen Abstecher an den **Lech.** Bei Lechmühlen, Epfach, Apfeldorf und Kinsau zeigen sich die Lechwindungen besonders eindrucksvoll. Dennoch: wir erleben hier keinen munter fließenden, sondern einen künstlich aufgestauten Fluß. Siegmar Gerndt schildert in seinem Naturführer die landschaftliche Situation: »Vor dem Erreichen Landsbergs aber schwingt der Fluß zwischen seinen Prall- und Gleithängen hin und her. Die schönen Lechschleifen bei Kinsau, Apfeldorf, Epfach und Mundraching (LSG) sind die besten Zeugen seiner abtragenden und anschwemmenden Gewalt. Freilich fehlt am heutigen Fluß dieser quirlende Übermut; die Kraftwerkstufen haben seinen schwingenden Lauf zu einer Folge von nahezu stillstehenden ›aufgeblähten Wasserbäuchen‹ aufgestaut.«

In Lechmühlen selbst, wo Johann Baader sein Haus mit Lüftlmalereien schmückte (1770 entstanden, 1924 zerstört), sind leider kei-

Vilgertshofen, Details der Deckenbilder von Johann Baader im Gasthaus

ne Zeugnisse dieses liebenswerten Künstlers mehr zu finden. Wohl aber in der **Pfarrkirche St. Johannes d. Tf.** in **Rott**, direkt an der Straße von Landsberg nach Weilheim. Inmitten des zarte Rokokostucks des Wessobrunners Johann Michael Merk sehen wir Baaders Deckenbilder, die dem Leben des Kirchenpatrons gelten. Es ist ein Spätwerk des Malers und Schülers von Johann Georg Bergmüller, der wegen seiner volkstümlichen Darstellungen beliebt war. Lechhansl hieß er laut der Chronik der Chorherren von Rottenbuch, »weil er eines Lechmüllers Sohn war beim Römerkessel an der Strassen von Schongau nach Augsburg«.

Wessobrunn

Wohl an keinem anderen Ort hat die Säkularisation so radikal aufgeräumt wie in Wessobrunn. Eines der ältesten und ehrwürdigsten Klöster Altbayerns, in der Barockzeit zu einem weiträumigen Komplex angewachsen, ist heute nur noch Fragment. Das Torhaus, ein alter Wehrturm, die kleine Pfarrkirche, ein Brunnenhaus und schließlich drei dürftige Flügel des ehemaligen Südtraktes – das ist alles, was noch erhalten ist.

Wessobrunn ☆☆
Besonders sehenswert:
Kloster
Pfarrkirche

Die Kenntnis der *Gründungslegende* ist hier besonders wichtig, denn immer wieder werden wir bildlich mit ihren Szenen konfrontiert. Hören wir die Fassung des Chronisten Coelestin Leutner in seiner Klostergeschichte des Jahres 1753: »Es begab sich im Jahre 753. Tassilo, ein Sohn des Herzogs Odilo, hielt sich im Grenzgebiet seines Herzogtums Bajuwarien auf, das zu jener Zeit regiert wurde wie ein selbständiges Königsreich. Im Rottwald, zwischen Ammer und Lech, ging er einmal der Eberjagd nach. Während der Nacht sah sich Tassilo im Traum bei einem Brunnen stehen, dessen Wasser von vier Seiten auf ihn zusprang. Im Süden ragte eine Leiter zum Himmel empor. Daran schwebten Engel des Herrn auf und nieder. Der heilige Apostelfürst Petrus aber stand oben an der Leiter und sang das Offizium, wie es beim Kirchweihfest gesungen wird. Einer der Jäger hieß Taringer, der andere Wesso. Wesso führte den Herzog zu einer Quelle, die in Kreuzesform aus der Erde sprang. Sie wird noch heute Quelle des Wesso genannt. Dort errichtete Tassilo mit Hilfe des Bonifaz ein Kloster, das den Namen des Wesso trug, und bereicherte es mit weiterem Grund und Boden.«

Soweit die Legende. Die historische Forschung jedoch glaubt nicht an eine Gründung durch Tassilo, der 753 erst 12 Jahre alt war. Wahrscheinlicher ist eine Gründung durch die Stifterfamilie der Huosi, die zuvor das Kloster Benediktbeuern gründeten. Tassilo III. war jedoch Förderer des Klosters, das nach seiner Absetzung durch Karl den Großen (788) karolingisches Reichskloster wurde. In dieser frühen Zeit, noch vor 814, kam das berühmte *Wessobrunner Gebet* in den Besitz der Klosterbibliothek. Es ist das älteste deutsche Sprachdenkmal christlichen Inhalts – das althochdeutsche Original befindet sich heute im Besitz der Bayerischen Staatsbibliothek. Entstanden ist der Text wohl in der Schreibschule von St. Emmeram in Regensburg.

955 wurde das erste Kloster durch die Hunnen zerstört, ein zweiter Bau wurde 1075 geweiht, Benediktinermönche von St. Emmeram zogen ein. Nach einem Brand, der 1220 Kirche und Kloster vernichtete, wurde bis 1285 ein Neubau aufgeführt. Von dem romanischen Münster, das nach der Säkularisation abgebrochen wurde, steht nur noch der Wehrturm. Die großartigen Bildwerke kamen ins Bayerische Nationalmuseum nach München und füllen heute den Wessobrunner Saal. Auch die barocken Konventsbauten erlitten ein ähnliches Schicksal.

Der ehrgeizige Plan des Klosterbaumeisters Johann Schmuzer, der einen weiträumigen Konventbau um die Kirche als Mittelachse vorsah, wurde allerdings nur zu einem Viertel ausgeführt; man errichtete lediglich den Gäste-, den Theater- und den Abteiflügel, dazu den Konventbau. Das meiste wurde Opfer der Säkularisation, erhalten blieb nur die dreiflügelige Anlage südlich des alten Wehr- und Glockenturmes, bestehend aus Gästetrakt im Süden, Prälatur im Osten und Theaterflügel im Westen.

Die Tutzinger Missionsbenediktinerinnen, die seit 1955 in Wessobrunn ein Jugendkurheim betreiben, zeigen uns den *Südflügel*. Bereits im Treppenhaus begegnen wir dem legendären Klostergründer: Tassilo III., in Öl gemalt, umgeben von einem Prachtrahmen aus weißem Stuck. Wunderbare Wessobrunner Stuckpracht dann auch im *Gang* des Gästetraktes. Johann Schmuzer war hier mit seiner Werkschar tätig (um 1685). Schwere, plastische Lorbeer- und Akanthusranken rahmen die Deckenbilder – ein benediktinischer Emblemzyklus zum Thema der Unbefleckten Empfängnis Mariä und der mönchischen Tugenden.

Ein prächtiges Stuckmarmorportal führt zum Festsaal des Gästetraktes, dem *Tassilosaal* (um 1695). Wer ihn gesehen hat, muß zugeben: herrlicheren Barockstuck gibt es in ganz Bayern nicht! Georg Hager, der Ende des 19. Jh. den Wessobrunner Stuck in seiner künstlerischen Bedeutung entdeckte, beschrieb die Aula Thassilonis: »An der Spiegeldecke dieses Saales (...) sind durch Umrahmung mit Stäben, Lorbeer, Eichen- und Weinlaubgewinden ein großes Mittelfeld und eine Anzahl kleinerer Felder ausgespart, welche einst mit Ölgemälden (auf Leinwand) gefüllt waren. Den übrigen Raum der Decke und der großen Hohlkehle überziehen fein verästelte, stark unterschnittene Akanthusranken, welche an der Spitze öfter große Sonnenblumen tragen. Durch das Rankenwerk springen Hunde, auf Hasen, Wildschweine und Füchse jagend, sowie Hirsche; in den Ecken tummeln sich geflügelte Amoretten. Nackte Halbfiguren, welche aus Ranken hervorwachsen, halten den Rahmen des Hauptgemäldes. Die Technik zeugt von bewundernswerter Geschicklichkeit, die Ranken sind frei modelliert und gleiten über die Figuren hinweg, so daß diese halbverdeckt in Laubwerk sind.« Dieses Kunstwerk in

Wessobrunn

Wessobrunn, Deckenstuck im Tassilosaal

Grün und Rosa, auf weißem Grund, wurde mit Händen und Spachtel auf die Decke modelliert, während der Stuck im Gang aus vorgefertigten Teilen besteht.

Vom Gang des Gästetraktes geht der Blick hinüber zum alten *Wehr- und Glockenturm* der ehemaligen Klosterkirche. Dahinter, direkt neben dem barocken *Torhaus*, steht der einzige in Wessobrunn erhaltene Sakralbau, die **Pfarrkirche St. Johannes Baptist** (1757–59). Der helle, freundliche Rokokoraum ist mit Fresken Johann Baptist Baaders zum Leben Johannes des Täufers geschmückt. Noch aus romanischer Zeit stammt der eindringliche *Kruzifixus* (um 1250). Ein weiterer kostbarer Schatz dieser Kirche: das Gnadenbild der *Mutter der Schönen Liebe*, eine blumenbekränzte Madonna, 1706 von einem Benediktinerbruder aus Prüfening gemalt.

Ostwärts der Kirche erinnert das **Brunnenhaus** an die Gründungslegende, denn die Arkadenhalle (1753, Joseph Schmuzer) wurde über dem Brunnen des Wesso errichtet. Und zu Wessos Brunnen gesellt sich Tassilos Baum: hinter der östlichen Klostermauer finden wir die mächtige, wohl 700 Jahre alte **Tassilolinde.** Sie steht der Überlieferung nach an der Stelle, wo der Herzog auf der Jagd sein Zelt aufschlug.

Wessobrunns Gästetrakt, aber auch die Wieskirche, die Klosterkirchen von Rottenbuch und Polling – was wären sie ohne ihren phantasievollen Stuckdekor? Im Dorf Wessobrunn, das bis 1853 Gaispoint hieß, im benachbarten Haid und in Sankt Leonhard waren die Stuckkünstler zu Hause. Von hier aus zogen sie im Frühjahr in die Welt und kehrten im Herbst heim, um die Arbeit für das nächste Jahr vorzubereiten. Einige blieben in der Fremde – bis nach Warschau, St. Petersburg und Paris zogen sie und ihre Kunst war dort ebenso begehrt wie die der wandernden Italiener und Tessiner. Über 600 *Wessobrunner Stuckhandwerker* und Baumeister sind bisher namentlich bekannt – viele von ihnen wurden berühmt, wie die Brüder Dominikus und Johann Baptist Zimmermann.

Die Blütezeit der Wessobrunner Stuckkunst war das Rokoko, doch bereits Mitte des 17. Jh. finden wir unter den Werktrupps Namen von Wessobrunner Stuckhandwerkern. In Polling brachte Jörg Schmuzer, Maurer und Stukkator aus Gaispoint, den feinen Felderstuck an. Ein weiterer Schmuzer, der Klosterbaumeister Johann, war es dann, der von Gaispoint aus die Aufträge organisierte, die er nun mit einer Maurer- und Stukkatorentruppe ausführte, den ›Stuckhadorern von Wessobrunn‹. Hugo Schnell, dem wir das informative ›Lexikon der Wessobrunner‹ verdanken, berichtet über diese Gemeinschaft: »Die Wessobrunner Kunsthandwerker waren in einer Zunft christlichen Gepräges zusammengeschlossen. Gemeinsam zog man nach feierlichem Gottesdienst im Frühjahr in die Welt; gemeinsam wurde im Herbst die Arbeit niedergelegt. Satzungen und Überlieferungen hatten den Ablauf des Tages und der Arbeit geregelt. Viele Heiraten innerhalb der Stukkatorenfamilien verbanden diese Handwerkerscharen noch fester und persönlich.«

Nordwestlich von Wessobrunn, direkt an der Straße nach Rott, steht die **Kreuzbergkapelle,** ein unscheinbarer kleiner Bau (1595), der jedoch historisch interessiert. An dieser Stelle wurde im Jahr 955 Abt Thiento mit sechs Mönchen von den Ungarn getötet. Das Deckenbild, das Matthäus Günther 1771 malte, gedenkt dieses Martyriums.

Ein weiterer kunsthistorisch ergiebiger Bau nahe Wessobrunn: die **Wallfahrts- und Pfarrkirche St. Leonhard im Forst.** Joseph Schmuzer errichtete sie 1726–35, wobei er vom Bau seines Vaters Johann in Vilgertshofen das Motiv des Chorumgangs mit Galerie übernahm. Das Deckenbild zur Leonhardslegende malte auch hier Matthäus

Günther (1765). Wie in der Kreuzbergkapelle stammt der feine Rokokostuck vom Wessobrunner Thassilo Zöpf.

Vor allem für Naturfreunde interessant ist das nahe **Paterzell**, denn hier ist einer der größten Eibenwälder Europas zu finden. Die Eibe (Taxus baccata), die wegen ihres dichten, elastischen Holzes einst begehrtes Material zur Herstellung von Armbrüsten, Bogen und feinen Drechslerarbeiten war, wurde wegen Übernutzung weitgehend ausgerottet. Hier im einstigen Klosterwald von Wessobrunn, konnte sie sich halten, allerdings in Gesellschaft von Buchen, Tannen, Fichten, Eschen und Bergahorn.

Um die B 17 und damit Schongau zu erreichen, ist es sinnvoll, noch einmal den Weg über Rott zu wählen, zumal in **Apfeldorf** ein kleiner Bau Johann Michael Fischers betrachtet werden kann. Das **Pfarrhaus** mit reizvoll geschwungenem Giebel entstand 1747 im Auftrag des Stiftes Polling.

Hohenfurch mit der sehr ansehnlichen **Pfarrkirche Mariä Himmelfahrt** ist eine weitere Überraschung auf dem Weg nach Schongau. Hier, links des Lechs, wird der schwäbische Einfluß deutlich bemerkbar: über vier Jahrhunderte war der Ort im Besitz des Füssener Benediktinerklosters St. Mang. Der breite, helle Saal der 1754 geweihten Kirche wurde von schwäbischen Meistern ausgestattet. Josef Fischer aus Faulenbach, dessen Namen wir im Raum Füssen oft begegnen, sorgte für den zarten Régence-Stuck. Johannes Heel aus Göggingen ist der Meister der marianischen Deckenbilder im Langhaus.

Wenn auch die Anfahrt von Osten her die Stadt Schongau – hoch über dem Lech gelegen – von ihrer attraktivsten Seite zeigt, wählen wir doch den Weg an der Schönach entlang und beginnen mit **Altenstadt,** der Keimzelle Schongaus.

Die erste Siedlung des 4. Jh. lag an der alten Römerstraße, der Via Claudia Augusta, von Augsburg über Füssen nach Verona, und ein römischer Wachturm auf dem Burglachberg gab ihr Schutz. Unter den Herren von Scongova (althd. ›Schöner Gau‹), den Ministerialen der Welfen, wurde der Ort im 11. Jh. ein wichtiger Stapel- und Umschlagplatz für Warenzüge in Richtung Italien und Augsburg. Die strategisch und auch wirtschaftlich günstigere Position auf dem nahem Umlaufberg des Lech führte zu einer Neusiedlung, aus der sich dann seit Mitte des 13. Jh. das neue Schongau entwickelte.

Die Welfen mußten Ende des 12. Jh. den Staufern weichen; ihre Burg auf dem Burglachberg ging in den Besitz der Tempelherren über, die bis 1289 blieben. In diese Zeit fällt der Bau der romanischen Basilika von Altenstadt, der heutigen **Pfarrkirche St. Michael.** Von der Templerzeit Alt-Schongaus weiß man wenig, mit dem Bau der Kirche wird der Orden heute offiziell nicht mehr in Verbindung gebracht. Noch Ende des 19. Jh. wußte man es anders, wie der kleinen Schrift ›Geschichte und Denkwürdigkeiten der Stadt Schongau‹ zu entnehmen ist: »Den reichen und prachtliebenden Templern war jedoch die alte Lorenzenkirche zu klein und zu beengt, weshalb sie

Deckenbild in der Wallfahrtskirche St. Leonhard im Forst. Das Detail zeigt Tiere unter dem Schutz des hl. Leonhard

Der Pfaffenwinkel

*Altenstadt, Pfarrkirche
St. Michael*

einen größeren, ihres Reichthumes würdigeren Tempel, die jetzige Pfarrkirche zu St. Michael erbauten. (…) Das in Stein gehauene Bild über der Hauptpforte stellt einen Ritter vor, der gegen ein Ungeheuer kämpft und ihm eine gekrönte Frau zu entreißen sucht – ein Sinnbild der Bestimmung der Templer, des Kampfes gegen die Ungläubigen und der Befreiung des von diesen bedrängten Christentumes.«

Die Michaelskirche gibt der Kunstwissenschaft manches Rätsel auf. Die dreischiffige Basilika mit drei gleichgerichteten Apsiden folgt zwar im Grundriß dem alpenländischen Schema, doch deutet das nichtgebundene Gewölbesystem, ebenso diverse Schmuckformen, auf oberitalienische Einflüsse. Auch erstaunen die ausgewogenen, mathematisch ausgeklügelten Proportionen: die Türme sind doppelt so hoch wie das Mittelschiff und dieses ist zweimal so hoch und breit wie die Seitenschiffe; der Abstand zwischen den Pfeilern beträgt das Doppelte ihres Durchmessers; das Hauptportal ist doppelt so hoch wie breit – um nur einige der Bezüge zu nennen.

Der Innenraum der Michaelskirche wird seit 1991 restauriert. Freskenreste wurden schon 1938 entdeckt, doch diesmal ist ein noch großartigerer Fund gemacht worden: neben dem Fenster der Westempore wurde 1994 ein gewaltiges, über 8 m hohes Fresko vom Ende des 12. Jh. entdeckt, eine Darstellung des *Christophorus*. Auch die Kreuzigungsgruppe im rechten Seitenschiff stammt noch aus romanischer Zeit, während die Fresken im Chor, darunter der Erzengel Michael als Seelenwäger, dem Anfang des 14. Jh. zugeordnet werden.

Dennoch – das größte Kunstwerk in diesem ruhevollen, von dämmrigem Licht erfüllten Raum ist der monumentale *Kruzifixus*, der Große Gott von Altenstadt. Christus ist hier als Rex gloriae dargestellt, er trägt als Christkönig statt der Dornenkrone den Goldreif. Die Kreuzigungsgruppe, entstanden um 1200, ist leider nicht vollständig: die beiden Figuren von Maria und Johannes sind Kopien, die Originale kamen 1868 an den bayerischen Staat und sind heute im Bayerischen Nationalmuseum zu finden. Überaus kostbar ist auch der romanische *Taufstein* in der nördlichen Seitenapsis. Das kelchförmige Becken aus grauem Sandstein, geschmückt mit Reliefs (Taufe Jesu im Jordan, Johannes der Täufer, thronende Madonna, Erzengel Michael), dürfte ebenfalls um 1200 entstanden sein. Das ornamentale Rahmenwerk weist auf lombardischen Einfluß hin.

Romanischer Kruzifixus, der Große Gott von Altenstadt

Schongau

Schongau kam nicht nur in Besitz wichtiger Rechte der alten Siedlung, sondern erbte auch ihren Namen. Als Schonengov wird die neue Siedlung 1227 genannt, 1312 finden wir für den Vorgängerort den Hinweis »ze der Alten Stadt«. Da der Markt 1240 nach Schongau verlegt wurde, fiel Altenstadt mit der Zeit in dörfliche Bedeutungslosigkeit. Das Haus Wittelsbach, das 1269 das staufische Erbe antrat, verlieh Schongau ein eigenes Rechtsbuch mit Münzrecht (1339), schließlich auch das Niederlagsrecht (1405) und das alleinige Recht des Transports aller Güter nach Süden. Schongau entwickelte sich zum wichtigsten Lager- und Umladeplatz an der Straße nach Augsburg.

Wenn auch Schongau schon früh wittelsbachisch wurde und heute noch zu Oberbayern gehört, ist dennoch der schwäbische Einfluß nicht zu übersehen. Nicht nur die Häuser zeigen sich an der Hauptstraße nach schwäbischer Art meist giebelständig, es wird auch Schwäbisch gesprochen – der Lech als Sprachgrenze beweist sich auch hier. Der besondere Reiz dieser Stadt: die breite Mittelachse, die Münzstraße mit dem Marienplatz, die sich von Nord nach Süd fast geradlinig durch Schongau hinduchzieht; und dann noch die weitgehend erhaltene Stadtmauer mit ihren Wehrgängen und Türmen.

Schongau ☆
Besonders sehenswert:
Stadtbild
Stadtpfarrkirche Mariä Himmelfahrt
Spitalkirche zum Hl. Geist
Altenstadt bei Schongau

Der Pfaffenwinkel

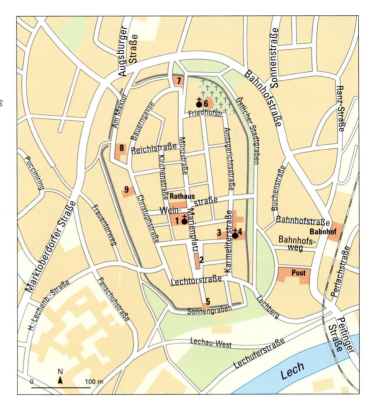

Schongau
1 Stadtpfarrkirche Mariä Himmelfahrt
2 Ehemaliges Ballenhaus
3 Ehemaliges Steingadener Richterhaus
4 Spitalkirche zum Hl. Geist
5 Polizeidienerturm
6 Friedhofskirche St. Sebastian
7 Ehemaliges Münzgebäude
8 Ehemaliges Herzogliches Schloß und Maxtor
9 Ehemalige Kirche St. Erasmus (Stadtmuseum)

Kirche Mariä Himmelfahrt, Detail des Chorfreskos: die Dreifaltigkeit empfängt Maria im Himmel

Der herausragende Bau, eindrucksvoll am Marienplatz postiert und in ihn hineingreifend, ist die **Stadtpfarrkirche Mariä Himmelfahrt** (1). Ein verheerender Stadtbrand hatte 1493 die gotische Kirche zerstört, der Nachfolgebau büßte 1667 mit dem Turm auch den Chor ein. Die heutige Gestalt der Kirche ist Werk Dominikus Zimmermanns, der 1784 gerufen wurde, um den Plan für einen Neubau des Langhauses zu liefern. Nach geringfügigen Abänderungen durch Franz Schmuzer wurde er 1751–53 ausgeführt.

Der breite, kurze Wandpfeilerraum (eine Verlängerung nach Westen war wegen der engen Gasse nicht möglich) mit eingezogenem Chor ist reich ausgestattet. Für die Stuckierung im Chor sorgte Zimmermann selbst (1748), für die des Langhauses der Wessobrunner Jakob Stiller (1753). Der Meister des glanzvollen Doppelsäulen-Hochaltars ist der Weilheimer Franz Xaver Schmädl, dem ein Riß von Ignaz Günther vorlag. Matthäus Günther, damals schon ein angesehener Freskant, hat die Deckenbilder gemalt (1748). Ungewöhnlich ist das *Chorfresko*, das Maria als Braut des hl. Geistes darstellt, der hier in Jünglingsgestalt erscheint. (Im gleichen Jahr hatte Günther bei der

Schongau

Ausmalung der Kirche von Altdorf bei Kaufbeuren das gleiche Motiv verwendet.) Inspirieren ließ sich Günther hier von den Visionen der Kaufbeurer Klosterfrau Kreszentia Höß, deren Grab nach ihrem Tod (1744) Wallfahrtsziel geworden war. Der Papst allerdings reagierte auf derlei ikonographische Neuerungen verärgert.

Bereits in der Stauferzeit erhielt der Ort seine Mittelachse, die heutige Münzstraße, doch erst im 14. Jh. wurde sie im südlichen Teil platzartig erweitert. Dieser charakteristisch altbayerische Straßenmarkt diente nicht nur dem Durchgangsverkehr, er wurde auch als Wagenplatz und Warenlager genutzt. Von der Bedeutung Schongaus als Warenumschlagplatz zeugt das **Ballenhaus** (2), ein langgestreckter Bau, frei in den Marienplatz hineingestellt. Der Stadtbrand zerstörte den Vorgängerbau, doch bis 1515 war das neue Gebäude vollendet, das auch als Ratshaus diente (spätgotische Balkendecke im

Schongau, Marienplatz mit Stadtpfarrkirche Mariä Himmelfahrt

Obergeschoß; Umbau 1856). Dem Ballenhaus benachbart ist das ehemalige **Steingadener Richterhaus** (3), ein spätgotischer Satteldachbau, in dem eine datierte Balkendecke erhalten ist (1493).

Ebenso wie der Zwiebelturm der Stadtpfarrkirche beherrscht auch der etwas kleinere und schlankere der **Spitalkirche zum Hl. Geist** (4) das Stadtbild. Von Osten her, unterhalb der Stadtmauer, ist der Blick auf das Ensemble des ehemaligen Heilig-Geist-Spitals besonders reizvoll. Die ehemalige Karmeliterkirche und der Konvent (heute Altenpflegeheim) wurden 1720–30 errichtet. Die Kirche baute der Wessobrunner Joseph Schmuzer, ein einfacher Saal, der einige qualitätvolle Altarbilder enthält. Gottfried Bernhard Göz, bekannt als Freskant der Wallfahrtskirche Birnau am Bodensee, schuf das Gemälde des Hochaltars (1753, Familie der hl. Anna).

Der südliche Stadtbereich ist mit den beiden Kirchen und dem Ballenhaus besonders sehenswert. Auch die **Stadtmauer,** größtenteils mit Wehrgängen besetzt, wirkt hier sehr attraktiv. Die Stadtbefestigung wurde bis ins 17. Jh. hinein verstärkt; ihre Tore und Türme sind nur noch im Kern mittelalterlich. Auffällig überragt der fünfstöckige **Polizeidienerturm** (5), der Alte Einlaß (17. Jh.), das Steilufer des Lechs.

Im nördlichen Stadtbereich finden wir die **Friedhofskirche St. Sebastian** (6). Johann Pöllandt, der bedeutendste Barockbildhauer in Schongau, schnitzte die Figuren des Hochaltars (um 1700). Das ehemalige **Münzgebäude** (7) am Nordende der Münzstraße wurde 1771 von dem kundigen und sehr produktiven Münchner Leonhard Matthäus Gießl errichtet. Hier wurde bis Mitte des 16. Jh. das Münzrecht ausgeübt; heute dient der Bau der Polizei als Amtssitz.

Im westlichen Bereich der Stadtmauer liegt das ehemalige **Herzogliche Schloß** (8) – ein spätgotischer Bau, der 1771 umgestaltet wurde (heute Landratsamt). Mit einem weiteren Stadttor, dem **Maxtor,** bildet der Dreiflügelbau einen Winkel. Etwas weiter südlich, ebenfalls in der Christophstraße, finden wir die ehemalige **Kirche St. Erasmus** (9), einen spätgotischen, 1681 erweiterten Bau. Nach 1815, als das Spital in das Karmeliterkloster verlegt wurde, hat sich das alte Gemäuer einige Zweckentfremdungen gefallen lassen müssen, diente auch als Theater und Turnhalle. Seit 1989 sind hier die Sammlungen des Stadtmuseums untergebracht.

Zwischen Schongau und Weilheim

Der 8 km lange Schongauer See, der in keinem Fremdenverkehrsprospekt fehlt, entpuppt sich bei näherer Betrachtung als gestaute Lechschleife. Reizvoller ist die Lietzauer Schleife bei Burggen, doch wollen wir nun den Lechbereich verlassen und orientieren uns ostwärts in Richtung **Peiting**.

Peiting bis Hohenpeißenberg

Es lohnt sich, den Ort anzusehen, den die meisten nur als Durchfahrtstation auf dem Weg zum Hohenpeißenberg oder nach Steingaden kennen. Im 11. Jh. hatten die süddeutschen Welfen in ›Pitegouua‹ ihren Stammsitz. Wie in Altenstadt kam der Welfenbesitz 1191 an die Staufer, 1269 dann an die Wittelsbacher. Von der alten Burg – 1632 durch die Schweden zerstört – sind nur noch Wälle und Gräben erhalten. Immerhin besitzt die **Pfarrkirche St. Michael** noch ihren Westturm und die Krypta aus der Welfenzeit. Gotik (Chor, 14. Jh.) und Klassizismus (1783–85, Langhaus) haben hier deutlich mitgebaut, und auch das späte 19. Jh. fügt noch manches hinzu. Sehenswert ist der Hochaltar (1758) wegen seiner ausgezeichneten Figuren der beiden Johannes, die zu den Hauptwerken des Weilheimers Franz Xaver Schmädl gehören.

Auch die **Wallfahrts- und Friedhofskirche Maria Egg** (1655–58) enthält einige gute Bildwerke, darunter ein spätgotisches Holzrelief mit der Anbetung der Könige.

Weit bis in den Pfaffenwinkel hinein ist der lange Rücken des **Hohenpeißenbergs** zu sehen. Bereits im frühen 19. Jh. war der nahezu 1000 m hohe Berg – eine tertiäre Erhebung, während der letzten Phase der Alpenfaltung entstanden – wegen seines großartigen Rundblicks berühmt; man nannte ihn den Bayerischen Rigi.

Ausgestattet mit einer bekannten Wallfahrtskirche, einer Sternwarte und einem Fernsehturm, ist der Hohenpeißenberg ein magnetischer Ort, dem sich auch die Gastronomie nicht verschließen konnte. Es geht hier also meist sehr lebhaft zu. Begonnen hat alles im Jahr 1514, als die Bauern der umliegenden Gehöfte auf dem Gipfel des Berges eine Kapelle bauten. Der herzogliche Pfleger aus Schongau, Georg von Pienzenau, stiftete eine Marienfigur, die bald zum verehrten Gnadenbild wurde. Vor allem im Bauernkrieg, bei dem sich die Einheimischen im Unterschied zu ihren rebellischen schwäbischen Nachbarn auf die Seite des Herzogs stellten, wurde die Madonna vom Hohenpeißenberg um Schutz angefleht. Zum Dank für die Treue der Bauern betraute des herzogliche Haus 1604 die Augustiner vom Kloster Rottenbuch mit der Wallfahrtsseelsorge. Die Blüte der Wallfahrt lag im 18. Jh. – mehr als 40 000 Pilger kamen jährlich hier hinauf.

Ein langgestreckter Bau vereint die **Gnadenkapelle St. Maria** und die **Pfarr- und Wallfahrtskirche Mariä Himmelfahrt.** Als die alte Kapelle zu klein geworden war, entschloß sich das Stift Rottenbuch, eine geräumigere Kirche mit Turm und Priesterwohnhaus zu bauen (1616–19). Durch das südliche Portal betritt man zuerst den Saal der größeren Kirche. Wer Freude an barockem Schnitzwerk hat, wird sich hier sehr wohl fühlen; allein schon der Hochaltar, der den Chorraum in ganzer Breite ausfüllt, ist mit seinen vielen gedrehten Säulen und dem Goldglanz der Fassung ein prächtiger Anblick. »Wegen seiner Majestet und gantz neuen Invention« wurde er schon 1717 bei seiner Aufstellung bewundert. Das Altarbild stellt die Himmelfahrt Mariens dar (M. Pusjäger). Herzog Maximilian I. stiftete die ur-

Der Pfaffenwinkel

sprüngliche Kirchenausstattung, darunter auch die herrlichen *Relieftafeln* mit Moses und David im Rankenwerk, die Bartholomäus Steinle 1617–21 aus Lindenholz schnitzte. Auch die Engelsfiguren der beiden Seitenaltäre sind Arbeiten Steinles, die Altarbilder (um 1720, Kreuzigung und Auferstehung) stammen von Elias Greither. Angelehnt an den Mittelpfeiler der Westempore – eine ausgezeichnete Ebenistenarbeit in Esche und Ahorn (1619) – steht die eindringliche, mahnende Figur eines Geißelheilands.

Ein gänzlich anderes Bild dann in der *Gnadenkapelle*, die durch Joseph Schmuzer 1747 barockisiert wurde. Während im Barockraum nebenan der strenge Modelstuck der Münchner Schule die Folie bildet, herrscht hier die Rocaille in ihrer sprühendsten Form – ein Meisterwerk des Wessobrunners Franz Xaver Schmuzer (1747/48). Überaus kostbar im kleinen Chorraum: der filigrane Hochaltar mit dem Gnadenbild, eine spätgotische thronende Muttergottes. Franz Xaver Schmädl hat dem Altar sein Rokokogewand gegeben, er war auch der Meister der farblich besonders delikaten Seitenaltäre.

Gnadenaltar in der Gnadenkapelle St. Maria auf dem Hohenpeißenberg

Auch die ovale Flachkuppel im Langhaus zieht sofort den Blick auf sich, denn hier oben hat Matthäus Günther eines seiner liebenswertesten *Deckenbilder* aufgepinselt (1748). In Tritschenkreut am Nordostabhang des Hohenpeißenbergs geboren, war er besonders geeignet, die Fresken dieser Wallfahrtskapelle zu malen. Am Kuppelrand erscheinen in frischem Kolorit die Personen der Wallfahrtsgeschichte: in der Prozession schreitend der Stifter Georg von Pienzenau neben dem Gnadenbild und auf der anderen Seite die Chorherren von Rottenbuch mit dem Fürstbischof und Herzog Maximilian I., der die Gnadenstätte dem Stift zueignet. Besonders reizvoll wirkt der Bildabschnitt mit den flehenden Landleuten, darunter auch der Künstler selbst, von seinem Vater und zwei Pferden begleitet.

Auch die **Sternwarte,** die heute vom staatlichen Deutschen Wetterdienst betreut wird, hat ihre Tradition. Kurfürst Max III. hat 1772 die Rottenbucher Chorherren angewiesen, sie zu errichten, und bereits 1781 konnten meteorologische und astronomische Beobachtungen durchgeführt werden. Hohenpeißenberg gilt als das älteste ständig besetzte Bergobservatorium der Erde.

Während die gut ausgebaute Autostraße den Berg hinauf geradezu zum unbekümmerten Fahren verlockt, ist unser nächstes Ziel auch gut zu Fuß zu erreichen. Über Oberschwaig und Vorderhölzl geht es zur **Kapelle St. Georg** (Schlüssel im Hof neben der Kapelle). Der kleine romanische Bau mit gotischem Chor enthält einen interessanten *Freskenzyklus*. Die Darstellungen aus der Georgslegende (um 1400) zeigen den Heiligen nicht – wie um diese Zeit üblich – in der Gestalt des Drachentöters, sondern gehen auf eine ältere Fassung der Legende zurück, die auf griechischen Überlieferungen beruht.

Am Fuß des Hohenpeißenbergs, an der Straße nach Weilheim, liegt **Peißenberg.** Hier gibt es ein **Bergbaumuseum** zu besichtigen. Die Peißenberger Kohlemulde wurde seit dem 16. Jh. genutzt. Während die **Pfarrkirche St. Johannes** (16. Jh. Langhaus und Turm, 1904 Ost- und Westteil) wenig Sehenswertes enthält, ist der Besuch der **Wallfahrtskirche Maria Aich** (1731–34) schon allein wegen ihrer marianischen Deckenbilder (1734, Matthäus Günther) und des prachtvollen Hochaltars zu empfehlen.

Kloster Polling ☆☆

Es ist gar nicht lange her, da wurde **Polling,** das etwas abseits der Straße nach Weilheim liegt, nur von den wenigen wirklichen Kunstliebhabern besucht. Heute ist das anders, denn im Bibliothekssaal werden regelmäßig Konzerte veranstaltet, die im weiten Umkreis ihr Echo finden.

Kloster Polling ist – wie auch Wessobrunn – der Überlieferung nach eine Gründung des letzten Agilolfingers, Herzog Tassilo III. Wahrscheinlicher ist jedoch, daß dieses Kloster – wie Benediktbeuern, Schlehdorf und Wessobrunn – von den Grafen des Huosigaues, Waldram, Landfried und Eiland gegründet und mit Benediktinern besetzt wurde. Die Gründungslegende aber weist auf Herzog Tassilo hin, der hier auf der Jagd von einer Hirschkuh zu drei vergrabenen Kreuzen und einer Reliquie geleitet wurde. Zu Ehren des Erlösers ließ Tassilo an dieser Stelle ein Heiligkreuz-Kloster errichten. Als Gründungsdatum wird das Jahr 750 genannt – doch Tassilo war damals erst 9 Jahre alt.

Das erste Kloster wurde offenbar von den Ungarn zerstört, dann im Jahr 1010 von Kaiser Heinrich II. wiederhergestellt. 1100 nahmen die Mönche die Augustinerregel an. Die erste romanische Kirche stand am Friedhof, der zweite Bau – am heutigen Platz – brannte ab und wurde 1416–20 als gotische Hallenkirche neu errichtet. Bedeutende Pröpste der Renaissancezeit und des Barock sorgten für Umgestaltung und Neuausstattung. Polling, im 18. Jh. eine lebendige Stätte der Wissenschaft, stand in seiner Bedeutung und Wirkung unter den bayerischen Klöstern mit an erster Stelle. Die Säkularisation wirkte sich auch hier verheerend aus: die Gebäude wurden bis auf ein Drittel abgebrochen, der Rest verkauft.

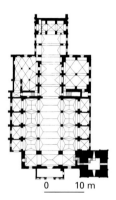

Polling, Grundriß der ehemaligen Augustinerchorherren-Stiftskirche Hl. Kreuz

Das prachtvolle *Westportal* der ehemaligen **Augustinerchorherren-Stiftskirche** (heute Pfarrkirche) trägt die Inschrift »Liberalitas Bavarica« – bayerische Freigebigkeit. Die Pröpste des Klosters waren auf großherzige Spender angewiesen, ohne diese hätte weder das glanzvolle frühbarocke Stuckkleid um Gewölbe und Wände gelegt werden können, noch hätten die Altäre ihr Rokokogewand erhalten.

Der wuchtige *Turm*, der sich von der kleinen Brücke aus mitsamt Dorfbach, Allee und Maibaum sehr eindrucksvoll ausnimmt, ist Werk des frühen 17. Jh. Der Weilheimer Baumeister und Bildhauer Hans Krumpper hat ihn 1603 für Polling geplant; fertig gestellt wurde er allerdings erst 1822, wobei er seinen achteckigen Aufbau und das Zeltdach erhielt. Auch die Pläne für die Stuckierung der dreischiffigen Hallenkirche stammen von Krumpper. Ausführender Stukkator war der Wessobrunner Jörg Schmuzer, die Model für die figürlichen Teile, für Laubwerk und Fruchtgehänge, lieferte der Weilheimer Bildhauer Bartholomäus Steinle. Prachtvoll und farblich überaus reizvoll in ihrem zarten Grau-Rosa-Gelb wirkt vor allem die Partie am Choreingang: die üppig dekorierten frühbarocken Stuckportale konkurrieren hier mit dem schwungvollen Rokoko-Rahmenwerk, das Thassilo Zöpf 1765 um die Gedenkmale für Heinrich II. und Heinrich den Löwen legte.

Schlanke achteckige Pfeiler geleiten zum Chor und zum Hochaltar mit dem zentralen *Pollinger Kreuz*. Dieses große Kreuz, der Legende nach von einer Hirschkuh aus dem Boden geschart, wurde schon früh zum Gegenstand der Wallfahrtsverehrung. Um 1180 wurde die Reliquie mit Pferdehaut überzogen und mit dem Bild des Gekreuzigten bemalt. Seit dem Umbau ermöglichen Prozessionsemporen den Wallfahrern den Zugang zum Andachtsbild. Bartholomäus Steinle entwarf 1623 diesen Doppelaltar und stattete ihn mit Figuren aus. Im 18. Jh. folgte dann durch den Hofbildhauer Johann Baptist Straub die Umwandlung in einen Bühnenaltar. Straub schuf auch den feinen Tabernakel und die seitlichen Stifterfiguren (1763). Der Barockaltar hatte einen spätgotischen Vorgänger, doch von ihm blieb nur die *thronende Muttergottes*, ein Hauptwerk von Hans Leinberger (1527), das heute seinen Platz gegenüber der Kanzel gefunden hat. Die Klosterbauten – was von ihnen noch blieb – sind in Privatbe-

Polling, Chorraum und Hochaltar der Pfarrkirche

sitz. Der sehr geräumige, kirchenartig angelegte **Bibliothekssaal**, 1778 von Johann Baptist Baader freskiert, steht für Konzerte zur Verfügung. Eine weitere Attraktion Pollings ist das **Heimatmuseum** in den Räumen des ehemaligen Klosterseminars. Allein schon der Hauptsaal, geschmückt mit einem Deckenfresko von Matthäus Günther (1767) und Stuck von Thassilo Zöpf, lohnt den Besuch.

Weilheim

Aus allen Richtungen treffen die Straßen in Weilheim zusammen, der Kreisstadt des Landkreises Weilheim-Schongau. Der Ort ist dort am schönsten, wo seine Geschichte am deutlichsten offenbar wird, am **Marienplatz.** Bereits bei der Stadtgründung um 1236 wurde er angelegt, der Ort erhielt damals seine auch heute noch ablesbare Gestalt in Form eines regelmäßigen Vierecks. Als 1533 das Rathaus errichtet wurde, entstand hier das Stadtzentrum.

Weilheim
Besonders sehenswert:
Marienplatz
Stadtpfarrkirche Mariä Himmelfahrt
Stadtmuseum

Der Pfaffenwinkel

Weilheim
1 Stadtpfarrkirche Mariä Himmelfahrt
2 Ehemaliges Rathaus, jetzt Stadtmuseum
3 Stadtpfarrkirche St. Pölten
4 Kapelle St. Agatha
5 Friedhofskirche St. Sebastian

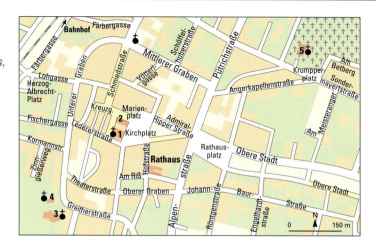

Platzbeherrschend ist die hochtürmige **Stadtpfarrkirche Mariä Himmelfahrt** (1). Der breitgelagerte Bau mit seiner gemütlichen welschen Haube wurde noch während des Dreißigjährigen Krieges errichtet (1624–31). Hans Krumpper aus Weilheim, der Baumeister des Kurfürsten, entwarf die Kirche nach Vorbild der zu dieser Zeit auch in der Provinz maßgeblichen St. Michael-Hofkirche in München. Die Wandpfeilerhalle ist erstaunlich gut ausgestattet, doch überrascht dies nicht an diesem Ort, dem Zentrum der **Weilheimer Schule**. Die vielen Klöster des Pfaffenwinkels, vor allem aber Polling, sorgten für üppige Aufträge. So konnte sich hier seit Mitte des 16. Jh. ein Zentrum des Kunsthandwerks bilden, dazu Bildhauer- und Malerwerkstätten, deren Ruhm das ganze 18. Jh. überdauerte. Erst die Säkularisation setzte dem Schaffen ein Ende.

Der feine geometrische Felderstuck (um 1628) ist – wie in Polling – das Werk des Wessobrunners Jörg Schmuzer, doch im übrigen begegnen uns in dieser Kirche fast nur die Namen Weilheimer Künstler: der Bildhauer Bartholomäus Steinle war Kirchenbaudirektor, er gilt auch als Entwerfer der Stuckdekoration; Johann Greither war der Maler der Deckenbilder (1627/28, Verehrung der Engel und der Muttergottes) – die früheste barocke Kirchenausmalung in Oberbayern; Franz Xaver Schmädl schuf u. a. den Tabernakel des Hochaltars und die Figuren des Rastaltars (1760) um den spätgotischen ›Heiland in der Rast‹; Elias Greither lieferte das Altarblatt für den Johannesaltar; der Goldschmied Joseph Anton Kipfinger fertigte die kostbare Wurzel-Jesse-Monstranz in der Sakristei (1698). Die eindringlichste Skulptur ist allerdings nicht Weilheimer Provenienz: das gotische Astkreuz in der Kapelle des Rastaltars (um 1350).

Im ganzen Pfaffenwinkel, ja bis hinauf nach München, Augsburg und Freising, begegnen wir den Skulpturen und Altarbildern der Weilheimer Künstler. Der genialste von ihnen, Georg Petel

Weilheim

(1601–34), wurde von den Fuggern in Augsburg gefördert; Hans Krumpper (um 1570–1634), auch er hoch begabt, diente dem bayerischen Hof als Baumeister, Bildhauer und Stukkator. Das ehemalige Rathaus am Marienplatz (1788–90) ist der ideale Ausstellungsort für die Sammlungen des **Stadtmuseums** (2), das auch als Pfaffenwinkelmuseum bekannt ist. Hier gibt es manches schöne Werk der Weilheimer Schule zu sehen, daneben auch Arbeiten auswärtiger Künstler wie Hans Leinberger, Dominikus Zimmermann und Johann Baptist Baader.

Weilheim besaß einst wehrhafte Tortürme, die jedoch Ende des 19. Jh. abgebrochen wurden. Der **Mauerring** des 15. Jh. aber ist noch zu einem Drittel erhalten und schafft manch reizvolles Bild, wie etwa am Unteren Graben und an der Pöltner Straße. Diesen Stadtbereich haben wir zu durchschreiten, wenn wir Weilheims älteste Kirche besuchen wollen, die **Stadtpfarrkirche St. Pölten** (3), auch St. Hippolyt genannt. In der zweiten Hälfte des 8. Jh., als die Reliquien des heiligen Märtyrers Hippolyt von Rom über Paris und Tegernsee in das niederösterreichische St. Pölten überführt wurden, dürfte der erste kleine Bau im Auftrag des Klosters Polling errichtet worden sein. Von einem weiteren, romanischen Bau sind noch Reste im Turm sowie in den Chor- und Langhausmauern erhalten. Den heutigen Raumeindruck bestimmt das Rokoko – 1782 wurde der Wessobrunner Franz Joseph Baader mit der Umgestaltung der Kirche be-

Weilheim, Marienplatz mit Altem Rathaus, Pfarrkirche Mariä Himmelfahrt und Mariensäule

auftragt. Der lange schmale Raum gefällt durch die warmen Farben der Deckenbilder (1782, Johann Sebastian Troger, Szenen aus der Hippolytuslegende) und den zarten Wessobrunner Stuck (Thassilo Zöpf).

Die parallel zur Hippolytkirche gelegene spätgotische **Kapelle St. Agatha** (4) birgt einige Überraschungen, darunter die Fresken mit der Darstellung der Vierzehn Nothelfer aus der Erbauungszeit (1511).

Ebenfalls vor den Stadtmauern, jedoch im Nordosten der Stadt, finden wir die **Friedhofskirche St. Sebastian** (5), das Betberg-Kirchlein. Eine fromme Witwe hatte die erste Kapelle 1449 gestiftet, und aus ihr entwickelte sich allmählich ein sehr stattlicher, reich gegliederter Bau. Allein der schlanke, achteckige Turm mit den feinen Terrakottafriesen ist bemerkenswert (1584, Hans Guggemoos). Im Innern dann eine weitere Überraschung: der netzgewölbte Zentralraum, von einem Mittelpfeiler gestützt, ist über und über mit *Fresken* bemalt. Elias Greither hat hier sein Erstlingswerk geschaffen (Passion und Erlösungswerk Christi, 1591). Das Greitheraltärchen an der Nordwestwand erinnert ebenfalls an den produktiven Weilheimer Meister (1611). Eine weitere Kostbarkeit: der Flügelaltar im Altarraum, dessen Tafeln mit der Darstellung des Gnadenstuhls dem Meister der Landsberger Geburt Christi (um 1470) zugeschrieben werden.

Der Auerberg, Steingaden, die Wies und Rottenbuch

Der **Auerberg** liegt mit seiner Kuppe gerade noch auf oberbayerischem Gelände, die westlichen Abhänge jedoch gehören dem Allgäu. Und da wir uns hier, westlich des Lech, auf schwäbischem Sprachgebiet befinden, ist es kein Wunder, daß die Schwaben diese gemütliche, bewaldete Anhöhe als ihren eigensten Besitz betrachten. Purer Lokalpatriotismus auch, den Auerberg mit seinen 1056 m als größeren Bruder des Peißenbergs anzusprechen – schließlich sind es ja noch nicht einmal 60 m Höhenunterschied. Doch eins haben die beiden Buckel gemeinsam: die großartigen Rundblicke auf ein weites Umland. Etwa 230 Ortschaften soll man vom Auerberg aus erkennen können.

Daß sich hier oben schon die Römer sicher fühlten, ja daß es unter Kaiser Tiberius (14–37 n. Chr.) sogar eine Markt- und Handwerkersiedlung gab, beweisen Ausgrabungen. Zu sehen sind von dieser Römersiedlung allerdings nur noch die Reste eines großen Erdwalls. Mehr als entschädigt werden wir jedoch von der prachtvoll gelegenen **St. Georgskirche,** einen weiß verputzten, spätgotischen Bau mit romanischem Sattelturm. Innen herrscht satter, farbenfroher Barock, die drei Altäre sind von schönster Qualität. Drei Figuren fallen auf:

die schwäbisch-gemütvolle Maria auf der Mondsichel des Füsseners Jörg Lederer über der Sakristeitüre (um 1520); die zarte, filigrane Rosenkranzmadonna eines Weilheimer Meisters über dem Chorbogen (1641) und der rustikale St. Georg an der Nordwand (17. Jh.), der als Patron nicht fehlen darf. Ihm gilt auch der festliche Umritt am Sonntag nach dem 23. April, eine farbenprächtige Trachtenschau mit Feldmesse und Pferdebenediktion.

Bernbeuren, am östlichen Fuß des Auerbergs gelegen, lohnt den Besuch. Der Füssener Johann Georg Fischer baute 1721–23 die **Pfarrkirche St. Nikolaus.** Der breite, lichte Saal ist fein stuckiert (1723/24, Balthasar Suiter) und freskiert (Langhaus Johann Heel; Chor und Apsis Franz Xaver Bernhardt, 1775). Die Altäre und die Kanzel der Bildhauerfamilie Pfeiffer wurden von Anton Sturm entworfen, und von ihm stammen auch die weiß gefaßten Figuren. Jörg Pfeiffer, der »in Machung der Altäre berühmt« war, schuf übrigens auch die Auerberger Seitenaltäre. Bekannt wurde er durch seinen großartigen Hochaltar in der Landsberger Stadtpfarrkirche. Sehr qualitätvoll sind auch die Kreuzwegbilder von Bernhard Ramis (1734), der als Faßmaler der Wieskirche in der Kunstgeschichte ein Begriff ist. Zu ihr, dem Juwel des Pfaffenwinkels, führt nun der Weg über den Lech, vorbei am ostallgäuischen Lechbruck.

Steingaden ist die erste Station. Die beiden wehrhaften Türme der ehemaligen **Prämonstratenserkirche,** der heutigen Pfarrkirche St. Johannes, beherrschen den Ort. Die Welfen, die in Peiting und Altenstadt ihre Burgen bauten, gehören zu den großen Klösterstiftern am oberen Lech und an der Ammer. Herzog Welf VI. stiftete 1147 das Kloster Steingaden und besetzte es mit Prämonstratensern. Steingaden wurde das Lieblingskloster Welfs VI., hier ließ er sich begraben, ebenso seinen einzigen Sohn, der in Italien Opfer einer Seuche geworden war. Die erste romanische Kirche, eine alpenländische Basilika mit drei Apsiden, ohne Querschiff, wurde 1176 geweiht. Ihre gotische Vorhalle erhielt sie 1491, den frühbarocken Chor 1663. Das Rokokogewand, das den Innenraum prägt, wurde der Kirche anläßlich der 600-Jahrfeier der Klostergründung (1747) umgelegt. Über sechs Jahrhunderte war das Welfenkloster für einen weiten Umkreis Zentrum der Seelsorge, der Kunst und Wissenschaft, bis auch hier die Säkularisation ein Ende setzte. Die meisten Klostergebäude wurden zerstört, doch blieb der sehr stimmungsvolle Westflügel des *Kreuzgangs* mit der Brunnenkapelle erhalten. Die Wandfresken kamen allerdings erst in gotischer Zeit hinzu, auch die Wölbung ist Werk des 15. Jh. An die Welfenzeit erinnert auch die *Johanneskapelle* beim Torwärterhaus. Welf VI., der 1147 zum Kreuzzug aufbrach, ließ diesen kleinen Zentralbau nach Art der Jerusalemer Grabeskirche errichten.

Steingaden ☆

Die Steingadener Kirche wirkt – anders als die des nahen Welfenklosters Rottenbuch – trotz des farbenfrohen, bewegten Rokokodekors immer noch als sakraler Ort. Vor allem der Chor, dessen hohes Tonnengewölbe deutlich an die Münchner Michaelskirche er-

Der Pfaffenwinkel

Steingaden, Kreuzgang des ehemaligen Welfenklosters

innert, ist in seiner Strenge und Klarheit ein Ort der Ruhe und Sammlung. Sehr fein ist der frühe Wessobrunner Felderstuck (1663, Matthias Schmuzer), sehr nobel das Renaissance-Chorgestühl des Memmingers Heinrich Stark (1534). Der monumentale barocke Hochaltar (1663) des Bernbeurers Jörg Pfeiffer stört diesen ruhevollen Raum nicht, er steigert seine Festlichkeit.

Der Wessobrunner Franz Xaver Schmuzer, der dem Rottenbucher Langhaus 1741 sein feurig-züngelndes Rocaillen-Stuckgewand überwarf, hat sich hier zurückgehalten. Die maßvollere Verwendung des Muschelwerks mag damit zusammenhängen, daß dort Joseph Schmuzer den Stuckdekor entwarf, hier aber sein Bruder Franz. Für Steingaden, vor allem aber für die Fresken Johann Georg Bergmüllers (1741–44) war dies ein Glück, da sie hier keiner ablenkenden Konkurrenz ausgesetzt sind (Szenen zur Geschichte des hl. Norbert und seines Ordens). Sprühendes, entfesseltes Rokoko dann aber bei dem auffallendsten Ausstattungsstück, der Kanzel. Der Füssener Anton Sturm hat sie geschaffen, ebenso auch den gegenüberliegenden Gnadenstuhl. Am nächsten Pfeiler dann die außerordentlich feinen *Epitaphien* für Welf VI. und Welf VII., vergoldete Bleigüsse des Münchner Hofbildhauers Johann Baptist Straub (1749). Zwischen ihnen, im Mittelgang, weist eine Metallplatte auf die Welfengruft hin. Auch das 16. Jh. gedachte der Stifter mit einem Kunstwerk: der *Welfengenealogie* in der Vorhalle, einem erzählenden, figurenreichen Fresko, auf dem auch der Leichenzug Welfs VII. zu erkennen ist.

Meist zieht es den Kunstfreund von Steingaden aus direkt zur Wieskirche, doch sollte ein kleinerer Bau ganz in der Nähe nicht versäumt werden, zudem er direkt an der Straße in Richtung Schongau und Rottenbuch liegt. Die **Wallfahrtskirche Mariä Heimsuchung** in

Ilgen wurde 1670–76 im Auftrag eines Steingadener Abtes errichtet. Der Wessobrunner Johann Schmuzer hat sie gebaut – fast gleichzeitig mit der so wirkungsvoll vor der Kulisse Neuschwansteins gelegenen Kolomanskirche. Hier wie dort ein üppig stuckierter Innenraum und Stuckmarmoraltäre in bestechend schönem Rot-Weiß-Gold. Die beiden Seitenkapellen kamen erst 1735 hinzu, den Bandelwerkstuck hat Franz Schmuzer angetragen. Sehr fein und reich geschnitzt ist die Kanzel aus der Erbauungszeit, imponierend auch die beiden lebensgroßen Figuren der hll. Sebastian und Rochus neben dem Hochaltar (um 1674). Der Bildhauer, Johann Pöllandt aus Schongau, war ein Schwager Johann Schmuzers und verdankte ihm den Auftrag.

Die Wieskirche

Wenn auch im Bereich des oberen Lech die Königsschlösser Hohenschwangau und Neuschwanstein die meisten Besucher anlocken, so sind die Touristenbusse, die sich vor Oberbayerns schönster und berühmtester Wallfahrtskirche, der Wies, entleeren, nicht minder auffällig. Dennoch, die Zufahrtstraße abseits der Romantischen Straße zwischen Steingaden und Wildsteig, erlaubt auch dem echten Kunstfreund eine allmähliche Vorbereitung auf das Wunder in der Wies, die Wallfahrtskirche zum Gegeißelten Heiland auf der Wies. Wälder, Felder und Wiesen begleiten den Weg, und dann erscheint sie auf ihrer weiten Lichtung, in strahlendem Gewand vor den sanften blauen Höhen des Trauchberges. Wenn auch die Touristen sich ihrer zu jeder Tageszeit bemächtigen– eine Wallfahrtskirche, ein Ort der Andacht, ist sie immer noch. Allerdings scheint die Wies – von der UNESCO zum Weltkulturgut erhoben – seit jeher der Welt gehört zu haben. Staunend liest man den Bericht eines der Steingadener Wallfahrtspriester aus dem Jahr 1779: »Was soll ich noch mehrer von diesem Gnadenfluß melden, da selber jetzt schon ganz Europa durchströmet, wenn sogar von Petersburg in Rußland, von Gotenburg in Schweden, von Amsterdam in Holland, von Kopenhagen in Dänemark, von Christianenburg in Norwegen, von Nîmes in Frankreich, von Cadiz in Spanien Wallfahrter dagewesen? Was soll ich alle deutschen Provinzen, und andere angrenzende Königreiche hersetzen?«

Die Geschichte der Wieswallfahrt ist dokumentarisch gut belegt, sie reicht nicht in den Bereich der Legende. Der Abt des Prämonstratenserklosters Steingaden, Hyazinth Gaßner, beschloß im Jahr 1730, auch in seiner Hofmark die vielverbreitete Karfreitagsprozession einzuführen. Um dem Volk die Passion Christi anschaulich vorzuführen, sollten die Leidensstationen durch Figuren dargestellt werden. Dazu gehörte auch der Gegeißelte Heiland, der nun von zwei Patres aus Teilen alter Figuren zusammengestellt und bemalt wurde. Er geriet jedoch – bedeckt mit Blut und Wunden – so realistisch, daß man ihn schließlich wegen des »zu ernsten Affektes« den Gläubigen nicht

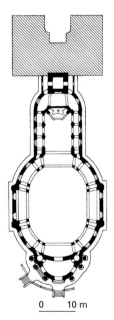

Wieskirche ☆☆

Wallfahrtskirche zum Gegeißelten Heiland in der Wies, Grundriß

zumuten wollte. Die Figur verschwand auf dem Dachboden des Steingadener Klosters. Dort holte sie sich wenige Jahre später die Wiesbäuerin Maria Lori, die Gevatterin des Klosterwirts, und stellte sie in ihrer Kammer zur Andacht auf. Und dann geschah, am 14. Juni 1738, das Wunder in der Wies: »Allda verspürte sie den 14. Brachmonath, als an dem Sambstag Abends, und darauf folgenden Sonntag fruhe einige Tropfen in dem Angesicht des Bildnuß, welche sie vor Zäher haltete.« Da sie sich »vor Schrecken nicht zu raten« wußte, vertraute sie sich dem Steingadener Prälaten an. Die Prämonstratenser, aufgeklärte, dem Wunderglauben skeptisch gegenüberstehende Männer, versuchten zunächst, den Bauersleuten Lori Schweigen aufzuerlegen. Doch nutzte dies nichts, das Tränenwunder sprach sich herum, und so mußte der Abt schließlich in den Bau einer Kapelle einwilligen, in die man die Figur des Gegeißelten Heilands hineinstellte. Diese Feldkapelle, in der auch die Messe gelesen wurde, konnte aber bald den Strom der Wallfahrer nicht mehr aufnehmen, und so entschloß sich das Kloster zum Bau einer großen Kirche.

Der Wessobrunner Dominikus Zimmermann, seit 1716 in Landsberg ansässig, wurde von Abt Hyazinth Gaßner mit dem Bau betraut. Empfohlen hatten ihn die Schussenrieder Prämonstratenser, für die Zimmermann 1727/33 die Wallfahrtskirche von Steinhausen gebaut hatte. 1743 lieferte er den ersten Grundriß und vereinte darin wesentliche Elemente der Steinhausener Wallfahrtskirche und seiner Günzburger Frauenkirche: als Gemeinderaum ein Oval mit einem Kranz freistehender Pfeiler (Steinhausen) und als Chor einen langen, schmalen Raum mit Emporenumgang (Günzburg). 1745 begannen die Bauarbeiten, 1746 war der Chor vollendet und ausgestattet, 1759 das Langhaus gebaut und ausgestattet. Der Baumeister, der 1754 Landsberg verließ, baute sich ein Häuschen vor der Kirchenfassade, konnte von dort aus die Arbeiten überwachen und starb am 16. 11. 1766 in Angesicht des vollendeten Wunderwerks.

»Der erste Blick ins Innere: – unbeschreiblich! Hell, wie ein fürstlicher Saal, vor allem aber Raum! Raum! Wie wenn der gewaltige Druck des Innern die Wände auseinander triebe! Wie wenn sich nach oben zu alles rundum schwänge! Immer und immer wieder zwingt es den Blick in die Höh. Der Hauptraum blendend weiß, oben mit Gold, Eirund, der blaue Deckenhimmel getragen durch acht Säulen- oder Pfeilerpaare – es sind weder Pfeiler noch Säulen, sondern beides, immer zwei schneeweiß und schlank nebeneinander, ganz oben ansetzend, so daß dies Barock schier etwas Gotisches erhält, strebend leicht, anmutig, wundervoll hoch.«

Der bayerische Essayist Josef Hofmiller, der mit diesen hymnischen Sätzen in seinen ›Pilgerfahrten‹ (1933) der Wies gedachte, hätte in unseren Tagen noch mehr Anlaß, die staunenswerte Lichtfülle dieser Kirche zu bewundern. Seit 1990 sehen wir sie erneut in glänzendem Gewand – sechs Jahre lang mußte sie geschlossen bleiben, um die durchgreifende Restaurierung möglich zu machen, um Schäden zu beheben, die auch die Tiefflieger ihr zugefügt hatten.

Wieskirche, Innenraum

Dominikus Zimmermann war nicht nur der Baumeister der Wies, sondern auch ihr Stukkator, dem als Faßmaler Bernhard Ramis mit seinem Sohn Judas Thaddäus zur Seite stand. Und als Freskant half des Baumeisters Bruder, Johann Baptist Zimmermann, die Intentionen der Steingadener Chorherren zu verwirklichen: das sakrale Zentrum war das Andachtsbild im Hochaltar – das Bildprogramm der Fresken »stellt die Leidensgestalt des Gegeißelten in den Zusammenhang des Erlösungswerks und führt den mitleidenden Betrachter auf die Glorie und die Gemeinschaft der Heiligen hin, an der er am Ende der Zeiten teilhaben wird.« (Anna Bauer). So sehen wir im *Chorfresko*, wie das Opfer der Erlösungstat Christi Gottvater dargebracht wird, im *Langhausfresko* die Wiederkunft Christi über einer das Gericht erwartenden Erde.

Die farbliche Kostbarkeit dieser Kirche, ihre Innigkeit bei allem Glanz, aller Pracht, ist nicht zu beschreiben. Ihre Bewegung ist Musik – man hat das Gefühl überirdischer Schwerelosigkeit im Anblick allein ihrer lichten Pfeilerpaare. Und dennoch: wo wäre das Rokoko sinnenhafter und schwelgerischer, das Wunderbare greifbarer als hier? Dominikus Zimmermann, dessen stolze Inschrift wir unter der

Der Pfaffenwinkel

Empore sehen, war keiner der ganz großen Baumeister, doch er besaß Genie in der fast traumwandlerisch sicheren Verbindung von Ornament und Bauform. Das Gesamtkunstwerk Wies konnte allerdings nicht gelingen, ohne die anderen Meister – Maler, Bildhauer und Kunsthandwerker: den Füssener Anton Sturm mit seinen wie körperlos wirkenden weißgefaßten Figuren; den Türkheimer Kistler Dominikus Bergmüller, Schöpfer der Altäre; die Maler der Altarbilder, Johann Georg Bergmüller, Joseph Mages und Balthasar Albrecht. Und nicht zuletzt den Meister der Kanzel, Pontian Steinhauser, der dieses rieselnde Rocaillengebilde nach einem Entwurf von Dominikus Zimmermann schuf.

Verlassen wir die Kirche, so sehen wir unter der Empore die Darstellung der Übertragung des Gnadenbildes in die Wies am 31. August 1749. Höfische barocke Pracht, zugleich tiefe Volksfrömmigkeit, wie sie auch aus dem ›Wieslied‹ spricht:

Der Gegeißelte Heiland in der Wieskirche

>»Nun so will ich alles lassen,
>Auf die Wies zu Jesus gehn,
>Mich begeben auf die Straßen
>Und mit Freuden ihn ansehn.
>Schönster Jesus auf der Wies,
>Der so voller Gnaden ist.«

Steingaden, die Wies und unser nächstes Ziel, Rottenbuch, lassen sich in einer schönen, meist schattigen Wanderung miteinander verbinden. Reizvoll ist vor allem der Brettlesteg zwischen Steingaden und der Wies: über Bretter und Bohlen wandert man hier durch das Naturschutzgebiet Wiesfilz, in Latschen- und Spirkenhochmoor.

Rottenbuch ☆☆

Das ehemalige **Augustinerchorherrenstift Rottenbuch** liegt in einer vielfältigen und aussichtsreichen Moränenlandschaft hoch über der Ammerleite. Wer mit dem Wagen von Saulgrub herkommt, sollte unbedingt an der **Echelsbacher Brücke** anhalten, die in fast 80 m Höhe die Ammer überquert. Canyonartig hat sich hier der Fluß in die Felsen eingegraben. Man bekommt Appetit auf das, was weiter südlich zu erleben ist: der Ammerdurchbruch bei Bayersoien mit den Schleierfällen.

Der hochragende Campanile der **Pfarrkirche Mariä Geburt,** der ehemaligen Augustinerchorherrenstiftskirche, beherrscht die Landschaft um Rottenbuch. Dieser Glockenturm ist wirklich ein Campanile: freistehend, ohne Anlehnung an das Kirchenschiff und die umliegenden Klosterbauten. Die Welfen haben hier vermutlich um die Mitte des 10. Jh. eine Rodungszelle begründet, Herzog Welf IV. stattete sie um 1073 mit Gütern aus. Die Eremiten nahmen die Regel der Regularchorherren an. Aus der ›Buchenrodung‹, dem alten Raitenpuch, entwickelte sich ein blühendes Kloster. Im Investiturstreit mit Heinrich IV. stand es auf der Seite des Papstes, der es in den Rang eines päpstlichen Eigenklosters erhob. Rottenbuch wurde zur Pflanzstätte des Reformordens der Augustinerchorherren: von hier aus

Wieskirche, Deckenbild von Johann Baptist ◁ Zimmermann

Der Pfaffenwinkel

wurden die Klöster Berchtesgaden, Baumburg und Diessen besetzt. Die erste romanische Stiftskirche entstand zwischen 1085 und 1125 – sie wurde mehrfach durch Brände zerstört. Der heutige Bau, eine dreischiffige kreuzförmige Basilika mit Querschiff, ist das Werk des 15. Jh., doch wurden die romanischen Grundmauern beibehalten. Der Innenraum wurde 1737–46 durch den Wessobrunner Joseph Schmuzer barockisiert.

Dem ungeübten Auge erscheint dieser Raum ganz und gar als Werk des Rokoko, doch hat das 18. Jh. architektonisch nicht allzuviel verändert: die Fenster wurden umgestaltet, die Spitzbögen verkleidet und die Gewölbe verschalt. Der *Stuckdekor* des Rokoko ist jedoch so dominierend, so überreich, daß die gotischen Strukturen meist kaum wahrgenommen werden. Joseph Schmuzer hat ihn entworfen und unter der Leitung seines Sohnes Franz Xaver haben neun Wessobrunner an seiner Vollendung gearbeitet (Chor und Querhaus 1737/38, Mittelschiff 1741/42, Orgelempore 1745). So verschwenderisch breitet sich der Stuckdekor aus, daß sich der Freskant, Matthäus Günther über den knappen Raum beschwerte, der seiner Kunst noch blieb (Zyklus zum Leben des hl. Augustinus,

Rottenbuch, Hochaltar der Pfarrkirche Mariä Geburt

1737–46). In das züngelnde, rieselnde Rocaillen-Stuckwerk fügt sich der bewegte *Hochaltar* des Weilheimers Franz Xaver Schmädl harmonisch ein (1749/51). Schmädl, den man wegen seiner Produktivität in diesem Gebiet den Bildhauer des Pfaffenwinkels nennt, hat in dieser Kirche neben den Altären auch die Kanzel und den Orgelprospekt geschaffen, zudem die meisten Figuren. Im bühnenartigen Aufbau des Hochaltars sehen wir die hll. Joachim und Anna, wie sie Maria als Geschenk Gottvaters entgegennehmen.

Ein Ruhepunkt inmitten all dieser strudelnden Rokokopracht: die anmutige *Madonna* des linken Seitenaltars. Sie blieb vom spätgotischen Hochaltar erhalten und gilt als Werk des Münchners Erasmus Grasser (1483).

Im oberen Ammertal: Oberammergau, Unterammergau, Ettal und Linderhof

Oberammergau

Oberammergau hat es als Passionsdorf zu internationaler Berühmtheit gebracht. Das ist schön für den lokalen Fremdenverkehr, weniger angenehm jedoch für den Naturfreund und Kunstliebhaber, der diesen Ort und seine herrliche Umgebung auch einmal ungestört betrachten, ihn richtig genießen möchte. Wer im Spätherbst kommt, auch im Winter, kann hoffen, dem schlimmsten Rummel zu entgehen.

Die **Ammer,** die sich im Graswangtal – am Fuß des Ammergebirges – noch als Bächlein zeigt, nimmt auf dem Weg nach Norden rasch an Umfang zu. Ein reizvoller Anblick bei der Ortsbrücke, die ins Dorfzentrum führt: vorn der ruhig dahinziehende Fluß, dann die breiten Holzgiebel der Höfe und Gasthöfe und im Hintergrund der allesbeherrschende Zwiebelturm der Pfarrkirche. Sanfte, bis oben hin bewaldete Höhen ringsherum, und nur im Süden, als Wächter über dem Tal, der felsige Finger des Kofel (1343 m).

Erst im Jahr 1930 entstand das Passionsspielhaus in seiner heutigen Gestalt am Rande des Ortes, der bis dahin schon einen langen Weg hinter sich gebracht hatte. Der keltische Stamm der Vindeliker gab Ammer und Kofel ihre Namen, noch bevor die Römer sich um 15 v. Chr. des Gebietes bemächtigten. Als auch sie weichen mußten, kam das Ammertal in die Hände der Agilolfinger. Ende des 9. Jh. bauten sich der Überlieferung nach die Welfen eine Burg am Fuß des Kofel, die Villa Ambrigow, deren Name dann auf den Ammergau überging. Bereits im frühen 13. Jh. war Oberammergau selbständige Pfarrei, 1295 erhielt das Augustinerchorherrenstift Rottenbuch das Patronatsrecht über die Kirche. Bis zur Säkularisation betreuten nun

Oberammergau ☆
Besonders sehenswert:
Pfarrkirche St. Peter und Paul
Ortsbild mit Lüftlmalereien
Heimatmuseum

Konventualen aus Rottenbuch die Gemeinde, während die Gerichtsherrschaft ein zweites Kloster, das nahe Ettal, ausübte.

Indem Kaiser Ludwig der Bayer dem Dorf im Jahr 1332 die Rottrechte für die Handelszüge zwischen Oberau und Schongau verlieh, zudem auch das Stapelrecht, legte er den Grundstein für das spätere wirtschaftliche Wohlergehen Oberammergaus. Der Ort durfte nun Lagerhäuser für die Waren durchziehender Kaufleute einrichten – dies brachte in den nächsten drei Jahrhunderten beträchtlichen Gewinn. Eine weitere Einnahmequelle war das Handwerk der Holzschnitzerei, das bereits im frühen 16. Jh. ausgeübt wurde und dem Ort – neben dem Passionsspiel – zu Weltruhm verhalf. Im 17. und 18. Jh. trugen dann auch Wachsbildnerei und Hinterglasmalerei zum Ansehen Oberammergaus als einem Hauptort des ländlichen Kunsthandwerks bei. Schwerste Prüfungen brachten dem Dorf der Dreißigjährige Krieg und in seinem Gefolge der Schwarze Tod. Das Gelübde des Jahres 1633, die Passion Christi alle zehn Jahre als frommes Schauspiel aufzuführen, war zunächst nur ein flehentlicher Anruf um göttliche Hilfe gegen die Pest, doch mehr und mehr entwickelte sich daraus ein vielbesuchtes Volksschauspiel.

Kein Wunder, daß hier, im Wirkungsbereich der beiden bedeutenden Klöster Rottenbuch und Ettal, im Zentrum eines traditionsreichen Kunsthandwerks, eine besonders stattliche und schöne Dorfkirche entstand, die **Pfarrkirche St. Peter und Paul.** Die alte, gotische Kirche war offenbar baufällig geworden, denn 1735 wurde der Neubau geplant. Man verpflichtete den Wessobrunner Joseph Schmuzer, der sich bereits in Garmisch (St. Martin) als kundiger Baumeister bewährt hatte, und im Herbst 1738 stand der Rohbau.

Was sich in diesem Saalbau an Farbfülle und Rokokozartheit, an festlichem Glanz entfaltet, ist staunenswert. Franz Xaver Schmuzer als Stukkator (1739/40), Matthäus Günther als Freskant (1761 Chorkuppel, Maria als Stifterin des Rosenkranzes; 1741 Kuppel im Langhaus, Martyrium und Glorie der beiden Kirchenpatrone) und Franz Xaver Schmädl als Bildhauer wirkten zusammen bei der Ausstattung dieses strahlenden, lichten Raumes. Und hinzu kam als Meister der Malereien an der Westempore (Szenen aus dem Alten Testament, 1787) ein Einheimischer, Franz Seraph Zwinck. Ihn, den berühmtesten Oberammergauer Lüftlmaler, erleben wir nun in den Dorfstraßen und Winkeln von seiner liebenswertesten Seite.

Gleich neben der Kirche erhebt sich das **Forstamt,** ein hoher Spitzgiebelbau, der über und über – in warmem Ocker und Rot – mit Zwinck'schen **Lüftlmalereien** geschmückt ist (um 1785). Woher stammt dieser merkwürdige Begriff? Zwinck schulte sich zunächst bei seinem Vater Johann Joseph, dann aber bei dem bedeutenden Maler Martin Knoller, der auch bei der Ausstattung der Ettaler Klosterkirche mitwirkte. Als Franz Seraph bereits ein vielbeschäftigter Freskant war, bewohnte er in Oberammergau das Haus ›zum Lüftl‹ in der Judasgasse. Nicht die Arbeit an der frischen Luft trug also dem Fassadenmaler seinen Namen ein – es war sein Haus, das ihn zum

Oberammergau, Scheinarchitektur am Pilatushaus

Lüftlmaler machte. Die gesamte ländliche Fassadenmalerei wird daher heute in Oberbayern als Lüftlmalerei bezeichnet.

Begonnen hatte mit diesem Handwerk allerdings ein anderer, der Mittenwalder Franz Karner. Von ihm und den bunten Fassaden seines Heimatortes wird noch im Zusammenhang mit dem Werdenfelser Land zu sprechen sein. In Oberammergau (ebenso in Mittenwald) gibt es eine ganze Reihe Zwinck'scher Häuserfresken: am *Geisthaus* (Am Mühlbach 5), 1769; am *Kölblhaus* (Ettaler Straße 10), um 1770; am *Geroldhaus* (Dorfstr. 24), 1778; am *Haus zum Lüftl*, (Judasgasse 2), um 1780 und am *Pilatushaus* (Ludwig-Thoma-Str. 10), 1784.

Das bekannte **Pilatushaus** im Dorfzentrum mit seinen kunstvollen Scheinarchitekturen, mit der Darstellung des Verhörs Christi durch Pilatus, ist in dem Passionsspielort von besonderer Bedeutung. Doch Staunen rufen auch die Allegorien auf das Jagdleben hervor, die Zwinck am Forstamt an der Ettaler Straße anbrachte, reizvoll die Trompe-l'œil-Szenen an der rückwärtigen Giebelfront, Personifikationen der fünf Sinne in bäuerlicher Tracht.

Daß Oberammergau nicht nur ein Ort der Lüftlmalerei, sondern auch des **Schnitzhandwerks** ist, beweisen die fast unzähligen, meist auch Souvenirhandel betreibenden Ladengeschäfte des Dorfes. Was hier einst entstand, in einer Zeit, als die Schnitzerei noch ländlich-naive Kunst war, bevor das späte 19. Jh. mit seinen süßlich-milden Marien- und Heilandsfiguren den Geschmack bestimmte, zeigt ein Besuch im **Heimatmuseum.** Der Verleger Guido Lang gründete das Museum im Jahr 1910 und bestückte es aus den Beständen seines Depots. Die Verleger wirkten in Oberammergau als Vertreiber der Schnitzwaren und anderer Gegenstände der Volkskunst, die meist in Heimarbeit hergestellt wurden. Bereits für das Jahr 1520 sind Schnitzer bekannt, »die das Leiden Christi so fein und klein schnitzen konnten, daß es in einer Nußschale Platz hatte«.

Überhaupt befaßte man sich in Oberammergau vor allem mit religiösen Themen, und es waren in erster Linie die Kruzifixe und Krippen, die das hiesige Schnitzhandwerk berühmt machten. In der

Der Pfaffenwinkel

Oberammergau, Exponate des Heimatmuseums: Hinterglasbild und geschnitztes Spielzeug

Krippensammlung sehen wir eine sehr reizvolle vielfigurige Papierkrippe des Lüftlmalers Franz Seraph Zwinck, vor allem aber die umfangreiche historische Weihnachtskrippe mit über 200 Figuren, die zwischen 1760 und 1830 entstand. Erwähnung verdienen die überaus reich bestückte und lustig anzusehende *Spielzeugsammlung*, ebenso die zahlreichen Exemplare der kunstvoll geschnitzten Uhrenständer. Mehrere Räume nehmen die *Hinterglasbilder* ein – nicht nur die vielen Objekte aus der heimischen Produktion des 18. und 19. Jh., sondern auch hervorragende Exemplare aus dem Staffelseegebiet, aus Augsburg, Ostbayern, Böhmen und Österreich. Natürlich wird in diesem Haus auch des berühmtesten Oberammergauers gedacht: Ludwig Thoma, der am 21. 1. 1863 in der Dorfstraße 20 geboren wurde.

Zwischen Ober- und Unterammergau breitet sich das Ammermoor aus, das im Herbst zu Wanderungen und im Winter zum genußreichen Skilanglauf verlockt. **Unterammergau** erfreut den Kunstfreund durch zwei ländliche Schönheiten: das **Nußlerhaus** (Dorfstr. 125) und das **Schulmeisterhaus** (Dorfstr. 22), beide von Franz Seraph Zwinck mit bunten Lüftlmalereien geschmückt. Auch in der **Pfarrkirche St. Nikolaus** (1709/10; Turm 1689, Kaspar Feichtmayr; Stuck Francesco Marazzi) gibt es – an der Empore – Zwinck'sche Malereien zu sehen.

Nicht weit von hier, im Osten über der Straße nach Saulgrub, entdeckt man einen hübschen kleinen Bau mit hohem Spitzhelm, die **Wallfahrtskirche Hl. Blut,** genannt ›die Kappel‹. Sie entstand zwar schon in spätgotischer Zeit, erhielt jedoch erst 1619 ihr Langhaus, dem dann der Wessobrunner Johann Schmuzer 1680 einen neuen Chor anfügte. Im Inneren: Rokokoanmut (Stuck 1750/51, Franz Xaver Schmuzer) um einen wuchtigen Barockaltar (Kreuzigungsbild von Jonas Umbach; Figuren von David Degler, 1660). Und schließlich auch hier wieder Franz Seraph Zwinck, diesmal mit Deckenbildern zum Thema der Kreuzabnahme und des Schweißtuchs der hl. Veronika (1779).

Kloster Ettal

Kaum sind die ländlichen Konturen Oberammergaus hinter Wiesen und Feldern verschwunden, taucht vor uns die gewaltige Barockkuppel der **Klosterkirche St. Maria** von Ettal auf. Im näheren Umkreis werden wir einen so monumentalen, an der römischen Barockarchitektur orientierten Bau nicht mehr finden. Erst die Wittelsbacher Metropole München bietet Vergleichbares – und wittelsbachisch ist denn auch die Geschichte Ettals seit ihren Anfängen.

Kloster Ettal ☆☆

Herzog Ludwig der Bayer, 1328 in Rom zum Kaiser gekrönt, traf der Bann des französischen Papstes zu Avignon. Auf der Heimkehr gelobte er die Stiftung eines Klosters, wenn er mit seinem Heer glücklich zurückkehre. So entstand Ettal – das ›Ehe-Tal‹ des Bündnisses des Kaisers mit Gott und Unserer Lieben Frau. Ein Marienbild, das die Stadt Pisa dem Kaiser zum Geschenk gemacht hatte, führte Ludwig der Überlieferung nach bei seinem Zug mit sich – es ist das Gnadenbild der Kirche. Merkwürdig waren die Bestimmungen der Stiftung: es sollte hier nicht nur ein Mönchskonvent mit einem Abt bestehen, sondern gleichzeitig ein Ritterkonvent mit zwölf Rittern und einem Meister sowie ein Frauenkonvent mit zwölf Ritterfrauen, sechs Witwen und einer Meisterin. Nachdem der Kaiser 1347 gestorben war, ging das Ritterstift bald ein, das Benediktinerstift jedoch gedieh und erlebte im 18. Jh. seine höchste Blüte, bis die Säkularisation ein vorläufiges Ende setzte. Eine Ritterakademie, 1710 begründet – eine Verbindung von Gymnasium und Hochschu-

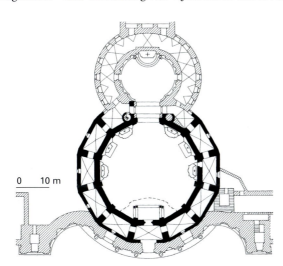

Klosterkirche St. Maria, Grundriß

le – lebt heute noch in Form der hochangesehenen Klosterschule weiter. Das benediktinische Leben ist hier noch intakt. Im Jahr 1900 wurde Ettal von Kloster Scheyern aus wiedereröffnet.

Eine Gemeinschaft von zwölf Rittern und einem Meister – das erinnert an die Geschichten der Artus- und der Gralssage. Der ›Jüngere Titurel‹, den Abraham von Scharfenberg um 1260/70 verfaßte, war dem Vater Ludwigs des Bayern gewidmet, also war die Gralssage auch an diesem Hof bekannt. Daß die Gralstempelvorstellungen des ›Titurel‹ oder englische Templer-Rundkirchen dem Bau der gotischen Rotunde Ettals zugrundeliegen, wird von einigen Wissenschaftlern vermutet.

Die gotische Kirche, ein zwölfeckiger Zentralbau mit doppelgeschossigem Umgang, wurde 1370 geweiht; als Baubeginn werden die dreißiger Jahre angenommen. Von diesem Bau hat sich noch das Hauptportal in der heutigen Vorhalle erhalten. Im *Tympanon* sehen wir neben dem Gekreuzigten die Figuren der Maria und des Johannes, flankiert von den Stiftern Kaiser Ludwig und Margarete von Holland (um 1350/60). Die hohe Mittelsäule des Innenraums, von der das gerippte Gewölbe strahlenförmig ausging, deutet auf England – wir finden das gleiche Motiv in den Templer-Rundkirchen, die Abbilder der Heilig-Grab-Kirche in Jerusalem sein wollten.

Mit dem Regierungsantritt des bedeutendsten Ettaler Abtes, Placidus II. Seitz (1709–36) und der Gründung der Ritterakademie im Jahr 1710 veränderte sich auch die Gestalt von Kirche und Kloster. Ettal, seit dem 17. Jh. ein bevorzugter Wallfahrtsort des Münchner Hofes, erhielt durch einen kurfürstlichen Hofbaumeister, Enrico Zuccalli, sein Barockgewand. In München hatte der gebürtige Graubündner die Arbeiten an der Theatinerkirche weitergeführt, die prächtige Kuppel 1688 vollendet – mit diesem Bau zog der römische Hochbarock in München ein. Auch das Ettaler Kloster wurde in großem Stil geplant: um die Kirche als Mittelachse sollte eine symmetrische Dreihöfeanlage entstehen. Als Zuccalli Ettal im Jahr 1716 verließ, wurde Roman Deschamps, ein Pater aus dem Salzburger Stift St. Peter, mit der Bauleitung betraut. Noch in den vierziger Jahren war jedoch die Barockgestalt des Klosters nicht vollendet, und als dann im Jahr 1744 ein verheerender Brand ausbrach, schien alles Tun der vergangenen drei Jahrzehnte vergeblich gewesen zu sein. Doch Joseph Schmuzer, der Wessobrunner Klosterbaumeister, riet zum Wiederaufbau und nahm ihn selbst in die Hand: 1753 standen die Konventsgebäude, 1747 war die Kuppel aufgemauert. Die Vollendung der Ausstattung zog sich allerdings bis zum Jahr 1790 hin, in Ettal zog der Klassizismus ein.

Das Zwölfeck des gotischen Baus verwandelte Schmuzer durch Vorlegung von Pilastern in einen Rundbau und entfernte die Mittelsäule. Die gewaltige *Rotunde* ist noch heute das Zentrum dieser Kirche, denn das kleinere Oval des Altarraums, das dem großen Raum im Osten angefügt wurde, hat weniger Wirkung. Wenn auch die üppige *Rocaillen-Stuckdekoration* der Wessobrunner Johann Georg

Üblher und Franz Xaver Schmuzer Wände und Orgelempore in einen recht weltlichen Festsaal verwandelte – der Blick nach oben, in die lichterfüllte Kuppel begeistert. Hier scheint der Geist der Gotik, der Zwölf und ihres Meisters, noch zu leben. Das gewaltige *Fresko* Johann Jakob Zeillers gilt der Glorie des Benediktinerordens (1748–59) – ähnlich großartig wurde dieses Thema auch in der großen Kuppel von Rott am Inn gestaltet.

In erstaunlicher Selbstverständlichkeit fügt sich die Ausstattung dem ungewöhnlichen Raum ein. Die *Altäre*, Meisterwerke des Münchner Hofbildhauers Johann Baptist Straub (1752–62), sind wandgebunden. Und selbst die *Beichtstühle* – bezaubernd in ihrer Verbindung von höfischer Eleganz und ländlicher Kräftigkeit – scheinen verschmolzen mit der Wand (Kistler-Werkstatt der Zwinck in Uffing, figürliche Teile von der Straub-Werkstatt, Bilder von Franz Seraph Zwinck aus Oberammergau).

Ettal, Innenraum der Klosterkirche St. Maria

Der Pfaffenwinkel

Ettal, das Gnadenbild in der Klosterkirche St. Maria

Das sprühende Rokoko der großen Rotunde setzt sich im kleinen Queroval, dem *Chorraum*, nicht fort, vielmehr vermittelt die getragene Ruhe dieses Raumes, der Hochbarock und Klassizismus vereint, das Gefühl von Andacht. Das *Gnadenbild*, eine kleine Madonnenfigur aus Marmor (um 1330, Nachfolge Giovanni Pisano), verschwindet allerdings in seinem Marmortabernakel unter der Wucht des über 6 m hohen Altarbildes, das Martin Knoller 1786 zur Ehre der Himmelfahrt Mariä malte (aus Sicherheitsgründen wird die Figur meist seitlich in einem Glasgehäuse verwahrt). Sehr fein sind die vergoldten *Reliefs* im Sockel des Hochaltars, Bleigußarbeiten von Roman Anton Boos zum Marienleben. Das *Deckenbild* in der Kuppel, 1769 von Martin Knoller in Temperatechnik gemalt, paßt in seinen kühlen Farbtönen gut in diesen klassisch-unbewegten, marmorkühlen Raum.

Die **Sakristei,** in Ettal links vom Hauptportal, wird mit Recht als einer der schönsten Räume Bayerns im 18. Jh. gepriesen. In dem Doppelraum, den Zuccalli 1714 noch selbst errichtete, finden wir, was wir in der Rotunde vermissen: das Motiv der Mittelsäule. Hier ist es allerdings ein Säulenpaar, das sich wie ein Palmbaum – aus Stuck gebildet – an der Decke verzweigt. Johann Baptist Zimmermann hat den feinen Laub- und Bandelwerkstuck angebracht, Johann Jakob Zeiller die Deckenbilder in Tempera gemalt (1747, alttestamentliche Vorbilder zur Eucharistie und Wunderbare Brotvermehrung). Auffallend sind die kostbaren Schränke mit Ölbildern der Oberammergauer Zwinck-Werkstatt und die prächtigen Wandbrunnen im Durchgang (um 1730, Ägid Verhelst d. Ä.).

»In der Ferne, am Ende des Tals, ragt die Kirche zu Ettal empor aus dem dunklen Tannengrün. Nach dem Plan des Gralstempels zu Mont Salvat soll Kaiser Ludwig der Bayer diese Kirche erbaut haben. Und da belebt sich die Gestalt Lohengrins meinem Blick aufs neue, und Parzival, den Helden der Zukunft, sehe ich im Geiste ...« Als König Ludwig II. im Jahr 1865 diese Zeilen an Richard Wagner schrieb, hatte er mit den Bauarbeiten an Schloß Linderhof noch nicht begonnen. Mit dem Tal ist das **Graswangtal** gemeint, das dem König besonders lieb war, seit er seinen Vater zu Ausflügen ins ›Königshäuschen‹ begleitete, das Maximilian II. als Jagdhaus nutzte. Die vielbefahrene Straße, die Ettal mit dem tirolischen Reutte verbindet, führt durch dieses wunderschöne, sattgrüne Tal der jungen Ammer. Aus mehreren Quellen speist sich der Fluß, seinen Anfang nimmt er an den Abhängen der Geierköpfe, der Kreuzspitze und des Kuchelbergkopfes, bekommt dann noch einmal kräftigen Zufluß zwischen Graswang und Ettal im Gebiet der Großen und Kleinen Ammerquelle. Das Ammergebirge begleitet den Fluß – es steht mit seiner gesamten Länge von 28 km unter Naturschutz. Der Pürschlingkamm säumt die junge Ammer im Norden und im Westen des Tals werden Allgäuer Gipfelpyramiden sichtbar, denn das Ammergebirge nimmt schon beim Schloß Neuschwanstein seinen Anfang.

Noch vor Erreichen des Königsschlosses wartet für den Kunstfreund eine erstaunliche kleine Kapelle auf den Besuch. Unweit von Graswang, in **Dickelschwaig**, steht der kleine Bau mit seiner überdimensionierten Zwiebelhaube. **St. Gertraud** wurde 1694 von Kloster Ettal errichtet und mit einem kleinen Fresko von Johann Jakob Zeiller geschmückt (1765).

Schloß Linderhof

Ein bäuerlicher Zehenthof des Klosters Ettal stand am Anfang – am Ende wurde dann, nach vielen Zwischenstadien, ein königliches Schloß daraus: Linderhof. Zum ›Linderhof‹ der Familie Linder gehörte auch ein Försterhaus, das König Maximilian II. Anfang der fünfziger Jahre des 19. Jh. gekauft hatte, um daraus ein Jagdhaus zu machen. Das Königshäuschen, wie es nach den ersten geringfügigen Umbauten hieß, war dem Kronprinzen Ludwig besonders lieb. Vier Jahre nach seiner Thronbesteigung (1864), nachdem die Niederlage im Krieg gegen Preußen ihm die ersten Illusionen genommen hatte und die bayerische Regierung ihn gezwungen hatte, seinen verehrten Freund Richard Wagner zu entlassen, begann sich Ludwig II. mehr und mehr in die Einsamkeit der bayerischen Berge zurückzuziehen. Der Bau seiner Schlösser wurde dem Märchenkönig, dem die Kunst alles, die Politik wenig bedeutete, nun zur Notwendigkeit. Die Wittelsbachische Baupassion steigerte sich bei ihm zur Sucht, die ihn schließlich die Krone kosten sollte.

Das Königshäuschen wurde modernisiert und erhielt großzügige Anbauten, zugleich wurde im Graswangtal ein prunkvolles Schloß geplant: Versailles sollte auf bayerischem Boden neu entstehen. Das

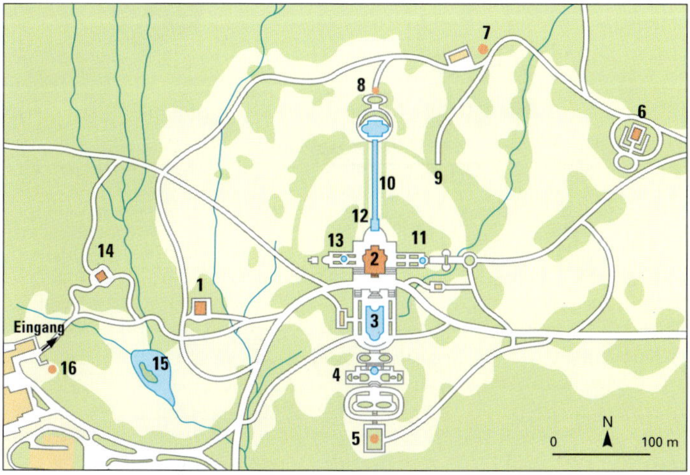

Schloß Linderhof ☆☆

Schloßpark Linderhof
1 *Königshäuschen*
2 *Schloß*
3 *Wasserparterre*
4 *Terrassengärten*
5 *Venustempel*
6 *Maurischer Kiosk*
7 *Grotte*
8 *Musikpavillon*
9 *Laubengang*
10 *Kaskade*
11 *Ostparterre*
12 *Neptunbrunnen*
13 *Westparterre*
14 *Marokkanisches Haus*
15 *Schwanenweiher*
16 *Büste König Ludwigs II.*

Der Pfaffenwinkel

Projekt lief unter dem Namen ›Meicost (Tmeicos) Ettal‹, eine spielerische Umstellung des Wahlspruchs Ludwigs XIV., »L' état c'est moi« – Der Staat bin ich. Ein Glück für das Graswangtal: Neu-Versailles entstand schließlich doch nicht hier, sondern – Jahre später – auf der Herreninsel im Chiemsee. Bis zum Jahr 1874 hatten sich jedoch um das Königshäuschen so viele luxuriöse Anbauten gebildet, daß es schließlich als überflüssig abgetragen wurde. Schloß Linderhof war entstanden, ein Bau im Stil des Rokoko, angeregt durch das Trianon in Versailles. Linderhof blieb das einzige Schloß, das der König oft bewohnte, dessen Vollendung er erlebte.

Schloß Linderhof

Schloß Linderhof

Schloß Linderhof, Arbeitszimmer König Ludwigs II.

Der Klenze-Schüler Georg von Dollmann, Privatarchitekt des Königs und ab 1875 Hofbaudirektor, war nicht nur für die diversen Projekte von ›Meicost Ettal‹ zuständig, sondern auch für die Verwandlungen des Königshäuschens in das Schloß. Der zweigeschossige Bau mit vorspringendem Mittelrisalit und rustiziertem Erdgeschoß zeigt sich von außen gemäßigt prunkvoll. Höfischer Glanz und Luxus begegnen uns erst im Innern. Bereits im *Vestibül* werden wir daran erinnert, daß der Bauherr ein Bourbonen-Verehrer war, denn die bronzene Reiterstatuette Ludwigs XIV. nimmt einen zentralen Platz ein. Den absolutistischen Herrscher mußte dieser Bayernkönig bewundern, der sich selbst immer wieder in die Rolle des unumschränkten Herrschers hineinträumte – nur widerwillig unterwarf er sich den Regeln der konstitutionellen Monarchie.

Das zweiflügelige *Treppenhaus* wurde – wie dann später auch in Herrenchiemsee – der Versailler Gesandtentreppe nachgebildet. Um die beiden repräsentativsten Räume, die die Mittelachse des Hauptgeschosses einnehmen (Spiegelsaal, Schlafzimmer) ordnen sich die beiden Ovalräume des Audienzzimmers und des Speisezimmers, die jeweils von zwei hufeisenförmigen Kabinetten flankiert werden. Zu beiden Seiten des Spiegelsaals liegen die Gobelinzimmer. Der Stil Louis-Quinze, das Rokoko, dominiert – allerdings in der historistisch überladenen Form eines Zweiten Rokoko.

Da am Hof der Bourbonen das morgendliche ›Lever‹ von besonderer Bedeutung war, machte auch Ludwig II. das *Schlafzimmer* zum Mittelpunkt seines Schlosses. Der prunkvolle Raum, ausgestattet mit einem feudalen Baldachinbett in königlich-bayerischem Gold und Blau, wurde den Reichen Zimmern der Münchner Residenz nachgebildet. Von hier aus geht der Blick nach Norden auf die italienische Kaskade am Abhang des Hennenkopfs. Im *Speisezimmer* ist

Der Pfaffenwinkel

es das Tischlein-deck-dich, das von den Besuchern am meisten bestaunt wird. Hier konnte der menschenscheue König ohne Bedienung auskommen, denn der Goldtisch verschwand auf Befehl im Boden und konnte dann aus dem Erdgeschoß wieder heraufgehoben werden.

Wenn auch der Schloßbesuch meist zwiespältige Gefühle hinterläßt – was Linderhof umgibt, der weitläufige *Garten*, weckt Begeisterung. Ursprünglich plante der König einen »nicht zu großen Garten im Renaissancestil«, doch schließlich wurde daraus eine überaus großzügige Anlage auf einem Gelände von über 50 ha. Der königliche Hofgartendirektor Karl von Effner schuf hier seit 1870 ein großartiges Ensemble in italienischem, französischem und englischem Stil: Parterregärten am Schloß, Terrassen und Kaskaden an den Nord- und Südhängen und drumherum ein englischer Landschaftsgarten, der die Hänge des Talkessels miteinbezieht. Prachtvoll ist vor allem der Blick vom Venustempel im südlichen Terrassengarten auf das Parterre mit seinem goldglitzernden Flora-Springbrunnen, auf die Schloßfassade und die Kaskade am Nordhang.

Für seine nächtlichen Träumereien schuf sich der König einige Lieblingsplätze im Garten. Der *Maurische Kiosk* mit seinem märchenhaften Pfauenthron zierte einst die Pariser Weltausstellung (1867), bevor er in Linderhof aufgebaut wurde. Die vielbestaunte *Venusgrotte* entstand nach einer Szenerie der Wagner-Oper ›Tannhäuser‹. In einem silbernen Kahn ließ sich der König hier umherrudern und genoß die zauberischen Lichteffekte. Der Brief einer Hofdame, Luise von Kobell, charakterisiert dieses seltsame Schauspiel: »Phantastisch schimmerten Wellen, Felsenriffe, Schwäne, Rosen, das Muschelfahrzeug und der dahingleitende Märchenkönig. Wer aber hinter die Kulissen blickte, fand eine melancholische Prosa, einen abgehetzten Elektrotechniker, sieben von Arbeitern ständig geheizte Öfen.«

Um Murnau, Benediktbeuern und Kochel

Bei Saulgrub zweigt von der B 23 eine wichtige Straße nach Osten ab; sie führt mitten hinein in das landschaftliche Paradies des Staffelsees und des Murnauer Mooses. **Bad Kohlgrub** ist die erste Station. Wenn auch der Ort, der sich an der abschüssigen Hauptstraße entlangzieht, beträchtlichen Durchgangsverkehr zu ertragen hat – es bleibt noch genügend Raum für den ruhigen Kurbetrieb. Bevor die Saulgruber Straße in die Hauptstraße einmündet, streift sie das Gelände der Moor-Stiche. Bad Kohlgrub ist mit 900 m das höchstgelegene Moorheilbad Deutschlands. Rheumatische Erkrankungen und degenerative Erkrankungen der Gelenke und der Wirbelsäule werden hier mit Hilfe von Moorbädern und Moorpackungen bekämpft.

Bad Kohlgrub

Bad Kohlgrub, Pfarrkirche St. Martin und der Fuchsbauernhof

Wenn der Kurgast gerade nicht beschäftigt ist, gibt es genug Gelegenheit, Ort und Umgebung kennenzulernen. Das **Hörnle** (1548 m), der Kohlgruber Hausberg, ist mit einer Schwebebahn zu erreichen. Zwei Kirchen, die **Pfarrkirche St. Martin** (1727–29, Joseph Schmuzer) und die **Kapelle St. Rochus** (1633; 1733 erneuert; reicher Stuck), verlocken den Kunstfreund, der hier aber auch mit schönsten Lüftlmalereien beglückt wird. Das **Haus beim Jäger Jürgl** mitten im Ort (Lüßweg 1) ist über und über mit bunten Malereien geschmückt – eines der letzten Werke des Oberammergauers Franz Seraph Zwinck (1791).

Die Fahrt auf der ländlichen Straße nach Murnau erlaubt hin und wieder den freien Ausblick auf das weite Murnauer Moos. Kurz vor Erreichen der Ortsgrenze dann die bestechend schöne Aussicht auf den **Staffelsee** mit seinen kleinen bewaldeten Inseln – ein Stück Skandinavien in Oberbayern. Ihn und seinen Hauptort Seehausen wollen wir zuerst erkunden, denn hier befinden wir uns historisch auf sehr interessantem Gelände. Auf der Insel **Wörth,** der größten der sieben Inseln, wird seit einigen Jahren intensiv gegraben. Archäologen der Prähistorischen Staatssammlung in München suchten nach den Überresten eines Klosters, das im 7. oder 8. Jh. von Benediktbeuern aus gegründet wurde. 1992 wurde man fündig und sicherte nicht nur Architekturteile und Gräber des frühen Klosters, sondern auch Keramiken aus der Urnenfelderzeit, die beweisen, daß die Insel schon in vorgeschichtlicher Zeit besiedelt war. 1994 wurden dann die Fundamente einer Kirche aus dem 7. Jh. ergraben.

Der Pfaffenwinkel

Das Staffelseekloster, aus Urkunden und Inventaren bekannt, wurde im 10. Jh. von den Ungarn zerstört. Eine Michaelskirche, die im 13. Jh. gebaut wurde, war lange Zeit Pastoralmittelpunkt eines weiten Umlandes; ihre Nachfolgerin finden wir im alten Fischerort **Seehausen:** die **Pfarrkirche St. Michael,** errichtet 1774/75 von dem Münchner Hofmaurermeister Leonhard Matthäus Gießl. Schon von außen nimmt sich der Bau mit seiner wohlgeformten Zwiebelhaube und dem hohen Dach inmitten seiner dörflichen Umgebung sehr schön aus – kein Wunder, gehörte doch der Baumeister zu den besten Kräften im oberbayerischen Landkirchenbau des Rokoko: man denke an die Starnberger Josephskirche, an St. Leonhard bei Dietramszell oder St. Salvator in Bettbrunn.

Allerdings ist der Innenraum von St. Michael, der sich an den zentralisierenden Bauten Johann Michael Fischers orientiert, schon deutlich vom Frühklassizismus geprägt. Reizvoll sind die Seitenaltäre mit ihren freskierten Hintergründen und den großen geschnitzten Figuren des Auferstandenen und des hl. Sebastian. Der Freskant der Kirche – Johann Georg Kaiser – wurde aus Schwaben geholt und war hier nicht bekannt. Sein Gehilfe jedoch, Paul Gege, war in Seehausen wegen seiner Tüchtigkeit sehr angesehen.

Nicht zufällig finden wir in dieser Kirche zwei Hinterglasbilder, die in die Seitenaltäre einbezogen worden sind – im linken lächelt uns die Seehausener Muttergottes milde zu, gemalt in der Werkstatt Noder Ende des 18. Jh. Seehausen gehörte damals zu den wichtigsten Zentren der bayerischen **Hinterglasmalerei.** Die Familie Gege, die heute noch im Dorf ansässig ist, gehörte zu den Protagonisten dieser ländlichen Kunst, und gerade von Paul Gege (1756–98) besitzen wir wunderschöne kleine Tafeln in sattem Blau und Gold. So tief ist die Hinterglasmalerei hier verwurzelt, daß man auch bei Seehausens größtem Fest, der **Fronleichnamsprozession** über den See, nicht auf die kostbar-zerbrechlichen Heiligenbilder verzichtet: aus dem festlich geschmückten Altar mitten im Dorf leuchten sie uns entgegen.

Murnau

Murnau ☆
Besonders sehenswert:
Pfarrkirche
St. Nikolaus
Münterhaus mit
Museum
Schloßmuseum

Murnau gehört dank seiner Terrassenlage über der Mooslandschaft zu den bevorzugten Orten im Land. Hier fühlt man sich rundherum wohl; wer einmal hier ist, wird sein Domizil sicher nicht mehr verlassen. Die alte römische, dann die mittelalterliche Handelsstraße, die Italien mit Innsbruck und Augsburg verband, gab dem alten Murnau (Murnowe = die moorige Aue) seine Bedeutung als Stützpunkt und Warenumschlagplatz. Ludwig der Bayer erhob den Ort 1322 zum Markt, schenkte ihn jedoch schon zehn Jahre später seinem neugegründeten Kloster Ettal. Im alten Schloß saßen nun bis zur Säkularisation die ettalischen Pfleger und sprachen Recht. Die Heimsuchungen des Dreißigjährigen Krieges und des Spanischen

Erbfolgekrieges gingen auch an Murnau nicht vorüber, der Ort brannte dreimal ab.

Die gemütlichen Häuser, die wir heute am Ober- und Untermarkt um das Rathaus herum sehen, sind nicht sehr alt, denn die Bausubstanz der früheren Jahrhunderte ging bei den Bränden (der letzte 1851) größtenteils verloren. Der Architekt Emanuel von Seidl hat das Murnauer Zentrum erst nach 1906 neu geplant. In diesen Jahren stellten sich auch vermehrt die Sommerfrischler ein, und als Wassily Kandinsky und Gabriele Münter den Ort zu ihrem Domizil machten, wurde es auch in der Kunstwelt bekannt. Wie Seehausen und Uffing war auch Murnau ein Zentrum der Hinterglasmalerei, und gerade die bunten Tafeln der Einheimischen waren es, die die Künstler des Blauen Reiter zu eigenen Versuchen auf diesem Gebiet anregten.

Der Kurort (Moorkurbetrieb) wuchs seit den sechziger Jahren zu seiner heutigen Bedeutung heran, und wenn auch die ausgedehnten Komplexe des Kurhauses und der Unfallklinik die Silhouette schmerzlich verändert haben, ist es immer noch die alte Pfarrkirche, die Murnau aufs Schönste beherrscht. **St. Nikolaus,** monumental und ländlich zugleich, ist ein ganz besonderer Bau. Da die alte Kirche zu klein, vor allem aber baufällig geworden war, beschloß das Kloster Ettal 1716 den Neubau. Der Baumeister von St. Nikolaus ist nicht bekannt – die Kunstwissenschaftler nennen Enrico Zuccalli, den Planer von Kloster Ettal, als möglichen Meister, ebenso auch seinen Nachfolger als Ettaler Bauleiter, Pater Roman Deschamps vom Salzburger Stift St. Peter. Was hier entstand, ist jedenfalls außerordentlich. Hinter einer deutlich italienisch geprägten Fassade, überragt von einem durchaus bayerischem Zwiebelturm, verbirgt sich ein erstaunlicher Kirchenraum. Der schmalen Eingangshalle folgt ein weiter Zentralraum, ein Oktogon, überspannt von einer Flachkuppel. Da der Grundriß quadratisch ist, finden wir hinter den Schrägseiten kleine Eckräume. Herrscherliche, triumphbogenartige Arkaden begrenzen das Oktogon, geben den Blick frei zu den Seitenaltären und dem Chor, der ebenfalls als Zentralraum gestaltetet ist, jedoch hier über kreuzförmigem Grundriß. Murnaus Architektur, vielleicht von der Wallfahrtskirche in Einsiedeln (Schweiz) beeinflußt, wurde vorbildlich für den bayerischen Barock-Kirchenbau. Vor allem Johann Michael Fischer hat das Motiv des Oktogons mit Arkaden häufig verwendet.

Glanzvoll, wenn auch nicht kongenial, wirkt die Ausstattung. Als Stukkator wird Johann Baptist Zimmermann angenommen (Langhaus ab 1724, Chor ab 1729). Der Freskendekor entstand im späten 19. Jh. (Waldemar Kolmsperger, 1893–95, im Hauptraum das Jüngste Gericht). Die Altäre in ihrem festlichen Rot-Gold-Schwarz, die weißgoldene Rokokokanzel, die Figuren in ihrem glänzenden Weiß (Johann Baptist Straub und Franz Xaver Schmädl) werden ebenso bewundert wie die kunstvoll geschnitzten Beichtstühle (Bartholomäus Zwinck, Uffing, um 1770). Die kleine Schmerzhafte Mutter,

Der Pfaffenwinkel

Kirche St. Nikolaus, Innenraum

das Murnauer Gnadenbild, verschwindet in ihrem Rokokoschrein inmitten des prächtigen Hochaltars. Das Altarblatt stammt von einem Maler, der im Pfaffenwinkel gut bekannt ist, Johann Baptist Baader (hl. Nikolaus vor Christus, 1771). Die Votivbilder neben den Seitenaltären sind nicht nur kulturgeschichtlich bemerkenswert, sondern müssen auch den Freund expressionistischer Malerei interessieren: einige von ihnen wurden im Katalog ›Der Blaue Reiter‹ abgebildet.

Gasthöfe, Geschäfte, das Rathaus und eine Kapelle – das Murnauer Zentrum am Obermarkt und am Untermarkt wirkt ländlich und städtisch zugleich, seit Emanuel von Seidl Anfang des 20. Jh. dem von Bränden ruinierten Ort ein neues Gesicht gab. Die **Mariensäule** in der Mitte, die man traditionell auf bayerischen Straßenmärkten findet, ist hier besonders sinnvoll, denn sie erhebt sich in unmittelbarer Nachbarschaft zur **Mariahilfkapelle.** Mehrmals wurde der kleine Bau durch Brand zerstört, zuletzt im Jahr 1774 bei Murnaus schwerster Feuersbrunst, und zeigt sich zudem durch das 19. und frühe 20. Jh. deutlich verändert. Dennoch: der Hauptaltar mit dem Gnadenbild der Immerwährenden Hilfe Mariens ist barock, die Seitenaltäre sind Werke des Rokoko.

Vorbei am neugotischen **Rathaus** (1842) führt der Weg über die Schloßbergstraße zum ehemaligen **Schloß** der Ettaler Pfleger. Schon allein durch seinen dekorativen Zinnengiebel fällt der wehrhafte Bau in erhöhter Lage auf (15. und 16. Jh.). Seit hier 1993 das *Schloßmuseum* eröffnet wurde und seine reichhaltige Sammlung präsentieren kann, herrscht wieder Leben in dem alten Gemäuer.

Um das zweite Murnauer Museum zu erreichen, bedarf es größerer Anstrengungen. Jenseits der Bahnlinie, an der Kottmüllerallee, steht das **Gabriele-Münter-Haus,** ein Jugendstilbau mit Mansard-Satteldach. Russenhaus nannte man es seinerzeit, als Gabriele Münter hier mit Wassily Kandinsky zusammenlebte und -arbeitete. Die originale Einrichtung ist noch erhalten, es gibt Bilder der Münter zu sehen und viele Dokumente aus der Zeit, als hier die Gefährten des Blauen Reiter ein- und ausgingen. Im Jahr 1908 entdeckte Kandinsky mit seiner Schülerin Gabriele Münter die Landschaft um den Staffelsee. Ein Jahr später war das Haus gefunden, das sie bewohnen wollten. Johannes Eichner, der spätere Gefährte Gabriele Münters, beschrieb es: »Unter zwei großen Eichen lag es außerhalb des Ortes, an der Allee zu dem uralten Ramsach-Kirchlein, damals das einzige Haus jenseits der Eisenbahn, inmitten von Wiesen (...). Und hier, in diesem bescheidenen Landhaus fühlten sich beide wohl. Kandinsky ging an die Einrichtung und ließ den Schreiner einfache Möbel machen, von denen er etliche selbst bemalte – mit zierlichen Tupfen und mit massigen bunten Blumen. Für die Treppenwange entwarf er später einen Fries aus stilisierten Blumen und Reihung seines Reiters auf springendem Pferd.«

Gabriele-Münter-Haus, Atelier

Das Ramsachkircherl, wie es die Einheimischen nennen, die **Kapelle St. Georg und Johannes d. Tf.**, ist der ideale Ausgangspunkt für eine Wanderung durch das Murnauer Moos, und der Gasthof gleich daneben gehört zu den beliebtesten Ausflugszielen. Das kleine Kircherl mit Dachreiter ist durch seine erhöhte Lage ein weithin sichtbarer Markierungspunkt. In seiner heutigen Gestalt ist der Bau barock (1739–44). Der Innenraum ist mit seinen satten Farben, dem volksbarocken Altar, der kraftvoll-ländlichen Deckenmalerei und der weiß-gelb-blau bemalten Kanzel eine reine Freude. Dreifach wird der hl. Georg gefeiert – im Altarbild, den Deckenfresken und den Bildern der kleinen Empore. Murnau, das den Drachen im Wappen führt, kann auf einen solchen Heiligen, der dem Ungeheuer kühn entgegenreitet, kaum verzichten.

Drachen wird es hier kaum gegeben haben, doch sind die alten Sagen, die sich um das **Murnauer Moos** ranken, voll von schaurigen Begebenheiten. Auf dem Heumooskogel, einem der sanften bewaldeten Hügel, die aus der flachen Mooslandschaft aufragen, hat es offenbar besonders heftig gegeistert. Oben soll eine Burg gestanden haben, »und wenn die Rauhnächte sind oder die Tage um die Seelenzeit, dann geht's da droben um: Rosse wiehern, Wagen rollen, Soldaten stampfen durch die Nacht.« Daß dort oben tatsächlich eine Burg stand, hat man erst gemerkt, als die Köchel des Mooses zu Steinbrüchen geworden waren. Der für Schotterzwecke besonders geeignete Glaukoquarzit war schließlich wichtiger als die Reste der 1925 entdeckten römischen Fluchtburg – von ihr ist nichts geblieben.

Das Murnauer Moos ist mit 36 km^2 das größte noch lebende Moor im Alpenbereich. Geformt hat es während der letzten Eiszeit der Loisachgletscher. Im Lauf der Jahrtausende dann verlandete der nacheiszeitliche See, den das weichende Eis hatte entstehen lassen. Der Reiz dieser Landschaft: hier sind alle Stadien der Moorbildung zu sehen – vom Flachmoor im nördlichen bis zum Hochmoor im südlichen Teil. Diese empfindliche Landschaft ist glücklicherweise unter Naturschutz gestellt. Über tausend Pflanzenarten wurden gezählt, über 3000 Tierarten. Verständlich, daß der Wanderweg entlang der Ramsach, der über Westried und Moosrain wieder nach Murnau führt, die sensibelsten Gebiete nicht berührt. Besonders schön ist er hier im Frühjahr, wenn die gelbe Iris blüht. Der Herbst jedoch ist die eigentliche Jahreszeit des Murnauer Mooses: »Anmut und Schwermut zugleich liegen über der weiten Fläche, die ihre volle Schönheit im Herbst entfaltet, wenn welkende Riedgräser, Moos, Heidekraut und Pfeifengras ein fein abgestimmtes Farbenspiel von karminroten, violetten und braunen Tönen darüberlegen.« (Siegmar Gerndt)

Oberhalb der Hagener Straße führt ein Wanderweg zum Dorf **Hagen,** das schon allein durch seinen freien Blick auf das Murnauer Moos verlockt. Ein Geheimtip ist immer noch die kleine **Kirche St. Blasius.** Der spätromanische Turm deutet auf ein ehrwürdiges

Alter des Ortes. Tatsächlich lebten hier schon im 12. Jh. Ministerialen des Klosters Benediktbeuern, die Herren von Hagen. Das 17. Jh. sorgte für eine Erneuerung der Blasiuskirche und für ihre Ausstattung. Eine Augenfreude: das Schwarz-Gold der Altäre, das warme Braun des Gestühls, die alten Fassungen der Figuren. Wie in vielen oberbayerischen Dorfkirchen schwebt auch hier eine anmutige Rosenkranzmadonna am Chorbogen (1657). Doch am schönsten ist der Blick zurück auf die kleine Holzempore. Sie wurde mit den Tafeln eines spätgotischen Flügelaltars (1520) geschmückt – Szenen aus dem Leben der hll. Achatius, Laurentius, Agathe, Katharina und Ottilia. Wie der hl. Blasius gehören sie zu den Vierzehn Nothelfern, die bei allen Nöten des dörflichen Alltags zur Verfügung standen.

Von Murnau aus (Oberer Leitenweg) führt ein angenehmer Fußweg zum Froschhauser See und nach **Froschhausen.** Der kleine schilfreiche See mit seinen Ufern ist Vogelfreistätte und steht unter Naturschutz. Ihren Stern im ›Dehio‹ verdient die **Wallfahrtskirche St. Leonhard** wahrlich. Die Innenrenovierung, die erst 1989 abgeschlossen wurde, hat dem kleinen Saalbau seinen Glanz wiedergegeben. Das Stift Habach, das die Wallfahrt betreute, hat aus der ehemals gotischen Kirche ein Rokokojuwel gemacht. Der Wessobrunner Franz E. Doll hat feinen Rocaillestuck angetragen, er ist in Grün und Rosa gefaßt und mit goldenen Lichtern besetzt. Inmitten der reichen Stukkaturen: die Deckenbilder zur Legende des Kirchenpatrons (Aloys Gabler, 1786). Überraschend qualitätvoll sind die Altäre (Johann Georg Miller), vor allem der Baldachinhochaltar mit der Schnitzfigur des hl. Leonhard. Reifstes Rokoko dann auch bei der weiß gefaßten Kanzel, deren Schalldeckel in Form einer aufgelösten Rocaille an die Kanzel von Oppolding bei Erding erinnert. Wer Hinterglasbilder liebt, wird diese Kirche nicht so schnell verlassen. Die Votivbilder, die den Viehpatron umgeben von Pferden und Kühen, zeigen, schmücken alle Wände. Die meisten dürften aus Seehausen stammen, dem produktivsten Zentrum der Staffelsee-Hinterglasmalerei (18. und 19. Jh.). Noch heute ist in Froschhausen die Leonhardiwallfahrt lebendig. Der **Leonhardiritt** am 6. November gehört zu den ursprünglichsten, ländlichsten in Oberbayern, da er fast allein den Einheimischen vorbehalten ist.

Hin und wieder gibt es selbst im Pfaffenwinkel noch nahezu unentdeckte Schönheiten. Zu ihnen gehört die ehemalige Kollegiatsstiftskirche von **Habach,** die **Pfarrkirche St. Ulrich.** Ein Churer Bischof aus dem Haus der Grafen von Hohenwart war der Gründer des Kollegiatsstifts (1085), das er dann dem Augsburger Hochstift übergab. Vom mittelalterlichen Bau zeugt nur noch der Turmschaft, im übrigen ist die Habacher Kirche barock, errichtet 1663–68 nach Vorbild der Münchner Michaelskirche. In dem überraschend weiten, festlichen Wandpfeilerraum dominiert farblich das warme Braun und Gold der Altäre und des Gestühls. Der reiche *Stuck* der Miesbacher Schule fiel leider 1704 zum Teil einem Brand zum Opfer und mußte in den beiden Westjochen durch malerischen Dekor ersetzt werden. Der eingezogene, von einer Tonne überwölbte Chor – auch er wunderbar stuckiert – wird in ganzer Höhe von dem monumentalen *Hochaltar* eingenommen (Ambrosius Degler, Weilheim, 1681). Die überlebensgroßen, goldglänzenden Figuren der hll. Heinrich und Sigismund flankieren das Altarbild, das dem hl. Ulrich gewidmet ist: der große Augsburger Bischof, der die Schlacht auf dem Lechfeld gegen die Ungarn entschied, erscheint hier über der Schlachtenszene zusammen mit der Gottesmutter. Auch die Seitenaltäre sind sehr aufwendig, die Figuren stammen z. T. vom Weilheimer Franz Xaver Schmädl (um 1753). Bartholomäus Steinle, ein dritter Weilheimer, schuf die eindringlichen Schnitzgruppen der westlichen Seitenkapellen, die Ölbergszene, die Anbetung der Hirten und die Beweinung Christi (1609).

»Die Gegend dort ist sehr eigenartig, viel flaches Land mit Weide und ein weiter Himmel, in der Nähe seltsam einsame Gegenden, reich an Mooren, die fast etwas bedrohlich Unheimliches haben ...« Diese Schilderung betrifft **Sindelsdorf,** die Schreiberin war Elisabeth Erdmann-Macke, die zusammen mit August Macke 1910 Franz Marc besuchte. Über Sindelsdorf, wo das einfache Haus, das Franz Marc vor seiner Übersiedlung nach Ried bewohnte, noch heute steht, geht nun unser Weg nach Bichl. Der lange, felsige Rücken der Benediktenwand rückt näher, einer der großen landschaftsprägenden Höhenzüge Oberbayerns und in der Alpensilhouette schon von Starnberg aus unverwechselbar zu erkennen. Um Sindelsdorf herum ist es wirklich noch flach, doch nun zeigen sich auch die wunderschönen, bewaldeten Berge des Isarwinkels. Die Loisach, die das weite Moorgebiet um Benediktbeuern und Kochel durchzieht, schafft mit ihren Zuflüssen und Kanälen reizvoll wäßrige Wirkungen und trägt zu den spätherbstlichen Nebeln bei, die – bisweilen unheimlich – über dem Moor hängen.

Auf einem kleinen Hügel am Dorfrand vor **Bichl** steht die **Pfarrkirche St. Georg,** ein überaus freundlicher Bau in strahlendem Okker (s. Abb. S. 5). Sie gehörte zum Kloster Benediktbeuern, und im Jahr 1751, als Johann Michael Fischer die Anastasiakapelle des Klosters errichtete, wurde er auch mit dem Bau der Bichler Dorfkirche betraut. Der achteckige Turmoberbau des Klosterbaumeisters Caspar Feichtmayr (1671) wurde beibehalten, der Entwurf Fischers für den Zentralraum stark abgeändert ausgeführt. Hervorragende Rokokokünstler wirkten bei der Gestaltung mit. Die Flachkuppeln des Hauptraumes und des Chors wurden von Johann Jakob Zeiller 1753 freskiert (Hauptraum: Martyrium des hl. Georg; Chor: Bekehrung der Königin Alexandria), und da hier kein Stukkator beschäftigt wurde, sorgte Zeiller auch für eine kunstvolle Stuckmalerei. Der bewunderte Glanzpunkt dieser Kirche aber ist der *hl. Georg* im Hochaltar, eines der volkstümlichsten Werke des Münchner Hofbildhauers Johann Baptist Straub (Altar nach Entwurf Straubs rekonstruiert).

Benediktbeuern

»Benediktbeuern liegt köstlich und überrascht bei seinem Anblick.« Johann Wolfgang von Goethe, der auf seiner dritten Italienreise in der alten Tafernwirtschaft, dem heutigen Gasthof zur Post, einkehrte, fand wieder einmal die rechten Worte. Die beiden hohen Zwiebeltürme der Klosterkirche, die langgestreckte Klosteranlage und dahinter der mächtige Felsrücken der Benediktenwand – es ist eines der schönsten Blätter aus dem bayerischen Bilderbuch.

Kirche und Konventsgebäude von Benediktbeuern zeigen sich heute von außen in reinstem Barock, nichts deutet auf die lange Geschichte dieses Klosters, das im Pfaffenwinkel das älteste und bedeutendste war. Der Überlieferung nach hat das bayerische Uradelsgeschlecht der Huosi zusammen mit dem hl. Bonifatius um das Jahr 739/40 das erste Kloster gegründet. Grabungen der Jahre 1988/89 im Kreuzgarten bestätigten die Existenz einer Kirche aus dem 8. Jh. Karl der Große förderte das Rodungskloster und schenkte ihm eine kostbare Reliquie, den Speichenknochen vom Unterarm des hl. Bene-

Benediktbeuern ☆☆

Pfarrkirche St. Benedikt, Deckenbild

Der Pfaffenwinkel

dikt. Fortan hieß das alte ›Buron‹ Benedicto Buranum, woraus dann später Benediktbeuern wurde. Nach der Zerstörung durch die Ungarn (955) sorgte Bischof Ulrich von Augsburg für den Wiederaufbau und die Besetzung mit Regularkanonikern. 1031 zogen wieder Benediktiner ein, man holte sie aus Kloster Tegernsee. Der Anschluß an die Hirsauer Reform und das Privileg der Reichsunmittelbarkeit (1275) brachten dem Kloster eine erste Blütezeit. Die berühmte Liedersammlung **Carmina Burana** allerdings wurde nicht hier geschrieben, sie entstand wohl um 1230 in Südtirol. Ein schwerer Brand (1490) machte einen Neubau notwendig, wiederum eine Basilika, wie die romanische mit Osttürmen. Die vierte und letzte Klosterkirche entstand dann in der für den Konvent fruchtbaren Barockzeit unter Abt Placidus Mayr (1671–89), einem der Mitbegründer der bayerischen Benediktinerkongregation.

Auch hier wirkte sich die Säkularisation verheerend aus. Die wertvollen Handschriften und Drucke kamen nach München in die Staatsbibliothek, die Gemäldegalerie wurde auseinandergerissen, das Kloster wurde Eigentum des Freiherrn Josef von Utzschneider. Zusammen mit Joseph Fraunhofer richtete er ein mathematisch-optisches Institut ein. Erst 1930 wurden die Konventsgebäude wieder ihrer alten Bestimmung zugeführt, die Salesianer Don Boscos erwarben die Anlage und richteten eine philosophisch-theologische Hochschule ein.

Die ehemalige Klosterkirche, die **Pfarrkirche St. Benedikt,** wird von einem großen viereckigen Arkadenhof umschlossen und im Süden von einem kleineren Hof flankiert. Nur noch wenig erinnert an den spätgotischen Vorgängerbau: die Turmuntergeschosse und die Sakristei. Kraftvoll und in ihrer Höhe der Fernwirkung sicher, ragen die beiden Doppeltürme in den Himmel. Der Wessobrunner Caspar Feichtmayr, einer der großen Türmebauer des bayerischen Frühbarock, hat sie 1672 errichtet. Die Kirche selbst wurde 1681–86 gebaut, als Planer kommen Enrico Zuccalli oder Marx Schinnagl, beide zu dieser Zeit für den Münchner Hof tätig, in Frage.

Der Innenraum folgt dem Wandpfeilerschema, wie es in der Münchner Michaelskirche vorgebildet worden war. Leider ist er nur spärlich erhellt, so daß weder der sehr reiche, an der Münchner Theatinerkirche orientierte *Stuckdekor* noch die außerordentlichen *Deckenbilder* Hans Georg Asams voll zur Geltung kommen. Der Vater der berühmten Barockkünstler Cosmas Damian und Egid Quirin Asam hat hier im Langhaus (1683/84) und in den Seitenkapellen (1686/87) einen der frühesten illusionistischen Zyklen hinterlassen. Der Christuszyklus wurde im Langhaus noch in Temperatechnik ausgeführt, über dem Hochaltar entstand dann Asams erstes Fresko, die Szene von Christi Geburt, und auch in den Seitenkapellen malte Asam al fresco. Der monumentale *Hochaltar* in Triumphbogenform wurde aus rotem Schlehdorfer Marmor gehauen (1686). Zwei hohe Stuckfiguren der hll. Bonifaz und Ulrich flankieren das Altarbild Martin Knollers, das die Vision des hl. Benedikt vom Tod seiner

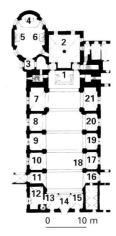

Benediktbeuern: links das Kloster vor der Benediktenwand, oben Grundriß der ehemaligen Klosterkirche St. Benedikt

1 Hochaltar
2 Sakristei
3 Anastasiakapelle
4 Hochaltar
5 Silberbüste
6 Ehemaliger Altar des hl. Johann Baptist
7 Sakramentskapelle
8 Katharinenkapelle
9 Dreikönigskapelle
10 Kreuzkapelle
11 Nordeingang
12 Leonhardskapelle
13 Stuckportal
14 Deckenbilder unter der Empore
15 Gruftaltar
16 Südausgang
17 Antoniuskapelle
18 Kanzel
19 Sebastianskapelle
20 Schutzengelkapelle
21 Josefskapelle

Der Pfaffenwinkel

Schwester Scholastika darstellt (1788). Auch die Altäre der Seitenkapellen wurden in kostbarem Marmor ausgeführt. Ihre Gemälde wurden von bedeutenden Künstlern geschaffen, darunter Johann Karl Loth und Jacopo Amigoni.

Die *Sakristei* hinter dem Chorraum spendet dem Chorraum durch zwei hohe Fenster Licht. Dieser spätgotische Raum wurde von Caspar Feichtmayr mit feinem Rahmenstuck geschmückt, ebenso der darüberliegende Psallierchor (1673). Der schwere Barock der Klosterkirche erfährt in der *Anastasiakapelle* eine beschwingte, lichte Ergänzung. 1750–53 wurde sie von Johann Michael Fischer der Sa-

Benediktbeuern

Blick von der Jochbergspitze auf Kochel und den Kochelsee; im Hintergrund Starnberger See und Ammersee

kristei im Norden angefügt – ein elliptischer, sehr nobler Zentralraum, ausgestattet von Künstlern, die auch in Ettal, Rott am Inn und Ottobeuren zusammenwirkten: Johann Michael Feichtmayr als Stukkator und Johann Jakob Zeiller als Freskant. Im Deckenbild erscheint die hl. Dreifaltigkeit in Erwartung der Märtyrerin Anastasia, deren Himmelfahrt im Gemälde des Hochaltars dargestellt wird (1726, Jacopo Amigoni). Benediktbeuern besaß schon im 11. Jh. die Kopfreliquien der Heiligen, doch erst das 18. Jh. gab ihnen eine würdige Hülle: die kostbare *Silberbüste* wurde nach einem Entwurf von Egid Quirin Asam gefertigt. Da ein weiterer großer Künstler des Ro-

Der Pfaffenwinkel

koko, der Bildhauer Ignaz Günther, die Seitenaltäre entwarf und die Skulpturen schnitzte (1758/59), wird dieser Raum mit Recht als ein Glanzstück des bayerischen Rokoko bewundert.

An die Südflanke der Kirche schließt sich der **Konventsbau** an. Caspar Feichtmayr hat ihn 1669–75 errichtet, unter Einbeziehung des gotischen Erdgeschosses. Der *Kreuzgang* besitzt noch romanische Mauerteile, die Rippen der spätgotischen Gewölbe wurden entfernt und mit frühbarocken Stuckleisten geschmückt. Ebenfalls gotisch ist das *Refektorium,* dessen geschnitzte Balkendecke (1493) in diesem Barockkloster eine besondere Kostbarkeit ist. Im *Kapitelsaal* dann wieder üppiger Hochbarock (1686–90) – Frucht- und Blattgehänge, Girlanden und Putti. Die Ölbilder zum Leben des hl. Benedikt schuf Andreas Wolff. Der prächtigste Raum aber ist der *Alte Festsaal* im zweiten Obergeschoß des Westflügels, sechseckig, mit trapezförmiger Decke. Reicher Knorpelwerkstuck von Feichtmayr (1672–75) umrahmt hier einen Zyklus von 29 größeren und kleineren Ölbildern, die den Schöpfer und die Schöpfung preisen (Stephan und Michael Kessler, Brixen).

Der *Arkadenbau* – die drei Flügel des Westhofes – wurde ab 1695 nach Plänen von Michael Ötschmann errichtet. Zu besichtigen ist nur der Südflügel, der erst 1728–32 gebaut wurde. Johann Baptist Zimmermann und sein Sohn Joseph haben ihn überaus anmutig stuckiert und ausgemalt. Erwähnt sei ein reizvolles Detail im Deckenbild des *Neuen Festsaals,* das die Einkleidung des Klostergründers Landfried durch den hl. Bonifatius darstellt: auf einem Hundehalsband sieht man die Signatur der beiden Zimmermanns, J. J. Z.

Schlehdorf, Blick auf die Stiftskirche St. Tertulin

Östlich vom Konventsbau, freistehend neben dem Friedhof, finden wir die ehemalige **Bibliothek**. Schon von außen besticht die Architekturmalerei, doch im Innern breitet sich dann noch einmal glanzvollster Dekor des Vorrokoko aus. Johann Baptist Zimmermann hat 1724, inmitten zarten Bandelwerkstucks, seine Fresken gemalt, eine Huldigung an die Künste und Wissenschaften. Hier wurde bis 1803 auch die Handschrift der ›Carmina Burana‹ aufbewahrt, die in unserer Zeit durch die Vertonung von Carl Orff zu Weltruhm kam.

Das Kloster, das seine Festsäle und das **Museum der Fraunhofer'schen Glashütte** dem Besucher willig öffnet, lädt darüber hinaus von Mai bis September zu den Benediktbeurer Konzerten ein. Und auch der wandernde Feriengast kann sich in diesem Ort wohlfühlen. Neben den Moosrundwanderungen, dem Prälatenweg, verlockt vor allem die aussichtsreiche Benediktenwand (1801 m) den Bergwanderer.

Über Ried – Franz Marcs letztem Domizil – geht nun die Fahrt am Ostrand der abwechslungsreichen Mooslandschaft entlang nach **Kochel**. Wer diesen Ort außerhalb des Pfaffenwinkels vermutet, wird durch Kenner eines Besseren belehrt. So ist etwa im Schnell-Kunstführer ›Kloster Benediktbeuern‹ (Dr. Leo Weber) zu lesen: »Schon in der zweiten Hälfte des 8. Jh. spielte es eine wichtige Rolle neben den Klosterstiftungen Kochel, Schlehdorf, Staffelsee, Polling, Wessobrunn. Mit diesen bildet es den Urkern jener Kulturregion, die seit der Barockzeit ›Pfaffenwinkel‹ genannt wird.«

Kochel ist heute ein besuchter Fremdenverkehrsort. Nichts mehr erinnert an das alte Frauenkloster, das hier im 8. Jh. von den Huosibrüdern Lantfried, Waltram und Eliland gegründet wurde. Der Hunnensturm des Jahres 955 hat es vernichtet. Die **Pfarrkirche St. Michael**, deren weißverputzter achteckiger Zwiebelhaubenturm sich vor der Kulisse des Herzogstands sehr reizvoll ausnimmt, ist kein sehr alter Bau. Turmuntergeschoß und Chor stammen noch vom spätgotischen Vorgänger (1592), doch sorgte auch hier Caspar Feichtmayr für eine barocke Erneuerung (1670–72 Turmobergeschoß; 1688–90 Neubau der Kirche). Der freundlich-helle Saalbau besitzt schönen Wessobrunner Bandelwerkstuck, Deckenbilder zur Michaelslegende, einige qualitätvolle Skulpturen, vor allem aber ein überraschend aufwendiges barockes Taufbecken (1690). Seit das **Franz-Marc-Museum** (Herzogstandweg 43) 1986 geöffnet wurde, ist Kochel das Ziel der vielen Freunde expressionistischer Malerei. Neben informativen Dokumentationen sind Werke nicht nur von Marc, sondern auch von Kandinsky, Macke, Klee, Münter, Werefkin und Jawlensky zu sehen.

Schon die Münchner Maler des 19. Jh. haben die Kochelseelandschaft, die neben den sanften auch sehr herbe malerische Reize besitzt, für sich entdeckt. Der **Kochelsee** (6,5 km^2), eine Hinterlassenschaft des Isargletschers, reichte einst fast bis nach Benediktbeuern.

Der Pfaffenwinkel

Erst in historischer Zeit verlandeten die nördlichen Seeteile, und es bildeten sich die Moore. Verlassen wir den Ort in südwestlicher Richtung, so erfahren wir die herben Klänge dieser Landschaft. Der dem felsigen Estergebirge nördlich vorgelagerte Heimgarten-Herzogstand-Zug schiebt sich zusammen mit dem Jochberg zwischen den Kochelsee und den Walchensee. Die recht steile **Kesselbergstraße** führt in engen Kehren hinauf zum Walchensee. Sie wurde ab 1893 gebaut, doch gab es schon im Mittelalter eine Straße über den Kesselberg als Verbindung nach Tirol. Die sanfte, freundliche Seite der Kochelseelandschaft erleben wir, wenn wir den Ort in nördlicher Richtung verlassen. Vorbei an stattlichen Gasthöfen und am Denkmal des Schmieds von Kochel – einem legendären Volkshelden im Kampf gegen die Österreicher – erreichen wir das freie Gelände. Das Loisach-Moor ist hier besonders reizvoll, wenn auch über dem südlichen Seende der Bau des Walchensee-Kraftwerks störend eingreift. Genußvoll also die Anfahrt auf **Schlehdorf,** wo die **Stiftskirche St. Tertulin** auf den Kunstfreund wartet.

In erhöhter Lage auf dem Kirchenbühl, vor den Hochwassern des Sees sicher, wurden Kirche und Kloster ab 1718 errichtet. Vorgänger gab es freilich schon einige, denn auch Schlehdorf gehörte zu den Gründungen der Huosi (um 740). Die Übergabe der Reliquien des römischen Märtyrerpriesters Tertulin durch Papst Hadrian I. führte zu dem in dieser Gegend ungewöhnlichen Patrozinium. Das Benediktinerkloster wurde im 12. Jh. mit Augustinerchorherren besetzt. Nach der Säkularisation dauerte es hundert Jahre, bis hier die Missionsdominikanerinnen von St. Ursula in Augsburg wieder mit dem klösterlichen Leben beginnen konnten.

Die Doppeltürme von St. Tertulin leuchten weit in die Landschaft hinein. Als Planer der Anlage gilt der Münchner Stadtmaurermeister Johann Mayr d. J.; sein Palier und späterer Schwiegersohn, Johann Michael Fischer, hat die Klostergebäude ab 1717 errichtet, ab 1727 die Kirche. Der Nordflügel der dreiflügeligen Klosteranlage kam erst 1926/28 hinzu. Ebensowenig einheitlich ist auch die Kirche selbst, da die Bauarbeiten wegen Geldmangels immer wieder eingestellt werden mußten. So konnte die Weihe erst 1780 stattfinden. Die Ausstattung der Wandpfeilerkirche ist vom Klassizismus geprägt, auch die Deckenbilder sind erst nach 1773 entstanden. Johann Baptist Baader, der Lechhansl, hinterließ hier sein letztes Werk (Langhaus, Szenen aus dem Leben des Kirchenpatrons, 1780).

Mit dem Wagen in wenigen Minuten, zu Fuß in einer guten Stunde, ist das bekannteste bayerische Bauernhausmuseum zu erreichen, das **Freilichtmuseum Glentleiten** bei **Großweil.** Das weite hügelige Gelände – mit herrlichem Blick auf Schlehdorf, den See und die Kocheler Berge – ist wie geschaffen für die alten Höfe, Stadel, Kornkästen und Mühlen, die hier seit 1973 aufgestellt wurden. Auf dem Gelände von 25 ha gibt es über vierzig Objekte zu sehen – hier kann man sich mehrere Stunden aufhalten, und auch für die Brotzeit ist gesorgt.

Blick vom Höfle bei Garmisch-Partenkirchen auf die Alpspitze und die Zugspitze ▷

Im Werdenfelser Land

Die Gebietsreform, die im Jahr 1978 abgeschlossen wurde, hat dem Landkreis Garmisch-Partenkirchen einige satte und touristisch ergiebige Brocken einverleibt, vor allem den gesamten Bereich um Murnau und den Staffelsee. Unter dem Werdenfelser Land verstand man bis dahin nur das Gebiet der alten Grafschaft Werdenfels, die von Farchant bis Scharnitz reichte, vom Eibsee bis zum westlichen Karwendel. Dieser Tradition wollen wir folgen – sowohl landschaftlich als auch kulturgeschichtlich ist der Staffelseeraum durchaus noch dem Pfaffenwinkel zugehörig.

Die **Burg Werdenfels** (heute Ruine) zwischen Garmisch und Farchant, 1180 von Herzog Otto von Wittelsbach errichtet, war für das obere Loisach- und Isartal namensgebend. Die Burg kam 1249 in den Besitz des Hochstifts Freising und wurde Sitz der Pfleger der freisingischen Herrschaft Werdenfels. Aus kleineren Ländereien um Scharnitz, Garmisch und Eschenlohe schuf das Bistum Freising durch Zukäufe ein einheitliches Territorium, das erst 1802 an Bayern kam. Bis 1879 blieb der alte Name erhalten, es existierte das Bezirksamt Werdenfels.

Garmisch-Partenkirchen

Garmisch-Partenkirchen ☆
Besonders sehenswert:
Alte Pfarrkirche St. Martin
Pfarrkirche St. Martin
Wallfahrtskirche St. Anton
Werdenfelser Museum

Zentral gelegen und auch touristisch von zentraler Bedeutung ist Garmisch-Partenkirchen. Mit der Großartigkeit der Bergkulisse kann in Bayern nur noch Berchtesgaden konkurrieren. Das Wettersteingebirge steht gewaltig, zerklüftet und schroff im Süden und bereitet manch Zugereistem Probleme, der sich die Berge nicht ganz so nahe wünscht. Die Zugspitze ist zwar mit ihren 2962 m Deutschlands höchster Berg, doch sicherlich nicht der schönste. Die Werdenfelser Schönheit ist die formvollendete Pyramide der Alpspitze (2628 m), die noch bis ins ferne Murnauer Moos hinein ihre begeisternden Akzente setzt. Vom Westen her schaut der anmutige Daniel (2342 m) ins Land – auch er ein Berg, der sich einprägt.

Wenn auch seit 1935 Bewohner eines Doppelorts, so achten die Einheimischen doch heute noch streng auf den Unterschied: Garmisch und Partenkirchen sind zweierlei Ding. Beginnen wir, da der Hauptbahnhof näher am Ortsteil **Garmisch** liegt, mit diesem Bereich. Die Natur sorgt für Gerechtigkeit: Garmisch hat seinen eigenen Fluß, die Loisach, während Partenkirchen die Partnach zu eigen hat. Auch hat jeder Teil seinen Hausberg: während sich Garmisch am Fuß des Kramer (1985 m) ausdehnt, wird Partenkirchen von den Hängen des Wank (1780 m) begleitet.

Vorbei am ausgedehnten Kurpark erreichen wir das ehemalige Niklasdorf, den Bereich um die **Pfarrkirche St. Martin** (1). An der Stelle einer Nikolauskapelle wurde der stattliche Saalbau 1730–33 errichtet – ein Werk des Wessobrunners Joseph Schmuzer. Der weite, lichterfüllte Raum ist reich ausgestattet. In den Kappen des Tonnengewölbes sieht man, begleitet vom Frührokoko-Stuck Joseph Schmuzers, Fresken von Matthäus Günther zum Leben des Kirchen-

Garmisch-Partenkirchen

Garmisch, Marienplatz mit der Pfarrkirche St. Martin und der Alten Apotheke

Garmisch-Partenkirchen
1 Pfarrkirche St. Martin
2 Gasthof zum Husaren
3 Alte Pfarrkirche St. Martin
4 Alte Apotheke am Marienplatz
5 Pfarrkirche Maria Himmelfahrt
6 Werdenfelser Museum
7 Wallfahrtskirche St. Anton
8 Richtung Kainzenbad

patrons (1732/33), ein Frühwerk des Malers vom Hohenpeissenberg, der damals erst achtundzwanzig war. Im Hochalter fallen die goldglänzenden, ausdrucksstarken Figuren der hll. Petrus und Paulus auf, Arbeiten des Füsseners Anton Sturm. Besonders aufwendig ist in dieser Kirche die Kanzel, ein Werk des Tirolers Franz Hosp in reifstem, aufgelöstem Rokoko (1782).

Jenseits der Loisach verläuft die berühmte **Frühlingsstraße**, die mit ihren dicht aneinandergereihten Bauernhäusern, den kleinen

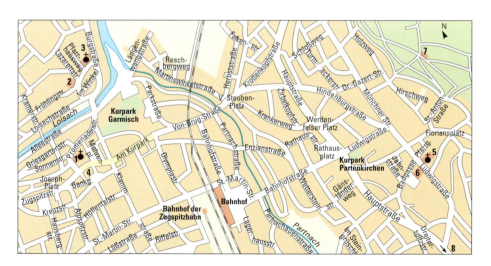

Im Werdenfelser Land

Hausgärten und Schupfen ein besonders malerisches Bild abgibt. Auf dem Weg zur alten Garmischer Pfarrkirche, im Bereich der ehemaligen Siedlung Martinswinkel, sehen wir den **Gasthof zum Husaren** (2), ausgestattet mit bezaubernden Lüftlmalereien im Empirestil (um 1800). In schönster Trompe-l'oeil Manier schauen zwei Soldaten, ein Husar und ein Dragoner, zum Fenster hinaus – angeblich eine Malerei, die an die österreichische Einquartierung erinnern sollte.

Nur wenige Schritte sind es von hier aus zur **Alten Pfarrkirche St. Martin** (3), der einstigen Mutterkirche für das obere Loisach- und Isartal. Der Überlieferung nach wurde sie aus den Steinen der verfallenden Burg Werdenfels errichtet. Der Kernbau stammt aus dem 13. Jh., doch wird die heutige Erscheinung durch An- und Umbauten des 15. Jh. bestimmt. Überraschend im dämmrigen Raum: fast alle Wände sind mit *Fresken* bedeckt. Mit Ausnahme des großen Christophorus an der Nordwand (um 1300) stammen sie aus dem 15. und frühen 16. Jh. Meist sind es Passionsdarstellungen, die von oberitalienischen und Tiroler Malereien beeinflußt sind. Das Gewölbe wird von einem runden Mittelpfeiler gestützt – wahrscheinlich wirkte hier Ettal als Vorbild.

Partenkirchen ist vom Zentrum Garmischs aus zu Fuß nur mühsam zu erreichen. Es lohnt sich, am Marienplatz den Bus zu besteigen, zumal hier die **Alte Apotheke** (4) bewundert werden kann, ein klassizistischer Bau mit effektvollem Fassadendekor in Schwarz-Weiß (1792/97).

Partenkirchens Geschichte reicht in die Römerzeit zurück. Die Siedlung Partanum lag an der Heerstraße von Venedig nach Augsburg und Regensburg, die in den Jahren 41–54 unter Kaiser Claudius angelegt wurde. Auch hier griff im Mittelalter das Hochstift Freising zu, nachdem es 1249 Garmisch hatte gewinnen können. Partenkirchen entwickelte sich zum bedeutenden Handelsort, die heutige **Ludwigstraße** diente dem Marktverkehr. Wenn auch die hohen Giebelhäuser, zum Teil stuckiert und bemalt, ein schönes, einheitliches Bild abgeben: das Ensemble Ludwigstraße ist Ergebnis des Wiederaufbaus im 19. Jh. Brände (1811 und 1865) hatten das Alt-Werdenfelser Straßenbild zerstört. Auch die alte Pfarrkirche fiel dem Brand zum Opfer. Die heutige **Pfarrkirche Mariä Himmelfahrt** (5) ist neugotisch (1868–71) und enthält nur wenige Gemälde und Plastiken der alten Barockkirche.

Sehr lohnend ist jedoch ein Besuch im **Werdenfelser Museum** (6, Ludwigstraße 47), eines der schönsten Heimatmuseum in Oberbayern. Das Fastnachtsbrauchtum, im Werdenfelser Land besonders reich und vielfältig, wird hier ausgezeichnet dokumentiert.

Über die Ballengasse, die an die Bedeutung von Partenkirchen als Handelsort hinweist, und den reizvollen **Floriansplatz** erreichen wir die schmalen Wege, die sich am Westabhang des Wank entlangziehen. Auf diesem Gelände, in erhöhter Position, entstand Partenkirchens interessantester Sakralbau, die **Wallfahrtskirche St. Anton**

Wallfahrtskirche St. Anton, Detail des Deckenbildes zur Antoniuslegende

(7). Allein schon wegen der fabelhaften Aussicht über den Ort, auf Zugspitze, Alpspitze, Daniel und Kramer, sollte man die leichte Steigung nicht scheuen. Ein *Kreuzweg* aus zehn Kapellen (um 1740) führt hinauf zu der Anlage. St. Anton entstand als Votivkirche in den Jahren um 1704 durch eine Spende Partenkirchner Bürger, die sich für die Schonung des Ortes im Spanischen Erbfolgekrieg dankbar zeigen wollten. Dem ersten achteckigen kleinen Bau fügte der Wessobrunner Joseph Schmuzer 1734–36 ein größeres, ovales Langhaus und einen Arkadengang an. Beide Räume sind erstaunlich. Das ältere Oktogon wirkt durch seinen spitzenfeinen Bandelwerkstuck, den Franz Xaver Schmuzer 1736 nach Entwurf seines Vaters Joseph anbrachte. Im überkuppelten Ovalraum beeindruckt das großflächige *Deckenbild* Johann Evangelist Holzers, das den hl. Antonius als Fürbitter für die Notleidenden darstellt (1736). Hans Tintelnot charakterisiert dieses bedeutende Werk der süddeutschen Deckenmalerei: »Die realistischen Einzelszenen spielen in und vor einer Halle, die rund um das Gesims des niederen Raumes gezogen ist und in ihrem Illusionismus die Enge des Kirchleins stark zu erweitern scheint. Bilderbogenhaft sind die Szenen des Jammers aufgereiht. Jedoch selbst in der Darstellung des Gräßlichen, wie etwa jener Szene des schwärenzerfressenen Aussätzigenpaares, verbindet Holzer noch bäuerlich-drastische Darstellungsweise mit großer, plastischer Form.« Ein anmutiger Rokoko-Orgelprospekt, eine kostbare Kanzel, prächtige Prozessionsstangen bereichern das Bild dieser Partenkirchner Wallfahrtskirche, der man allerdings eine Innenrenovierung sehr wünschen würde.

Die Mittenwalder Straße (B 2) führt aus dem Ort hinaus, vorbei am Gelände des **Kainzenbads** (8). Längst zum modernen Freiluftbad herangewachsen, erinnert es in nichts mehr an den alten Kainzer Brunnen, der wegen seiner Wirksamkeit gegen die Bleichsucht auch Bleichjungfernbad genannt wurde.

Bei Klais führt eine Mautstraße nach **Elmau.** Die schroffe, steile, wenig gegliederte Wettersteinwand begleitet das Tal des Ferchenbachs – eine im übrigen wohltuend grüne, stille Landschaft. Hier ließ sich der Theologe und Kulturphilosoph Johannes Müller 1913–16 sein **Schloß Elmau** bauen, und da Carl Sattler aus dem Kreis um Adolf von Hildebrand der Architekt war, gelang ein harmonisch proportionierter Bau nach Art bayerischer Barockklöster. Der einstige Treffpunkt reformerischer Menschen hat auch heute für Gemeinschaftswillige, Tanz- und Musikbegeisterte nichts von seiner magnetischen Wirkung verloren. Ein komfortables ›Kulturhotel‹ inmitten einer noch erstaunlich intakten Natur.

Von hier aus gibt es Wanderungen in alle Himmelsrichtungen: über den Ferchensee und den Lautersee nach **Mittenwald,** über die Elmauer Alm nach **Wamberg,** das höchstgelegene Dorf Deutschlands; zum **Eckbauern,** wo nicht nur eine herzhafte Kost auf den Wanderer wartet, sondern auch ein herrlicher Blick auf das Gar-

Im Werdenfelser Land

Das Kranzberghaus unter dem Kranzberggipfel; im Hintergrund der Wörner aus dem Karwendel

misch-Partenkirchener Tal, den Kramer und den Wank. Und schließlich wird man es sich nicht entgehen lassen, hinauf zum **Schachen** zu steigen. Hoch über dem Reintal, im Rücken die wilde Dreitorspitze (2633 m), baute sich Ludwig II. sein Jagdschloß. Mit der Anlage eines Reitweges auf die Schachenalpe wurde 1869 begonnen, und im nächsten Jahr stand das ›Königshaus auf dem Schachen‹ – von außen ein schlichter Holzbau, doch innen prunkvoll orientalisierend ausgestattet. Hier verbrachte der König, dem die Bergeinsamkeit höchstes Glück war, jedes Jahr seinen Geburtstag, der zugleich sein Namenstag war, den 25. August.

Mittenwald

In media silva – mitten im Wald – befindet sich Mittenwald zwar nicht mehr, doch wird der Ort zur Freude der Feriengäste immer noch von viel erfrischendem Grün umgeben. Als Ursprung wird eine römische Straßenstation genannt. Der alte Scharnitzwald war im

11. Jh. namensgebend für die erste Siedlung, Media Silva, an der Fernhandelsstraße von Augsburg nach Italien, aus der sich dann ein bedeutender Handelsort entwickelte. Das Marktrecht wurde 1316 verliehen, und als 1485 die Venezianer ihren Markt von Bozen nach Mittenwald verlegten, war für die nächsten Jahrhunderte der Wohlstand gesichert. Die Isarflösserei brachte zusätzlichen Gewinn. Wie Garmisch und Partenkirchen gehörte auch Mittenwald zum Herrschaftsbereich der Fürstbischöfe von Freising; erst 1803 kam der Ort in den Besitz des bayerischen Staates.

Die Wettersteinwand, die uns bis an den Ferchensee begleitete, gehört nicht mehr unmittelbar zu Mittenwalds Kulisse. Der Ort wird beherrscht, ja bedrängt, von der zerklüfteten **Westlichen Karwendelspitze** (2384 m). Das Leutaschtal – ein Paradies für Wanderer und Langläufer – säumt die Südhänge des Wettersteingebirges. Aus dem Karwendel heraus bahnt sich die junge Isar ihren Weg – im Hinterautal, nahe ihrer Quelle, ist sie noch ein munterer Gebirgsfluß, doch schon bei Scharnitz, wo sie in das breite Gletschertal eintritt, beginnt die schier endlose Geschichte ihrer Bändigung.

Die Großkabinenbahn, die zur Westlichen Karwendelspitze hinaufführt, hat am westlichen Stadtrand eine Konkurrenz. Der **Hohe Kranzberg** ist mit seinen 1391 m ein eher bescheidener Buckel, doch kann man ihn – wenn man sich nicht der Bergbahn anvertrauen will – ohne viel Mühe erklimmen und wird mit einem prächtigen Ausblick auf Karwendel und Wetterstein belohnt.

Mittenwald, Lüftlmalerei am Schlipferhaus

Unübersehbar, mitten im Ort, ragt der wunderschön gegliederte Turm der **Pfarrkirche St. Peter und Paul** empor. Wie in Garmisch war hier Joseph Schmuzer als Baumeister am Werk (1736–40) und entwarf auch den Stuckdekor, den sein Sohn Franz Xaver ausführte. Den Freskanten Matthäus Günther erleben wir hier – anders als in Garmisch – schon als Könner. Das Chorfresko (Berufung Petri) zeigt seine Signatur: »M. Gindter/Pinx. 1740«. Raumbeherrschend im zentralisierenden Langhaus ist Günthers Kuppelfresko mit der Darstellung des Martyriums und der Verherrlichung der Apostelfürsten.

Als Johann Wolfgang von Goethe, 1786 nach Italien unterwegs, auch nach Mittenwald kam, staunte er über die vielen bemalten Fassaden und nannte den Ort ein »lebendiges Bilderbuch«. Wir sind hier in dem – neben Oberammergau – wichtigsten Zentrum der oberbayerischen **Lüftlmalerei**. Auch die Pfarrkirche macht keine Ausnahme: die Architekturmalerei, die beiden großen Gestalten der Heiligen Petrus und Paulus, wurden nach einem Entwurf von Matthäus Günther ausgeführt. Franz Karner, der Sohn eines Pottaschenbrenners, hat es schließlich zum bekanntesten Lüftlmaler Mittenwalds gebracht. Wir finden seine routiniert gepinselten Malereien am *Schlipferhaus* (Goethestraße 23, 1762), am *Hoglhaus* (Malerweg 3, 1779) und am *Geigenbaumuseum* (1764). An Kühnheit kaum zu übertreffen sind die großflächigen Architekturmalereien am *Neunerhaus*, die wohl von Schülern Matthäus Günthers ausgeführt wurden (Mitte 18. Jh.). Auch Oberammergaus produktivster Lüftlmaler, Franz Seraph Zwinck, war hier tätig: um 1780 am *Gasthof Alpenrose* (Obermarkt 1) und 1775 am *Hornsteinerhaus* (Prof.-Schreyögg-Platz 6/8).

An der Südseite der Pfarrkirche wurde Mittenwalds bedeutendstem Sohn, dem Geigenbauer Matthias Klotz, ein Denkmal gesetzt (1890, Entwurf Ferdinand von Miller). 1664, als er elf Jahre alt war, gab man ihn einem Rottfuhrmann nach Italien mit, denn er sollte den Geigenbau erlernen. 1678/79 hat er bei Nicola Amati in Cremona gearbeitet – so sagt es die Legende. Sicher ist, daß er in Padua lernte und nach seiner Heimkehr Mittenwald zum Geigenbauerort machte. Im **Geigenbau- und Heimatmuseum** (Ballenhausgasse 3) werden Mittenwalder Instrumente gezeigt – eine reiche, sehr informative Sammlung. Auch die heimische Wohnkultur kommt hier zu ihrem Recht.

Die Ausflüge von Mittenwald aus sind kaum zu zählen. Für den Kunstfreund besonders ergiebig sind **Krün** mit seiner Rokokokirche **St. Sebastian** (1760, Fresken Philipp Guglhör) und **Wallgau** mit der spätgotischen Pfarrkirche **St. Jakob** (um 1680), vor allem aber mit dem **Gasthaus zur Post,** das Franz Karner 1763 mit Lüftlmalereien schmückte. Im Winter lohnt es, die Langlaufski mitzunehmen, denn die Loipen von Krün aus in Richtung Barmsee sind begeisternd, man blickt weit hinein in das Wettersteingebirge und stellt fest, daß die Alpspitze selbst von hier aus eine Schönheit ist.

An der Isar im Süden von München

Das Isartal zwischen Pullach und Geretsried

Isar, die Reißende, wurde der Fluß von Kelten und Römern genannt, der nun in ruhiger Gelassenheit durch München strömt – seiner Wildheit längst beraubt, betoniert, kanalisiert. Im **Isartal,** vor den Toren der Stadt, läßt die Isar hin und wieder ihr Wildflußwesen noch spüren, läßt erahnen, weshalb sie von den Münchnern, die schlimmste Überschwemmungen zu erleiden hatten, gefürchtet wurde. Doch diese schnellen, übermütigen Partien muß man suchen, denn auch im Isartal erleben wir den Fluß meist gelähmt, von Kanälen begleitet, als Stromspender gezügelt. Daß er dennoch durch eine weitgehend intakte Landschaft fließt, ist das Verdienst eines großen Architekten des Münchner Historismus, Gabriel von Seidl. Im Jahr 1902 gründete er den Isartalverein, genauer den ›Verein zur Erhaltung der landschaftlichen Schönheit des Isartals und seiner Umgebung‹. Schon damals war abzusehen, daß dieses bevorzugte Ausflugsgebiet der Münchner durch Zersiedlung in Gefahr geraten würde. Der Verein, der auch von den Isartalgemeinden unterstützt wird, ist heute stolzer Besitzer von 90 ha Grund zwischen München und Lenggries. 270 km Wanderwege sind rechts und links der Isar angelegt.

Das Isartal ist von München aus mit der S-Bahn zu erreichen. Großhesselohe, Pullach, Höllriegelskreuth, Buchenhain, Baierbrunn, Hohenschäftlarn, Ebenhausen-Schäftlarn, Icking und Wolfratshausen besitzen S-Bahn-Stationen, so daß fast jeder Ort ohne Mühe zu erreichen ist.

Im Herbst ist es hier am schönsten, wenn die Wälder sich verfärben und die Umrisse des Gebirges sich klar abzeichnen. Das hügelige Moränengelände, das die Isar begleitet, ist nirgendwo langweilig. Siegmar Gerndt nennt die Ursachen für diese Vielfalt: »Zwischen Icking und Großhesselohe hat der Fluß beim Durchbruch des Endmoränenwalls den eindrucksvollsten Landschaftsausschnitt der näheren Münchner Umgebung geschaffen, dessen Bedeutung als Wander- und Erholungsgebiet für den Großstädter unschätzbar ist. Die steilen Uferflanken treten hier immer näher zusammen, das Tal nimmt den Charakter eines Canyons an. Der Fluß hat zwischen Hohenschäftlarn und Großdingharting die kräftig geformten Endmoränen der Würmeiszeit und, wenige Kilometer nördlich, bei Baierbrunn die sanfteren Altmoränen der Rißeiszeit durchschnitten und sein Bett tief in die Schotterschichten der vier Eiszeitfolgen eingeschnitten.«

Über dem steilen Isarhochufer bei **Pullach** sitzt die **Burg Schwaneck,** ein romantischer Traum des Bildhauers Ludwig von Schwanthaler. Wahrscheinlich war es Friedrich von Gärtner, der die ›Ritterburg‹ in englisch-mittelalterlichem Stil 1842–45 errichtete. Schwanthalers Wohnsitz ist längst profaniert (Jugendherberge) und umgebaut. Doch man versteht heute noch die Begeisterung eines anonymen

◁ *Bad Tölz, der Kalvarienberg über der Isar mit der Kreuzkirche*

Pullach bis Ebenhausen

zeitgenössischen Chronisten: »Ist diese romantische Gegend wegen des Gebäudes oder dieses wegen dieser einzig schönen Gegend da?«

Pullach, heute begehrtes Domizil für Wohlsituierte, besitzt in der **Kirche Hl. Geist** einen reich ausgestatteten spätgotischen Bau. Der Freund ›gewachsener‹ Kunst muß sich allerdings damit abfinden, daß hier allerhand aus dem Kunsthandel erworben wurde. Der Hochaltar wie auch der nördliche Seitenaltar wurde unter Leitung Gabriel von Seidls zusammengesetzt. Dennoch, die zahlreichen Skulpturen des 15. und 16. Jh. sind erstaunlich, ebenso die Tafeln aus der Werkstatt des Jan Polack (Steinigung des hl. Stephanus, Marter des hl. Veit, 1489).

Grünwald, am anderen Isarufer, ist von München aus nicht mit der S-Bahn zu erreichen. Dennoch beweist der rege Betrieb in den zahlreichen Gaststätten die nicht nachlassende Beliebtheit dieses traditionsreichen Ortes. Einst war Grünwald bevorzugtes Jagdrevier der bayerischen Herzöge, hier errichtete bereits Herzog Ludwig der Strenge 1293 eine Burg. Wenn auch mehrfach umgebaut, ist die **Burg Grünwald** noch heute ein typisch mittelalterlicher Bau mit Torhaus, Zinnenturm, Palas und Zwingergraben. Der Um- und Ausbau des 14. und 15. Jh. prägte die heutige Erscheinung, damals war die Burg Jagdschloß. Im 16. Jh. setzte der Verfall ein, es entstand ein berüchtigtes Staatsgefängnis, und schließlich verkam die Wittelsbacherburg zum Pulvermagazin. Heute zeigt sich Burg Grünwald dank einer gründlichen Renovierung sehr freundlich und auch zugänglich, denn hier befinden sich die Sammlungen des *Burgmuseums Grünwald*, eine Zweigstelle der Prähistorischen Staatssammlung München.

Grünwald, die Burg

Der S-Bahn-Fahrgast, der sich bei Höllriegelskreuth noch mit dicht besiedeltem Gelände konfrontiert sieht, kann bei Buchenhain und Baierbrunn aufatmen, denn nun beginnt das freie Gelände, die weiten Ausblicke, unendliches Grün. Unten an der Isar kann man den **Georgenstein** bestaunen, der einst vom Hang abstürzte und sich nun inmitten des Flusses aus dem strudelnden Wasser hebt.

Hohenschäftlarn verlockt schon von der S-Bahn aus durch den Anblick der stattlichen **Pfarrkirche St. Georg,** die von ihrem Hügel aus die Ankommenden begrüßt. Der Münchner Maurermeister Johann Georg Ettenhofer, der mehrfach mit dem Hofbaumeister Giovanni Antonio Viscardi zusammenarbeitete, hat sie 1729/30 errichtet. Die Ausstattung ist einheitlich spätbarock, die Fresken stammen vom Frater Lucas Zais (um 1734, Verehrung des Kreuzes, Glorie der hll. Augustinus und Norbert).

Um das Kloster Schäftlarn zu erreichen, ist es ratsam, die Station **Ebenhausen** als Ausgangspunkt zu wählen. Der ungemein freundlich ins Grün gebettete Ort, locker und angenehm bebaut, erfreut auch den Kunstfreund. Am westlichen Ortsrand, in **Zell,** steht die **Friedhofskirche St. Michael.** Liebhaber spätgotischer *Fresken* (15. Jh.) finden im Altarraum ungewöhnliche Darstellungen, die ikonographisch nur zum Teil geklärt sind. Die Darstellung Kains und Abels in der Chorbogenlaibung geht noch auf das 13./14. Jh. zurück.

An der Isar im Süden von München

Kloster Schäftlarn ☆☆

Ein getreppter Weg führt mitten durch den Wald ins Tal hinab zum **Kloster Schäftlarn**. Da die B 11, ebenso auch die Autobahn in Richtung Garmisch-Partenkirchen nahe sind, ist Schäftlarn ein sehr beliebtes Ausflugsziel der Münchner. Das *Klosterbräustüberl* ist mit einem schattigen Biergarten ausgestattet – am Wochenende geht es hier also sehr lebhaft zu.

Wer den Rummel nicht mag und Schäftlarn nur als Kunstziel aufsucht, kann beruhigt sein: in der **Klosterkirche St. Dionys und Juliana** herrscht die ersehnte Stille. Der mächtige barocke Bau, umrahmt von den Flügeln der Klostergebäude, läßt nicht erahnen, daß die Geschichte hier sehr weit zurückreicht. Ein Priester aus einem Adelsgeschlecht der Umgebung, Waltrich, hat der Überlieferung nach im Jahr 762 im Tal der Isar ein Benediktinerkloster gegründet, das er dem hl. Dionysius weihte. Bald danach gab er die neue Gründung dem Bischof von Freising. Im 10. Jh. wurde Schäftlarn Chorherrenstift, 1140 gründete Bischof Otto von Freising hier ein Prämonstratenserpriorat. Die mittelalterlichen Bauten wurden durch Brände vernichtet, von ihnen ist kaum etwas erhalten. Nach dem letzten Brand im Jahr 1527 wurde das Kloster wieder aufgebaut und wenig später zur Abtei erhoben. Bereits das frühe 18. Jh. zwang zum Neubau der verfallenden Gebäude. Der Bauprozeß zog sich über mehr als 50 Jahre hin. Schließlich waren es vier Baumeister, die Kirche und Kloster Schäftlarn die Gestalt gaben, wie sie uns heute vertraut ist: Giovanni Antonio Viscardi, François Cuvilliés d. Ä., Johann Baptist Gunetzrhainer und Johann Michael Fischer. Nach der Klosteraufhebung im Jahr 1803 vergingen mehr als 60 Jahre, bis König Ludwig wieder ein Benediktinerpriorat einrichten lassen konnte. Ein humanistisches Gymnasium und ein Internat sind heute die wichtigsten Tätigkeitsfelder der hiesigen Benediktiner.

Die Ausstattung der zentralisierenden Wandpfeilerkirche gehört zu den Spitzenleistungen des bayerischen Rokoko, geschaffen von Hofkünstlern, die diesem Raum Festlichkeit, Vornehmheit und Eleganz gaben. Johann Baptist Zimmermann ist der Meister der zarten, nuancenreichen *Fresken* (1754/56, Langhaus: Gründung des Prämonstratenserklosters Schäftlarn; Chor: Verleihung des Skapuliers an den hl. Norbert) und des graziösen Rocaillenstucks. Johann Baptist Straub und seine Werkstatt schufen 1755–64 die Altarausstattung und die Kanzel. Wie so oft in bayerischen Rokokokirchen fielen auch hier die Putti besonders reizvoll und spielerisch aus – sie sind beliebte Fotoobjekte.

Wer mit dem Wagen unterwegs ist, sollte es nicht versäumen, von Schäftlarn aus einen Abstecher nach **Kreuzpullach** zu machen. Wenn auch mitten im ländlichen Gleißental gelegen, ist die **Wallfahrtskirche Hl. Kreuz** ganz und gar kein einfacher Bau. Der Hofbeamte Petrus Lehner hat sie 1710 gestiftet. Philipp Jakob Köglsperger und Giovanni Antonio Viscardi werden als Baumeister des Saalbaus genannt, die Fresken der Kreuzlegende malte der Augsburger Johann Georg Bergmüller (1710), den kraftvollen Stuck brachte Johann Ge-

Schäftlarn bis Icking

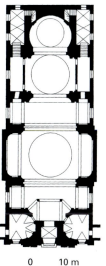

Kloster Schäftlarn, Innenraum der Klosterkirche St. Dionys und Juliana; unten: Grundriß

org Bader an. Kostbarster Besitz aber sind die gemalten Flügel mit *Darstellungen zur Kreuzlegende und Passion* (um 1470), die Jan Polack zugeschrieben werden.

Icking liegt am linken Isarhochufer, heute wie einst ein beliebter Villenstandort, geschätzt aber vor allem als Ausgangspunkt schönster Wanderungen in die **Pupplinger Au.** Von der Weißen Wand zwischen Icking und Wolfratshausen überblickt man diese großartige Wildflußlandschaft am besten, ein Gebiet von über 14 km Länge, das wegen seiner artenreichen Vegetation schon 1912 unter Schutz genommen wurde. Leider ist die Pupplinger Au jedoch durch Eingriffe von außen stark gefährdet. Seit im Jahr 1923 das Walchensee-Kraftwerk gebaut wurde, seit 1959 der Sylvenstein-Stausee entstand und

An der Isar im Süden von München

1961 der Tölzer Stausee, ist das ökologische Gefüge mehr und mehr aus dem Gleichgewicht geraten. Es fehlt das Geschiebe, der Fluß gräbt sich immer tiefer in sein Bett ein, der Grundwasserspiegel senkt sich, die Auenlandschaft trocknet aus.

Kaum einem anderen Fluß wurde soviel Wasser genommen wie der Isar – an manchen Stellen ist sie nur noch ein trauriges Rinnsaal. Zwischen Icking und Mühltal fließen nicht mehr als 5 m^3 Isarwasser pro Sekunde; der Rest wird von den Isar-Amperwerken in einen Kanal ausgeleitet, um die Turbinen eines Wasserkraftwerks anzutreiben. Dennoch – der Fluß besitzt noch genügend Wasser, um die feuchtfröhlichen **Floßfahrten** zu ermöglichen, die in Wolfratshausen beginnen und an der Thalkirchner Isarlände enden. Diese ›Gaudiflöße‹, die bis zu 60 Personen bei kräftiger Musik und reichlich Bier durch das Isartal schiffen, haben mit der altehrwürdigen Isar-Flößerei freilich nichts mehr gemein. Über 10 000 Flöße jährlich passierten noch Ende des 19. Jh. München. Damals waren Lenggries, Tölz und Wolfratshausen noch Flößerorte – schließlich gab es noch keine Bahnlinie, die den Transport übernehmen konnte.

Südlich von Icking, unterhalb von Schlederloh, mündet die Loisach in die Isar. Hier, am ›Isarspitz‹, finden sich im Sommer die Lufthungrigen ein, an Wochenenden herrscht reger Badebetrieb.

Die Altstadt von **Wolfratshausen** besetzt das linke Loisachufer, doch hat sich der Ort – 1961 zur Stadt erhoben – so stark vergrößert, daß er heute bis an die Pupplinger Au heranreicht. Einst stand hier über dem Steilufer eine Burg der Grafen von Wolfratshausen, eine Seitenlinie der Grafen von Diessen-Andechs. Im Kampf gegen die bayerischen Herzöge wurde sie mehrfach zerstört und wieder aufgebaut. Schließlich behielten die Wittelsbacher die Oberhand (1248), die Burg wurde Amtssitz des herzoglichen Pflegers. Südlich der Burg entwickelte sich eine Straßensiedlung, die 1312 die Marktfreiheit erhielt. Man lebte im alten Wolfratshausen vor allem von der Flößerei, vom Holzhandel, später auch von der Schnitzerei und Bierbrauerei. Die sehr ansehnlichen, zum Teil bemalten Häuser der über 400 m langen **Marktstraße**, die sich in Untermarkt, Marienplatz und Obermarkt gliedert, zeugen noch heute vom Wohlstand der Bürger.

Arbeiten einheimischer Kunsthandwerker gibt es hier noch genügend zu bewundern, wenn auch in der **Pfarrkirche St. Andreas** (1621–26) Ende des 19. Jh. allzuviel ausgetauscht wurde. Auch der Stuckdekor der dreischiffigen Saalkirche wurde 1906 größtenteils nach Vorbild der Kirche von Nantwein ersetzt. Der monumentale Hochaltar des Einheimischen Lukas Herle (1659–61; Altarbild Adam Griesmann, Kreuzigung des hl. Andreas) wird von den hohen Figuren der hll. Katharina und Petrus (Kaspar Niederreiter) beherrscht. Niederreiter, ein Bildschnitzer aus Dietramszell, beteiligte sich auch an der Gestaltung der Apostelskulpturen an der Langhauswand (1680–90). Die Leinwandgemälde an der unteren Emporenbrüstung sind Werke eines Wolfratshausers, Kaspar Albrecht (1680–86).

Wolfratshausen, Altstadt mit Stadtpfarrkirche St. Andreas unter dem ◁ Loisach-Hochufer

An der Isar im Süden von München

Floßfahrer an der Loisachlände von Wolfratshausen

Das einheitlichere Bild gibt uns jedoch die **Kirche St. Laurentius** im Ortsteil **Nantwein.** Hier wurde der Überlieferung nach im 13. Jh. ein Rompilger, Conradus Nantovinus, unschuldig verbrannt und schon 1297 heiliggesprochen. Das Martyrium des Heiligen zeigt das schöne, noch vom Manierismus geprägte Gemälde des Hochaltars des Einheimischen Leonhard Griesmann (1632). In diesem reich gegliederten Altar finden wir Figuren des Weilheimers Ambros Degler. Auch die Seitenaltäre von Lukas Herle sind reich mit Figuren besetzt, und selbst auf der Kanzel erscheint eine prächtige hl. Magdalena (um 1660). Der Heilige, den diese Kirche ehrt, ist auf einem eindringlichen Sandsteinrelief noch einmal zu sehen.

In **Geretsried,** das erst nach dem Zweiten Weltkrieg durch den Fleiß Heimatvertriebener zur heutigen Bedeutung heranwuchs (Industrie, Handwerk, Handel), werden wir vergeblich nach alter Kunst Ausschau halten. Sehr lohnend sind jedoch Ausflüge zu den benachbarten Dörfern **Peretshofen** (St. Maria und Katharina, 15. Jh.) und **Ascholding** (St. Georgskapelle, 17. Jh.) wegen ihrer bedeutenden *Fresken.*

Der Isarwinkel

Zwischen Wallgau und Lenggries beschreibt die Isar, von ihrer Quelle im Karwendel herkommend, einen weiten Bogen. Dieser Winkel war allerdings nicht namensgebend für den Isarwinkel, die Landschaft um Bad Tölz, Lenggries und den Sylvenstein-Stausee. Ein abgelegener, stiller Winkel, das war wohl ursprünglich gemeint, als man dem Isarwinkel seinen Namen gab. Der Landkreis Bad Tölz-Wolfratshausen umschließt neben dem Isarwinkel auch einen beträchtlichen Teil des Isartals, die schöne, vielbesuchte Gegend um Icking, den Zusammenfluß von Isar und Loisach und die Pupplinger Au.

Bad Tölz

Die Kreisstadt Bad Tölz ist das geschäftige Zentrum des Landkreises. Durchgangsverkehr hat die berühmte Marktstraße, die sich quer durch den Ort zieht, allerdings nicht mehr zu ertragen: eine Umgehungsstraße sorgt für Entlastung, die Marktstraße gehört ganz und gar den Fußgängern. Nicht erst das 19. Jh. mit dem beginnenden Kurbetrieb brachte Bewegung mit sich. Die Lage an der Isar, am Schnittpunkt einer alten Salzstraße, ließ Tölz schon im Mittelalter zu einem der wichtigsten Orte des Oberlandes werden. Kaiser Ludwig der Bayer verlieh 1331 das Markt- und Bannrecht, doch als ›Markt‹ wurde Tölz schon 1281 genannt. Die herzoglichen Pfleger, darunter der bedeutende Kaspar III. Winzerer (gest. 1542), bewohnten das Schloß auf einer Anhöhe außerhalb des Marktes (im 18. Jh. eingestürzt). Ein verheerender Brand im Jahr 1454 zerstörte die Häuser am Markt und die alte Kirche. Herzog Albrecht III. sorgte für den Wiederaufbau in Stein. Handel, Flößerei, Bierbrauerei und Kistlergewerbe waren die wichtigsten Einnahmequellen, bevor dann mit der Entdeckung der Jodquelle am Sauerberg (1846) Tölz auch zur Kurstadt heranwuchs. 1906 wurde der Badeort zur Stadt erhoben.

Der hohe Spitzhelm der **Pfarrkirche Mariä Himmelfahrt,** der das Zentrum um die Marktstraße beherrscht, ist ein Werk der Neugotik. Die spätgotische Hallenkirche (1466 Weihe) wurde Mitte des 19. Jh. mitsamt ihrer Ausstattung so stark verändert, daß wir nur noch sehr wenig wirklich sehenswerte Kunst hier finden. Wunderschön in ihrer umfangenden Gebärde ist die goldglänzende *Muttergottes* am Chorbogen, ein Hauptwerk des Weilheimers Bartholomäus Steinle (1611). Allein diese zum Himmel schwebende Maria blieb noch vom ursprünglichen Hochaltar Steinles. Der neugotische Altar von 1866 enthält nun Krippen- und Passionsdarstellungen des produktiven Tölzer Bildhauers Anton Fröhlich (um 1823). Fröhlich schuf auch den *Altar* in der Winzerer Kapelle, eines der frühesten neugotischen Werke in Deutschland (1833). Der Eingang zur Kapelle, die von der

Bad Tölz ☆
Besonders sehenswert:
Stadtpfarrkirche
Kalvarienberg
Marktstraße

An der Isar im Süden von München

Heimatmuseum, Schrank mit Rosenmalerei aus Tölz, sogenannter Tölzer Kasten

herzoglichen Pflegerfamilie Winzerer gestiftet wurde, ist von der Renaissance geprägt. Der Rotmarmor-Grabstein gilt Kaspar Winzerer III., der 1542 starb. Aus dem frühen 16. Jh. stammen die *Glasgemälde* im Ostjoch des nördlichen Seitenschiffes, Stiftungen der Herzöge Albrecht IV. und Wilhelm IV.

Die **Marktstraße**, die mit leichter Krümmung auf etwa 400 m Länge den Ort in Ost-West-Richtung durchzieht, ist der Stolz der Tölzer; zu Recht gilt sie als eine der eindrucksvollsten Straßenzüge Oberbayerns. Dabei sind die stattlichen, reich gegliederten, stuckierten und bemalten Häuser nur noch im Kern barock. Der Münchner Architekt Gabriel von Seidl, der auch Neubeuern ein neues Gesicht gab, hat in Tölz für das einheitliche Bild gesorgt (Jahre nach 1900). Die Nr. 48, das ehemalige Rathaus, besitzt noch spätbarocke Portale. Heute wird der Bau mit Flachsatteldachgiebeln als Heimat- und Bürgerhaus genutzt, und auch das **Heimatmuseum** ist hier untergebracht. Es birgt eine überaus lohnende, sehr reiche Sammlung: das Erdgeschoß ist dem Leonhardibrauchtum gewidmet, das erste Obergeschoß zeigt Objekte zur Stadtgeschichte, vor allem aber die buntbemalten *Tölzer Kästen, Betten, Truhen und Wiegen*, die von den einheimischen Kistlern vom 17. bis 19. Jh. geschaffen wurden; das zweite Obergeschoß macht mit der bürgerlichen Wohnkultur bekannt und mit Gemälden von Künstlern, die mit Tölz besonders verbunden waren; das dritte Obergeschoß wird von der sakralen Kunst eingenommen, man sieht hier auch ländliche Trachten.

Die Marktstraße ist zur Isar hin leicht abschüssig. Ein hoher Tuffsteinrücken rechts der Isarschleife sorgt für die Hanglage der Altstadt. Am oberen Ende der Straße entstand schon im Mittelalter die Siedlung Mühlfeld. Hier, an der einstigen Salzstraße, wurde 1735/36 die **Mühlfeldkirche** errichtet, die ehemalige Wallfahrtskirche Maria Hilf. Der Wessobrunner Joseph Schmuzer hat den kleinen Bau geplant und wohl auch stuckiert; Matthäus Günther malte das Deckenfresko im Altarraum, eine Darstellung der Tölzer Pestprozession mit Maria als Helferin der Kranken (1737).

Während in den erhöhten Lagen die wohlhabenden Bürger ihre Häuser bauten, wurde das Schwemmland am rechten Isarufer Handwerkern zur Verfügung gestellt. Hier gab es zwar öfter Überschwemmungen, doch lebte man wenigstens windgeschützt. Neben den Handwerkern siedelten Flößer, Fischer, Kalkbrenner und Köhler auf dem Kiesanschwemmland. Die Handwerker- und Herbergssiedlung **Im Gries** ist weitgehend erhalten, und es lohnt sich, das Viertel um den Jungmayrplatz, die Konradgasse und die Krankenhausstraße zu durchstreifen.

Das Gelände links der Isar gehört in erster Linie dem Kurbetrieb. Hier finden wir um die Kurparks großzügige Bauten, darunter auch das **Kurhaus** mit dem Großen Kursaal. Erfolgreich bekämpft werden in Tölz vor allem Herz- und Kreislauferkrankungen, Gelenkerkrankungen, Wirbelsäulenschäden, Asthma bronchiale, Augenerkrankungen und Frauenkrankheiten.

Bad Tölz, Blick in die Marktstraße

Am Rande der alten Städte, außerhalb ihrer Mauern, siedelten im Mittelalter bevorzugt die Bettelorden. Links der Isar finden wir auch in Bad Tölz eine alte Bettelordenskirche, die schon von außen in ihrer Schlichtheit auf die Franziskaner hinweist. Allerdings entstand der Bau nicht im Mittelalter, sondern erst 1733–35; das Kloster wurde zu Beginn des Dreißigjährigen Krieges gegründet. Die **Franziskanerkirche Hl. Dreifaltigkeit** ist ein Wandpfeilerbau. Reizvoll sind die intarsierten Altäre, auffallend die zahlreichen Hochreliefs der einheimischen Fröhlich-Werkstatt (Joseph A. Fröhlich, 1738/39).

Etwas abgerückt, auf einer Anhöhe im Nordwesten der Altstadt, finden wir sakrale Stätten großer, vor allem volkstümlicher Bedeutung. Der **Kalvarienberg** ist das Ziel der Wallfahrer, aber auch der Kunstfreunde. Vom linken Isarufer aus, der Bürgermeister-Stollreither-Promenade, wirkt die **Kreuzkirche** mit ihren beiden hohen Türmen am eindrucksvollsten. Ein kurfürstlicher Salz- und Zollbeamter, Friedrich Nockher, hat die Anlage auf dem Kalvarienberg 1711 gestiftet. Der Aufstieg beginnt bei der *Ölberganlage,* ihr folgen fünf *Kapellen* und als Abschluß des Kreuzweges die große *Kreuzigungsgruppe.*

Die Kreuzkirche ist ein Doppelbau. Zuerst wurde eine hl. Stiege unter freiem Himmel errichtet, dann überbaut und schließlich fügte man ihr den Kirchenbau an. Die Deckenbilder des quadratischen Raumes gelten der Erlösung durch das hl. Kreuz (1785, Josef Matthias Ott). Das sakrale Zentrum ist das *Heilige Grab* unter dem Hochaltar. Zur *Heiligen Stiege* führen Stufen hinab. Die römische Scala sancta, die zur Erinnerung an den Weg Christi zu Pontius Pilatus errichtet wurde, bildete das Vorbild dieser Treppenanlage. Kniend ver-

An der Isar im Süden von München

Bad Tölz, Kalvarienberg

richtet hier der Wallfahrer sein Gebet, begleitet von Engelsfiguren mit Leidenswerkzeugen – ein ernstes, eindringliches Bild, dem jedoch, wie immer im bayerischen Barock, durch viel Farbe und Bewegung die Schwere genommen wird. Das Deckenbild, eine Darstellung der Auferstehung Christi (1813, Anton Fröhlich und Matthias Schmaunz), die Wandbilder und das kunstvolle schmiedeeiserne Gitter tragen zur frommen Festlichkeit der Anlage bei.

Bescheidener, jedoch auf diesem Kalvarienberg von zentraler Bedeutung, ist die **Leonhardikapelle** (1718; Rokokohochaltar), das Ziel der berühmten **Tölzer Leonhardifahrt.** Leonhardiritte gibt es in Bayern unzählige. Als Viehpatron wurde der hl. Leonhard überall auf dem Land verehrt, doch so bekannt wie der Tölzer Umritt ist kein anderer. Die Anfänge der Tölzer Leonhardifahrt scheinen recht bayerisch–ausgelassen gewesen zu sein: es ging im wilden Ritt den Berg hinauf, »in ungestümer Schnelle und mit exzessivem Peitschen-Klatschen«, bis die Kirche dieser »planen Unordnung« ein Ende setzte.

Bad Tölz bis Königsdorf

An jedem 6. November bewegen sich über hundert Gespanne durch Tölz und hinauf zur Kapelle des hl. Leonhard. Tausende säumen den Weg, um einem Fest beizuwohnen, das kein anderer so gut beschrieben hat wie Wilhelm Hausenstein: »Die Rosse sind blankgeputzt und mit Blumen, Schleifen, Bändern geschmückt; das Lederzeug, altes wie neues, hellbraunes und schwarzes ist untadelig; wie Spiegel glitzern die Messingbeschläge (...) Im eigenen Wagen fährt die Geistlichkeit daher. Die meisten Wagen sind mit Mädchen und Frauen angefüllt. Die Tracht der Frauen hat das ernste und noble Schwarz genommen. Die Mädchen lieben das Helle: aus dem Tannenreis der Wagen heben sich Büsten und Rücken, gleich an gleich, mit dem reizend gesteckten weißen Seidentuch. Die Mädchen beten murmelnd und äugen ein wenig im Kreise. Sie sollten beten, denn dies ist das Fest eines Heiligen; sein hölzernes Standbild ziert die Stirn der Wagen, wenn nicht gar ein Kruzifix das vorgeheftete Zeichen ist.«

Zwischen Isar und Loisach, auf dem Weg nach Königsdorf, liegt **Fischbach.** Caspar Feichtmayr, der Benediktbeurer Klosterbaumeister, errichtete 1674 die barocke **Filialkirche St. Johann Baptist** und gab ihr ihren oktogonalen, reich gegliederten Turm. Im Innern überrascht feiner geometrischer Miesbacher Stuck, vor allem aber die hohen, spätbarocken *Figuren der hll. Elisabeth und Georg* über den Seitenaltären. Das älteste Kunstwerk der Kirche, ein Relief der Beweinung Christi (1533), sehen wir unter der Empore.

Königsdorf, an der Straße Richtung Wolfratshausen (B 11), wird meist zu wenig beachtet, doch verdient die **Pfarrkirche St. Laurentius** den Besuch. Der stattliche Bau erklärt sich daraus, daß das Kloster Benediktbeuern hier Grundherr war. Königsdorf war einst nach Benediktbeuern die älteste Urpfarrei des Loisachtals, Mutterkirche

Truhenwagen am Tag der Leonhardifahrt

An der Isar im Süden von München

von elf Filialen. Der spätgotische Bau erhielt Ende des 17. Jh. seinen prachtvollen Turm durch Caspar Feichtmayr, und auch die Ausstattung ist überdurchschnittlich. Als Stukkator wirkte der Wessobrunner Franz Edmund Doll (1785), als Freskant Christian Winck (1785, Langhaus: Verurteilung des hl. Laurentius; Chor: Gründung der Herz-Jesu-Bruderschaft), und auch die Skulpturen des Hochaltars stammen von einem bekannten Meister, dem Tölzer Josef Anton Fröhlich.

Die B 472 führt vom östlichen Tölzer Stadtrand aus an den Tegernsee und ist daher stark befahren. Links der Straße liegt **Reichersbeuern.** Die **Pfarrkirche St. Korbinian** (spätgotisch, 1663 erneuert, 1748 Ausstattung) fällt schon von weitem wegen ihrer schönen, glockenförmigen Turmhaube auf (1763). Interessanter als die Kirche aber ist das **Schloß Sigriz,** das allerdings nur von außen betrachtet werden kann, denn es ist Sitz eines Landerziehungsheims. Der heute in freundlichem Rosa verputzte Bau, besetzt mit drei Rundtürmen, ist im Kern noch mittelalterlich. Die Grafen von Preysing, die hier längere Zeit residierten, sorgten für barocke Veränderungen. Schade, daß die Attraktion des Schlosses, die spätgotischen Holzdecken, nur von den Schulkindern und ihren Lehrern betrachtet werden kann!

Nur wenige Kilometer entfernt thront das **Franziskanerinnenkloster Reutberg** in schönster Lage über dem kleinen Kirchsee, umgeben von der Moorseelandschaft der Kirchseefilzen. Auch historisch ist Reutberg eng mit Reichersbeuern verbunden. Der Hofmarksherr des Ortes, Graf Johann Jakob Papafava, gründete zusammen mit seiner Gemahlin Anna in dieser »ungeheuren Wildnuß« im Jahr 1606 eine Loretokapelle. Ein Hügel wurde zu diesem Zweck gerodet, und so entstand der Name Reutberg. Der Loretokult, von Italien ausgehend, begann sich im 16. Jh. auch in Deutschland auszubreiten, die

Kloster Reutberg

Reutberger Kapelle gehört zu den ältesten des Landes. Sehr fromm schien Graf Papafava jedoch nicht gewesen zu sein, denn er verübte einen Mordanschlag auf die ahnungslose Gräfin und entkam mit ihren Reichtümern. Um diese wiederzuerlangen, gelobte Anna Papafava die Gründung eines Kapuzinerinnenklosters neben der Kapelle, aus dem das heutige Franziskanerinnenkloster hervorgegangen ist. Die bestehende Anlage wurde 1729–35 errichtet, der Stifter war ein Münchner Hofkammerrat, Christian Raßveldt.

Die **Kloster- und Wallfahrtskirche Mariä Verkündigung** gehört als Südflügel zum Klosterkomplex. Der Bau ist nach Franziskanertradition sehr einfach, überraschend festlich und farbenfroh hingegen der Innenraum mit dem kleinen Loretohaus als *Altarraum*. Eine Tonne überwölbt den schmalen und dunklen Raum, ein blauer, von Sternen bedeckter Nachthimmel. Der Hochaltar birgt das Gnadenbild, eine Nachbildung der Muttergottes von Loreto. Kleine Engelsfiguren am Gesims weisen auf die Tafeln mit den Texten der Lauretanischen Litanei. Über dem Chorbogen schildert das Fresko die Übertragung des hl. Hauses von Nazareth nach Loreto, das der Legende nach im Jahr 1295 von Engeln in einen Lorbeerhain (›lauretum‹) bei Recanati in Italien gebracht wurde. Die Casa di Loreto wurde eine berühmte Wallfahrtsstätte; hier entstand eine neue Art der Marienverehrung. Die ›Devotio lauretana‹ mit der Lauretanischen Litanei wurde 1558 zuerst in deutscher Sprache gedruckt.

Auch die kleinen Deckenbilder des Kirchenraumes gelten der Lauretanischen Litanei, und an der Empore sieht man einen marianischen Festbildzyklus. Die Ausstattung wurde von Münchner Künstlern und Tölzer Meistern geschaffen. Nicht zu besichtigen ist der größte Schatz der Kirche, das *Reutberger Jesuskind*, denn es wird im Schwesternchor verwahrt. Pater Nicophorus Fischer, der einige der Fresken in der Kirche malte, hat es von einer Wallfahrt aus dem Heiligen Land mitgebracht, wo es in der Geburtskirche von Bethlehem lag. Reutberg, im 17. und 18. Jh. wegen seiner kunstvollen Klosterarbeiten aus Golddraht bekannt, versorgt auch heute noch eine fromme Kundschaft mit selbstgefertigten Fatschenkindln, kleinen Jesusknäblein aus Wachs in kostbarer Umhüllung. Der Stolz des Klosters, die barocke, original erhaltene *Klosterapotheke*, wird leider nur sehr selten gezeigt, denn sie gehört zur Klausur.

Das Reutberger Jesuskind

Neben allen fromm-erbaulichen Dingen gibt es hier oben aber auch durchaus weltliche Genüsse: dafür sorgt der *Wirtsgarten* des Klosterstüberls. Schon allein die Aussicht auf das Tölzer Land und die Voralpen ist bestechend.

Auf Nebenstraßen erreichen wir **Dietramszell**. Südlich des Ortes, etwas abgerückt, steht die **Wallfahrtskirche Maria im Elend**. Die Wallfahrt ist noch lebendig, hier wird seit dem späten 17. Jh. ein Gnadenbild der schmerzhaften Mutter und des gegeißelten Heilands verehrt. 1688–90 wurde der kleine Zentralbau errichtet, 1790/91 neu ausgestattet. Das Kuppelbild von Johann Sebastian Troger zeigt die Wallfahrt zu Christus und Maria im Elend (1791).

Dietramszell, Innenraum der Pfarrkirche Mariä Himmelfahrt

Eine Zelle des Tegernseer Mönchs Dietram, um 1102 gegründet, gab dem Ort seinen Namen. Aus einer ersten Kapelle und einem kleinen Kloster, dem hl. Martin geweiht, entwickelte sich ein **Augustinerchorherrenstift,** dessen barockem Neubau wir direkt an der Straße begegnen. Die ehemalige Stiftskirche, die heutige **Pfarrkirche Mariä Himmelfahrt,** nimmt die Mitte der Klosteranlage ein. Architektonisch gehört die Wandpfeiler-Emporenkirche, 1729–41 von Magnus Feichtmayr und Lorenz Sappl errichtet, nicht zu den großen Leistungen, doch ist ihre Ausstattung erstklassig. In dem lichten, sehr festlichen Raum dominiert das Gold der Altäre. Der mächtige Hochaltar umfängt das Bild der Himmelfahrt Mariä, das Johann Baptist Zimmermann 1745 malte. Von ihm stammen auch die Gemälde der Seitenaltäre, die Deckenfresken und der Stuckdekor. Das große *Deckenbild* (1741) zeigt die Gründung des Augustinerchorherrenstifts Dietramszell unter der Schirmherrschaft des hl. Augustinus. Die prächtige Kanzel (1745) mit den Reliefs zur Augustinuslegende, die monumentalen Figuren am Triumphbogen (hll. Johann Nepomuk und Petrus Fournier, 1760/65) sind Werke des Weilheimers Franz Xaver Schmädl. Ein zweiter Weilheimer, Hans Degler, schuf mehr als ein Jahrhundert zuvor das Hochrelief der Muttergottes in dem von Gold prangenden Rosenkranzaltar.

Johann Baptist Zimmermann hatte bereits 1726 für Dietramszell gearbeitet: er stattete die einstige Pfarrkirche, die jetzige **Klosterkirche St. Martin** (im Nordwesttrakt des Klosters) mit Fresken und Stuck aus. Die Salesianerinnen, die 1831 im Kloster eine Höhere Mädchenschule mit Internat einrichteten, nutzen diesen Raum für sich.

An der Straße Richtung München, umgeben von Wiesen und Wäldern, liegt die **Wallfahrtskirche St. Leonhard.** Der Münchner Hofmaurermeister Leonhard Matthäus Gießl hat die Kirche 1765–69 errichtet, der Hofmaler Christian Thomas Winck malte sie aus. Die beiden hatten bereits kurz zuvor in der Starnberger Josephskirche erfolgreich zusammengearbeitet. Hier nun hatte sich Winck mit dem Thema des hl. Leonhard als Viehpatron zu befassen. Im Fresko der Pendentivkuppel des kleinen Zentralraums (1769) sieht man die Signatur des Künstlers mit Chronogramm. Da auch die Altäre und die Kanzel sehr gut gelungen sind (Philipp Rämpl, 1770), gehört dieser elegante ländliche Rokokoraum zu den reizvollsten des Isarwinkels.

Die B 472 führt westlich von Bad Tölz in den Pfaffenwinkel, nach Bichl, und von dort aus über Habach zum Hohenpeißenberg. Am Rande dieser Straße, kaum hat man Tölz verlassen, sieht man die Talstation der **Blombergbahn.** Zusammen mit seinem Zwillingsberg, dem Zwiesel (1384 m), gehört der Blomberg (1248 m) zu den bewaldeten Flyschbergen, die mit ihren sanften Rundungen hier am Alpenrand wohltuende Akzente setzen. Von Bichl, Bad Heilbrunn und Wackersberg aus sind diese Buckel auch in Halbtagestouren zu schaffen.

Bad Heilbrunn gehört zu den wenigen Heilbädern, deren Quellen schon im Mittelalter bekannt waren. Wie in Tölz stehen hier Jodquellenbäder im Vordergrund der Kuranwendungen, doch gibt es auch Trinkkuren, Moorpackungen und Moorbäder. Selbst in der **Pfarrkirche St. Kilian** (1725/26; Deckenbilder Frater Lukas Zais, Benediktbeuern; Stuck Josef Hainz; Hochaltar Benediktbeurer Klosterwerkstätten) bezieht sich das Bildprogramm auf das heilende Wasser. Zu den prominentesten Kurgästen gehörte im Jahr 1659 die bayerische Kurfürstin Henriette Adelaide. Acht Jahre war ihre Ehe kinderlos geblieben, doch nach fünf Wochen Heilbrunn gebar sie 1660 eine Tochter und zwei Jahre später den Thronfolger Max Emanuel II. König Ludwig I. zeigte sich dankbar und verlieh dem Brunnen den Namen Adelheidquelle.

Zu den Orten, die man eigentlich gar nicht nennen dürfte, gehört **Wackersberg** südlich von Bad Tölz. Schöner kann sich ein Dorf nicht zwischen Wiesen, Wälder und Hügel betten – ein Bilderbuchdorf auf einem weiten Hochplateau vor der Kulisse der Benediktenwand. Fast eine Idylle, doch als der ehemalige Bundespräsident Richard von Weizsäcker Wackersberg zu seinem Feriendomizil erkor, wurde der Ort in ganz Deutschland bekannt. Ein idealer Wanderort, ausgestattet mit 20 km markierten Wegen, darunter der Rundweg über die Waldherralm in hügeligem Gelände. Der Kunstfreund aller-

An der Isar im Süden von München

dings kommt hier weniger auf seine Kosten. Immerhin: in der **Dorfstraße** sind sehr schöne ehemalige Bauernhäuser mit Blockbau-Obergeschossen aus dem 17. bis 19. Jh. zu entdecken (Nr. 9, 17, 19, 20, 21, 22).

Die ausgedehnten Schuttbänke der Isar – der lange Grieß – gaben **Lenggries** den Namen. Der Hauptort des flächenmäßig größten Gemeindegebiets in Deutschland (242 km^2) umgibt sich verlockend mit viel sattem Grün. Lenggries entstand als Ansiedlung von Dienstleuten des Schlosses Hohenberg. Man lebte von der Viehzucht, vom Handwerk, vor allem aber von der Flößerei. Im späten Mittelalter, als die Münchner Frauenkirche gebaut wurde, gingen von hier aus 1300 Flöße mit Bauholz und 200 Ladungen gebrannter Kalk in die Residenzstadt. Mit dem Bau der Bahnlinie zwischen Holzkirchen und Bad Tölz und ihrer Verlängerung nach Lenggries (1924) kam das Ende der Flößerei. Heute ist neben Handel und Gewerbe der Fremdenverkehr die Haupterwerbsquelle der Einheimischen.

Zwischen gemütlichen ländlichen Häusern erhebt sich die **Pfarrkirche St. Jakobus d. Ä.** mitten im Ort. Der stattliche Bau entstand 1721/22, die Deckenbilder malte ein Tölzer (1722, Anton Ertl, Szenen zum Leben des Kirchenpatrons). Skulpturen des Tirolers Stumbeck schmücken den Hochaltar, ein Werk des 19. Jh. Die Altarflügel des spätgotischen Hochaltars sind nicht mehr am alten Platz, sie wurden in die **Mariahilf-Kapelle** im Friedhof gebracht (um 1500, oberbayerische Schule).

Graf Ferdinand Josef Herwarth von Hohenburg war der Stifter der Jakobskirche. Sein Domizil, **Schloß Hohenburg,** finden wir südlich des Ortes. Nach einem Brand im Jahr 1707 entstand der langgestreckte, wenig gegliederte Bau. 1952 wurde das Schloß an die

Lenggries, Pfarrkirche St. Jakobus d. Ä. vor dem Brauneck

Lenggries bis Walchensee

Landshuter Ursulinen verkauft. Ein Waldweg führt von hier aus zum **Kalvarienberg.** Im Gegensatz zum Tölzer ist er der Allgemeinheit wenig bekannt. Auch hier ist, in der Kreuzkapelle, eine *hl. Stiege* zu sehen (1726).

Lenggries ist für Bergwanderer und Skiläufer außerordentlich verlockend. Hausberg ist das **Brauneck** (1555 m) – im Grunde nichts anderes als die letzte Anhöhe im Auslauf der Benediktenwand. Eine Kabinenseilbahn führt hinauf – die Aussicht auf das Isartal sollte sich niemand entgehen lassen. Von hier aus führt ein Höhenweg zum Latschenkopf (1712 m), der höchsten Erhebung im Kamm zwischen Brauneck und Benediktenwand.

Ein Nebenfluß der Isar, die Jachen, gab der **Jachenau** ihren Namen. Das grüne Tal, von sanft geschwungenen, bewaldeten Bergen umgeben, ist ein Ost-Westtal. Hier lebt man angenehm, denn im Norden schirmt die Benediktenwand vor den rauhen Nordwinden ab. Das Kloster Benediktbeuern hat das Gebiet im 12. Jh. gerodet, und schon im Jahr 1192 wurde die erste Kirche geweiht. Die kleine, überaus freundliche **Pfarrkirche St. Nikolaus,** die über dem Dorf **Jachenau** thront, besitzt zwar einen mittelalterlichen Kern, doch ist sie im übrigen barock. Der Wessobrunner Franz E. Doll hat den Raum 1787 stuckiert, der Kaufbeurer Alois Gaigler malte die Deckenbilder. Ländliche Farbenpracht ist jedoch nicht nur hier zu erleben, denn die Jachenau ist bekannt wegen ihrer zahlreichen Lüftlmalereien. Der Mittenwalder Franz Karner hat 1793 den **Luitpolderhof** ausgeschmückt – ein Anwesen, das schon 1275 urkundlich erwähnt wird.

Da die Langläufer die Jachenau schon seit Jahren entdeckt haben, geht es hier auch im Winter recht lebhaft zu. Der Bergwanderer wird es nicht versäumen, den Hausberg des Tales, den **Jochberg** (1567 m) zu erklimmen. Er gehört zu den bekanntesten Aussichtsbergen in Oberbayern – der Blick auf den Walchensee, im Hintergrund die Gipfel des Karwendel, ist vor allem im Spätherbst ein Genuß.

Das Südufer des **Walchensees** (16,4 km^2; Tiefe bis 192 m) kann von der Jachenau aus erkundet werden. Bei Einsiedl trifft die Straße auf die B 11 in Richtung Mittenwald bzw. Kochel. Wie der Kochelsee, mit dem ihn die Kesselbergstraße verbindet, ist dieser See die Schöpfung eines Gletschers. Der natürliche Höhenunterschied von 200 m zum nur 2 km entfernten Kochelsee war die Voraussetzung für den Bau des Kraftwerks. Das Gefälle nutzt seit 1924 das *Walchensee-Kraftwerk,* das bis in die Kochelsee-Landschaft hinein seine Akzente setzt. Noch herber, unnahbarer als der Kochelsee, ist der melancholische Walchensee nur etwas für Kenner. Einer von ihnen hat die Landschaft malerisch erobert: der Ostpreuße Lovis Corinth. Seine berühmten Walchenseebilder entstanden, nachdem er 1918 in Urfeld einen Sommer verbracht hatte. Von den 250 Ölbildern seiner sieben letzten Jahre waren allein sechzig Walchenseebilder.

Der Walchensee gehörte einst zum Klostergebiet von Benediktbeuern. Das Kloster errichtete hier Kapellen und Kirchen – heute sehr reizvolle Anlagen am Seeufer, wie **St. Margareth** auf der Halb-

An der Isar im Süden von München

insel **Zwergern** (14. Jh., 1670 barockisiert), das **Klösterl St. Anna** (17. und 18. Jh.) und die **Pfarrkirche St. Jakobus d. Ä.**, in **Walchensee** (1633; 1712–14 umgestaltet, Hochaltar 1780).

Dennoch – dieser See wirkt am schönsten aus erhöhter Position. Nicht nur der Jochberg, auch die Münchner Familienberge, der Herzogstand (1731 m) und der Heimgarten (1790 m), geben Gelegenheit, die Ufer mit den Augen zu erkunden. Da eine Kabinenbahn die Bewegungsfaulen hinauf zum Herzogstand-Haus schafft, ist hier immer viel Betrieb. Ihm kann man ausweichen, wenn man sich auf den berühmten *Gratweg* begibt, der beide Berge miteinander verbindet. Schwindelfrei sollte man allerdings sein, und trittsicher sowieso!

Von Lenggries aus führt die B 13 zum **Sylvenstein-Stausee,** der sich wie ein Fjord zwischen die Berghänge schiebt. Als Ludwig Ganghofer seinen Hochlandroman ›Der Jäger von Fall‹ schrieb, war für das kleine Dorf der Holzknechte, Jäger und Flößer noch alles in Ordnung. Das alte Fall existiert heute leider nicht mehr: 1959 wurde

Walchensee bis Sylvenstein-Stausee

Landschaft am Walchensee

es von den Wassern des Stausees überflutet – etwa ein halbes Dutzend Häuser und die Kirche, und dazu auch 20 ha Bauernwiesen. Die Stadt Bad Tölz hat den Sylvensteinsee zur Deckung ihres Strombedarfs gebaut. Ökologisch gibt es heute bereits große Probleme, denn am Seegrund lagert sich meterhoher Schlamm, der den Fischen kaum mehr Raum läßt.

Die elegante, 400 m lange Brücke, die sich über den See schwingt, führt nach **Vorderriß,** dem Eingang zum Karwendel (NSG). Der Ort, der noch zur Gemeinde Lenggries gehört, war einst bevorzugtes Jagddomizil der Wittelsbacher, auch König Ludwig II. besaß hier ein Jagdhaus. Ludwig Thoma, dessen Vater von 1865 bis 1878 in Vorderriß Oberförster war, ist hier aufgewachsen. Heute ist der Ort, wie auch das neu aufgebaute Fall, Ausgangspunkt der schönsten Wanderungen. Der Schafreuter (2102 m), der markanteste Gipfel des Isarwinkels, und in seinem Sattel die Tölzer Hütte (1835 m) gehören zu den beliebtesten Zielen ausdauernder Bergwanderer.

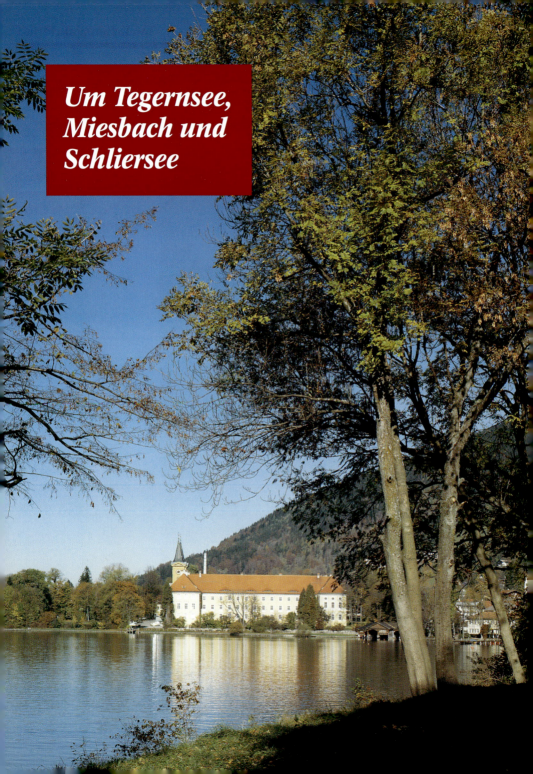

Um Tegernsee, Miesbach und Schliersee

Die Münchner Landschafter des frühen 19. Jh. – unter ihnen Wilhelm von Kobell und Georg von Dillis – konnten den **Tegernsee**, seine grünen Ufer, die sanften, bewaldeten Berge, noch in ihrer ungestörten, stillen Harmonie darstellen. Doch in August von Platens ›Diarien‹ (1817) sind auch schon kritische Töne zu bemerken: »Der Tegernsee machte einen freundlichen Eindruck auf mich, wie denn auch seine Ufer viel Lachendes und Reiches haben, nicht jene friedliche Einsamkeit des Schliersees. Der Ort Tegernsee selbst würde mir zu lebhaft sein für einen längeren Aufenthalt. Er ist den Sommer über beständig mit Fremden gefüllt.«

Das Jahr 1817, als der Dichter die Gegend bereiste, war besonders wichtig für die Geschichte des **Tegernseer Tals,** denn in diesem Jahr erwarb König Max I. Joseph das säkularisierte Kloster Tegernsee und baute es zur Sommerresidenz aus. Nun fanden sich vermehrt die Sommergäste ein, die den Dichter so sehr störten. Der Fremdenverkehr, der heute das Tal wie kaum ein anderes überflutet, setzte ein. Und auch wenn die Fremden wieder das Tal verlassen, sind die Einheimischen nicht unter sich. Die ›Nordlichter‹ haben sich hier seit jeher wohl gefühlt, doch hat man sich inzwischen an sie gewöhnt, sie gehören schon fast dazu. Reichtum und Luxus prägen das Bild mancher Straßen im Tegernseer Tal, doch blieb wenigstens fast immer die Hauslandschaft intakt, in dieser Hinsicht wurde zum Glück nur wenig verdorben.

Beginnen wir unsere Fahrt am Nordende des Tegernsees. Zwischen Gmund und Rottach-Egern erstreckt er sich in etwa 6 km Länge und 2 km Breite. Seine Zuflüsse: die Rottach und Weißach im Süden, sein Abfluß: die Mangfall im Norden. Hier, wo die Mangfall den See verläßt, liegt **Gmund.**

Der Ort wird erheblich vom Verkehr gestört, denn hier kommen stark befahrene Straßen aus drei Richtungen zusammen. Gmund gehört zu den ältesten Siedlungen im Tegernseer Tal und war Urpfarrei. Die **Pfarrkirche St. Ägidius** allerdings ist barock, nur der Turm wurde vom Bau des Mittelalters übernommen. 1688–90 errichtete der Graubündner Lorenzo Sciasca, nach München gekommen, um am Bau der Theatinerkirche mitzuwirken, den Wandpfeilersaal. Die klaren, strengen Strukturen, der noble, zurückhaltende weiße Rahmenstuck sind eine wunderschöne Folie für das festliche Gold, Braun und Schwarz der Altäre und der Kanzel. Hans Georg Asam hat das Hochaltarbild gemalt (1692, Ägidiuslegende), und auch das Bild des rechten Seitenaltars (1695, Johannes d. Tf. und der hl. Nikolaus empfehlen Gmund dem apokalyptischen Lamm) stammt von ihm. Im übrigen überwiegen die Tafeln und Reliefs aus spätgotischer Zeit, alle von schönster Qualität. Inmitten dieser anonymen Werke dann die Arbeit eines bekannten Rokokokünstlers: das Holzrelief mit der Darstellung des barmherzigen Samariters an der südlichen Langhauswand schuf Ignaz Günther (1763).

An der Straße nach Tegernsee, von den eiligen Autofahrern kaum beachtet, liegt die kleine **Kirche St. Quirin.** Als der Leichnam des hl.

◁ *Das ehemalige Benediktinerkloster St. Quirin in Tegernsee*

Um Tegernsee, Miesbach und Schliersee

Quirinus nach Tegernsee gebracht wurde, hat man – so sagt es die Legende – an dieser Stelle haltgemacht. Es ereignete sich ein Wunder, denn als man den Sarg aufhob, »sahe man mit Erstaunung, daß unter selben ein helles Brunnenwasser hervorquellete, durch dessen Gebrauch sowohl Menschen als Vieh von vielen Gebresten die Gesundheit erhalten«.

Zunächst wurde eine Kapelle aus Holz gebaut, dann 1450 – nachdem am Seeufer eine petroleumhaltige Quelle (Quirinusöl) entdeckt worden war – ein Bau aus Stein errichtet. Der spätgotische Bau wurde 1676 barockisiert, und so sehen wir am Gewölbe, an Altären und Wänden wunderschönen, reichen Stuck nach Miesbacher Art (1676). Die Heilquelle ist gefaßt, der Rotmarmorbrunnen trägt im schmiedeeisernen Aufbau die Figur des hl. Quirinus. Im Hochaltar steht der heilige Märtyrer in der Tracht eines römischen Kaisersohnes. Eine schönere Vorbereitung auf die Klosterkirche St. Quirinus in Tegernsee läßt sich nicht denken.

Tegernsee

Tegernsee ☆
Besonders sehenswert: die ehemalige Klosterkirche mit den Klostergebäuden

Das Dorf Tegernsee hat sich seit dem 19. Jh. durch den Fremdenverkehr so gut entwickelt, daß es 1954 zur Stadt erhoben wurde. Reger Betrieb erfüllt den heilklimatischen Kurort, und nur noch eine Stelle erinnert an seine große Vergangenheit, dies jedoch mit aller Macht. Das ehemalige **Benediktinerkloster St. Quirin,** eine Vierflügelanlage um zwei Innenhöfe, wirkt auch heute noch imponierend und liegt vor allem wunderschön direkt am See. Mönche gibt es hier schon lange nicht mehr: infolge der Säkularisation wurde – nach Abtragung der westlichen Gebäudehälfte – aus dem alten Benediktinerkloster ein Wittelsbacherschloß, später ein Gymnasium und eine Brauerei.

Die Klostergeschichte reicht bis ins 8. Jh. zurück; als Gründer gelten die Brüder Adalbert und Oatker aus dem Uradelsgeschlecht der Huosi (746). Das Kloster wurde mit Benediktinern aus St. Gallen besiedelt; ihm wurde die Missionierung und Kultivierung des Tals und seines Umlandes übertragen. Rom übergab dem Kloster 804 den Leib des hl. Märtyrers Quirinus. Tegernsee wuchs zum bedeutend-

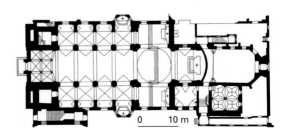

Tegernsee, Grundriß der ehemaligen Klosterkirche St. Quirinus

Anbetung der Könige, Detail aus den Deckenfresken der ehemaligen Klosterkirche St. Quirinus in Tegernsee

sten Kloster in Süddeutschland heran, sein Wirkungsbereich erstreckte sich bis Tirol und Niederösterreich. Nach einer Krise im 10. Jh. und der Zerstörung der Kirche und des Klosters durch Brand sorgte Kaiser Otto II. im Jahr 978 für die Neugründung. Rom verlieh dem Abt 1177 die Pontifikalien, Kaiser Heinrich IV. gewährte das Recht eines unmittelbaren Reichsklosters. Einer ersten Blüte mit großen Leistungen auf dem Gebiet der Literatur, der Buchmalerei und der Goldschmiedekunst folgte im 14. Jh. der Verfall, bewirkt vor allem durch unwürdige Äbte. Mit Abt Kaspar Ayndorffer (1426–61), der die Melker Reform einführte, kam die Wende. Die meisten bedeutenden bayerischen Klöster wurden mit Tegernseer Mönchen besiedelt, das Kloster entwickelte sich zu einem süddeutschen Zentrum der Ordensreformation. Kunst und Wissenschaft wurden gepflegt, schon früh wurde eine Druckerpresse aufgestellt.

Zur Siebenhundert-Jahrfeier der Neubegründung des Klosters durch Kaiser Otto II. beschloß man einen Neubau der Klosteranlage und den barocken Umbau der Kirche. Die ehemalige Klosterkirche, die **Pfarrkirche St. Quirinus,** ist Mittelpunkt der dreigeschossigen Vierflügelanlage. Vom alten ottonisch-romanischen Bau sind nur noch wenige Mauerreste erhalten, und auch die spätgotischen Strukturen sind nur noch zum Teil vorhanden (1426–29 Sakristei). Der Münchner Hofbaumeister Enrico Zuccalli, der auch die Pläne für die barocke Klosteranlage lieferte, hat ab 1678 die gotische Basilika durch Einfügung von Vierung und Querhaus umgestaltet. 1746–48 wurden die beiden an das Querhaus anschließenden Kapellen erweitert. Die klassizistische Doppelturmfassade geht auf Leo von Klenze zurück (1817–24), der auch die Klosterräume für König Max I. Joseph zur Sommerresidenz umgestaltete.

Die dreischiffige Pfeilerbasilika, durch Antonio Riva nach Plänen Zuccallis barockisiert, wirkt in ihren schweren Formen sehr italienisch. Schwer der üppige Stuck italienischer Provenienz, schwer auch die Pfeiler. Die *Deckenbilder* und Wandfresken (1689–94) sind Frühwerke von Hans Georg Asam, der wenige Jahre zuvor in Benediktbeuern seine ersten Versuche mit der Freskotechnik unternommen hatte. Der Zyklus gilt der Quirinuslegende, dem Leben und der Passion Christi und der Klostergründung. In der Flachkuppel der Vierung sieht man einen Allerheiligenhimmel mit der Dreifaltigkeit im Zentrum. Erheblich reduziert wurde der Altarbestand – von 24 Altären blieben nur 3 übrig. Das Gemälde des Hochaltars, eine Darstellung der Kreuzigung, ist eine Kopie nach Karl Loth. Reinstes Rokoko erleben wir in der Quirinus- und der Benediktus-Kapelle: Stuck nach Wessobrunner Art und Altarfiguren von Johann Baptist Straub.

Die ehemaligen Klostergebäude sind nicht zu besichtigen, mit Ausnahme der Räume, die für das **Heimatmuseum** zur Verfügung gestellt wurden. Überaus besucherfreundlich ist jedoch das **Bräustüberl,** das noch am ursprünglichen Platz steht und allein schon wegen seiner schönen alten Gewölbe (1680) Gemütlichkeit garantiert.

Zu den vielen Künstlern, die sich in und um Tegernsee niederließen, gehört auch der Norweger Olaf Gulbransson. In einem kleinen Museum im Kurgarten, dem **Olaf-Gulbransson-Museum,** wird Leben und Werk des Zeichners dokumentiert, der zu den wichtigsten Mitarbeitern des »Simplizissimus« zählte. Von 1929 bis zu seinem Tod 1958 lebte er auf dem Schererhof, einem ehemaligen Klostergut über dem See.

Unter den schützenden Hängen des Wallbergs (1722 m), am Einfluß der Rottach und Weißach, liegt **Rottach-Egern,** ein Doppelort mit nur undeutlich voneinander getrenntem Gelände: Rottach erstreckt sich größtenteils landeinwärts am Flüßchen Rottach entlang in Richtung Enterrottach; Egern beansprucht den Seebereich um die Egerner Bucht. Schon von weitem fällt der Spitzhelmbau der **Pfarrkirche St. Laurentius** auf, die sich malerisch im See spiegelt. Rottach hat Egern manches voraus, doch eine solch schöne Kirche besitzt es nicht. Der spätgotische Bau (1466), einst im Besitz des Klosters Tegernsee, wurde ab 1670 barockisiert. Überraschend ist der reiche, phantasievolle *Stuckdekor* nach Miesbach-Schlierseer Art (1672, Martin Fischer). Der stimmungsvolle Raum ist mit drei Barockaltären besetzt. Im Hochaltar, umrahmt von gedrehten Barocksäulen, sehen wir ein Bild von Hans G. Asam, der hl. Laurentius als Fürbitter der Armen Seelen (1690). Auffallend sind die großformatigen Mirakelbilder und Votivbilder, darunter eine Darstellung der Sendlinger Bauernschlacht (1705).

Rottach-Egern bis Kreuth

Rottach-Egern mit der Pfarrkirche St. Laurentius

Friedhöfe mit Gräbern bekannter Künstler gibt es in Bayern einige – man denke an Frauenchiemsee, an München-Bogenhausen oder den Münchner Südfriedhof. Auch der **Friedhof** von Egern wird wegen der vielen Gräber bekannter und beliebter Dichter, Schriftsteller, Maler und Musiker viel besucht. Einträchtig nebeneinander – wie auch im Leben – ruhen hier Ludwig Thoma und Ludwig Ganghofer. Thoma, der sich 1908 auf der Tuften am Fuß der Baumgartenschneid seinen Hof baute, lebte bis 1921 in Rottach. Seinen Namen trägt auch das berühmte **Bauerntheater,** doch werden Stücke von ihm nur ausnahmsweise gespielt, da sie zu personenreich und aufwendig sind.

Die Ausflugsmöglichkeiten an diesem Ort sind nicht zu zählen. Das beliebteste Ziel ist sicher der Wallberg, der trapezförmige Gipfel, der das Tegernseer Tal im Süden begrenzt. Eine Kabinenbahn führt hinauf, es existieren ein Berghotel, ein Startplatz für Drachenflieger und nicht zuletzt mehrere alpine Skiabfahrten, zum Teil über sehr steile Hänge.

Entlang der Weißach, durch die schattigen Weißachauen, führt ein sehr angenehmer Weg nach **Kreuth.** Das Kreuther Tal, umgeben von ausgedehnten Hochwäldern, schließt das Tegernseer Tal nach Süden hin ab. Bewacht vom Felszipfel des Leonhardsteins (1449 m), steht hier die älteste dem Viehpatron geweihte Kirche Bayerns. Die **Pfarrkirche St. Leonhard** wurde erst 1489 vom Kloster Tegernsee errichtet, doch gab es einen Vorgängerbau aus dem 12. Jh. Einige Fresken aus der Erbauungszeit sind erhalten, die Deckenbilder zur Legende des hl. Leonhard stammen jedoch erst aus der Zeit der Barockisierung (1776). Der **Kreuther Leonhardiritt** Anfang November gehört zwar nicht zu den größten, dafür aber zu den ländlichsten und ursprünglichsten in Oberbayern.

Weiter südlich liegt **Wildbad Kreuth,** umgeben von satten Wiesen und stillen Wäldern. Schon im 16. Jh. hat hier ein Tegernseer Abt ein Badehaus errichtet. König Max I. Joseph machte dann ab 1820 die ›Molken- und Badeanstalt‹ daraus und ließ die herrschaftlichen Gebäude errichten, die heute der Hanns-Seidl-Stiftung als Tagungsstätte für politische Bildung dienen. Dies ist das Neue Bad, doch steht gegenüber noch das Alte Badehaus mit der **Kapelle Hl. Kreuz** (1696).

Das Westufer des Tegernsees beherrscht Bad Wiessee. Auf dem Weg dorthin, hoch über Reitrain, liegt **Schloß Ringberg.** Der bewaldete, gemütliche Gipfel des Hirschbergs (1668 m) überragt den merkwürdigen Schloßbau, den sich Herzog Luitpold in Bayern (1890–1973) erdachte. Kaum ein historischer Stil, den diese Mauern nicht abbilden – ein nicht sehr schönes, jedoch aussichtsreiches Schloß, das heute der Max-Planck-Gesellschaft gehört.

Mehr als jeder andere Ort am See ist **Bad Wiessee** Kurort. Dem heiligen Quirinus, der am Ostufer der Legende nach eine Ölquelle sprudeln ließ, hat Wiessee letztlich seinen Ruf als Weltbad zu verdanken. Man wußte, daß es im Tegernseer Raum Öl gab, fand auch nach 1838 einige unergiebige Quellen, doch erst 1909 begann sich die Mühe zu lohnen. Zwar wurde in Wiessee kein Öl entdeckt, dafür aber eine Jod- und Schwefelquelle von beträchtlicher Heilkraft. Besonders bei Herz-Gefäß- und Kreislauferkrankungen wird die Kur in Bad Wiessee empfohlen.

Der überaus reizvoll gelegene Ort besitzt alles, nur keine wirklich sehenswerte alte Kirche. Der Wiesseer Golfplatz ist hinreißend schön gelegen – erhöht, mit Blick auf den See. Von hier aus erreicht der ausdauernde Wanderer über den Weiler Holz auf schattigen Wegen das Nordufer, wo unsere Fahrt um den Tegernsee begann. Das ehemalige Klostergut **Kaltenbrunn,** das König Max I. Joseph 1821 zum Mustergut ausbaute, ist heute ein vielbesuchter, wegen seines herrlichen Blicks auf den See bekannter Nobelgasthof. Und wer Kunst sucht, wird sie nicht nur im nahen Gmund finden. Die **Kirche St. Georg** von **Georgenried** ist immer noch ein Geheimtip (1528, ab 1631 barockisiert). Unter dem tief hinabreichenden Netz- und Sterngewölbe versammeln sich drei Frühbarockaltäre, man entdeckt die Figuren der hll. Georg und Sebastian im Hochaltar (1631), darüber ein spätgotisches Kreuzigungsbild.

Miesbach liegt auf den Uferterrassen der Schlierach. Von hier aus wird der gleichnamige Landkreis verwaltet, dem der Bereich um Tegernsee und Schliersee ebenso angehört wie das Mangfalltal bis zum Mangfallknie bei Feldkirchen-Westerham.

Den Übergang der alten Salzstraße von Rosenheim nach Tölz über die Schlierach sicherte eine Burg der Freisinger Bischöfe. Ihre Ministerialen, die Herren von Waldeck, machten den Ort 1312 zum Zentrum der Grafschaft Hohenwaldeck, die bis 1483 bestand. 1516 kam der Markt Miesbach an die Herren von Maxlrain und 1734 an Kurbayern. 1918 erhielt Miesbach Stadtrecht.

Schwere Brände (1527, 1783) sorgten für eine erhebliche Reduzierung des alten Häuserbestandes. Auch die **Stadtpfarrkirche Mariä Himmelfahrt,** die 1783/85 errichtet wurde, bewahrt nur noch Turm und Chor der älteren Kirche. Ein Kruzifixus von Roman Anton Boos (1783) und eine barocke Schmerzensmutter (1665, Johann Millauer) sind die herausragenden Kunstwerke in diesem Wandpfeilerraum. Schade ist es besonders um den Stuckdekor der alten Kirche. In Miesbach existierte eine Stukkatorenschule, die zwischen 1630 und 1680 auch im Umland sehr produktiv war. Die alte Kirche war »mit schönster Stuckhador kunstreich ausgeziert«. Auch sonst hatte das Kunsthandwerk hier einen guten Boden, besonders auf dem Gebiet der Holz- und Edelmetallverarbeitung wurde Vorzügliches geleistet. Im **Heimatmuseum** (Waagstraße 2) sehen wir manches schöne Stück Miesbacher Provenienz, doch den Schwerpunkt der Sammlung bilden die bemalten Möbel aus dem Umland.

Auf der Suche nach Miesbacher Stuck werden wir in **Agatharied** fündig. Die **Pfarrkirche St. Agatha** wurde 1505 errichtet, der Chorraum um 1630 barockisiert. Rahmenstuck schmückt das Altarhaus. Auch der Hochaltar ist barock (1649), doch enthält er Teile des spätgotischen Flügelaltars.

Auf dem Weg ins Mangfalltal kommt man an **Schloß Wallenburg** vorbei, einst Sitz der Herrschaft Hohenwaldeck. Das Schloß wurde zwar im 19. Jh. bis auf den Mitteltrakt abgetragen, doch ist der kostbarste Raum geblieben: der *Saal* im Obergeschoß, den Johann Baptist Zimmermann um 1734 stuckierte.

Nachdem die Mangfall bei Gmund den Tegernsee verlassen hat, nimmt sie – schlingenreich – ihren Weg durch die idyllische Egartenlandschaft. Unser nächstes Ziel ist Weyarn, doch lohnt es sich, unterwegs dem **Taubenberg** einen Besuch zu machen. Einem Alpinisten kann seine Höhe von nur 879 m zwar nicht imponieren, doch der Blick auf das Umland und das Gebirge ist wunderschön.

Weyarn ☆☆

Nahe an der Autobahn von München nach Salzburg gelegen, kann die **Stiftskirche Weyarn** auch von eiligen Besuchern mühelos erreicht werden. Im einst einsamen Tal, am Hochuferrand der Mangfall, stand im 11. Jh. eine Burg der Grafen von Neuburg-Falkenstein. Graf Siboto II. gründete 1133 ein Augustinerchorherrenstift, die Burg wurde für Klosterzwecke umgebaut. Aus dieser Zeit ist noch die **Jakobuskapelle** erhalten, die im 17. und 18. Jh. barockisiert wurde. Zwei große Bauten, ein romanischer und ein gotischer, wurden durch Brand zerstört. Was wir heute in Weyarn vor uns sehen, ist das Werk des 17. und 18. Jh. Der Graubündner Lorenzo Sciasca hat die Stiftskirche 1687–93 errichtet, gleichzeitig mit der Kirche von Gmund.

Der Wandpfeilerraum, von einer Stichkappentonne überwölbt, wurde von zwei großen Meistern des bayerischen Rokoko ausgestattet. Johann Baptist Zimmermann ist Schöpfer des zarten *Laub- und*

Um Tegernsee, Miesbach und Schliersee

Stiftskirche Weyarn, Pietà von Ignaz Günther

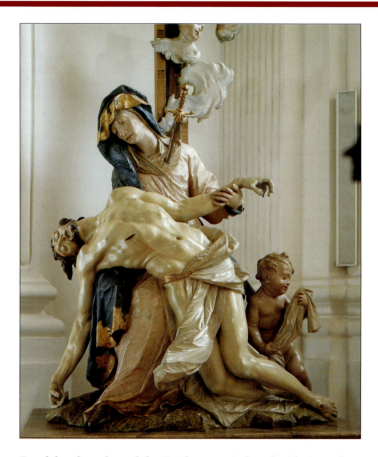

Bandelwerkstucks und der *Fresken* zum Leben des hl. Augustinus (1729). Ignaz Günther gestaltete den Tabernakel am Hochaltar (1763), ein Jahr später drei große Figurengruppen (Pietà, Maria vom Siege, Verkündigung) und um 1765 eine Mater Dolorosa, die heute zusammen mit zwei kleineren Arbeiten Günthers in der Jakobuskapelle steht. Die großen Figuren von bis zu 1,98 m Höhe wurden bei den Prozessionen mitgeführt, es sind Tragefiguren. Von größter Anmut und Eleganz ist vor allem die *Verkündigungsgruppe*, wohl das populärste Werk Günthers.

Weyarn war einst Seelsorgemittelpunkt für einen weiten Umkreis. Die Chorherren haben etwa vierzig Kirchen und größere Kapellen betreut, außerdem sieben Wallfahrtskapellen, darunter auch Weihenlinden. Seit 1373 war auch die **Kirche St. Leonhard** in **Reichersdorf** dem Kloster Weyarn inkorporiert. Die Tuffsteinkirche ist spätgotisch, doch prägt die Barockisierung der Jahre 1760/65 das Bild des Innenraums (Deckenbilder 1760 und 1772, Johann Georg Gaill;

Kanzel und Altäre Joseph Götsch). Aus spätgotischer Zeit blieb der kostbare kleine *Achatius-Altar* (1506) mit dem thronenden Heiligen, umgeben von Engeln. Die Flügel sind bemalt, sie zeigen Szenen aus der Achatiuslegende. Der Altar ist ein Hauptwerk des Münchners Erasmus Grasser, dessen Werkstatt die Figuren der hll. Leonhard und Eligius im Hochaltar zugeschrieben werden.

Kein Autofahrer, der auf der Autobahn München–Salzburg unterwegs ist, kommt am **Irschenberg** vorbei. Die kleine, bewaldete Anhöhe hat es in sich, meist gibt es hier einen Stau, der sich oft nur langsam auflöst. Ein Trost für dennoch Gutgelaunte: der strahlend ockergelbe Bau der **Wallfahrtskirche St. Marinus und Anianus,** daneben die achteckige **Kapelle St. Vitus** und im Hintergrund, meist in dunstigem Graublau, die Kulisse der Schlierseer Berge. Schön ist die Kirche, die zur Gemeinde **Wilparting** gehört, nicht nur von außen. Man sollte sich die Zeit nehmen, sie zu besuchen. Die Kirchenpatrone, Marinus und Anianus, waren irische Wandermönche, die hier vierzig Jahre lang als Einsiedler lebten. Sie starben um das Jahr 697 und wurden heiliggesprochen; die Reliquien bewahrt die Kirche von Wilparting. Zum Jahrtausendgedächtnis der Heiligen wurde die Kirche 1697 durch Johann Mayr d. Ä. von der Hausstatt bei Bad Feilnbach errichtet.

Der kleine Saalbau prangt im Glanz seiner Altäre, der Deckenbilder (1759, Joseph Martin Heigl, Szenen aus dem Leben der Kirchenpatrone) und des feinen Rokokostucks (Johann Martin Pichler). In der Mitte des Saals: das barocke *Hochgrab* der Heiligen (1778) mit ihren Reliefs auf der Deckplatte. Die Tumbadeckel der ehemaligen, spätgotischen Hochgrabs sind noch vorhanden, sie sind an der Westwand angebracht (um 1480, wohl Wasserburger Kunstkreis). Überraschend sind in dieser erstaunlichen Kirche auch die Leinwandbilder mit der Legende der beiden Heiligen an den Langhauswänden und Emporenbrüstungen (1728, Johann Blasius Vicelli).

Auch **Irschenberg,** auf der anderen Seite der Autobahn, besitzt einen sehr stattlichen Bau, die **Pfarrkirche St. Johannes d. Tf.** (1696/97). Und auch hier war Hans Mayr d. Ä. am Werk, der Begründer der über drei Generationen produktiven Baumeisterfamilie von der Hausstatt bei Bad Feilnbach. Der Wandpfeilerraum mit Stichkappentonne ist mit Rahmenstuck nach Miesbach-Schlierseer Art zurückhaltend geschmückt. Die Altäre sind barock, doch entstanden ihre Gemälde erst Ende des 19. Jh. (Alois Dirnberger). Einige, meist spätgotische Figuren sind von schönster Qualität, darunter der *thronende Johannes* (Anfang 16. Jh.) in einer Nische der nördlichen Langhauswand. Erstaunlich und ungewöhnlich: die *Prozessionsstangen* aus der Mitte des 18. Jh. mit den figürlichen Darstellungen der Predigt, der Beichte, des Meßopfers und der Kommunion.

Der **Schliersee** wird gern als kleinerer Bruder des Tegernsees bezeichnet. Die beiden liegen zwar einträchtig nebeneinander, nur vom

Wilparting, Wallfahrtskirche St. Marinus und Anianus am Irschenberg   ▷

Um Tegernsee, Miesbach und Schliersee

Skifasching auf der Firstalm im Spitzinggebiet

Schliersee ☆
Besonders sehenswert:
Pfarrkirche
Ortsbild

Wall der Schlierseer Berge getrennt, dennoch ist der Schliersee, dessen »friedliche Einsamkeit« Platen pries, von gänzlich anderer Art: ernster, dunkler und auch stiller. Hier lebt man zwar auch fast ausschließlich vom Tourismus, doch wird der Wanderer leichter einsame Wege finden als am Tegernsee. Übrigens besitzt der größere Bruder keine Insel wie die bewaldete Wöhrd, ein kleiner, malerischer Tupfen mitten im See.

Schliersees Hausberg ist die 1683 m hohe **Brecherspitze,** die von trittsicheren Wanderern in etwa zweieinhalb Stunden erklommen werden kann. Die touristische Hauptattraktion aber ist immer noch das **Spitzinggebiet** zwischen der Rotwand und der Bodenschneid. Zwar steht es seit 1955 unter Landschaftsschutz, doch gibt es auch hier eine Ausnahme: die Skigebiete am Stümpfling und am Taubenstein, von München aus leicht erreichbar, ziehen an den Winterwochenenden Scharen auch ungeübter Skifahrer magnetisch an. Besonders lebhaft geht es zu, wenn auf der Firstalm am Nordhang des Stümpfling Skifasching ist und sich die Maskierten jeden Alters urbayerisch vergnügen. Der Spitzingsee, über die gut ausgebaute Spitzingstraße erreichbar, ist sommers wie winters ein beliebtes Ausflugsziel.

Der Ort **Schliersee**, am Nordende des Sees, konnte 1979 sein 1200-Jahr-Fest feiern. Eine Chronik aus dem Jahr 779 berichtet von fünf adeligen Brüdern, die in ›Slierse‹ ein Kloster gründeten. Wahrscheinlich stand die erste Kirche auf dem Kirchbichl bei Westenhofen. Die Ungarnstürme im 10. Jh. bedeuteten das Ende des Klosters. Otto I. von Freising bestimmte im Jahr 1141 eine Neugründung als Kollegiatsstift am Platz der heutigen Pfarrkirche St. Sixtus, allerdings bezogen die Kanoniker kein gemeinsames Klostergebäude, sondern wohnten in kleinen Höfen, die sie selbst bewirtschafteten. Die Verlegung des Stifts an die gerade errichtete Münchner Frauenkirche im Jahr 1492 beendete die Schlierseer Tradition; die Chorherren übersiedelten an das Münchner Stift.

Wie Miesbach war auch Schliersee im 17. Jh. ein Ort produktiver Stuckhandwerker, deren Kunst sich kaum von dem der Miesbacher unterscheiden läßt. Daher spricht man auch vom **Miesbach-Schlierseer Stuck.** Im 19. Jh. waren es Münchner Maler, die den damals noch idyllischen Ort für sich entdeckten, darunter Georg von Dillis, Wilhelm von Kobell, Domenico und Lorenzo Quaglio. Als dann Schliersee 1869 von München aus durch eine Bahnlinie erschlossen wurde, begann auch in diesem Ort der Fremdenverkehr.

Die **Pfarrkirche St. Sixtus,** die ehemalige Kollegiatsstiftskirche, wurde 1712–14 durch Kaspar Glasl errichtet. Einbezogen in den neuen Bau wurden der Turm und die Katharinenkapelle des spätgotischen Vorgängerbaues. Der Wandpfeilersaal – licht und freundlich – ist nicht nur reich, sondern auch sehr qualitätsvoll ausgestattet. *Stukkaturen* und *Deckenfresken* im Chor sind Frühwerke von Johann Baptist Zimmermann, im Langhaus arbeiteten seine Gehilfen (1711; Chor: Szenen aus dem Leben des Kirchenpatrons Papst Six-

Schliersee bis Hohenwaldeck

Schliersee, Ort und Pfarrkirche

tus II.). Auch der Hochaltar entstand nach Zimmermanns Entwurf, ebenso fertigte er den Marienaltar in Stuckmarmor. Vom spätgotischen Bau blieben einige hervorragende Figuren. Der thronende hl. Sixtus im Chor entstand um 1520, ein eindrucksvolles Schnitzwerk eines unbekannten Meisters. Erasmus Grasser, dem diese Figur einst zugeschrieben wurde, ist der Meister des Gnadenstuhls gegenüber (um 1480). Über der Sakristei sieht man ein weiteres Werk eines in München tätigen Meisters: das *Schutzmantelbild,* gemalt 1494 von Jan Polack.

Die Häuser der Chorherren sind nur noch zum Teil vorhanden. Im ehemaligen Schredlhaus (Lautererstraße 6) befindet sich das Schlierseer **Heimatmuseum**, ein Bau aus zwei Trakten, den im 15. Jh. der Chorherr und Küster Sigmund Schröttel bewohnte. Imponierend ist die Rauchkuchl mit offener Feuerstelle und Rauchabzug im Dach.

In und um Schliersee gibt es einige schöne Aussichtspunkte, am leichtesten erreichbar ist der **Weinberg,** ein Hügel im Ort. Hier oben steht die **Kapelle St. Georg,** ausgestattet mit einem erstaunlichen Altar mit Triumphbogenaufbau, der einem drachentötenden hl. Georg als wirkungsvoller Rahmen dient (1624).

Auf der Fahrt nach Fischhausen, am Südufer des Sees, erinnert die **Ruine Hohenwaldeck** an die einstigen Herren des Miesbach-

Um Tegernsee, Miesbach und Schliersee

Schlierseer Raums. Die Höhenburg, die sich die Waldecker um 1200 auf einem Felsvorsprung des Leitnerberges bauten, verfiel allerdings schon im 16. Jh. In der Schlierseer Kirche hatten die mächtigen Herren der Freien Reichsgrafschaft Hohenwaldeck ihre Grablege (Katharinenkapelle, Rotmarmorepitaph für Georg von Waldeck, gest. 1380).

Die **Wallfahrtskirche St. Leonhard** in **Fischhausen** (1651–57), ein Zentralbau in Form eines gestreckten Achtecks, gilt als Werk der Schlierseer Hans und Georg Zwerger. Der reiche *Stuckdekor* (1671) ist mit seiner geometrischen Feldereinteilung, den kräftigen Ornamentfriesen, den Blumenvasen, Rosetten und Engelsköpfchen charakteristisch für den Miesbach-Schlierseer Stil. Georg (auch Jörg) Zwerger aus einer Schlierseer Bauhandwerkerfamilie hat eine seiner schönsten Stuckdekorationen in Westerndorf bei Rosenheim hinterlassen.

Die vielbefahrene B 307 in Richtung Bayrischzell verlassen wir bei **Hagnberg.** Hier ist es keine Kirche, sondern ein Bauernhaus, das auf Bewunderung wartet. Der **Jodlbauer** (Haus Nr. 3), ein Einfirsthof mit Giebelbalkon, ist wegen seiner herrlichen Lüftlmalereien – darunter lebensgroße Heiligendarstellungen – berühmt. Johann Böheim hat den Hof 1786 ausgeschmückt. Wie sein Bruder Michael war er auch ein bekannter Möbelmaler. Leider ist die Möbelausstattung des Jodlbauernhofs noch vor dem Zweiten Weltkrieg größtenteils in den Kunsthandel gekommen.

Weiler und Einzelgehöfte prägen das Landschaftsbild im **Leitzachtal.** Im Norden ist der Flußgraben der Leitzach noch schmal, südlich von Hundham weitet er sich bis Fischbachau. Abseits der

Hagnberg, Lüftlmalerei am Jodlbauernhof

Elbach, barocke Weihnachtskrippe in der Pfarrkirche St. Andreas

großen Straßen gelegen, in den Prospekten als »stiller und beschaulicher Ferienort« gepriesen, kann **Fischbachau** dennoch auch außerhalb der Urlaubszeit Interesse wecken, denn es besitzt zwei ganz besondere Bauten.

Die **Pfarrkirche St. Martin** ist die ehemalige Propsteikirche eines Benediktinerklosters, das die Gräfin Haziga in Bayrischzell gegründet hatte. Um 1085 wurde das Kloster nach Fischbachau verlegt; bereits 1104 erfolgte die Übersiedlung auf den Petersberg bei Dachau, wenig später nach Kloster Scheyern. Fischbachau blieb Priorat und wurde später Propstei des Klosters Scheyern. Eine dreischiffige romanische Basilika ohne Querschiff, 1096–1100 errichtet, ist der Kern der Anlage, die ab 1628 barockisiert wurde. Der Innenraum überrascht durch seine üppige Ausstattung. Ein unbekannter Meister schuf den reichen *Bandelwerkstuck* im Mittelschiff (1737/38); der Rocaillestuck (1765) wird Johann Martin Pichler zugeschrieben, einem Schüler von Johann Baptist Zimmermann. Nicht weniger aufwendig ist der Freskenschmuck: über 73 Einzelfresken, angefertigt vom Ingolstädter Melchior Puchner (Chor und Langhausgewölbe: Szenen aus dem Leben des hl. Martin, 1737/38). Der sechssäulige Hochaltar umschließt das Altarblatt des Freisinger Hofmalers Johann Baptist Dreyer; dargestellt ist die Klosterstifterin, Gräfin Haziga (1766). Im südlichen Seitenaltar steht als herausragendes Einzelkunstwerk eine *Muttergottesfigur,* das Werk eines unbekannten Meisters aus der Mitte des 18. Jh.

Fischbachau, die Schutzmantelmadonna in der Friedhofskirche Maria-Schutz

Die **Friedhofskirche Maria-Schutz** wurde als Laienkirche noch vor der Klosterkirche errichtet (Weihe 1087). Zwar sind die Langhausmauern romanisch, doch im übrigen bestimmen Spätgotik (um 1494) und Barock (17. Jh.) das Bild der Kirche. Der Schlierseer Stuck (um 1630) ist zurückhaltend und lenkt nicht ab vom Hochaltar mit dem schönen Holzrelief der *Schutzmantelmadonna* (Anfang 16. Jh.), flankiert von den Pestheiligen Rochus und Sebastian. Fein und eindringlich wirkt auch das rechte Relief der Predella, eine Darstellung des Marientodes. An der Nordwand wurden Fresken aus der ersten Hälfte des 15. Jh. freigelegt. Nur in der Karwoche ist die Bühnenanlage des hl. Grabes zu sehen, dessen Bilder Johann Böheim malte.

Loretokirchen gibt es in Oberbayern eine ganze Reihe, doch die erstaunlichste ist sicher die von **Birkenstein.** Zu Fuß nur eine halbe Stunde von Fischbachau entfernt, finden wir die **Wallfahrtskirche Mariä Himmelfahrt** am Fuß des Breitensteins, eines Vorberges des Wendelsteins. Kapelle und Klause wurden 1709/10 errichtet, da die erste Kapelle dem Zustrom der Wallfahrer nicht mehr gerecht wurde. Johann Mayr d. Ä. von der Hausstatt, der auch die Türme der beiden Fischbachauer Kirchen errichtete, war der Baumeister. Die Anlage ist doppelgeschossig, im Obergeschoß wurde die Gnadenkapelle als lauretanisches Haus gestaltet. In dem überreich ausgestatteten bühnenartigen Altarhaus steht das Gnadenbild (15. Jh.), umschwebt von über neunzig kleinen Engeln, zu Füßen eine Verkündigungsgruppe (wohl Joseph Götsch, um 1760). Seitlich und im Antependium – inmitten der golden glitzernden Rokokopracht – sind Bilder der Unbefleckten Empfängnis und der Apostel (Sebastian Troger) zu sehen, außerdem gibt es hier eine Fülle von Votivbildern. Zu Mariä Himmelfahrt ist die Birkensteiner Wallfahrtskapelle Ziel einer ländlichen Wallfahrt mit viel bunten Trachten, Fahnen und Musik.

Der hohe Turm der **Pfarrkirche St. Andreas** von **Elbach** nimmt sich mit seiner eleganten Doppelzwiebel vor der Silhouette des Breitensteins sehr schön aus. Johann Mayr d. Ä. hat sie 1689 errichtet, den Turm fügte Kaspar Glasl 1722 hinzu. Unbekannte Meister schufen die Innenausstattung, auch den Maler der volkstümlichen Deckenbilder (1722, Andreaslegende und Marienleben) kennt man nicht. Überraschend qualitätvoll ist jedoch die barocke Weihnachtskrippe, von seltener Pracht die Prozessionsstangen.

Elbachs wichtigstes Kunstziel ist die **Friedhofskirche Hl. Blut,** die Georg Zwerger aus der Schlierseer Bauhandwerkerfamilie 1670 errichtet hat. Das Blutkircherl, in dessen Hochaltar eine Figur des Blutheilands steht, war einst viel besuchter Wallfahrtsort. Begeisternd ist der farbige *Stuckdekor* in Miesbach-Schlierseer Art: Fruchtgehänge, Vasen, Ranken, Engel mit Spruchbändern und eine Christusfigur mit Wundmalen.

Einige Elbacher Höfe sind mit Lüftlmalereien geschmückt, doch wollen wir außergewöhnlichen Fassadenschmuck sehen, müssen wir nach **Wörnsmühl** fahren, in Richtung Miesbach. Die Wände des **Wie-**

Bayrischzell unter dem Wendelstein ▷

Tal der Leitzach

denbauernhofs sind mit erstaunlichen Bildern zur Bibel bemalt, Spruchbänder begleiten die Szenen. Auch den Bauspruch hat der Hausherr nicht vergessen: »Ao 1772 hat Curwinian Mayr dies Haus gebaut und sein hl. Namens Patteron nach Gott ihm anvertraut.« Als Urheber der frommen Malereien gelten Mitglieder der Familie Böheim.

Südlich von Fischbachau, bei Hammer und Aurach, wird das Leitzachtal wieder eng, wir folgen dem Fluß nun in Richtung Bayrischzell. Um Gaitau herum fällt auch dem Bahnreisenden – von Schliersee nach Bayrischzell unterwegs – die angenehm dünne Besiedlung auf. Kurz darauf dann, in **Osterhofen,** die Talstation der **Wendelsteinbahn.** Hier ist es eine Seilbahn, in Brannenburg eine Zahnradbahn, die zum Wendelstein (1838 m) führt, einem der beliebtesten bayerischen Aussichtsberge.

Den Wendelstein als Hausberg von **Bayrischzell** anzusehen, ist angebracht, wenn auch der markante Achtzehnhunderter mehrere Täler nachdrücklich beherrscht. Im übrigen wird Bayrischzell von mäßig hohen Bergen umkränzt, die allerdings so nah und steil emporragen, daß mancher sich beengt fühlt. Im Osten führt eine gewundene Bergstraße, die Tatzelwurmstraße, ins Inntal. Im Süden verbindet das Ursprungtal mit Tirol. Das **Sudelfeld** in Richtung Tatzelwurm ist eines der beliebtesten bayerischen Skigebiete mit leichten bis mittelschweren Familienabfahrten. Ski-Berg- und Wandertourismus also auch hier, doch erreichte er dieses Tal relativ spät: erst 1911 wurde die Lokalbahn nach Schliersee eröffnet.

Die ›Zell‹ galt durch Jahrhunderte als unwegsam, unwirtlich, das Klima als rauh. Kein Wunder, daß auch die ersten Mönche »wegen der Schlechtigkeit der Wege, der Unzugänglichkeit der Wälder und der Rauhigkeit des Klimas« nicht lange blieben und 1085 nach Fischbachau übersiedelten. Um das Jahr 1079 war das Kloster durch die Gräfin Haziga, die Witwe des Pfalzgrafen Otto II. von Wittelsbach, an der Stelle einer Eremitenklause gegründet worden. Als Kuratie blieb Bayrischzell bei Fischbachau, dessen Klosterpfarrei bis zur Säkularisation der Benediktinerabtei Scheyern inkorportiert war. Ein Scheyrer Abt war es auch, der 1733 für den Neubau der **Pfarrkirche St. Margaretha** sorgte. Der spätgotische Turm wurde mit einbezogen, im übrigen erleben wir hier ländliches Frührokoko in strahlendster Farbenfreude. Den Meister des Zentralbaus kennt man nicht; manchmal wird Abraham Millauer als Baumeister genannt. Den quadratischen, an den Ecken gerundeten Hauptraum bedeckt eine Flachkuppel. Das *Deckenbild* von Melchior Puchner erzählt die Gründung der Zeller Kirche durch die Gräfin Haziga. Anmutiger Bandelwerkstuck (1736, Thomas Glasl) begleitet die Fresken und schmückt die Gewölbe im Chor. Im frühbarocken *Hochaltar* erscheint die Kirchenpatronin, begleitet von den hll. Katharina und Barbara. In Bayern heißen sie ›die drei heiligen Madl‹. Schwierigkeiten mit den Attributen gibt es nicht, wenn man den alten Spruch einmal gelernt hat: »Margareta mit dem Wurm/Barbara mit dem Turm/Katharina mit dem Radl: das sind die drei heiligen Madl.«

Der Chiemsee mit der Fraueninsel ▷

Zwischen Inn und Salzach

Zwischen Inn und Salzach

Um Mühldorf, Altötting und Burghausen

Wo Niederbayern, Oberbayern und das österreichische Innviertel zusammentreffen, wo sich Isen, Inn, Alz und Salzach auf engstem Raum vereinen, finden wir – dicht gedrängt – eine Vielzahl von Orten historischer und religiöser Bedeutung, zugleich Kunststätten ersten Ranges. Im Mittelalter haben hier die Herzöge von Niederbayern regiert, doch auch das Erzbistum Salzburg hat schon sehr früh seine Hand nach Nordwesten ausgestreckt, was den Wittelsbachern gar nicht behagte.

Mühldorf

Mühldorf ☆
Besonders sehenswert:
Stadtplatz
Pfarrkirche
Pfarrhof

Strategisch und wirtschaftlich günstig in einer Schleife des Inn gelegen, war Mühldorf der »Salzburger Dorn im bayerischen Fleisch«. Altmühldorf, am Innübergang, gehörte schon Ende des 8. Jh. dem Stift Salzburg, und erst 1802 kam die Stadt Mühldorf endgültig an Bayern. Die Salzburger Enklave im bayerischen Gebiet, ein wichtiger Handelsort mit dem Recht der Salzniederlage seit 1190, war in diesen Jahrhunderten ständiger Zankapfel. In jedem Schulbuch steht die Schlacht bei Mühldorf (1322), die letzte große Ritterschlacht in Deutschland, bei der Ludwig der Bayer seinen Gegenkönig Friedrich den Schönen von Österreich besiegte. Die Innschiffahrt machte die Mühldorfer reich, doch stehen längst nicht mehr alle Bauten, die den bürgerlichen Wohlstand dokumentieren könnten: verheerende Brände in den Jahren 1285, 1495 und 1640 sorgten dafür, daß wir heute in der Altstadt wenig mittelalterliche Bausubstanz vorfinden. Mühldorf ist heute Kreisstadt und Verwaltungszentrum für einen

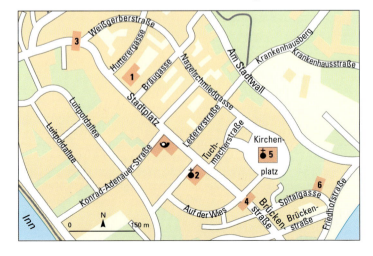

Mühldorf am Inn
1 Rathaus
2 Frauenkirche
3 Münchner Tor
4 Inntor
5 Stadtpfarrkirche
 St. Nikolaus
6 Pfarrhof mit
 Pfarrturm

Mühldorf

Mühldorf,
Inn-Salzach-Häuser
am Stadtplatz

weiten ländlichen Raum. Die ausgezeichneten Ackerböden in diesem Landkreis – Lößschichten über der Süßwassermolasse – bringen guten Gewinn.

Der Stolz der Mühldorfer ist der **Stadtplatz,** der im Mittelalter als Straßenmarkt angelegt wurde. Mit seinen 500 m Länge wirkt dieser geschlossen und sehr einheitlich umbaute Platz in der Tat imponierend. Die Fassaden mit ihren horizontalen Vorschußmauern – charakteristisch für den Inn-Salzach-Stil – sind besonders an der Nordseite des Platzes sehr dekorativ. Hier steht auch das **Rathaus** (1), ein dreigeschossiger Bau mit Erdgeschoßarkaden (17. Jh.). Die Laubengänge, die Gassen mit ihren überbrückenden Schwibbögen – all dies sind Elemente, die wir auch von den Salzachstädten her kennen. An der Südseite unterbricht nur die **Frauenkirche** (2), 1640–43 als Klosterkirche der Kapuziner errichtet, die geschlossene Platzfront. Den Eingang zum Stadtplatz bewacht im Westen das **Münchner Tor** (3), im Osten das **Inntor** (4) – beides Reste der einst umfangreichen mittelalterlichen Stadtbefestigung.

Der mächtige Bau der **Stadtpfarrkirche St. Nikolaus** (5), etwas abgerückt vom Stadtplatz, beherrscht die Altstadt. Franz Alois Mayr aus Trostberg hat sie 1771 unter Einbeziehung romanischer und gotischer Teile errichtet. Die Vorhalle birgt noch einige spätromanische Fresken zur Margarethenlegende (um 1290), doch ist das Portal nur in Teilen romanisch. Der helle Wandpfeilerraum hat eine reiche und aufwendige Ausstattung. Auffallend sind die kunstvollen Marmoraltäre der Salzburger Johann Georg Doppler und Johann Högler und die prunkvolle Kanzel von Matthias Fackler. Die *Deckenbilder* des überkuppelten Raumes hat der Münchner Hofmaler Johann Martin Heigl, ein Schüler Johann Baptist Zimmermanns, gemalt (1771/72,

Darstellungen zur Nikolauslegende). – Im Norden der Kirche finden wir den **Pfarrhof** (6). Der stattliche gotische Bau, im 16. Jh. verändert, gilt als schönstes Pfarrhaus Deutschlands, was man den Mühldorfern gerne gönnt.

Wenn auch die B 12 zur eiligen Weiterfahrt nach Altötting einlädt, sollte doch nicht die Umgebung der Innstadt versäumt werden. Auf dem Weg zur Wallfahrtskirche Pürten kann ein Abstecher zum westlichen Hochufer der Stadt gemacht werden. Die **Pfarrkirche St. Laurentius** in **Altmühldorf** (Langhaus 1500–18, Chor 1758) ist bekannt wegen ihres spätgotischen *Flügelaltars* mit Tafeln des Meisters von Mühldorf (1511), vor allem aber wegen der ›Altmühldorfer Kreuzigung‹, einem Tafelbild einer Salzburger Werkstatt (um 1410).

Die **Wallfahrtskirche St. Salvator** im benachbarten **Ecksberg** baute Domenico Cristoforo Zuccalli in den Jahren 1683–84. Der schlichte Bau enthält prachtvolle Altäre in dem für diese Barockphase charakteristischen Schwarz-Gold-Akkord.

Eine Nebenstraße führt am Rande des Mühldorfer Harts (Schotter-Waldbezirk mit Föhren, Fichten und Weißtannen) nach **Pürten.** Der hohe romanische Turm der **Wallfahrts- und Pfarrkirche St. Mariä Himmelfahrt** deutet auf das beträchtliche Alter dieses stattlichen Baues. Bevor das Augustinerchorherrenstift Au am Inn 1177 die Pürtener Kirche übernahm, war sie im Besitz des Erzstiftes Salzburg. In den gotischen Bau, den Propst Konrad von Au im frühen 15. Jh. errichten ließ, wurde der romanische Westturm übernommen und eine kleine Kapelle (die jetzige Gnadenkapelle) dem südlichen Seitenschiff integriert. Herzog Albrecht V. ließ 1628 die Gnadenkapelle erneuern, und 1757 wurde der gesamte Innenraum barockisiert.

Die Wallfahrt nach Pürten geht noch auf das 12. Jh. zurück, doch das *Gnadenbild*, eine Madonna des Meisters von Seeon (um 1425), wurde erst von Propst Konrad zur Verehrung aufgestellt. Neben dem barocken Gnadenaltar versammeln sich drei merkwürdige Gestalten, eine Frau, ein Mann und ein Kind in alter Tracht – lebensgroße *Votivfiguren* aus Wachs, die im 17. Jh. gestiftet wurden. Erstaunlich sind auch die hohen Schnitzfiguren im linken Seitenaltar (1688). Die römische Märtyrerin Felicitas ist hier mit vier ihrer Söhne dargestellt, die unter Kaiser Marc Aurel den Märtyrertod erlitten. Von seltener Pracht ist die *Rokokokanzel*, ein golden glitzerndes, phantasievolles Werk eines unbekannten Meisters (um 1760).

Pürten ist heute Stadtteil von **Waldkraiburg,** der ›Industriestadt im Grünen‹, die erst ab 1950 durch Heimatvertriebene auf dem Gelände einer Munitionsfabrik aufgebaut wurde. Am rechten Innufer liegt **Kraiburg,** einst Herrschaftsmittelpunkt einer bedeutenden Grafschaft. Zwar ist die Burg der Grafen von Kraiburg auf dem **Schloßberg** nicht mehr vorhanden, doch lohnt sich der Aufstieg wegen des schönen Blicks auf das Inntal. Die **Schloßkapelle St. Georg** ließ der Schiffsmeister Riedl 1838 errichten. Im 14. Jh. verliehen die Wittelsbacher der Siedlung zu Füßen des Schloßberges das Markt-

Kraiburg bis Altötting

recht. Man lebte hier von der Innschiffahrt, und daß man es auch zu Wohlstand brachte, bezeugen die ansehnlichen Häuser im Inn-Salzach-Stil am **Marktplatz.** Hier ist auch die **Pfarrkirche St. Bartholomäus** zu finden, ein neuromanischer Bau der Jahre 1892/93.

Für die fehlende Burg der Kraiburger entschädigen die beiden Schlösser **Guttenburg** (um 1660, ehemaliger Stammsitz der Grafen von Tauffkirchen) und **Jettenbach** (18. und 19. Jh., Grafen von Toerring-Jettenbach) über dem Ostufer des Inn. Von Guttenburg aus ist auf Nebenstraßen **Tüßling** zu erreichen. Das **Schloß** der Grafen Toerring, eine Vierflügelanlage mit zwiebelbesetzten Ecktürmen, wurde 1583 errichtet und gehört zu den Schönheiten der bayerischen Schloßarchitektur der Renaissance. Nicht weit von hier liegt **Burgkirchen am Wald** mit der **Pfarrkirche St. Rupertus,** die vor allem für Freunde der gotischen Architektur interessant ist. Nach dem Vorbild der Bürgerspitalkirche von Braunau entstand hier ein Dreistützenraum – drei Pfeiler tragen das Netzgewölbe im Langhaus (Mitte 15. Jh.).

Altötting

Von allen bayerischen Wallfahrten ist die von Altötting die älteste und auch die berühmteste. Ein Thing-Platz eingewanderter Germanen hat wohl dem alten Autingas den Namen gegeben, aus dem dann Ötting wurde. Bereits im 8. Jh. bestand hier ein Amtshof der Agilolfinger, und die ihnen folgenden Franken erhoben Ötting zur

Altötting ☆☆
Besonders sehenswert:
Kapellplatz
Heilige Kapelle
Stiftskirche mit Sakristei

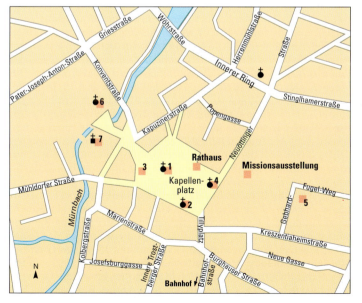

Altötting
1 Wallfahrtskapelle
  St. Maria
2 Stiftskirche St.
  Philipp und Jakob
3 Ehemaliges
  Chorherrenhaus
4 Jesuitenkirche
  St. Magdalena
5 Panorama
6 Klosterkirche der
  Franziskaner,
  St. Anna
7 Bruder-Konrad-
  Kloster

Zwischen Inn und Salzach

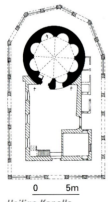

Heilige Kapelle, Grundriß

königlichen Pfalz. Karlmann, der Sohn Ludwigs des Deutschen, wählte Ötting zu seiner Residenz und errichtete 872 ein Chorherrenstift. Im 12. Jh. kam die geistliche Siedlung an die Wittelsbacher, und nach Gründung von Neuötting wurde aus dem älteren Ort Altötting.

Gnadenstätte war Altötting schon früh, doch erst um 1490 pilgerten so viele Wallfahrer zum Marienbild der Gnadenkapelle, daß der Raum zu klein wurde und die Kirche erweitert werden mußte. Die Verehrung durch das bayerische Herzogshaus seit dem 16. Jh. mehrte den Ruhm der Wallfahrt. Von Kurfürst Maximilian I. ist bekannt, daß er sich mehrmals zu Fuß auf den Weg nach Altötting begab. Auch heute pilgern noch über 50 000 Gläubige zu Fuß hierher; insgesamt sieht Altötting im Jahr über eine Million Pilger. Kein Wunder, daß es hier neben der Gnadenkapelle, den Kirchen und geistlichen Amtssitzen auch eine Menge Gasthöfe gibt und eine beträchtliche Anzahl von Souvenirläden.

Die **Wallfahrtskapelle St. Maria** (1), die Heilige Kapelle, besteht aus zwei Teilen. Die Innere Kapelle, ein Oktogon, wurde Mitte des 8. Jh. als Tauf- oder Pfalzkapelle errichtet – einer der ältesten Zentralbauten in Deutschland. 1494 wurde die Äußere Kapelle, das Langhaus, angefügt, der Bogenumgang entstand um 1517. Das *Gnadenbild*, eine bekleidete Muttergottesfigur, ist durch den Kerzenrauch vieler Jahrhunderte zur Schwarzen Muttergottes geworden. Opfergaben füllen den dunklen, engen Raum: Silbervotive, Wachsvotive, Vo-

Altötting

Altötting, Kapellplatz mit der Gnadenkapelle vor der ehemaligen Jesuitenkirche St. Magdalena

tivreliefs und Kleinodien. Die größte Kostbarkeit ist der *Silberprinz,* die Silberstatue des Kurprinzen Max Joseph, die Kurfürst Karl Albrecht zum Dank für die Hilfe der Muttergottes bei einer schweren Krankheit seines Sohnes stiftete (Wilhelm de Groff, 1737). Viele Wittelsbacher ließen ihre Herzen in Urnen beisetzen und in die Gnadenkapelle bringen. Auch die Herzurne König Ludwigs II. steht hier, und für Kaiser Karl Albrecht VII. schuf Johann Baptist Straub 1748 ein kunstvolles Denkmal mit Herzurne. Die Mirakelbücher sind angefüllt mit Wundern, die Altöttings Gnadenbild bewirkt haben soll. Dankbare Gläubige stifteten die *Votivtafeln,* die im überdachten Umgang der Kapelle angebracht sind – über 20 000 Zeugnisse der Volksfrömmigkeit aus fünf Jahrhunderten.

Die Gnadenkapelle ist Altöttings sakrales Zentrum, jedoch nicht die bedeutendste Architektur. Dieser Rang gebührt der Nachbarkirche, der **Stiftskirche St. Philipp und Jakob** (2), deren hohe Spitzhelmtürme den Ort beherrschen. Das Chorherrenstift, das König Karlmann 877 gegründet hat, wurde Opfer der Ungarneinfälle. Herzog Ludwig I. gründete es in den Jahren 1228–30 von neuem. Türme, Vorhalle, Westempore und Südmauer zeugen noch von der alten romanischen Basilika, doch im übrigen ist die Kirche ein Werk der Spätgotik. Jörg Perger aus Burghausen hat die dreischiffige Hallenkirche ab 1499 errichtet, die letzte im ostbayerischen Raum. Ein romanisches Portal aus grauem Sandstein geleitet den Besucher in die

Halle. Überraschend ist die Breite des Mittelschiffs im Verhältnis zu seiner geringen Höhe – hier spricht bereits das neue Jahrhundert. Die Ausstattung ist größtenteils klassizistisch, doch erinnert manches an die große Vergangenheit im 15. und 16. Jh. Kunstvolles Schnitzwerk schmückt die *Eichenholztüren* des Nordportals zum Kapellplatz und des südlichen zum Kreuzgang (1513–20). Für die Flachreliefs und den Dekor wird der Meister der Altöttinger Stiftstüren genannt, für die Hochreliefs die Salzburger Lackner-Werkstatt. Berühmt ist die hohe Standuhr in der Emporenecke wegen ihres geschnitzten Gerippes (›Tod von Erding‹), entstanden wohl in der Pestzeit von 1634.

Im *Kreuzgang* sind Teile der originalen Freskierung in den Feldern des Netzgewölbes freigelegt worden (um 1486). Anhand der zahlreichen *Grabdenkmäler* kann der Besucher die Entwicklung der Grabmalkunst über drei Jahrhunderte studieren. Dem Kreuzgang sind Kapellen integriert, darunter auch die *Tillykapelle* an der Südostecke. Hier wurde General Johann Tserclaes von Tilly bestattet, der in der Schlacht von Rain verwundet wurde und am 30. April 1632 in Ingolstadt starb. Zu seinem Gedenken stiftete die Familie einen Renaissancealtar (Schnitzgruppe von Hans Pernegger, Salzburg, 1643). Nördlich am Choransatz finden wir die berühmte *Schatzkammer*, in der Kleinodien und Weihegeschenke an die Gnadenkapelle aufbewahrt werden. Der kostbarste Besitz ist das *Goldene Rößl*, ein Meisterwerk der französischen Goldschmiedekunst. Isabeau de Bavière, eine Schwester des Bayernherzogs Ludwig des Gebarteten, hat das filigrane Kunstwerk aus Gold, Email und Juwelen ihrem Gemahl, König Charles VI. von Frankreich, 1404 als Neujahrsgabe überreicht. In Notzeiten wurde das Kleinod verpfändet und kam nacheinander in den Besitz der Herzöge von Ingolstadt, Landshut und München, bis es schließlich 1509 nach Altötting gelangte.

Zu der geplanten barocken Umgestaltung der Gnadenkapelle durch den Hofbaumeister Enrico Zuccalli kam es nicht, aber einige der repräsentativen Bauten, die den Kapellplatz umgeben sollten, entstanden dennoch. Hierzu gehört die **Bischöfliche Administration** (Kapellplatz 4, 1674–77 nach Plan von Zuccalli) und das ehemalige **Chorherrenhaus** (3; Kapellplatz 8–10, 1677–81, Enrico Zuccalli).

Im Jahr 1591 berief Herzog Wilhelm V. die Jesuiten nach Altötting. Die **Jesuitenkirche St. Magdalena** (4; Kapellplatz 7) entstand 1697 an der Stelle eines Renaissancebaues, Baumeister war der Frater Thomas Troyer. Besonders reich ist der Stuckdekor, der ähnlich auch in der Münchner Theatinerkirche zu sehen ist. Der klassizistische Hochaltar (Joseph Doppler, 1795) umfängt das Gemälde der Kreuzanbetung der hl. Magdalena (Christian Winck, 1794).

Wenn auch künstlerisch nicht bedeutend, dennoch viel besucht: das **Panorama** (5; Gebhard-Fugel-Weg 6–12), ein Rundbau aus den Jahren um 1902 mit einem Kolossalgemälde der Kreuzigung Christi (Gebhard Fugel).

Zur Betreuung der Wallfahrt wurden mehrere Klöster errichtet, die jedoch bei der Säkularisation aufgehoben wurden. Die **Klosterkirche der Franziskaner, St. Anna** (6; Kapuzinerstraße 1), zeugt noch von der Tätigkeit dieses Ordens, der 1653 nach Altötting berufen wurde. 1654–57 entstand der einfache Saalbau. Heute wird hier der hl. Konrad von Parzham (1818–94) verehrt, der als Kapuzinermönch über vierzig Jahre lang Pförtner des St.-Anna-Klosters war und 1934 heiliggesprochen wurde. Das ehemalige Kloster St. Anna – seit 1802 Kapuzinerkloster – wurde 1916 zum **Bruder-Konrad-Kloster** (7).

Neuötting, wenn auch nur wenige Kilometer vom älteren Ort entfernt, ist nach Lage und Geschichte von gänzlich anderer Art. In strategisch günstiger Position auf einem Terrassensporn über dem Inn gründete Herzog Ludwig der Kehlheimer Anfang des 13. Jh. das ›neue Odingen‹. Schiffahrt und Salzstapel brachten dem Ort, dem 1321 das Stadtrecht verliehen wurde, beträchtlichen Wohlstand. Hiervon zeugen nicht nur die stattlichen Bürgerhäuser im Inn-Salzach-Stil, die den langgestreckten **Stadtplatz** säumen. Die **Stadtpfarrkirche St. Nikolaus,** deren hoher gotischer Turm den Platz beherrscht, ist ein echter Bürgerbau: Es war Neuöttings Bürgerschaft, die Anfang des 15. Jh. den Neubau einer großen Kirche beschloß. Hans von Burghausen, der bedeutendste Architekt der Spätgotik in Altbayern, hat 1410 mit dem Bau der dreischiffigen Hallenkirche begonnen. An der Ostwand des nördlichen Seitenschiffs erinnert ein Gedenkstein an diesen Mann, der als Hans Stethaimer in die Kunstgeschichte einging. Von mystischem Dunkel ist in den Kirchen dieses Baumeisters nichts mehr zu spüren – seine Räume sind überraschend hell. Leider sind hier in Neuötting die Gewölbe größtenteils durch Veränderungen Ende des 19. Jh. beeinträchtigt worden. Auch die Ausstattung stammt aus dieser Zeit; an den Bürgerbau der Spätgotik erinnern nur noch wenige Fresken und Figuren.

Spätgotisch ist auch die **Kirche Hl. Geist,** die ehemalige Spitalkirche (um 1500). Aus der Landshuter Dominikanerkirche stammt der aufwendige Rokoko-Hochaltar. In der **Kirche St. Anna** (1510) werden wir noch einmal an Altötting erinnert, denn die Gruppe der Anna-Selbdritt im neugotischen Hochaltar stammt vom Meister der Altöttinger Stiftstüren.

Jenseits des Inn beginnt die Kunstfahrt in das Grenzgebiet zu Niederbayern – vor allem bei Neumarkt St. Veit ragt der oberbayerische Landkreis Mühldorf weit in den Nachbarbezirk hinein.

Ein Prospekt von **Töging** vermerkt für den Ort ein Wasserschloß. Bei näherer Betrachtung erweist es sich als – allerdings sehr imponierendes – **Kraftwerk.** Mit dem Bau dieses ältesten Kraftwerks am Inn begann in den zwanziger Jahren die Zerstückelung des Flusses, der sich zwischen Kiefersfelden und Passau 16 Staustufen gefallen lassen muß. Gleichzeitig entstand hier die größte Aluminiumhütte Deutschlands (1993 stillgelegt). Töging, am Rande der Töginger Au,

Zwischen Inn und Salzach

ist ein moderner Industrieort – Teil des sogenannten Chemie-Dreiecks, das bei Trostberg seinen südlichsten Punkt erreicht.

Die Isen, die in einem Netz von Quellbächen südlich der Ortschaft Isen entspringt, mündet zwischen Neuötting und **Winhöring** in den Inn. Hier, am Rande einer reizvollen Hügellandschaft, ist nun ein wirkliches **Schloß** vorhanden. Die Hofmark Winhöring war seit dem 16. Jh. im Besitz der Grafen von Toerring, die sich 1621/22 durch Michael Oetten eine Vierflügelanlage errichten ließen. Da das Schloß noch heute Toerring'scher Besitz ist, kann man weder den barocken Festsaal noch die Schloßkapelle besichtigen. Doch Winhöring besitzt auch eine sehr schöne **Pfarrkirche St. Peter und Paul** aus der Mitte des 15. Jh. Wahrscheinlich war es Jörg Perger, der den Plan für die dreischiffige Halle lieferte. Die Ausstattung stammt aus der Mitte des 18. Jh.

Die B 299 führt uns direkt ins Tal der Rott, nach **Neumarkt-St. Veit.** Wenn auch weniger umfangreich als der Straßenmarkt von Mühldorf, ist der langgestreckte **Stadtplatz** dennoch sehr ansehnlich. Die Häuser im Inn-Salzach-Stil beweisen, daß auch hier Wohlstand herrschte. Herzog Heinrich XII. von Niederbayern ließ den ›neuen Markt‹ um 1269 planmäßig anlegen, nachdem das Benediktinerkloster von Elsenbach – der ›alte Markt‹ – auf den Vitusberg über der Rott verlegt worden war. In den Stadtplatz mündet der kleine Johannesplatz ein. Die **Kirche St. Johann Baptist,** deren Spitzhelmturm den Stadtplatz beherrscht, ist ein Bau aus der Mitte des 15. Jh., doch hat die Neugotik hier viel verändert.

Um eindringliche Kunst zu erleben, müssen wir uns in die Höhe begeben, zum ehemaligen **Benediktinerkloster St. Veit.** Das Kloster, das heute den Barmherzigen Schwestern gehört (Altersheim), wurde 1707 größtenteils durch Brand zerstört, doch blieb die Klosterkirche, die jetzige **Stadtpfarrkirche St. Veit,** erhalten. Die zweischiffige Hallenkirche (1460/70) wurde 1708 barockisiert. Überraschend ist die asymmetrische Anlage des Langhauses, ebenso der besonders lange Chor. Der Hochaltar ist barock, doch im übrigen sind in dieser Kirche eine Fülle qualitätsvoller Figuren und Reliefs der Spätgotik zu bewundern, vor allem in der südlichen Kapellenreihe. Und noch etwas zeichnet die Veitskirche aus: sie besitzt eine wunderschöne Turmkuppel, ein Alterswerk von Johann Michael Fischer (1765).

Das nahe **Elsenbach,** Gründungsort der Benediktinerabtei St. Veit, sollte nicht versäumt werden. Die Kirche **St. Maria** ist ein Bau der Landshuter Schule aus dem letzten Drittel des 15. Jh. Hier wie auch im Nachbarort **Imming** (Kirche St. Maria) wurden *Wandmalereien* aus dem 15. Jh. freigelegt.

Die B 538 führt von Neuötting aus mitten hinein ins Holzland. Das Hügelland zwischen Isen, Inn und Rott wurde wegen seines Waldreichtums so benannt – eine sehr reizvolle, abwechslungsreiche Gegend, altes Bauernland. **Reischach,** im Tal der Reischach gelegen, ist das Zentrum des Holzlandes. Hier hält auch der Kunstfreund nicht vergeblich Ausschau: die **Pfarrkirche St. Martin** (Mitte 15. Jh.)

Neumarkt St. Veit, Stadtpfarrkirche

bewahrt sehr schöne Schnitzfiguren der Spätgotik, und in der **Wallfahrtskirche St. Antonius von Padua** (1696) besticht der barocke Akanthusstuck.

Über dem Inn, am Südrand des Holzlandes, liegt **Perach**. Der stattliche Bau der **Kirche St. Mariä Himmelfahrt** besitzt zwar einen barocken Doppelzwiebelturm, doch im übrigen ist er spätgotisch und hat einen romanischen Kern. Auch hier: ein Zyklus spätgotischer Fresken, dazu eine Kreuzigungsgruppe, die dem Meister der Altöttinger Stiftstüren zugeschrieben wird (um 1525).

Auch die **Kirche St. Andreas** in **Niederperach** (1461) bewahrt eine Kreuzigungsgruppe dieses Meisters, doch sind es hier die barocken Altäre und die bemalte Kanzel, die ins Auge fallen. Vor allem aber ist der Ort wegen eines alten Bauernhofes bekannt: der **Liendlbauernhof** vom Typ des Stockhauses wurde 1687 gebaut und 1978 renoviert.

Bei **Marktl**, der letzten oberbayerischen Gemeinde am linken Innufer, mündet die Alz in den Inn. Der gesamte Bereich, dazu auch das Vogelschutzgebiet Dachlwand, wurde unter Naturschutz gestellt. Prachtvoll ist der Ausblick von erhöhter Position auf den Inn und die Auwälder. Siegmar Gerndt beschreibt in seinem Naturführer die auch geologisch interessante Situation: »Wo die Alz zum Inn stößt, wurden die tertiären Molasseschichten in dem Prallhang der ›Dachlwand‹ angeschnitten. Gelb leuchtet die Kies- und Sandleite aus dem Laubgrün der Buchen auf ihrem Rücken und dem Erlen und Weidengrau zu ihren Füßen. Hunderte von Uferschwalben nisten hoch in den kleinen Sandhöhlen der Wand.«

Großartig ist auch die Mündungsgabel von Inn und Salzach bei **Haiming**. Das Anlandungsgebiet an der Salzachmündung ist Vogelfreistätte und Naturschutzgebiet. Haiming, das so schön in die Auenlandschaft gebettet ist, hat auch dem Kunstfreund etwas zu bieten. Die **Pfarrkirche St. Stephanus** (1485) ist ein Bau von Hans Wechselberger, dem Hauptmeister der Burghauser Schule zu Ende des 15. Jh.

Burghausen

Burghausen, die Stadt an der Salzach, ist international berühmt wegen seiner gewaltigen Burganlage, deren Längenausdehnung einen ganzen Kilometer beträgt. Die Burg hoch über dem Fluß, zu ihren Füßen dicht gedrängt die alten Häuser mit ihren Lauben, die engen Gassen, und alles überragend ein hoher Barockturm – ein kleines Salzburg in Ostbayern. Doch in der Ferne ragen Industrieschornsteine in den Himmel und erinnern daran, daß man sich am Rande des Chemiedreiecks befindet. Schon 1968 baute eine amerikanische Ölgesellschaft hier eine Raffinerie, die an die Pipeline Triest-Ingolstadt angeschlossen ist.

Zu den Bewunderern der Salzachstadt gehörte auch Josef Hofmiller. Seine ›Pilgerfahrten‹ sollte jeder Freund bayerischer Kunst und Landschaft kennen. Er schildert auch Burghausens Burg: »Von der

Burghausen ☆☆
Besonders sehenswert:
Burg
St. Jakob
Stadtplatz

Zwischen Inn und Salzach

Burghausen
1 Hauptburg
2 Äußere Burgkapelle St. Hedwig
3 Rathaus
4 Kurfürstlich-Bayerisches Regierungsgebäude (Stadtsaal)
5 Pfarrkirche St. Jakob
6 Kirche zu den Heiligen Schutzengeln
7 Ehemalige Jesuitenkirche St. Josef
8 Kurfürst-Maximilian-Gymnasium
9 Heilig Geist-Kirche
10 Kirche Heiligkreuz

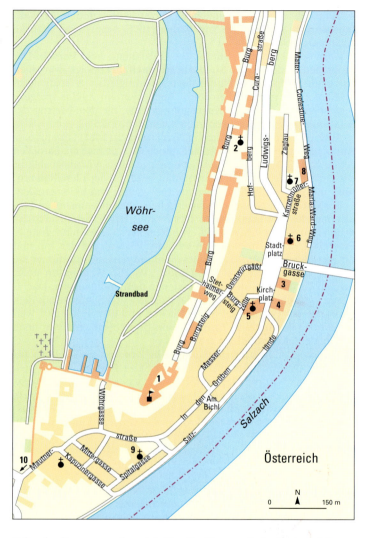

Salzachseite aus gesehen ist die alte Burg aufgelockert und kaum mehr erkennbar als das, was sie war: eine einheitliche sechsgliedrige Wehranlage. Was links ganz vorn nach Süden ragt, aufeinander und ineinander gepelzt, schon für sich eine stattliche Burg, mit zinnengekrönter Brustwehr und Torriegel, Bergfried, Dürnitzstock und Schatzkammer, Burgkirche, zuletzt der Fürstenbau, der wiederum eine Burg für sich ist. Aber dann dehnt sich und streckt sich ein wunderhübsches mittelalterliches Städtchen, niedrige und höhere Speicher, Vorratskammern, Wohnhäuser, Mauern und immer wieder

Burghausen

Burghausen, Blick über die Stadt

Tore und Türme mit Bäumen davor, dazwischen, dahinter, und verläuft sich ins Grün des Hinterlands.«

Der schmale, nach Westen, Süden und Osten steil abfallende Bergrücken zwischen dem Flußlauf der Salzach und dem heutigen Wöhrsee, war schon früh befestigt. Ein Königshof der Kunigunde, der Witwe des Kaisers Heinrich II., ist für das Jahr 1025 bezeugt. Danach kamen die Grafen von Burghausen (bis 1164), die Welfen und schließlich die Wittelsbacher (1180) in den Besitz von Burghausen. Die Siedlung am Fuß des Burgbergs wird 1130 als Stadt erwähnt. Herzog Heinrich I. von Niederbayern-Landshut machte die Burg 1255 zu seiner zweiten Residenz. Burghausen – ein wichtiger Verkehrspunkt an der Salzachstraße und Zollstelle für den Salzverkehr – entwickelte sich zum blühenden Ort.

Da der Schloßberg einen sehr schönen Blick auf die Stadt und das Umland ermöglicht, sollte mit dem Besuch der **Burg** begonnen werden. Sie entstand in mehreren Phasen seit 1253. Herzog Georg der Reiche (1479–1503) hat durch eine gewaltige Bautätigkeit dafür gesorgt, daß hier oben die Spätgotik vorherrscht. Eine Chronik aus dem Jahr 1488 bezeugt, daß täglich an die 4000 Maurer und Arbeiter beschäftigt wurden.

Zwischen Inn und Salzach

Burghausen gehört zu den Abschnittsburgen: der Hauptburg mit Bergfried, Palas, Burghof und Nebengebäuden ist die Vorburg vorgelagert, deren Höfe durch feste Tore geschlossen werden konnten. In einer solchen Anlage besaßen auch die einzelnen Abschnitte selbständige Befestigungsbereiche. Der Wohnbau der Burg, der *Palas,* ist das Kernstück der **Hauptburg** (1); seine ältesten Teile gehen auf das 13. Jh. zurück. Teil des Palas werden für die *Zweiggalerie der Bayerischen Staatsgemäldesammlungen* genutzt (Gemälde und Plastiken des 15. und 16. Jh.). Im ersten Obergeschoß lag die Wohnung

Burghausen, Gesamtanlage der Burg

des Herzogs, im zweiten die der Herzogin. Von der Herzogswohnung aus war die *Innere Burgkapelle St. Elisabeth* zugänglich (Mitte 13. Jh., im Chor Rippengewölbe aus der Bauzeit; im Langhaus Netzgewölbe mit Schlußsteinen, um 1490; Flügelaltar um 1520). An die Kapelle schließt sich der Rechteckbau der *Dürnitz* an, ehemals Tanzsaal und Gesindehalle, ausgestattet mit edlen Kreuzgewölben (Mitte 13. Jh.).

Im Winkel zwischen der Burgkapelle und dem Dürnitzstock liegt die Schatzkammer. Die Herzöge, die am Salzzoll Burghausens gut verdienten, konnten ihren Burghaushalt üppig ausstatten – selbst in der Hauptresidenz Landshut wurde nicht so fürstlich getafelt wie hier. Allerdings gab es auch viel Trübsal, denn die Herzöge pflegten in der Burg ihre verbannten Frauen unterzubringen. Für Herzog Ludwig den Gebarteten von Bayern-Ingolstadt, den sein Vetter Herzog Heinrich der Reiche gefangensetzte, war Burghausen die letzte Station vor seinem Tod.

Der *Bergfried* im Norden der Dürnitz wurde Ende des 15. Jh. unter Herzog Georg dem Reichen errichtet, der *Kemenatenstock* an der Westseite des inneren Burghofes für die Herzogin Hedwig umgebaut. Hier ist heute das *Historische Stadtmuseum* untergebracht. Die *Vorburg*, die Ulrich Pesnitzer für Herzog Georg den Reichen errichtete, erstreckt sich über fünf Höfe nach Norden. Im vierten Vorhof finden wir die *Äußere Burgkapelle St. Hedwig* (2), ein Werk Wolfgang Wiesingers, des Baumeisters der Salzburger Nonnbergkirche (Weihe 1489). Auch die Heiligenfiguren an den Wandpfeilern sind Salzburger Herkunft.

Von der Vorburg aus nimmt sich der **Stadtplatz** – von Häusern im Inn-Salzach-Stil gesäumt – bereits sehr attraktiv aus. Um ihn näher zu besichtigen, stehen vom Schloßberg aus zwei Wege zur Verfügung. Die Häuser sind meist viergeschossig und wenden sich mit ihren Vorschußmauern dem Platz zu. Einst hatten hier die Herren vom Inneren und Äußeren Rat ihre Wohnhäuser, auf dem Platz wurde der Wochenmarkt abgehalten. Auffallend ist das **Rathaus** (3; Hausnummer 112/114), das durch Zusammenlegung von drei Häusern entstand (14. und 15. Jh.), vor allem aber das ehemalige **Kurfürstlich-Bayerische Regierungsgebäude** (4; Hausnummer 108, jetzt Stadtsaal) mit getreppten Giebeln und Kuppeltürmchen (1551).

Wie in Neuötting beherrscht auch hier das Platzende ein mächtiger Kirchenbau. Die **Pfarrkirche St. Jakob** (5) ist allein schon wegen ihrer formvollendeten barocken Doppelzwiebelhaube überaus ansehnlich. Doch im übrigen ist dieser Bau spätgotisch und gehört zu den wichtigsten Architekturen dieser Zeit in Südostbayern. Nachdem der erste Bau 1353 bei einem Stadtbrand zerstört worden war, wurde ein Neubau notwendig. In mehreren Phasen (ein zweiter Brand 1504 beschädigte die gerade vollendete Kirche) entstand die dreischiffige Basilika bis um 1513. Mehrere Generationen bedeutender Meister sind aus der Bauhütte von St. Jakob hervorgegangen – 1430 bis 1450 lag das Werk in den Händen von Konrad und Oswald

Pürkhel, 1477 war Hans Wechselberger hier tätig, 1513 Jörg Perger. An den Langseiten existierten einst Kapellen, sie wurden um 1853 abgebrochen, ebenso – nach Einsturz – die Gewölbe erneuert. Aus dieser Zeit stammt auch die Altarausstattung.

Eingebunden in die Häuserfront des Stadtplatzes ist die **Kirche zu den Heiligen Schutzengeln** (6), die Institutskirche der Englischen Fräulein. Der schmale Bau mit Schweifgiebel entstand 1731/33 (Johann Martin Pöllner) und erfreut durch eine reiche, elegante Ausstattung im Stil des frühen Rokoko. Im Norden des Stadtplatzes finden wir alte Jesuitenbauten, die **Kirche St. Josef** (7), die ehemalige Jesuitenkirche, und das **Kurfürst-Maximilian-Gymnasium** (8), den einstigen Konventbau des Jesuitenklosters. Die Saalkirche entstand 1630/31 nach Plan von Isaak Pader in Anlehnung an die Eichstätter und Dillinger Jesuitenkirchen.

Im Süden der Stadt ist ein weiterer wichtiger gotischer Bau zu sehen, die **Hl. Geist-Kirche** (9), die ehemalige Spitalkirche. Vom ersten Bau (um 1325) ist nur noch der Chor vorhanden, das Langhaus wurde nach dem Stadtbrand von 1504 neu errichtet, der Turm erst 1773. Für Burghausens Bauhütte typisch sind die Schlußsteine an den Knotenpunkten des Netzgewölbes. Unter den qualitätsvollen Grabsteinen ist vor allem das Rotmarmorepitaph für die Mautner von Katzenberg zu beachten. Den Ritter im Harnisch, auf einem Hund stehend, schuf der Passauer Bildhauer Jörg Gartner (um 1515). Ein weiterer Blickfang: die *Rokoko-Kanzel,* die nach einem Entwurf Ignaz Günthers entstand.

In der Au vor den Toren der Stadt stiftete 1397 ein reicher Bürger Burghausens die **Kirche Heiligkreuz** (10). Ihr folgte 1447–77 ein Neubau von Hans Wechselberger. Charakteristisch für diesen Baumeister ist die Figuration des Netzgewölbes aus Rautensternen. Aus der Erbauungszeit, auch aus dem 16. Jh., sind Wandmalereien erhalten. Am Chorbogen sieht man das Meisterschild Wechselbergers mit der Jahreszahl 1477.

Die B 20 begleitet den Lauf der Salzach und führt bei Tittmoning in den Rupertiwinkel hinein. Von der Straße aus für eilige Autofahrer kaum zu erkennen ist die **Wallfahrtskirche Marienberg,** denn sie liegt hoch über dem Salzachufer. Die schon im Mittelalter bestehende Wallfahrt auf den Marienberg wurde vom Zisterzienserkloster Raitenhaslach betreut. Im Jahr 1760 entschloß man sich dort zu einem Neubau der Kirche und beauftragte Franz Alois Mayr aus Trostberg. Als Schüler des Münchner Hofbaumeisters Ignaz Anton Gunetzrhainer schuf Mayr keine betont ländlichen Bauten – durch ihn, der zum bedeutendsten Rokokobaumeister Südostbayerns heranwuchs, wurde Hofkunst in die Provinz getragen. Der Zentralbau über griechischem Kreuz ist aufwendig ausgestattet. Auffallend ist der bewegte Hochaltar, nach Art der Brüder Asam bühnenartig aufgebaut und reich mit Figuren besetzt. Sein Schöpfer, der in Burghausen ansässige Kärntner Johann Georg Lindt, ist nicht nur in der Salzachstadt, sondern auch im Chiemgau (Höslwang) mit ausgezeichneten Arbeiten vertreten. Beherrschend in der ganz der Marienverehrung dienenden Kirche sind die Fresken von Martin Heigl. In der Kuppel: die Mariengleichnisse der Lauretanischen Litanei (1764).

Raitenhaslach ☆☆

Nach Zisterzienserart liegt das **Kloster Raitenhaslach** tief im Tal. Die Salzach, deren Durchbruch durch den Altmoränenwall bei Burghausen besonders eindrucksvoll ist, hatte auch hier bei Raitenhaslach einen Erdwall zu bezwingen. Waldige Steilhänge und Schotterflanken begleiten den Fluß.

Fünf Jahre lang mußte sich der Kunstfreund damit begnügen, die Klosterkirche nur von außen zu betrachten, doch 1987 war es dann wieder soweit: die glanzvollen Stukkaturen Johann Baptist Zimmermanns, die prächtigen Altäre sind wieder zu sehen – ein Augenfest, wie es in Südostbayern kein zweites gibt. Raitenhaslach ist zwar das älteste Zisterzienserkloster in Oberbayern (Gründung 1146), doch

Raitenhaslach, Innenraum der Klosterkirche

von den mittelalterlichen Bauten sind nur wenige Reste erhalten. Die barocke Wandpfeileranlage, die wir heute vor uns sehen, hat sich allerdings der Grundmauern der romanischen Basilika bedient, ein dreischiffiger Bau ohne Querschiff. Zum sechshundertjährigen Ordensjubiläum wurde die Kirche 1694–98 barock umgestaltet, ihre Innenausstattung des Frührokoko erhielt sie ab 1737 und ihre Fassade (Franz Alois Mayr) 1751.

Zehn Seitenaltäre geleiten zum Altarraum. Ein Brokatvorhang aus Stuck in Blau und Silber, gehalten von weißen Putti – ein farblich hinreißender Auftakt am Chorbogen, ein wunderschöner Rahmen für den prachtvollen *Hochaltar*, der die gesamte Ostwand ausfüllt. Auch hier ein Farbenrausch aus Gold, Rot und Weiß. Vier Heiligenfiguren in Polierweiß umgeben das Gemälde des Hochaltars, eine Darstellung der Himmelfahrt Mariä (1738, Johann Zick). Der Chorraum wurde von Johann Baptist Zimmermann stuckiert – im Jahr 1738, als seine glanzvollen Stukkaturen in der Münchner Residenz und in der Nymphenburger Amalienburg schon vollendet waren. Doch auch die Fresken sind in Raitenhaslachs Kirche meisterlich. Der Schwabe Johann Zick, der später für das Bruchsaler Schloß tätig war, hinterließ hier ein vielversprechendes Jugendwerk (Langhaus: Szenen aus dem Leben des hl. Bernhard von Clairvaux, 1739).

Raitenhaslach war einst Grablege der Wittelsbacher – eine Deckplatte im Schiff blieb noch vom ehemaligen Hochgrab. Ergiebiger sind jedoch die Grabplatten und Epitaphien der Äbte, darunter ein Werk des Passauer Dombaumeisters Hans Krumenauer (für Abt Johannes Zipfler, gest. 1417). Die **Klostergebäude,** die Franz Alois Mayr 1752–64 errichtete, sind nur noch zum Teil erhalten. Unter anderem wurden die Bibliothek und das Refektorium 1803 abgerissen. Im ehemaligen Prälatenstock blieben noch einige schön ausgestattete Räume.

Der Einfluß der Äbte von Raitenhaslach reichte weit ins Umland – im Westen bis an die Alz heran. Im Auftrag des Abtes Johann Holczner wurde die **Kirche St. Johannes Baptist** in **Burgkirchen** errichtet und 1472 geweiht. Wiederum war es Franz Alois Mayr, der die Kirche 1763 barock veränderte. Und wie in Marienberg wurde auch hier Martin Heigl als Freskant beschäftigt (Szenen aus dem Leben des Täufers).

Weiter westlich – auf ihrer Anhöhe nicht zu übersehen – finden wir die **Pfarrkirche Mariä Himmelfahrt** von **Margarethenberg.** Erstaunlich und wie aus einem Guß: der reichgegliederte spätgotische Turm mit seiner fein geschwungenen barocken Kuppel – vollendeter hätte man beide Stile nicht miteinander verbinden können. Die Zisterzienser von Raitenhaslach erhielten im 12. Jh. eine Kapelle mitsamt dem Kapellenberg zum Geschenk. An ihrer Stelle wurde 1403–06 eine dreischiffige Hallenkirche errichtet, deren Turm und Langhausmauern noch erhalten sind. Der bewährte Franz Alois Mayr hat den Bau 1751–53 zur barocken Wandpfeileranlage umgestaltet. Einst war Margarethenberg Wallfahrt, man verehrte hier die Vierzehn Nothelfer. Kein Geringerer als Johann Baptist Zimmermann hat das Gemälde der Himmelfahrt Mariä im Hochaltar geschaffen (1745), doch daß er auch für Stuck und Fresken (1752) zuständig war, wird neuerdings bezweifelt.

Wasserburg und die Klöster am Inn

Die Innlandschaft um die Klöster Au und Gars ist wegen ihrer Schönheit viel gerühmt worden. Zu ihren Bewunderern gehörte auch der Schriftsteller Josef Hofmiller, der sich den Hügel von **Schloß Stampfl** als Aussichtspunkt wählte. In seinem Büchlein ›Wanderbilder aus Bayern und Tirol‹ (1928) lesen wir: »So weit das Auge reicht, schwarzgrüner Wald und lichtgrüne Auen und dazwischen immer wieder eine blinkende Krümme der zahllosen, fast seeartigen Windungen des Inns mit gelben Steilwänden oder flaschengrünen Randspiegelungen, darüber ein Himmel, der in seiner umspannbaren Tiefe und Wolkenpracht dem Maler ein Entzücken und eine Verzweiflung zugleich ist.«

Bei gutem Wetter eröffnet der Stampflberg auch den Blick auf die Chiemgauer Alpen und ihre Salzburger und Tiroler Nachbarn. Der wehrhafte kleine Bau des Stampflschlößls – der ehemalige Bergfried – ist alles, was von der mächtigen Burg der Grafen von Mögling übrigblieb (12. Jh.). Unten im Tal jedoch erinnert die ehemalige **Stiftskirche** von **Au am Inn** mit den Klostergebäuden noch einmal sehr eindringlich an dieses alte Grafengeschlecht. Um 1120 gründete Graf Kuno von Mögling mit seiner Gemahlin Adelheid hier ein Augustinerchorherrenstift. Der erste Kirchenbau aus dieser Zeit, der später gotisch und dann auch barock verändert wurde, ist nicht erhalten. Immer wieder zerstörten Brände die Anlage, und so wurde nach 1686 ein Neubau der Kirche und auch der Klostergebäude notwendig. Feuersbrünste scheinen zum Schicksal von Au zu gehören, denn die Kirche wurde auch 1969 erneut durch Brand schwer beschädigt. Bis 1978 dauerten die Wiederherstellungsarbeiten an, doch der größte Verlust konnte nicht behoben werden: durch das Einbrechen des Dachstuhles hatte sich der Stuck im Mittelschiff gelöst und konnte nur anhand von Fotografien erneuert werden.

Am Inn gibt es erhabenere, großartigere Kirchenräume, doch einen zweiten so ländlich bunten, freudigen und golden glitzernden finden wir nicht. Schon allein der *Stuck* ist, wenn auch zum Teil erneuert, ein Fest. Die schönsten Bandwerk-, Akanthus- und Rocaillenmotive, von unbekannten Stukkatoren in den Jahren von 1715 bis nach 1748 gefertigt, sind zu entdecken. Die Wandpfeilerkirche mit Emporen ist das Werk ländlicher Maurermeister, als Vorbild wurde das benachbarte Gars gewählt. Schon von außen fällt die eigenartige Chorrotunde als Anhängsel des langgestreckten Schiffs auf. Von oben gibt eine Laterne Licht, von den Seiten große und kleinere Fenster. Hier in der Kuppel konnte sich der Wasserburger Maler Franz

Zwischen Inn und Salzach

Kloster Au am Inn; Altarraum der Stiftskirche.

Mareis mit einem fröhlichen *Engelskonzert* auszeichnen, während die Deckenbilder im Schiff vor der Fülle des Stucks zurücktreten (um 1717–22). Der Hochaltar mit dem Gemälde der Himmelfahrt Mariä (um 1720, Johann Nepomuk della Croce) hat in den fast zahllosen Seitenaltären der tiefen Kapellen eine nahezu erdrückende optische Konkurrenz. Wo das Auge hinschaut, goldene Pracht, und wenn – wie bei der Kapelle mit dem *Pietà-Altar* und dem *Augustinus-Altar* – dann noch vergoldeter Wessobrunner Rokokostuck hinzukommt, meint man in diesem Farbenmeer zu ertrinken. Ernster und auch künstlerisch qualitätvoller: die zahlreichen *Epitaphien* und *Grabplatten* für die Auer Pröpste und den Adel der Umgebung. Noch im 18. Jh. wurden für Au Grabmäler geschaffen, darunter ein sehr aufwendiges für die Gräfin Maria Theresia von Toerring-Jettenbach (Johann Baptist Straub, 1757).

Die **Klostergebäude** (1687/88, Domenico Cristoforo Zuccalli) gruppieren sich im Süden der Kirche um drei Höfe. Seit 1854 wirken hier Franziskanerinnen, die sich geistig behinderter Kinder annehmen.

In **Gars am Inn** ist die ländlich-frohe Atmosphäre, die den Stampflberg und Kloster Au begleitet, wie weggewischt. Nicht nur, daß hier allerhand verbaut wurde – auch die ehemalige Stiftskirche, die heutige **Pfarrkirche Mariä Himmelfahrt,** ist ein sehr strenger, nüchterner Bau. Das gilt auch für die Klostergebäude, die sich der Westfassade zu beiden Seiten anschließen. Entstanden ist alles – bis auf wenige Einzelheiten – in den Jahren um 1660. Zwei Graubündner Baumeister aus Roveredo, Domenico Cristoforo und Giovanni Gaspare Zuccalli, wurden von den Augustinerchorherren zum Neubau von Kloster (1657–59) und Kirche (1661–62) bestellt, denn die Schweden hatten noch 1648, im letzten Jahr des Dreißigjährigen Krieges, den Markt Gars verwüstet.

Wie in Au hatten auch hier in Gars die Grafen von Mögling die Mittel für einen Kichenneubau des gerade erst gegründeten Augustinerchorherrenstifts zur Verfügung gestellt (um 1120). Und auch in Au war eine Zelle vorausgegangen, die von Herzog Tassilo der Benediktinerabtei von St. Peter in Salzburg geschenkt worden war. Konrad, einer der mächtigsten Salzburger Erzbischöfe, sorgte dann im Zuge seiner Reformen für die Umwandlung des Kollegiatsstifts in ein Augustinerchorherrenstift.

In dem barocken Bau der alten Stiftskirche, einer Wandpfeilerkirche nach dem Typus von St. Michael in München, erinnert nur noch wenig an die mittelalterliche Vergangenheit. Erstaunlich in ihrer vorzüglichen Qualität sind die *Grabdenkmäler*, darunter das Epitaph für Jörg Fraunberger von Haag beim südlichen Seiteneingang (Salzburg, um 1436). Spätgotisch und von feinster Qualität ist auch die *Pietà* im Altar der dritten Kapelle rechts, eine Gruppe aus bemaltem Steinguß, die früher zum Hochaltar gehörte (um 1430). Unter den zahlreichen barocken Bildwerken fällt die eindringliche *Kreuzigungsgruppe* in der vierten Kapelle links auf, ein Hauptwerk des Niederbayern Christian Jorhan (1762). Im ehemaligen Kapitelsaal des Klosters, in der *Felixkapelle,* (Zugang durch die Sakristei) steht ein Rokokoaltar Jorhans (1752).

Die **Klostergebäude** sind nicht zu besichtigen. Seit 1855 sind sie im Besitz von Redemptoristen, die hier neben einer philosophisch-theologischen Hochschule auch ein Gymnasium und eine Berufsschule unterhalten.

Wasserburg

Zeigt sich der Inn um Au und Gars noch als begleitendes Landschaftselement, so gibt er sich in Wasserburg weniger zurückhaltend, er beherrscht die Szenerie in einzigartiger Weise. Der Anblick, der sich dem Betrachter von der als **Aussicht** (1) markierten Position an der Salzburger Straße bietet, ist spektakulär. Wilhelm Hausenstein, der Essayist und Kunstkenner, hat wohl die schönsten Worte für dieses Schauspiel gefunden: »Wir sitzen auf dem hohen Bord und blicken. Der Strom zieht eine lange Schleife um die Stadt. Rundum fast ist die Stadt vom senkrechten Stand des Ufers geborgen (…). Da

Wasserburg ☆☆
Besonders sehenswert:
St. Jakob
Frauenkirche
Rathaus
Kernhaus

unten liegt sie wie eine einzige Gestalt. Die Häuser der Zeile am Fluß sind seegrün, vergißmeinnichtblau, aprikosenfarbig, goldgelb, bronzefarben, oliv, schweflig, grau und weiß. Die Dächer sind maulwurfgrau, ziegelrot, blutrot, kupferig, braun wie die Erde und schwarz wie Pech (...) Vor Jahrtausenden, als Sintflut war, brach sich an diesen Ufern ein größerer Strom. Nun fließt er minder gewaltig, längst besänftigt, längst sittig, ob auch großartig um eine Stadt, die den Zauber einer milden Insel in unsere wachen Träume sendet.«

Die hellen Gesteinsblöcke am Steilhang der Innleiten sind eine Hinterlassenschaft des Inngletschers. Nach dessen Abschmelzen hat der Fluß die Moränenlandschaft gestaltet, sein Bett immer tiefer eingegraben. Während der Prallhang – das Ufer an der Außenseite der Flußkrümmung – durch Unterspülung immer mehr abgetragen wurde, wuchs an der Innenseite der Schleife, am Gleithang, die Halbinsel durch Ablagerung stetig weiter. Als sich Hallgraf Engelbert III. aus dem Haus Andechs-Diessen um das Jahr 1137 seine ›Burg am

Wasserburg, Blick über die Altstadt in der Innschleife

Zwischen Inn und Salzach

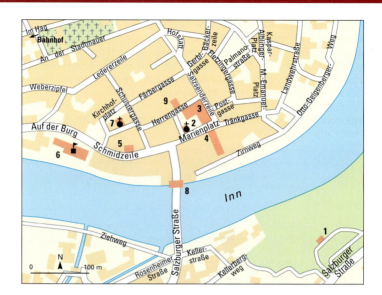

Wasserburg am Inn
1 Schöne Aussicht
2 Frauenkirche
3 Rathaus
4 Kernhaus
5 Ganserhaus
6 Ehemalige Burg
7 Pfarrkirche St. Jakob
8 Brucktor und ehemaliges Hl.-Geist-Spital mit Spitalkirche
9 Museum Wasserburg

Wasser‹ baute, war der Siedlungsraum noch beschränkt, doch bestand bereits eine kleine Fischersiedlung, Hohenau, unterhalb des Burghügels. Nicht nur strategisch, auch wirtschaftlich war die Lage des sich langsam vergrößernden Eilands günstig. Der Inn gehörte im Mittelalter zu den Haupthandelswegen, und als die Brücke über den Fluß gelegt war, konnte die Salzstraße durch die Siedlung geführt werden.

Bereits 1201 erhielt der Ort die Marktrechte, doch seine große Zeit erlebte er unter den Wittelsbachern, die sich hier Mitte des 13. Jh. festsetzten. Kaiser Ludwig der Bayer gewährte Wasserburg 1332 das ausschließliche Recht der Salzniederlage, und er war es auch, der nach einem verheerenden Stadtbrand (1339) den Wiederaufbau bestimmte. Die alte romanische Rundsiedlung wurde mit neuen Achsen durchsetzt, es entstand ein breiter Stadtplatz, dazu ein System rechtwinklig angeordneter Längs- und Querstraßen. Im 14. und 15. Jh. war Wasserburg eine reiche, blühende Stadt. Ihr Niedergang setzte ein, als Herzog Albrecht IV. ihr das Monopol des Salzstapelrechts entzog – als Strafe dafür, daß sie sich im Landshuter Erbfolgekrieg politisch auf der falschen Seite befand. Nun spielte Wasserburg nur noch als Flußhafen eine Rolle, vor allem als Handels- und Kriegshafen für die Metropole München. Der Anschluß an das Eisenbahnnetz München-Salzburg bedeutete das Ende der Innschiffahrt. Das letzte Dampfschiff auf dem Inn fuhr 1865, doch heute – mehr als hundert Jahre danach – erleben wir die kleine Stadt wieder in schönster Regsamkeit. Glücklicherweise hat man die Industrie größtenteils außerhalb der Halbinsel angesiedelt, so daß sich die Altstadt in seltener Geschlossenheit präsentiert.

Am lebhaftesten geht es auf dem **Marienplatz** zu, dem Marktplatz des alten Wasserburg. Da vor den Handels- und Geschäftshäusern die Fuhrwerke be- und entladen wurden, brauchte man viel Platz, was die Geräumigkeit dieses Stadtplatzes erklärt. Die **Frauenkirche** (2) dominiert Wasserburg mit ihrem hohen Spitzhelm. Auch sie entstand im Zusammenhang mit dem wirtschaftlichen Leben: die Marktbesucher und Händler sollten es nicht weit zur Messe haben. Die dreischiffige Staffelhalle wurde im 14. Jh. errichtet (Weihe 1386) und Mitte des 18. Jh. umgestaltet. Im Innern birgt ein barocker Hochaltar (17. Jh.) das alte *Gnadenbild*, eine besonders schöne thronende Madonna aus der Zeit um 1425, wohl das Werk eines Salzburger Meisters. Die Stichkappentonne, ebenso auch der Obergaden, wurden mit marianischen Fresken geschmückt (1750, Johann Paul Kurz).

Wasserburg, Frauenkirche und Rathaus

Im Osten schließt sich das **Rathaus** (3) an, ein Bau mit zwei hohen Stufengiebeln, dessen strenge Kargheit durch figürliche Wandmalereien aufgelockert wird (1564). Der Bau, 1457–59 errichtet, wurde nicht nur als Rathaus, sondern auch als Kornschranne, Brothaus und Stadtwaage genutzt. Im Obergeschoß befindet sich die mit Wandmalereien (1564, Wolfgang Wagner) und einer geschnitzten Balkendecke geschmückte *Ratsstube*. Der Prunksaal jedoch ist der *Große Rathaussaal*. Zwar wurde er 1874 durch Brand zerstört, doch nach dem Wiederaufbau (1902–05) mit historisierenden Wandmalereien ausgestattet (Maximilian von Mann).

Mit der gegenüberliegenden Platzfront zeigt sich die Altstadt von ihrer freundlichsten Seite. Das **Kernhaus** (4), ein langgestreckter Bau im In-Salzach-Stil, besteht eigentlich aus drei Häusern: mittels einer einheitlichen Stuckdekoration hat Johann Baptist Zimmermann 1739 die mittelalterlichen Patrizierhäuser der Familie Kern optisch zusammengefaßt. Eckart Peterich, der zu den Bewunderern Wasserburgs gehörte, begeisterte sich an der gesamten Szenerie: »Ein gewachsener Kristall, von einer smaragdgrünen Flußschleife umfangen, von lehmgelben Steilstufen gefaßt, mit Fassaden in ausgelassenstem bayerischen Rokoko, mit Platzbildern, die schon ins Theatralische hinüberspielen.«

Im Westen schließt sich dem Marienplatz die **Schmidzeile** an. Hier findet man manchen idyllischen Winkel, manch interessantes Bauwerk, wie etwa in der Schmidzeile 5 das mit ornamentalen Renaissancefresken geschmückte **Ganserhaus** (5). Von hier aus führt der Weg direkt hinauf zum mittelalterlichen Herrschaftszentrum Wasserburgs, der Keimzelle der Stadt. Wenn auch von der **Burg** (6) der Hallgrafen (1137) nur noch wenige Mauerreste erhalten sind, so ist das, was im 16. Jh. an ihrer Stelle entstand, recht bemerkenswert. Der hohe Hauptbau mit Satteldach und Treppengiebeln wurde 1531 von Herzog Wilhelm IV. errichtet. Jörg Tünzl gilt als Baumeister der *Burgkapelle St. Ägidien* aus der zweiten Hälfte des 15. Jh. Auch der ehemalige *Zehentstadel* an der Südseite der Vorburg ist mit Treppengiebeln besetzt. Der Burgkomplex gehört heute dem Kloster Maria Stern.

Von hier aus zeigt sich der kantige Turm der **Pfarrkirche St. Jakob** (7) von seiner schönsten Seite. Dieser Bau ist es, der die Kunstfreunde in dieser Stadt am meisten lockt, denn er ist das Werk bedeutender Meister der süddeutschen Spätgotik. Im Jahr 1410 beschlossen die Bürger Wasserburgs, die alte spätromanische Jakobskirche durch einen Neubau zu ersetzen. Mit Hans von Burghausen gewann man den fähigsten Baumeister; damals stand er am Beginn seiner ruhmreichen Laufbahn. Eine dreischiffige Hallenkirche war für Wasserburg geplant, doch gingen die Arbeiten nur schleppend voran. So kam es, daß bei Hans von Burghausens Tod (1432) das Langhaus noch nicht vollendet war. Als Nachfolger wurde sein Neffe Hans Stethaimer bestimmt, dem 1445 Stephan Krumenauer folgte. Dieser, ein Sohn des Passauer Dombaumeisters Hans Krumenauer, errichtete ab 1445 den Chor, dann auch den Turm. Als auch er starb, wurde der Wasserburger Stadtmeister Wolfgang Wiser mit der Weiterführung der Turmbauarbeiten betraut (bis 1478).

Dem Langhaus Hans von Burghausens, einer dreischiffigen Halle mit niedrigen Kapellen zwischen den Strebepfeilern, schließt sich Krumenauers zweijochiger Umgangschor in gleicher Breite an. Besonders die Gewölbe sind in dieser Kirche wunderschön – ein Sterngewölbe im Langhaus, Fischblasenformen im Chor. Ein Gotik-Fachmann, Norbert Nußbaum, bemerkt hierzu: »Stefan Krumenauer erhob im Chor von St. Jakob in Wasserburg die kurvierte Rippe zum ausschließlichen Motiv und schuf damit das erste monumentale Bogenrippengewölbe der deutschen Gotik. Die vierblättrigen Blütensterne des Mittelschiffs sind Übersetzungen des Prager Turmgewölbes in weich geschwungene, pflanzliche Formen.«

Da bei der letzten Innenrestaurierung (bis 1980) die bereits einmal entfernten neugotischen Altäre wieder aufgestellt wurden, konzentriert sich das Interesse des Besuchers auf die außerordentliche *Kanzel*, ein Werk der Brüder Martin und Michael Zürn aus dem württembergischen Waldsee (1636). Mit größter Kunstfertigkeit sind die Figuren am Kanzelkorb (Christus und die vier Evangelisten) und auf dem Schalldeckel geschnitzt (die vier abendländischen Kirchenväter, die Madonna, der hl. Jakobus). Während der Aufbau aus Eichenholz besteht, wählten die Bildschnitzer für die Figuren das weichere Lindenholz. Bekannt ist die Jakobskirche auch wegen ihrer qualitätvollen *Grabdenkmäler*. Herausragend: das Epitaph für den Rentmeister Hans Baumgartner (um 1500) unter der Empore, ein Hauptwerk des Wasserburger Steinmetzen Wolfgang Leb.

Die alte Stadtbefestigung ist nur noch in Teilen erhalten. Das **Brucktor** (8) an der Innbrücke (1470, Wolfgang Wiser; Wandmalereien 1568, Hans Bocksberger, Christoph Schwarz) kommt schon von der erhöhten Position der ›Aussicht‹ (1) aus überaus wirkungsvoll zur Geltung. Ihm benachbart ist das **Hl.-Geist-Spital** (1341) mit der Spitalkirche (1380). Hier ist – im neugotischen Hochaltar – eine Darstellung des Pfingstwunders aus dem Umkreis von Erasmus Grasser zu sehen (um 1500). Nicht mehr vorhanden ist die zarte Ährenkleidmadonna aus der Zeit des Weichen Stils (um 1420). Sie gehört heute zum Bestand des **Museums Wasserburg** (9) in der Herrengasse, das sich vor allem niemand entgehen lassen sollte, der sich für Bauernmöbel interessiert. Übrigens gehört die **Herrengasse** mit ihren gewölbten Laubengängen zu den stimmungsvollsten Partien der Wasserburger Altstadt.

Die B 15 bringt den Autofahrer schnell und unkompliziert zum nächsten Ziel, dem **Kloster Attel**. Seit der Römerzeit war die Anhöhe zwischen Attel und Inn Siedlungsgebiet. Bereits im frühen 9. Jh. existierte hier eine Michaelszelle des Freisinger Domstifts, und im Jahr 1038 gründete Graf Arnold von Andechs an dieser Stelle ein Benediktinerkloster. Nach seiner Zerstörung waren es die späteren

Hallgrafen von Wasserburg, die sich der wenigen noch verbliebenen Pfründner annahmen und für eine Neugründung sorgten. Ihren Sitz auf der nahen ›Lintburc‹ gaben sie zugunsten der ›Wasserburg‹ auf. Im Jahr 1145 wurde Kloster Attel zur Abtei erhoben. Vom ersten Kirchenbau, einer dreischiffigen Basilika, steht bis auf das Untergeschoß des Turmes nichts mehr – Kirche und Klosterbauten (heute Pflegeheim des Caritasverbandes der Erzdiözese München-Freising) präsentieren sich ganz und gar barock. Die Anlage ist keineswegs glanzvoll, und auch die Kirche selbst gibt sich von außen denkbar bescheiden. Kein bekannter Baumeister, sondern der Abt selbst, Cajetan Scheyerl (1703–23), hat den Entwurf für den Neubau vorgelegt, der 1713–15 errichtet wurde.

Innen zeigt sich die Wandpfeilerkirche in strahlendem Glanz – ein heller, sehr nobler Raum, dessen Renovierung (bis 1978) ausgezeichnet gelang. Wenn auch der Hochaltar in seiner Mächtigkeit beeindruckt (1731, Altarblatt nach Rubens, Das apokalyptische Weib), so ist es doch ein anderer Altar, dem hier die besondere Aufmerksamkeit gilt. Der *Wallfahrtsaltar zum hl. Kreuz* an der Nordwand des Vorchors wird von den Gläubigen andächtig verehrt, denn hier befindet sich das alte Gnadenbild, ein romanischer Kruzifixus, den der Überlieferung zufolge der Inn gebracht hatte. An der Stelle, wo man ihn geborgen hatte, errichtete man die Wallfahrtskirche Unser Herr im Elend, doch der Bau stand zu dicht am Ufer und mußte 1786 wegen Überschwemmungsgefahr abgebrochen werden. Constantin Pader, der Architekt des in Stichen überlieferten Zentralbaus, hat auch den Altar geschaffen (um 1658), der in der Klosterkirche seinen neuen Platz fand.

Das kostbarste Kunstwerk Attels, eine Maria Immaculata Ignaz Günthers, ist leider nicht mehr am alten Platz – man brachte sie im Freisinger Diözesanmuseum in Sicherheit. Wir trösten uns mit einem weiteren wichtigen Werk, dem *Stiftergrab* in der letzten Kapelle der rechten Langhausseite. Wasserburgs bedeutendster Steinmetz, Wolfgang Leb, hat es 1509 geschaffen. Im übrigen ist es aber der *Stuckdekor*, der in dieser Kirche begeistert: elegante, zarte Girlanden, Akanthusranken und Rosetten aus weißem Stuck schmücken das Tonnengewölbe und die Emporenbrüstungen. Kein Wessobrunner; sondern ein Stukkator aus Miesbach, Niklas Liechtenfurtner, hat sich mit dieser Arbeit ausgezeichnet (um 1715).

Wir wechseln nun auf das andere Innufer über, um Ignaz Günthers Kunst an Ort und Stelle betrachten zu können – in einem Kloster, das gar nicht so sehr bekannt ist. Vielleicht ist es die Nähe des berühmten Rott am Inn mit seinen einladenden Gasthöfen, die das **Dominikanerinnenkloster Altenhohenau** heute noch zu dem machen, was es immer war: ein einsamer Ort der Stille und Einkehr. Auch hier wieder ein Bezug zu Wasserburg: Konrad, der letzte Graf von Wasserburg, hat das Kloster im Jahr 1235 gestiftet. Seine Blütezeit erlebte es im 15. und 18. Jh.; die Säkularisation erzwang den Abbruch der meisten Klosterbauten. Seit 1923 leben hier Schwestern

Altenhohenau

Altenhohenau, Hochaltar (links) und rechter Seitenaltar der Klosterkirche St. Peter und Paul

vom III. Orden des hl. Dominikus (Mutterhaus: San José in Kalifornien).

Erfreulich organisch fügen sich die in den zwanziger Jahren neu errichteten Klostergebäude an die **Klosterkirche St. Peter und Paul.** Der barocke Saalbau (um 1670/75; Turm 1773) ist denkbar schlicht – doch welche Kostbarkeit im Innern! Die Rokokorenovierung der Jahre 1765 bis 1774 sorgte für ein einheitliches Bild. Der Meister der drei Altäre und fast aller Figuren ist Ignaz Günther (um 1761), Matthäus Günther malte das Chorfresko (die Kirchenpatrone vor der hl. Dreifaltigkeit) und Michael Hartwagner das Langhausfresko (Maria als Rosenkranzkönigin mit den hll. Dominikus und Katharina von Siena). Im *Hochaltar* – reich und glanzvoll ausgestattet – sehen wir wie auf einer Bühne das Gnadenbild, eine bekleidete Muttergottesfigur im Strahlenkranz, umgeben von Symbolen der Rosenkranzgeheimnisse. Der rechte Seitenaltar birgt das Altenhohenauer Jesulein, eine kleine, bekleidete Schnitzfigur, die einst als Gnadenbild verehrt wurde.

Nicht zu sehen ist das Kolumba-Jesulein, das die Nonnen aufbewahren. Die Mystikerin Kolumba Weigl (1713–83), als Visionärin und Stigmatisierte verehrt und bereits mit 17 Jahren in Altenhohenau eingetreten, hatte zu dieser kleinen Christusfigur ein besonders inniges Verhältnis. Da Christkindfiguren von den Schwestern

Zwischen Inn und Salzach

Ehemalige Abteikirche St. Marinus und Anianus, Fresko der Hauptkuppel

manchmal als Brautausstattung mitgebracht wurden, finden wir sie häufig in süddeutschen Klöstern. Pilgerziel seit dem 16. Jh. war auch der frühgotische *Kruzifixus* – sein Kreuz symbolisiert als ›Astkreuz‹ das Holz des Lebens. Der Corpus ist innen hohl, durch die Seitenwunde konnten Votivzettel eingesteckt werden. Dem Presbyterium schließt sich im Süden die *Annakapelle* an, ein noch vom Vorgängerbau erhaltener Raum mit Kreuzrippengewölbe (1769 ausgemalt, Joseph Anton Schütz).

Bei **Griesstätt** – dort die **Pfarrkirche St. Johannes Baptist** mit einer Kreuzgruppe von Ignaz Günther (1765) – passieren wir nun wieder die Innbrücke. Längst ist der Fluß, einst als »böser Geist der Landschaft« wegen seiner Hochwasser gefürchtet, gezähmt. Der Bau der Flußkraftwerke (begonnen wurde 1924 in Töging) hat die Landschaft zwar nicht gerade verschönert, doch ist der Inn schließlich der wichtigste Fluß Bayerns für die Stromgewinnung aus Wasserkraft. Nun vermindern die Stauhaltungsdämme der Kraftwerke die Hochwassergefährdung, und wenn auch die Lebensräume in den Flußauen rigorose Eingriffe erfuhren, ergaben sich doch auch positive Veränderungen. So entwickelte sich durch den Bau der Staustufe Wasserburg an der Griesstätter Brücke eine Verlandungszone, die heute als Vogelfreistätte unter Naturschutz steht.

Hoch über dem linken Flußufer liegt **Rott am Inn,** das den Kunstfreund ebenso anlockt wie den Liebhaber deftiger bayerischer Kost. Und seit Bayerns berühmter Ministerpräsident Franz Josef Strauß hier im Familiengrab bestattet wurde, gibt es für manch bayerischen Patrioten noch einen Grund mehr, sich nach Rott auf den Weg zu machen. Die ehemalige Abteikirche, die **Pfarrkirche St. Marinus und Anianus,** erinnert nur noch in wenigen Teilen an ihre Herkunft aus dem Mittelalter. Als eine der einheitlichsten, innerhalb sehr kurzer Zeit errichteten und ausgestatteten Kirchen des Spätbarock, als Spätwerk des bedeutenden Johann Michael Fischer, ist sie dem Interessierten ein Begriff (s. Abb. hintere Umschlagklappe).

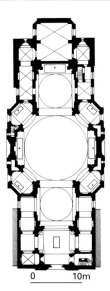

Ehemalige Abteikirche St. Marinus und Anianus, Grundriß

In der Vorhalle wird der Besucher mit dem monumentalen *Stifterhochgrab* (1485, Franz Sickinger) und damit mit der frühen Klostergeschichte konfrontiert. Pfalzgraf Kuno I. von Rott und Vohburg aus dem Geschlecht der Aribonen gründete das Kloster zur Erinnerung an seinen 1081 in der Schlacht von Höchstädt gefallenen Sohn; die Deckplatte des Grabes zeigt den Pfalzgrafen und seinen Sohn mit dem Kirchenmodell.

Der erste Kirchenbau, eine dreischiffige Basilika, wurde Mitte des 12. Jh. errichtet. Reich mit Gütern ausgestattet, entwickelte sich Rott zum bedeutendsten Kloster am Inn. Wie so oft in Oberbayern war es nicht nur Notwendigkeit, sondern auch barocke Baupassion, die zum Neubau der Klosteranlage und der Kirche führte. Leider ist von den Klostergebäuden des frühen 18. Jh. nur noch der Westtrakt (Brauerei und Privatwohnung, 1988 umgebaut) erhalten. Johann Michael Fischer, von dem kunstsinnigen Abt Benedikt Lutz 1758 berufen, schaffte die Wölbung der Kirche bis zum Jahr 1760. Selbst die Altäre mit ihren Figuren, die Fresken und Stukkaturen waren zur Weihe am 23. Oktober 1763 vollendet. Im Innenraum – einer Verbindung von Langhausbau und Zentralraum – dominiert der achteckige, von einer großen Kuppel überwölbte Mittelraum. An ihn grenzen in den Diagonalen 4 rautenförmige Kapellen, über ihnen liegen Emporen. Im Osten schließen sich Chorquadrat mit Nebenräumen und dem Mönchschor an, im Westen zwei quadratische Joche mit Nebenkapellen.

Nicht nur der Baumeister, auch der Freskant (Matthäus Günther), der Stukkator (Jakob Rauch) und der Bildhauer (Ignaz Günther, in Zusammenarbeit mit Joseph Götsch) gehörten zur ersten bayerischen, bzw. schwäbischen Garnitur. Ihre Arbeit galt der Darstellung dreier ikonologischer Themenkreise. Dies waren die Legende von den beiden Kirchenpatronen Marinus und Anianus; die Heiligen und Nothelfer, darunter das mittelalterliche Kaiserpaar Heinrich II. und Kunigunde als Stifter und Förderer des Benediktinerordens; die Verherrlichung des Benediktinerordens.

Das *Fresko der Hauptkuppel* (Glorie des Benediktinerordens) kam in der Kunstgeschichte zu einiger Berühmtheit, denn es ahmt das große Hauptkuppelfresko nach, das Johann Evangelist Holzer 1737–39 für die Benediktinerabeikirche von Münsterschwarzach malte (1821 zerstört). Günther, der ebenfalls in Münsterschwarzach freskierte, hat nach Holzers Tod einen Teil seines Nachlasses erworben, darunter auch den Entwurf für dieses Fresko.

Neben der Kirche von Weyarn, die zahlreiche Hauptwerke Ignaz Günthers besitzt, kann man vor allem in Rott das Werk des Künstlers studieren. Die Vielseitigkeit seiner Kunst beweist sich hier in den hoheitsvollen *Statuen Kaiser Heinrich II. und der Kaiserin Kunigunde* am Hochaltar (1762) und den volkstümlichen Figuren einiger Nebenaltäre. Die Bauernheiligen *Isidor und Notburga* in ländlicher Tracht machten auf die Zeitgenossen offenbar viel Eindruck, denn sie wurden von mehreren Bildhauern nachgeahmt (u. a. in der Hofmarkskirche von Bernried, 1769).

Zwischen Mangfall und Glonn: Bad Aibling und Umgebung

Bad Aibling
Besonders sehenswert:
Ortsbild
Pfarrkirche Mariä Himmelfahrt
Kirche St. Sebastian

Im Westen reicht der Landkreis Rosenheim bis an das Mangfallknie bei Feldkirchen-Westerham heran, im Osten bis an den Chiemsee. Der Inn markiert die Grenze zwischen den zwei sehr unterschiedlichen Teilen. Rosenheim, das Eingangstor zum Chiemgau, bildet die Mitte. Touristisch ist der östliche Teil voll erschlossen, bedingt durch die Nähe des beliebten Chiemsees. Im Gegensatz zu dieser sehr belebten Zone wirkt der Bereich westlich des Inn, um Glonn und Mangfall, fast noch ein wenig verschlafen. Das hat seine Vorteile und freut vor allem den Freund einsamer ländlicher Schönheit. Ideal ist es auch für den Kunstfreund, der zwischen Glonn, Mangfall und Leitzach eine überraschende Anzahl herrlichster Kirchen vorfindet, meist verehrte, traditionsreiche Stätten der Volksfrömmigkeit.

Bad Aibling hätte besseres verdient, als den Vorposten des beliebten Einkaufszentrums Rosenheim spielen zu müssen. Der Durchgangsverkehr schadet dem Ort, der eigentlich seinen zahlreichen Kurgästen Ruhe bieten müßte, ganz beträchtlich.

Der Hofberg, auf dem sich heute unübersehbar die Pfarrkirche erhebt, war die Keimzelle der frühmittelalterlichen Siedlung Epilinga. Einem Herzoghof der Agilolfinger folgte ein karolingischer Königshof, der für das Jahr 804 bezeugt ist. Im Hochmittelalter werden die Grafen von Falkenstein als Vögte genannt, doch Mitte des 13. Jh. fiel

Bad Aibling

Bad Aibling, Stadtplatz mit der Kirche St. Sebastian

auch dieses Gebiet an die Wittelsbacher. Aibling wurde Verwaltungssitz eines umfangreichen Landgerichts und erhielt durch Ludwig den Bayern 1321 die Marktfreiheit, doch Rosenheim, erst 1274 gegründet, wurde ab Mitte des 14. Jh. immer mehr zur Konkurrenz. 1498 wütete der erste Stadtbrand, und bis zum Jahr 1811 waren noch weitere fünf Feuersbrünste zu bestehen. Erst Mitte des 19. Jh. begann mit der Eröffnung des Moorbades ein neuer Aufschwung und mit dem Bau der Bahnlinie München-Holzkirchen-Aibling-Rosenheim der Anschluß an die große Welt. Im Jahr 1895 wurde dem Markt Aibling der Titel eines Bades verliehen, und auch heute noch lebt der Ort im wesentlichen von seinen Kurgästen.

Die **Pfarrkirche Mariä Himmelfahrt** ist nicht nur durch ihre Beherrschende Lage über dem Ort bemerkenswert. Einer der großen bayerischen Baumeister des 18. Jh., Johann Michael Fischer, hat die Pläne zum Umbau geliefert, nachdem die spätgotische Stadtkirche baufällig geworden war. Was hier in den Jahren 1755/56 entstand, war fast ein Neubau, denn von der alten Kirche wurden nur der Turm und der Altarhausschluß übernommen. Dem spätgotischen Turm setzte Fischer eine fein modellierte Haube auf, dem Wandpfeilerraum verlieh er Vornehmheit. Fresken von Martin Heigl und Anton Wunderer (1756, Langhaus: Himmelfahrt und Tod Mariä) schmücken die flache Stichkappentonne; den graziösen Rokokostuck hat der Aiblinger Thomas Schwarzenberger angebracht. Ein weiterer Einheimischer, der Bildhauer Josef Götsch, hat nicht nur die Seitenaltäre und die Kanzel geschaffen, sondern auch viele Bildwerke geschnitzt, darunter die Kreuzigungsgruppe im Chor.

Ein schattiger Weg führt hinab ins Ortszentrum. Die Glonn, die wir dann im Norden der Stadt als munteres Flüßchen kennenlernen werden, windet sich hier ruhig und kanalisiert durch die Häuser-

Zwischen Inn und Salzach

Schloß Maxlrain

schluchten. Sie wird begleitet vom Mühlbach, der mit seinen kleinen Brücken und Stegen so manches idyllische Bild entstehen läßt. Parallel zu diesen beiden Gewässern verläuft die Kirchzeile, die dann in den Marienplatz mündet. Die Brände haben im Zentrum manches abgeräumt. Auch die Kirche, die Aiblings Bürger dem hl. Sebastian, dem Patron gegen die Pest, mitten auf dem Markt bauten (1643), wurde 1765 durch Brand zerstört. Hier, am heutigen Marienplatz, steht nun ein kleiner Spätbarockbau, die **Filialkirche St. Sebastian.** Im Inneren überraschen drei wohlgebildete Altäre mit feinen Figuren – zum Teil Werke des Aiblingers Josef Götsch (1774/75). Der ausdrucksvolle hl. Sebastian im Hochaltar ist allerdings früher entstanden, wahrscheinlich um 1600.

Während das Ortszentrum von Hektik und Lärm erfüllt ist, herrscht im **Kurzentrum** angenehme Ruhe. Es ist am südlichen Stadtrand zu finden, ein modernes Kurhaus, ein Kurpark und schöne Spazierwege stehen den Gästen zur Verfügung. Dr. Desiderius Beck gründete 1845 die ›Soolen- und Schlamm-Bad-Anstalt‹, nachdem er sieben Jahre mit dem Moor als Heilmittel experimentiert hatte. Aiblings Frischmoor hilft vor allem bei chronischem Rheumatismus und Gicht – Zeitkrankheiten, die jährlich über 20 000 Kurgäste hierher bringen.

Bad Aibling bis Weihenlinden

Einen ausgezeichneten Überblick der Geschichte Aiblings als Kurort vermittelt das **Heimatmuseum** in der Nähe des Kurparks (Wilhelm-Leibl-Platz 2). Außerdem gibt es hier besonders schöne ländliche Möbel zu sehen, nicht zuletzt auch die Wilhelm-Leibl-Stube. Leibl lebte 1881–92 in Aibling, bevor er nach Kutterling am Rande der Kollerfilze zog.

Der Glonn, die am südlichen Stadtrand in die Mangfall mündet, folgen wir nun in Richtung ihrer Quelle. Satte Wiesen ringsum und nach wenigen Kilometern die Gebäude einer Brauerei, gegenüber dann eine schattige Allee, ein Gasthof mit Biergarten und schließlich: **Schloß Maxlrain.** Die im Schlierseegebiet ansässigen Grafen von Hohenwaldeck-Maxlrain erbauten das Renaissanceschloß in den Jahren 1582/85, nachdem die mittelalterliche Wasserburg bis auf die Schloßkapelle abgebrannt war. Vierflügelanlagen dieser Art, besetzt mit vier Ecktürmen, von Zwiebelhauben bekrönt, gibt es in Bayern eine ganze Reihe (u. a. Schwindegg bei Dorfen). Die Attraktion des Schlosses ist die Schloßkapelle, die Johann Baptist Zimmermann mit feinstem Deckenstuck schmückte. Einige Jahre stand er in festem Dienstverhältnis auf Schloß Maxlrain und heiratete dort eine Zofe der Gräfin, bevor er 1707 in Miesbach ansässig wurde. Leider ist das Schloß nicht zu besichtigen – nach dem Aussterben der Maxlrainer (1734) gab es einen regen Besitzerwechsel, bis die Anlage 1936 von einer sächsischen Familie, den Grafen von Hohenthal und Bergen, erworben wurde. Leider wurden im 19. Jh. noch die beiden Seitenflügel angefügt, was dem Bau nicht sehr gut bekommt. Besucherfreundlich gibt sich der überaus reizvolle, ländliche Gasthof, in dem man ausgezeichnet speist. Nicht zu übersehen ist das gepflegte Golfplatzgelände vor dem Schloß, doch da sich das Clubhaus in angemessener Entfernung befindet, wirkt sich der Golfbetrieb nicht allzu störend aus.

Neben der Brauerei, in der das kräftige Maxlrainer Bier produziert wird, beginnt eine kleine Straße, die uns zu einer der schönsten Wallfahrtskirchen Süddeutschlands führt, nach **Weihenlinden.** Schon bald erscheinen inmitten des weiten Ackerlandes die prachtvollen Doppelzwiebeltürme der **Wallfahrts- und Pfarrkirche zur Hl. Dreifaltigkeit und Unserer Lieben Frauen Hilf.** Eine Gruppe hoher Linden verdeckt die Westfront und erinnert an den sogenannten Weichlindengarten, die Keimzelle der Wallfahrt. Drei vornehme Männer sollen hier einst begraben worden sein. Das Volk ehrte die Stätte als heiligen Ort, errichtete eine Martersäule, und zu Beginn des 17. Jh. stellten die benachbarten Höglinger eine Marienfigur auf. In der Notzeit der Schwedeneinfälle und der Pest entstand eine Kapelle – die als wundertätig geltende Marienfigur wurde zum Gnadenbild und Ziel einer Wallfahrt. Beim Bau der Kapelle (1643–45) wurde eine Quelle entdeckt; Engel in Gestalt dreier Pilger sollen den Weg zum heilenden Wasser gewiesen haben. Der heutige, sehr stattliche Bau – eine dreischiffige Emporenbasilika – entstand 1653–57. Mit der Wallfahrtsseelsorge wurde das Stift Weyarn betraut, und es

Weihenlinden ☆

Zwischen Inn und Salzach

war ein Weyarner Propst, Valentin Steyrer, der die Pläne für den Kirchenbau entwarf. Allerdings ist man heute der Ansicht, daß entscheidende Ideen zur Gestaltung von dem Münchner Constantin Pader (Bader) stammten, der auch im nahen Westerndorf tätig war.

Ein Arkadengang – Umgang für die Wallfahrer – macht in zahlreichen frommen *Wandbildern* mit der Geschichte der Wallfahrt bekannt (17. Jh.). Ist Weihenlindens Kirche schon von außen in ihrer reichen Gliederung, den feinen hohen Türmen, den dicht gereihten, querovalen Fenstern und den kleinen Treppentürmen ein Genuß, so bezaubert sie im Innern durch satte barocke Farbigkeit. Das zentrale Heiligtum, die achteckige Gnadenkapelle, verbirgt sich hinter dem mächtigen, zweigeschossigen *Hochaltar* (1660). Die drei großen Gemälde des unteren Teils sind der hl. Familie, den Eltern der Maria

Weihenlinden, Innenraum der Wallfahrts- und Pfarrkirche zur Hl. Dreifaltigkeit und Unserer Lieben Frauen Hilf

und denen Johannes' des Täufers gewidmet (Mitte); dem hl. Augustinus, dem Ordenspatron des Chorherrenstiftes Weyarn, gelten die seitlichen Bilder. Im oberen Teil überraschen drei gewaltige Statuen mit Tiara und Reichsapfel – Darstellungen der hl. Dreifaltigkeit (Matthias Schütz, München). Für den Betrachter von unten nicht sichtbar sind die drei Altäre vor den Personen der Trinität.

Die beiden Türen des unteren Geschosses führen zur *Gnadenkapelle*. Der reich stuckierte kleine Zentralraum (1761, Johann Martin Pichler) birgt inmitten eines bezaubernden Barockaltars das Gnadenbild Weihenlindens, eine mit Stoff bekleidete Marienfigur. Oben an der Decke öffnet sich eine Kuppel, umgeben von Engelsfiguren. Überaus dekorativ ist auch der *Stuck* im Langhaus, in zartem Grün, Rosa und Gelb (1736, Johann Schwarzenberger). Fröhlich und liebenswert-naiv inmitten der Stuckpracht: Deckenbilder zur Wallfahrtsgeschichte und marianische Allegorien. Neben dem Hochaltar und der Gnadenkapelle der dritte Glanzpunkt der Kirche: die reich geschnitzte, in ihrer barocken Pracht begeisternde *Kanzel* (um 1660). Constantin Pader, der als Bildhauer begann, ist ihr Meister.

Im Obergeschoß der Sakristei wurde ein *Wallfahrtsmuseum* eingerichtet. Vor allem aber darf die kleine *Brunnenkapelle* neben der Kirche nicht übersehen werden. Über dem Brunnenbecken mit einem Engelskopf als Wasserspeier erscheinen, auf Holz gemalt, umkränzt vom Geäst eines Baumes, die drei Personen der Trinität, unten die Gnadenmadonna. Umrahmt wird das Ganze von Medaillons, deren Bilder die Heilkraft des Wassers veranschaulichen.

Der hohe spätgotische Sattelturm, der unweit Weihenlindens in die Höhe ragt, macht neugierig. Er gehört zum Dorf **Högling**, zur ehemaligen **Pfarrkirche St. Martin**. Der Bau, der schon von außen durch die gelbe Eckquaderung des Turmes gefällt, ist auch im Innern sehenswert. Die Spätgotik dominiert, auffallend sind die Fresken im Chor, die erst 1965 freigelegt wurden (frühes 15. Jh.).

Wieder zurück in Maxlrain, folgen wir der Straße in Richtung Grafing. Bei **Beyharting** überqueren wir die Glonn, die hier einen weiten Bogen beschreibt. Unübersehbar direkt an der Straße: die imponierenden Strukturen der ehemaligen **Stiftskirche, Pfarrkirche St. Johannes Baptist** mit den alten Stiftsgebäuden. Schon um 1130 wurde in ›Pihartingen‹ ein Augustinerchorherrenstift gegründet. Die erste romanische Basilika wurde im 15. Jh. verändert; Constantin Pader baute den ehemals dreischiffigen Kirchenraum 1668–70 zum Saalraum um. Von ihm, dem Meister der Weihenlindener Kanzel, stammt das Rotmarmorgrab für Heinrich Graf von Hohenwaldeck und Maxlrain (gest. 1639) und seine Gemahlin. Eine weitere Erinnerung an Maxlrain: Johann Baptist Zimmermann sorgte mit seinen Gehilfen im Jahr 1730 für Stuck und Deckenfresken in der Kirche und den Stuck in der Sakristei. Die alten **Stiftsgebäude** sind zum Teil abgebrochen, doch blieb der stimmungsvolle *Kreuzgang*, der im Nordflügel 1565 mit Wandbildern zur Passion Christi geschmückt wurde.

Zwischen Inn und Salzach

Tuntenhausen ☆

Wenige Kilometer von hier entfernt, in **Tuntenhausen,** steht die **Wallfahrtskirche Mariä Himmelfahrt,** eine der ältesten und am meisten verehrten Mariengnadenstätten Altbayerns. Schon von fern besticht sie durch ihre beiden eng zusammenstehenden Spitzhelmtürme. Wie in Altötting und Andechs war es auch hier das Haus Wittelsbach, das die Wallfahrt besondes förderte und für die glanzvolle Ausstattung der Kirche sorgte. Die Geschichte der Wallfahrt beginnt mit dem Jahr 1441. Einer Frau, die an starken Leibschmerzen litt, erschien der Überlieferung nach die Muttergottes und sagte ihr, was sie zu ihrer Heilung tun solle: »Wann sie wölle gesund werden, solle sie drei Sambstäg nach einander nach Tundenhausen gehen, alldort so vil Garn opffern, darauß ein Altartuch möchte gwürckt werden.« Nachdem die Frau das Opfer vollbracht hatte wurde sie gesund. Dieses Heilungswunder sprach sich herum, und es begann die Wallfahrt nach Tuntenhausen. Bald wurde die bestehende romanische Kirche für den Zustrom zu klein, und so entstand 1470/80 ein gotischer Bau, der jedoch nach einem Brand 1548 weitgehend erneuert werden mußte. Mit dieser Aufgabe betraute Kurfürst Maximilian I. den Münchner Baumeister Veit Schmidt im Jahr 1628. Die Turmfassade von 1513–33 konnte übernommen werden, ebenso der spätgotische Chor. Ihre typischen Spitzhelme erhielt die Kirche allerdings erst Ende des 19. Jh.

Die dreischiffige Hallenkirche hat ihren Mittelpunkt in dem prunkvollen *Hochaltar,* einer Stiftung des Kurfürsten Maximilian I. Der Hofkistler Heinrich Schön hat ihn 1630 geschaffen, ein reich verziertes, golden strahlendes Prachtwerk, in dessen Mitte das Gnadenbild von Tuntenhausen, die Virgo potens, erscheint. Die begleitenden Figuren der hll. Dorothea und Katharina stammen wahrscheinlich von dem Münchner Hofbildhauer Christoph Angermair.

Auch die beiden Chorbogenaltäre sind um 1630 entstanden: den linken stiftete der kaiserliche Feldherr Tserclaes Graf von Tilly, der Held im Kampf gegen die protestantischen Heere (Altar der Rosenkranzbruderschaft). Nicht minder prächtig als die Altäre ist die *Kanzel* (1633), die Gemeinschaftsarbeit eines Aiblinger Kistlermeisters und eines Rosenheimer Bildhauers.

In der Muschelnische des Triumphbogens, von reichem Stuckwerk umrahmt, steht eine der schönsten Figuren dieser Kirche, die *Patrona Bavariae.* Der große Marienverehrer Maximilian I. gab sie bei Christoph Angermair in Auftrag (um 1630). Üppige geometrische *Stukkaturen* begeistern in der Stichkappentonne des Mittelschiffs und des Chorumgangs – wohl das Werk des Baumeisters Veit Schmidt, eines gebürtigen Wessobrunners (1629). Ein großartiges Zeugnis aus der gotischen Vergangenheit der Kirche ist die *Turmkapelle*. Über vierzig figürliche, bemalte Schlußsteine besetzen das Netzgewölbe – im Mittelpunkt Christus, umgeben von den Aposteln (um 1530).

Ebenso wie Altötting und Andechs ist auch diese alte Wallfahrtsstätte reich an Votiven verschiedenster Art, hervorhebenswert be-

Tuntenhausen, Innenraum der Wallfahrtskirche Mariä Himmelfahrt; oben: das Gnadenbild im Hochaltar

sonders die *Votivtafeln des Andreas Ettling* in Form eines Flügelaltärchens (1586), der *Söller Bauer,* ein kleines Pfluggespann, gestiftet von der Tiroler Gemeinde Söll, außerdem die bemalten *Votivkerzen* am Choraltar und über der Sakristeitüre.

Wie in Weihenlinden finden wir auch hier – außen am Bau – eine Reihe von *Mirakelbildern.* Sie entstanden in den Jahren um 1730, mußten aber mehrfach erneuert werden. Hier wird Wallfahrtsgeschichte lebendig. Tuntenhausen, 1626 in einer Urkunde als eine »durch den Ruhm seiner Mirakel glänzende und ob der Menge seiner Wallfahrer berühmte Stätte« gepriesen, ist noch heute das Ziel vieler Pilger. Im Jahr kommen über hundert Pfarrgruppen hierher, um das Gnadenbild, die Virgo potens, zu verehren.

Von Bad Aibling aus sind in kurzer Fahrzeit Irschenberg und Wilparting, Au und Lippertskirchen zu erreichen – auch landschaftlich

Zwischen Inn und Salzach

interessante Ziele, die wir jedoch anderen Kapiteln zuordnen. Wir konzentrieren uns auf Berbling und die **Mooslandschaft.** Das Rosenheimer Becken war einst über Jahrtausende mit einem fast 50 km langen See gefüllt. Als der Rosenheimer See in der Nacheiszeit verlandete, bildeten sich die großen Filze, die Hochmoore, die Bad Aibling umgeben. Wie auch im Süden des Chiemsees hat sich die Torfindustrie dieser Moore bemächtigt, ihre Schönheit ist traurig reduziert. Früher hingegen hatte die farbenreiche, melancholische Mooslandschaft – wie auch in Dachau – viele Maler angezogen. In Kutterling, am Rande der Kollerfilze, lebten und arbeiteten der Landschafter Johann Sperl und der Genremaler Wilhelm Leibl von 1892–98.

Doch zuvor hatte sich Leibl schon in **Berbling** niedergelassen. Auf der Fahrt zum Weitmoos erreichen wir das kleine Dorf. Hier steht eine der schönsten ländlichen Kirchen Oberbayerns, die **Pfarrkirche Hl. Kreuz.** Der Baumeister Abraham Millauer von der Hausstatt bei Bad Feilnbach hat in diesem reich gegliederten Bau bayerische und böhmische Traditionen miteinander verbunden. Böhmisch inspirierter Schwung außen und innen, vor allem aber viel Licht, das Fresken (Johann Martin Heigl), Stuck und Altären gut bekommt. Die Kirche wurde 1789 geweiht, damals war alles vollendet, auch die Kirchenbänke, die wir hier mit besonderem Interesse betrachten: Die Hamburger Kunsthalle ist glücklicher Besitzer des Bildes ›Drei Frauen in der Kirche‹, das hier in Berblings Dorfkirchlein entstand. Über drei Jahre lang haben die Berblinger Frauen Leibl Modell sitzen müssen, ein schwieriges Unternehmen auch für den Maler, der am 20. Mai 1879 in einem Brief bekannte:»Es gehört wirklich eine große Ausdauer dazu, unter den gegebenen Verhältnissen ein so schwieriges

Berbling, Pfarrkirche Hl. Kreuz

und ausführliches Bild zu Ende zu bringen, denn in der Kirche herrschte bis jetzt eine eiskalte Grabesluft, so daß die Finger steif wurden.« Doch die Mühe wurde reich belohnt, der Ruhm Leibls erreichte auch das Ausland. Die Pariser staunten: »ce n'est plus de la peinture« – das ist keine Malerei mehr. Und Vincent van Gogh, der nur eine Reproduktion des Bildes kannte, fand es »wunderbar im Gefühl« und hielt den Maler für den »tüchtigsten von allen«.

Der Inn zwischen Rosenheim und Kiefersfelden

Der **Inn,** der zwischen Kiefersfelden und Passau die bayerische Landschaft deutlich prägt, ist keineswegs Eigentum der Bayern. Drei Fünftel seiner Strecke hat er bereits hinter sich gebracht, wenn er bei Kiefersfelden Tiroler Gelände verläßt. Und welch grandiose Landschaften er bis dahin durchmessen hat, weiß jeder, der das Engadin, das Tiroler Ober- und Unterinntal kennt. Das Inntal zwischen Kiefersfelden und Rosenheim besitzt zwar immer noch großartige Partien, doch finden wir hier auch sehr viel Liebliches und ganz und gar Undramatisches.

Südlich von Rosenheim trennt der Inn die Wendelsteingruppe im Westen von den Chiemgauer Alpen im Osten. Einst ein wilder, unberechenbarer Fluß, ist er heute durch eine Vielzahl von Staustufen gezähmt und macht an manchen Stellen einen eher trägen und leider auch leblosen Eindruck. Er ist der wasserreichste Fluß Bayerns, und seine Kraftwerkskette, die von Oberaudorf bis Passau reicht (16 Staustufen), liefert jährlich an die 5 Mrd. Kilowattstunden Strom.

Die Innschiffahrt, von der Römerzeit bis zur Mitte des 19. Jh. äußerst lebendig, ließ an den Ufern Siedlungen entstehen, die sich teilweise zu wohlhabenden Ortschaften entwickelten. Nicht zuletzt den Stiftungen der reichen Handelsherren und Schiffsmeister verdanken wir die aufwendigen Ausstattungen mancher Kirchen, ihre Häuser sind – wie etwa in Wasserburg, Rosenheim und auch Neubeuern – Prachtwerke bürgerlicher Baukultur.

Rosenheim

Rosenheim trägt zwar eine Rose im Wappen – Erinnerung an die Hallgrafen von Wasserburg –, doch besonders zart und anmutig zeigt sich der Ort nicht. Im Gegenteil: wie fast alle vom Inn-Salzach-Stil geprägten Orte wirkt auch dieser durchaus bürgerlich-bodenständig. Die Geschichte Rosenheims reicht bis in die Römerzeit zurück. Im Bereich von Westerndorf St. Peter existierte im 2. Jh. die Siedlung Pons Aeni – Brücke über den Inn. Nachdem die Innbrücke an die

Rosenheim
Besonders sehenswert:
Max-Josephs-Platz
Kirche St. Nikolaus
Heilig-Geist-Kirche
Museum im Mittertor
Kirche Hl. Blut

Zwischen Inn und Salzach

Rosenheim
1 Heilig-Geist-Kirche
2 Stadtpfarrkirche
  St. Nikolaus
3 Mittertor (Heimatmuseum)
4 Spitalkirche
  St. Joseph
5 Ausstellungsgebäude im alten Lokschuppen
6 Städtische Galerie
7 Innmuseum

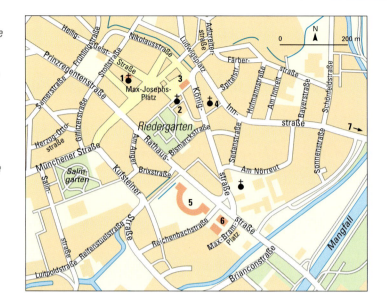

Mündung der Mangfall in den Inn verlegt worden war, entwickelte sich an dieser Stelle eine Siedlung, und aus ihr erwuchs der Markt Rosenheim. Die Burg, die sich die Hallgrafen von Wasserburg auf dem heutigen Schloßberg gebaut hatten, fiel 1274 an die Wittelsbacher. Von ihnen erhielt Rosenheim 1328 das Privileg eines gefreiten Marktes. Weitere Privilegien, wie das Recht der Salzniederlage und des Salztransports (1504) brachten so viel Gewinn, daß sich Rosenheim zu einem blühenden Ort entwickelte.

Ein Stadtbrand im Jahr 1469, ein Jahrhundert später die Pest und ein weiterer verheerender Brand 1641 brachten schwere Rückschläge. Erst nach 1809, als die Soleleitung von Traunstein bis Rosenheim verlegt wurde, kam es zu einem neuen Aufschwung. Der Anschluß an die Eisenbahnlinie München-Salzburg (1857) und die Eröffnung der Bahnstrecke Rosenheim-Kufstein ein Jahr später sind weitere Stationen im Aufstieg Rosenheims, das 1864 zur Stadt erhoben wurde. Nach München und Ingolstadt ist Rosenheim heute mit über 50 000 Einwohnern die drittgrößte Stadt in Oberbayern und Hauptort eines Landkreises. Als Einkaufszentrum für einen weiten ländlichen Umkreis, als Tor zum Chiemgau mit Anschluß an die Autobahn München-Salzburg, bildet die Stadt einen vielbesuchten, lebendigen regionalen Mittelpunkt.

Der Kunstfreund ist hier allerdings nicht so sehr beschäftigt wie in der nahen Innstadt Wasserburg. Die Stadtbrände haben in Rosenheim sehr viel alte Bausubstanz vernichtet. Daher ist der **Max-Josephs-Platz**, der im Mittelalter als Straßenmarkt angelegt wurde, besonders kostbar. Vor allem an der Ostseite des Platzes wirkt die geschlossene Front der Häuser im *Inn-Salzach-Stil* sehr attraktiv. Charakteristisch für das Bürgerhaus des Inn-Salzach-Gebietes (die schönsten Beispiele in Salzburg) sind die horizontal abschließenden Vorschußmauern, hinter denen sich einst die Grabendächer verbargen, die allerdings meist nicht mehr vorhanden sind. Über die Grabendächer konnte das feuerdämmende Wasser abfließen, und auch die hochgezogenen Vorschußmauern dienten dem Brandschutz, denn sie vereinfachten die Feuerbekämpfung über die Leiter. Manche dieser Häuser sind reich verziert, in Rosenheim etwa das *Fortnerhaus* (Nr. 20) mit seinem dekorativen Rokokostuck.

In der Heilig-Geist-Straße, nahe am Stadtplatz, finden wir die **Heilig-Geist-Kirche** (1). Ein Rosenheimer Bürger, Hans Stier, hat sie

Rosenheim, Max-Josephs-Platz; im Hintergrund der Turm der Stadtpfarrkirche St. Nikolaus

1449 gestiftet und seinem Haus, dem **Stockhammerhaus,** angefügt. Die Doppelkirche ist zum Hauptraum hin offen, die obere *Wolfgangskapelle* war einst die Privatkapelle des Stifters. Ikonographisch interessant ist das Wandgemälde: der Gekreuzigte ist hier in der Art des Volto Santo von Lucca mit gegürteter Tunika, vor dem Kreuz schwebend, dargestellt, zu seinen Füßen kniet ein Geiger, dem er seinen goldenen Schuh zuschiebt.

Die **Stadtpfarrkirche St. Nikolaus** (2) überragt mit ihrem schönen, patinierten Turm die alten Bürgerhäuser. Auch sie brannte 1641 größtenteils ab, doch wurde sie 1644 wieder aufgebaut und im 19. Jh. nach Osten verlängert. Die dreischiffige Halle mit Netzrippengewölbe enthält nur noch wenige alte Ausstattungsstücke. Auffallend ist das Bild der Schutzmantelmadonna (um 1515), das auch rückseitig bemalt ist (Chöre der Seligen). Die zahlreichen Epitaphien und Grabplatten stammen aus dem 15. und 16. Jh.

Von den alten Stadttoren ist nur noch das **Mittertor** (3) zwischen dem Max-Josephs-Platz (einst der Innere Markt) und dem Ludwigsplatz (Äußerer Markt) erhalten. In dem schön gegliederten, mehrfach veränderten Bau (Kern 14. Jh.) ist jetzt das Heimatmuseum untergebracht. Hier sieht man neben römischer Terra sigillata aus dem alten Pons Aeni auch interessante Objekte zur Innschiffahrt, darunter das Modell eines Innschiffszuges.

Wenn Rosenheim auch mit qualitätvoller Architektur nicht gerade gesegnet ist, schaffen die Museen doch eine gewissen Ausgleich. Gegenüber vom alten Bahnhof wurde der ehemalige **Lokschuppen** (5) zum Ausstellungsgebäude umgebaut (Laziserplatz). Nicht weit entfernt ist die **Städtische Galerie** (6; Max-Bram-Platz 2), wo Bilder der Münchner Schule zu sehen sind. Im **Innmuseum** (7) an der Innstraße werden in 25 Abteilungen an die 3000 Objekte zur Innschiffahrt und zum Häuserbau gezeigt.

Rosenheim, Modell des Innschiffszugs im Innmuseum

Hl. Blut bis Westerndorf

Die Ausfahrt nach Süden auf der B 15 bringt dann ein sehr schönes Kunsterlebnis. Wenn auch bedrängt von verkehrsreichen Straßen, ist die **Wallfahrtskirche Hl. Blut,** umgeben von einer Wiese und hohen Bäumen, fast noch eine Idylle. Wir befinden uns hier auf dem Wasen, der noch bis in die 1930er Jahre hinein ein weites Wiesen- und Akkergelände vor den Toren der Stadt war. Der strahlend ockergelbe Bau mit schlankem Zwiebelhaubenturm besitzt einen spätgotischen Chor, doch Langhaus und Turm sind barock. Im 17. Jh. hatte die Wallfahrt ihren Höhepunkt, aus dieser Zeit stammen die Altäre und der schwere Stuck im Chor (1687, Giulio Zuccalli). Kostbarster Besitz der Kirche ist der *Gnadenstuhl* im Hochaltar, eine Schnitzgruppe des Meisters von Rabenden (1508). Die kleine *Brunnenkapelle* im Norden war »eine Hauptursach, warum die Hauptkürch erbauet«: Aus ihrem Brunnen schöpften die Wallfahrer das heilkräftige Wasser. Der kleine achteckige Raum steckt voll von barocker Symbolik. Blickt man in den Brunnen, so sieht man im Wasser das Bild Gottvaters, das an die Kuppeldecke gemalt ist.

Nicht weit von Hl. Blut entfernt, im Bereich des Unteren Wasen, liegt **Westerndorf**. Die kleine, ländliche Siedlung besitzt in der **Kirche Hl. Kreuz** einen erstaunlichen, phantasievollen Barockbau. Allein der Anblick der mächtigen Zwiebelhaube, die den runden Kirchenbau bedeckt, ist eine Fahrt hierher wert. Wahrscheinlich war es Constantin Pader – bekannt durch seine Kirche Maria Birnbaum bei

Westerndorf, Blick auf den Ort;
unten: Grundriß der Kirche Hl. Kreuz

0   5m

Aichach –, der den Zentralbau über vierpaßförmigem Grundriß plante. Ausführender Baumeister war der Schlierseer Georg Zwerger, der die Heiligkreuzkirche 1668 errichtete und auch den herrlichen *Stuck* nach Miesbach-Schlierseer Art anbrachte.

Um das Inntal bei Brannenburg zu erreichen, ist zwar die Autobahn der direktere Weg, doch lohnender ist der Umweg über Bad Feilnbach. Die weite Moorlandschaft der Kollerfilze ist längst ihrer Ursprünglichkeit beraubt. Die melancholischen Moore, die manche Maler der Münchner Schule über die Jahrhunderte hinweg begeisterten, existieren nicht mehr. Der Torfabbau hat hier viel geschadet. Zu den Restbeständen, den geretteten Moorpartien, gehört das **Naturschutzgebiet Auer Weidmoos**. Das Versumpfungsflachmoor von 76,5 ha Fläche ist Brutbiotop für bedrohte Sumpfvögel und Rastplatz für Zugvögel.

Am Rande dieses Mooses liegt **Au**. Der überaus stattliche Bau der **Pfarrkirche St. Martin** deutet auf einen vermögenden Bauherren. Au, das einst zur Pfarrei Elbach gehörte, kam bereits im Hochmittelalter an das Kloster Scheyern. Als nach Gründung der Erzbruderschaft Maria Trost (1706) ein Neubau notwendig wurde, war es nicht schwierig, den geeigneten Baumeister zu finden. Im Weiler Altofing bei Bad Feilnbach gab es im 17. und 18. Jh. einen Hof, genannt Hausstatt. Drei Generationen von Baumeistern haben hier gelebt: der Maurermeister Johann Mayr d. Ä. (1643–1718), sein Schwiegersohn Abraham Millauer (1680–1785) sowie Johann Mayr d. J. (1677–1743). Die Hausstätter, wie sie in der Kunstgeschichte genannt werden, haben den ländlichen Kirchenbau im Umkreis von Rosenheim, Aibling und Kufstein im späten 17. und im 18. Jh. deutlich geprägt. Ein Raumtypus war es, den sie bevorzugten: die einschiffige Wandpfeilerhalle. Hier in Au war Abraham Millauer der Baumeister, die Pläne lieferte der Aiblinger Wolfgang Dinzenhofer. Sehr reizvoll ist der reiche Stuckdekor aus der Erbauungszeit, farblich bestechend die Altäre in Blau und Gold.

Die Fahrt in Richtung Bad Feilnbach in offenem Wiesengelände ist ein Genuß, denn hinter den Inntalhöhen werden die Chiemgauberge sichtbar. In **Lippertskirchen** überrascht der hohe Satteldachturm der ehemaligen **Wallfahrtskirche Maria Morgenstern**. Schon im Mittelalter gab es hier eine Marienwallfahrt. Die spätgotische Kirche wurde 1778 umgebaut und neu ausgestattet – vor allem bei den Deckenbildern (1798, Josef Hauber, Szenen aus dem Marienleben) macht sich der Klassizismus schon sehr bemerkbar. Rokokoanmut und -bewegtheit aber noch bei den Altären, meisterlichen Werken des Aiblingers Joseph Götsch (1783–85). Im Hochaltar: das spätgotische Gnadenbild, eine thronende Muttergottes (um 1520).

Glücklich, wer in **Bad Feilnbach** zur Kur gehen kann. Im Süden ragt das markante Felsmassiv des Wendelsteins ins Tal, im Westen dehnt sich das flache, liebliche Gelände bis zum Inn. Die hundertjährige Tradition als Erholungs- und Heilort nutzen vor allem Patienten, die es mit Rheuma, Gicht und Krankheiten des Bewegungsapparats zu tun haben. Kurmittel ist das Moor der nahen Filze, das in Form von Packungen und Bädern verabreicht wird.

Am südlichen Ortsrand führt ein Weg nach **Altofing,** wo der Hof der Hausstätter immer noch steht. Ein Bauriß, der erst in den 1980er Jahren hier entdeckt wurde, beweist den Einfluß der aus der Nähe von Brannenburg stammenden und nach Böhmen abgewanderten Baumeister der Dientzenhofer auf die Hausstätter.

Altofing benachbart ist **Kutterling,** das ländliche Domizil Wilhelm Leibls von 1892–98. Sein Gefährte war der Maler Johann Sperl, ein Landschafter. Einige Bilder entstanden gemeinsam: Sperl malte die Landschaften, Leibl die Personen.

Wir nähern uns Brannenburg. Noch bevor wir den Ort erreichen, zweigt eine kleine Straße in Richtung **Schwarzlack** ab. Die **Wallfahrtskirche Mariahilf und St. Johann Nepomuk** liegt am Hang des Sulzbergs, in großartiger Lage über dem Inntal. Abraham Millauer, einer der Hausstätter, lieferte den Plan für den zentralisierenden Rokokoraum, sein Sohn Philipp hat ihn 1751 ausgeführt. Auch die Brüder Gunetzrhainer haben hier mitgewirkt, und 1763 hat Johann Achleitner den Bau vollendet. Der Stuckdekor ist Illusion – er wurde aufgemalt. Die Deckenfresken wurden erst 1811 von Sebastian Rechenauer d. Ä. hinzugefügt. Im Rokokohochaltar sieht man den hl. Johann Nepomuk unter dem Mariahilf-Gnadenbild.

In **Brannenburg,** das sich am Fuß des Wendelsteins ausbreitet, haben sich schon Mitte des 19. Jh. Maler der Münchner Schule eingefunden. Ludwig Steub berichtete 1860 (›Das bayerische Hochland‹): »So ist denn seit geraumer Zeit ein Sommerlager der Maler bei Brannenburg aufgeschlagen, beim alten Schlosse, das den Grafen von Preising gehört, am Fuße schöner Alpen und in einer Vegetation, die in ihrer Üppigkeit fast südlich anzusehen ist.«

Vom alten Preysing'schen **Schloß** ist nichts geblieben, denn 1872 wurde es neugotisch umgebaut (Schloßstraße 6, heute Landschulheim). Auch die Kirche **Mariä Himmelfahrt** (um 1680; 1772–80 barockisiert) mußte sich bis ins 20. Jh. hinein (Deckenbilder 1920) Veränderungen gefallen lassen. Wegen seiner herrlichen Lage im Inntal ist Brannenburg heute ein gern besuchter Urlaubsort. Die Hauptattraktion ist die **Zahnradbahn** zum **Wendelstein.** Niemand läßt sich die Fahrt hinauf in 1838 m Höhe entgehen, denn an schönen Tagen reicht die Sicht bis zum Bayerischen Wald. Allerdings ist hier oben manches verbaut – ein Sonnenobservatorium, eine Wetterstation, die Sendeanlage des Bayerischen Rundfunks, dazu noch eine Bergkapelle, sorgen für getrübten Naturgenuß.

Zur Großgemeinde Brannenburg gehört auch **Degerndorf.** In der **Kirche St. Ägidius** (spätgotisch, im 17. und 18. Jh. umgebaut), interessiert nicht zuletzt die Kanzel. Matthias Perthaler hat sie 1746 geschaffen; er gehörte zu einer Familie von Schnitzern und Kistlern, die zum Ruhm der Inntaler Bauernmöbel des 18. Jh. beitrugen. Das Wahrzeichen von Degerndorf ist die **Biber,** eine bewaldete Anhöhe am südwestlichen Ortsrand. Hier baute sich im Jahr 1626 der Eremit

Zwischen Inn und Salzach

Hans Schell eine Klause, aus der sich dann bis zum 18. Jh. eine ausgedehnte Anlage entwickelte. Die **Wallfahrtskirche St. Maria Magdalena** (1627–30) bildet die zwölfte Station eines überaus wirksam in das Waldgelände einbezogenen Kreuzwegs.

Dennoch, muß man sich zeitlich beschränken, ist die Fahrt zur **Kirche St. Margarethen** vorzuziehen, die idyllisch auf einer Anhöhe über Degerndorf sitzt. Der Blick von der Straße aus ins Inntal, auf die romantische Kulisse des Heubergs, die sanften Mulden des Samerbergs und den Hügel Neubeuerns hätte von keinem Landschaftsmaler des 19. Jh. schöner erfunden werden können. Ist es ein Wunder, daß innerhalb dieses weiten, großartigen Landschaftsrahmens eine Baumeisterdynastie heranwuchs, die zu den bedeutendsten Europas gehörte? Die Dientzenhofer hatten ihren Hof **Zum Gugg** (1542) auf dem Guggenbichl oberhalb von St. Margarethen – er steht heute noch. Am Grab Georg Dientzenhofers d. Ä. im Friedhof erinnert eine Tafel an die Baumeisterbrüder, die von hier aus nach Prag zogen.

In der kleinen gotischen Kirche wurden erst 1975 *Fresken* entdeckt und freigelegt, darunter Darstellungen zur Legende der Kirchenpatronin. Sie stammen aus der Bauzeit des Chors, dem späten 15. Jh. Der Hochaltar ist barock, doch haben sich aus der Zeit um 1500 zwei schöne Tafeln eines Altars erhalten.

Von hier aus zu überblicken, jedoch nicht zu besteigen: der Petersberg bei Flintsbach. Um das erstaunliche Peterskirchlein zu erreichen, müssen wir erst wieder hinab ins Tal, nach **Flintsbach.** Schon von weitem ist der formvollendete Turm der **Pfarrkirche St. Martin** zu sehen. Der Hausstätter Abraham Millauer hat hier seinen drittschönsten Kirchenbau errichtet – Berbling und Schleching gebühren die beiden ersten Plätze. Nur die Umfassungsmauern blieben vom spätgotischen Vorgängerbau, im übrigen ist die Martinskirche reinstes Frührokoko (1734/35). Der Saalbau ist fast überreich ausgestattet – auffallend der Bandelwerkstuck des Freisingers Thomas Glasl, der sich am Asam-Stuck der Freisinger Domkirche orientierte. Neugier erwecken die Grabdenkmäler des Geschlechts der Falkenstein. Um die Burgruine dieser im Mittelalter mächtigen Grafenfamilie zu sehen, ist eine Bergwanderung unumgänglich.

Am südlichen Ortsrand führt ein Weg hinauf zum Kleinen Madron, einem Vorberg des großen Riesenkopfs. Oberhalb der Rachelwand hatten sich die Grafen von Falkenstein im 11. Jh. ihre Burg errichtet. Zwischen Inn und Mangfall erstreckte sich ihr Besitz, sie waren Klostervögte von Tegernsee, Baumburg, Herrenchiemsee und Seeon. Im Krieg Adolfs von Nassau gegen Albrecht von Österreich zerstörte ein Salzburger Ministeriale die Burg (1296). Weiter unterhalb wurde sie dann von neuem errichtet – heute steht nur noch der Wehrturm.

Über seiner Burg Falkenstein, auf dem Gipfel des Kleinen Madron, stiftete Graf Siboto I. um 1130 ein kleines Benediktinerkloster. Man erreicht die **Wallfahrtskirche St. Peter,** die ehemalige Propsteikirche in einem einstündigen Aufstieg. Der romanische Bau ist weit-

Flintsbach, Pfarrkirche St. Martin vor dem Heuberg

gehend erhalten, doch hat das 17. Jh. eine Barockausstattung gebracht. Erstaunlich am romanischen Stufenportal: Tierköpfe von Widder und Bär, vorchristliche Symbole. Schon bevor die Kirche gebaut wurde, gab es hier der Legende nach eine heidnische Kultstätte. Es sollen irisch-fränkische Missionare gewesen sein, die hier auf dem Berg den Kult des hl. Petrus einführten. Das Petrusrelief am Westgiebel weist auf den Salzburger Kunstkreis (um 1200). In feierlichem Gold-Schwarz beherrscht der prächtige Hochaltar den kleinen Saal mit Kassettendecke. Den sitzenden hl. Petrus, eine spätgotische Figur, umgeben die Patrone der römischen Hauptkirchen. Ein spätromanischer Kruzifixus (zweite Hälfte 13. Jh.), die älteste Figur im Landkreis, stellt Christus mit Zackenkrone als König dar. – Das alte Propsteigebäude (1696) wurde zum **Gasthof** umfunktioniert – hier bekommt der Wanderer die verdiente Stärkung.

Auf der Fahrt nach Niederaudorf – immer am Inn entlang – rückt nun auch das Kaisergebirge näher. Das Gelände jenseits des Flusses ist bereits tirolisch. Das Chiemgauer Kranzhorn mit seinen bewaldeten Hängen im Norden, der Kaiser im Westen – eine wunderschöne Kulisse für das letzte Innkloster auf bayerischem Boden: **Reisach.**

Sinnvoll ist es, vor der Klosterkirche noch einen Blick auf das benachbarte **Schloß Urfahrn** zu tun, denn hier begann die Geschichte des Karmelitenklosters. Der hohe Walmdachbau wurde 1723–27 nach Vorbild des Jagdschlosses Fürstenried bei München errichtet (Plan von Johann Baptist Gunetzrhainer). Johann Georg von Messerer, der Sohn eines Aiblinger Brauereibesitzers, durch Getreidehandel reich geworden und zum Kurfürstlichen Rat aufgestiegen, war der Bauherr. Die *Schloßkapelle*, von Johann Baptist Zimmermann um 1723 stuckiert, würde jedem Fürstenschloß zur Ehre gereichen. Angesichts seines Reichtums begannen Messerer Zweifel zu plagen, und er fragte sich, »ob mir der liebe Gott eine solche Fülle von Erdengütern zum Heile oder zum Verderben der Seele anvertraut hat«. Die Antwort gab ihm ein Münchner Karmelitenpater: ein solches Übermaß an weltlichen Gütern verlange nach frommer Spende. Im Jahr 1746 waren die Klostergebäude vollendet, die Kirche war bereits 1737–39 errichtet worden (Pläne: Ignaz Anton Gunetzrhainer, ausführender Baumeister: Abraham Millauer).

Die **Karmelitenklosterkirche St. Theresia und Johannes vom Kreuz** ist, bei aller diesem asketischen Orden angemessenen Einfachheit, ein sehr nobler, harmonisch proportionierter Bau. Es wurde ganz auf Stuck verzichtet, ebenso auf Deckenfresken, die Einrichtung der Wandpfeilerhalle ist jedoch von größer Qualität: im Gemälde des Hochaltars (Balthasar Augustin Albrecht) erscheint die hl. Theresia von Avila zusammen mit dem hl. Johannes vom Kreuz. Die vier Seitenaltäre an den Langhauswänden überraschen durch eine zu dieser Zeit ungewöhnliche Einbeziehung von Holzreliefs – Arbeiten der Münchner Werkstatt Johann Baptist Straubs. Der ›feurige Elias‹ ist besonders wirkungsvoll – der Patron der Karmeliten bekam in dieser Kirche einen Ehrenplatz. – Kloster Reisach wurde 1802 auf-

Tatzelwurmstraße bis Erl

Reisach, Karmeliten-klosterkirche St. Theresia und Johannes vom Kreuz

gehoben. Wie so oft war es König Ludwig I., der 1836 wieder für den Einzug der Karmeliten sorgte.

Südlich von Niederaudorf führt eine viel befahrene Bergstraße, die **Tatzelwurmstraße,** nach Bayrischzell in den Schlierseer Bergen. Beim Wirtshaus Tatzelwurm stürzt der Auerbach, der vom Sudelfeld herkommt, durch einen Felsspalt über 70 m hinab in die Tiefe. Diese **Wolfsschlucht** mit ihren Labyrinthen und Wasserfällen soll einst der Wohnort eines feuerspeienden Drachen gewesen sein. Viktor von Scheffel hat ihn besungen: »Vom Pentling bis zum Wendelstein/War Fels und Luft und Wasser mein / Ich flog und ging und lag gerollt / Und statt auf Heu schlief ich auf Gold / Als Tatzelwurm.« Beherrscht wird das Gelände des Auerbachs – er mündet bei Reisach in den Inn – vom **Brünnstein,** dem Hausberg von Nieder- und Oberaudorf. Wenn auch nur 1619 m hoch, ist dieser bis zum Gipfel bewaldete Berg ein idealer Aussichtspunkt: vom Zahmen und Wilden Kaiser geht der Blick bis zu den Hohen Tauern und den Zillertaler Alpen.

Der Talkessel von **Oberaudorf** ist weit, und wenn auch die felsigen Wände des Kaisergebirges schroffe Akzente setzen, wirken sie nicht bedrängend. Oberaudorf, dem viel besuchten Luftkurort, wird ein ausgeglichenes Klima bescheinigt. Der Kunstfreund ist hier allerdings wenig beschäftigt, denn Kriegszerstörungen und Brände sorgten für die Vernichtung der alten Bauten. Von der mittelalterlichen **Auerburg** der Grafen von Falkenstein sind nur noch wenige Reste geblieben. Die **Pfarrkirche Mariä Himmelfahrt** (15. Jh.) wurde 1823 durch Brand weitgehend zerstört und danach klassizistisch erneuert. Dennoch, einige Barockaltäre sind vorhanden. – Wer sich für die Geschichte der Innschiffahrt und den Italienhandel der Innstädte interessiert, kann sich im **Heimatmuseum** informieren, das im Burgtor am südlichen Dorfausgang untergebracht ist.

Zwischen Inn und Salzach

Die letzte bayerische Station am linken Innufer, **Kiefersfelden,** ist vor allem durch sein Volkstheater bekannt, das älteste Dorftheater in Deutschland (1618). Seine Spezialität sind die Ritterspiele, die im Juli und August viele Zuschauer anlocken. Kiefersfelden, einst Standort eines Eisenhammerwerks, lebt heute vor allem vom Fremdenverkehr. Vom Getriebe der Inntalautobahn ist im Ort zum Glück nicht viel zu spüren. Zwei kleine Seen, der Hechtsee und der Thiersee, laden zu Ausflügen ein. Am schönsten aber ist es oben auf dem **Nußlberg** (878 m), der in einer Stunde erklommen ist. Die Aussicht auf das Kaisergebirge, den Pendling und die Schlierseer Berge ist bestechend, außerdem gibt es hier oben eine Wallfahrtskirche und eine verlassene Klause.

Bei Oberaudorf führt eine Brücke über den Inn, nach Tirol. In **Ebbs** errichtete der Hausstätter Abraham Millauer 1748–54 die **Pfarrkirche Mariä Geburt,** die Fresken malte der Tiroler Josef Adam Mölk.

Erl, nahe der bayerischen Grenze, ist das Tiroler Oberammergau, seine Passionsspiele haben seit 1613 Tradition. Das **Passionsspieltheater,** ein moderner Bau von 1958, steht außerhalb der Festspieljahre auch für Konzerte zur Verfügung. Übrigens weht in Erl ein besonders kräftiger Wind, doch ist der ›Erler Wind‹ nicht mit dem im Inntal ebenfalls berüchtigten Föhn zu verwechseln. Dazu bemerkt Hans Heyn: »Der Erler Wind erreicht seine größte Stärke im alpinen Inntal, wo er bis zur Windstärke 6 steif steht (…) Das Flußtal ist außerdem eine Föhngasse. Der Südwind (Sunnawind, Bergwind) beeinflußt Menschen mit Wetterfühligkeit meist negativ mit Beschwerden. Im Gegensatz hierzu behauptet der Volksmund: ›Der Erler Wind macht frische Leut‹ « (›Der Inn‹, 1989).

Das Kranzhorn, ein Waldkegel von 1366 m Höhe, bewacht die bayerisch-tirolische Grenze. Nahe am österreichischen Zollhaus, zwischen den Innauen und den Abhängen des Kranzbergs, steht ein auffallend hübscher kleiner Bau, die **Heilig-Kreuz-Kirche** von **Windshausen.** Anna Hupfauf stiftete sie 1677 zum Gedächtnis an ihren Mann, den Neuburer Schiffsmeister Wolf Hupfauf. Im Frühbarockaltar sind auch die Namenspatrone des Paares zu sehen, die hll. Wolfgang und Anna.

Nußdorf, das sich dem Touristen als »Erholungsort an der Sonnenseite im bayerischen Inntal« anpreist, ist keineswegs nur auf seine landschaftlichen Schönheiten angewiesen. Die bewegte Silhouette des Heubergs (1838 m) ist ein wunderschöner Hintergrund für die **Pfarrkirche St. Vitus** mitten im Ort. Der spätgotische Bau, um 1730 barockisiert, enthält einige qualitätvolle Altäre aus der Mitte des 18. Jh. Auch die **St. Leonhardskirche** am südwestlichen Ortsrand ist in den Hauptteilen spätgotisch. Andreas Vordermayr aus Rohrdorf hat die alte Wallfahrtskirche um 1760 umgestaltet und stuckiert. Die Nußdorfer Leonhardiwallfahrt gehörte bis ins 18. Jh. zu den bedeutendsten im Inntal. Dann wurde eine andere Wallfahrt wichtiger, die von **Kirchwald.**

Auf dem Weg zum Heuberg ist die kleine **Wallfahrtskirche Mariä Heimsuchung** in etwa einer halben Stunde zu erreichen. Mitte des

Kirchwald, Wallfahrtskirche Mariä Heimsuchung

Neubeuern

17. Jh. baute sich ein mährischer Pilger, Michael Schöpfl, im Kirchwald unter dem Heuberg eine Klause. Eine heilkräftige Quelle und ein Madonnenbild – in einer Holzkapelle aufgestellt – zogen so viele Wallfahrer heran, daß 1719 eine größere Kirche gebaut werden mußte (Wolfgang Dientzenhofer, Aibling). Der reich stuckierte Raum (1720) ist mit drei Barockaltären in wirkungsvollem Schwarz-Gold-Weiß ausgestattet. Das Gnadenbild im Hochaltar ist eine Kopie des Maria-Schnee-Bildes von Santa Maria Maggiore in Rom. Reizvoll sind die Prozessionsstangen der Innschifferzunft, bekrönt von kleinen Schiffchen mit den Figuren der Maria und der beiden Schifferpatrone Johann von Nepomuk und Nikolaus. Kirchwald ist noch heute Einsiedelei. Die wichtigsten Wallfahrtstage sind die Marienfeste, vor allem das Fest Mariä Heimsuchung am 2. Juli.

Der kleine, bewaldete Felsrücken, der sich westlich des Samerbergs über dem Inntal erhebt, trägt eines der hübschesten Dörfer Oberbayerns: **Neubeuern.** Ein langgezogener Marktplatz, gesäumt von buntbemalten Häusern, darüber thronend eine herrschaftliche Burg – ein Bild, das schöner nicht gemalt sein könnte.

Bis ins 12. Jh. hinein reicht die Geschichte von **Schloß Neubeuern,** das sich heute allerdings in historistischem Gewand zeigt. Fast nicht zu zählen ist die Reihe der Adelsgeschlechter, die hier oben residierten. Beginnend bei den Grafen von Mögling-Frontenhausen, aus deren Zeit noch der *Bergfried* (12. Jh.) stammt, über die Grafen von Preysing-Hohenaschau, an deren Herrschaft die *Schloßkapelle* erinnert (1751, Johann Baptist Gunetzrhainer), bis zu Baron Jan von Wendelstadt, unter dessen Ägide die Anlage historistisch umgestaltet wurde (1895–1908, Gabriel von Seidl). Hugo von Hofmannsthal, der zu den illustren Gästen der Baronin Julie von Wendelstadt und ihrer

Neubeuern ☆
Besonders sehenswert:
Pfarrkirche
Schloß
Ortsbild

Neubeuern, Ort und Schloß

Schwester Gräfin Ottonie von Degenfeld-Schonburg gehörte, lobte den »starken, bestimmten Contour« des Burgschlosses. Leider können wir die Anlage – den Sitz eines bekannten Landerziehungsheims – nur von außen betrachten.

Besucherfreundlich hingegen zeigt sich der Ort selbst mit seinen vielen Gasthöfen. Die Lüftlmalereien am **Marktplatz** allerdings sind nur noch zum Teil original erhalten. Nach schweren Bränden Ende des 19. Jh. wurde der Markt durch Gabriel von Seidl im alpenländischen Heimatstil wieder aufgebaut.

Seine Entstehung verdankt der Markt Neubeuern der Innschifffahrt. Wenn auch die Innlände unten am Fluß längst verschwunden ist – im Dorf oben stehen noch einige der stattlichen **Schiffsmeisterhäuser**. Durch den Innfernhandel reich geworden, konnten sich die Schiffsmeister die aufwendigen Bauten mit hohem Schopfwalmdach leisten, wie etwa die Nr. 10, den jetzigen Pfarrhof (18. Jh.).

Im Süden schließt die **Pfarr- und Wallfahrtskirche Mariä Unbefleckte Empfängnis** den Marktplatz ab. Mit ihrem kraftvollen, von Stufengiebeln bekrönten Turm (13. und 15. Jh.) macht sie schon von außen neugierig. Im Inneren empfängt uns festliches Rokoko. Nach der Entstehung einer Marienwallfahrt im 16. Jh. und der Gründung einer Rosenkranzbruderschaft im Jahr 1630 wurde eine Erweiterung der Kirche notwendig. Die Ausstattung in feinstem Rokoko ist das Werk der Jahre um 1775; aus dieser Zeit stammt auch der Hochaltar des Aiblingers Joseph Götsch mit dem spätgotischen Gnadenbild.

Am Fuß des Neubeurer Hügels liegt **Altenbeuern**. An der **Kirche Hl. Dreifaltigkeit** (15. und 17. Jh.) sollte vor allem der Freund spätgotischer Schnitzkunst nicht vorbeigehen. Im Hochaltar ist eine auch ikonographisch interessante Schnitzgruppe aus der Zeit um 1500 zu sehen. Die hl. Dreifaltigkeit ist hier als thronende Dreipersönlichkeit dargestellt, ein Typus, der kirchlich nicht immer unangefochten war. Darstellungen dieser Art gehen zurück auf den Besuch der drei Männer bzw. Engel bei Abraham, den u. a. Augustinus als Hinweis auf die Trinität interpretierte.

Nicht nur die Innschiffahrt spielte in und um Neubeuern wirtschaftlich eine Rolle. Es wurde auch mit Mühl- und Schleifsteinen verdient, die aus den heimischen Steinbrüchen gewonnen wurden. Im **Mühlsteinbruch** bei Altenbeuern sind die Stadien der Brucharbeit noch deutlich zu erkennen.

Weiter abgerückt vom Inn, auf einer Terrasse am Fuß des Samerbergs, liegt **Rohrdorf**. Die **Pfarrkirche St. Jakobus d. Ä.** ist zwar ein Neubau der Jahre 1769–73, doch gab es Vorgängerbauten aus dem 15. und sogar dem 8. Jh., denn Rohrdorf ist Urpfarrei. Die Grafen von Falkenstein, die hier im 12. Jh. herrschten, verehrten den Pilgerheiligen Jakobus und sorgten für das Patrozinium. Im prunkvollen barocken Hochaltar (1712) sehen wir die ausdrucksvolle Figur des Pilgervaters, ein Hauptwerk des *Meisters von Rabenden* aus den Jahren um 1510 (s. Abb. S. 18). Auch die Seitenaltäre mit Figuren von Joseph Götsch und Georg Angerer sind von schönster Qualität (um 1772).

Der Chiemgau

Wo beginnt der Chiemgau, wo endet er? Eine Frage, die der Einheimische meist anders beantwortet als der Fremdenverkehrsprospekt. Dem Chiemgau geht es ähnlich wie dem Pfaffenwinkel: während die einen ihn, den historischen Gegebenheiten folgend, enger begrenzen wollen, lieben es die anderen, dieses touristisch so ergiebige Gebiet möglichst weit auszudehnen. Dabei ist es gar nicht so schwer, die Grenzen des Chiemgaus abzustecken. Bereits im 8. Jh. wurden sie in einer Güterbeschreibung des zuständigen Bistums Salzburg genannt: im Norden das Gebiet um Schnaitsee und Tacherting, im Süden das Gebirge, im Westen das Gelände um den Inn und im Osten die untere Alz und die Traun, dazu einige Orte am Waginger See. Lassen wir den Bereich um den Waginger See dem Rupertiwinkel und verlängern die südlichen Markierungen bis zur Staatsgrenze nach Österreich, so haben wir den Chiemgau, wie er im allgemeinen Verständnis lebt.

Der Begriff Chiemgau ist – als Chiemingaoe – seit etwa 790 belegt. Namengebend war ein karolingischer Gaugraf Chiemo (auch: Chimmi), der Mitte des 8. Jh. im heutigen Chieming lebte. Auch der See hat diesem Chiemo also seinen Namen zu verdanken, zuerst als Chieminsaeo oder als Lacus Chimingen.

Von Chieming aus, am Ostufer, haben wir den See in seiner ganzen herrlichen Weite vor uns. Immerhin bedeckt er als größtes bayerisches Gewässer eine Fläche von 79,90 km^2 und wird daher zu Recht als Bayerisches Meer tituliert. Doch was wäre dieser See ohne seine Inseln? Der bayerische Erzähler Ludwig Steub nennt sie in seinem Band ›Das bayerische Hochland‹ (1860) der Reihe nach: »In diesem schönen See sonnen sich drei stille Eilande. Herrenwörth führt seinen Namen von dem Mönchskloster, dessen mächtige Gebäude noch auf ihrer Höhe prangen. Das andere war einst frommen Nonnen zu eigen, heißt deshalb Frauenwörth und trägt auch ein schönes Stift. Das dritte Eiland endlich wird die Au oder Krautinsel genannt und ist die Gemüsekammer der Einwohner von Frauenwörth.«

Die Herreninsel

»Stille Eilande« sind die beiden Hauptinseln des Chiemsees leider schon länger nicht mehr. Als im Jahr 1887 nach dem Tod Ludwigs II. Schloß Herrenchiemsee zur allgemeinen Besichtigung freigegeben wurde, begann der Ansturm auf die bis dahin streng abgeschlossene Herreninsel. Von Prien/Stock aus, auch von Gstadt, ist sie mit dem Dampfer am besten zu erreichen.

Vom Landungssteg ist der Weg nicht weit zum **Alten Schloß,** dem ehemaligen Klostergebäude. Herzog Tassilo III., der letzte Agilolfin-

Herrenchiemsee ☆☆
Besonders sehenswert:
Altes Schloß
Neues Schloß

ger, hat das irisch-kolumbianische Kloster des 7. Jh. um 765 in ein Benediktinerkloster umgewandelt. Nach der Zerstörung durch die Ungarn zu Beginn des 10. Jh. kam es erst um 1130 wieder zu einem Klosterbau, diesmal für Augustinerchorherren. Dieses Stift, das im 17. Jh. ein Barockgewand erhielt, existierte bis zur Säkularisation.

Hier in Herrenchiemsee war die aufklärerische Zerstörungswut besonders groß – nicht nur der Vierflügelbau des Klosters ist Fragment, auch die ehemalige **Domstiftskirche St. Sebastian** (1676–78, Lorenzo Sciasca) wurde mißhandelt und sogar ihrer Türme und des Chores beraubt, das Langhaus als Brauerei genutzt. Reizvoll dennoch: der *Bibliothekssaal* des Klosters im Erdgeschoß, 1738 von Johann Baptist Zimmermann und seinen Gehilfen stuckiert und ausgemalt. Weitere noch erhaltene Räume wie der Kaisersaal und das Garten- und Fürstenzimmer sind nicht zu besichtigen. Übrigens wurde innerhalb der ehrwürdigen Mauern nach dem Zweiten Weltkrieg der erste große Schritt zur Erarbeitung der Verfassung der Bundesrepublik Deutschland getan: 1948 tagte hier der Verfassungskonvent, zu dem der bayerische Ministerpräsident Hans Erhard geladen hatte.

Die Insel von 2,15 km² Fläche wäre längst ihres dichten Waldes beraubt, hätte nicht Ludwig II. Interesse für sie bekundet. Natürlich war es ein neuer Schloßbau, den er für Herrenwörth plante – zum erstenmal nicht im Gebirgsgelände. Die Verlockung war zu groß: als ein Konsortium württembergischer Holzhändler die Insel kaufte, um die Wälder einzuschlagen, und die Bevölkerung des Chiemgaus eine

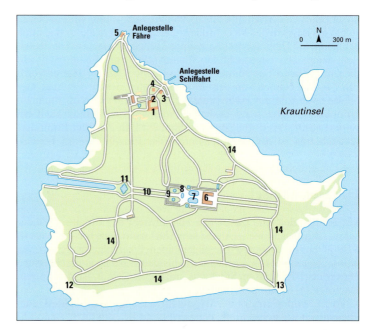

Herrenchiemsee
1 Altes Schloß
2 Domstiftskirche St. Sebastian
3 Schloßhotel
4 Kapelle St. Maria
5 Seekapelle Hl. Kreuz
6 Neues Schloß mit König-Ludwig-Museum
7 Wasserparterre mit Fama- und Fortunabrunnen
8 Latonabrunnen
9 Blumenparterre
10 Rasenteppich
11 Apollobassin
12 Ottos-Ruh'
13 Pauls-Ruh'
14 Rundweg

Die Herreninsel

Herrenchiemsee, Neues Schloß

Petition an den König schickte, die Insel zu retten, da handelte er schnell. Am 26. September 1873 wurde Herrenwörth im Auftrag des Königs gekauft, aus den Klostergebäuden wurde das Alte Schloß.

Etwa eine Viertelstunde zu Fuß, teils durch schattiges Waldgelände, und das Neue Schloß ist erreicht. Zuvor kann im Biergarten des **Schloßhotels** – das ehemalige Seminargebäude des Konvents (1736–38) – noch eine stärkende Mahlzeit eingenommen werden. Auch ist es kein Fehler, einen Blick in die **Kapelle St. Maria** (1469) zu tun, die neben einer aufwendigen Kassettendecke (um 1630) auch qualitätvolle Figuren (David Zürn, 1632) aufzuweisen hat. Ebenso ist der kurze Weg zur Nordspitze der Insel zu empfehlen, denn die **Seekapelle Hl. Kreuz** (1697) ist reizvoll barock ausgestattet.

Erst im August 1878 – fünf Jahre nach dem Kauf der Insel – konnte der Grundstein für das **Neue Schloß** gelegt werden. Der Grund für die Verzögerung: die Pläne für das neue Projekt waren für ein gänzlich anderes Gelände gedacht, das Graswangtal bei Ettal. Dort hatte sich der König – ein Bewunderer der Bourbonen – sein neues Versailles erträumt, doch schließlich entstand das ›Rokokoschlößchen‹ Linderhof. Ludwigs Schlösser blieben alle Fragment. Er hatte sich

Zwischen Inn und Salzach

Herrenchiemsee, Konzert in der Großen Spiegelgalerie

zuviel vorgenommen, seiner Baupassion – die ihn letztlich den Thron kostete – keine Zügel angelegt. Und wenn auch der Rohbau der geplanten Dreiflügelanlage von Herrenchiemsee 1881 stand – die vorgesehenen Seitenflügel wurden nicht vollendet, 1885 mußten die Arbeiten wegen Geldmangels eingestellt werden. Die Innenausstattung allerdings war fertiggestellt, doch nur einmal hat der König hier residiert. Seine Liebe galt den Schlössern in der Bergeinsamkeit.

Wenn auch die Hauptfassade Versailles perfekt kopiert, wenn auch die *Prunktreppe* und die Große Spiegelgalerie das französische Vorbild fast bis in alle Einzelheiten nachbilden – Dekor und Möbel sind auch stilistisch nur zum Teil an Versailles orientiert. Dem schweren Versailler Ausstattungsstil des Sonnenkönigs, dem Louis-Quatorze, zog der König für seine privaten Wohnräume das intimere Louis-Quinze, den Stil des Rokoko, vor.

Eine seltsame Vorstellung: Ludwig hat Herrenchiemsee in seinen wesentlichen Teilen niemals als Wohnschloß gesehen, sondern als Tempel des Ruhms für Ludwig XIV. Die *Paradezimmer,* die der Besucher über die Prunktreppe erreicht, sollten allein das Andenken des Sonnenkönigs feiern – jeder Bewohner hätte die heilige Stätte entweiht. Glanzvoll ist vor allem das *Paradeschlafzimmer,* das der Architekt Georg von Dollmann nach Vorbild der Versailler Chambre de Parade entwarf. Es ist der Mittelpunkt des Schlosses und diente bis in jedes Detail nur einem Zweck, der Verherrlichung des Königtums. Eindrucksvoller noch ist die *Große Spiegelgalerie,* die parallel zur Gartenfront des Schlosses verläuft; die Versailler Galerie des Glaces war das Vorbild. Das Bildprogramm des Tonnengewölbes – Szenen aus dem Leben Ludwigs XIV. – wurde von der Versailler Spiegelgalerie übernommen. Hier werden in den Sommermonaten Konzerte veranstaltet, Höhepunkte im Musikleben des Chiemgaues.

Die *Wohnräume des Königs* wenden sich zur Hoffront. Auf das Rot-Weiß der Paradezimmer nun die Lieblingsfarbe Ludwigs II., das Blau, gesteigert von herrscherlichem Gold. Glanzvoll auch hier das Schlafzimmer mit reich geschmücktem Baldachinbett. Eine Kugellampe, die den Raum in dämmrig blaues Licht hüllt, soll den Ausführenden über ein Jahr lang beschäftigt haben. Wie in Linderhof fehlt im *Speisezimmer* das ›Tischleindeckdich‹ nicht, denn der menschenscheue König zog es vor, ohne lästige Dienerschaft zu speisen.

Auch die **Gartenanlagen** mit ihren Brunnen und Figuren sind zum großen Teil Versailles nachgebildet. Erst seit wenigen Jahren sind alle Brunnen wieder in Gang, darunter auch der zentrale *Latonabrunnen*. Im Südflügel des Erdgeschosses wurde 1987 das **König-Ludwig-Museum** eröffnet. Wenn man Schloß und Parkanlagen besichtigt, dazu noch die Bauten im Nordteil der Insel, ist man auf Herrenchiemsee für Stunden beschäftigt. Der Märchenkönig allerdings fände keinen Gefallen an den Besucherscharen, denn seine Schlösser waren ihm Heiligtümer. Einer seiner Kabinettsekretäre vermerkte es ohne zu zögern: »Die Schlösser, wie Hohenschwangau, Linderhof, Chiemsee, wurden von Seiner Majestät als geweihte Stätten betrachtet und behandelt. Sie durften vom Volk nicht gesehen werden, weil ›der Blick des Volkes sie entweihen, besudeln würde‹.«

Die Fraueninsel

Die Fraueninsel, bedeutend kleiner als ihre Nachbarinsel, hatte durch alle Zeiten kulturell mehr Gewicht. Wenn es auch nicht mehr ganz zutrifft, in ihr eine »Welt der Einkehr« zu sehen (Rainer Maria Rilke, 1917), so ist neben allem Rummel, der auch hier herrscht, durchaus noch das Erlebnis von Stille möglich.

Ein Nonnenkloster, nach Überlieferung um 766 von Tassilo III. gegründet, war Vorläufer des Benediktinerinnenklosters, das König Ludwig der Deutsche Mitte des 9. Jh. errichten ließ. Zur ersten Äbtissin wurde Ludwigs Tochter Irmengard gewählt. Aus der Wirkenszeit dieser bedeutenden Frau, der Seligen Irmengard, stammt die **Torhalle,** ein einfacher Tuffsteinbau. Im Obergeschoß enthält er einen wunderschönen Raum, die ehemalige Michaelskapelle. Die Chiemseemaler, die den Raum im 19. Jh. als Atelier nutzten, konnten nicht ahnen, daß sich unter der Tünche wertvolle Freskenvorzeichnungen verbargen. Erst in den sechziger Jahren des 20. Jh. wurden sie freigelegt, Engelsdarstellungen eines an der byzantinischen Kunst geschulten Meisters (um 880). Die alte Kapelle, die auch spätere Fresken enthält (11. bis 13. Jh.), dient heute als Museum. Repliken bedeutender Arbeiten des bayerischen Kunsthandwerks aus der Zeit der Agilolfinger und Karolinger werden gezeigt, darunter die Henne mit Küken aus dem Domschatz von Monza. Im westlich der Torhalle angebauten **Vikarhaus** sind Bilder der Chiemgaumaler zu sehen (18. bis 20. Jh.).

Frauenchiemsee ☆☆
Besonders sehenswert:
Abtei- und Kuratiekirche Mariä Opferung
Torhalle

Zwischen Inn und Salzach

Blick über die Fraueninsel mit den Klostergebäuden

Der Blick aus der Durchfahrt der Torhalle auf den **Turm** des Münsters ist so eindrucksvoll, daß er in vielen Tausenden von Fotografien verewigt wurde. Das wuchtige, von einer prallen Zwiebelhaube bekrönte Bauwerk, ist das Wahrzeichen des Chiemgaues. Der ehemalige Wehrturm, entstanden in der Notzeit der Ungarneinfälle, wurde im 13. oder 14. Jh. als Glockenturm der Kirche ausgebaut. Die Zwiebelhaube aus dem Jahr 1572 gehört zu den frühesten in Bayern – die ersten »Welschen Hauben« wurden 1524 der Münchner Frauenkirche aufgesetzt.

Die **Abtei- und Kuratiekirche Mariä Opferung,** eine dreischiffige Basilika ohne Querschiff mit gerade geschlossenem Umgang, entstand im 11. Jh. auf karolingischen Grundmauern. Entscheidende Veränderungen brachte die Spätgotik, darunter den Einbau der Gewölbe und den Bau mehrerer Kapellen. Man betritt die Kirche durch ein romanisches *Rundbogenportal*, eindringlich in seiner rustikalen Einfachheit, jedoch aus mehreren Teilen zusammengestellt (11. bis 13. Jh.).

Leider sind die berühmten *romanischen Fresken* der Kirche nur zum Teil zugänglich. In der Torhalle sind Kopien jener Malereien zu sehen, die 1960 an den »Sanktuariumshochwänden« entdeckt und freigelegt wurden. Die Fresken, Teile eines marianischen Programms,

Die Fraueninsel

entstanden um 1130. Zum Glück ist jedoch nicht alles dem Blick verborgen: in den Bogenlaibungen des Chors erkennen wir einen segnenden Christus und eine Mariengestalt, Engel, trinkende Reiherpaare und Taubenpaare mit Bäumen – Lebensbrunnen und Lebensbaum als Verheißung des ewigen Lebens durch den Erlöser.

Die Altäre des Münsters stammen aus dem späten 17. Jh. Hinter dem Hochaltar, den der Klosterschreiner Matthias Pichlinger 1694 schuf, liegt die *Irmengardkapelle*. Hierher wurden nach der Seligsprechung im Jahr 1929 die Reliquien der Äbtissin gebracht. Ihr ehemaliges *Hochgrab* – am östlichen Mittelpfeiler der Taufkapelle im Westteil der Kirche – ist prächtig barock ausgeschmückt.

Wie kaum ein anderer erweckt Frauenchiemsees **Friedhof** das Interesse der Besucher, denn hier finden wir die Gräber vieler Maler, Bildhauer, Schriftsteller, Ärzte und Universitätsprofessoren, die am Chiemsee lebten. Die Malernamen sind es vor allem, die den Kunstfreund interessieren, doch der wichtigste fehlt: Max Haushofer, der 1828 zusammen mit Freunden die Insel für sich entdeckte und die Künstlerkolonie begründete. Christian Morgenstern, Eduard Schleich, Adolf Lier, Wilhelm Leibl, Joseph Wopfner und Eduard Grützner – sie alle kamen hier zusammen, um den Chiemsee und seine Menschen malerisch zu entdecken.

Leider verbringt so mancher Sommergast nach schnellem Badegenuß die restlichen Inselstunden in einem der Gasthöfe, ohne sich zuvor umzusehen. Dabei gibt es hier so viel zu betrachten, nicht zuletzt die bunten Gärten der Fischer, die hier ihrem Handwerk nachgehen. Diese heute noch idyllischen Partien hat auch Rilke geliebt: »Was sonst, im Freien, die Insel bevölkert, sind die kleinen Gewerkleute, Fischer, Zimmerer, Schlosser und Gärtner, die seit immer im Klosterverhältnis stehen; sie bilden mit ihren blumenüberladenen Gärtchen

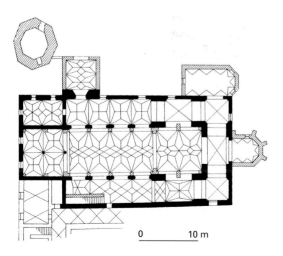

Abtei- und Kuratiekirche Mariä Opferung, Grundriß

Zwischen Inn und Salzach

und neugierig befensterten Häuschen eine offene Wirklichkeit, die über die Natur hinüber, unmerklich in den verschwiegenen und verheimlichten Bereich der Nonnen übergeht.« (1917, Brief an die Gräfin Dietrichstein).

Im **Benediktinerinnenkloster** bestand über 150 Jahre lang ein Mädcheninternat. 1995 wurde die Schule geschlossen. Um die 42 Ordensfrauen existenziell zu sichern, soll hier nun ein Bildungszentrum mit Seminaren zur Förderung geistig-ethischer Interessen eingerichtet werden.

Nicht nur die Inseln, auch alle Ufer des Sees sind mit Hilfe der – übrigens privat betriebenen – Chiemseeflotte zu erreichen. In Seebruck, Chieming, Feldwies/Übersee, Felden/Bernau, Stock/Prien und Gstadt legen die Dampfer an. Diese sechs Stationen sind zugleich ideale Ausgangspunkte für eine Entdeckung des gesamten Chiemgaues.

Über die nördliche Chiemseebucht herrscht **Seebruck.** Vor allem die Wassersportler fühlen sich hier wohl, doch auch der Wanderer

Seebruck, Blick vom Chiemsee über den Ort

kommt auf seine Kosten. Das Hinterland beiderseits der Alz, die sich in Richtung Trostberg dahinschlängelt, ist in jeder Hinsicht abwechslungsreich.

Seebruck hat eine imponierende römische Vergangenheit. Während der Amtszeit von Kaiser Claudius I. (41–54 n. Chr.) entstand an der Fernstraße Juvavum (Salzburg) – Augusta Vindelicum (Augsburg) die Siedlung Bedaium. Zahlreiche Grabfunde machten die Begründung eines Museums möglich. Zum **Römermuseum Bedaium** gehören auch die Fundamente des spätrömischen Kastells im Friedhofsbereich der **Kirche St. Thomas**. Meister Jörg aus Schnaitsee hat sie 1474–77 errichtet.

Die 1000-Jahr-Feier im Jahr 1994 hat das ehemalige **Kloster Seeon** zum Touristenmagneten gemacht. Frisch aufgeputzt – nun im Dienst des Bezirks Oberbayern, der hier ein Bildungszentrum einrichtete – präsentiert es sich seitdem seinen vielen Freunden.

Kloster Seeon ☆☆

Das kleine Eiland im Klostersee war schon im 10. Jh. besiedelt. Hier bauten die Aribonen, ein mächtiges bayerisches Adelsgeschlecht, eine kleine Befestigungsanlage und gründeten 994 ein Benediktinerkloster. Die Mönche kamen aus St. Emmeram in Regensburg. Zwei der bedeutendsten Äbte seien genannt: Abt Gerhard (1001–22), der Seeon zu einem Zentrum der ottonischen Buchmalerei machte, und Abt Honorat Kolb (1634–53), der das Kloster der Barockkunst öffnete. Das 18. Jh. sah Seeon als blühenden Hort von Wissenschaft und Kunst. Besonders wurde die Musik gepflegt, und so sah man hier neben Michael Haydn auch gelegentlich den jungen Mozart, dessen Offertorien ›Scande coeli limina‹ und ›Inter natos mulierum‹ für Seeon entstanden.

Die **Pfarr- und Klosterkirche St. Lampert** ist im wesentlichen von der Spätgotik geprägt. Zwar besitzt sie noch ihre romanischen Türme, doch die beiden prächtigen Zwiebelhauben wurden erst 1561 aufgesetzt. Seeon gehörte zu den Zentren der Cluniazensischen Reform, und so entstand der erste Kirchenbau (zweite Hälfte 12. Jh.) nach dem Vorbild der Hirsauer Reformkirchen als dreischiffige Basilika ohne Querhaus mit Vorhalle und Doppelturmfassade. Konrad Pürkhel, einer der produktivsten Meister der Burghausener Schule, hat diese Kirche dann ab 1428 umgebaut. Ihm verdanken wir die herrlichen Netz- und Sternrippengewölbe, die dann 1579 ihren Freskenschmuck bekamen (u. a. Marienkrönung, Christi Himmelfahrt, Jüngstes Gericht, unter Einbeziehung der Langhauswände und Pfeiler). Neben diesem prachtvollen Gewölbe mit seinen bemalten Schlußsteinen – charakteristisch für die Burghausener Schule – ist es vor allem der plastische Schmuck, der in dieser Kirche beeindruckt. Das kostbarste Werk allerdings fehlt: die *Seeoner Madonna* aus der Zeit des Weichen Stils (um 1430), die nur als Kopie im Hochaltar zu sehen ist (Original in München, Bayerisches Nationalmuseum; s. Abb. S. 150). Doch es bleibt noch genug zu bewundern; das *Stifterhochgrab* für Pfalzgraf Aribo von Hans Haider (um 1400); der *Grabstein für Abt Honorat Kolb* von den Brüdern Zürn (1636); die Mut-

Zwischen Inn und Salzach

Kloster Seeon, Grundriß der Pfarr- und Klosterkirche St. Lampert mit Konventstrakt

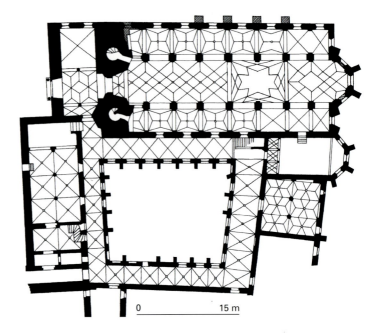

tergottes mit Kind aus der Zeit um 1400 (Sakristei); und die Madonna aus der Werkstatt Hans Leinbergers (um 1520).

Einige kleine Kapellen im nahen Umkreis des Klosters sind den Besuch wert – nicht zuletzt **St. Walburgis** am Ostufer des Klostersees. Im Friedhof hat sich die Herzogsfamilie Romanow-Leuchtenberg, der das Kloster von 1852 bis 1933 gehörte, eine farbenprächtige russisch-orthodoxe Anlage geschaffen.

Der Klostersee und die ihn begleitenden kleineren Gewässer bilden zusammen die Seeoner Seenplatte. Dieses Gebiet steht unter Naturschutz. Der Obinger See, den man passiert, wenn man auf der B 304 von Wasserburg nach Trostberg unterwegs ist, gehört nicht mehr dazu.

Zwar wurde die spätgotische **Pfarrkirche St. Laurentius** in **Obing** im 19. Jh. nicht gerade glücklich verändert, doch birgt sie im neugotischen Hochaltar Schnitzwerke ersten Ranges. Die Madonna mit dem Kind in der Mitte, daneben die hll. Jakobus und Laurentius, gehören zu den besten Arbeiten des Meisters von Rabenden.

Rabenden ☆

Das Hauptwerk dieses Bildhauers, der im Chiemgau sehr produktiv war, finden wir in **Rabenden**. Der Hochaltar der **Kirche St. Jakobus d. Ä.**, ein Wandelaltar mit zwei Flügelpaaren, ist allein schon in seiner goldglänzenden filigranen Pracht wunderschön. Auch hier sehen wir wieder den *hl. Jakobus* – wie in Obing und in anderen Kirchen der Umgebung – denn die alte Pilgerstraße nach Santiago de Compostela führte dort vorbei. Flankiert wird der Pilgervater von den hll. Simon und Judas Thaddäus. Die Malereien auf den Flügeln und der Predella – in geschlossenem Zustand Darstellungen der lateinischen Kirchenväter, aufgeklappt Szenen aus dem Marienleben – stammen von einem unbekannten Meister. Der Altar dürfte zwischen 1510 und 1515 entstanden sein. Die Kunstwissenschaft, bemüht, den anonymen Meister von Rabenden zu identifizieren, hat sich letztlich auf Wolfgang Leb aus Wasserburg geeinigt, der als Steinmetz bedeutende Grabmäler schuf. Übrigens wird auch der südliche Seitenaltar der Werkstatt des Meisters von Rabenden zugeschrieben. – Rabenden ist nicht nur wegen seiner Altäre bekannt. Im *Friedhof* finden wir besonders schöne schmiedeeiserne Grabkreuze, die meisten aus dem 18. Jh.

In erhöhter Lage, von der Straße nach Altenmarkt gut zu sehen, steht die **Kirche St. Wolfgang.** An dieser Stelle hat der hl. Wolfgang der Überlieferung nach auf der Reise von Regensburg nach Mondsee im Jahr 977 Rast gemacht. Dem Heiligen zu Ehren wurde zunächst eine Kapelle errichtet, im 13. Jh. dann ein größerer Bau, und um 1400 schließlich die heute noch bestehende Kirche. Der romanische Turm wurde dem spätgotischen Bau integriert. Im Innern zeigt sich dann die Wolfgangskirche in prächtigem Spätbarock (1720). Allein die Stukkaturen und die beiden Stuckaltäre sind überaus reizvoll. Ein Vesperbild aus Steinguß ist noch vom gotischen Bestand geblieben (um 1440/50).

Kloster Seeon im Klostersee

In **Altenmarkt** herrscht immer viel Verkehr, denn hier kreuzen sich wichtige Straßen. Die Alz, die nördlich des Ortes mit der Traun zusammenfließt, stürzt hier als Wasserfall über die Felsen. Der Alzübergang verschafft noch einen weiteren Genuß: die Klosterkirche von **Baumburg** zeigt sich an diese Stelle von ihrer schönsten Seite.

Die Ostfassade der Kirche – dem Tal zugewandt – schmückt bunte Rokokomalerei – die Westfassade prunkt mit zwei stattlichen Turmzwiebeln. Doch der erste Eindruck täuscht: die ehemalige **Klosterkirche St. Margaretha,** die heutige Pfarrkirche, ist kein rein barocker Bau. Die Geschichte des Klosters reicht bis ins frühe 11. Jh. zurück, Gründer war der Chiemgaugraf Sighard IV. aus dem Geschlecht der Sighardinger. Offenbar hatte das erste Kloster nur kurz Bestand, denn schon für die Jahre um 1102 ist eine zweite Gründung überliefert, diesmal durch die Gräfin Adelheid von Sulzbach, die in erster Ehe mit einem Sighardinger verheiratet war. Die ersten Mönche des Augustinerchorherrenstifts kamen aus Berchtesgaden.

Von der ersten Basilika sind noch die Türme und Teile der Umfassungsmauern erhalten. Als 1756 das 600jährige Weihjubiläum der Stiftskirche zu feiern war, erhielt St. Margaretha ein neues, dem Zeitgeschmack angepaßtes Kleid. Der Trostberger Franz Alois Mayr, bekannt vor allem durch seine Wallfahrtskirche Marienberg bei Burghausen, hat die Wandpfeilerkirche errichtet (1755–58). Festlichen Glanz schaffen die fein nuancierten Fresken von Felix Anton Scheffler und der zarte Stuck des Wessobrunners Bernhard Rauch. Die Deckenbilder zeigen im Chor die Verherrlichung der hl. Margaretha

Rabenden, Altäre in der Kirche St. Jakobus d. Ä.; oben: Detail der Mittelfigur des Hochaltars

Baumburg

Baumburg, Klosterkirche St. Margaretha; oben: spätgotische Kreuztragung in der Heilig-Grab-Kapelle

und das Begräbnis der Gräfin Adelheid; im Langhaus das Leben des hl. Augustinus und das Wirken seines Ordens; über der Orgel König David und musizierende Engel. Erstaunlich ist das Altarblatt des Hochaltars (Joseph Hartmann, 1757) mit der Darstellung König Ludwigs XIV. von Frankreich und seiner Gemahlin, die der Kirchenpatronin für ihre Hilfe danken. Die hl. Margaretha, Fürbitterin kinderloser Ehepaare, hatte das Flehen des königlichen Paares um einen Erbfolger erhört. Auch der bayerische Kurfürst Max III. Joseph und seine Gemahlin Maria Anna, die dieses Hochaltarbild stifteten, sorgten sich um die Erbfolge. Ihr Bitten war jedoch vergeblich, die Ehe blieb kinderlos, und so erlosch die von Kaiser Ludwig dem Bayern begründete Hauptlinie der Wittelsbacher.

Nicht nur das Rokoko, auch die Zeit der Spätgotik ist in dieser Kirche mit qualitätvollen Werken vertreten. Gleich in der Vorhalle: die Deckplatte des ehemaligen Hochgrabs für Adelheid von Sulzbach (Salzburg, um 1430); das Rotmarmorepitaph für Propst Georg Dietrichinger im Anraum nördlich des Chors (Franz Sickinger, 1496/1500); die Tumbadeckplatte für Ritter Oswald von Toerring in der Sakristei (Hans Haider, um 1418); die Kreuztragung in der Heilig-Grab-Kapelle (um 1500). – Von den **Klosterbauten** und den Wirtschaftsgebäuden (1688–1737) ließ die Säkularisation wenig übrig, doch dieser Rest ist in seiner Großzügigkeit auch heute noch attraktiv.

Zwischen Inn und Salzach

Trostberg, Zentrum mit Stadtpfarrkirche St. Andreas

Trostberg ist neben Traunreut und Traunstein der dritte Ort im Chiemgau, der sich als Stadt bezeichnen kann. Unten vom Alzufer her wirkt sie mit ihren dichtgedrängten Häusern sehr einladend; allerdings ist nur die Altstadt sehenswert. Seit hier im Jahr 1908 ein Kraftwerkskanal angelegt und ein großes Kalkstoffwerk errichtet wurde, hat sich Trostberg sehr verändert. Hier beginnt das ›oberbayerische Chemiedreieck‹, das bis nach Burghausen und Töging reicht.

Der Ort baut sich in mehreren Terrassen bis zum **Schloßberg** auf. Hier stehen noch Reste der Burg, die sich die Grafen von Ortenburg-Kraiburg, Vögte des Baumburger Stifts, im 12. Jh. errichteten. Die **Burgkapelle St. Michael** (um 1230; 1624 ausgebaut) war die erste Kirche Trostbergs. Das steile Gelände am schmalen Hang ließ keine großzügige Bebauung zu. So entstanden die dicht aneinander gedrängten Häuserpartien parallel zur Alz, eine Häuserzeile, die wegen ihrer unregelmäßigen Giebellinie auch Trostberger Orgel genannt wird. Bedeutend ansehnlicher sind die Vorderseiten dieser Häuser – die Hauptstraße östlich der Pfarrkirche zeigt sie uns mit ihren hochgezogenen Vorschußmauern als typische Fronten des Inn-Salzachstils.

Die **Stadtpfarrkirche St. Andreas** ist die Herrscherin der Altstadt, ihre Doppelkuppel gehört zu den schönsten Turmbekrönungen im Chiemgau. Der spätgotische Bau (um 1420, Chor und nördl. Seitenkapelle; 1498–1504 Langhaus mit Empore; 1866 Verlängerung nach Westen) besticht durch sein edles Netzgewölbe und die Empore mit durchbrochenem Maßwerk. Nicht nur lokalgeschichtlich interessant: die *Grab- und Gedenksteine* der alten Adelsgeschlechter, darunter auch der Hertzhaimer (Hans Valkenauer, Salzburg; Franz Sikkingen, Burghausen), die aus Heretsham bei Kienberg stammten. Hans III. Hertzhaimer, der die Erneuerung des Langhauses stiftete, stand im Dienst Kaiser Maximilians I. und wurde zum Ritter geschlagen.

Im Stadtteil **Schädling** finden wir das **Städtische Heimatmuseum**, eine umfangreiche Sammlung, in 35 Räumen präsentiert. Eine eigene Abteilung widmet sich der Kunst des Trostberger Malers Franz Joseph Soll, einer der Meister des Trostberger Rokoko, der im benachbarten Kirchweidach sehr schöne Fresken hinterließ.

Der Rupertiwinkel ist nahe – ihm wird ein eigenes Kapitel gewidmet. Doch in **Armutsham**, östlich von Trostberg, schon ein kleiner Vorgeschmack auf das, was dann der nördliche Teil des Rupertiwinkels in höchster Qualität und in fast zahllosen Beispielen bereithält: figurenreiches **Bundwerk** am **Schmidhuberhof**.

Wieder zurück am Chiemsee, ist der Bereich südwestlich von Seebruck zu erkunden. Fast jeder See hat seinen Malerwinkel. Hier am Chiemsee finden wir ihn an einer der Buchten des Westufers. Die **Aischinger Höhe** über Gstadt hat von jeher die Maler angezogen. Die Inseln im flirrenden Sommerlicht, der See bespickt mit bunten Segeln, die Chiemseeberge im Hintergrund – wo könnte der See schöner sein?

Gstadt ist nicht nur der günstigste Ausgangspunkt für die Dampferfahrt nach Frauenchiemsee. Von hier aus, auch vom benachbarten Breitbrunn, läßt sich das Hinterland um die Eggstätt-Hemhofer Seen am besten erkunden. Gstadt selbst besitzt in der **Kirche St. Peter und Paul** einen hübschen spätgotischen Bau. Das interessanteste Detail stammt allerdings aus früherer Zeit: die Reliefplatte in der Sakramentsnische ist das Fragment einer Chorschranke aus der Abtei Frauenchiemsee (8. Jh.).

Auch in **Gollenshausen** ist ein spätgotischer Bau zu finden, unverändert noch dazu: die **Pfarrkirche St. Simon und Juda.** Hier gibt es Freskenreste aus dem frühen 15. Jh. zu betrachten.

Wenige Kilometer westlich von Breitbrunn beginnt mit dem Langbürgner See das Gelände der **Eggstätt-Hemhofer Seenplatte.** Wie die Osterseen bei Seeshaupt am Starnberger See sind auch dies größtenteils Toteisseen, entstanden während der letzten Eiszeit. Moore, kleine Wälder und Moränenhügel begleiten die kleinen Seen. Wenn nicht gerade Badebetrieb herrscht, wirken sie still-melancholisch und sind geeignet für ruhesuchende Wanderer.

Über dem nördlichsten, dem Pelhamer See, thront die **Pfarrkirche St. Nikolaus** von **Höslwang**. Nicht nur der schlanke Zwiebelhaubenturm ist sehr attraktiv, auch der Innenraum überrascht durch die besonders reiche Ausstattung. Die Kirche, im Mittelalter im Besitz des Erzbistums Salzburg, wurde Mitte des 15. Jh. durch die Burghausener Bauhütte errichtet. Im späten 17. Jh. gab es einen Anbau (Antoniuskapelle), das 18. Jh. brachte die Umgestaltung des Innenraums nach Geschmack und Bedürfnissen dieser Zeit. Der Saalraum begeistert durch kunstvollen, spitzenartigen Wessobrunner Stuck (Engelmund Landes, 1734) und bewegte, goldglänzende Altäre. Ihr Meister ist Johann Georg Lindt, ein Burghausener, der im Umkreis der Salzachstadt sehr produktiv war (Hochaltar 1766).

Auf dem Weg nach Norden, in Richtung Amerang, sollte **Meilham** nicht versäumt werden. Die kleine **Kirche St. Peter** wurde von den einstigen Herren von Amerang, den Laiminger, gestiftet. Sie ließen an das bestehende romanische Langhaus Mitte des 15. Jh. einen gotischen Chor anbauen. Der kleine Saalbau besticht vor allem durch die frische Farbigkeit seiner barocken Altäre, des Netzgewölbes und seiner Schlußsteine. Einige Fresken aus der Zeit um 1500 sorgen in ihrer Zartheit inmitten der satten Farbenpracht für zusätzlichen Reiz.

Amerang ist vor allem bekannt durch sein **Schloß,** denn im Renaissance-Arkadenhof werden im Sommer Konzerte veranstaltet. Der wehrhafte Bau, von Verwandten der Veroneser Scaliger um 1500 von einer gotischen Burg in ein Renaissanceschloß umgewandelt, ist heute im Besitz der Freiherrn von Crailsheim. Unten im Ort, in der **Pfarrkirche St. Rupert,** sind neben qualitätvollen barocken Schnitzwerken sehr schöne Rotmarmor-Grabsteine für Angehörige der Familien Laiming und Von der Laitter (della Scala) zu sehen. – Da Amerang auch ein umfangreiches **Bauernhausmuseum** besitzt, dazu auch ein **Automobilmuseum,** ist man in diesem sympathischen Ort gut beschäftigt.

Prien ☆
Besonders sehenswert:
Pfarrkirche
Museum

Prien gehört zu den lebhaftesten, vom Verkehr wenig geschonten Orten am Chiemsee. Zudem ist es Station an der Bahnlinie München–Salzburg und besitzt mit dem Ortsteil Stock den wichtigsten Hafen für Fahrten zur Herreninsel. Dennoch: die Rehabilitations-Kliniken und Sanatorien beweisen, daß man sich hier gut erholen kann. Seit 1960 ist der anerkannte Luftkurort Prien auch Kneippbad.

Für Kunstfreunde ist der Besuch der **Pfarrkirche Mariä Himmelfahrt** unerläßlich. Der Barockbau der Jahre 1735–38 wurde von Johann Baptist Zimmermann und seinen Helfern stuckiert und ausgemalt. Seit der Renovierung, die 1988 abgeschlossen wurde, zeigt sich die Kirche wieder in festlichem Glanz. Feiner Bandelwerkstuck begleitet das Hauptfresko, eine Darstellung der Seeschlacht von Lepanto. 1739 feierte die Priener Rosenkranzbruderschaft ihr hundertjähriges Bestehen, und so lag die Wahl dieses Themas nahe. Das Rosenkranzgebet des Papstes Pius V., den der Künstler innerhalb einer Triumphbogenarchitektur zeigt, hat der Überlieferung nach der Schlacht gegen die Türken die entscheidende Wende gebracht. Da

Prien, Innenraum der Pfarrkirche Mariä Himmelfahrt

auch die Altäre – Werke des Salzburgers Georg Doppler – von schönster Qualität sind, ist der Besuch dieser Kirche eine reine Freude. Wenig beachtet werden im allgemeinen die Nebenbilder im Langhaus und Altarraum, die den Patronen der sechs Filialen von Prien gewidmet sind, darunter – für Urschalling – der hl. Jakobus.

In Prien gibt es zwei Museen. In der **Galerie im Alten Rathaus** (Alte Rathausstraße 22) sind Arbeiten bekannter Chiemseemaler zu sehen, die sich in den Gruppen ›Bären und Löwen‹ (1870–97) und ›Die Welle‹ (1922–33) zusammenfanden. Die Sammlungen des **Heimatmuseums** (Friedhofweg 1) widmen sich der Bauernkultur, der Chiemseefischerei und der Priener Tracht, die sich durch besonders kleidsame Hüte auszeichnet.

Inmitten der Hügelterrassen, die Prien im Süden und Westen umgeben, liegt **Urschalling.** Die kleine, von außen schlichte **Kirche St. Jakobus d. Ä.** gehört seit Jahrzehnten zu den beliebtesten Kunstzielen im Chiemgau. Hier bauten sich im Hochmittelalter die Grafen von Falkenstein eine Burg, zu der auch eine kleine Kirche gehörte. Nach dem Aussterben der Falkensteiner fiel ihr Besitz an die bayerischen Herzöge, die ihrerseits die Herren von Aschau-Hirnsberg als Lehensträger einsetzten. Dem letzten aus diesem Geschlecht, Wolfgang von Aschau-Hirnsberg, ist die gotische Ausmalung der Kirche zu verdanken (um 1390). Sie hat Urschalling berühmt gemacht, denn der Freskenzyklus, der sich auf Gewölben und Wänden ausbreitet, ist einzigartig. Doch was man hier sieht, ist nicht das ganze Freskengewand. Ein Blick auf die Nordseite des Chorraums, auf die Darstellung von *Adam und Eva nach dem Sündenfall* zeigt, daß hier schon ein romanischer Maler am Werk war. Tatsächlich überdeckt der gotische des späten 14. Jh. einen romanischen Freskenzyklus der Zeit um 1200. Die Maler der Zyklen werden – für den romanischen Teil – mit der Salzburger Schule in Verbindung gebracht, während für die gotischen Fresken wohl ein Lokalmeister in Frage kommt.

Uneinheitlich ist auch der Bau der Kirche selbst, denn dem um 1160 entstandenen Wehrturm – dem Unterbau des westlichen Kirchenteils – wurde um 1200 das kreuzgratgewölbte Kirchenschiff mit Rundapsis angefügt. Veränderungen im 15. und 18. Jh. ergaben dann das heutige Bild. Das Freskenprogramm: in der Apsis erscheint Christus in der Mandorla, umgeben von den Evangelistensymbolen, darunter und am Apsisbogen die Apostel; im Osten die Menschwerdung Christi und eine Reihe von Heiligen; im Mitteljoch die Passion Christi und die Auferstehung. Erstaunlich ist die Darstellung der hl. Dreieinigkeit im Gewölbe des Chorjochs, denn der hl. Geist erscheint hier in Gestalt einer Frau.

Urschalling, Innenraum der Kirche St. Jakobus d. Ä.

Die Prien, die dem Ort seinen Namen gab, begleitet die vielbefahrene Straße nach **Rimsting** und mündet in die Schafwaschener Bucht. Rimsting, in schöner Terrassenlage über der westlichsten Chiemseebucht, besitzt in der **Pfarrkirche St. Nikolaus** (15. Jh.; Turmoberbau 1711; Langhaus 1938) einen Bau mit beträchtlicher Fernwirkung. Die schwarz-golden gefaßten Altäre und die Kanzel stammen aus dem Bestand der Domstiftskirche von Herrenchiemsee (Ende 17. Jh.).

Von hier aus sind abwechslungsreiche Wanderungen ins Hinterland möglich. Auf dem Weg zur Ratzinger Höhe lohnt ein Besuch der **Kirche St. Petrus und Leonhard** (15. und 16. Jh.) von **Greimharting** wegen ihrer spätgotischen Fresken.

Die **Ratzinger Höhe** (694 m) ist wegen ihres freien Rundblicks auf Chiemsee, Simssee und die Berge ein beliebtes Ausflugsziel. Wer sich für den ländlichen Hausbau interessiert, kann in **Dirnsberg** einen stilreinen Itakerhof entdecken: Der **Moarhof** gehört zu einer seltsamen, wohl von italienischen Wanderhandwerkern geschaffenen Art, die sich durch eine beträchtliche Firsthöhe, zahlreiche Fenster und eine riesige Diele auszeichnet. Die obersten Fenster täuschen den Betrachter – hinter der wohnlichen Fassade verbirgt sich der Speicher. Itakerhöfe, meist in der zweite Hälfte des 19. Jh. entstanden, gibt es im nahen Umkreis von Rimsting eine ganze Reihe, doch die meisten wurden in unserer Zeit verändert, ihrer schönen Sprossenfenster beraubt.

Auf dem Weg zum Simssee reiht sich eine reizvolle Kirche an die andere: in **Mauerkirchen** etwa die **Kirche St. Johannes und Paulus** (Mitte 15. Jh.) mit nadelfeinem Turm (1721) und einem prächtigen barocken Hochaltar; in **Antwort** die **Filial- und Wallfahrtskirche Mariä Himmelfahrt** (1687/88, Lorenzo Sciasca) mit schönstem Rokokostuck.

Von Antwort aus führt eine Nebenstraße nach **Bad Endorf,** wo zwar wenig Kunst zu sehen ist (immerhin gibt es aber eine traditionsreiche Volksbühne), jedoch viel für die Gesundheit getan werden kann. Eine Bohrung nach Erdöl und Erdgas in den Jahren 1962/63 endete ohne Erfolg, doch stieß man bei der Gelegenheit auf eine ergiebige Jodquelle. Aus Endorf wurde 1977 ein Bad, das für sich in Anspruch nimmt, die »stärkste Jod-Thermalsole-Quelle Europas« zu besitzen. Der kunstinteressierte Kurgast kann nördlich des Ortes einige sehenswerte Kirchen (Halfing, Guntersberg, Söchtenau, Vogtareuth, Straßkirchen) entdecken.

Bei Antwort führen einige steile Kehren hinauf nach Hirnsberg, der ersten Station über den Ufern des **Simssees**. Mit einer Länge von etwa 6 km und einer Breite bis zu 2 km ist dies – nach dem Chiemsee und dem Waginger See – das größte Binnengewässer zwischen Inn und Salzach. Die Nähe zu Rosenheim zeigt vor allem im Sommer ihre Wirkung, denn das warme, moorhaltige Wasser lockt Badegäste in Scharen an. Größere Orte sind an den Ufern nicht zu finden, und wer Kunst sucht, entdeckt sie vor allem in **Hirnsberg.** Die **Kura-**

tiekirche **Mariä Himmelfahrt** ist zwar von außen ein wehrhaftstrenger Bau (1488), doch zeigt sie sich innen freundlich barock. Wolf Ganterer, der hier in der Gegend viele Kirchen barockisierte, hat den feinen Akanthusrankenstuck (1743) selbst angebracht. Auch die Altäre – darunter der eindringliche Kreuzaltar an der Nordwand vor dem Chor – sind barock. Besonders reizvoll: die Kanzel, die Thomas Urscher aus Neubeuern mit Mariendarstellungen schmückte.

Auf dem Weg hinab nach Frasdorf passiert man **Söllhuben.** Die Dorfkirche **St. Rupert und Martin** macht schon von außen in ihren großzügigen Abmessungen auf sich aufmerksam. Söllhuben gehörte einst zur Herrschaft der Grafen von Hohenaschau. Der Schloßherr Graf Johann von Preysing beauftragte im Jahr 1765 den Münchner Hofbaumeister Johann Michael Fischer mit dem Entwurf für die Kirche. Seinen ›Rokokostuck‹ erhielt der fein proportionierte Zentralraum erst in unserer Zeit (1944). Der barocke Hochaltar (1667) hatte einst seinen Platz in der Streichenkirche über Schleching. – In der Nähe: **Höhenmoos** und **Lauterbach** mit verlockend gut ausgestatteten kleinen Kirchen und einem herrlichen Blick auf die Landschaft des Samerbergs.

Doch auch der Weg zurück ins Priental und nach Prien ist überaus lohnend. Der Fluß, der an der Gogl-Alm bei Sachrang entspringt und nach 30 km bei Rimsting in den Chiemsee endet, zeigt sich unterhalb von St. Florian und Wildenwart noch als schlingenreiches Wildwasser. **St. Florian,** noch zur Gemeinde Frasdorf gehörend, ist ein ungemein attraktiv in die Hügellandschaft gesetzter spätgotischer Bau. Von hier aus zeigen sich die Chiemgauberge um die Kampenwand von ihrer schönsten Seite. Und seit die Kirche renoviert ist und der prächtige Flügelaltar (um 1500), die barocken Figuren und Fresken zur Florianslegende wieder zu sehen sind, ist die alte Wallfahrtskirche wieder ein beliebtes Kunstziel.

Auch **Schloß Wildenwart** verlockt, doch müssen wir hier vor dem Torbau haltmachen, denn die Anlage ist in Wittelsbacher Privatbesitz. Der Vierflügelbau, besetzt mit hübschen Turmzwiebeln, entstand um 1600 und wurde Ende des 17. und 18. Jh. umgestaltet. Im Ostflügel gibt es einen Barocksaal, ausgestattet mit mythologischen Deckenbildern.

Das gesamte obere und mittlere Priental ist von Prien aus bequem zu erkunden – zum Teil auch mit der Bahn. Das Aschauer Bockerl gehört zu den wenigen noch betriebenen Kleinbahnen, schön altmodisch und daher auch liebenswert. **Frasdorf,** am Rande des mittleren Prientals, gehört nicht zu den Bockerl-Stationen, doch liegt der Ort überaus verkehrsgünstig direkt an der Autobahn. Hier kreuzen sich Haupt- und Nebenstraßen aus allen Richtungen, und so geht es in dem Dorf immer sehr lebhaft zu. Wenn auch die **Pfarrkirche St. Margaretha** manch gute Figur, manch schönes Bild aus der spätgotischen Bauzeit bewahrt, wenn auch die barocken Fresken lokalgeschichtlich interessant sind – hier hat das 19. Jh. allzuviel verdorben. Frasdorf ist auch in dieser Hinsicht ›Durchgangsstation‹; man be-

Grainbach

sucht diese Kirche nur auf dem Weg zu anderen. Und die sind nicht nur im Priental zu finden, sondern auch auf den Höhen des nahen **Samerbergs.**

Das Hochtal am Fuß der Hochries gehört bei aller Nähe zu Rosenheim und dem touristisch so regsamen Chiemsee immer noch zu den stilleren Gegenden. Das kommt den Wanderern zugute, auch den Skilangläufern, die sich hier oben wie im Paradies befinden, mit schönstem Ausblick auf das Inntal und die Berge, wohl versorgt mit gemütlichen Gasthöfen. Die Dörfer und Weiler des Samerbergs liegen, weithin sichtbar oder wohl verborgen, doch immer angenehm locker verstreut, auf den Kuppen und in den Mulden dieser abwechslungsreichen Landschaft. Eiszeitliche Gletscher, die auch das Simsseegebiet entstehen ließen, haben sie geprägt. Im Mittelalter verdingten sich die Bewohner, die sich wegen des steinigen Moränenbodens nicht vom Feldbau ernähren konnten, als Samer (Säumer): so kam es dann zu dem Begriff Samerberg.

Kein Dorf, das nicht in seiner Kirche ein überdurchschnittliches Kunstwerk bewahrt: in **Törwang,** in der **Pfarrkirche Mariä Himmelfahrt,** die Kreuzigungstafel einer Inntaler Werkstatt (um 1460); in **Grainbach,** in der **Kirche St. Ägidius und Nikolaus,** Rokokofiguren von Joseph Anton Fröhlich und Joseph Götsch; in **Steinkirchen,** in der **Kirche St. Peter,** ein spätgotischer Erbärmdechristus und Barockfiguren von Blasius Maß; und in **Roßholzen,** in der ehemaligen **Wallfahrtskirche St. Bartholomäus,** Reliefs zur Bartholomäuslegende einer Inntaler Werkstatt (um 1510) sowie Figuren aus dem Umkreis des Meisters von Rabenden, ebenfalls spätgotisch.

Der beliebteste Aussichtspunkt dieser Gegend ist die Kapelle Obereck bei Törwang, doch geht es noch höher hinauf: die Hochriesbahn bringt uns in zwei Etappen von Grainbach aus zur Hochries (1569 m), einem der lohnendsten Aussichtsberge im Chiemgau. Sie ist – ebenso wie der dreigipfelige Heuberg (1338 m) – Wahrzeichen des Samerbergs, doch blickt sie auch hinab ins benachbarte Priental.

Bereits die Fahrt von Frasdorf nach **Aschau** ist ein Genuß, denn die Kampenwand (1669 m) – zerklüftet und dennoch fein geformt – rückt immer näher. Aschau gruppiert sich um zwei auffallende Bauten: die **Pfarrkirche Mariä Lichtmeß** und das **Schloß Hohenaschau,** beide in beträchtlicher Entfernung voneinander. Bis 1966 gab es hier noch zwei Gemeinden, Niederaschau und Hohenaschau. Die prachtvollen Doppelzwiebeltürme der Pfarrkirche beherrschen den Ort – wen kümmert es, daß einer davon erst 1904 entstand? Der Münchner Hofbaumeister Johann Baptist Gunetzrhainer hat die alte spätgotische Kirche Mitte des 18. Jh. im Auftrag des Grafen Max IV. von Preysing-Hohenaschau umgebaut. Ihren besonders schönen Stuck erhielt sie zum Teil schon 1702, das neu entstandene nördliche Seitenschiff wurde ab 1752 stuckiert. Die marianischen Fresken treten neben der zarten Stuckpracht in den Hintergrund. Freudig und goldprangend auch die Kanzel und die Altäre mit ihren Figuren, darunter Arbeiten der Münchner Straub-Werkstatt.

Grainbach, Kirche St. Ägidius und Nikolaus ◁

Auch die benachbarte **Kreuzkapelle** verdient den Besuch, denn sowohl der Altar als auch die Fresken zur Kreuzlegende (1753, Joseph Dieffenbrunner) sind schönstes ländliches Rokoko. Die Stifterin der Kapelle, Maria Anna Schropp, war Wirtin der Hoftaverne, aus der dann der von den Chiemgauern sehr geliebte Gasthof Post wurde. Leider mußte dieses traditionsreiche Haus Ende der 1980er Jahre einem Nobelrestaurant weichen, das sich hier – palastartig verbrämt – etwas seltsam ausnimmt.

Schloß Hohenaschau, auf bewaldeter Anhöhe über der Prien, gehört zu den eindrucksvollsten Anlagen in Bayern. Allerdings stammt der geringste Teil (Bergfried, Ringmauern) aus der Zeit, als sich die Brüder von Hirnsberg hier um 1165 ihre Burg bauten. Pankraz von Freyberg, der Begründer der Eisenhütte am Hammerbach, sorgte Mitte des 16. Jh. für den Ausbau der Befestigung. Die Grafen von Preysing – von 1610–1853 Herren von Hohenaschau – sorgten für die Erneuerung der Schloßkapelle und des Saaltrakts. Schließlich wurden auch unter den Freiherrn von Cramer-Klett, die hier bis 1942 residierten, noch Umbauten vorgenommen. Die barocken Prunkräume sind zu besichtigen, doch ist das Schloß heute nicht allgemein zugänglich; es wird vom Sozialwerk der Bundesfinanzverwaltung genutzt. Italienische Stukkatoren haben im späten 17. Jh. hier gearbeitet – ihr Werk ist im *Festsaal* zu bestaunen, wo die Ahnen des Hauses Freysing in weißem Stuck die Wände beleben.

Sachrang, nahe der Tiroler Grenze, ist ein ausnehmend hübscher Ort. Die schroffen Wände des Zahmen Kaisers ragen im Süden ins Tal, zu beiden Seiten des Dorfes sind Spitzstein (1596 m) und Geigelstein (1813 m) mit ihren Hütten verlockend nahe. Erstaunlich auch die barocke **Pfarrkirche St. Michael.** Der Graubündner Giovanni Gaspare Zuccalli hat sie 1687/88 im Auftrag der Grafen von Preysing-Hohenaschau errichtet. Wie im Hohenaschauer Schloß auch hier wunderschöner Stuck, aufgetragen von Giulio Zuccalli und seinem Bruder Pietro. Da auch die Altäre goldprangend sind und reich geschnitzt (um 1690), wird man diesen ländlichen Raum nur ungern verlassen. Im *Friedhof* dann das Grab des Müllner-Peter, der noch heute als ländliches Genie hochverehrt wird. Peter Huber, in der Mühle am Aschacher Hügel im Jahr 1766 geboren, wuchs nicht nur zum vielseitigen Musiker und Komponisten heran, sondern betätigte sich auch als Heilpraktiker und Bürgermeister. Ihm ist die Rettung der vom Verfall bedrohten **Ölbergkapelle St. Rupert** – am Waldrand bei der Tiroler Grenze – zu verdanken. Wer ein Kirchenfest in seiner buntesten ländlichen Form erleben will, sollte am dritten Sonntag im September hierherkommen. Dann findet die Bayerisch-tirolerische Wallfahrt statt, unter Einbeziehung der volksbarock ausgestatteten Kapelle, die sich in schönstem Festschmuck zeigt.

Wer auf der Autobahn München–Salzburg, einer der belebtesten deutschen Autobahnen, unterwegs ist, erlebt das Südufer des Chiem-

Zwischen Inn und Salzach

Sachrang, Blick auf den Ort

sees zwischen Bernau und Übersee aus nächster Nähe. Leider, muß man sagen, denn die schnurgerade geführte Trasse durchschneidet schonungslos den Nordrand eines der schönsten Moorgebiete Süddeutschlands. Die Niedermoore (Moose) und Hochmoore (Filze) wurden jedoch nicht nur durch den Bau der Straße – und der parallel dazu geführten Bahn – geschädigt. Hemmungsloser Torfstich, zum Teil maschinell betrieben, führte zur Austrocknung weiter Moorgebiete. Wenn auch einige Partien schon länger unter Naturschutz stehen – um die **Kendlmühlfilze** mußte allzulang gekämpft werden. Dieser Moorkomplex von insgesamt 2500 ha, um den die Naturschützer Jahrzehnte stritten, kann jetzt zum Glück auch renaturiert werden.

Großartig zwischen Feldwies und Grabenstätt: das **Achendelta,** die breit aufgefächerte Mündungslandschaft der Tiroler Achen (NSG). Von der Quelle am Paß Thurn bei Kitzbühel bis zur Mündung in den Chiemsee durchmißt der Fluß eine Strecke von 73 km mit einem Gefälle von 520 Höhenmetern. Das Geschiebe und die Schwebstoffe, die er mitnimmt, lagern sich als Sand, Kies und Schlamm im Delta ab. Wie gewaltig dieser Verlandungsprozeß ist, zeigt sich am Beispiel Grabenstätt: der Ort lag noch zu Beginn des 19. Jh. direkt am See!

Westerbuchberg bis Unterwössen

Auf der Fahrt entlang der Achen bis zur Grenze nach Tirol sind nicht nur schönste Berglandschaften zu bewundern – es gibt auch Kunst in erstaunlich reicher Auswahl. Südlich von Übersee führt eine schmale Straße hinauf zum **Westerbuchberg**. Vorbei an Höfen, Landhäusern und Gasthöfen geht es zum hell verputzten Bau der **Kirche St. Peter und Paul**. Die de Westerberc, Dienstmannen der Herren von Marquartstein, hatten hier im 13. Jh. ihre Burg. Aus dieser Zeit stammt auch die Kirche in ihrem Kern, doch wurde sie 1426 (Chor) und 1524 (südliches Seitenschiff) vergrößert. Erstaunlich in dem schönen, netzgewölbten Raum sind die Fresken, die vom frühen 15. Jh. (Fensterlaibungen, Südwand des Langhauses) bis zum späten 16. Jh. entstanden. Hier ist es die späteste Malperiode, die das auffallendste Werk hinterließ: die Darstellung der *Vierzehn Nothelfer* – ein Flügelaltar mit Gespränge und allem was dazugehört – doch nicht aus Holz, sondern direkt auf die Wand gemalt!

Grassau – wunderschön in das hier noch weite Tal der Achen gebettet – besitzt in der **Pfarrkirche Mariä Himmelfahrt** einen schon von außen sehr einladenden Bau. Grassau war einst das geistliche Zentrum des Achentals – zur Pfarrei gehörten zwölf Filialkirchen –, weshalb der spätgotische Bau (im Kern romanisch) besonders stattlich ausfiel. Barock und Rokoko prägen den Innenraum. Wer Aschaus Pfarrkirche kennt, wird feststellen, wie sehr sich die Stukkaturen gleichen – hier wie dort war wohl ein Mann am Werk, dem man im Chiemgau öfter begegnet: Giulio Zuccalli, genannt Christofori (um 1706). Das besondere dieser Kirche sind ihre qualitätvollen *Fresken* aus drei Perioden: 1425–1706–1766. Etwas versteckt unter der Empore und sehr reizvoll: die Prozession der Bruderschaften zur Himmelsburg, die von den Mitgliedern mit Kugeln frommen Inhalts beschossen wird (um 1706, Jakob Carnutsch). »So wird der Himmel in Grassau erobert«, besagt die Inschrift.

Bei **Marquartstein** wird das Achental merklich enger, der Hochgern (1744 m) im Osten und die Hochplatte (1587 m) im Westen setzen mit ihren Vorbergen die Akzente. Hoch über der Ache thront die **Burg Marquartstein**. Wenig ist noch von dem mittelalterlichen Bau erhalten, den Graf Marquart aus dem Geschlecht der Sighardinger im 11. Jh. errichtete. Im 13. Jh. fiel die Burg an die Wittelsbacher, wurde Sitz des herzoglichen Pfleggerichts und wäre längst verfallen, wenn sich im 19. Jh. nicht ein bayerischer Adeliger der Gemäuer angenommen hätte. Cajetan Freiherr von Tautphoeus, Ministerialrat und Kämmerer unter König Maximilian II., erwarb die Burg 1857 und baute sie, unterstützt von seiner Frau Jemima Montgomery, einer angloirischen Schriftstellerin, aus. Die Ritterburg, die am Torbau das Wappen der Tautphoeus und Montgomery ziert, blieb etwa hundert Jahre im Familienbesitz und mußte sich ab 1959 einen regen Besitzerwechsel gefallen lassen.

Südlich von Marquartstein teilt sich die Hauptstraße. Das Wössener Tal – enger und steiler als das Achental – kann nur in **Unterwössen** mit sehenswerter Kunst locken. In der barocken **Pfarrkirche St.**

Zwischen Inn und Salzach

Martin (1780–83) gibt es Fresken von Ignaz Baldauf zu sehen – ein Maler, der im Raum Schrobenhausen sehr aktiv war.

Von hier aus machen sich am Fest Christi Himmelfahrt Hunderte Wallfahrer auf den Weg nach **Raiten.** Die **Trachtenwallfahrt** zur Raitener **Marienkirche** gehört zu den großen Volksfesten im Chiemgau. Jedoch ist die kleine Kirche auf dem bewaldeten Hügel auch ohne Wallfahrt lohnend: Wandmalereien aus der Zeit um 1430 wurden bei der letzten Restaurierung freigelegt. Kleinere Moore begleiten die Fahrt in Richtung Schleching. Das weite, überaus freundliche Schlechinger Tal wird im Westen vom Geigelstein (1813 m) begrenzt. Der wegen seiner vielfältigen Vegetation als ›Blumenberg des Chiemgaus‹ gepriesene Hausberg der Schlechinger steht seit 1991 unter Naturschutz. Nicht nur die Landschaft ist hier wunderschön. Die **Pfarrkirche St. Remigius** in **Schleching** gehört zu den attraktivsten ländlichen Kirchen in Oberbayern. Abraham Millauer, bekannt durch seine Kirche von Berbling bei Bad Aibling, war der Baumeister. Angeregt durch böhmische Vorbilder, hat er hier einen fein gegliederten, harmonisch proportionierten und bewegten Wandpfeilerraum geschaffen (1735–37). Und da auch Stuck und Altäre von überdurchschnittlicher Qualität sind, verweilt man hier besonders gern.

Schleching, Pfarrkirche St. Remigius

Streichenkirche bis Reit im Winkl

Streichenkirche, Innenraum mit Hauptaltar und Kastenaltärchen (links)

An der Tiroler Grenze bilden die Berge einen Sperriegel, der am Klobensteinpaß von einer tiefen Schlucht durchbrochen wird. Blickt man hinab, so sieht man drunten im ›Entenloch‹ die kühnen Wildwasserkanuten in ihrem Element. Weiter östlich führt eine schattige Straße hinauf zum Streichen und zu einer der außerordentlichsten gotischen Kirchen im Land. Ein Parkplatz ist vorhanden, die letzten paar hundert Meter bis zur **Streichenkirche** geht man zu Fuß. Schon der Blick auf die herrliche Bergkulisse ist die kleine Mühe wert: im Süden der Wilde Kaiser, im Westen Breitenstein und Geigelstein.

Wohl schon in vorbajuwarischer Zeit führte ein Saumweg von Unterwössen über den Streichen nach Kössen. Um ihn und das Tal zu schützen, bauten die Herren von Marquartstein im 12. Jh. hier oben eine Burg. Unterhalb liegt die Servatiuskirche; das Langhaus entstand Ende des 13., der Chor Mitte des 15. Jh. Wie in Urschalling sind auch hier die Wände über und über mit *gotischen Fresken* bedeckt. Für die Malereien am Chorbogen und im östlichen Langhaus – Szenen aus den Heiligenleben – nimmt man einen Salzburger Meister aus dem Umkreis von Konrad Laib an (um 1450); die Fresken im Chor, Darstellungen zur Passion Christi und zum Marienleben, entstanden etwa sechzig Jahre später. Der Flügelaltar im netzgewölbten Chor mit den Schnitzfiguren der Bischöfe Servatius, Dionysius und Wolfgang sowie Reliefs zur Kindheit Jesu wird dem Salzburger Kunstkreis zugeschrieben. Von größter Kostbarkeit ist das kleine *Kastenaltärchen* links vom Chorbogen, dessen Salzburger Meister sich wohl an der Prager Hofkunst schulte (um 1410).

Die landschaftlich besonders reizvolle Fahrt über Kössen (Tirol) bietet sich an, um nach **Reit im Winkl** zu kommen. Der Herr des wei-

Zwischen Inn und Salzach

ten Tals ist der Wilde Kaiser, doch setzen die Hausberge mit dem Walmberg (1062 m) auch weniger schroffe Akzente. Der beliebte Luftkurort und Wintersportplatz (mit der schneesicheren Winklmoosalm, 1160 m) muß nicht erst vorgestellt werden. Kunst findet man allerdings kaum, doch ist der Weg nach Ruhpolding nicht sehr weit.

Am Rande einer bezaubernden kleinen Seenlandschaft (Weitsee, Mittersee, Lödensee, Ferchensee) führt die Fahrt zu einem weiteren vielbesuchten Ort des Chiemgauer Feriendreiecks, dem auch noch Inzell angehört. **Ruhpolding** liegt in einem weiten Tal, umgeben von sanft gerundeten bewaldeten Bergen. Hausberg ist der 1671 m hohe Rauschberg, dessen vorderer Gipfel mit einer Großkabinenbahn zu erreichen ist. Ruhpoldings **Pfarrkirche St. Georg** ist nicht zu übersehen, denn sie thront hoch über dem Ort. Der kurfürstliche Hofbaumeister Johann Baptist Gunetzrhainer hat ihren Plan geliefert, und so setzt sie einen sehr herrschaftlichen Akzent. Großzügig auch die inneren Proportionen der Wandpfeilerkirche, mit deren Bau 1738 begonnen wurde. Inmitten der goldenen Rokokopracht (besonders die Kanzel ist überschäumend reich dekoriert) dann ein kleines romanisches Kunstwerk voller Ernst und Strenge: die *Ruhpoldinger Madonna* (s. Abb. S. 16). Erst 1955 wurde sie im benachbarten St. Valentin in einer Feldkapelle entdeckt und ist seither das Ziel der Kunstfreunde. – Da Ruhpolding mit Museen gut ausgestattet ist – darunter das **Bartholomäus-Schmucker-Heimatmuseum** und das **Museum für bäuerliche und sakrale Kunst** – ist man hier auch an Regentagen gut beschäftigt.

Ruhpolding, Blick auf den Ort

Inzell bis Maria Eck

Südlich vom Ort, am Fuß des Rauschbergs, führt ein Teilstück der Deutschen Alpenstraße nach **Inzell**. Hier, im Tal der Roten Traun, lebt man von Bergen dicht umgeben. Besonders eindrucksvoll ist die Reiteralpe (2286 m), die von Süden her mächtig und felsig aufragt. Die Hausberge Inzells, Falkenstein (1181 m) und Kienbergl (1135 m) sind dagegen nur kleine Erhebungen. Inmitten des Ortes: die barocke **Pfarrkirche St. Michael,** wunderschön mit zartem Rankenstuck dekoriert (um 1727). Im Chorbogen fällt der geschnitzte Gnadenstuhl auf – wie die seitlichen Figuren der Schmerzensmutter und des hl. Johannes wohl ein Werk des Reichenhallers Johann Schwaiger.

Der Luftkurort und Wintersportplatz Inzell (Leistungszentrum für Eisschnellauf) ist Ausgangspunkt überaus lohnender Wanderungen. In Richtung **Adlgaß** führt ein Weg nach Osten. Die gotische **Kirche St. Nikolaus im Oberland** gehört mit dem kleinen Gewässer, in dem sie sich vor dem Hintergrund der Berge spiegelt, zu den schönsten Szenerien im Chiemgau.

Am Rande des Teisenbergs (1272 m), entlang der Roten Traun, führt die B 306 nach Siegsdorf. Unterwegs lohnt es sich, in **Hammer** Station zu machen. Im Ortsteil Mauer finden wir den **Wastlbauernhof** aus dem Jahr 1762, der nicht nur außen, sondern auch im Innern reich mit Malereien geschmückt ist.

Bei **Siegsdorf** mündet die Rote Traun in die Weiße Traun, und nördlich der Autobahn finden wir sie als Traun – in Richtung Traunstein fließend – wieder. Im Ort kommen Straßen aus allen Richtungen zusammen, von hier aus ist manche Entdeckungsfahrt zu unternehmen. Siegsdorf wurde 1975 zur paläontologischen Sensation, als im Gerhartsreiter Graben ein Mammutskelett aus der Altsteinzeit gefunden wurde. Zusammen mit anderen Knochenfunden ist es in einem Museum zu betrachten. Auch die **Pfarrkirche Mariä Empfängnis** (1779–81) lohnt den Besuch, denn das Fresko zum Brand der Stadt Traunstein, das Franz Joseph Soll 1781 malte, ist beeindruckend.

Im Wald verborgen, auf steilem Gelände: **Bad Adelholzen** mit seinem alten **Kurhaus** und der **Kapelle St. Primus und Mariä Heimsuchung.** Ein Märtyrer aus der Zeit Kaiser Diokletians, der hl. Primus, soll die heilende Quelle schon im 3. Jh. entdeckt haben. Adelholzen war einst ein berühmter Podagrabrunnen (Gicht); heute heilt man hier Herz-Kreislauf- und Stoffwechselkrankheiten.

Ebenso im Wald verborgen eine weitere heilsame Stätte: **Maria Eck.** Die Wallfahrtskirche auf dem Egg, einem Vorberg des Hochfelln, ist im Chiemgau das verehrteste Pilgerziel, noch heute kommen im Jahr über 100 000 Gläubige hier hinauf. Die Wallfahrt entstand im frühen 17. Jh. aufgrund wunderbarer Lichterscheinungen. Wolf König, der Baumeister der Salinenkapelle von Traunstein, hat die kreuzförmige Anlage errichtet (1635 und 1642). Der prächtige Hochaltar umschließt das Gnadenbild, eine Darstellung der Muttergottes, die von Wallfahrern angebetet wird (um 1630). Im linken Altar ein weiteres Marienbild: eine Ikone, ein russisches Original aus

Zwischen Inn und Salzach

*Wallfahrtskirche
Maria Eck bei
Siegsdorf*

dem 17. Jh. Am Höhepunkt des Wallfahrtsjahres, dem dritten Sonntag im Mai, finden sich hier die **Trachtenvereine des Chiemgaus** zur Andacht zusammen.

Das Tal von **Bergen,** im Westen begrenzt vom Bergener Moos, wird von einem der schönsten Chiemgauberge beherrscht, dem Hochfelln (1664 m). Vom Karwendel bis zu den Höhen des Salzkammerguts reicht die Aussicht vom Gipfel, und da eine Großkabinenbahn hinaufführt, wird man sich dies Vergnügen nicht entgehen lassen.

Auf einer Anhöhe über dem Tal, auf dem Weg nach Vachendorf, steht das **Jakobuskirchlein** von **Bernhaupten.** Der kleine Bau mit Spitzhelm birgt einen außerordentlichen Altar mit einem spätgotischen *Triptychon* (um 1475), dessen Tafeln dem Salzburger Kunstkreis (Rueland Frueauf d. Ä.?) zugeschrieben werden. Noch vom romanischen Bestand der Kirche stammt ein Freskenfragment im Vorhaus (um 1170), das stilistisch den Chorfresken im Frauenchiemseer Münster ähnelt.

Vachendorf war einst eine wichtige Pfarrei und auch für Bergen zuständig, woraus sich der überaus stattliche Bau der **Pfarrkirche Mariä Himmelfahrt** erklärt. Der Graubündner Lorenzo Sciasca hat sie 1680–82 auf den Fundamenten einer romanischen Pfeilerbasilika errichtet. Reich geschnitzte Altäre in frühbarockem Schwarz-Gold bestimmen das Raumbild. Das kostbarste Kunstwerk aber ist der ausdrucksvolle romanische Kruzifixus (erste Hälfte 13. Jh.) über dem Sakristeiportal.

Eine weitere auffallend geräumige Kirche dann oben nach der Steigung, am Stadtrand von Traunstein. Die **Pfarrkirche St. Mariä Verkündigung** in **Haslach** war bis 1850 Pfarrkirche von Traunstein. Daraus erklärt sich auch die Versammlung großartiger *Grabsteine* für Geistliche und Patrizier der Stadt in der Turmvorhalle, entlang der Friedhofsmauer und in der Friedhofskapelle.

Traunstein

Traunstein ist als ›Stadt vor den Bergen‹ nicht nur sehr schön gelegen, sondern besitzt auch interessante Bauwerke, allerdings wurden die alten Bestände durch schwere Stadtbrände in den Jahren 1371, 1704 und 1851 stark reduziert. Auch die barocke **Stadtpfarrkirche St. Oswald** (1) war zweimal vom Brand betroffen. Der Wandpfeilerbau der Graubündner Caspar Zuccalli, Antonio Riva und Lorenzo Sciasca (1675–90), wenn auch immer noch imponierend, hat seine originale Stuckdekoration verloren.

Die Oswaldkirche ragt weit hinein in den **Stadtplatz.** Mitte des 14. Jh. wurde er in Form eines Straßenmarkts angelegt, denn als Umschlagplatz für Salz und Getreide bedurfte Traunstein einer geräumigen Marktfläche. An der Salzstraße von Reichenhall nach München gelegen, 1311 zur Stadt erhoben, kam Traunstein zu Wohlstand. Auch hier am Stadtplatz räumten die Brände gründlich auf, die meisten Bauten sind das Werk des 19. Jh. Unter der Apsis der Kirche steht der **Liendlbrunnen** (2) des Meisters Stephan (1526). Wer der steinerne Ritter war, weiß man nicht, doch nimmt man an, daß sich hinter dem Liendl der hl. Leonhard verbirgt. Von der alten Stadtbefestigung blieb nur der **Brothausturm** (3; Stadtplatz 2), der die Sammlungen des Heimathauses beherbergt. Die **Schaumburgerstraße** mündet in den Stadtplatz ein, und da sie vom letzten Stadtbrand verschont wurde, sind hier noch alte Häuser im Inn-Salzach-Stil zu sehen.

Zwei steile Treppen (Apothekenstiege, Salzmaierstiege) führen hinab zum Karl-Theodor-Platz. Meist mit parkenden Autos vollgestopft, ist er wenig geeignet, der zweiten wichtigen Kirche Traun-

Traunstein ☆
**Besonders sehenswert:
Stadtpfarrkirche
Salinenkapelle**

Traunstein
1 Stadtpfarrkirche
  St. Oswald
2 Liendlbrunnen
3 Brothausturm und
  Heimatmuseum
4 Salinenkirche
  St. Rupert und
  Maximilian
5 Sudwerk Saline Au

steins, der **Salinenkirche St. Rupert und Maximilian** (4) die gebührende Aufmerksamkeit zu sichern. Nachdem der bayerische Hofbaumeister Hans Reiffenstuel eine Soleleitung von Reichenhall nach Traunstein gelegt hatte (bis 1619), wurde in der Au, unterhalb des Stadtberges, ein großes **Sudwerk** (5) errichtet. In vier Sudpfannen wurden hier bis zu 215 000 Ztr. Koch-, Vieh- und Dungsalz jährlich erzeugt. Leider wurden die meisten Gebäude der Saline Au in den 1920er Jahren abgebrochen. Für die Beamten und Arbeiter der Saline ließ Kurfürst Maximilian I. die Salinenkirche errichten. Der kleine Zentralbau über kreuzförmigem Grundriß (1630/31) ist das Werk des Traunsteiners Wolf König.

Wer mit der Bahn von München Richtung Salzburg unterwegs ist, erlebt Traunstein von seiner schönsten Seite. Der Blick auf die Altstadt, in ihrer Mitte die hohe Pfarrkirche, im Hintergrund die Berge um den Hochfelln, ist bestechend. Doch im Norden wird ein kleiner Bau sichtbar, der nicht weniger Aufmerksam verdient: die **Kirche St. Vitus und Anna** von **Ettendorf.** Einmal im Jahr, am Ostermontag, ist sie das Ziel einer ganz besonderen Prozession. Der **Traunsteiner Georgiritt** ist seit dem 15. Jh. Brauch, wie bei den Leonhardiritten wird hier Gesundheit und Erfolg für Stall und Feld erfleht. Über 400 festlich geschmückte Pferde sind mit dabei, und an der Spitze des Zugs reitet der hl. Georg, begleitet vom Ritter Liendl und dem herzoglichen Pfleger Hans von Schaumburg. Auch die Kirche selbst ist eine reine Freude: ein wunderschönes spätgotisches Netzgewölbe, drei prächtige Barockaltäre und eine bemalte Holzempore (1512/14). Erst 1962 wurden die Fresken freigelegt, darunter eine Darstellung der vierzehn Nothelfer in ganzer Figur (1739).

Im Westen führt eine vielbefahrene Straße direkt an den Chiemsee. Herrscherin über das weite Ostufer ist **Chieming.** Hier, in der bajuwarischen Siedlung Chiemingen, lebte im 8. Jh. der Gaugraf Chiemo. Sein Name ging nicht nur auf den Ort, sondern auch auf den See und die umgebende Landschaft über. Chieming ist nicht gerade reich an alter Kunst, die **Pfarrkirche Mariä Himmelfahrt** stammt aus dem späten 19. Jh. Auch das kleine **Schloß Neuenchieming** direkt am See, der einstige Hofmarksitz, geht nur im Kern auf das 16. Jh. zurück.

Ausflüge ins Hinterland sind jedoch sehr lohnend. In der Nähe des Chiemseeufers bewegt man sich in **Grabenstätt** (Kirche St. Johannes mit Fresken des frühen 15. Jh.), in **Stöttham** (Kirche St. Johannes Baptist, spätgotisch, mit qualitätvollen Altären) und in **Ising** (Wallfahrtskirche Mariä Himmelfahrt, spätgotisch, 1750 barockisiert).

Über **Sondermoning** (Kirche St. Nikolaus und Johannes d. Tf. mit Flügelaltar um 1490) erreicht man **Traunwalchen. Schloß Pertenstein,** ein ehemaliges Wasserschloß, ist seit vielen Jahrhunderten im Besitz der Grafen Toerring. Die unregelmäßige Dreiflügelanlage, die im Kern auf das 13. Jh. zurückgeht, verdankt ihre heutige Erschei-

Traunreut bis Stein an der Traun

Traunstein, Stadtplatz und Stadtpfarrkirche St. Oswald

nung mehrfachen Erweiterungen und Umbauten der Jahre 1601 und 1745–63.

In **Traunreut** hält man vergeblich nach alten Bauten Ausschau, denn diese Stadt ist eine Geburt der Nachkriegszeit; die erste Ansiedlung wurde von Heimatvertriebenen gegründet. Doch ganz in der Nähe, auf einer Anhöhe über der Traun, steht die **Pfarrkirche St. Georg.** Der spätgotische Bau wird wegen seiner außerordentlichen *Fresken* von Kunstkennern gern besucht. Es sind seltene Szenen, die man hier zu sehen bekommt: das Martyrium des hl. Achatius und seiner Gefährten (um 1504) und die mythische Einhornjagd.

Das Tal verengt sich bei **Stein an der Traun.** Die etwas düstere Szenerie paßt vorzüglich zu dem **Schloß,** das sich die Herren von Stein und die Herren von Toerring, später die Herzöge von Leuchtenberg hier errichteten. Die Anlage besteht aus drei Teilen, dem *Hochschloß* (12–15. Jh.), dem *Felsenschloß* und dem *Unteren Schloß.* Besonders das Felsenschloß entzückt die Besucher, denn hier soll der Ritter Heinz von Stein im Mittelalter sein Unwesen getrieben haben, eine Art Chiemgauer Blaubart. Das Untere Schloß im Stil der Tudor-Gotik ist Sitz eines Landerziehungsheims.

Zwischen Inn und Salzach

Der Rupertiwinkel

Der östliche Chiemgau und der Rupertiwinkel bilden landschaftlich eine Einheit. Nur wenig unterscheidet sich das Gebiet um Traun und Alz in seiner Struktur vom Land an Salzach und Saalach. Hier wie dort liebliches, leicht hügeliges Gelände, ein ›Land vor den Bergen‹. Chiemgau und Rupertiwinkel haben ihren Namen beide historischen Gestalten zu verdanken, wenn auch unterschiedlichen Gewichts. Im Vergleich zum hl. Rupert, dem Gründer und ersten Bischof von Salzburg, war der Gaugraf Chiemo ein recht unbedeutender Mann. Als das Erzstift Salzburg säkularisiert wurde, fiel der schmale Landstreifen, den wir heute als Rupertiwinkel kennen, nach einigen Umwegen dem bayerischen Staat zu. Zwischen Asten im Norden und Piding im Süden erstreckt er sich, und die Landkreise Altötting, Traunstein und Berchtesgadener Land teilen sich in ihn.

Tittmoning

Tittmoning ☆☆
Besonders sehenswert:
Burg
Pfarrkirche
St. Laurentius
Stadtplatz

Wie im östlichen Chiemgau ist auch im Rupertiwinkel der kulturell prägende Einfluß des Salzburger Erzbistums überall zu spüren. Doch kein Ort, der in seiner Atmosphäre so salzburgisch wäre wie Tittmoning. Erzbischof Eberhard II. ließ die Siedlung im 13. Jh. als Grenzfeste gegen das wittelsbachische Burghausen ausbauen. Die **Burg** (1), über der Stadt und der Salzach auf einem Bergkegel gelegen, kündet noch von den Fehden mit den Bayern. Wenn auch mächtig bewehrt, konnte sie im Mittelalter zweimal von den Bayern-

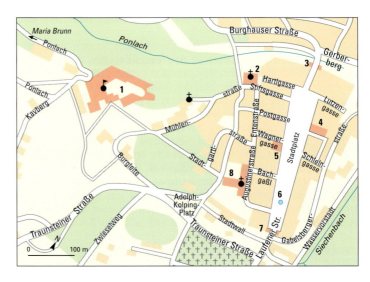

Tittmoning
1 Burg (Heimathaus)
2 Pfarr- und Stiftskirche St. Laurentius
3 Burghauser Tor
4 Rathaus
5 Wagnersches Haus
6 Storchenbrunnen
7 Salzburger Tor
8 Allerheiligenkirche

Tittmoning, die Burg

herzögen eingenommen werden. Erzbischof Markus Sittich mußte erst die Belagerungsschäden beheben, ehe er sich die Burg 1614–21 zum Jagdschloß ausbauen konnte. Dennoch wirkt sie mit ihrem umlaufenden Wehrgang, den Schlüsselscharten und Schießluken immer noch martialisch. Heute dient Tittmonings Burg als **Heimathaus des Rupertiwinkels.** Bekannt ist das Museum wegen seines umfangreichen Bestandes an Schützenscheiben und schmiedeeisernen Grabkreuzen. Neben dem mächtigen *Getreidekasten* steht die *Burgkapelle St. Michael*, die überregional bedeutende Kunstwerke birgt: ein Gemälde Johann Michael Rottmayrs (Engelssturz, 1697) sowie Figuren des Salzburgers Michael Bernhard Mändl (um 1700).

Tittmonings wichtigster Sakralbau ist die **Pfarr- und Stiftskirche St. Laurentius** (2). Der dreischiffige spätgotische Bau wurde nach einem Brand ab 1815 in einen Saalbau verwandelt. Da auch die Altäre größtenteils zerstört wurden, haben die wenigen alten Stücke um so mehr Gewicht. Die beiden großen Leinwandbilder im Chor – Maria Immaculata und Schutzengel – stammen aus der Weihenstephaner Korbinianskapelle und sind Werke von Cosmas Damian Asam (um 1720). Johann Meinrad Guggenbichler, bekannt durch seine Arbeiten für das Kloster Mondsee, fertigte die Schnitzfiguren, die hll. Wolfgang und Bonifatius an (um 1700).

Das Zentrum der Stadt ist der langgestreckte **Stadtplatz.** Nur in Salzburg selbst sind die eng aneinandergedrängten, zart getönten Häuser im Inn-Salzach-Stil noch schöner. Nach einem großen Stadtbrand (1571) wurde diese feuerdämmende Bauweise (Grabendächer, hohe Vorschußmauer) zur Pflicht. Eingereiht in die geschlossene

Platzfront: das **Rathaus** (4; Stadtplatz 1), ein Bau der Jahre um 1580, der 1711 verändert wurde. Auffallend aber vor allem in seinem rosa Putz und dem weißen Stuckdekor ist das **Wagnersche Haus** (5; Stadtplatz 39) aus dem 17. und 18. Jh. Reizvoll am Stadtplatz sind die Brunnen, vor allem der volkstümliche **Storchenbrunnen** (6).

Parallel zum Stadtplatz führt die Entenstraße zur ehemaligen Klosterkirche der Augustinereremiten, der **Allerheiligenkirche** (8) (1682/83). Stifter war Maximilian Gandolph von Khuenburg, der Erzbischof von Salzburg. Die Familie besaß auch ein Haus in Tittmoning, das Khuenburghaus am Stadtplatz 40. Aus den Jahren um 1686 und 1710 stammt die Ausstattung der Allerheiligenkirche; sie umfaßt die bedeutendsten Altarwerke des Salzburger Barock in Bayern. Das Altarbild des Hochaltars, eine Allerheiligendarstellung, stammt von Christoph Lederwasch (1686).

Westlich der Burg, bei der Ponlachschlucht, steht die **Wallfahrtskapelle Maria Brunn.** Eine heilsame Quelle im wasserreichen Ponlach-Gebiet war der Anlaß für eine Wallfahrt. Die erste Steinkapelle ließ der Salzburger Fürstbischof Paris Lodron im Jahr 1624 »aus eigenen Unkösten« bauen; 1716 folgte ein kleiner Zentralbau (Schnitzwerke: Johann Georg Itzlfeldner, 1751).

Moosen bei Tyrlaching, bemalte Tür am Hof Mooserbauer

Wer Sinn für bäuerliche Kultur hat, sollte sich von Tittmoning aus in Richtung Trostberg bewegen. Das Gelände ist recht flach, es wird viel Getreide angebaut. Daher waren seit jeher große Speicherräume nötig – wir finden sie in den prachtvollen **Vierseithöfen.** Ostoberbayern ist reich an diesen vierseitigen Anlagen, deren Bauten rechteckig um einen Hof angeordnet sind. Meist steht im Norden das Wohnhaus mit angebautem Roßstall, im Westen der Kuhstall, im Osten der Wagenschuppen und im Süden die Scheune, die man hier Stadel nennt. Kaum ein Bauer, der seinen Stadel nicht aufwenig mit **Bundwerk** ausschmücken ließ. Das auffallendste Zierelement dieser ländlichen Zimmermannskunst ist das Gitterbundwerk, eine Folge von einander dicht überlagernden Andreaskreuzen, doch finden sich auch figürliche Motive aus dem häuslichen und religiösen Bereich. Die meisten Bundwerkstadel entstanden zwischen 1830 und 1870, und wenn wir die schönsten sehen wollen, entdecken wir sie in Niederbuch, Tyrlbrunn, Heilham, Mitterroidham und Moosham.

Ganz besonders reich an buntbemaltem Bundwerkdekor sind auch die Stadel in Moosen und Gallersöd, in der Nähe von **Kirchweidach.** Die **Pfarrkirche St. Veit** ist ein Bau des Trostbergers Franz Alois Mayr (1772–74). Ein zweiter Trostberger, Franz Joseph Soll, hat den Zentralraum mit Fresken geschmückt (in der Kuppel Szenen aus der Legende des Kirchenpatrons).

Im benachbarten **Asten** zieht ein großer spätgotischer Tuffsteinquaderbau den Blick auf sich, die **Kirche St. Mariä Himmelfahrt.** Der monumentale Hochaltar (1747) mit seinen Figuren ist ein Hauptwerk des Tittmoningers Johann Georg Itzlfeldner – ein Bildhauer, der sich an Salzburger Meistern schulte. Die Muttergottes un-

Feichten bis Tengling

ter dem Baldachin stammt jedoch nicht von ihm, sie entstand in spätgotischer Zeit.

Im Bereich der Alz lohnt der Besuch von **Feichten** mit der **Pfarrkirche Mariä Himmelfahrt.** Die dreischiffige Hallenkirche wurde 1502 errichtet und 1763 von Franz Alois Mayr barockisiert. Hier arbeitete Mayr, wie später in Kirchweidach, mit dem Maler Franz Joseph Soll zusammen, dem wichtigsten Vertreter des Trostberger Rokoko, dem auch hier erstaunlich qualitätvolle Fresken gelangen. Der Stuck (1749) des farbenfrohen Kirchenraumes ist reich, die Altäre aufwendig, doch inmitten der barocken Pracht ist es das *Gnadenbild*, eine Madonna des Weichen Stils (um 1420), das durch seine Hoheit und Feinheit entzückt.

Nahe am Chiemgau, im Grenzbereich des Rupertiwinkels, finden wir **Heiligkreuz** mit der **Pfarrkirche Hl. Kreuz.** Sie liegt erhöht über der Alz, ein Bau, der 1434 vom Burghausener Oswald Pürkhel begonnen wurde. Auffallend ist die Zweischiffigkeit der Hallenkirche, deren Netzgewölbe von drei Rundpfeilern getragen wird. In der österreichischen Nachbarschaft ist diese Raumform bei Bettelordenskirchen zu finden. Fresken aus gotischer Zeit (um 1480) sind noch vorhanden, ebenso ein Vesperbild, das dem Meister von Seeon zugeschrieben wird. Ganz außerordentlich ist auch das Portal dieser Kirche mit geschmiedeten Beschlägen in Lilienform (erste Hälfte 15. Jh.), wie sie ähnlich auch in Asten zu sehen sind.

Die Rückfahrt an die Salzach führt über den **Waginger See.** Mit 12 km Länge und 2 km Breite ist dies der viertgrößte bayerische See. Ein Straßendamm zieht sich hinüber an das Ostufer nach Tettenhausen, er wurde 1867 angelegt. Auf diese Weise entstand der kleine Tachinger See. Über dem Nordufer, bei **Tengling,** steht die kleine **Kirche St. Koloman.** Schon wegen des weiten Blicks auf den See und das Gebirge sollte man hierherkommen. Die spätgotische Kirche

Blick über den Waginger See

lohnt aber auch von innen, denn sie birgt einen erstaunlich aufwendigen *Flügelaltar* des Laufener Malers und Bildschnitzers Gordian Guckh (1515). In der Mitte des Schreins steht Maria mit dem Kind, begleitet von den hll. Koloman und Jakobus. Der Stifter des Altarwerks, der Waginger Pfarrer Georg Stroppl, ist auch verewigt: man sieht ihn in einem Glasgemälde, vor der Madonna kniend (1503).

Hauptort im Seebereich ist **Waging am See,** hier begegnen sich Straßen aus allen Richtungen. Schon Kelten und Bajuwaren haben an der Stelle ihre Spuren hinterlassen, und im Mittelalter war die Siedlung wegen ihrer günstigen Lage an der Unteren Salzstraße von Reichenhall nach Wasserburg von einiger Bedeutung. Richtig lebhaft begann es aber erst in den fünfziger Jahren des 20. Jh. zu werden, als der Tourismus den Ort entdeckte, der übrigens keineswegs direkt am See liegt. Im malerischen alten Ortskern um die **Pfarrkirche St. Martin** haben sich noch einige Bauten im Inn-Salzach-Stil erhalten. Das **Salzburger Pfleggerichtsgebäude** (16. und 17. Jh., Bahnhofstraße 17) zeigt an, wer in Waging der Herr war, und auch in der Geschichte der **Martinskirche** (1611, Zwiebelhaube 1688) trifft man auf Salzburger Namen: die Salzburger Hofbaumeisterei besorgte 1697–99 den Innenumbau, Tobias Kendler 1722/23 den Chorneubau; der Hochaltar entstand 1786–88 nach Entwurf des Salzburger Hofbaumeisters Wolfgang Hagenauer durch seinen Landsmann Joseph Doppler; an der Ausstattung der Seitenaltäre hat der Salzburger Bildhauer Johann Georg Hitzl mitgewirkt; und schließlich ist auch der besonders reiche Akanthuslaubwerkstuck (1699) im Langhaus einem Stukkator der Salzachstadt zuzuschreiben, Joseph Schmidt.

Jede bayerische Landschaft hat ihre besonderen ländlichen Feste. Hier, um den Waginger See, ist es der **Leonhardiritt** auf den Wonneberg, der am 6. November zu Ehren des Viehpatrons gefeiert wird. Ziel der Reiter, Pferde und Wagen ist die kleine **Wallfahrtskirche St. Leonhard** (um 1496). Sie birgt ein außerordentliches Kunstwerk, die gemalten Flügel des ehemaligen gotischen Hochaltars. Die Passionsszenen malte der Laufener Gordian Guckh in großer Eindringlichkeit (1510–13). Und da erst 1981–85 ein Freskenzyklus (1631–33) an den Gewölbezwickeln und Wänden aufgedeckt wurde, wird man die Fahrt zum aussichtsreichen Wonneberg nicht bereuen.

Ganz in der Nähe, in **Gessenberg,** ist ein kleines **Wasserschloß** aus dem 17. Jh. zu sehen. In den letzten beiden Jahrhunderten gab es häufig Besitzerwechsel; seit 1979 residiert hier die Familie von Klitzing, die im Schloß wechselnde Ausstellungen veranstaltet.

Auf dem Weg zurück zur Salzach ist **Fridolfing** die nächste Station. Nicht der mächtige Ziegelbau der neugotischen **Pfarrkirche St. Mariä Himmelfahrt** (1891–94) ist es, der hier das Interesse weckt. Lohnender ist ein Besuch der **Kirche St. Johannes Ev. und Johannes d. Tf.,** auf einer Anhöhe im südlichen Ortsteil. In dem spätgotischen, netzgewölbten Raum sind qualitätvolle Schnitzfiguren, Gemälde und auch Fresken des 15. bis 18. Jh. zu finden. Die vier Gemälde an der Langhausnordwand sind salzburgisch (um 1490); sie stammen vom ehemaligen Johannesaltar, dessen Figuren in der neuen Pfarrkirche zu sehen sind.

Laufen

Der Ort, eingebettet in eine Schlinge der Salzach, ist nicht nur geschichtlich der Mittelpunkt des Rupertiwinkels. Was die Vergangenheit hier an großer Architektur hinterließ, an malerischen Winkeln, ist begeisternd. Eine Siedlung ›ad loffi‹ – bei den Stromschnellen – ist für das 8. Jh. belegt. Um 1040 wurde die Stadt – neben Salzburg die älteste im Erzstift- gegründet. Die günstige Lage am Fluß und an der Salzstraße brachte Gewinn – Laufen entwickelte sich zum Hauptstapelplatz für das Salz aus Hallein und Reichenhall. Im 13. und 14. Jh. wurden die Schiffs- und Fuhrrechte erblich geregelt, es entstand ein Schifferpatriziat. An der Spitze standen die ›Schefherren‹, die Schiffseigner. Die ›Ausfergen‹ brachten das Salz von Hallein herein, die ›Naufergen‹ schafften es weiter nach Passau. Im Winter, wenn der Schiffsverkehr stillag, widmete man sich dem Theaterspiel – das Laufener Schiffertheater reiste im ganzen Land umher. Die alten Traditionen sind noch lebendig: im Sommer wird auf der Salzach ein Schifferstechen veranstaltet und alle drei Jahre eine Historische Piratenschlacht. 1866 wurde der letzte Transport auf dem Fluß unternommen, die Eisenbahn hatte den Schiffsverkehr verdrängt. Damals war Laufen bereits bayerisch, doch das Erzbistum Salzburg, das von 1245 bis 1803 hier herrschte, hat die Kultur der Salzachstadt geprägt.

Im Norden wird das Stadtbild der Halbinsel vom mächtigen Bau der Stiftskirche beherrscht, im Süden vom Schloß. Die **Pfarr- und Stiftskirche Zu Unserer Lieben Frau** ist als älteste Hallenkirche Süddeutschlands für die Kunstgeschichte besonders interessant. In Österreich, im Chorbau der Zisterzienserkirche von Heiligkreuz bei Wien, war dieses Raumsystem (die Schiffe sind ganz oder annähernd gleich hoch) bereits vorgebildet worden. Eine dreischiffige romanische Pfeilerbasilika war vorausgegangen, von ihr sind Teile des Turms, Säulen und Portallöwen erhalten. Das reiche Bürgertum der Stadt und der Adel der Umgebung sorgten im 14. Jh. für einen Neubau. Um 1330 wurde mit den Arbeiten am Hallenchor begonnen, und um 1340 war der gesamte Bau vollendet. Als Baumeister wird der Ingolstädter Konrad Schrank angenommen.

Die weite Anlage mit ihren drei fast gleichbreiten und fast gleichhohen Schiffen, mit dem nach Zisterzienserart gerade geschlossenen Chor, hat schon die Zeitgenossen beeindruckt. »Ain chostlich werch« nannte man die Frauenkirche. Die Ausstattung wurde im Laufe der Jahrhunderte mehrfach verändert, die heutigen Altäre stammen aus der zweiten Hälfte des 17. Jh. Von schönster Qualität ist das Altarblatt im südlichen Seitenaltar, dem *Schifferaltar*. Johann Michael Rottmayr stellte hier den hl. Rupert in einer Salzburger

Laufen ☆☆
Besonders sehenswert:
Stiftskirche
Ortsbild

Zwischen Inn und Salzach

Laufen, Blick über die Salzach zur Pfarr- und Stiftskirche Zu Unserer Lieben Frau

Landschaft dar (1691). Rottmayr, 1654 in Laufen geboren, in Venedig Schüler von Carl Loth, war der bedeutendste bayerische Altarbildmaler des späten 17. Jh. Auch als Freskant, als Mitarbeiter der großen österreichischen Barockarchitekten, leistete er Hervorragendes und avancierte zum Hofmaler Kaiser Karl VI. Einige Stücke der spätgotischen Ausstattung sind noch vorhanden, darunter – an den

Seitenwänden – Tafelbilder des ehemaligen Hochaltars (1467). Vor allem aber ist es die *Grabmalkunst*, die in dieser Kirche durch ihre Qualität überrascht. Wir entdecken hier über 200 Grabsteine geistlicher und adeliger Herren aus dem 15. und 16. Jh. Besonders zu beachten: der Grabstein für Marchs von Nußdorf (um 1478) an der östlichen Turmwand und der Doppelgrabstein für die Familie Scheller an der Westwand (um 1500), beides wohl Arbeiten des Salzburgers Hans Valkenauer. Auch Johann Michael Rottmayr hat ein Epitaph in seiner Heimatstadt hinterlassen, 1698 hat er es für seine Eltern gemalt (letztes Joch an der Südseite).

An drei Seiten wird die Kirche von einem stimmungsvollem *Laubengang* umgeben (15. und 16. Jh.). Einige Deckenbilder sind hier zu sehen, viele Grabsteine und nicht zuletzt – an der Vorhalle der Südseite – ein romanischer Löwe aus Marmor (12. Jh.). – Im **Dechanthof** nördlich der Kirche (1625–27) werden Tafelbilder der gotischen Altäre aufbewahrt, meist Arbeiten der Salzburger Schule von der Mitte des 15. Jh.

Die **Rottmayrstraße** führt zum **Marienplatz.** An der Straße und um den geschlossen umbauten Platz versammeln sich noble Häuser im Stil der Inn-Salzach-Städte. Die Patrizier Laufens, darunter nicht wenige Schiffsmeister, sorgten für diese stattlichen Bauten. In der Rottmayrstraße (Nr. 16 und 26) fällt das **Alte Rathaus** (1564/65) auf, ebenso das ehemalige **Schiffsmeisterhaus** (16. Jh.). Am Marienplatz sieht man zwei Patrizierhäuser aus dem 16. und 19. Jh., die besonders aufwendig gestaltet sind (Nr. 16 und 17/18). Die Stadtbefestigung ist nur noch in wenigen Teilen erhalten, zu ihr gehört das **Salzburger Tor** an der Schloßstraße (17. Jh.). Das ehemalige **Erzbischöfliche Schloß**, ein massiger Vierflügelbau, ist das Werk von Vincenzo Scamozzi. Der Barockbau aus den Jahren 1606–18 gruppiert sich um einen Innenhof (heute Wohn- und Geschäftsbau).

Vom Marienplatz aus führt eine Brücke über die Salzach ins österreichische **Oberndorf.** Schon allein wegen des spektakulären Blicks auf die Salzachschleife und die Stiftskirche sollte man in der Nachbargemeinde einen Besuch machen. Eine weitere Attraktion: die **Stille-Nacht-Kapelle,** in der die Originalnoten des bekannten Weihnachtsliedes aufbewahrt werden, das Franz Gruber komponierte. Im Jahr 1818 ist es in der alten Oberndorfer Nikolauskirche zum erstenmal erklungen. Auch die **Wallfahrtskirche Maria Bühel** (17. und 18. Jh.) ist in Oberndorf wichtig. Johann Michael Rottmayr hat hier mehrere Altarbilder hinterlassen.

Das Salzach-Hinterland südlich von Laufen ist landschaftlich sehr reizvoll. Hier befindet sich auch der wärmste Badesee Bayerns, der kleine **Abtsdorfer See.** Er wird aus den Quellen und Zuflüssen des Haarmooses gespeist und ist daher bräunlich gefärbt. Weiter westlich gibt es ein abwechslungsreiches Moorgebiet, das Schönramer Filz. Das Hochmoor – wie der Waginger und Abtsdorfer See Relikt der Eiszeit – steht unter Naturschutz, doch sind Wanderungen möglich.

Zwischen Inn und Salzach

Triebenbach, gemalte Kulissen im Theatersaal des Schlosses

Direkt an der B 20 in Richtung Freilassing liegt **Triebenbach.** Das **Schloß,** ein wehrhafter Bau mit Torturm (14. und 16. Jh.), war sicherlich einst sehr ansehnlich. Ein Bauer, an den die Anlage 1824 überging, hat leider einige Gebäude abgetragen, so daß der Komplex heute nur noch Fragment ist. Im zweiten Obergeschoß existiert ein *Theatersaal,* hier haben wandernde Schauspieler gastiert. Die bemalten Kulissen sind zum Teil noch vorhanden. Wolfgang Amadeus Mozart, mit dem einstigen Schloßherrn Joachim von Schidenhofen befreundet, hat in Triebenbach konzertiert.

Freilassing, wunderschön vor der Kulisse der Berchtesgadener Berge gelegen, ist ein recht unruhiger Ort. Wichtige Straßen kommen hier zusammen, außerdem ist der Ort ein Bahnknotenpunkt und Grenzübergang im Autoverkehr nach Salzburg.

Bei Piding setzt der **Hochstaufen** (1771 m) einen sehr deutlichen Akzent. Doch am schönsten ist dieser Berg, wenn man ihn von Anif bei Salzburg aus betrachtet: dort steigt er als formvollendete Pyramide aus dem Wiesengrund. Den lohnendsten Fernblick vermittelt der **Högl** (827 m), ein langgestreckter Höhenzug zwischen Ainring und Piding. Von oben breitet sich die Salzachebene mit Salzburg und dem Gaisberg in ihrer ganzen Großartigkeit vor uns aus.

Auch für die Kunstinteressierten ist in diesem Gebiet vielfältig gesorgt. Auf dem **Johannishögl** bei **Piding** finden wir die spätgotische **Kirche St. Johann** mit einem Altar von Gordian Guckh (um 1520) und Fresken aus der Zeit um 1500. Südlich des Ortes, auf einem Hügel am Fuß des Hochstaufen, begeistert die **Burg Staufeneck** den Freund wehrhafter mittelalterlicher Bauten. Die romanische Anlage war in Salzburger Besitz; Erzbischof Leonhard Keutschach ließ sie 1513 ausbauen. Alles ist vorhanden: Halsgraben, Zwinger und sogar ein Turm mit Folterkammer. (Die Burg ist heute wieder in Privatbesitz.)

Anger ist der Verwaltungssitz für die Dörfer am Högl. Bereits von der Autobahn Richtung Salzburg aus macht der Ort auf der Anhöhe, überragt von seiner schlanken Kirche, sehr neugierig. »Das schönste Dorf Bayerns« soll Anger nach einem Ausspruch König Ludwigs I. sein. Zumindest ist die großzügige Gruppierung der alten Handwerkerhäuser um den weiten Dorfanger nicht alltäglich. Auch die **Pfarrkirche St. Mariä Himmelfahrt,** ein Nagelfluhbau aus der Mitte des 15. Jh., ist sehr bemerkenswert. Das Langhaus besaß einst – wie in Burgkirchen am Wald – drei Freipfeiler, doch wurde hier der Mittelpfeiler entfernt. Schön ist das Netzgewölbe im Chor mit seinem maßwerkartigen Schmuck, doch im übrigen herrscht in diesem Raum das 17. und 18. Jh. Auffallend: die Rosenkranzmadonna (1680) und die Rokokobilder über den Seitenaltären (Franz Nikolaus Streicher, um 1770). Sie stammen aus der alten Stiftskirche von Höglwörth, unserem letzten Ziel im Rupertiwinkel.

Ein kleiner See, ein umfangreiches Klosterareal – **Höglwörth** ist auf den ersten Blick schon sehr verlockend. Bis zur Säkularisation haben hier Augustinerchorherren gelebt, sie wurden schon 1125

Höglwörth

Höglwörth, ehemaliges Augustinerchorherrenstift St. Peter und Paul

durch Erzbischof Konrad I. von Salzburg berufen. Die ehemaligen **Klostergebäude** gruppieren sich sehr idyllisch um zwei kleine Höfe. Die Anlage aus dem 17. Jh. ist heute in Privatbesitz und leider nicht zugänglich.

Besichtigen kann man jedoch die **Pfarrkirche St. Petrus und Paulus,** eine Saalanlage des späten 17. Jh. Die Ausstattung stammt aus den Jahren um 1762–65. Reizvoll ist der *Stuck* in Grün und Gold, ein Werk des Salzburger Stukkatormeisters Benedikt Zöpf, der wohl aus Wessobrunn stammte. Der zarte Rokokodekor umrahmt die Fresken, die Franz Nikolaus Streicher 1765 malte. Im Langhaus sieht man die Himmelfahrt Mariens mit Augustiner- und Benediktinerheiligen über der Gründungsszene. Auch die Altäre aus Untersberger Marmor sind Werke des 18. Jh. In der Kirche von Höglwörth wird alle drei Jahre zu Karfreitag ein aufwendiges *Heiliges Grab* errichtet, das bis zur Decke der Kirche reicht.

Im Berchtesgadener Land

Unter dem Berchtesgadener Land versteht man im allgemeinen das hochalpine Gebiet mit dem Watzmannmassiv im Zentrum, umgeben von Hochkalter, Reiteralpe und Lattengebirge, Untersberg, Hohem Göll, Hagengebirge und Steinernem Meer. Der Landkreis Berchtesgadener Land, der 1972 neu gebildet wurde, ist allerdings bedeutend umfangreicher, denn sowohl Bad Reichenhall als auch ein Teil des Rupertiwinkels gehören dazu. Wir schließen den Salinenort Bad Reichenhall mit ein, geben dem Rupertiwinkel als ›Land vor den Bergen‹ jedoch ein eigenes Kapitel.

Berchtesgaden

Berchtesgaden wird im Süden vom Watzmannmassiv (2713 m) großartig überragt. Zu der mächtigen Kulisse paßt die Geschichte des Ortes, die durch Jahrzehnte von den Fürstpröpsten des Stiftes bestimmt wurde. Die Gegend von Berchtesgaden war bereits christianisiert, als die Grafen Berengar von Sulzbach und Chuno von Horburg um das Jahr 1105 ein Kloster gründeten. Vier Priester und vier Laienbrüder kamen aus dem Reformkloster der Augustinerchorherren, Rottenbuch. Der erste Propst, Eberwin, sah sich wegen des rauhen Klimas und der wilden Natur jedoch bald genötigt, nach Baumburg an der Alz auszuweichen. Im Jahr 1120 wieder nach Berchtesgaden zurückgekehrt, sorgte Eberwin für die erste Blüte des Stifts. 1142 wurde Berchtesgaden päpstliches Eigenkloster. Kaiser Friedrich I. nahm das Kloster unter seinen Schutz und bestätigte 1156 die Forsthoheit, der bald auch die Schürffreiheit auf Salz und Metall folgte. 1290 wurde von König Rudolf von Habsburg die Landeshoheit verbürgt. Dennoch war das Stift nicht reich und mußte wegen hoher Schulden 1389 Salzburg übereignet werden. Erst den Wittelsbachern gelang es 1594 durch eine Besetzung der Fürstpropstei, den Salzburger Einfluß auszuschalten. Seit 1559 hatten die Prälaten im Reichstag einen Sitz auf der Fürstenbank. Die Wittelsbacher, Kurfürsten und Erzbischöfe von Köln, regierten in Berchtesgaden als Kommendatarpröpste, bis 1723 die Kanoniker die Wiederwahl eines Wittelbachers ablehnten. Unter dem letzten Propst, Josef Freiherr von Schroffenberg, wurde das Stift säkularisiert, die Salinen mußten an Bayern verkauft werden. Die Propstei wurde 1813 königliches Schloß.

Die hohen Spitzhelme der Stiftskirche, der ehemaligen **Augustinerchorherrenkirche St. Peter und Johannes d.Tf. (1)**, beherrschen die Silhouette der Altstadt. Die erste Kirche des 11. Jh. war wohl ein Holzbau. Auf sie folgte in der zweiten Hälfte des 12. Jh. eine monumentale dreischiffige Basilika, von der das Portal, die unteren Teile der Langhauswände und zwei Pfeiler in der Chorwand noch geblieben sind. Schon vor 1300 begannen die Arbeiten an der gotischen Kirche, zunächst entstand der einschiffige Hochchor. Das dreischiffige Langhaus wurde um 1470 erhöht und gewölbt und zu einer vierjochigen Hallenanlage umgebaut.

Berchtesgaden ☆☆
Besonders sehenswert:
Stiftspfarrkirche St. Andreas
Klosteranlage
Schloßmuseum
Angerkirche
Hirschenhaus

Ramsau, Pfarrkirche St. Fabian und Sebastian vor ◁ *der Reiteralpe*

Im Berchtesgadener Land

Berchtesgaden, Ort mit Stiftskirche vor dem Watzmann

Das 19. Jh. hat an dieser Kirche allzuviel verändert, das betrifft auch die Ausstattung. 1865, als die Westfassade neuromanisch erneuert wurde, wechselte man auch die Werkstücke des äußeren gotischen Westportals aus; 1882 geschah dasselbe mit dem romanischen Hauptportal. Dennoch, es blieben einige kostbare Zeugen aus mittelalterlicher Zeit, darunter das *Chorgestühl* (älteste Teile um 1350). Das Tympanongemälde in der nördlichen Vorhalle, eine Darstellung des Gnadenstuhls, wird dem Salzburger Rueland Frueauf zugeschrieben (1474). Salzburgisch ist auch die Hochaltaranlage aus Untersberger Marmor (1663–69; Altarbild: Aufnahme Mariens in den Himmel, Johann Spillberger, zweite Hälfte 17. Jh.). Die Gemälde der Seitenaltäre stammen zum Teil von bedeutenden Barockmalern (südlicher Altar Johann Heinrich Schönfeld; nördlicher Altar Joachim Sandrart, 1657). Außerordentlich in ihrer Qualität sind die *Grabmäler* für die Pröpste, meist das Werk Salzburger Meister; Hans Valkenauer beispielsweise schuf das Grabmal für Probst Gregor Rainer (gest. 1522) im Chor. Die Wandtumba an der Westinnenwand des Langhauses für Propst Peter von Pienzenau (gest. 1435), ein Hauptwerk mittelalterlicher Steinmetzkunst, wird dem Meister der Straubinger Albrechtstumba zugeschrieben. Vom Schloßplatz (2) aus erreicht man den **Kreuzgang** (3), das Hauptziel der Kunstfreunde in

Berchtesgaden. Die romanische Anlage aus der Zeit um 1200 ist weitgehend original erhalten, nur im Nordflügel wurden um 1600 die Gewölbe erneuert. Die Stützen der Arkaden sind zum Teil als Doppelsäulchen ausgebildet. Nicht nur der ornamentale, auch der figürliche Schmuck ist eindrucksvoll, darunter die Darstellung des Orpheus mit der Leier.

Vom Kreuzgang aus betritt man das **Schloßmuseum.** Am Eingang hält ein großer Löwe aus weißem Adneter Marmor Wacht – ursprünglich hatte er am Hauptportal der romanischen Stiftskirche seinen Platz. Die Bestände des Museums stammen aus den Sammlungen des Kronprinzen Rupprecht von Bayern, der von 1913–33 im Schloß – dem ehemaligen Klostergebäude – wohnte. Im frühgotischen *Dormitorium,* einem schmalen, kreuzförmigen Raum aus dem 14. Jh., ist eine kostbare Skulpturensammlung zu sehen.

Ein weiterer früher Bau wurde zum Museum gemacht: die ehemalige **Stiftspfarrkirche St. Andreas** (4) am Beginn der Nonntalstraße. Die einschiffige Anlage stammt aus dem Jahr 1397, wurde aber 1693–1701 umgebaut. Aus der Zeit des Barock stammen Hochaltar und Seitenaltäre, ebenso der größte Teil der *Epitaphien,* die vom ehemaligen Friedhof zwischen der Andreas- und der Stiftskirche hierher übertragen wurden.

An den Stifts- und Residenzbereich fügt sich im Südwesten der geschlossen bebaute historische Markt (5) an. Am Marktplatz 3 finden wir das interessanteste Profangebäude des Ortes, das **Hirschenhaus** (6). Der Renaissancebau (1594) wurde zwar 1894 umgebaut, doch blieben die alten *Fassadenmalereien* (1610). Zur Metzgergasse hin sind die Fenster mit reichem Rollwerkdekor umrahmt, begleitet von Gruppen kostümierter Affen – Sinnbildern der menschlichen Leidenschaften.

Kreuzgang in der ehemaligen Augustinerchorherrenkirche St. Peter und Johannes d. Tf.

Im Berchtesgadener Land

Am **Kurgarten** und dem **Kur- und Kongreßhaus** (7) vorbei führt die Baumgartenallee zur **Klosterkirche Unsere Liebe Frau am Anger** (8). Aus dem ›Kloster am Anger‹ für die Chorfrauen des Augustinerordens wurde 1699 ein Franziskanerkloster. Die Klosterkirche, eine zweischiffige Halle, entstand in den Jahren 1488–1519. Eigenartig und dekorativ ist der Maßwerkschmuck im Sterngewölbe. Die erst 1668 angefügte Marienkapelle birgt im barocken Marmoraltar das Schnitzbild der *Muttergottes im Ährenkleid* (um 1500), eine Kopie des Gnadenbildes im Mailänder Dom. Wie in der Stiftskirche sind auch hier die Grabdenkmäler für die Pröpste von schönster Qualität. – Die ehemaligen Klostergebäude (1716–23) der Franziskaner dienen heute weltlichen Zwecken. Seit 1988 gibt es hier ein **Nationalpark-Haus** (9), das Informationszentrum der Nationalparkverwaltung von Berchtesgaden. Als die Fürstpropstei Berchtesgaden 1809 an Bayern fiel, zog es die Wittelsbacher immer öfter hierher. König Max II. war ein besonders passionierter Jäger, und obwohl die Räume im Schloß zur Verfügung standen, baute er sich noch eine eigene Villa. Die **Königliche Villa** (10) in der Kälbersteinstraße 4 war bis 1918 Sommer- und Jagdsitz der Wittelsbacher. In italisierendem Stil gebaut (Ludwig Lange, 1849–52), sollte sie das »Ländlich-Sittliche zum Fürstlichen erheben«.

Berchtesgaden
1 Stiftskirche der ehemaligen Augustinerchorherrenkirche St. Peter und Johannes d.Tf.
2 Schloßplatz
3 Königliches Schloß mit Kreuzgang und Schloßmuseum
4 Ehemalige Stiftspfarrkirche St. Andreas
5 Historischer Marktplatz
6 Hirschenhaus
7 Kur- und Kongreßhaus
8 Klosterkirche Unsere Liebe Frau am Anger
9 Nationalpark-Haus
10 Ehemalige Königliche Villa
11 Kalvarienberg-Kapelle
12 Richtung Schloß Fürstenstein
13 Richtung Salzbergwerk
14 Richtung Heimatmuseum (Schloß Adelsheim) und Wallfahrtskirche Maria Gern

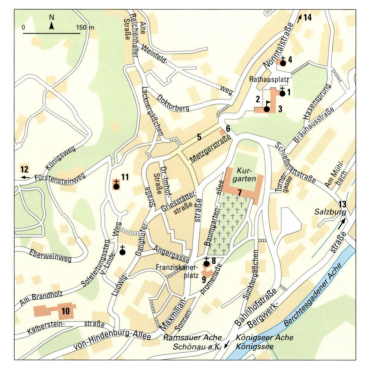

Von hier aus ist es nicht weit zur **Kalvarienberg-Kapelle** (11) und den vier Kreuzwegstationen, die 1760 errichtet wurden (Fürstensteinweg). Fürstpropst Michael Balthasar war der Initiator der Anlage – derselbe Kirchenfürst, der auch **Schloß Fürstenstein** (12; Fürstensteinweg 14) als Lustschloß bauen ließ (ab 1758; seit 1899 profaniert). Durch dieses Gelände führte die **Soleleitung** nach Reichenhall. Am Soleleitungssteg ist eine Erinnerungstafel für Georg von Reichenbach angebracht, den Erbauer der Soleleitung.

Wollen wir uns mit Geschichte und Praxis der Salzgewinnung vertraut machen, müssen wir die entgegengesetzte Richtung einschlagen. Am nordöstlichen Ortsende, in der Bergwerkstraße, finden wir das berühmte **Salzbergwerk Berchtesgaden** (13). Da im Jahr über 500 000 Besucher kommen, müssen Wartezeiten eingeplant werden. Nach der obligaten Einkleidung in Bergmannstracht, nach kurzer Fahrt mit der Grubenbahn in den Berg hinein und der Benutzung zweier Rutschen, steht man – 150 m unter der Erde – vor einem Salzsee. Im *Salzmuseum* wird man mit der Geschichte des Bergwerks vertraut gemacht und sieht Maschinen und Geräte für den Salzabbau. Wahrscheinlich wurden die alpinen Salzlagerstätten in einem Ausläufer des Hohen Göll schon in der Jungsteinzeit genutzt, gewiß aber von den Kelten, die auch am Dürrnberg den Salzbergbau betrieben. Das Stift Berchtesgaden, dem Kaiser Friedrich Barbarossa das Recht des Salzabbaus verliehen hatte, grub zunächst in der Nähe von Schellenberg und entdeckte erst später die Salzlager bei Berchtesgaden, am Fuß des Salzbergs. Mit dem Petersbergstollen gründete Fürstpropst Gregor Rainer im Jahr 1517 das heutige Bergwerk. Während in der Frühzeit das Salz am Dürrnberg bergmännisch abgebaut wurde, also ›trocken‹, gewann man im Berchtesgadener und Reichenhaller Raum das Salz auf dem Umweg über die Sole.

Doch nicht nur auf die Salzlager konnten sich die Herren von Berchtesgaden und ihre Untertanen verlassen. Das Holz war die zweite wichtige Einnahmequelle. Wie in Oberammergau lebten auch hier viele Familien von der Schnitzkunst, und was in dieser waldreichen Region alles entstand, zeigen die reichen Bestände des **Heimatmuseums** (14) im Renaissanceschloß Adelsheim (Schroffenbergallee 6). Seit dem 15. Jh. hat sich das Berchtesgadener Holzhandwerk entwickelt, im 18. und 19. Jh. gingen seine Erzeugnisse in alle Welt.

Nicht weit vom Heimatmuseum entfernt führt die Locksteinstraße zur Gernerstraße mit der **Wallfahrtskirche Maria Gern (14),** einer der schönsten ländlichen Kirchen Oberbayerns. Die Bergkulisse tut das ihrige dazu: Im Norden beherrscht der langgestreckte, felsige Untersberg das Tal, im Süden ragen die Gipfel des Watzmanns herein.

In der Scheffau, am Dürrnberg und auch in der Gern, dem kleinen Tal zwischen der Kneifelspitze und dem südlichen Untersberg, lebten im 16. und 17. Jh. viele Protestanten. Durch die Gegenreformation und die damit verbundene tiefe Marienfrömmigkeit entstanden in diesen Gebieten neue Wallfahrten. Die Wallfahrt zur Madonna

Im Berchtesgadener Land

Wallfahrtskirche Maria Gern vor dem Untersberg

von Gern entwickelte sich bald nach 1600, doch der heutige Bau wurde erst 1708–10 errichtet. Bisher hat man nicht herausgefunden, wer den reizvollen Saalbau über elliptischem Grundriß schuf. Schon von außen ist die Kirche in ihrer feinen Gliederung, dem rot-weißen Verputz und dem Schindeldach besonders attraktiv. Im Innern dann eine weitere Überraschung: einen dichteren, reicheren *Stuckdekor* meint man noch nie gesehen zu haben. Neidlos muß der Liebhaber Wessobrunner Stuckkunst eingestehen: auch das hier ist sehr schön!

Der Meister der Akanthusrankenpracht war der Salzburger Joseph Schmidt; seine Kunst kann man auch in der Sakristei der Berchtesgadener Stiftskirche, in Sankt Bartholomä am Königssee und in der Waginger Pfarrkirche bewundern. Angesichts dieser Stuckfülle tritt der Marienzyklus des Freskanten Christoph Lehrl in den Hintergrund. Ländlich farbenfroh sind die Altäre, die bemalte Empore, die Votivbilder im Chor. Goldprangend inmitten des Chors: das Gnadenbild, eine geschnitzte Mondsichelmadonna, deren Gestalt jedoch unter dem feinen Brokatkleid nicht zu erkennen ist. Im Wechsel des Kirchenjahrs wird die Figur immer wieder neu bekleidet – nicht weniger als 24 Prunkkleider stehen zur Verfügung!

Nahe dem Berchtesgadener Stadtzentrum, wo die Bergwerkstraße auf die Salzbergstraße trifft, finden wir die Talstation der Obersalzbergbahn. Der **Obersalzberg**, ein grüner Höhenrücken am Fuß des Hohen Göll (2522 m), hat keinen guten Namen mehr, seit sich Hitler hier oben den Berghof baute – eine Loge über einer der herrlichsten Landschaften des Alpenraumes. Auch andere Nazigrößen haben sich hier Landhäuser gebaut; das Areal wurde durch unterirdische Bunkeranlagen gesichert. Die Amerikaner taten gut daran, die braune Pracht durch einen gezielten Bombenangriff im April 1945 zu vernichten. Allerdings blieb noch ein Rest stehen, etwa das ehemalige Hotel Platterhof, das man nach dem Krieg in das Hotel General Walker verwandelte. Immer noch zieht es die Touristen in Scharen hier hinauf – die Relikte aus der NS-Zeit sind fast so magnetisch wie König Ludwigs Schlösser. 1995 ging das Gelände wieder an den bayerischen Staat über. Seit 1999 gibt es hier ein Dokumentationszentrum, das über die Geschichte des Obersalzbergs im Dritten Reich aufklärt.

Ebenfalls von den Nationalsozialisten gebaut: die beiden Hochalpenstraßen am Obersalzberg. Die ringförmige **Roßfeldstraße** ist trotz ihrer Höhe (bis 1540 m) ganzjährig befahrbar. Sie erschließt das Roßfeld, ein beliebtes, schneesicheres und nicht allzu schwieriges Skigelände. Die **Kehlsteinstraße** entlang der felsigen und steilen Hänge des Kehlsteins endet etwa 150 m unterhalb des Gipfels. Der Kehlstein (1837 m) ist wegen seines überwältigenden Rundblicks eine Berühmtheit unter den Bergen. Doch auch hier gibt es NS-Reminiszenzen: das **Kehlsteinhaus** ließ Martin Bormann 1936–38 als Repräsentationsbau für ausländische Diplomaten errichten. Von den Bomben der Amerikaner nicht getroffen, ist der ›Adlerhorst‹ ein beliebtes Ausflugsziel; im Jahr kommen über 300 000 Besucher hier hinauf. Die Kehlstein-Hochalpenstraße ist allerdings für PKW gesperrt, zwischen Hintereck und Kehlsteinhaus gibt es eine Omnibusverbindung.

Schmal und tiefblau wie ein norwegischer Fjord schiebt sich der **Königssee** zwischen die steilen Berghänge im Osten des Watzmannmassivs. Seine malerischen Qualitäten haben ihm den Besuch vieler Künstler eingebracht, darunter Ludwig Richter, Carl Rottmann und Ferdinand Olivier. Doch bevor die Maler des 19. Jh. sich hier einfanden, waren es illustre höfische Gäste, die den See und seine Wälder für ihre Vergnügungen nutzten. Sie lockte die Jagd auf Hirsche und Gemsen.

Am Westufer greift die kleine Halbinsel von Sankt Bartholomä in den See hinein. Die **Wallfahrtskirche St. Bartholomäus** ist der Allgemeinheit durch zahlreiche Abbildungen ebenso bekannt wie die Wieskirche und die Königsschlösser – kein Wunder, sie liegt sehr malerisch unter der Watzmannostwand. Als Basilica Chunigesse wurde sie von Chuno von Horburg, dem Mitbegründer des Stifts Berchtesgaden, und von Probst Eberwin gestiftet. Diesem Chuno verdankt auch der Königssee seinen Namen. Der romanischen Basilika folgte im Jahr 1697 der heutige Bau – einschiffig, mit östlicher Dreikonchenanlage; 1732 kam dann der westliche Rundbau hinzu. Um 1700 entstand der Hochaltar mit dem Gemälde des hl. Bartholomäus; er füllt den gesamten Chorraum. Auch die seitlichen Konchen sind mit Altären besetzt. Schön ist der Rankenstuck, ein Werk des auch in Maria Gern so kunstvoll schaffenden Salzburgers Joseph Schmidt (1709).

Der Gasthof, im Westen rechtwinklig angebaut, war einst **Jagdschloß** der Berchtesgadener Fürstpröpste. Auch der Fischmeister hatte hier sein Quartier, er versorgte die Pröpste mit dem edelsten Fisch des Sees, dem Saibling. Nach Aufhebung des Stiftes waren es die Wittelsbacher Könige, die sich zu Hofjagden einfanden. Einen schönen Blick vermittelt der **Malerwinkel** an der Nordostseite, doch wer den berühmtesten deutschen Alpensee in seiner ganzen Ausdehnung sehen will, sollte sich hinauf auf den Jenner (1874 m) begeben, zu dessen Gipfel die Jennerbahn ab Talstation Königsee führt.

In Königssee, Kessel, St. Bartholomä und Salet fahren die staatlichen Elektroboote ab, sie schiffen über 800 000 Personen jährlich über den Königssee. Nur gut, daß die Bergwelt selbst von dem Touristenstrom wenig zu spüren bekommt – dafür sorgen die strengen Schutzbestimmungen für den **Nationalpark Berchtesgaden,** ein Gebiet von 210 km² um den Königssee mit Watzmann und Hochkalter, den bayerischen Anteilen des Hohen Göll, des Hagengebirges, des Steinernen Meeres und der südöstlichen Reiteralpe.

Die Täler, die vom Berchtesgadener Kessel in die Bergwelt hineingreifen, werden oft mit den Fingern einer gespreizten Hand verglichen. Weit hinein nach Westen erstreckt sich die **Ramsau**, das Tal der Ramsauer Ache. Ein südliches Seitental, das Wimbachtal, eröffnet den beliebtesten Aufstieg zum höchsten Watzmanngipfel über das *Münchner Haus* (1928 m). Weniger Kletterfreudige begnügen sich mit dem Besuch der *Wimbachklamm*, einer tiefen Felsschlucht. Das *Wimbachschloß* in 937 m Höhe wurde Ende des 18. Jh. vom letzten Berchtesgadener Fürstpropst als Jagdschloß erbaut. In noch höherer Position (1327 m) finden wir die *Wimbachgrieshütte* – wie das ehemalige Jagdschloß fast das ganze Jahr über bewirtschaftet.

Ramsau, ein sehr beliebter Ferienort am Fuß des Hochkalter (2607 m), kann auch dem Kunstfreund viel geben. Die **Pfarrkirche**

Königssee

*Königssee,
Wallfahrtskirche
St. Bartholomäus
vor dem Watzmann*

St. Fabian und Sebastian (s. Abb. S. 420) wurde 1512 errichtet und 1692 barock erweitert. Hier sind es vor allem die Schnitzfiguren an der Emporenbrüstung, die den Blick auf sich ziehen (Christus und die Apostel, um 1420).

Reicher und freudiger ausgestattet ist die **Wallfahrtskirche St. Mariä Himmelfahrt am Kunterweg.** Der Weg führt am Kalvarienberg vorbei, und nach 20 Minuten erreicht man die Kirche über der Waldschlucht, am Hang des Kogels. Einst hat es hier gegeistert, »nächtliche forchtsame Spukgesichter« machten den Kunterweg unsicher. Ein Muttergottesbild, am Fels befestigt, ließ keinen Spuk mehr zu. Später wurde für das Gnadenbild eine Kapelle gebaut und schließlich 1731–33 die heutige Saalkirche. Das Gnadenbild im säulenreichen Hochaltar schnitzte 1690 Wolfgang Huber – auch die Madonna von Gern ist sein Werk. Im Aufbau sieht man oben ein Gemälde der hl. Dreifaltigkeit. Für das Berchtesgadener Umland typisch: im Deckenbild erscheint die Immaculata, darunter ein Engel, der Blitze auf die 1733 vertriebenen Protestanten schleudert. Sehr fein und phantasievoll ist der Bandelwerkstuck, den wohl Johann Schaffner anbrachte.

Hinter Ramsau wird die Ache zum Wildbach, die Felsstürze von den Hängen des Hochkalters haben die Landschaft im Laufe der Jahrhunderte in einen romantischen Wald, den **Zauberwald,** verwandelt. Der **Hintersee,** wenn auch weniger erhaben als der Königssee, gewinnt durch seine freundlichen Ufer und die sanfteren Höhen. Vorbei an einem kleinen Karstwassersee, dem **Taubensee,** führt die Deutsche Alpenstraße nach Schneizlreuth und Bad Reichenhall.

Nördlich von Berchtesgaden haben die Marienkirchen von Kunterweg und Vordergern – beide herausragend in ihrer reichen Ausstattung – in der **Wallfahrtskirche Maria Ettenberg** eine gewichtige Konkurrenz. Das Tal der Berchtesgadener Ache wird im Westen von bewaldeten Anhöhen begleitet – hier oben in 800 m Höhe steht die Ettenberger Kirche neben einem Gasthof und mehreren Höfen. Über die Almbachklamm ist sie auch zu Fuß zu erreichen. Der Aufstieg lohnt, denn der Ausblick auf die Berchtesgadener Berge ist begeisternd. Fürstpropst Julius Freiherr von Rehlingen ließ den Bau 1724 für ein Muttergottesbild in einer Linde auf dem Almberg, das als wundertätig galt, errichten. Die Saalkirche, hoch und hell, ist sehr reizvoll stuckiert: weiß auf grünem Grund (Josef Hopp, Burghausen). Im prächtigen Hochaltar ist das Gnadenbild, umgeben von Putten, der Mittelpunkt. Im Deckenbild (Innozenz Waräthi, Burghausen) ist neben der Himmelskönigin und der Esther des Alten Testament auch Fürstpropst von Rehlingen zu erkennen. Der Stuckmarmor der Altäre – in den Seitenkapellen in Rosa und Weiß – trägt zum farbenfrohen Gesamtbild der Kirche bei. Eindrucksvoll auf der Empore: eine gewaltige Schnitzfigur des hl. Christophorus (um 1670).

Marktschellenberg, im Tal der Berchtesgadener Ache, hat wie Berchtesgaden eine lange Tradition als Salinenort. Bereits Mitte des

12. Jh. wurden am Gutratberg Salzvorkommen entdeckt, doch im Gegensatz zu den Berchtesgadnern konnten sich die Schellenberger auf die Dauer nicht an ihrem Besitz erfreuen, denn den Salzburger und auch den Reichenhaller Nachbarn gelang es, den lästigen Konkurrenten weitgehend auszuschalten. Einiges erinnert noch an die Zeit des Salzhandels und der Salzgewinnung: das alte Marktwappen mit dem Salzfaß ziert eine Rotmarmorplatte am Turm der **Pfarrkirche St. Nikolaus** (1870/71; Turm 1521).

Der heilklimatische Kurort lebt heute vor allem vom Fremdenverkehr. Attraktiv für die Gäste ist der Besuch der Almbachklamm, vor allem aber der Schellenberger Eishöhle im Untersberg (geöffnet von Mitte Mai bis Ende Oktober).

Eine große Wiese der Salzburger Erzbischöfe im Gebiet der Probstei Berchtesgaden gab **Bischofswiesen** den Namen. Bereits 1155 ging sie durch Tausch an Berchtesgaden, zum Vorteil für das gebirgige Land, denn hier war Landwirtschaft möglich. Heute lebt man in Bischofswiesen und den Ortsteilen Engedey, Loipl, Stanggaß, Strub und Winkl vor allem vom Fremdenverkehr. Hier, in der frischen Luft, umgeben von weiten Wiesen und sanften grünen Hängen, fühlen sich die Gäste wohl, denen es nichts ausmacht, die Berge nicht so ganz nah vor sich zu haben. Dennoch sind sie immer noch deutlich vorhanden: im Süden der Hochkalter, der Watzmann und der Hohe Göll. Und außer Berchtesgaden lohnt auch Bad Reichenhall als nahes Ausflugsziel.

Bad Reichenhall

Das weite Reichenhaller Becken war schon früh besiedelt. Illyrer, Kelten und Römer lebten hier, ehe sich im 6. Jh. die Bajuwaren ausbreiteten. Es waren die reichen Salzvorkommen, die hier die Begierde weckten, und ihnen verdankt der Ort seinen Namen: ›hal‹ ist das keltische Wort für Salz. Bis heute blieb die Salinentradition lebendig, doch dient die Sole weitgehend der Kur. Bad Reichenhall ist Kurort durch und durch, wohlgepflegt, begrünt und auch klimatisch begünstigt. Von Bergen umringt – die östlichen Ausläufer der Chiemgauer Berge, das Lattengebirge, der Untersberg – kann sich der Ort beschützt fühlen.

Die Solequellen und Sudpfannen, von den Agilolfingerherzögen in Besitz genommen, wurden von Herzog Theodo II. um 700 den Salzburger Erzbischöfen geschenkt. Da sich später auch die Bayernherzöge für das Salz interessierten, wurde diese Schenkung zum Anlaß endlosen Streits. Auch die Reichenhaller Bürger zeigten sich widerspenstig: als sie sich weigerten, den Salzzehnt zu zahlen, ließ Erzbischof Adalbert 1196 die Stadt niederbrennen. Zur Stadt war Reichenhall 1158 durch Heinrich den Löwen erhoben worden. 1219 und 1228 wurden die beiden Keimzellen, das ehemalige Königsdorf und die Marktstadt durch Herzog Ludwig I. ummauert. Nach jahr-

Bad Reichenhall ☆
Besonders sehenswert:
Kirche St. Zeno
Salinengebäude

Im Berchtesgadener Land

Bad Reichenhall, Portallöwe in St. Zeno

hundertelangem Streit fiel Reichenhall 1587 endgültig an Bayern. Überschwemmungen der Saalach, vor allem aber die Stadtbrände (1196, 1484, 1515, 1834) verursachten immer wieder schwere Schäden.

Ein weiterer Brand im Jahr 1512 traf einen Bau, der im Mittelalter zu den bedeutendsten in Oberbayern gehörte, die **Augustinerchorherrenstiftskirche St. Zeno** (1). Erzbischof Konrad I. von Salzburg hat hier 1136 ein Chorherrenstift gegründet. Vorausgegangen war eine Kirche des 8. Jh., die bereits dem hl. Zeno, dem Schutzheiligen gegen Überschwemmungen, geweiht war. Der romanische Bau hatte gewaltige Ausmaße – mit 30 m Breite, 90 m Länge und 16 m Höhe war es die größte Basilika in Altbayern. Diese Kirche (1228 geweiht) war dreischiffig und flachgedeckt, mit Doppelturmanlage im Westen. Nach dem Brand von 1512 wurde sie bis 1520 spätgotisch umgebaut, doch bezog man das romanische Kirchenschiff mit ein. Weitere Veränderungen brachten das 17. und 18. Jh.

Außerordentlich ist das romanische *Westportal* (um 1200) mit tiefem Gewände, gebaut aus roten und weißen Marmorquadern von den Brüchen in Adnet und am Untersberg. Zwei Löwen tragen die Freisäulen, im Tympanon erscheinen neben der thronenden Madonna die hll. Zeno und Rupert. Das Rankenornament am Türsturz verrät lombardischen Einfluß.

Einige Ausstattungsstücke der gotischen Zeit sind bemerkenswert: im Hochaltar (neu zusammengestellt) die Schnitzgruppe der Marienkrönung (um 1520), seitlich zwei Tafelbilder (Heimgang und Himmelfahrt Mariens) des Münchner Hofmalers Hans Ostendorfer (1516). Auch das Chorgestühl (1520) mit Schnitzwerk an den Brüstungswänden und in den Wandfüllungen weist überdurchschnittliche Qualität auf. Von der romanischen Kirche blieb auch der *Kreuzgang,* doch wurde er im 14. Jh. gewölbt. An einem Fenster-

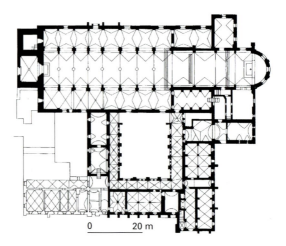

Bad Reichenhall, Grundriß des Augustinerchorherrenstifts mit der Klosterkirche St. Zeno

pfeiler des Westflügels fällt das ganzfigurige Herrscherbildnis von Friedrich I. Barbarossa auf, einem der Förderer des Stiftes.

St. Zeno liegt im östlichen Stadtbereich. Nicht weit entfernt, auf dem Weg zum Zentrum, finden wir den Kurpark, umgeben vom **Staatlichen Kurhaus** (2), dem **Kurmittelhaus** (3) und dem **Gradierwerk** (4). Das Kurhaus, ein prunkvoller Jugendstilbau (1900), wurde von Max Littmann errichtet, dem Architekten des Münchner Prinzregententheaters. 1912 entstand das Gradierwerk als ›Frei-Inhalatorium‹, ein Bau von 160 m Länge, dessen Vorrichtungen der Gesundung der Atemwege dienen.

Die Ludwigstraße führt zur Salinenstraße und der umfangreichen Anlage der **Alten Saline** (5). Nach dem Stadtbrand von 1834 hat König Ludwig I. den Bau dieser Saline angeordnet, »wie sie herrlicher keine Stadt Deutschlands bis dahin aufzuweisen vermochte«. Neuromanisch und prächtig, einer Klosteranlage nicht unähnlich, erhebt sich das *Hauptbrunnhaus*. Das Gebäude steht über den unterirdischen Quellen. Die 22 natürlichen Solequellen dienen heute fast nur noch zur Kur: Vom Brunnhaus werden sie zum Gradierwerk und zum Solespringbrunnen im Kurhaus geleitet. Der hl. Rupertus, Schutzpatron der Saline, wurde auch hier nicht vergessen: die *Brunnhauskapelle* ist neubyzantinisch, die Glasfenster entwarf Moritz von Schwind. – Die Saline liegt unter der **Burg Gruttenstein** (6), die 1219 zum Schutz der Salzquellen errichtet wurde. Mehrfache

Bad Reichenhall
1 Augustinerchorherrenstiftskirche
 St. Zeno
2 Staatliches Kurhaus
3 Kurmittelhaus
4 Gradierwerk
5 Alte Saline und
 Hauptbrunnhaus
6 Burg Gruttenstein
7 Florianiplatz
8 Pfarrkirche
 St. Nikolaus
9 Städtisches Heimatmuseum (Ehemaliger Getreidestadel)

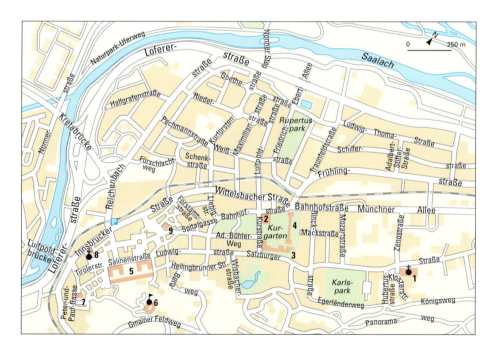

Im Berchtesgadener Land

Zerstörungen zwangen zu Erneuerungen, die Wohngebäude sind spätgotisch.

Im Westen grenzt das Floriansviertel an den Salinenbezirk. Da der letzte Stadtbrand hier nicht zugriff, sind um den **Florianiplatz** (7) noch alte Häuser vom Inn-Salzach-Typ erhalten. Von hier aus ist es nicht mehr weit zur **Pfarrkirche St. Nikolaus** (8), die 1181 als Filiale von St. Zeno als dreischiffige Basilika gebaut wurde. Nach dem Stadtbrand von 1515 wurde die Kirche gotisch verändert. Westchor, Westfassade und Turm stammen aus den Jahren nach 1861. Der Innenraum wurde 1860 neuromanisch ausgestattet, die Wandbilder stammen von Moritz von Schwind. Aus der Erbauungszeit der Kirche ist noch der reich gestaltete Bogenfries an der Außenmauer der Südapsis vorhanden, und auch im Innern wirkt die Romanik nach.

Lohnend ist der Besuch im **Städtischen Heimatmuseum** (9) in der Getreidegasse. Ein ehemaliger Getreidestadel (1539) wurde hier zum Museum umfunktioniert, die Sammlung umfaßt Vor- und Frühgeschichte, Handwerk, Gewerbe, Stadtgeschichte, Wohnkultur, Hausrat und sakrale Kunst.

Der Hausberg der Reichenhaller ist der **Predigtstuhl** (1640 m). Eine Kabinenseilbahn führt hinauf, doch kann man in etwa 3 Stunden auch zu Fuß den Gipfel erreichen. Belohnt wird der Wanderer durch einen herrlichen Blick auf das Reichenhaller Tal und alle Berge vom Dachstein bis zum Kaisergebirge und den Zillertalern.

Blick vom Predigtstuhl über Bad Reichenhall

Erläuterung der Fachbegriffe

Akanthus Distelähnliche Pflanze aus dem Mittelmeerraum, von den Griechen als Blattornament stilisiert. Seit der Antike immer wieder verwendetes Motiv. Die Akanthusranke gehört auch zum Ornamentschatz der Wessobrunner Stukkatoren
Altarblatt Altargemälde
Antependium Verkleidung des Altartisches, besonders an der Vorderseite
Apsis Aus der römischen Architektur abgeleitete Raumform, meist halbrund und mit einer Halbkuppel überdeckt. In der christlichen Kunst meist östlicher Abschluß einer Kirche
Arkade Abgeleitet aus lat. arcus = Bogen. Bogenstellung über Säulen oder Pfeilern, meist in der fortlaufenden Reihung
Bandelwerk Schlingwerk von Bändern, Ornament der Jahre um 1715 bis um 1735. Von Jean Bérain und anderen französischen Künstlern aus der Arabeske und Groteske entwickelt. Beliebtes Stuckmotiv
Basilika Langbau mit Seitenschiffen, dessen höheres und breiteres Mittelschiff durch Fenster in den von Pfeilern oder Säulen getragenen oberen Mauerstreifen eigene Beleuchtung erhält
Bergfried Der Hauptturm einer Burg
Chor In christlichen Kirchen der Altarraum, meist als östlicher Abschluß. Der *eingezogene Chor* ist weniger breit als das Schiff. Der *Chorumgang* führt um den Chor und das Chorhaupt herum

Dreikonchenbau Drei halbrunde Apsiden weisen nach drei Richtungen, so daß sich im Grundriß die Form eines regelmäßigen Kleeblatts ergibt
Epitaph Wanddenkmal mit Inschrift und bildlicher Darstellung, Erinnerungsmal für einen Verstorbenen
Fischblase Ornament des spätgotischen Maßwerks, von der Form her der Schwimmblase eines Fisches ähnlich
Fresko Wandmalerei, auf den frischen Verputz aufgetragen. Während des Trocknens gehen die Farben eine feste Verbindung mit dem Kalkputz ein
Gewölbe Die einfachste Wölbform ist das *Tonnengewölbe* mit einem halbkreisförmigem Querschnitt. Das *Kreuzgewölbe* bzw. das *Kreuzgratgewölbe* entsteht, wenn eine Längstonne eine gleichhohe Quertonne durchdringt. Beim *Kreuzrippengewölbe* werden die Grate durch Rippen verstärkt. Beim *Netzgewölbe* bilden die Rippen ein zusammenhängendes Netz. Beim *Sterngewölbe* bilden die Rippen sternförmige Figurationen
Gurtbogen Verstärkungsbogen, der zugleich die Gliederung des Gewölbes in Joche betont
Hallenkirche Raumform im Spätmittelalter; charakteristisch sind die Schiffe von gleicher oder annähernd gleicher Höhe, so daß die Beleuchtung nur durch die Seitenschiffe erfolgt
Historismus Rückgriff auf frühere Kunststile in der Kunst zwischen Klassizismus und dem Jugendstil. Besondere Ausprä-

Glossar

gung: Neuromanik, Neugotik, Neubarock

Joch Gewölbefeld zwischen zwei Hauptstützpunkten einer Baukonstruktion. Die Einteilung in Joche wird durch die Wandgliederung und durch Gurtbogen markiert

Kapitell Kopfglied der Stütze (Säule, Pilaster oder Pfeiler) gegen das Auflager

Krypta Christlicher Kultraum, meist unter dem Chor

Loggia Offene Bogenhalle, entweder freistehend oder Gebäuden vorgesetzt

Lüftlmalerei Fassadenschmuck im ländlichen Raum vor allem Oberbayerns. Die schönsten Beispiele in Oberammergau und Mittenwald

Maßwerk Geometrisches Ornament aus Kreisen und Kreissegmenten, gotische Zierform

Oktogon Achteck

Palas Wohnbau einer mittelalterlichen Burg

Pietà Vesperbild; Gruppe der Maria mit dem toten Christus auf dem Schoß

Pilaster Flacher Wandpfeiler mit Basis und Kapitell

Predella Sockel des Altaraufsatzes

Querhaus, Querschiff Raum der christlichen Kirche, der quer zum Langhaus verläuft

Refektorium Speiseraum der Mönche

Risalit Vorspringender Gebäudeteil, meist in der Mitte der Fassade und an den Ecken

Rocaille Hauptornament des Rokoko, französisches Wort für Muschelwerk

Scagliola Geglätteter und nachpolierter farbiger Stuck als Marmorimitation. Der Stuckmarmor wird in Einlegetechnik verarbeitet

Stichkappe Gewölbekappe, die in die Rundung eines Deckengewölbes einschneidet

Stuck, Stukkatur Masse aus Gips, Kalk, Sand, mit Leimwasser angerührt und zunächst leicht formbar, jedoch schnell erhärtend. Bevorzugter Flächenschmuck des Spätbarock in Süddeutschland, meisterhaft gestaltet von den Wessobrunner Stukkatoren

Stufenportal Portal mit von außen nach innen zurückgestuften Wangen

Triumphbogen Bogen in ganzer Höhe des Mittelschiffs, meist auf der Grenze zum Chor

Tympanon Steinplatte, die das Bogenfeld eines Portals füllt, meist mit Relief geschmückt

Vierung Raumteil, der durch die Durchdringung von Mittelschiff und Querschiff entsteht

Wandpfeilerkirche Einschiffige Kirche mit eingezogenen Strebepfeilern, zwischen denen Nischen oder Kapellen liegen, häufig mit Emporen besetzt

Weicher Stil Periode in der spätgotischen Plastik und Malerei zwischen 1390 und 1430. Reiche, fließende Falten, anmutige Gebärden und Zartheit charakterisieren den Stil

Zentralbau Bau, bei dem im Grundriß alle Teile auf ein gemeinsames Zentrum bezogen sind

Literaturempfehlungen

Bauer, Hermann und Anna: Johann Baptist und Dominikus Zimmermann. München 1985

Bauer, Hermann und Anna: Klöster in Bayern. München 1985

Bauer, Hermann, und Rupprecht, Bernhard: Corpus der barocken Deckenmalerei in Deutschland. Bd. I–III, München 1976–1989

Baumgartner, Georg: Königliche Träume – Ludwig II. und seine Bauten. München 1981

Bayern, Adalbert von: Als die Residenz noch Residenz war. München 1967

Bichler, Albert: Wallfahrten in Bayern. München 1990

Biller, Josef H., und Rasp, Hans-Peter: München Kunst- und Kultur-Lexikon. München 1994

Busley, Hejo (u. a.): Der Landkreis Fürstenfeldbruck. Fürstenfeldbruck 1992

Bös, Werner: Gotik in Oberbayern. München 1991

Dannheimer, Hermann, und Dorsch, Heinz (Hrsg.): Die Bajuwaren. Ausstellungskatalog. München 1988

Dehio, Georg: Handbuch der Deutschen Kunstdenkmäler. Bayern IV, München und Oberbayern. München, 4. Auflage 1990

Drexler-Herold, Jolanda, und Wegener-Hüssen, Angelika: Landkreis Pfaffenhofen a. d. Ilm. München 1992

Gerndt, Siegmar: Unsere bayerische Landschaft. Ein Naturführer. München, 4. Aufl. 1978

Greipl, Egon Johannes (Hrsg.): Museen in Bayern. München 1991

Gruber, Max (u. a.): Die Kunst- und Kulturdenkmäler in der Region München. 1. Band. München 1977

Hausenstein, Wilhelm: Abendländische Wanderungen. München 1951

Hausenstein, Wilhelm: Besinnliche Wanderfahrten. München, 3. Aufl. 1963

Heilmannseder, Marianne: Das Oberbayern-Wanderbuch. München 1990

Hofmiller, Josef: Pilgerfahrten. Leipzig 1935

Hofmiller, Josef: Wanderbilder aus Bayern und Tirol. Altötting 1928

Hojer, Gerhard: Cosmas Damian und Egid Quirin Asam, München, 2. Auflage 1986

Hootz, Reinhard (Hrsg.): Deutsche Kunstdenkmäler, Bildhandbuch. Bayern südlich der Donau. München, 10. Aufl. 1985

Hubensteiner, Benno: Bayerische Geschichte. München, 10. Auflage 1985

Kittel, Manfred: Naturdenkmale in Bayern. Hannover 1993

Lieb, Norbert: Barockkirchen zwischen Donau und Alpen. 6. Auflage München 1992

Lieb, Norbert: Johann Michael Fischer. Regensburg 1982

Lieb, Norbert: München, die Geschichte seiner Kunst. 4. Auflage München 1988

Menghin, Wilfried: Frühgeschichte Bayerns. Stuttgart 1990

Literaturempfehlungen

Nußbaum, Norbert: Deutsche Kirchenbaukunst der Gotik. Köln 1985

Pause, Walter: Münchner Hausberge. 16. Auflage 1991

Petzet, Michael (Hrsg.): Denkmäler in Bayern. Oberbayern. München 1986

Petzet, Michael (Hrsg.): Die Wies. Geschichte und Restaurierung. München 1992

Rupprecht, Bernhard: Die Brüder Asam. Regensburg 1985

Sauermost, Heinz-Jürgen: Die Weilheimer. München 1988

Sayn-Wittgenstein, Franz Prinz zu: Schlösser in Bayern. München, 3. Auflage 1984

Schacherl, Lillian, und Biller, Josef H.: ADAC-Reiseführer München. München 1994

Schindler, Herbert: Große Bayerische Kunstgeschichte. 2 Bde., München 1978

Schirnding, Albert von (Hrsg.): DTV Reise Textbuch München. München 1988

Schnell, Hugo, und Schedler, Uta: Lexikon der Wessobrunner. München 1988

Schober, Gerhard: Landkreis Starnberg. München, 2. Aufl. 1991

Stangl, Gabriele: Leonhardifahrt in Bad Tölz. Bad Tölz 1977

Strobel, Richard, und Weis, Markus: Romanik in Altbayern. Würzburg 1994

Tintelnot, Hans: Die barocke Freskomalerei in Deutschland. München 1951

Volk, Peter: Ignaz Günther. Regensburg 1991

Weber, Gottfried: Die Romanik in Oberbayern. Pfaffenhofen 1985

Empfehlenswerte Reihe:
Die kleinen Kunstführer des Verlags Schnell & Steiner, München

Zeitschriften:

Berge (Bayerische Voralpen; Die Chiemgauer Alpen; Karwendel; Zugspitze und Wetterstein-Gebirge)

Hefte zur Bayerischen Geschichte und Kultur (Bd. 6: Die Bajuwaren; Bd. 8: Christentum und Kirche im frühmittelalterlichen Bayern; Bd. 9: Politische Geschichte Bayerns; Bd. 15: Die Kelten in Bayern)

Charivari. Die Zeitschrift für Kunst, Kultur und Leben in Bayern

Abbildungs- und Zitatnachweis

Abbildungen

Gunda Amberg, Gröbenzell: Titelbild, S. 55, 270/271

Archiv für Kunst und Geschichte, Berlin: S. 23u.

Artothek, Peissenberg: S. 147 (Blauel/Gnamm)

Lisa Bahnmüller, Geretsried: S. 5, 17o., 35, 41, 47, 50, 58, 75, 81li., 100, 101, 108, 148, 158li., 164, 165o., 175, 184, 189, 201, 223, 228, 244, 245, 249, 275, 277, 283, 288, 293, 295 beide, 296, 300, 318re., 328f., 370, 375, 389 beide, 394, 397, 403

Wilfried Bahnmüller, Geretsried: Umschlagrückseite unten, S. 1, 10f., 16, 17u., 18, 19 beide, 22, 23o., 26 beide, 42, 45, 62, 74, 77, 81re., 92, 105, 106, 109, 112, 134, 135, 136, 137 beide, 181, 192, 195, 196, 198, 202, 203, 206, 208, 220 beide, 225, 229, 235, 237, 240, 246, 250re., 259, 267, 268, 272, 278, 280, 281, 290, 292, 297, 298, 304, 307, 314, 316, 317, 318li., 319u., 321, 325, 328f., 332, 339, 355, 362, 365, 366, 373, 374, 388, 402, 409, 411, 412, 416, 418, 419

Bayerisches Nationalmuseum, München: S. 150

Lydia Dewiel, München: S. 37, 49, 60, 61, 64, 70, 95o., 102, 166, 199, 250li., 256, 263, 356, 387

Waltraud Klammet Europa-Farbbildarchiv, Ohlstadt: S. 168f., 344f.

Wolf-Christian von der Mülbe, Dachau: hintere Innenklappe, S. 21, 51, 66, 69, 70, 89, 91, 94, 95u., 97 beide, 103, 120, 124, 128, 133, 145, 154, 165u., 171, 179, 186, 187, 213, 215, 219, 226, 227, 232, 243, 253, 254, 262, 287, 294, 312, 319o., 342, 351 beide, 352, 358, 361, 393

Ingrid Niedermayr, Pfaffenhofen/Ilm: S. 63

Max Prugger Luftbildunternehmen, München: vordere Innenklappe, S. 382

O. Schraml/G. Amberg Farbdia-Archiv, Gröbenzell: S. 55, 270f.

Kurt Schubert, Prien-Bachham: S. 158re.,302f., 347, 367, 380, 400, 413, 422, 423

Jürgen Wackenhut, Bad Herrenalb/Neusatz: S. 84, 87, 210f., 257, 309, 379

Thomas Peter Widmann, Regensburg: Umschlagrückseite oben, S. 37, 54, 65, 111, 117, 125, 127, 139re., 141, 146, 152, 157, 160f., 173, 285, 323, 335, 336, 384, 390, 404, 406, 420, 426, 429, 432o., 434

Hermann Josef Wöstmann, Kerpen Buir: S. 32

© für Abb. S. 163, 165, 257, 380 und Lagepläne S. 149, 159, 167, 255, 378: Bayerische Verwaltung der staatl. Schlösser, Gärten und Seen, München

© für Abb.S. 17u., 19, 22, 23: Wittelsbacher Ausgleichsfond, Inventarverwaltung, München

Grundrisse und Pläne

S. 41, 50, 56, 69, 87, 90, 96, 123, 134, 138, 151, 171, 178, 214, 219, 234, 241, 251, 269, 287, 306, 328, 353, 367, 383, 386, 432 aus: Georg Dehio, Handbuch der deutschen Kunstdenkmäler, Bayern IV: München und Oberbayern, © Deutscher Kunstverlag, München 1990

Kartographie: Berndtson & Berndtson, Fürstenfeldbruck, © DuMont Buchverlag, Köln

Abbildungs- und Zitatnachweis

Zitate

S. 12 aus: Max Spindler, Hrsg. Andreas Kraus, Handbuch der bayerischen Geschichte, Bd. 1, Das alte Bayern, © C.H.Beck'sche Verlagsbuchhandlung, München

S. 79 aus: Hermann u. Anna Bauer, Johann Baptist und Dominikus Zimmermann, © Verlag Friedrich Pustet, Regensburg 1985

S. 88 aus: Josef Hofmiller, Pilgerfahrten, München 1932, in: Ausgewählte Werke, Rosenheimer Verlagshaus, Rosenheim 1975

S. 90 aus: Josef Hofmiller, Wanderbilder aus Bayern und Tirol, Rosenheimer Verlagshaus, Rosenheim

S. 91 aus: Hans Tintelnot, Die Barocke Freskomalerei in Deutschland. Ihre Entwicklung und europäische Wirkung, © F. Bruckmann KG, München 1951

S. 99, 195, 220, 264, 284, 333 aus: Siegmar Gerndt, Unsere bayerische Landschaft. Ein Naturführer, © Prestel Verlag, München ^{4}1978

S. 112 aus: Ricarda Huch, Unser München, Verkehrsverband München und Südbayern, München 1930, entnommen: DTV Reise Textbuch München, München 1988

S. 112: Hermann Lenz, aus der Dankesrede beim Empfang des Münchener Literaturpreises 1995

S. 137 aus: Hermann Proebst, Reise Textbuch München, © DTV, München 1988

S. 139 aus: Bernhard Rupprecht, Die Brüder Asam, © Verlag Friedrich Pustet, Regensburg ^{2}1985

S. 144 aus: Peter Paul Althaus, Traumstadt und Umgebung. Sämtliche Gedichte, © Hans Althaus, Köln

S. 165 aus: Prinz Adalbert von Bayern, Die Wittelsbacher, Sonderausgabe, © Prestel-Verlag, München 1995

S. 193 aus: A. Link, Das Würmtal und der Starnberger See, Gräfelfing/München 1857

S. 203 aus: Dirk Heißerer, Wellen, Wind und wandernde Geister, entnommen: Süddeutsche Zeitung Nr. 86, Süddeutscher Verlag, München 1995

S. 215 aus: Hugo Schnell, Die Wies. Ihr Baumeister Dominikus Zimmermann, München 1979, © Verlag Schnell & Steiner, Regensburg

S. 224 aus: Hugo Schnell, Wessobrunn. Reihe: Die großen Kunstführer, © Verlag Schnell & Steiner, Regensburg

S. 273 aus: Leo Weber, Benediktbeuern. Kleiner Kunstführer, © Verlag Schnell & Steiner, Regensburg

S. 279 aus: Hans Tintelnot, Die barocke Freskomalerei in Deutschland. Ihre Entwicklung und europäische Wirkung, © F. Bruckmann Verlag, München 1951

S. 295 aus: Wilhelm Hausenstein, Leonhardifahrt, Wanderungen, Auf den Spuren der Zeiten, Frankfurt, entnommen: Gabriele Stangl, Leonhardifahrt in Bad Tölz, Verlag Günther Aehlig, Bad Tölz

S. 341 aus: Josef Hofmiller, Wanderbilder aus Bayern und Tirol, © Rosenheimer Verlagshaus, Rosenheim 1928

S. 343 aus: Die Welt um München, Verlag Knorr & Hirth, München 1929

S. 348 aus: Eckart Peterich, Südlichstes Land des Nordens, entnommen: Merian, Ausgabe Bayerisches Voralpenland Nr. 11/58, © Fiona Brewster, Le Breuil, F-16170 Rouillac

S. 349 aus: Norbert Nußbaum, Deutsche Kirchenbaukunst der Gotik. Entwicklung und Bauformen, © DuMont Buchverlag, Köln 1985

S. 374 aus: Hans Heyn, Katalog: Der Inn, © Rosenheimer Verlagshaus, Rosenheim 1989

Wir danken den Verlagen für die Reproduktionsgenehmigungen.

Für einige Zitate konnten die Rechteinhaber nicht ermittelt werden; wir bitten diese, sich zu melden.

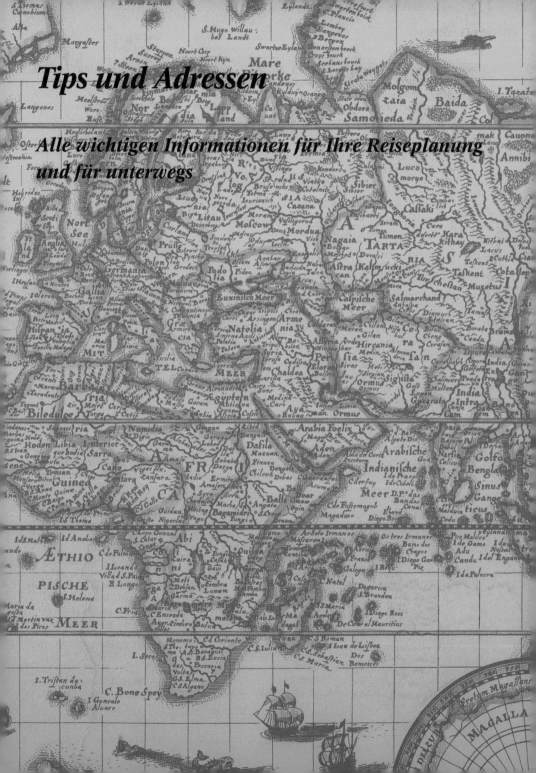

Tips und Adressen

Alle wichtigen Informationen für Ihre Reiseplanung und für unterwegs

Tips und Adressen

Hinweise für die Reiseplanung
Auskunft 443
Klima 444
Reisezeit 445
Karten und Stadtpläne 445

Informationen für unterwegs
Vorschläge für Kurzaufenthalte 446
Essen und Trinken 446
Feste 447
Museen und Sammlungen 449

Register 453
Impressum 464

Bitte schreiben Sie uns, wenn sich etwas geändert hat.
Alle in diesem Buch enthaltenen Angaben wurden von der Autorin nach bestem Wissen erstellt und von ihr und dem Verlag mit größtmöglicher Sorgfalt überprüft. Gleichwohl sind – wie wir im Sinne des Produkthaftungsrechts betonen müssen – inhaltliche Fehler nicht vollständig auszuschließen. Daher erfolgen die Angaben ohne jegliche Verpflichtung oder Garantie des Verlages oder der Autorin. Sie übernehmen keinerlei Verantwortung und Haftung für etwaige inhaltliche Unstimmigkeiten. Wir bitten dafür um Verständnis und werden Korrekturhinweise gerne aufgreifen:
DuMont Buchverlag, Postfach 10 10 45, 50450 Köln, E-Mail: reise@dumontverlag.de

Hinweise für die Reiseplanung

Auskunft

... in München

Fremdenverkehrsamt München
Sendlinger Str. 1
80331 München
Tel. 0 89/2 33 03 00
Fax 23 33 02 33
muenchen-tourist.de

Zweigstelle Hauptbahnhof
(Südausgang Bayerstraße)
Tel. 0 89/2 33-3 02 57 u.
-3 02 58
geöffnet: Mo–Sa 9–20 Uhr,
So 10–19 Uhr
Hier können Sie vor Ort die Prospekte Stadtinformationen mit Plan, Radl-Touren, München für junge Gäste, eine Bildbroschüre und ein Unterkunftsverzeichnis erhalten.

Zweigstelle Franz-Josef-Strauß-Flughafen
(Zentralgebäude)
Tel. 0 89/97 50-0
geöffnet: Mo–Sa 8.30–22 Uhr, So u. Feiertage 13–21 Uhr

Tourismusverband München-Oberbayern e. V.
Bodenseestr. 113
81243 München
Tel. 0 89/82 92 18-0
Fax 82 92 18-28
muenchen-oberbayern.de

Bayern Tourismus Marketing GmbH
Prinzregentenstr. 18
80538 München
Tel. 0 89/21 23 97-0
Fax 29 35 82
btl.de/bayern

... über die Gebietsgemeinschaften

Die nachfolgenden Informationsstellen der einzelnen oberbayerischen Regionen sind entsprechend der Routen und Reiseziele im Leseteil angeordnet:

Landratsamt Neuburg-Schrobenhausen
Platz der Deutschen Einheit 1
86633 Neuburg-Schrobenhausen
Tel. 0 84 31/5 52 40
Fax 5 52 42
neuburg-donau.de

Tourismusverband Ammersee-Lech
Kohlstattstr. 8
86899 Landsberg am Lech
Tel. 0 81 91/4 71 77
Fax 12 94 50
ammerseelech.de

Tourismusverband Starnberger Fünf-Seen-Land
Postfach 16 07
82306 Starnberg
Tel. 0 81 51/9 06 00
Fax 90 60 90
starnberger-fuenf-seen-land.de

Tourismusverband Pfaffenwinkel
Bauerngasse 5
86956 Schongau
Tel. 0 88 61/77 73
Fax 20 06 78
pfaffenwinkel.de

Kur- und Ferienland Garmisch-Partenkirchen
Richard-Strauss-Platz 1
82455 Garmisch-Partenkirchen
Tel. 0 88 21/18 00
Fax 18 04 50
garmisch-partenkirchen.de

Gästeinformation Tölzer Land an Isar und Loisach
Ludwigstr. 11
83633 Bad Tölz
Tel. 0 80 41/50 52 06
Fax 50 53 75
ira-toelz.de

Das Oberbayerische Urlaubstrio Schliersee-Fischbachau-Bayrischzell
Bahnhofstr. 11a
83727 Schliersee
Tel. 0 80 26/6 06 50
Fax 60 65 20
schliersee.de
fischbachau.de
bayrischzell.de

Tegernseer Tal-Gemeinschaft
Hauptstr. 2
83684 Tegernsee
Tel. 0 80 22/18 01 49
Fax 37 58
tegernseer-tal.de

Tips und Adressen

**Tourismusgemeinschaft
Inn-Salzach e. V.**
Kapellplatz 2a
84503 Altötting
Tel. 0 86 71/50 62 28
Fax 8 58 58
inn-salzach-tourismusregion.
de

**Kur- und Tourismusverband
Wendelstein e. V.**
Rosenheimerstr. 5
83098 Brannenburg
Tel. 0 80 34/30 55 80
Fax 3 05 58 19
tourismus@wendelstein.btl.
de

**Tourismusverband
Chiemgau e.V.**
Ludwig-Thoma-Str. 3
83276 Traunstein
Tel. 0861/5 82 23
Fax 6 42 95
chiemgau.com/chiemgau

**Chiemsee
Tourismus KG**
Rottauerstr. 6
83223 Bernau
am Chiemsee
Tel. 0 80 51/22 80
Fax 6 10 97
mychiemsee.de

**Fremdenverkehrsverband
Rupertiwinkel**
Postfach 21 19
83384 Freilassing
Tel. 0 86 54/23 12
Fax 17 95
rupertiwinkel.de

**Kurdierektion des
Berchtesgadener Landes**
Königsseerstr. 2
83471 Berchtesgaden
Tel. 0 86 52/96 70

Fax 96 74 00
berchtesgadener-land.com

**Kur- und Verkehrsverein
Bad Reichenhall**
Wittelsbacherstr. 15
83435 Bad Reichenhall
Tel. 0 86 51/60 63 03
Fax 60 63 11
bad-reichenhall.de

**Feriengebiet Reichenhaller
Salzstraße – Verkehrsamt
Schneizlreuth**
Berchtesgadenerstr. 12
83458 Schneizlreuth
Tel. 0 86 65/74 89
Fax 74 89
bgl-net.de

Weitere Informationen

Zusätzliche Informationen
sind zu erhalten über:

Alpine Auskunftsstelle
Deutscher Alpenverein
Praterinsel 5
80538 München
Tel. 0 89/29 49 40

ADAC-Telefonservice-
Zentrale
Tel. 0 18 05/5 10 11 12

Klima

Die zentrale Lage in Mitteleuropa sorgt in Oberbayern für ein Übergangsklima: teils westlich-maritim, teils östlich-kontinental. Beträchtliche Niederschläge im Sommer wechseln mit Hochdrucklagen ab.

Vom Gebirgsrand bis zur Donau nimmt die Niederschlagsmenge bis zu 600 mm pro Jahr ab. In München werden in den Monaten Mai und Juni besonders starke Regenfälle beobachtet. Die Niederschläge betragen in der Metropole etwa 950 mm im Jahr, am Alpenrand etwa 1200 m, im Gebirge über 2000 mm.

Der Chiemgau zeichnet sich im Vergleich zum übrigen Oberbayern durch ein milderes Klima aus – wie alle großen Gewässer wirkt der Chiemsee temperaturausgleichend. Allerdings liegen hier die Niederschläge mit etwa 1300 mm im Jahr über dem Durchschnitt der Bundesrepublik.

Starke Temperaturschwankungen, durch die Nähe der Alpen bedingt, haben durchaus auch ihre positive Auswirkung. Das Reizklima mancher Luftkurorte ist der Gesundheit in vielen Fällen zuträglich.

Mißlich ist allerdings der Föhn, der aus dem Süden kommende warme Fallwind. Föhnwetterlagen bedeuten für Empfindliche Kopfschmerzen, Kreislaufbeschwerden und meist auch Mißmut. Während München im Jahresdurchschnitt etwa 15 Föhntage aufweist, so sind es am Alpenrand schon bedeutend mehr: statistisch festgestellte 35 Tage bereiten hier Verdruß. Allerdings spürt den Föhn nicht jeder, manche Leute fühlen sich an diesen Tagen besonders wohl

Hinweise für die Reiseplanung

und reagieren unternehmungslustig.

Reisezeit

In Oberbayern ist die beste Reisezeit der Herbst – im September und Oktober ist das Wetter meist sehr konstant, die Berge zeichnen sich in schönster Klarheit ab, das Wandern ist sehr angenehm. Doch auch der Hochsommer (Baden in den zahlreichen Seen) und der Winter (Skilauf alpin und Langlauf) haben ihr Publikum.

Und wenn es einmal regnet, sollte dies die Kunstfreunde nicht allzusehr stören: denn Museen in Hülle und Fülle sorgen für Ausgleich!

Karten und Stadtpläne

Falk Plan München, Falk-Verlag

Touristenkarte München/Salzburg/Oberbayern – 1:150 000, Falk-Verlag

ADAC Karte Oberbayern – 1:150 000

Generalkarte Oberbayern – 1:200 000, Marco Polo/Mair's Geograph. Verlag

Kompass Wanderkarten – 1:50 000, H. Fleischmann GmbH & Co. Geograph. Verlag

Zur Orientierung im Großraum München: Städteatlas Großraum München – 1:20 000, Falk-Verlag

Die Grenzen der Landkreise macht anschaulich: Organisationskarte Bayern – 1:350 000, Landkarten-Verlag Josef Kronast

Zur Vorbereitung daheim: ADAC Maxi Atlas Bundesrepublik Deutschland – 1:160 000

Tips und Adressen

Informationen für unterwegs

Vorschläge für Kurzaufenthalte

Die zentrale Lage innerhalb Oberbayerns, das dichte Straßennetz, machen **München** zum idealen Ausgangspunkt für Kunstfahrten. Für die Stadt selbst (ohne Museen) sind etwa drei bis vier Tage anzusetzen. Die S-Bahn bringt uns zu den wichtigsten Kunstzielen in der Region: die S 1 nach Freising; die S 6 nach Erding; die S 5 nach Ebersberg; die S 7 in das Isartal mit Kloster Schäftlarn; die S 6 (südliche Richtung) nach Starnberg, Feldafing und Tutzing; die S 5 (südliche Richtung) nach Weßling, Steinebach und Herrsching; die S 4 nach Fürstenfeldbruck, Grafrath und Türkenfeld; die S 2 (nördliche Richtung) nach Dachau, von dort aus mit der Zweiglinie A nach Markt Indersdorf, Erdweg (Petersberg) und Altomünster.

Mit dem Auto sind sowohl der **Starnbergersee** als auch der **Ammersee** mit ihren wichtigsten Kunstzielen in jeweils einem Tag zu umrunden. Für den gesamten **Pfaffenwinkel** benötigt man etwa fünf Tage:
1. Tag: Landsberg/Vilgertshofen/Wessobrunn
2. Tag: Schongau/Hohenpeißenberg/Polling/Weilheim
3. Tag: Schongau/Steingaden/Wies/Rottenbuch
4. Tag: Murnau/Bichl/Benediktbeuern/Schlehdorf
5. Tag: Murnau/Ettal/Oberammergau.

Da Garmisch-Partenkirchen von München aus über die Autobahn zu erreichen ist, braucht man für diesen Ort nur einen Tag einzuplanen (Bahnfahrt München – Garmisch nur eine Stunde!). Ideal wäre es aber, *Garmisch-Partenkirchen* als Ausgangsort für Fahrten in das **Werdenfelser Land** (Raum Garmisch-Partenkirchen und Mittenwald) und den Isarwinkel (Raum Bad Tölz) zu wählen. Dasselbe gilt für das **Tegernseer und Schlierseer Gebiet:** In 45 Minuten hat der Autofahrer von Münchens Osten aus auf der Autobahn den Tegernsee erreicht. Noch schöner ist es natürlich, in einem der Orte am *Tegernsee* oder *Schliersee* Station zu machen.

Die Autobahn München – Salzburg führt direkt in den **Chiemgau,** den man von München aus in zwei bis drei Tagen erkunden kann. Schöner ist aber auch hier die Station am See selbst, etwa in *Prien, Bernau, Feldwies* oder *Seebruck*. Auch die **Klosterfahrt am Inn** und die **Fahrt am Inn entlang bis Kiefersfelden** sind vom Chiemsee aus jeweils in einer Tagestour zu schaffen.

Für **Südostbayern,** den Raum *Altötting/Mühldorf,* empfiehlt sich ein Aufenthalt an Ort und Stelle, da auch der **Rupertiwinkel** mit einbezogen werden kann. In diesem Gebiet allein hat man drei Tage zu tun!

Auch das **Berchtesgadener Land** mit *Berchtesgaden* und *Bad Reichenhall* ist in seiner ganzen Schönheit nur zu erleben, wenn man sich hier einige Tage aufhält.

Für den **nördlichen Bereich Oberbayerns** empfiehlt sich der Aufenthalt in *Neuburg an der Donau*. Von dort aus sind in Tagesfahrten alle wichtigen Ziele im Raum Schrobenhausen, Eichstätt, Ingolstadt und der Hallertau zu erreichen. Da im Mai/Juni um Schrobenhausen der Spargel gestochen wird, sollte man diese Woche für einen Besuch wählen. Hauptziele: Scheyern, Sandizell, Ilmmünster, Pfaffenhofen an der Ilm.

Essen und Trinken

Die weiß-blaue Küche
Einen besonders guten Ruf hat sie ja nicht, die bayerische Küche: Sie gilt als phantasielos und eintönig, die Bayern hält man für Vielesser, die auf kulinarische Nuancen keinen Wert legen.

Ein reisender Franzose stellte vor mehr als hundert

Jahren mit Staunen und leichtem Entsetzen fest: »Die Münchner verzehren schon als Vorgericht gar schröckliche Mengen von runden Teigkugeln mit Leber und Speck vermengt. Zum Hauptessen schmausen sie große Stücke geschwärztes Schweinefleisch mit ordinärem Feldkraut und trinken dazu ein rauschiges finsteres Gebräu aus Steintöpfen, die sie auch zum Raufhandel verwenden.«

Nun, ganz so schlimm geht es heute nicht mehr zu an den bayerischen Tischen und Tafeln. Der Einfluß vor allem der italienischen Küche hat für mehr Vielfalt gesorgt. Und wenn der Bayer auch immer noch seine Portion Schweinsbraten mit Knödel ausländischen Verlockungen meist vorzieht, wird er den alten Spruch »Des beste Gmüas is's Fleisch« nicht mehr so unbedingt gelten lassen.

Die alten **Münchner Gaststätten,** wie der *Franziskaner* (Perusastr. 5), das *Alte Hackerhaus* (Sendlingerstr. 14), das *Augustinerbräu* (Neuhauserstr. 27) oder das *Spatenhaus* (Residenzstr. 12), bieten neben den charakteristischen bayerischen Gerichten längst auch die Spezialitäten der internationalen Küche an.

Will man sich echt bayerisch ernähren, so fange man bei den **Suppen** mit einer Leberknödelsuppe, einer Grießnockerlsuppe, einer Leberspatzensuppe, einer Bratnockerlsuppe oder einer Milzsuppe an.

Bei den **Fleischgerichten** steht der Schweinsbraten an erster Stelle, gefolgt von Schweinshaxn, Ripperl im Kraut (Kasseler), Münchner Schlachtschüssel (Schweinefleisch, Leber- und Blutwurst, geräuchertes Wammerl), Kalbshaxn, Krautwickerl, Blutwurstgröstl, abgebräunter Leberkäs' mit Spiegelei. Nicht zu vergessen die berühmten Weißwürste aus durchgedrehtem Kalbfleisch und weiteren Zutaten, die mit süßem Senf verspeist werden.

Zum Fleisch werden bevorzugt **Knödel** gegessen – Kartoffelknödel (aus rohen oder gekochten Kartoffeln oder beidem), Semmelknödel (auf gut bayerisch: Semmelnknödel; aus Knödelbrot), Schinkenknödel oder Krautknödel.

Auch bei den Süßspeisen, die hierzulande – wie auch bei den österreichischen Nachbarn – als **Mehlspeisen** bezeichnet werden, spielen die Knödel (u.a. Topfenknödel) eine gewisse Rolle, wenn auch keine dominierende. Wie bei den Schwaben werden hier gern Dampfnudeln und Rohrnudeln gegessen, es gibt Strudel in den verschiedensten Varianten – als Apfelstrudel, Topfenstrudel (Topfen = Quark) oder Kirschstrudel. Eine bayerische Spezialität sind ›Auszogene‹, ein rundliches Schmalzgebäck aus Hefeteig. Im Spätsommer, wenn die Zwetschgen reif sind, gibt es den Zwetschgendatschi, zur Faschingszeit den Faschingskrapfen.

Nicht zu unterschätzen ist die Bedeutung der **Brotzeit,** eine Zwischenmahlzeit, die zu jeder Tageszeit möglich ist, ursprünglich aber auf die Vormittagsstunden zwischen 9 und 10 Uhr begrenzt war. Bevorzugte Brotzeit-Stationen sind die Biergärten. Auf dem Brotzeitbrettl werden Wurst, Käse und Rettich (›Radi‹) serviert, es gibt Brezen und Brot und natürlich einen gut gefüllten Maßkrug.

Zu den **beliebtesten Biergärten und Bierkellern** gehören in München: *Aumeister* (am Englischen Garten, Sondermeierstr. 1), *Augustinerkeller* (Arnulfstr. 52), *Chinesischer Turm* (Englischer Garten), *Grüntal* (Grüntal 15), *Hirschgarten* (Hirschgartenallee 1), *Löwenbräukeller* (Nymphenburgerstr. 2), *Salvatorkeller am Nockherberg* (Hochstr. 77).

Feste

Januar
1. Januar: **Neujahrsanblasen;** München, auf dem Alten Peter, 12–12.30 Uhr
6. Januar: **Hornschlitten-Rennen;** Garmisch-Partenkirchen
6. Januar bis Faschingsdienstag: **Schäfflertanz;** München (alle 7 Jahre, nächster Termin: 2005)

Tips und Adressen

Mitte Januar: **Schnablerrennen** (Hörnerschlitten); Gaißach bei Bad Tölz

Februar/März
Faschingssonntag: **Skifasching;** auf der Firstalm am Spitzingsee
Faschingsdienstag: **Tanz der Münchner Marktfrauen;** München, am Viktualienmarkt

April
Ostermontag: **Georgiritt** und **Schwertertanz** in Traunstein, Beginn 9 Uhr beim Stadtplatz, dann Umzug durch die Stadt nach Ettendorf
Sonntag nach dem 23. April: **Georgiritt;** auf dem Auerberg (Landkreis Weilheim-Schongau)
Sonntag nach dem 23. April: **Willibaldsritt;** Jesenwang (im Landkreis Fürstenfeldbruck), Zug vom Rathaus zur Kirche, die durchritten wird

Mai
1. Mai: **Maibaum-Aufstellen;** in vielen Orten Oberbayerns, in denen das Symbol des Werdens und Fruchttragens meist weiß-blau angestrichen ist
1. Mai: **Wallfahrtstag;** in Altötting, dem bedeutendsten Marienwallfahrtsort Bayerns
3. Sonntag im Mai: **Trachtenwallfahrt;** Siegsdorf (Landkreis Traunstein), Beginn 9 Uhr an der Pfarrkirche, dann Zug nach Maria Eck, wo schließlich ein Feldgottesdienst gefeiert wird
Pfingstsamstag bis Pfingstmontag: **Fußwallfahrten;** Altötting; es kommen an die 50 Fußwallfahrergruppen aus Bayern und Österreich
Letzter Samstag im Mai: **Auerdult;** München, traditionsreicher Jahrmarkt auf dem Mariahilfplatz

Mitte Mai bis Ende September
Passionsspiel in Oberammergau (alle 10 Jahre, nächster Termin: 2010)

Juni
2. Donnerstag nach Pfingsten: **Fronleichnamsprozessionen;** besonders eindrucksvoll ist die Seeprozession in Seehausen am Staffelsee

Juli
Letzter Sonntag im Juli: **Grünsinker Fest** in Wessling (im Landkreis Starnberg); Marienwallfahrt mit Feldmesse
Letzter Sonntag im Juli: **Historische Piratenschlacht** auf der Salzach; Laufen/Rupertiwinkel, Beginn 13 Uhr an der Oberndorfener Brücke (alle 3 Jahre, nächster Termin: 2004)
Sonntag Ende Juli/Anfang August: **Schifferstechen;** Laufen/Rupertiwinkel, traditionsreiches Turnierspiel auf der Salzach

Mitte Juli bis Ende August
Jeden Samstag und Sonntag: **Ritterspiele** in Kiefersfelden

August
15. August: **Wallfahrtstag** zum Mariä-Himmelfahrts-Patrozinium, der Gnadenkapelle in Altötting
Sonntag nach dem 15. August: **Stumme Prozession;** Vilgertshofen (Landkreis Landsberg/Lech), Lebende Bilder aus dem Alten und Neuen Testament
Sonntag nach dem 20. August: **Trachtenwallfahrt;** Schwarzlack bei Brannenburg
Um den 24. August: **König-Ludwig-Feiern,** zum Gedenken an den Geburtstag des Königs; u. a. in Oberammergau und am Berg am Starnberger See
Wochenende nach dem 25. August: **Bartholomä-Wallfahrt;** St. Bartholomäus/Königssee, über das Steinerne Meer zum Königssee

September/Oktober
Um den 13. September: **Almabtrieb** (Viehscheid) im Gebirge; am Königssee wird das Vieh auf Flachbooten über den See gefahren
Samstag Ende September bis 1. Sonntag im Oktober: **Oktoberfest;** München; das berühmteste Volksfest der Welt findet auf der Theresienwiese statt

November/Dezember
Um den 6. November:

Informationen für unterwegs

Leonhardifahrten zu Ehren des hl. Leonhard; besonders in Bad Tölz ist das Fest mit den bunt bemalten ›Truhenwagen‹ eine Touristenattraktion; sehr schön sind auch die Leonhardiritte in Kreuth, Benediktbeuern und Murnau

Ab Samstag vor dem 1. Advent bis 24. Dezember: **Christkindlmarkt;** München, seit 1973 auf dem Marienplatz

13. Dezember: **Luziahäuslschwimmen;** Fürstenfeldbruck; kleine, mit Kerzen beleuchtete Häuschen schwimmen abends auf der Amper

24. Dezember: **Christkindanschießen;** Berchtesgaden; die Weihnachtsschützenvereine schießen in der Nacht vom 24. auf den 25. Dezember den Salut des Christkinds

Museen und Sammlungen

84503 Altötting
Schatzkammer
Kapellplatz 21
Tel. 0 86 71/51 66
April–Nov. Di–So 10–12 u. 14–16 Uhr

83123 Amerang
Bauernhausmuseum Amerang
Im Hopfgarten
Tel. 0 80 75/16 10
Mitte März–Mitte Nov. tägl. 9–18 Uhr

83043 Bad Aibling
Heimatmuseum
Wilhelm-Leibl-Platz 2
Tel. 0 80 61/87 24
Fr u. jeden 2. u. 4. So im Monat 14.30–17 Uhr

83435 Bad Reichenhall
Städtisches Heimatmuseum
Getreidegasse 4
Tel. 0 86 51/53 24
Mai–Okt. Di–Fr 14–18 Uhr, 1. So im Monat 10–12 Uhr

83646 Bad Tölz
Heimatmuseum
Marktstr. 48
Tel. 0 80 41/50 46 88
Di, Mi, Fr u. Sa 10–12 u. 14–18 Uhr, So 10–18 Uhr

83471 Berchtesgaden
Heimatmuseum
Schloß Adelsheim
Schroffenbergallee 6
Tel. 0 86 52/44 10
Di–So 10–16 Uhr u. nach Vereinbarung

Salzbergwerk mit Salzmuseum
Bergwerkstr. 83
Tel. 0 86 52/60 02-0
Mai–15. Okt. tägl. 9–17 Uhr; 16. Okt.–April Mo–Sa 12.30–15.30 Uhr

Schloßmuseum
Schloßplatz 2
Tel. 0 86 52/20 85
Ostern–Sept. So–Fr 10–12 Uhr u. 14–16 Uhr; Okt.–Ostern Mo–Fr 10–13 Uhr u. 14–17 Uhr

82347 Bernried
Museum der Phantasie/ Sammlung Buchheim
Am Hirchgarten 1
Tel. 0 81 58/99 70 60
Mo–Fr 10–18 Uhr, Sa u. So 10–20 Uhr

84489 Burghausen
Burg
Tel. 0 86 77/46 59
Burgräume u. Staatsgalerie:
April–Sept. tägl. 9–18 Uhr;
Okt.–März Di–So 9–12 Uhr u. 13–16 Uhr

83256 Chiemsee-Frauenchiemsee
Torhalle und Vikarhaus
Frauenchiemsee Nr. 41
Tel. 0 80 54/72 56
Mai–Okt. 11–18 Uhr

83256 Chiemsee-Herrenchiemsee
Neues Schloß Herrenchiemsee
Tel. 0 80 51/30 69
April–Sept. 9–17 Uhr;
Okt.–März 10–16 Uhr
Wasserspiele: 15. Mai–Sept.

85072 Eichstätt
Diözesanmuseum
Residenzplatz 7
Tel. 0 84 21/5 07 42
April–Okt. Di–Fr 10.30–17 Uhr, So 11–17 Uhr

Willibaldsburg
Burgstr. 19
Tel. 0 84 21/47 30 (Burg), 29 56 (Jura-Museum), 60 01 74 (Ur- und Frühgeschichts-Museum)
April–Sept. Di–So 9–18 Uhr;
Okt.–März 10–16 Uhr

82488 Ettal
Schloß Linderhof
Tel. 0 88 22/92 03-0

449

Tips und Adressen

April–Sept. tägl. 9–18 Uhr,
Do bis 20 Uhr; Okt.–März
tägl. 10–16 Uhr

85354 Freising
Diözesanmuseum
Domberg 21
Tel. 0 81 61/48 79-0
Di–So 10–17 Uhr

**82467 Garmisch-
Partenkirchen**
Werdenfelser Museum
Ludwigstr. 47
Tel. 0 88 21/62 12
Dez.–Okt. Di–Fr 10–13 Uhr
u. 15–18 Uhr, Sa u. So 10–13
Uhr

82439 Großweil
*Freilichtmuseum des
Bezirks Oberbayern an der
Glentleiten*
Tel. 0 88 51/1 85-0
April–Okt. Di–So 9–18 Uhr

85049 Ingolstadt
*Bayerisches Armee-
museum*
Neues Schloß
Paradeplatz 4
Tel. 08 41/93 77-0
Di–So 8.45–16.30 Uhr

*Deutsches Medizin-
historisches Museum*
Anatomiestr. 18–20
Tel. 08 41/3 05-18 60
Di–So 10–12 Uhr u. 14–17
Uhr

82431 Kochel am See
Franz-Marc-Museum
Herzogstandweg 43
Tel. 0 88 51/71 14, 855 u.
338
April–Okt. u. 20. Dez.–
15. Jan. Di–So 14–18 Uhr

86899 Landsberg am Lech
Neues Stadtmuseum
Von-Helfenstein-Gasse
426
Tel. 0 81 91/94 23-26
April–Jan. Di–So 14–17
Uhr

82481 Mittenwald
*Geigenbau- und
Heimatmuseum*
Ballenhausgasse 3
Tel. 0 88 23/25 11 u.
58 65
15. Dez.–Okt. Mo–Fr 10–12
Uhr u. 14–17 Uhr, Sa u. So
10–12 Uhr

84453 Mühldorf am Inn
*Kreismuseum
im Lodronhaus*
Tuchmacherstr. 7
Tel. 0 86 31/23 51, 26 10 u.
1 33 62
Di 14–19 Uhr, Mi u. Do
14–16 Uhr, So 10–12 Uhr u.
14–16 Uhr

München
Alte Pinakothek
80333 München
Barerstr. 27
Tel. 0 89/2 38 05-2 15 u.
-2 16
Di–So 10–17 Uhr, Do bis 22
Uhr

*Altes Residenztheater
(Cuvilliéstheater)*
80333 München
Residenzstr. 1
Tel. 0 89/29 06 71
tägl. 9–18 Uhr

*Archäologische
Staatssammlung*
80538 München
Lerchenfeldstr. 2
Tel. 0 89/2 11 24-02
Di–So 9–16 Uhr

*Bayerisches
Nationalmuseum*
80538 München
Prinzregentenstr. 3
Tel. 0 89/2 11 24-01
Di–So 9.30–17 Uhr

Deutsches Museum
80538 München
Museumsinsel 1
Tel. 0 89/21 79-1
tägl. 9–17 Uhr

Glyptothek
80333 München
Königsplatz 3
Tel. 0 89/28 61 00
Di–So 10–17 Uhr, Do bis 20
Uhr

*Kunsthalle der Hypo-
Kultur-Stiftung*
80333 München
Theatinerstr. 8
Tel. 0 89/22 44 12
tägl. 10–20 Uhr

Münchner Stadtmuseum
80331 München
St.-Jakobs-Platz 1
Tel. 0 89/2 33-2 23 70
Di–So 10–18 Uhr

Museum Villa Stuck
81675 München
Prinzregentenstr. 60
Tel. 0 89/45 55 51 25
Di–So 10–18 Uhr

Neue Pinakothek
80799 München
Barerstr. 29
Tel. 0 89/2 38 05-1 95
Mo, Mi–So 10–17 Uhr, Do
bis 22 Uhr

Informationen für unterwegs

*Residenzmuseum und
Schatzkammer der Residenz*
80333 München
Max-Joseph-Platz 3
Tel. 0 89/29 06 71
Di–So 10–16.30 Uhr
Gesonderter Vormittags- und
Nachmittagsrundgang

Schack-Galerie
80538 München
Prinzregentenstr. 9
Tel. 0 89/2 38 05-2 24
Mi–Mo 10–17 Uhr

*Schloß Nymphenburg
(mit den Parkschlößchen,
Marstallmuseum,
Porzellansammlung Bäuml)*
80638 München
Tel. 0 89/17 90 80
1. April–15 Okt. tägl. 9–18
Uhr, Do bis 20 Uhr; 16.
Okt.–31. März 10–16 Uhr

*Staatliche
Antikensammlungen*
80333 München
Königsplatz 1
Tel. 0 89/59 83 59
Di, Do, Fr, Sa u. So 10–17
Uhr, Mi bis 20 Uhr

*Staatliche Sammlung
Ägyptischer Kunst*
80333 München
Residenz
Max-Joseph-Platz 3/
Eingang Hofgartenstraße
Tel. 0 89/2 89 27-6 30
Di–Fr 9–16 Uhr, Di auch
19–21 Uhr, Sa und So 10–17
Uhr

*Staatliches Museum
für angewandte Kunst
(Neue Sammlung)*
80538 München

Prinzregentenstr. 3
Tel. 0 89/22 78 44
Di–So 10–17 Uhr

*Staatliches Museum
für Völkerkunde*
80538 München
Maximilianstr. 42
Tel. 0 89/21 01 36-0
Di–So 9.30–16.30

*Staatsgalerie
moderner Kunst*
voraussichtlich ab Okt. 2001
in der Pinakothek der
Moderne
80799 München
Barer Str. 40
Tel. 0 89/2 38 05-1 18
voraussichtlich Di–So 10–17
Uhr, Do bis 22 Uhr

*Städtische Galerie
im Lenbachhaus*
80333 München
Luisenstr. 33
Tel. 0 89/23 33 20 00
Di–So 10–18 Uhr

82418 Murnau
Gabriele-Münter-Haus
Kottmüllerallee 6
Tel. 0 88 41/62 88-80
Di–So 14–17 Uhr

Schloßmuseum
Schloßhof 4–5
Tel. 0 88 41/4 76-2 01 u.
-2 07
Di–So 10–17 Uhr

**86633 Neuburg
an der Donau**
Schloßmuseum Neuburg
Schloß Neuburg
Residenzstr. 2
Tel. 0 84 31/88 97
Di–So 10–17 Uhr

82487 Oberammergau
Heimatmuseum
Dorfstr. 8
Tel. 0 88 22/9 41 36
15. Mai–15. Okt. Di–So
14–18 Uhr, 16. Okt.–14. Mai
Sa 14–18 Uhr

85764 Oberschleißheim
Altes Schloß Schleißheim
Maximilianshof 1
Tel. 0 89/3 15 52 72
Di–So 10–17 Uhr

*Neues Schloß und
Park Schleißheim*
Tel. 0 89/3 15 87 20
Di–So April–Sept. 9–18 Uhr;
Okt.–März 10–16 Uhr

*Schloß Lustheim
im Park von Schloß
Schleißheim*
Tel. 0 89/3 15 87 2-0
April–Sept. Di–So 9–18 Uhr;
Okt.–März 10–16 Uhr

83209 Prien am Chiemsee
*Galerie im
Alten Rathaus*
Alte Rathausstr. 22
Tel. 0 80 51/6 06 66
Mi, Do, Fr 14–17 Uhr, Sa u.
So 11–13 u. 14–17 Uhr

Heimatmuseum
Friedhofweg 1
Tel. 0 80 51/69 05-42
Nov.–März Di u. Fr 10–12 u.
15–17 Uhr; April–Okt. auch
Sa 10–12 Uhr

83022 Rosenheim
Inn-Museum
Innstr. 74
Tel. 0 80 31/3 15 11 u. 3 05-01
April–Okt. Fr 9–12 Uhr, Sa u.
So 10–16 Uhr

451

Tips und Adressen

Städtische Galerie
Max-Bram-Platz 2
Tel. 0 80 31/36 14 47
Di–Sa 9–13 u. 14.30–17 Uhr,
So 10–13 u. 14–17 Uhr

Städtisches Museum
im Mittertor/
Ludwigsplatz 26
Tel. 0 80 31/79 89-94 u. -87
Di–Sa 9–17 Uhr, So 13–17 Uhr

83324 Ruhpolding
*Bartholomäus-Schmucker-
Heimatmuseum*
Schloßstr. 2
Tel. 0 86 63/4 12 30
Jan.–Okt. Mi–Sa 14–17 Uhr

*Museum für bäuerliche
und sakrale Kunst*
Roman-Friesinger-Str. 1
26. Dez.–24. Okt. Di–Sa
9.30–12 Uhr u. 14–16 Uhr,
So 9.30–12 Uhr

83727 Schliersee
Heimatmuseum
Lautererstraße 8
Tel. 0 80 26/23 29 u. 46 71
15. Mai–Okt. Di–Fr 16–18
Uhr u. Sa 10–12 Uhr;
Juli–Sept. auch So 10–12 Uhr

86529 Schrobenhausen
*Europäisches
Spargelmuseum*

Am Hofgraben 1 a
Tel. 0 82 52/9 02 14
April–Juni tägl. 10–18 Uhr;
Juli–Sept. 14–16 Uhr;
Okt.–März Sa u. So 14–16 Uhr

Lenbach-Museum
Ulrich-Peißer-Gasse 1
Tel. 0 82 52/9 02 14
tägl. 14–16 Uhr

83358 Seebruck
Römermuseum Bedaium
Römerstr. 3
Tel. 0 86 67/75 03 u.
71 32
Di–Sa 10–12 Uhr u. 15–17
Uhr, So 15–17 Uhr

82319 Starnberg
*Heimatmuseum Stadt
Starnberg*
Possenhofenerstr. 5
Tel. 0 81 51/77 21 32
März–Jan. Di–So 10–12 Uhr
u. 14–17 Uhr

83684 Tegernsee
Museum Tegernseer Tal
Alter Pfarrhof
Seestr. 17
Tel. 0 80 22/49 78
Juni–Okt. Di–So 14–17 Uhr

Olaf-Gulbransson-Museum
Im Kurgarten 5

Tel. 0 80 22/33 38
Dez.–Okt. Di–So 14–18 Uhr

84529 Tittmoning
*Heimathaus des
Rupertiwinkels*
Burg 5
Tel. 0 86 83/70 07-70
Mai–Sept. Fr–Mi 14 Uhr u.
nach Vereinbarung

83308 Trostberg
Stadtmuseum Trostberg
Schedling 9–11
Tel. 0 86 21/8 01 56 u.
8 01 13
Mai–Okt. Di–Do 15–18 Uhr,
So 16–18 Uhr u. nach Vereinbarung

83512 Wasserburg am Inn
*Museum der
Stadt Wasserburg*
Herrengasse 15–17
Tel. 0 80 71/92 52 90
Mai–Sept. Di–Fr 10–12 Uhr
u. 13–16 Uhr, Sa u. So 11–15
Uhr; Okt.–April Di–Fr 13–16
Uhr, Sa u. So 10–12 Uhr

82362 Weilheim
Stadtmuseum
Marienplatz 1
Tel. 08 81/68 20 u.
68 21 00
Di–So 10–12 Uhr u. 14–17
Uhr u. nach Vereinbarung

Register

Personen

Ableitner, Familie 87
Achleitner, Johann 369
Achternbusch, Herbert 203
Adalbert von Bayern, Prinz 165
Adalbert, Bischof 96, 431
Adelheid von Sulzbach 388
Adelheid, Gräfin 341
Adolf Friedrich von Schack, Graf 151
Agilolfinger 14, 89, 233, 247, 327, 354, 377, 381
Alberthal, Johann 43
Albrecht III., Herzog 164, 185, 291
Albrecht IV., der Weise, Herzog 17, 113, 165, 292, 346
Albrecht V. der Großmütige, Herzog 18, 50, 76, 80, 113, 121, 129, 130, 326, 346
Albrecht von Bayern, Herzog 102
Albrecht, Balthasar Augustin 84, 180, 245, 372,
Albrecht, Herzog 201, 203
Amalie, Kurfürstin 162
Amigoni, Jacopo 270, 271
Angermair, Christoph 205, 360
Anwander, Franz 216
Anwander, Johann 73
Appiani, Jacopo 71, 69
Appiani, Pietro Francesco 68, 69
Arnold von Andechs, Graf 349
Arnoldt, Franz de Paula 83
Asam, Brüder 22, 101, 116, 151, 338,
Asam, Cosmas **25,** 26, 50, 63, **70, 91f.,** 116, 122, 131, **138,** 151, 173, 411
Asam, Egid Quirin **25,** 50, 57, **70, 91f.,** 120, **138,** 269, 271
Asam, Hans Georg 92, 94, 269, 305, 308

Baader, Franz 23

Baader, Johann Baptist, genannt der Lechhansl **25,** 78, **182,** 194, 203, 217, 220, 221, 223, 235, 237, 262, 274
Bader, Johann Anton 101
Bader, Johann Georg 101, 287
Baldauf, Ignaz 57, 59, 67, 402
Barbieri, Domenico Giovanni 38, 46
Barelli, Agostino **25,** 125, 159
Bassetti, Marc Antonio 64
Baumgartner, Johann Wolfgang 38
Bäuml, Albert 164
Beatrix von Burgund 90, 185
Beauharnais, Eugène, Herzog von Leuchtenberg 126, 135
Bendl, Ehrgott Bernhard 36, 180
Berengar von Sulzbach, Graf 421
Berg, Johann Jakob 41, 46
Bergmüller, Dominikus 217, 245
Bergmüller, Johann Baptist 213
Bergmüller, Johann Georg **25,** 43, 44, 73, 77, 85, 180, 181, 210, 217, 221, 240, 245, 286
Bernauer, Agnes 164
Berndorfer, Maria Isabella von 218
Bernhardt, Franz Xaver 239
Berthold, Herzog von Bayern 37
Berthold II., Graf 178
Berthold III., Graf 185
Berthold IV, Herzog 185
Bocksberger, Hans 34, 349
Böheim, Familie 322
Böheim, Johann 318, 320
Böheim, Michael 318
Bonifatius 14, 44, 89, 267
Bonsels, Waldemar 203
Boos, Roman Anton 70, 71, 123, 163, 311
Breu d. J., Jörg 37
Burckhardt, Jacob 155
Bürklein, Friedrich 155

Busch-Woods, Wilhelmina 199
Bustelli, Franz Anton 164

Candid, Peter 123, 129, 167, 203
Canova, Antonio 129
Canzler, Joseph Friedrich 52
Carnutsch, Jakob 401
Castelli, Ignaz 159
Celtis, Conrad 18, 48
Charles VI. von Frankreich, König 330
Chiemo, Gaugraf 377, 408, 410
Christian von Frauenberg, Graf 173
Chuno von Horburg, Graf 421, 428
Columban 14
Corinth, Lovis 301
Cornelius, Peter von 141
Crayer, Caspar de 126
Croce, Johann Nepomuk della 342
Cuvilliés, François 22, **25,** 29, 85, 114, 121, 126, 129, 130, 132, 140, 162, 179, 180, 286

Dallmayr, Martin 67
Daucher, Hans 52
Degle, Franz Joseph 83
Degler, Ambrosius 218, 266, 289
Degler, David 218
Degler, Hans 186, 210, 298
Delp, Alfred 154
Demmel, Augustin 110
Deschamps, Roman 252, 261
Desmarées, Georges 180
Dieffenbrunner, Johann Georg 86
Dieffenbrunner, Joseph 399
Dientzenhofer, Familie 369, 371
Dientzenhofer, Georg d. Ä. 371
Dientzenhofer, Wolfgang 368, 375
Dietrich, Joachim 120, 162, 180

453

Register

Dietrich, Joseph 39
Dietrich, Wendel 134
Dill, Ludwig 82
Dillis, Georg von 305, 316
Dirnberger, Alois 313
Dirr, Philipp 59, 92
Doll, Franz Edmund 265, 296, 301
Dollmann, Georg von 257
Domin, Friedrich 154
Donauer, d. Ä., Hans 129
Döpfner, Julius, Kardinal 93
Doppler, Johann Georg 325, 393
Doppler, Joseph 330, 414
Dreyer, Johann Baptist 319

Eberhard II., Erzbischof 410
Eberwin, Propst 421, 428
Eck, Johannes Dr. 48
Eckart, Johann Michael 98
Eckert, Christian 101
Eckher, Johann Franz, Fürstbischof 91, 92, 94
Edigna 72
Effner, Joseph 21, **25,** 81, 114, 127, 160ff., 170,
Effner, Karl von 152, 197, 258
Egell, Paul 26
Egkl, Wilhelm .121
Eichner, Johannes 263
Elisabeth von Thüringen 185, 188
Elisabeth, Isabeau, Königin von Frankreich 49, 330
Elisabeth, Kaiserin von Österreich 196, 197
Emmeram, hl. 14, 109
Engel, Jakob 45
Engelbert III., Hallgraf 345
Erdmann-Macke, Elisabeth 266
Erhard, Hans 378
Erhart, Gregor 41, 75, 92
Erler, Fritz 177
Ernst von Bayern-München, Herzog 63, 71, 164, 217
Ertl, Anton 300
Ettenhofer, Johann Georg 68, 70, 116, 285
Ettl, Benedikt 44
Ettling, Andreas 361

Fackler, Matthias 98, 101, 325
Faistenberger, Andreas 126, 135
Feichtmayr, Caspar 182, 199, 200, 204, 266, 269, 270, 272, 273, 295, 296
Feichtmayr, d. Ä.,Franz Xaver 86
Feichtmayr, Franz Xaver 47, 72, 73, 94, 180, 182, 194,
Feichtmayr, Johann Michael 77, 180, 271
Feichtmayr, Kaspar 250
Feichtmayr, Magnus 298
Feichtmayr-Üblher-Werkstatt 200
Ferdinand Josef Herwarth von Hohenburg, Graf 300
Ferdinand Maria, Kurfürst 19, 113, 125, 126, 159, 193, 207
Ferdl, Weiß 121, 137
Feuerbach, Anselm 151
Finsterwalder, Ignaz 60
Finsterwalder, Pontian 177
Fischer, Johann Georg 239
Fischer, Johann Michael **26,** 47, 50, 73, 82, 83, 87, 114, 151, 154, 171, 178, 189, 190, 225, 260, 261, 266, 270, 274, 286, 332, 353, 355, 396
Fischer, Joseph 225
Fischer, Karl von 131, 144, 148
Fischer, Martin 308
Fischer, Nicophorus 297
Fischer, Theodor 204
Franz, Johann Michael 41
Fraunberger, Jörg 343
Freyberg, Pankraz von 406, 422
Fugel, Gebhard 330
Fux, Johann G. 70

Gabler, Aloys 265
Gabrieli, Franz 39, 43, 44,
Gabrieli, Gabriel de 38, 39, **40ff.,** 46, 53
Gaigler, Alois 301
Gaill, Johann Georg 312
Gailler, Sales Franz 209
Ganghofer, Ludwig 309
Gärtner, Friedrich von 114, 125, 140, 144, 284

Gartner, Jörg 338
Gaßner, Hyazinth, Abt 241, 242
Gedon, Lorenz 194
Gege, Paul 260
Geiger, Franz 50
Georg der Reiche, Herzog 336,337
George, Stefan 115
Georgi, Walter 177
Gerhard, Hubert 115, 127, 128, 129, 134
Gießl, Leonhard Matthäus 47, 57, 176, 191, 193, 230, 260, 299
Giovanni da Bologna 134
Girard, Dominique 170
Glasl, Kaspar 316, 320
Glasl, Thomas 322, 371
Goethe, Johann Wolfgang von 267, 282
Gogh, Vincent van 27, 363
Götsch, Joseph 313, 320, 353, 355, 356, 368, 376, 398
Göz, Gottfried B. 50, 230
Grasser, Erasmus 18, **26,** 92, 110, 116, 120, 123, **138,**172, 313, 317, 349
Gregor Rainer, Fürstpropst 425
Greiff, Johann Georg 70, 116
Greither, Elias 203, 232, 236, 238
Greither, Johann 236
Griesmann, Adam 289
Griesmann, Leonhard 289
Groff, Wilhelm de 41, 163, 329
Gruber, Franz 417
Grützner, Eduard 383
Guckh, Gordian 414, 418
Gudden, Dr. 207
Guggemoos, Hans 238
Guggenbichler, Johann Meinrad 411
Guglhör, Philipp 282
Gulbransson, Olaf 24, 308
Gunetzrhainer, Brüder 369
Gunetzrhainer, Ignaz Anton 120, 338, 372
Gunetzrhainer, Johann Baptist 57, 83, 131, 286, 372, 375, 398, 404

454

Personenregister

Günther, Ignaz   22, **26,** 59, 60, 77, 94, 114, 120, **122f.,** 126, 135, 140, 154, 173, 193, 194, 199, 228, 272, 305, 312, 338, **350ff.**
Günther, Matthäus   **26,** 74, 77, 86, 87, 182, 224, 225, **228f.,** 233, 235,

Hagenauer, Wolfgang   414
Haider, Hans   385, 389
Hainz, Josef   299
Haldner, Markus   166, 195
Haldner, Matthäus   77, 180
Halsbach Jörg von, gen. Ganghofer   17, **26,** 113, 116, 122
Hans von Burghausen   17, 348, 349
Hartmann, Joseph   389
Hartwagner, Michael   351
Hauber, Josef   368
Hauberrisser, Georg   115
Haunsperg, Sebastian von   102
Hausenstein, Wilhelm   154
Haushofer, Max   383
Haydn, Michael   385
Haziga, Gräfin   60, 319, 322
Hedwig, Herzogin von Schlesien   185, 337
Heel, Johann   225, 239
Heidenreich, Erhard   49
Heidenreich, Ulrich   49
Heigl, Johann Martin   99, 325, 362
Heigl, Joseph Martin   101, 313, 339, 340, 355
Heilmaier   152
Heinrich der Löwe   15, 66, 90, 113, 137, 211, 431,
Heinrich der Reiche, Herzog   55, 337
Heinrich I. von Niederbayern-Landshut, Herzog   336
Heinrich IV., Herzog, später Heinrich II., dt. König, ab 1014 dt. Kaiser   14, 33, 234, 245, 307, 335,
Heinrich V., König   85
Heinrich XII. von Niederbayern, Herzog   332
Heinrich, Graf von Diessen-Andechs   201

Heintz, Joseph   36
Helmrot, Heinrich   98, 102
Hemmel von Andlau, Peter   123
Henriette Adelaide von Savoyen, Kurfürstin   19, 125, 129, 159, 162, 193, 299
Hering, Loy   41
Herkomer, Hubert von   213, 217
Herle, Lukas   289
Hertzhaimer, Franz III   .391
Hildebrand, Adolf von   **26,** 136, 153, 279
Himbsel, Johann Ulrich   204
Hitler, Adolf   115, 149, 427
Hitzl, Johann Georg   414
Hocheder, Carl   156
Hofmannsthal, Hugo von   153, 375
Hofmiller, Josef   333, 341
Högler, Johann   325
Holbein d. Ä., Hans   41, 214
Holl, Elias   40
Holl, Johann   216, 217
Hölzel, Adolf   82
Holzer, Johann Evangelist   25, 43, 180, 181, 279, 354,
Holzmayr, Johann Wilhelm   83
Hopp, Josef   430
Hosp, Franz   277
Höß, Kreszentia   229
Huber, Johann Joseph Anton   101
Huber, Peter   399
Huber, Wolfgang   430
Huch, Ricarda   112
Hupfauf, Anna   374

Irmengard, Äbtissin   381
Itzfeldner, Johann Georg   412

Jawlensky, Alexej von   24, 146
Johann von Preysing, Graf   396
Jorhan, d. Ä., Christian   64, 98, 99, 101, **343**
Joseph Clemens von Bayern, Herzog, später Bischof und Kurfürst von Köln   171
Julius von Rehlingen, Freiherr, Fürstpropst   430

Kaiser, Johann Georg   260
Kandinsky, Wassily   24, 27, 114, 115, 144, 146, 261, 263, 273
Karg, Herculan, Propst   72, 178, 179
Karl Albrecht Kurfürst, später Karl VII., Kaiser   20, 114, 129, 160, 162, 171, 329
Karl der Große, deutscher Kaiser   14, 150, 221, 267
Karl Theodor, Kurfürst   33, 58, 114, 130, 132, 135, 147, 149
Karl von Bayern, Prinz   194
Karlmann, König   328, 329
Karlstadt, Liesl   137, 154
Karner, Franz   249, 282, 301
Kaspar III. Winzerer   291
Kaspar, Hermann   135
Kästner, Erich   154
Kaulbach, Wilhelm von   205
Kendler, Tobias   414
Kessler, Michael   272
Kessler, Stephan   272
Khuenburg, Maximilian Gandolph von, Erzbischof von Salzburg   412
Kiffhaber, Ulrich   213
Kindlin, Valentin   213
Kipfinger, Joseph Anton   236
Kirchgrabner, Franz Anton   73, 109
Kirzinger, Franz   106, 199, 210, 218
Klenze, Leo von   23, **26,** 53, 114, 124, 125, **126ff.,** 128, 130, 131, 140, 147, 149, 158, 163, 257, 308,
Klotz, Matthias   282
Knappertsbusch, Hans   154
Knoller, Martin   135, 248, 254, 269
Kobell, Luise von   258
Kobell, Wilhelm von   140, 305, 316
Kogler, Anton   98
Kogler, Hans   100
Köglsperger, Philipp Jakob   286
Kolb, Anette   154
Kolmsperger, Waldemar   261
König, Wolf   408

455

Register

Konrad I. von Salzburg, Erzbischof 343, 419, 432
Konrad von Wasserburg, Graf 350
Korbinian 14, 89, 92, 94
Krumenauer, Hans 340
Krumenauer, Stefan 349
Krumpper, Hans 19, **27,** 41, 44, 81, 113, 116, 123, 124, 127, 128, 129, 234, 236, 237,
Kuen, Franz Martin 25, 72, 79
Kurz, Johann Paul 347

Lackner-Werkstatt 330
Laib, Konrad 403
Landes, Engelmund 392
Landfried, Graf 233, 273
Lang, Guido 249
Lange, Ludwig 424
Langhammer, Arthur 82
Lasso, Orlando di 76, 113
Leb, Wolfgang, siehe auch Meister von Rabenden 18, 104, 349, 350, 387
Lederer, Jörg 239
Lederwasch, Christoph 412
Leibl, Wilhelm 82, 147, 178, 357, **362f.,** 369, 383
Leinberger, Hans 18, **27,** 52, 97, 100, 123, **234,** 237, 386
Lenbach, Franz Joseph 55, 57
Lenbach, Franz von 24, **27,** 114, 146, 204
Lenné, Peter Joseph 197
Leoni, Giuseppe 204
Lespilliez, Karl Albrecht von 132
Leuthner, Abraham 126
Leutner, Coelestin 221
Liebermann, Max 82
Liechtenfurtner, Niklas 350
Liechtenfurtner, Nikolaus 94
Lier, Adolf 383
Lindmayr, Anna Maria 131
Lindt, Johann Georg 338
Littman, Max 121, 151, 155, 433
Locher, Jakob 18
Lodron, Paris, Fürstbischof 412
Lori, Maria 242
Loth, Johann Karl 270
Loth, Karl 126, 308

Loth, Ulrich 104
Ludwig das Kind 90
Ludwig der Bayer, später König, ab 1328 Kaiser 16, 71, 73, 113, 121, 172, 248, 251, 254, 260, 291, 324, 346, 355, 389
Ludwig der Deutsche, König 14, 328, 381,
Ludwig der Gebartete, Herzog 48, 53, 55, 71, 330, 337,
Ludwig der Höckrige 49
Ludwig der Kehlheimer, Herzog 15, 62, 331
Ludwig der Reiche, Herzog 141
Ludwig der Strenge, Herzog 71, 285
Ludwig I. 15, 124, 146, 147,
Ludwig I., Herzog 431
Ludwig I., König 13, 23, 53, 60, 114, 128, 129, 130, 141, 144, 148, 158, 162, 163, 185, 194, 204, 299, 373, 418
Ludwig II. 280
Ludwig II., der Strenge, Herzog 48, 52, 67
Ludwig II., Herzog 211
Ludwig II., König 114, 134, 138, 148, 152, 153, 162, 164, 200, 207, 254, 286, 303, 329, **377ff.**
Ludwig III., König 24, 115
Ludwig IX., der Reiche, Herzog 48
Ludwig, Kronprinz 140, 145, 158, 255
Luidl, Johann 177, 210, **214f.**
Luidl, Lorenz 73, 80, 177, 210, **214,** 217, 210, 218
Luidl-Werkstatt 75, 78, 218
Luitpold, Prinzregent 23, 114, 148
Luitpoldinger 14

Macke, August 115, 266, 273,
Mages, Joseph 88, 245
Maleskircher, Gabriel 207
Mallet, Franz Anton 98
Mändl, Michael Bernhard 411
Mann, Maximilian von 348
Mann, Thomas 115

Manninger, Karl 151
Marazzi, Francesco 68, 250
Marc, Franz 24, **27,** 115, 146, 266, 273
Marées, Hans von 151
Mareis, Franz 342
Max I. Joseph, König 124, 126, 131, 147, 150, 162, 305, 308, 310
Max I., König 129
Max II. Emanuel, Kurfürst 19, 20, 25, 114, 125, **159ff.,** 167, 171, 173, 299
Max II., König 23, 114, 155, 207, 424
Max III. Joseph, Kurfürst 22, 114, 129, 130, 233, 389
Max in Bayern, Herzog 196, 197
Max IV. Joseph, Kurfürst 114
Maximilian I., Herzog von Bayern, später Kurfürst 18, 19, 113, 115, 127, 128, 129, 134, 135, 167, 203, 231, 233, 328, 360, 408
Maximilian I., Kaiser 33, 391
Maximilian I., König 135
Maximilian II., König 196, 254, 255, 401
Maximillian IV. Joseph, Kurfürst, später Maximilian I. Joseph, König 22
Mayer, Rupert 135
Mayr d. Ä., Johann 313, 320, 368,
Mayr d. J., Johann 274, 368
Mayr, Franz Alois 325, 338, 340, 388, 412, 413,
Mayr, Thomas 107
Meichelbeck, Karl 91
Meister der Straubinger Albrechtstumba 422
Meister Jörg 385
Meister Stephan 407
Meister von Rabenden, als Wolfgang Leb identifiziert 123, 206, **376, 386f.** 398
Meister von Seeon 326, 413
Merani, Ignaz 186, 216
Merk, Johann Michael 221
Messerer, Johann Georg von 372
Métivier, Jean-Baptiste 148

456

Personenregister

Michael Balthasar, Fürstpropst 425
Mielich, Hans 19, 50, 121,
Millauer, Abraham 322, 362, 368, 369, 371, 373, 402,
Millauer, Philipp 369
Miller, Ferdinand von 125, 159, 195,282
Miller, Johann Georg 265
Miller, Oskar von 156
Miller, Wolfgang 133
Miroffsky, Wenzeslaus 129
Montez, Lola 23, 162
Montgomery, Jemima 401
Morgenstern, Christian 383
Mozart, Wolfgang Amadeus 121, 130, 418
Müller, Johannes 279
Münter, Gabriele 24, 27, 146, 261, 263, 273
Münzer, Adolf 177

Nantovinus, Conradus 289
Natter, Michael 73, 177, 182, 210, 216,
Niedereiter, Kaspar 289
Nockher, Friedrich 293

Oatker 306
Odilo, Herzog 181, 273
Osiander, Andreas 34
Ostendorfer, Hans 432
Ott, Joseph Matthias 293
Ottheinrich, Pfalzgraf 33, 37, 59
Otto I. von Freising, Bischof 90, 92, 94, 286, 316
Otto I., Kaiser..14
Otto II. von Scheyern 60
Otto II. von Wittelsbach, Pfalzgraf 322
Otto II., Kaiser 307
Otto IV. von Scheyern-Wittelsbach, Pfalzgraf 85
Otto VIII., Herzog 185
Otto von Bamberg, Bischof 187
Otto von Wittelsbach, Herzog 276

Pader (Bader), Constantin 67, 81, 109, 350, 358, 359, 367
Pader, Isaak 120, 202, 338

Papafava, Anna 296, 297
Papafava, Johann Jakob, Graf 296, 297
Parzham, Konrad von 331
Paur, Ignaz 76
Pedetti, Mauritio **41**, 42, 45, 46
Perger, Jörg 329, 332, 338
Pernegger, Hans 330
Perti, Giovanni Niccolò 68, 126
Perti, Nikolaus 36
Pesnitzer, Ulrich 337
Petel, Georg 236
Pfeiffer, Bildhauerfamilie 239
Pfeiffer, Jörg 79, 214, 239
Pfitzner 153
Philipp von Schwaben, König 185
Pichler, Joahnn Martin 313, 319, 359
Pichlinger, Matthias 383
Pienzenau, Georg von 231, 233
Pirchinger, Johann von 207
Pisano, Giovanni 254
Pittoni, Giovanni Battista 180
Platen, August von 305
Pocci, Franz, Graf 204
Pocci, General 204
Polack, Jan 18, **27**, 61, 121, 123, 165, 172, 285, 287, 317
Pöllandt, Johann 63, 230, 241
Pöllner, Johann Martin 338
Pörnbacher, Hans 209
Praun, Nikolaus 220
Preysing-Hohenaschau, Max IV. von 127, 398
Prinz Ludwig, später Ludwig III., König 195
Proebst, Hermann 137
Prugger, Nikolaus 201
Puchner, Melchior 319, 322
Puechtler, Johann 57
Pürkhel, Konrad 338, 385
Pürkhel, Oswald 338, 413

Quaglio, Domenico 316
Quaglio, Lorenzo 73, 316
Quirinus, hl .306, 310

Raffler, Max 181
Ramis, Bernhard 239, 243

Rämpl, Philipp 299
Randeck, Erhard 106
Rasso von Diessen, Graf 186
Raßveldt, Christian 297
Rathard von Diessen, Graf 178, 182
Rauch, Bernhard 388
Rauch, Christian 131
Rauch, Jakob 353
Reichel, Paul 214
Reichenbach, Georg von 425
Reichle, Hans 134
Reiffenstuel, Franz Michael 138
Reiffenstuel, Hans 408
Renata von Lothringen 18
Richter, Ludwig 427
Riemerschmid, Richard 153, 155
Rilke, Rainer Maria 115, 381, 383
Rinser, Luise 181
Ritter von Müller, Karl 156
Riva, Antonio 93, 308, 407
Römer, 13, 238, 247, 284, 349, 431
Rosner, Johann Michael 43
Rottaler, Lukas 122, 137
Rottaler, Stefan 92, 93, 97
Rottmann, Karl 129, 205, 427
Rottmayr, Johann Michael **411, 415ff.**
Rubens, Peter Paul 147
Rückel, Toni 152
Rudolf von Habsburg, König 421
Rumford, Reichsgraf von (Benjamin Thompson) 149
Rupert, Bischof von Salzburg 14, 410

Salabert, Pierre de 148
Sandrat, Joachim von 44, 126, 422
Sang, Johann Georg 190
Sappel, Lorenz 186, 298
Sattler, Carl 279
Schaffner, Johann 430
Schaidhauf, Thomas 182
Scharfenberg, Abraham 252
Schäufelein, Hans 38
Scheffler, Christoph Thomas 78, 216

457

Register

Scheffler, Felix Anton 388
Schell, Hans 371
Schelling, Friedrich Wilhelm 23, 114
Schenk von Castell, Franz Ludwig, Fürstbischof 43
Scheuermann, Ludwig 183
Schidenhofen, Joachim von 418
Schinkel, Karl Friedrich 26
Schinnagl, Marx 269
Schleich, Eduard 383
Schmädl, Franz Xaver **27**, 73, 180, 181, 186, **188,** 191, 195, 228, 231, 232, 236, 247, 248, 261, 266, 298,
Schmaunz, Matthias 294
Schmid, Albert 182
Schmidt, Emil 132
Schmidt, Joseph 414, 427, 428
Schmidt, Veit 360
Schmuzer Johann 188
Schmuzer, Franz 44, 188, 214, 241
Schmuzer, Franz Xaver **27,** 72, 74, 78, 200, **232, 240,** 246, 248, 250, 253, 279, 282
Schmuzer, Johann 21, **28,** 78, 201, 210, 212, 218, 220, **222,** 224, 232, **241,** 250,
Schmuzer, Jörg 224, 234, 236,
Schmuzer, Joseph 27, **28,** 44, 74, 78, 182, 199, 214, 224, 230, 240, 246, 248, **252,** 259, 276, 279, 282, 292
Schmuzer, Matthias 240
Schmuzer, Matthias II .63
Schmuzer, Michael 106
Schnell, Hugo 209
Schnorr von Carolsfeld, Julius 129
Scholl, Geschwister 115, 144
Schön, Heinrich 129, 360
Schönfeld, Johann Heinrich 422
Schöpf, Johann Nepomuk 70
Schöpfl, Michael 375
Schrank, Konrad 415
Schropp, Maria Anna 399
Schurr, Hans 78
Schütz, Joseph Anton 352
Schütz, Nikolaus 78, 79, 218

Schwaiger, Johann 405
Schwanthaler, Ludwig Michael von 125, 126, 140, 145, 158, 284
Schwanzer, Karl 174
Schwarz, Christoph 134, 349
Schwarzenberger, Johann 359
Schwarzenberger, Thomas 355
Schwind, Moritz von 151, 195, 205, 433, 434
Sciasca, Lorenzo 305, 311, 378, 406, 407
Sckell, Friedrich Ludwig von 149, 161
Seidl, Emanuel von 28, 261, 262
Seidl, Gabriel von 24, **28,** 52, 135, 138, 146, 148, 150, 151, 156, 189, 203, 284, 292, 376
Serro, Johann 36
Seybold, Matthias 39, 41, 43, 46
Siboto I., Graf 371
Siboto II., Graf 311
Sickinger, Franz 353, 389, 391
Sieghard von Sempt, Graf 105
Sighard IV., Graf 388
Sigmund, Herzog 17, 18, 165, 166
Sing, Johann Kaspar 63
Sittich, Markus, Erzbischof 411
Soll, Franz Joseph 391, 405, 412, 413
Spannagel, Wilhelm 47
Sperl, Johann 362
Spillberger, Johann 422
Stark, Heinrich 240
Steidl, Melchior 58, 109
Stein, Heinz von, Ritter 409
Steinhart, Franz 43
Steinhauser, Pontian 245
Steinle, Bartholomäus 203, 232, 234, 236, 266, 291
Stephan III. der Kneißl 16
Stephan von Bayern, Herzog 173
Stethaimer, Hans 331, 348
Steub, Ludwig 369, 377
Steyrer, Valentin, Propst 358

Stieler, Joseph 162
Stier, Hans 365
Stiller, Jakob 228
Stiller, Matthias 214
Strada, Jacopo 129
Straub, Johann Baptist 22, 26, **28,** 77, 88, 102, 114, 120, 130, **151,** 154, 172, 180, 181, 195, 213, 234, 240, 253, 261, 266, 286, 308, 329, 342
Straub, Johann Dietrich 180
Straub-Werkstatt 398
Strauß, Franz Josef 353
Streicher, Franz 418, 419
Streiter, Jakob 213
Stroppl, Georg 414
Stuck, Franz von 24, 153
Sturm, Anton 239, 240, 245, 277
Suiter, Balthasar 239
Sustris, Friedrich 19, 129, **133ff.**

Tassilo III., Herzog 14, 221, 224, 233, 234, 343, 377, 381,
Tautphoeus, Cajetan Freiherr von 401
Thalheimer, Karl 215
Theodo II., Herzog 431
Theodolinde 14
Thiersch, Friedrich von 24, 109, 148, 177,
Thoma, Ludwig 12, 250, 303, 309
Thonauer, d. Ä., Hans 81
Thöny, Eduard 24, 177, 178
Thorwaldsen, Bertel 126, 135
Thumb, Michael 77, 181
Tiepolo, Giovanni Battista 180, 181
Tilly, Johann Tserclaes von, Graf 330, 360
Törring, Clemens Anton Graf 190
Triva, Antonio 126
Troger, Johann Sebastian 238, 297
Troger, Sebastian 320
Troost, Paul Ludwig 148
Troyer, Thomas 330
Tünzl, Jörg 348

Personen-/Ortsregister

Üblher, Johann Baptist 180
Üblher, Johann Georg 77, 253
Uhde, Fritz von 82
Ulrich, Bischof von Augsburg 266, 269
Urmiller, Hans 195
Urscher, Thomas 396

Valentin, Karl 116, 137
Valkenauer, Hans 391, 417, 422
Verhelst d. Ä., Ägid 254
Verhelst, Ägid 180
Vicelli, Johann Blasius 313
Viscardi, Giovanni Antonio **28,** 29, 68, 70, 94, 131, 135, 160, 285, 286,
Volterra, Daniele da 203
Vordermayr, Andreas 374

Wagner, Richard 23, 114, 152, 207, 254, 255, 258
Wagner, Wolfgang 348
Walburga 44
Waldau, Gustl 154
Waldram, Graf 233, 273
Walter, Bruno 153
Waltrich 286
Waräthi, Innozenz 430
Wechselberger, Hans 333, 338
Wedekind 153
Weigl, Kolumba 351
Weizsäcker, Richard von 299
Welf IV., Herzog 245, 239, 240
Wendelstadt, Jan von 375
Wendelstadt, Julie von 375
Wening, Michael 183
Werefkin 273
Wertinger, Hans 97
Wesso 221
Wiesinger, Wolfgang 337
Wiest, Anton 59
Wilhelm der Fromme, Herzog 18
Wilhelm II., Kaiser 151
Wilhelm IV. der Standhafte, Herzog 18, 80, 193, 292, 348
Wilhelm V. 19, 136
Wilhelm V. der Fromme, Herzog 113, 133

Wilhelm V. von Bayern, Herzog 84, 122, 129, 134, 167, 196, 330
Wilhelm von Bayern-München, Herzog 63
Willibald 39, 44
Winck, Christian Thomas 47, 60, 73, 110, 182, 191, 194, 207, 296, 299, 330
Wiser, Wolfgang 349
Wißreiter, Hans 81
Wittelsbacher **15ff.** 23, 71, 73, 113, 126, 127, 129, 130, 134, 145ff., 178, 182, 185, 188, 192, 196, 203, 206, 231, 251, 285, 289, 303, 306, 324, 326, 328, 329, 335, 340, 346, 355, 360, 389, 396, 401, 424, 428
Wöfflin, Heinrich 147
Wolcker, Johann Georg 73
Wolff, Andreas 87, 173, 180, 186, 272,
Wölkhamer, Balthasar 105
Wopfner, Joseph 383
Wörsching, Joseph 194
Wunderer, Anton 355
Wunderer, Franz Xaver 95

Zais, Lucas 285
Zeckl, Johannes 51
Zeiller, Jakob 200
Zeiller, Johann Jakob 253, 254, 255, 266, 271
Zenetti, Arnold 83, 340
Ziebland, Georg Friedrich 146
Ziersch, Hans-Joachim 153
Zimmermann, Brüder 22
Zimmermann, Dominikus **29,** 78, **212ff.,** 218, 220, 224, 228, 237, **242ff**
Zimmermann, Johann Baptist **29,** 52, 92, 93, 94, 107, 114, 120, 121, 129, 130, 132, **161,** 170, 172, **186ff.,** 190, 220, 224, **243,** 254, 261, 272, 273, **298f.,** 311, 316, 317, 319, 325, 339, 340, 341, 348, 357, 359, 372, 378, 392,
Zimmermann, Joseph 272
Zink, Matthias 37
Zöpf, Benedikt 419
Zöpf, Thassilo 70, 75, 182,

189, 191, 199, 203, 220, 225, 234, 235, 238
Zuccalli, Caspar 407
Zuccalli, Domenico Cristoforo 326, 342, 343
Zuccalli, Enrico 28, **29,** 125, 132, 170, 252, 254, 261, 269, 307, 330
Zuccalli, Giovanni Gaspare 343, 399
Zuccalli, Giulio, genannt Christofori 367, 399, 401
Zuccalli, Pietro 399
Zumbusch, Kaspar von 349
Zürn, Michael 349
Zwerger, Georg (Jörg) 107, 318, 320, 368,
Zwerger, Hans 318
Zwerger, Wolfgang 172
Zwinck, Bartolomäus 261
Zwinck, Franz Seraph **248ff.,** 253, 259, 282
Zwinck, Paul 199
Zwitzel, Simon 129

Orte

Agatharied **311**
Ainau **64**
Allmannshausen **204**
Altenbeuern **376**
Altenburg **108f.**
Altenerding 99, **101**
Altenhohenau **350ff.**
Altenmarkt **388**
Altenstadt 16, **225ff.**
Althegnenberg **72**
Altmühltal 9, **38ff.,** 326
Altofing **369**
Altomünster 26, 85, **87f.**
Altötting 8, 15, 324, **327ff.,** 410
Ambach **203**
Amerang **392**
Ammerland **204**
Ammersee 11, **176ff.,** 182, 183, 184, 189, 191, 192, 205, 209
Amperpettenbach **84**
Andechs 22, 23, 27, 29, 183, **184ff.,** 205, 209
Anger **418**

459

Register

Antwort 395
Anzing 107
Apfeldorf 225
Armutsham 391
Arnsberg 45
Aschau **398f.**
Ascholding 290
Asten **410f.**
Attel **349f.**
Au bei Bad Aibling 361, **368**
Au am Inn 14, **341f.**, 343
Aufkirchen 205
Augsburg 13, 15, 16, 19, 173, 176, 180, 213, 227, 236, 274, 281
Aying 110

Bad Adelholzen 405
Bad Aibling **354ff.**, 368
Bad Endorf 11, **395**
Bad Feilnbach **368f.**
Bad Heilbrunn 299
Bad Kohlgrub **258f.**
Bad Reichenhall 16, 421, 408, **431ff.**
Bad Tölz **291ff.**
Bad Wiessee **310**
Bauerbach **199f.**
Baumburg 246, **388f.**, 421
Bayrischzell **322**
Beilngries **46**
Benediktbeuern 14, 21, 29, 209, 221, 233, 258, 266, **267ff.**,273, 295, 301, 308
Berbling **362f.**, 402
Berchtesgaden 17, 246, **421ff.**
Berg 193, **206f.**
Bergen b. Eichstätt **37f.**
Bergen/Chiemgau 406
Bergkirchen **82f.**
Bernbeuren **239**
Bernhaupten **406**
Bernried 197, **199**, 354
Bettbrunn **46f.**, 260
Beuerberg **202f.**
Beyharting 29, **359**
Bichl **266**
Birkenstein **320**
Bischofswiesen **431**
Brannenburg **369**
Breitbrunn 177, **191**
Buch 177, 191
Burg Werdenfels 276

Burghausen 49, 324, **333ff.**
Burgkirchen **340**
Burgkirchen am Wald **327**

Chiemgau 8, 12, **377ff.**
Chieming 11, 384, **408**
Chiemsee 12, 176, 256, 354, **377ff.**

Dachau 8, 16, 25, **80ff.**, 195
Degerndorf **369f.**
Dickelschwaig **255**
Diessen 22, 25, 72, 177, **178ff.**, 186, 205, 246
Dietramszell 22, 29, 260, 289, **297ff.**
Dirnsberg 395
Dollnstein **38f.**
Dorfen **101**

Ebbs **373**
Ebenhausen **285**
Ecksberg **326**
Egling 73
Eichstätt 8, 17, **39ff.**
Eismerszell **74**
Elbach **320**
Elmau **279**
Elsenbach **332**
Erding 8, 18, 88, 89, **99ff.**
Eresing **78ff.**
Erl **373f.**
Esting **71**
Ettal 16, 17, 21, 22, 28, 29, 73, 209, 247, 248, **251ff.**, 260, 261, 271, 379
Ettendorf **408**
Eulenried **59**
Eurasburg **203**

Farchach **205**
Feichten **413**
Feldafing **179**
Fischbach **295**
Fischbachau 16, **319f.**, 322
Fischen **183**
Fischhausen **318**
Flintsbach **371**
Frasdorf **396f.**
Frauenchiemsee 14, 15, 16, 309, **381ff.**, 391, 406
Freilassing **418**
Freising 8, 14, 15, 16, 17, 22, 25, 29, 55, **88ff.**, 99, 103, 236, 278, 281
Fridolfing **414f.**
Froschhausen **265**
Fürstenfeldbruck 8, 16, 21, 22, 25, 29, **66ff.**

Gaispoint s. Wessobrunn
Garatshausen **197**
Garmisch-Partenkirchen 8, 17, 28, **276ff.**, 281
Gars am Inn 14, 341, **342f.**
Gauting **195**
Gegeißelter Heiland in der Wies, Wallfahrtskirche **94f.**
Gelbersdorf **98**
Georgenried **310**
Geretsried 284, 290
Gessenberg **414**
Glentleiten bei Großweil **274**
Glonn 104, **109**
Gmund **305**
Gollenshausen **391**
Grabenstätt 11, 400, 408
Grafing **107**
Grafrath 11, 76, **77,** 176
Grainbach 398
Grassau **401**
Graswang **254**
Greding **46**
Greifenberg **176**
Greimharting 395
Griesstätt **352f.**
Grünsink **190**
Grünwald **285**
Gstadt 377, 384, **391**

Haag **104**
Habach **265f.**
Hagen **264f.**
Hagnberg **318**
Haiming **333**
Haimhausen **84f.**
Hallertau 9, 55, **64**
Hammer **405**
Haslach **406f.**
Heilham **412**
Heilig Blut, Wallfahrtskirche 101, 250, **367**
Heiligkreuz **413**
Herrenchiemsee 14, 29, **377ff.**
Herrsching 176, 177, 178, **183,** 189, 191

460

Ortsregister

Heuwinkl **200f.**
Hirnsberg **395f.**
Hoflach **71**
Högling **359**
Höglwörth **418f.**
Hohenaschau **399**
Hohenfurch **225**
Hohenkammer **95**
Hohenpeißenberg 27, **231ff.**
Hohenschäftlarn 284, **285**
Holzhausen/Ammersee **177**
Holzhausen/Starnberger See **203**
Höslwang **391f.**

Icking **287f.**
Iffeldorf **200**
Ilgen **240f.**
Ilmmünster 15, **61f.**
Imming **332**
Indersdorf 16, 26, **85ff.**
Ingolstadt 8, 17, 18, 33, **48ff.**
Inzell **405**
Irschenberg **313**, 361
Isareck, Schloß **98**
Isen **103f.**
Ising 11, **408**

Jachenau **301**
Jesenwang **75**

Kaltenberg **73**
Kaltenbrunn **310**
Kaufering **209f.**
Kempfenhausen 193, **207**
Kiefersfelden 363, **373**
Kinding **46**
Kipfenberg **45f.**
Kirchwald **375f.**
Kirchweidach **412**
Kleinhelfendorf **109f.**
Kochel 209, 258, **273**
Königsdorf **295f.**
Kottgeisering **77f.**
Kottingwörth **46**
Kreuth **309f.**
Kreuzpullach **286f.**
Kutterling **369**

Landsberg am Lech 8, 18, 22, 28, 29, 66, 79, 209, **211ff.**, 239, 242

Landshut 8, 17, 23, 48, 96, 115
Laufen **415ff.**
Lauterbach **83**, 396
Lechmühlen **220f.**
Lenggries **300f.**
Leoni **204**
Leustetten **195**
Linderhof 200, 247, 254, **255ff.**
Lippertskirchen 361, **368**
Luttenwang **76**

Margarethenberg **340f.**
Maria Beinberg **59**
Maria Birnbaum bei Aibach **367**
Maria Eck **405f.**
Maria Ettenberg **430**
Mariahilf und St. Johann Nepomuk **369**
Maria Gern **425f.**
Marienberg bei Burghausen **338f.**, 340, 388
Markt Schwaben **107**
Marktl **333**
Marktschellenberg **430f.**
Marquartstein **401**
Maxlrain 29, **357**
Meilham **392**
Miesbach 8, **310f.**, 316
Mittenwald 26, 28, 279, **280ff.**
Moorenweis 72, **74f.**
Moosach 8, **108**
Moosburg 9, 16, 18, 27, 84, 89, **96ff.**
Mörlbach **205f.**
Möschenfeld **104ff.**
Mühldorf am Inn 8, 15, 16, 17, 21, 22, **324ff.**
Mühlfeld **183**
München 8, 15, 16, 17, 21, 22, 24, 48, 66, 90, 109, **111ff.**, 176, 191, 193, 195, 236, 251, 285, 305
-Alte Akademie **135**
-Alte Pinakothek 114, **147**
-Alter Hof **121**, 185
-Altes Rathaus 17, 26, **116**
-Amalienburg 22, 25, 29, 114, **162**, 340
-Asamhaus **140**
-Asamkirche 22, 25, **138ff.**

-Augustinerkirche **132**
-Badenburg 26, **162**
-Bavaria **158f.**
-Bayerische Hypotheken- und Wechselbank **132**
-Bayerische Staatsbibliothek **140f.**
-Bayerisches Nationalmuseum 23, 28, 81, 114, 138, 148, **150**, 182, 222, 227, 385
-Blutenburg 18, 27, 159, **164ff.**
-BMW-Museum **174**
-Botanischer Garten **164**
-Briennerstraße **144**
-Bürgersaal 29, **135**
-Cuvilliéstheater 22, 25, 114, **130**
-Denkmal Max II. **155**
-Deutsches Jagd- und Fischereimuseum **132f.**
-Deutsches Museum 28, **156f.**
-Dreifaltigkeitskirche 21, 28, 29, **131**
-Englischer Garten 148, **149f.**
-Erzbischöfliches Palais **132**
-Feldherrnhalle **124f.**
-Frauenkirche 17, 26, 27, 113, 115, **122ff.**, 165, 316, 382
-Friedensdenkmal **151f.**
-Georgianum **141**
-Glyptothek 23, 26, **145**
-Gunetzrhainerhaus **131**
-Hauptmünzamt **121**
-Haus der Kunst **148f.**
-Heiliggeistkirche **116**
-Heiligkreuzkirche, Forstenried **174**
-Heiligkreuzkirche, Fröttmaning **174**
-Hellabrunn-Tierpark **174**
-Herzog-Max-Burg **136**
-Hildebrandhaus **153**
-Hofbräuhaus **121f.**
-Hofgarten **127**
-Hotel Vier Jahreszeiten **155**
-Hypo-Bank **174**
-Ignaz-Günther-Haus **138**
-Internationale Jugendbibliothek **165**
-Isartor **116**
-Karlstor **135**
-Karolinenplatz **144**

461

Register

-Königsplatz **144ff.**, 147
-Kulturzentrum am Gasteig **156**
-Künstlerhaus 28, **135**
-Lenbach-Villa 28, **146**
-Leuchtenberg-Palais 26, **126**, 140
-Ludwig-Maximilians-Universität 113, **141**, **143**
-Ludwigstraße 124, 125, **140f.**
-Lustheim, Schloß 20, 21, 164, **167ff.**
-Mariensäule 113, **115**
-Marstallmuseum **164**
-Max-Joseph-Platz **130**
-Maximilianeum 23, 152, **155f.**
-Maximiliansstraße 23, **155**, 156
-Montgelas-Palais **131**
-Müllersches Volksbad **156**
-Münchner Stadtmuseum **137f.**
-Museum für Vor- und Frühgeschichte 48, **150**
-Nationaltheater **131**
-Neue Pinakothek **147**
-Neue Sammlung **150**
-Neues Rathaus **115f.**
-Nymphenburg 19, 20, 21, 25, 28, 85, 114, 144, **159ff.**
-Odeon **26**
-Odeonsplatz **124f.**
-Oktoberfest **157ff.**
-Olympiabauten **174**
-Pagodenburg 21, 25, **163**
-Palais Arco-Zinneberg 26, **127**
-Palais Gise **132**
-Palais Ludwig Ferdinand **127**
-Palais Neuhaus-Preysing **132**
-Palais Portia 29, **131f.**
-Palais Seinsheim **132**
-Prähistorische Staatssammlung   s. Museum für Vor- und Frühgeschichte
-Preysing-Palais 26, **127**
-Prinz-Carl-Palais **148**
-Prinzregentenstraße **148**, **152f.**
-Prinzregententheater **153**
-Propyläen 26, **144f.**
-Ramersdorf, St. Mariä Himmelfahrt **172**
-Regierung von Oberbayern **155**
-Reiterdenkmal Ludwigs I. **126**
-Residenz 18, 22, 25, 26, 29, 80, 114, **127ff.**, 257, 340
-Ruffinihäuser **138**
-Ruhmeshalle 26, 158
-Salvatorkirche **132**
-Schackgalerie **151**
-Schauspielhaus **155**
-Schleißheim, Schloß 21, 22, 25, 26, 29, 140, 164, **167ff.**
-Schwabing **144**
-Sendlinger Tor **140**
-Siegestor **144**
-Spielzeugmuseum 116
-St. Anna, Pfarrkirche 28, **151**
-St. Anna am Lehel 22, 25, 26, 28, **151**
-St. Georg in Bogenhausen 28, **154**
-St. Jakob **137**
-St. Ludwig, Pfarrkirche **141**
-St. Michael, Jesuitenkirche 22, 105, 113, **133ff.**, 167, 202, 205, 239, 265, 269, 343
-St. Michael in Berg am Laim 22, 26, 28, 29, **171f.**
-St. Nikolaus am Gasteig **156**
-St. Peter, Pfarrkirche 18, 22, 27, 29, **116**, **120f.**
-St. Wolfgang in Pipping 159, 164, **166**
-Staatliche Antikensammlungen **146**
-Staatliche Sammlung Ägyptischer Kunst **130**
-Staatliche Münzsammlung **130**
-Staatliches Museum für Völkerkunde **155**
-Staatsgalerie moderner Kunst **149**
-Städtische Galerie **146**
-Thalkirchen **172ff.**
-Theater am Gärtnerplatz **138**
-Theatinerkirche St. Kajetan 19, 21, 25, 29, 114, 124, **125f.**, 252, 330,
-Theresienhöhe **157ff.**
-Valentin-Musäum 116
-Viktualienmarkt **136f.**
-Villa Bechtolsheim **153**
-Villa Stuck **153**
-Weinstadl **121**
-Wittelsbacherbrunnen 26, **135f.**
-Wittelsbacherplatz **126f.**
Münsing 202, **204**
Murnau 209, 258, 259, **260ff.**

Nassenfels 38
Neubeuern 28, 363, **375f.**
Neuburg a. d. Donau **33ff.**
Neufahrn **95f.**
Neumarkt-St. Veit **332**
Neuötting 17, **331**
Neustift **94**
Niedererding **101**
Niederperach **333**
Niederpöcking **195**
Nußdorf **374**

Oberalting **190**
Oberammergau 26, 27, 28, 209, **247ff.**
Oberaudorf **373**
Oberlauterbach **59**
Oberndorf **417**
Oberschleißheim s. München-Schleißheim
Obing **386**
Olching **71**
Oppolding 101, 265

Pähl **182f.**
Passau 13, 14, 15, 363
Paterzell **225**
Peißenberg **233**
Peiting **230f.**
Perach **333**
Perchting 25, **194f.**
Peretshofen **290**
Petersberg **85**
Pfaffenhofen a. d. Ilm 8, 55, **62f.**
Pförring **48**
Piding 41, **418**
Polling 11, 25, 176, 224, 225, **233ff.**
Pöring 29, **217f.**
Possenhofen 193, **196**
Prien 377, **392f.**
Prittriching **72f.**
Puch **71f.**

462

Ortsregister

Pullach 284f.
Pürten 326

Rabenden 386f.
Raisting 182
Raiten 402
Raitenhaslach 21, 22, 29, 49, 339f.
Ramsau 428f.
Rebdorf 39
Regensburg 13, 14, 15, 16, 222, 385
Reichenkirchen 99
Reichersbeuern 296
Reichersdorf 312f.
Reichertshausen 62
Reisach 372f.
Reischach 332f.
Reit im Winkl 403f.
Reutberg 296f.
Riederau 176, 177, **178**
Rimsting 395
Ringberg 310
Roggenstein 71
Rohrdorf 376
Rosenheim 8, 354, **363ff.**, 368, 398
Roßholzen 398
Rott am Inn 22, 26, 199, 253, 271, **353f.**
Rott b. Landsberg 221
Rottach-Egern 305, **308f.**
Rottenbuch 26, 224, 231, 233, 238, 240, **245f.**
Ruhpolding 16, **404**
Rupertiwinkel **410ff.**

Sachrang 399
Salzburg 14, 324, 326, 377, 415
Sandau 217
Sandizell 25, 55, **57f.**
Sankt Heinrich 201
Schäftlarn 14, 22, 23, 28, 29, 202, **286**
Scheyern 23, 55, **59ff.**, 319, 368
Schlehdorf 14, 233, **274**
Schliersee **316f.**, 318
Schmiechen 72
Schönbrunn 83f.
Schondorf **176f.**
Schongau 26, 209, 210, 225, **227ff.**, 248

Schöngeising 76
Schrobenhausen **55ff.**
Schwarzlack 369
Schwindegg **101f.**
Seebruck **384f.**
Seefeld **189f.**
Seehausen 260, 261, 265
Seeon 11, **385f.**
Seeshaupt 200
Siegertsbrunn 110
Siegsdorf 405
Sigmertshausen 82, **83**
Sindelsdorf 266
Söcking 194
Söllhuben 396
Sondermoning 408
St. Bartholomäus 428
St. Georgen 182
St. Leonhard im Forst **224f.**
St. Kastl 64
St. Mariä Himmelfahrt am Kunterweg 430
St. Ottilien 78
St. Peter b. Flintsbach 371
St. Willibald b. Fürstenfeldbruck 76
St. Wolfgang **102f.**
Starnberg 8, 191, **192ff.**, 260, 299
Stein an der Traun 409
Steinebach 190
Steingaden 16, 27, 238, **239f.**, 241, 245
Steinkirchen 398
Stöttham 408
Streichenkirche 403

Taglaching 107
Tegernsee 305, **306ff.**
Tengling **413f.**
Thaining 218
Thalheim **98f.**
Tholbath 47
Tittmoning 338, **410ff.**
Töging **331f.**
Törwang 398
Traunreut 409
Traunstein 8, **407f.**, 410
Traunwalchen **408f.**
Triebenbach 418
Trostberg **390f.**, 412
Tünzhausen 95
Türkenfeld **78**, 327

Tuntenhausen **360f.**
Tutzing 197
Tyrlbrunn 412

Unering 190
Unterammergau 209, **247**, 250
Unterelkofen 107
Unterwössen **401f.**, 403
Unterzeismering 197
Urfahrn 372
Urschalling 16, 17, **393f.**
Utting 177

Vachendorf 406
Vilgertshofen .21, 28, 217, **218ff.**, 224
Vorderriß 303

Wackersberg **299f.**
Waging am See 414
Waidhofen **58f.**
Walchensee 301
Waldkraiburg **326f.**
Wallenburg 311
Walleshausen 73
Wallgau 281
Wartenberg 98
Wasserburg 17, 341, **343ff.**, 363
Weihenlinden 312, **357ff.**, 361
Weilheim 209, 230, **235ff.**
Weißendorf 47
Werdenfels 276
Wessling 189, **190f.**
Wessobrunn 14, 26, 27, 28, **221ff.**, 233
Westerbuchberg 401
Westerndorf **367f.**
Weyarn 22, 26, 29, **311f.**, 354, 357
Wieskirche bei Steingaden 22, 29, 94, 214, 224, 238, **241ff.**
Wildbad Kreuth 310
Wildenwart 396
Wilparting **313,** 361
Windshausen 374
Winhöring 332
Wolfratshausen 202, **289f.**
Wolnzach 64
Wörnsmühl **320f.**

Zinneberg 109

Impressum

Umschlagvorderseite: Kloster Ettal
Umschlagklappe vorne: München, Blick über die Altstadt mit der Frauenkirche
Umschlagklappe hinten: Rott am Inn, Innenraum der Abteikirche St. Marinus und Anianus
Umschlagrückseite: Ramsau, Pfarrkirche St. Fabian und Sebastian vor der Reiteralpe (oben) und München, Viktualienmarkt vor der Peterskirche, Gemälde von Domenico Quaglio
Abb. S. 1: München, Mondsichelmadonna auf der Mariensäule

Über die Autorin:
Lydia L. Dewiel, geboren in Hamburg; im Tessin und am Bodensee aufgewachsen, lebt in München. Sie studierte Kunstgeschichte und arbeitet seitdem als Autorin und Übersetzerin für Verlage und Rundfunk. Ihr besonderes Interesse gilt der süddeutschen und italienischen Kunst. Im DuMont Buchverlag erschienen von ihr die Kunst-Reiseführer ›Allgäu‹, ›Chiemgau‹ sowie ›Lombardei und Oberitalienische Seen‹.

© DuMont Buchverlag
3., aktualisierte Auflage 2001
Alle Rechte vorbehalten
Grafisches Konzept: Groschwitz, Hamburg
Satz und Druck: Rasch, Bramsche
Buchbinderische Verarbeitung: Bramscher Buchbinder Betriebe
ISBN 3-7701-3335-8
Printed in Germany